禁圧解除

ネット端末遺伝子

時空隙

珪素生物

manga 漫画 Cult

BLAME!

6

MASTER EDITION

TSUTOMU NIHEI

TŌA SCHWERINDUSTRIE MANGA PRODUKTION

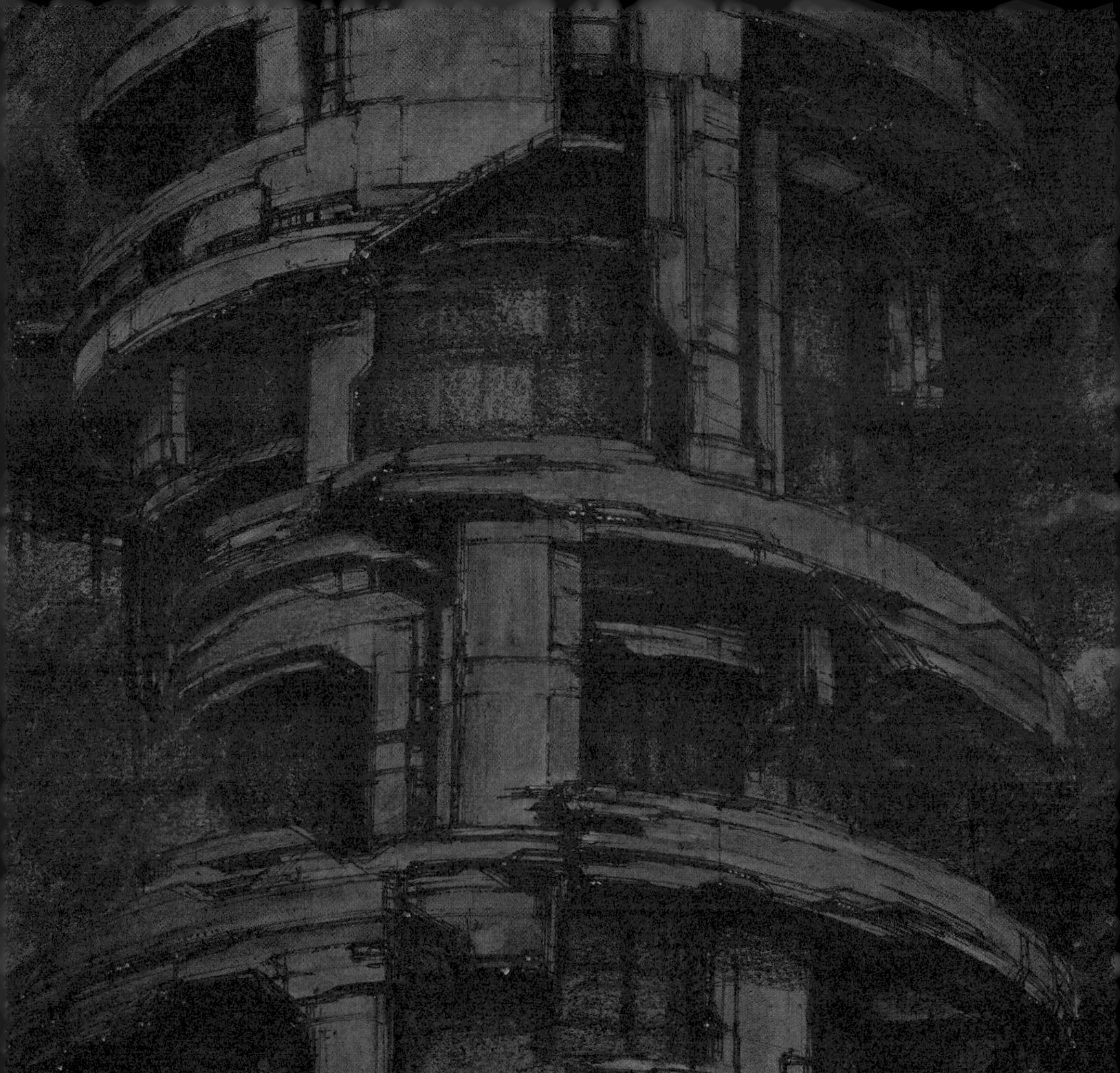

INHALT

::LOG.55::

EIN WIEDERSEHEN

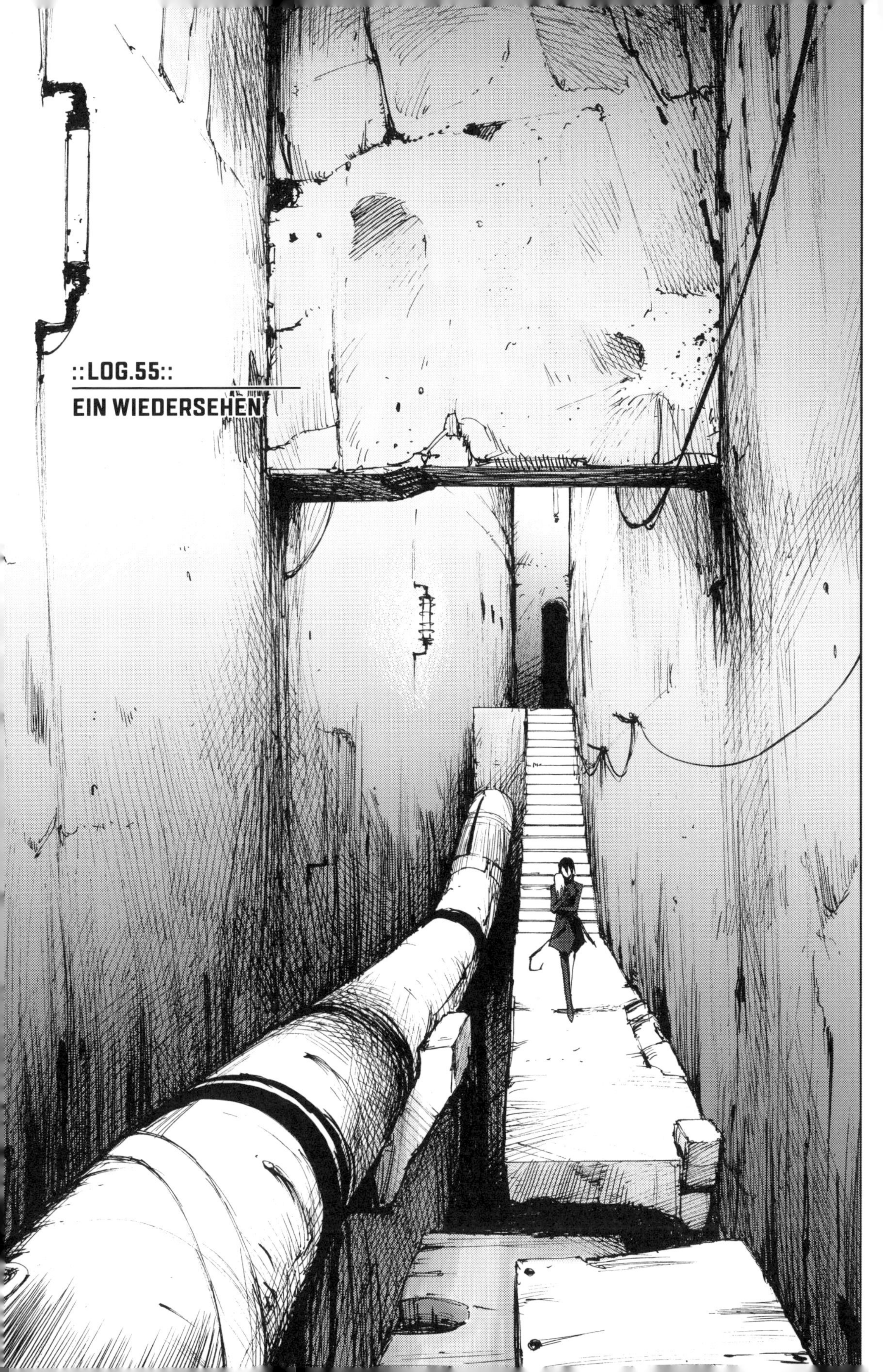

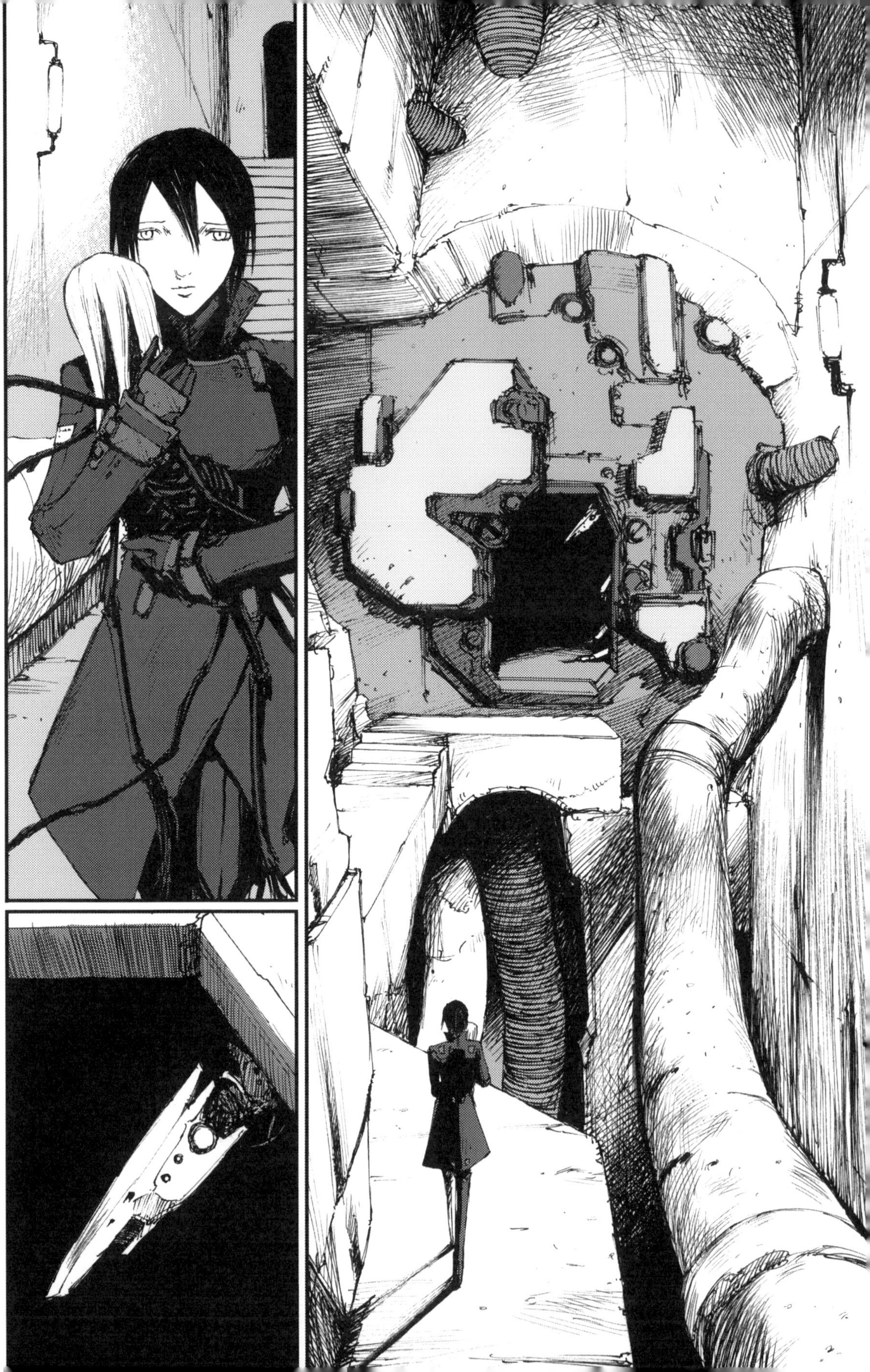

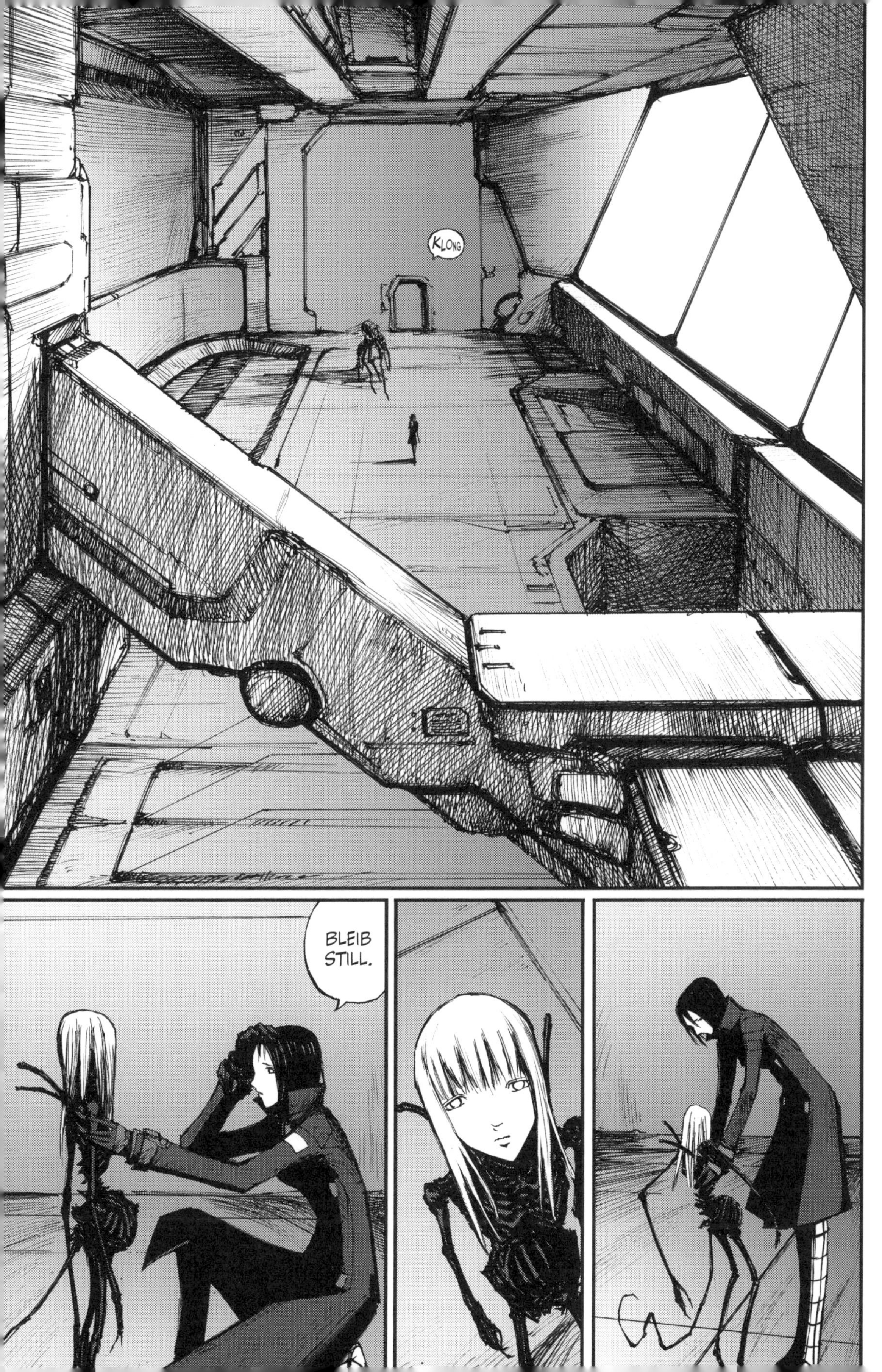
KLONG
BLEIB STILL.

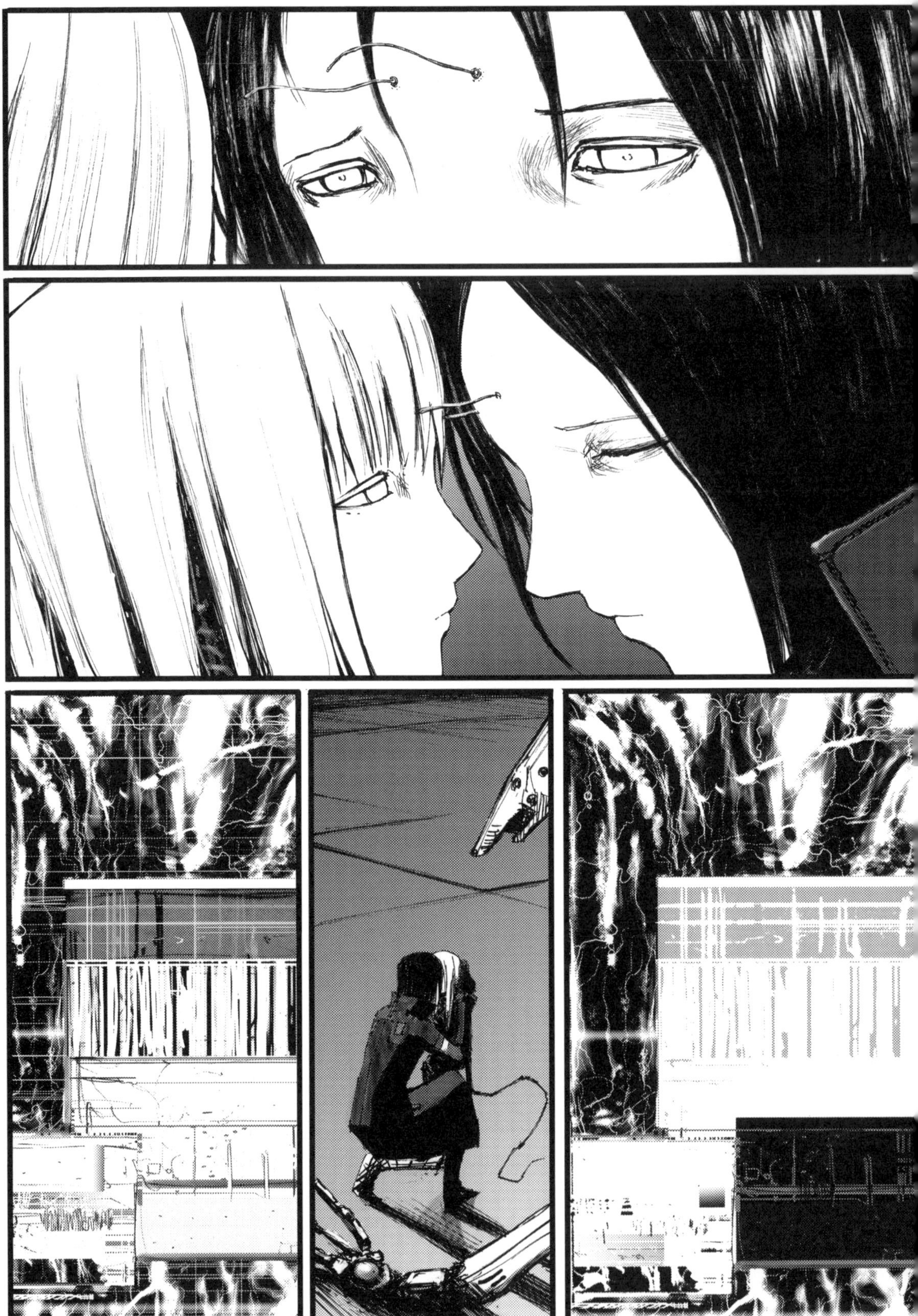

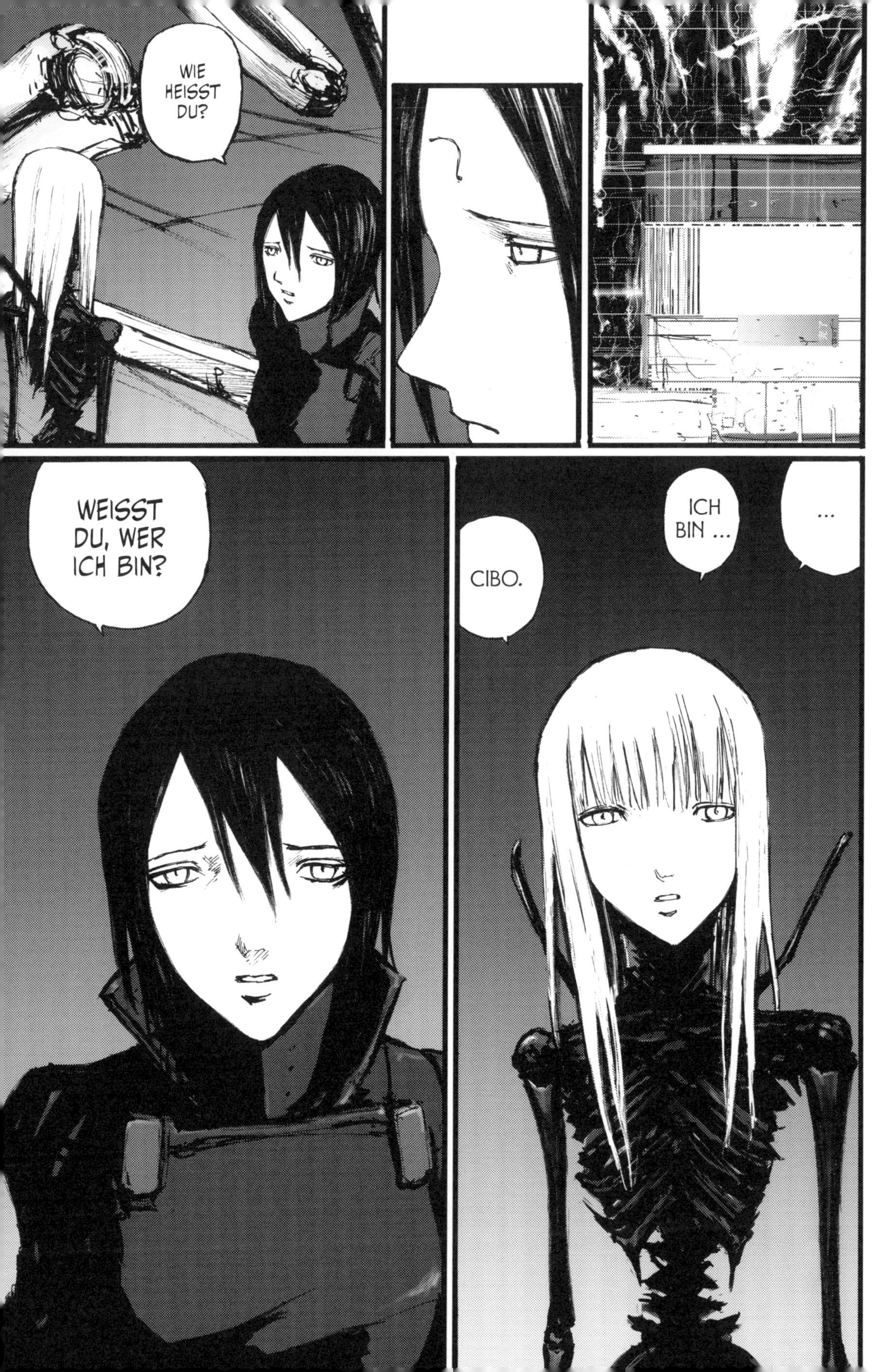
WIE HEISST DU?
...
ICH BIN ...
CIBO.
WEISST DU, WER ICH BIN?

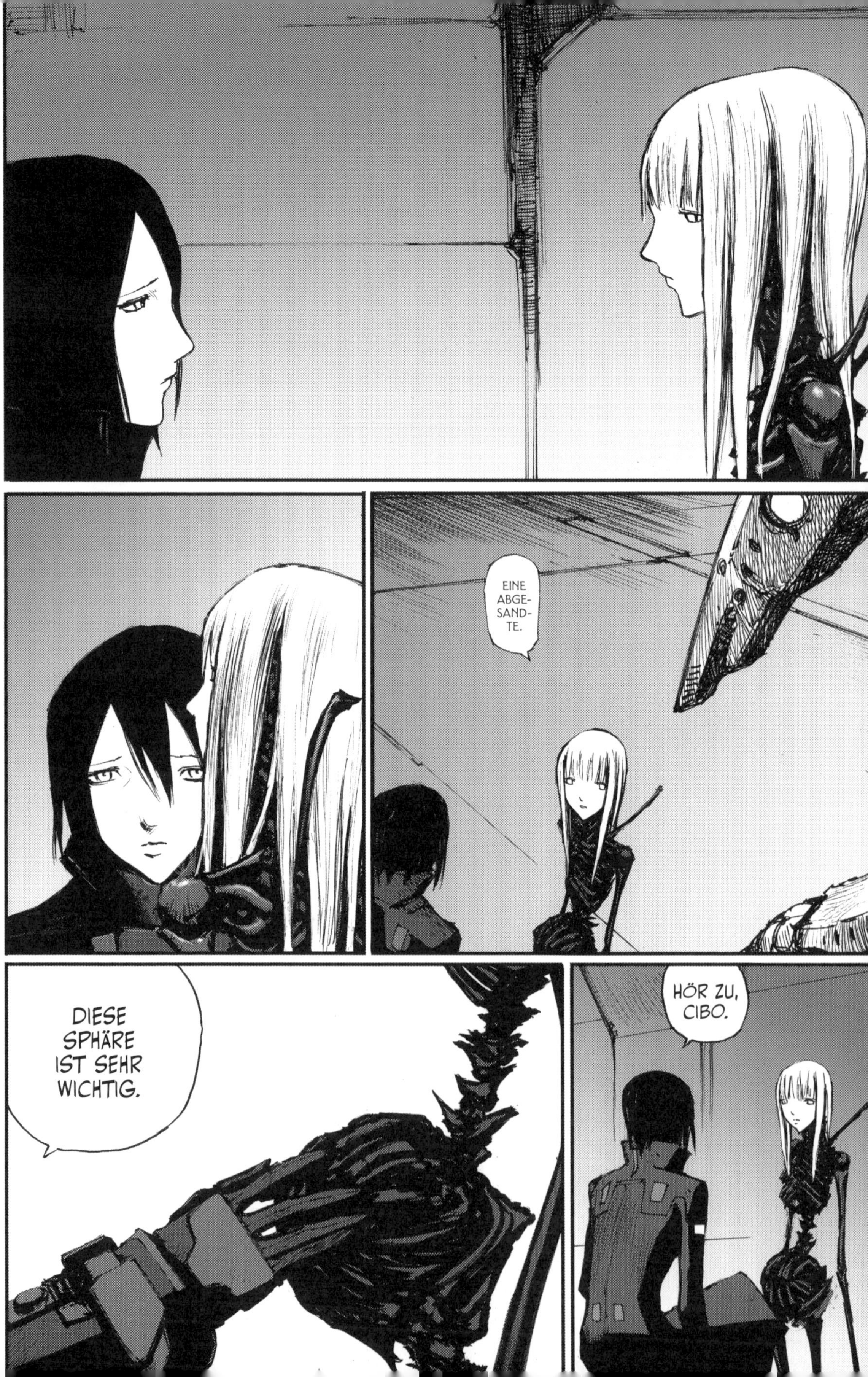
EINE ABGE- SAND- TE.
HÖR ZU, CIBO.
DIESE SPHÄRE IST SEHR WICHTIG.

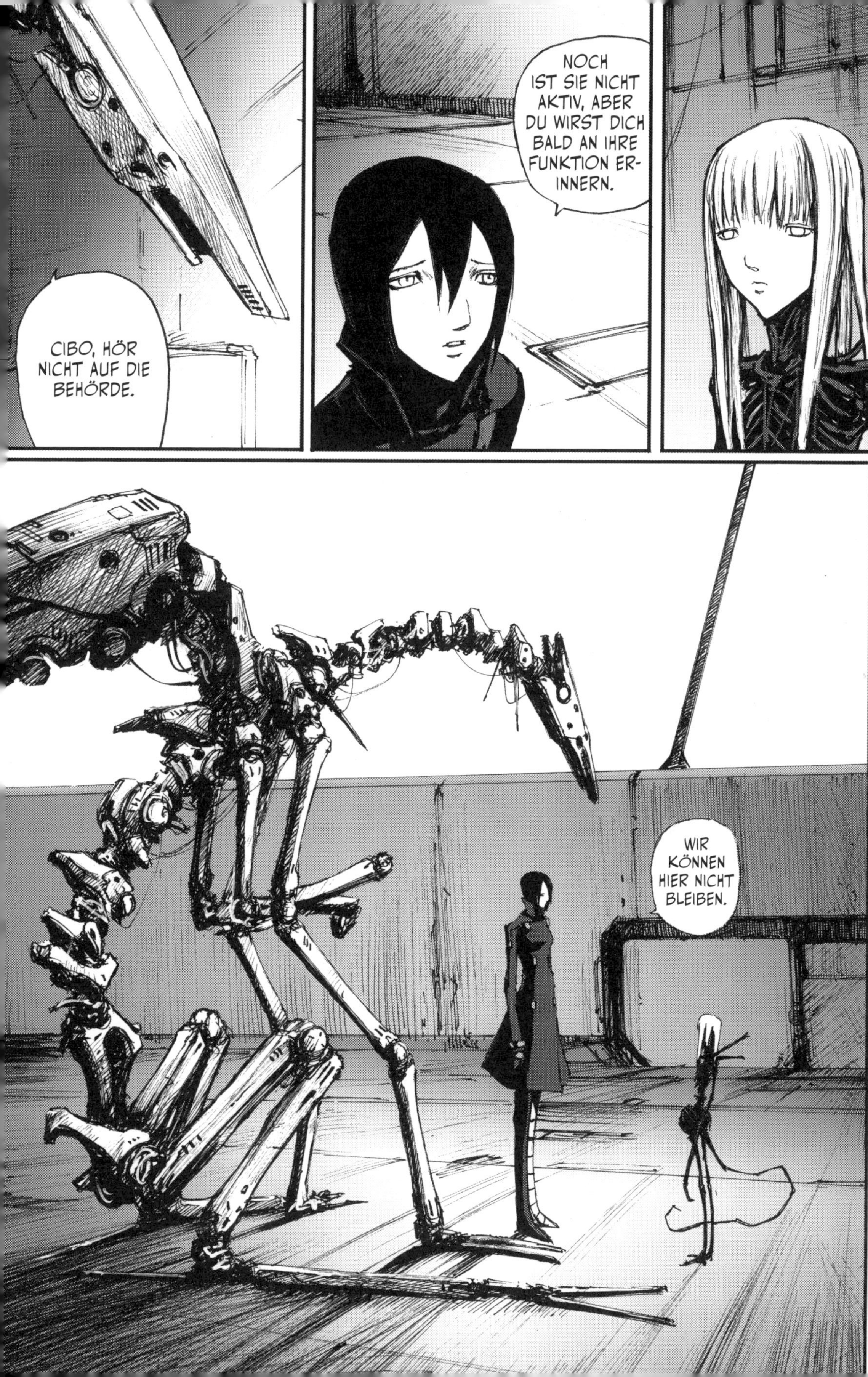
NOCH IST SIE NICHT AKTIV, ABER DU WIRST DICH BALD AN IHRE FUNKTION ERINNERN.
CIBO, HÖR NICHT AUF DIE BEHÖRDE.
WIR KÖNNEN HIER NICHT BLEIBEN.

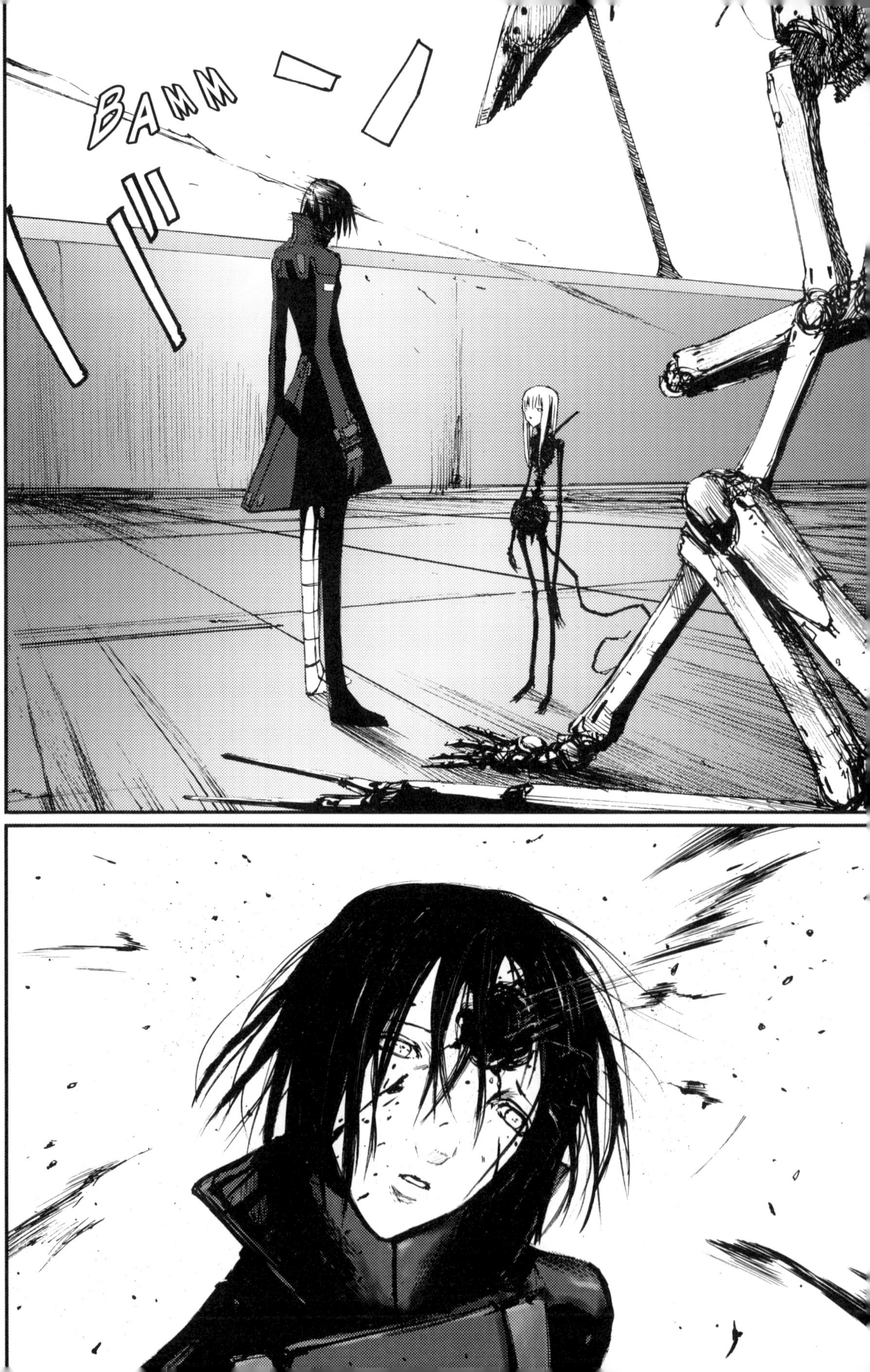
BAMM

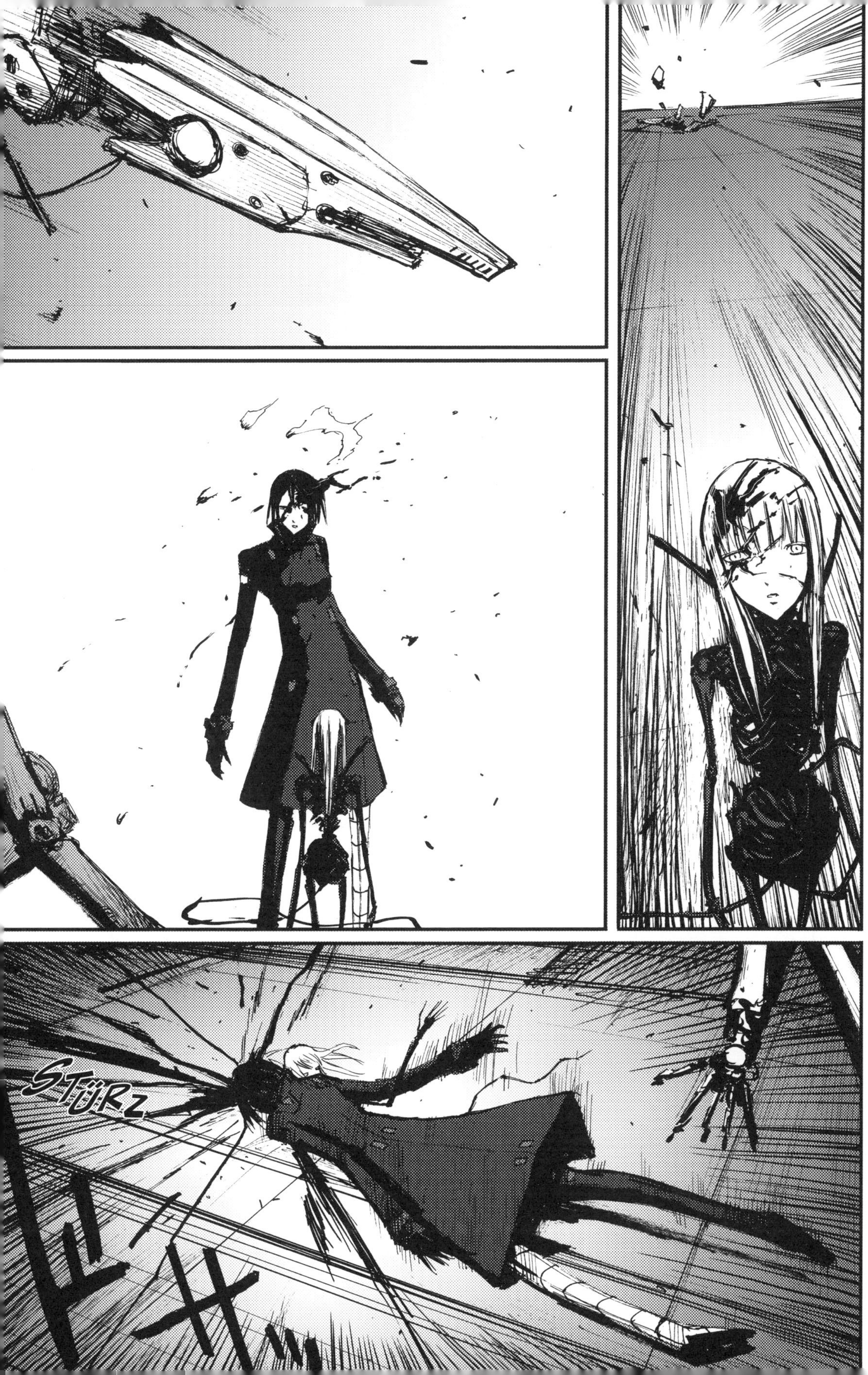
STÜRZ

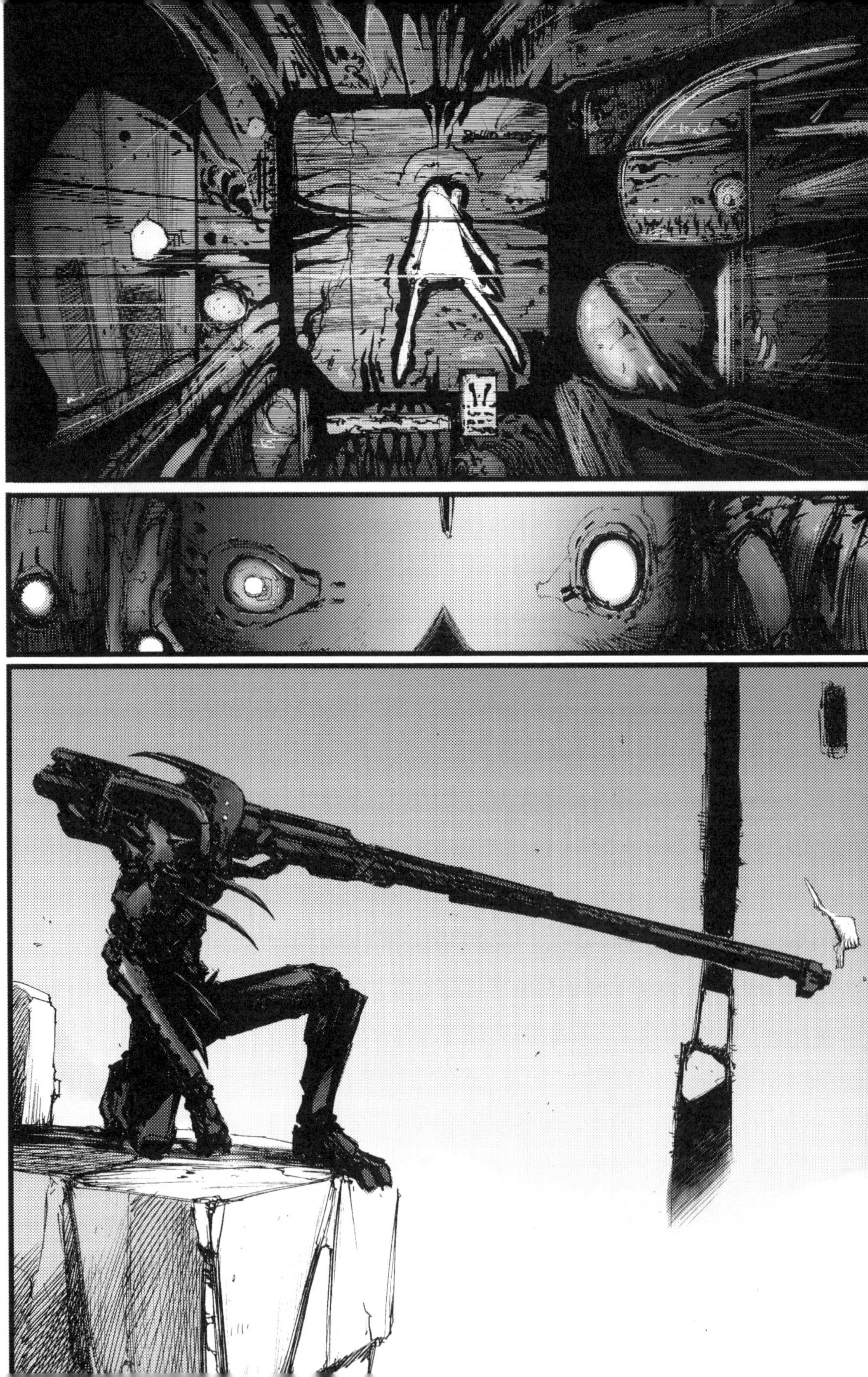

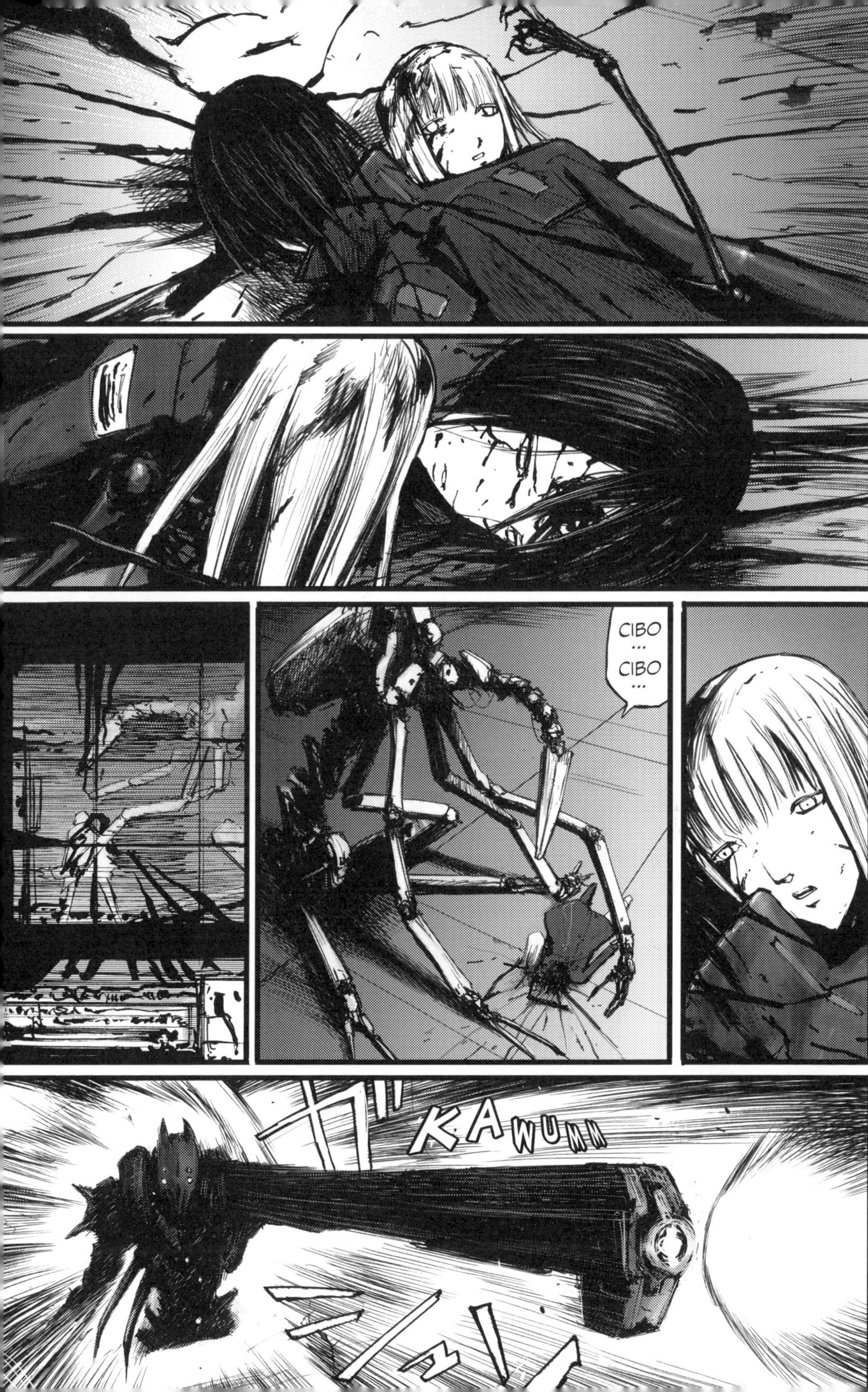
CIBO
...
CIBO
...
KAWUMM

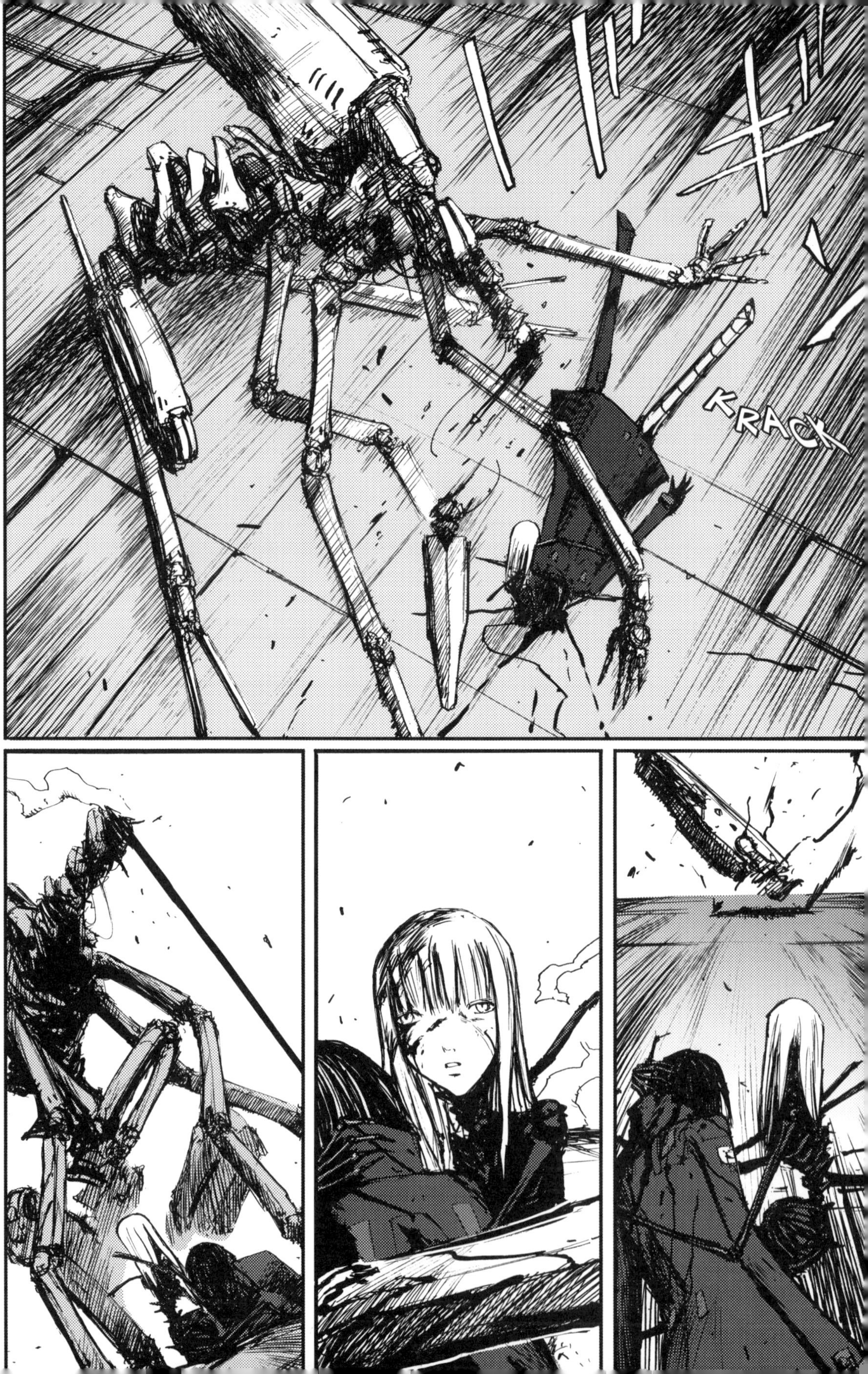
KRACK

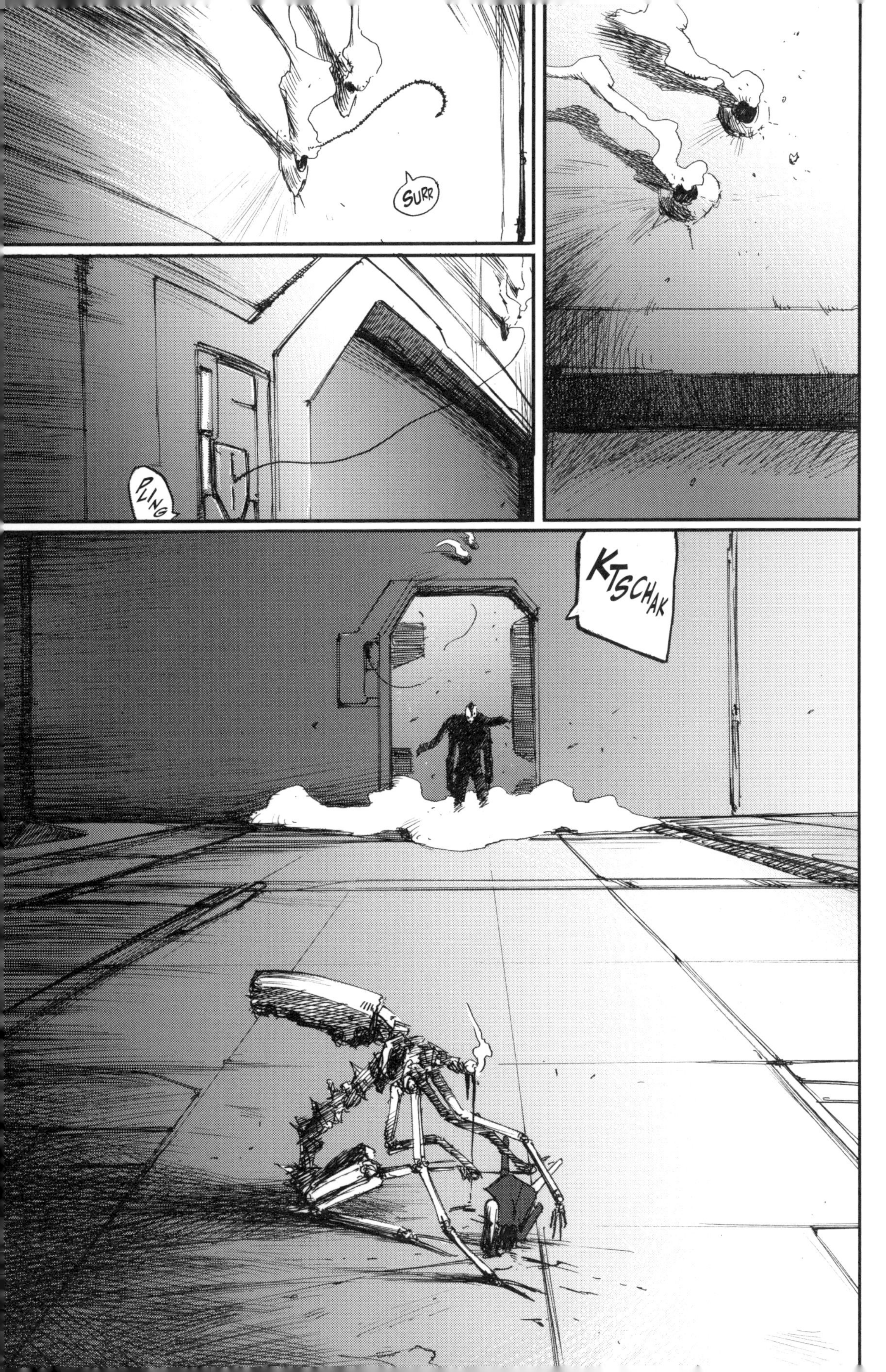
SURR
PLING
KTSCHAK

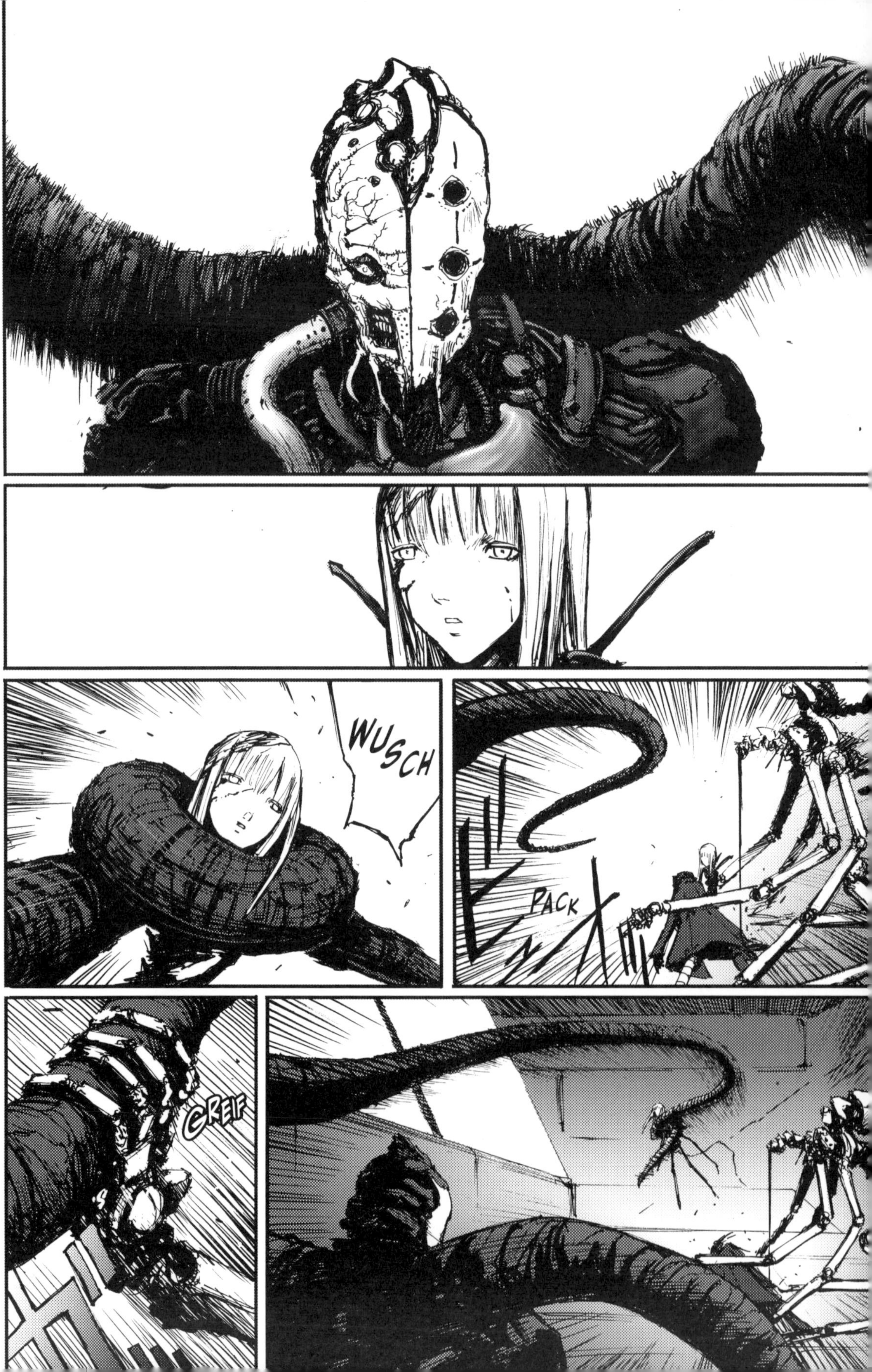
WUSCH
PACK
GREIF

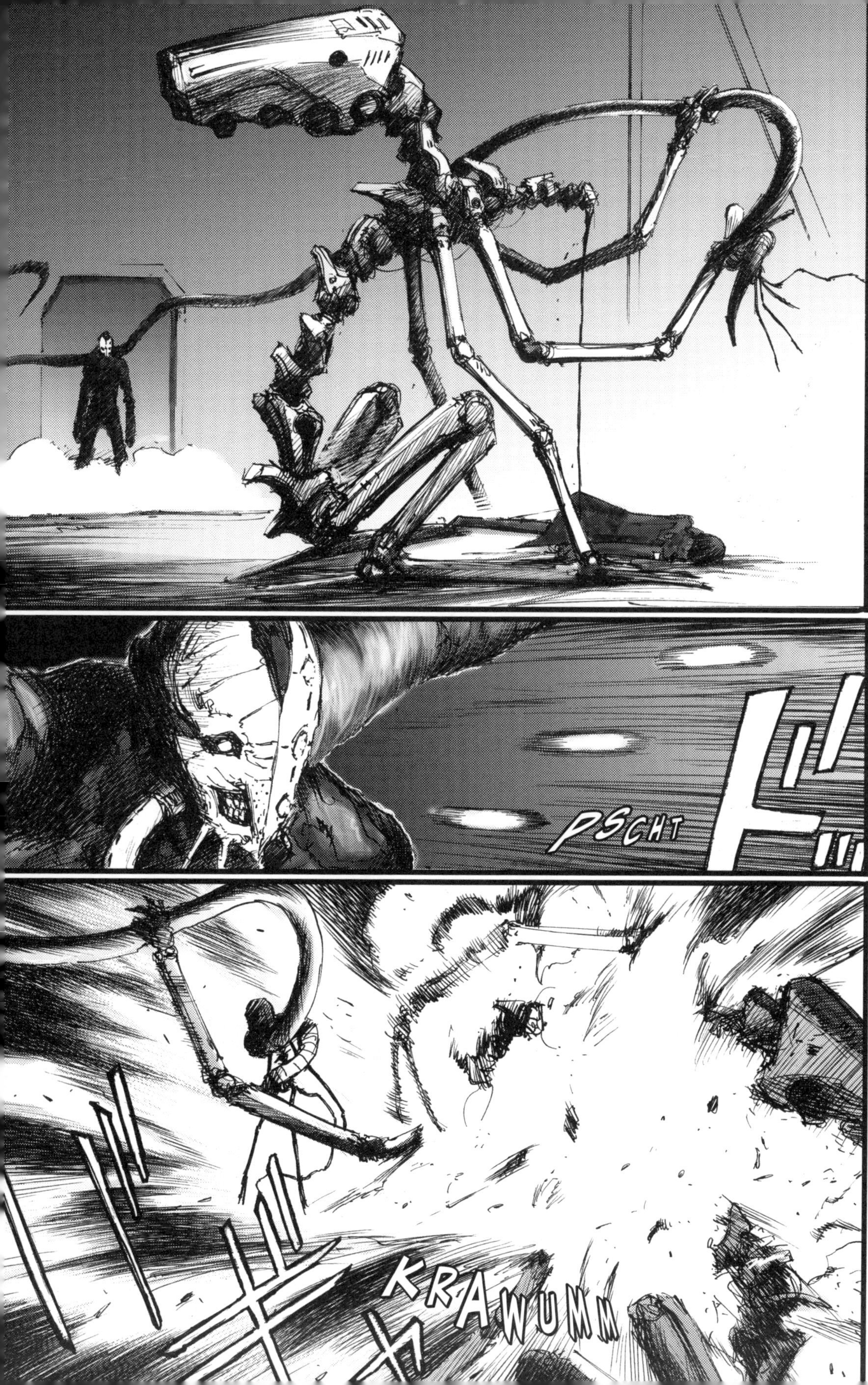
PSCHT
KRAWUMM

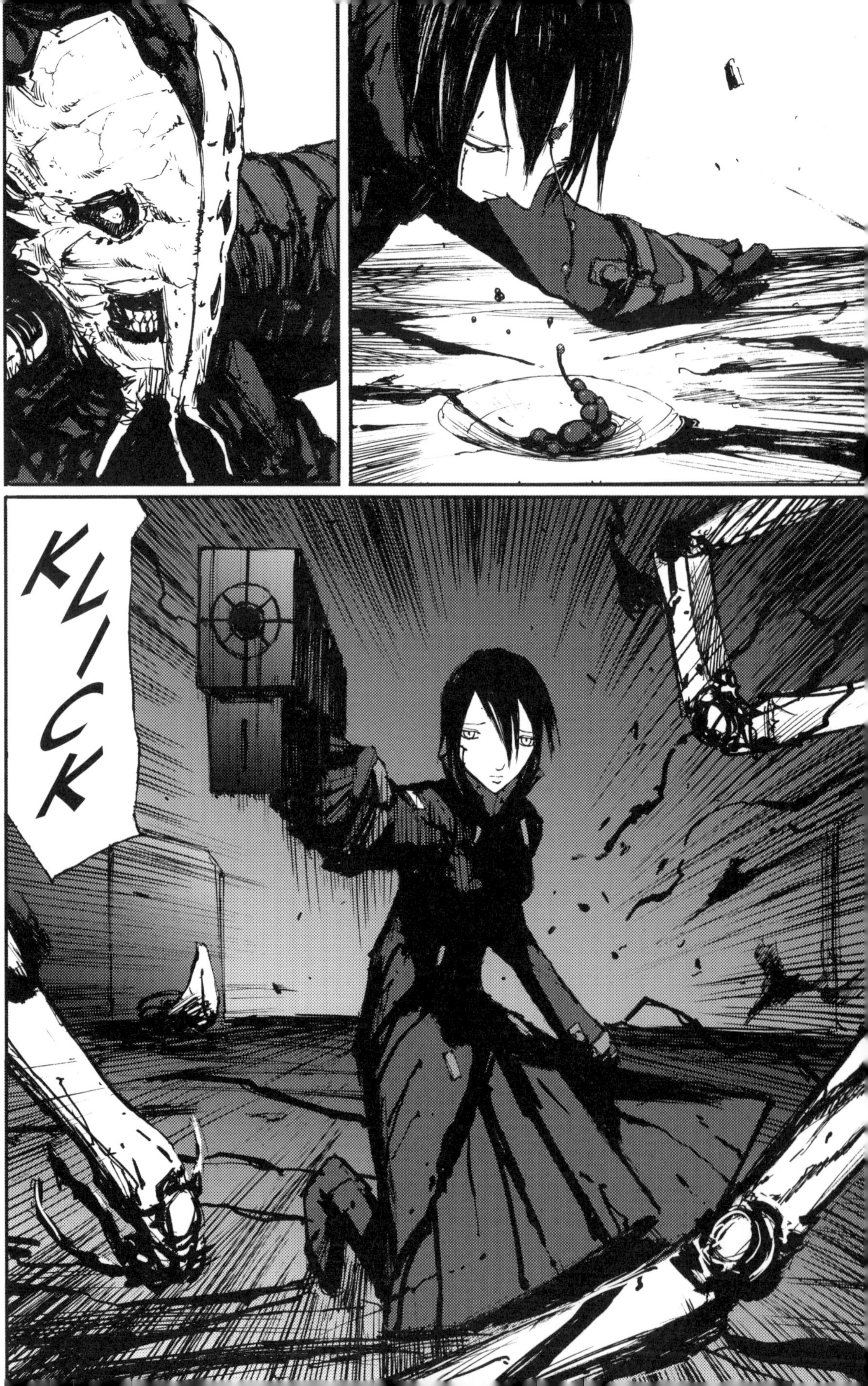
KLICK

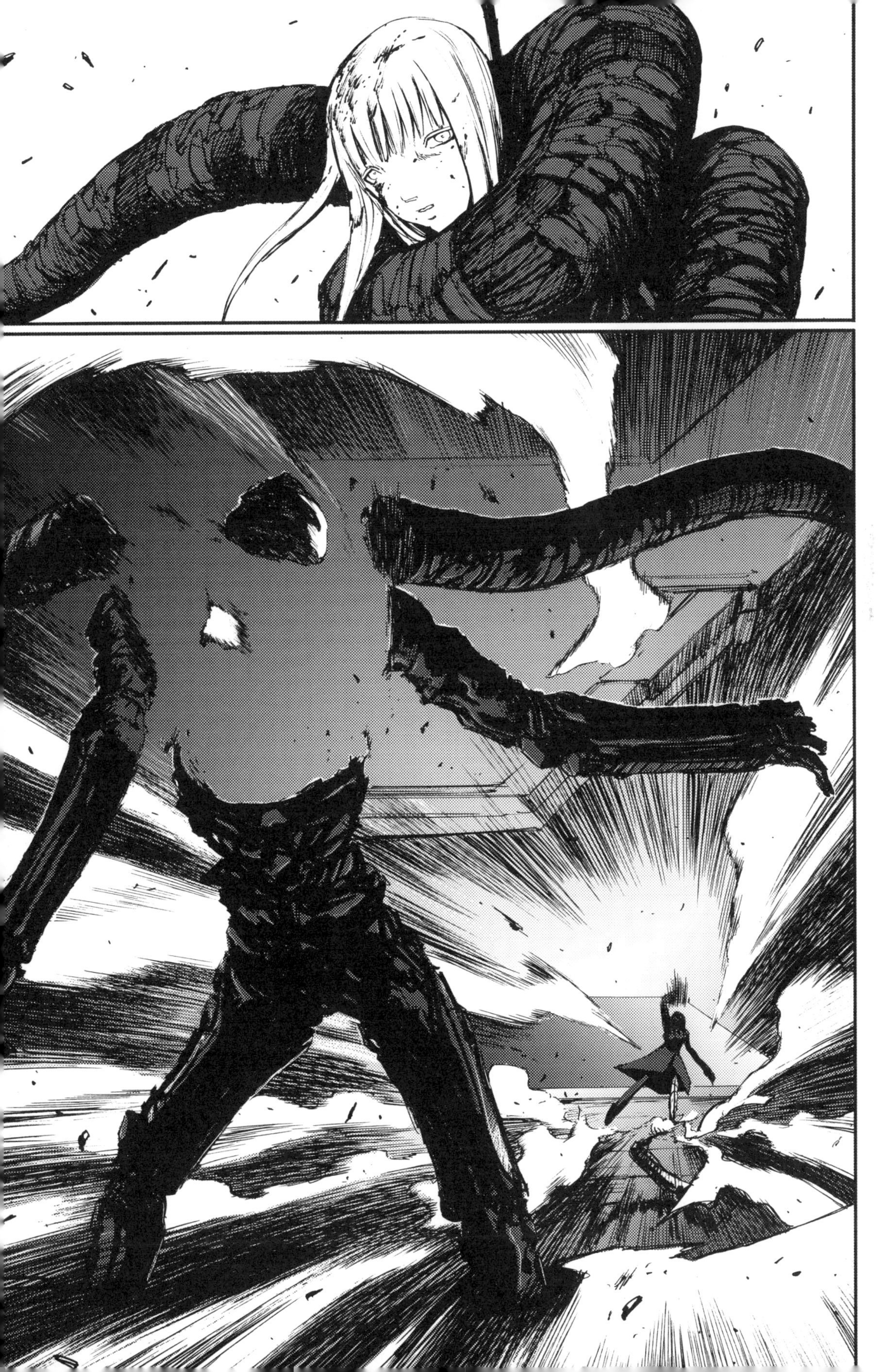

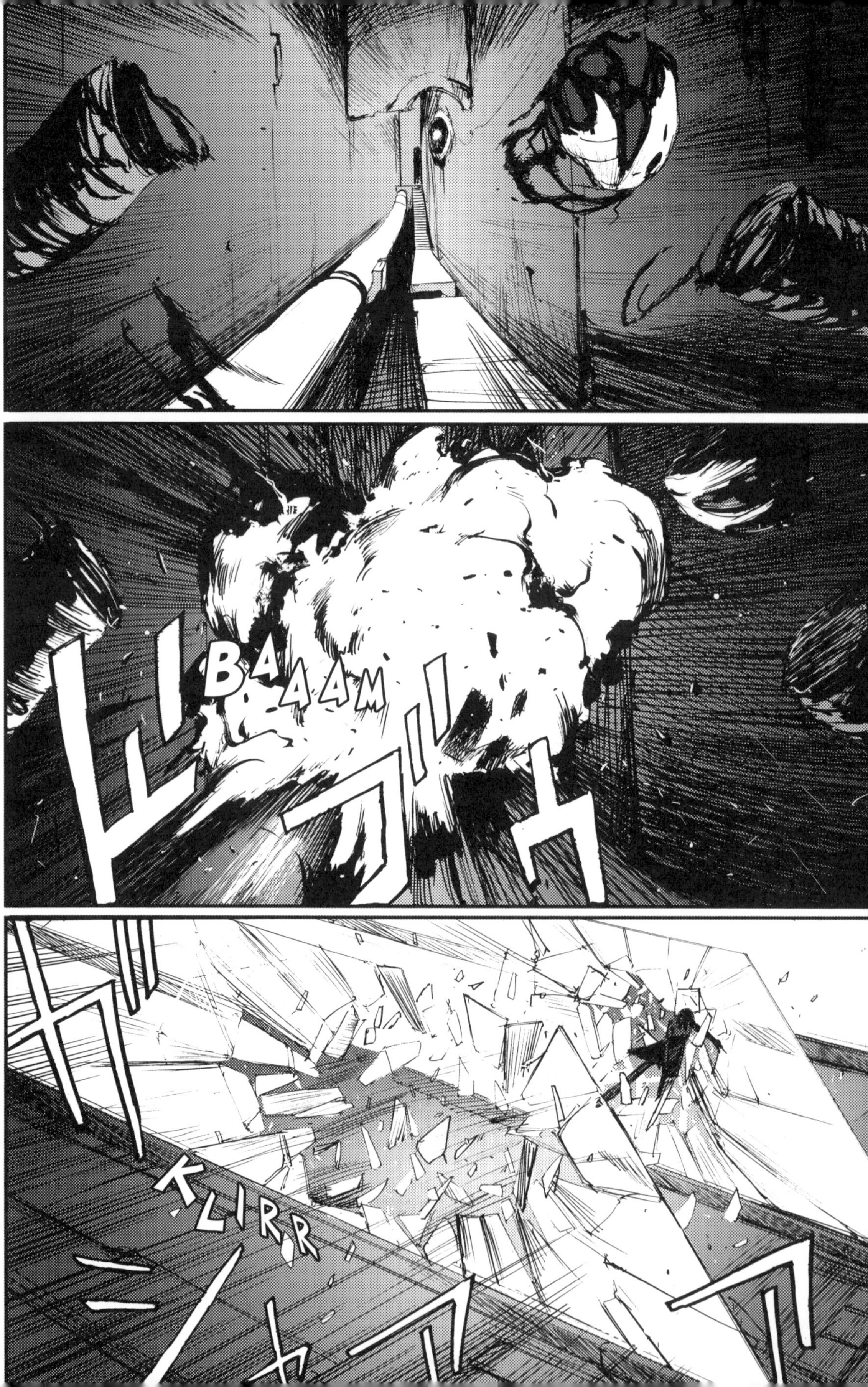
BAAAM
KLIRR

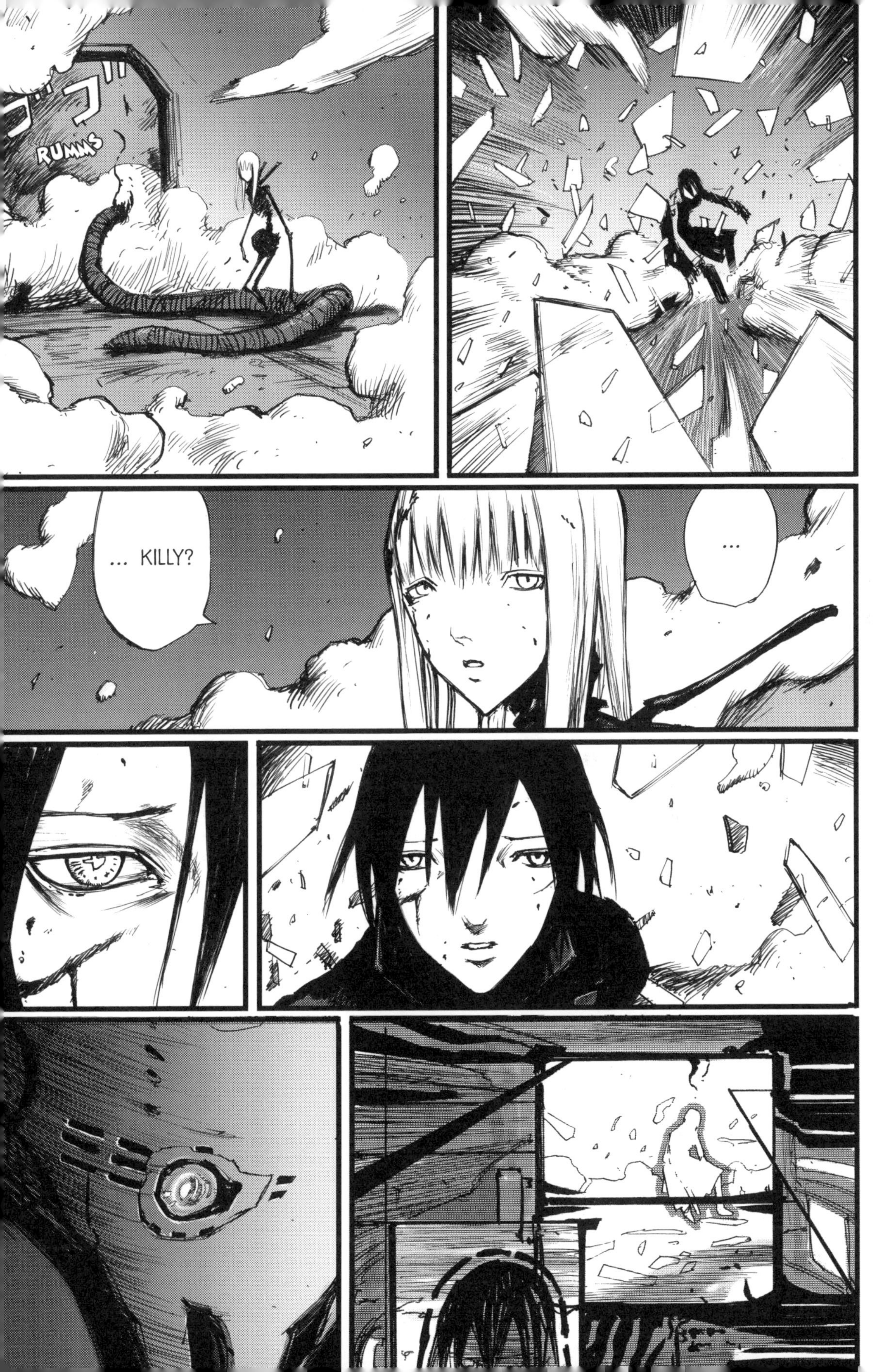
RUMMS
... KILLY?
...

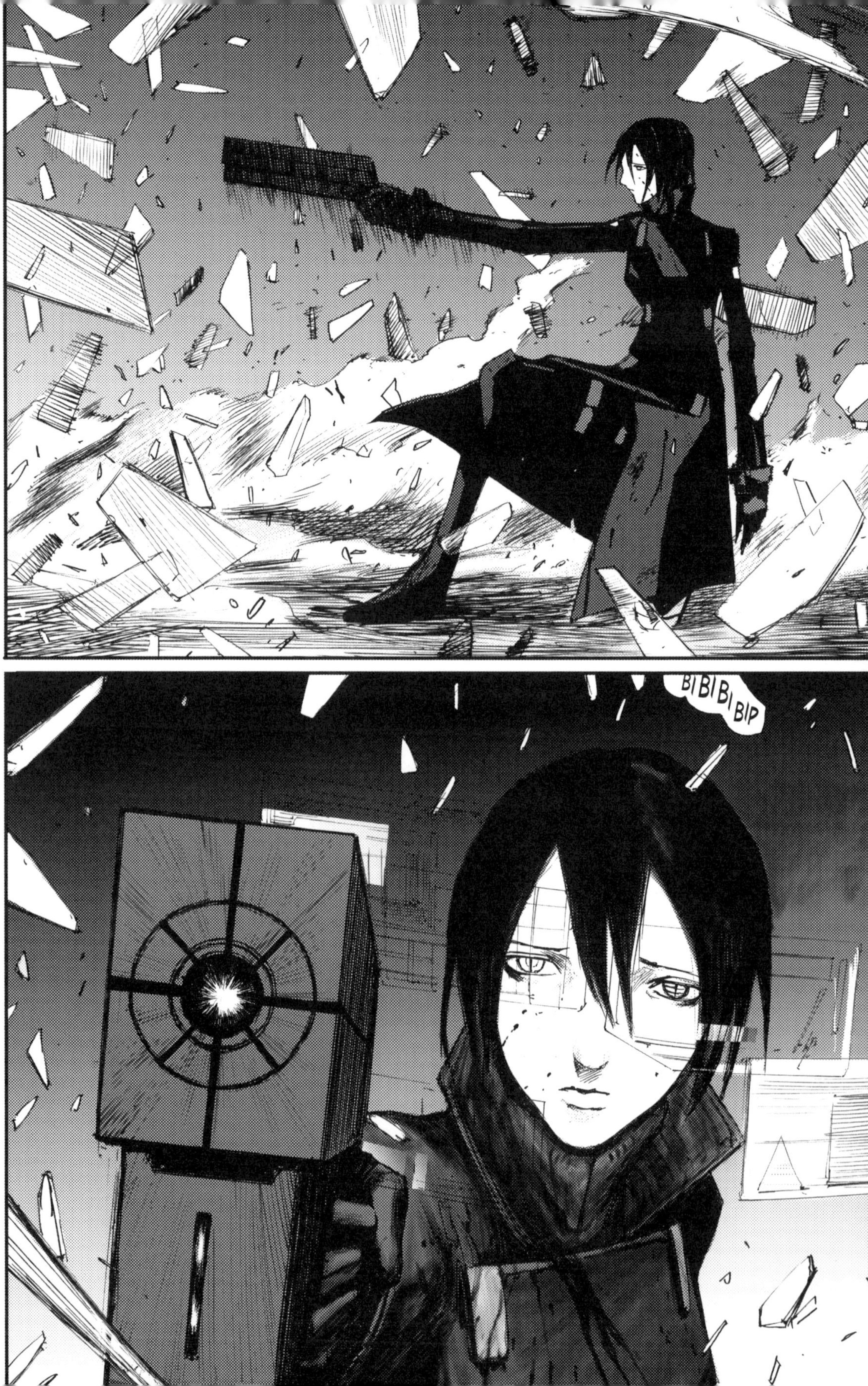
BI BI BI BIP

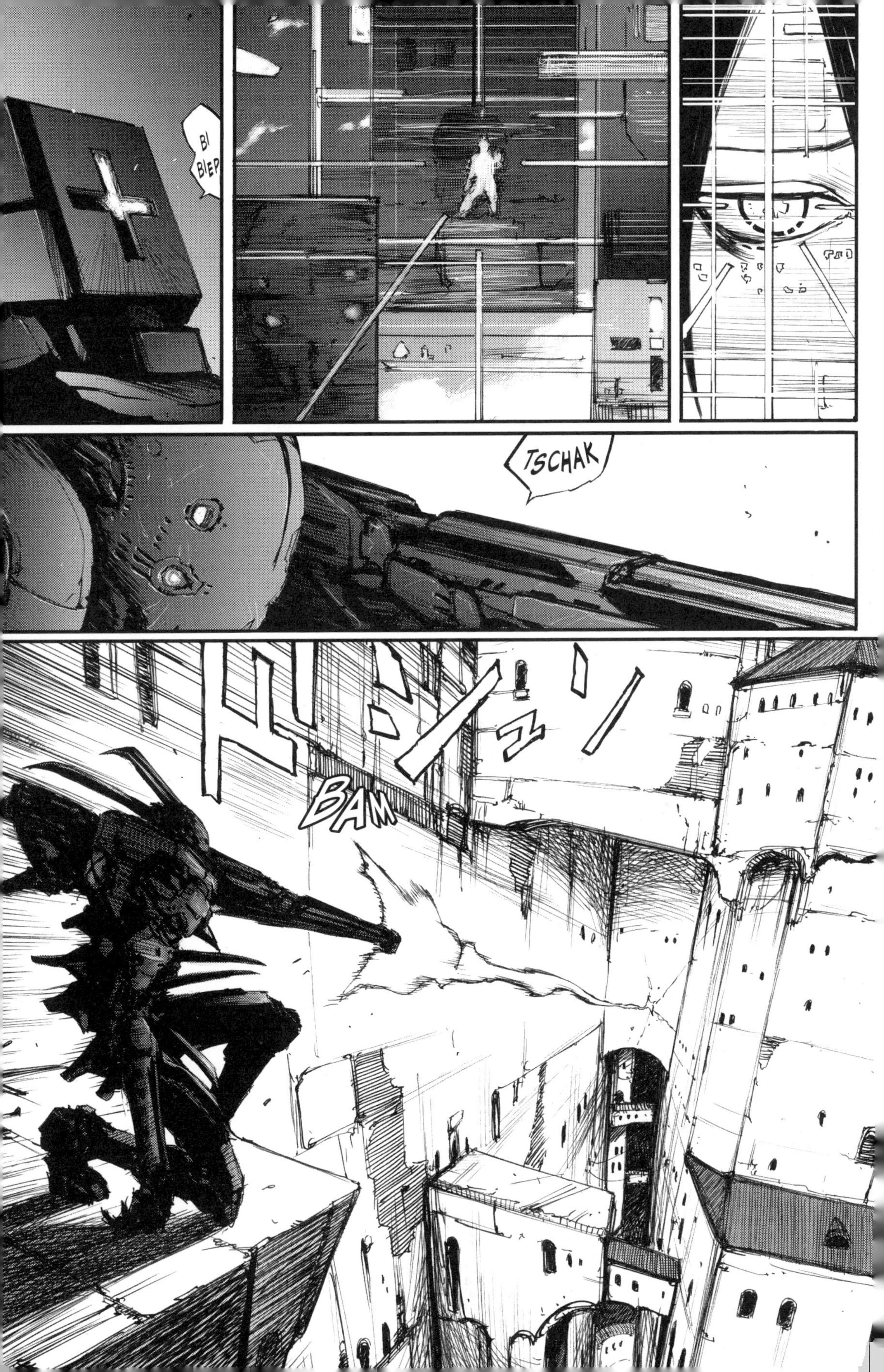
BI BIEP
TSCHAK
BAM

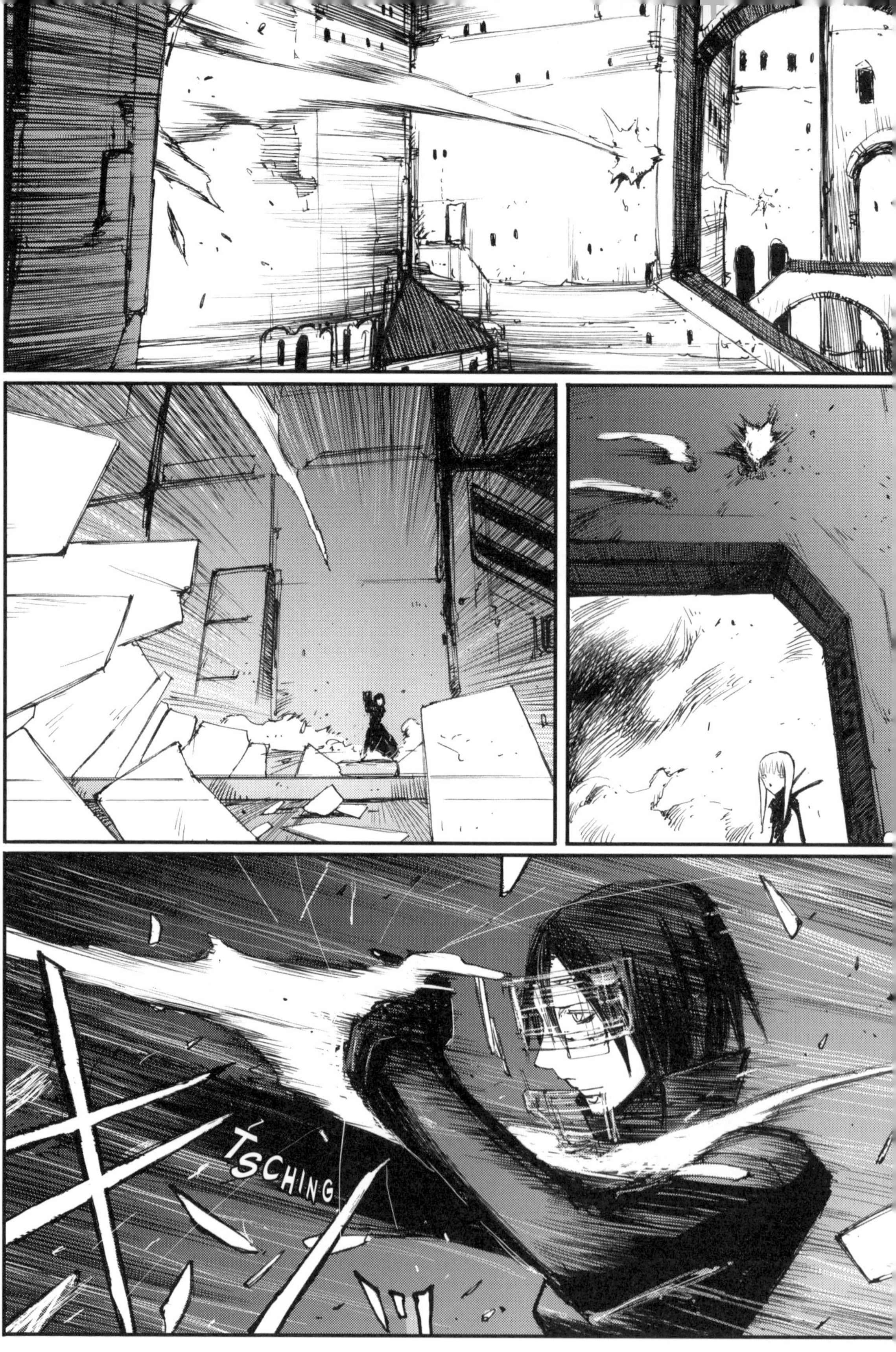
TSCHING

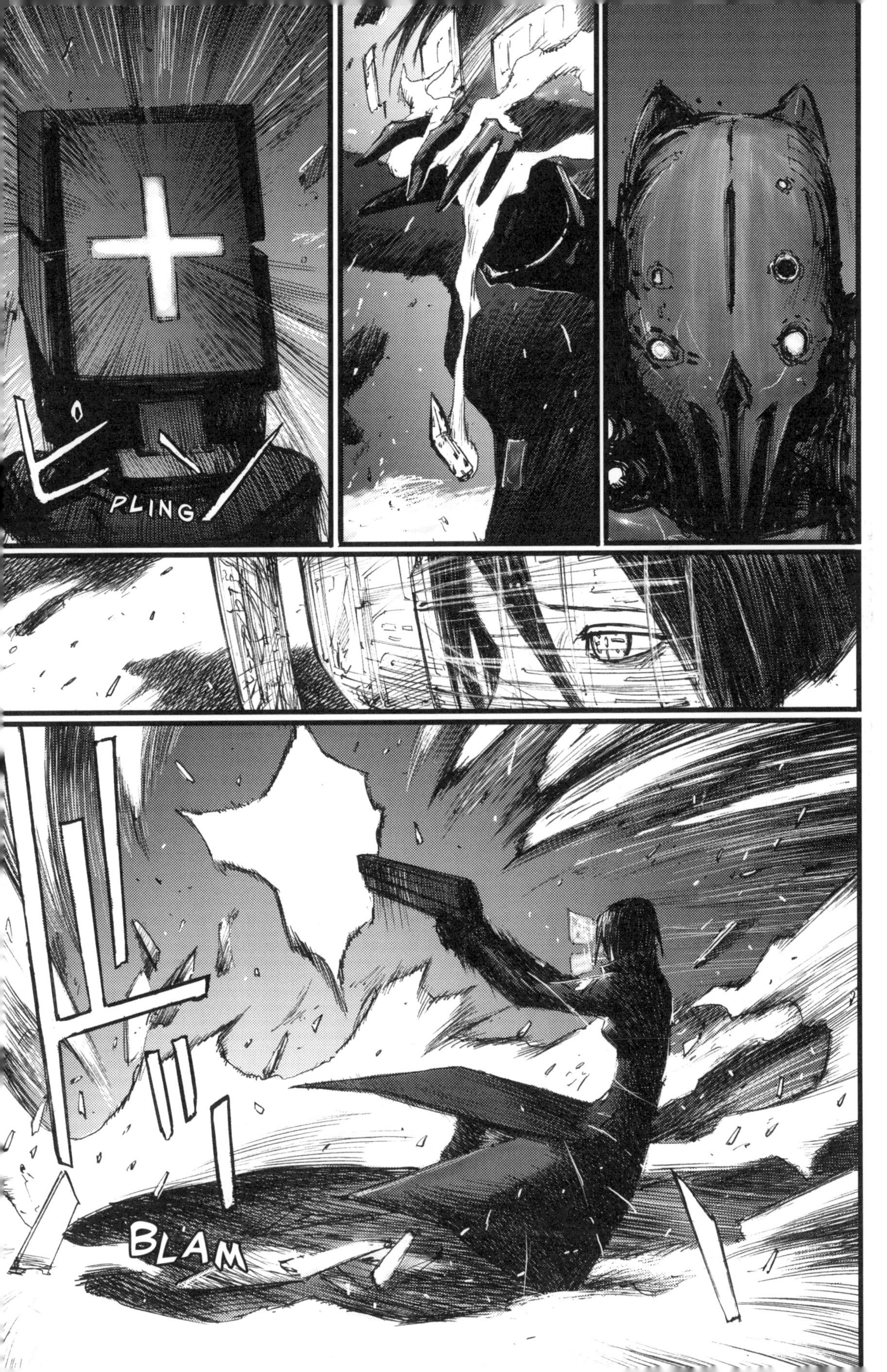
PLING
BLAM

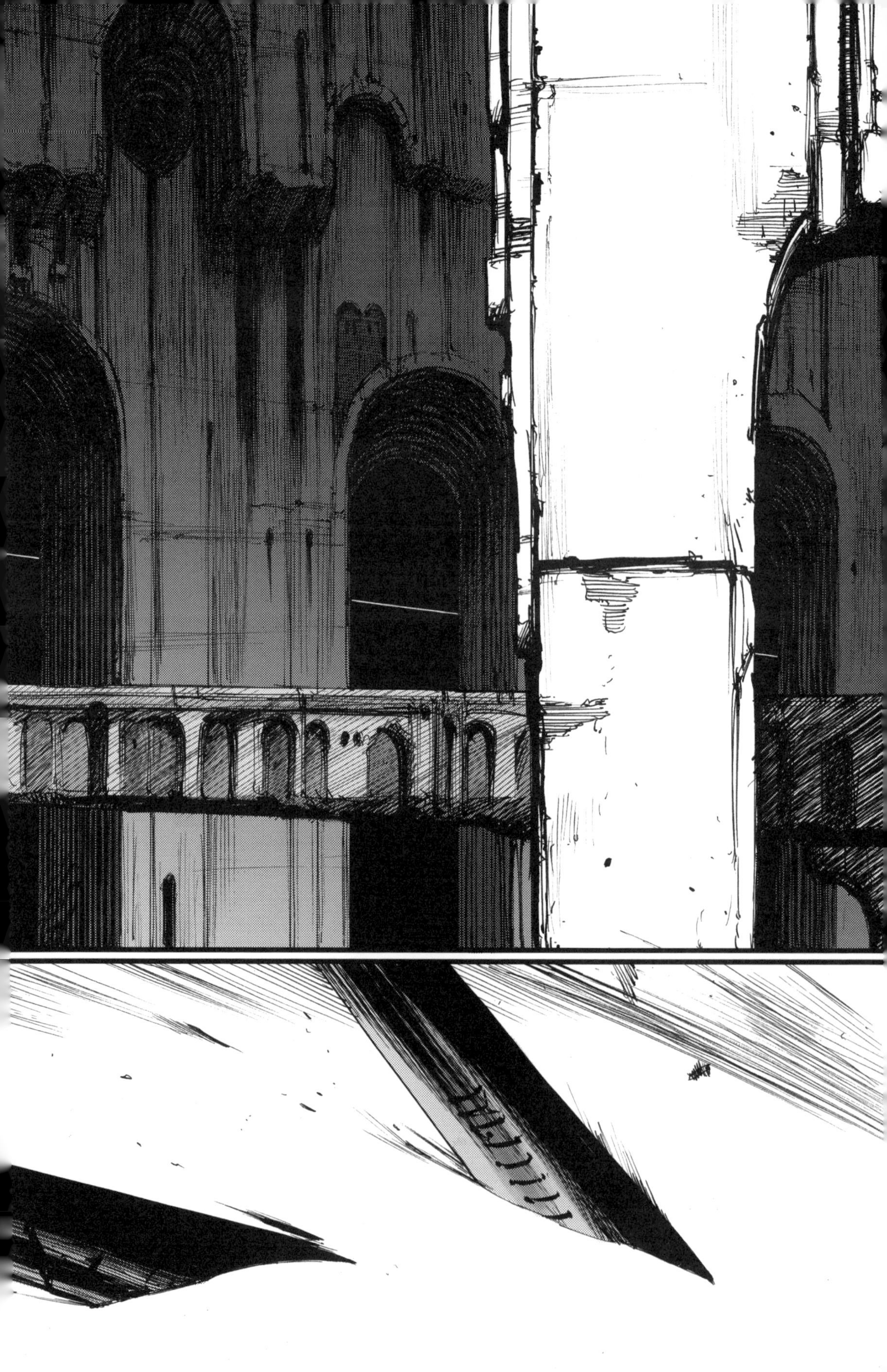

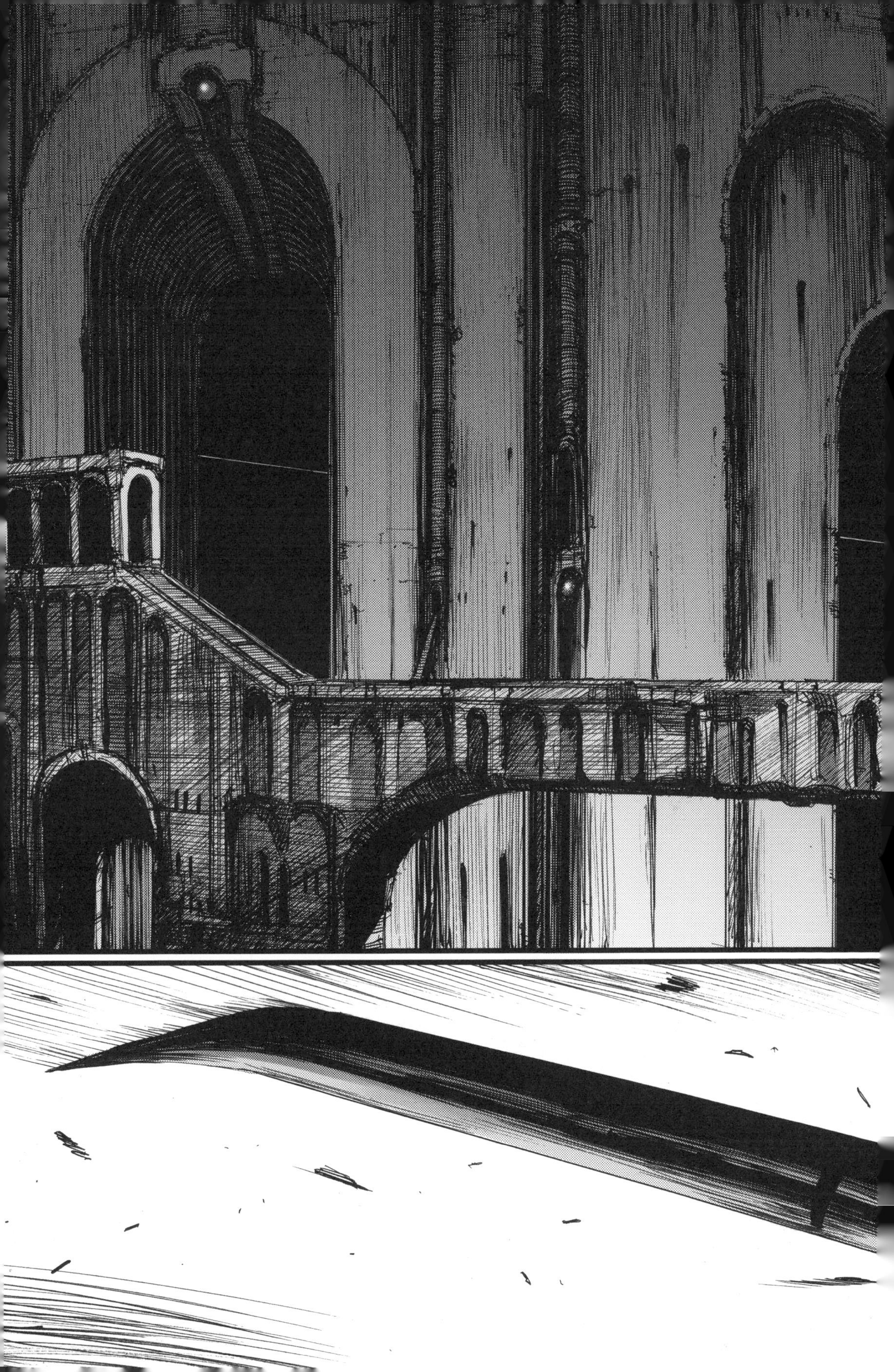

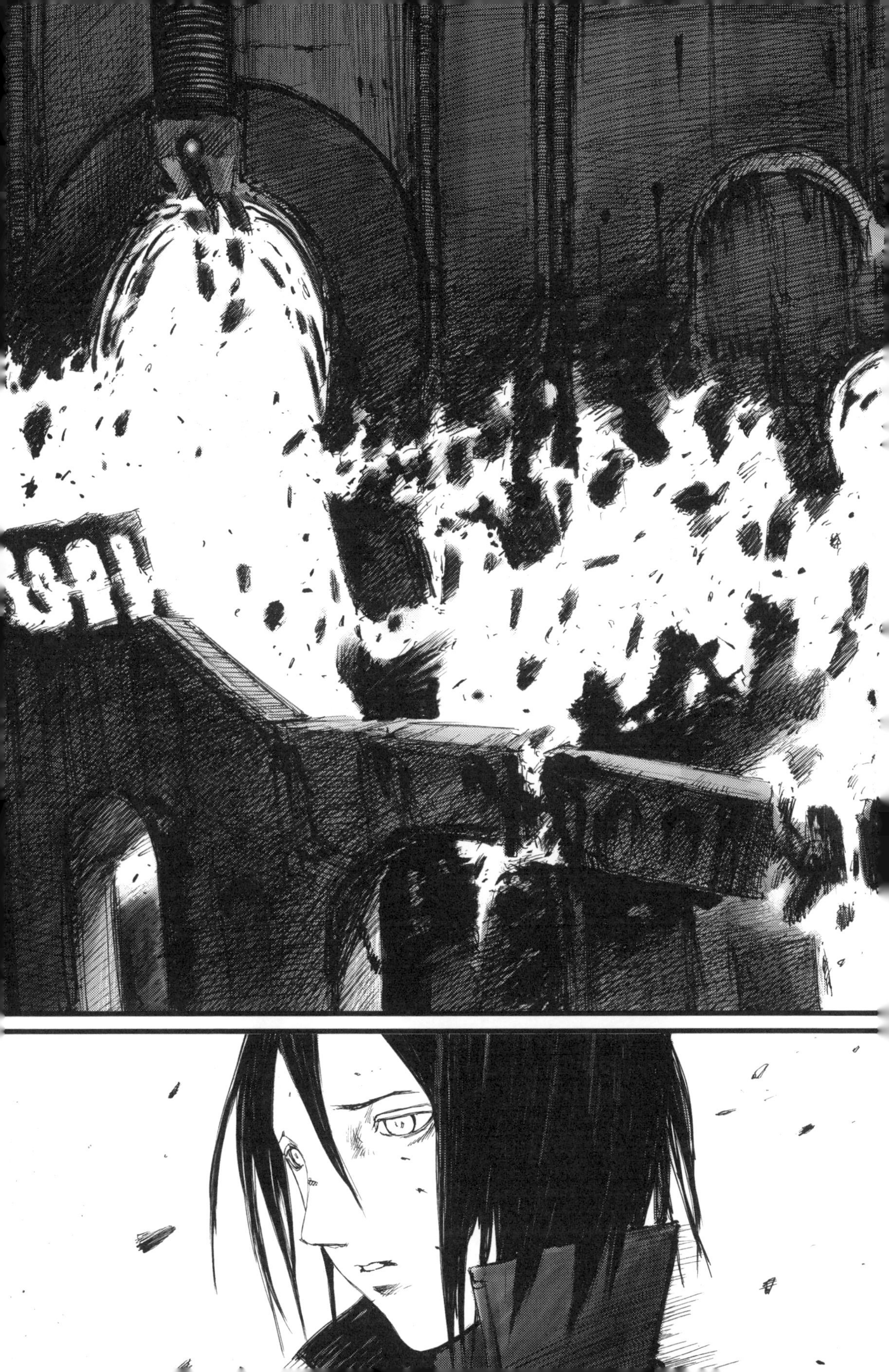

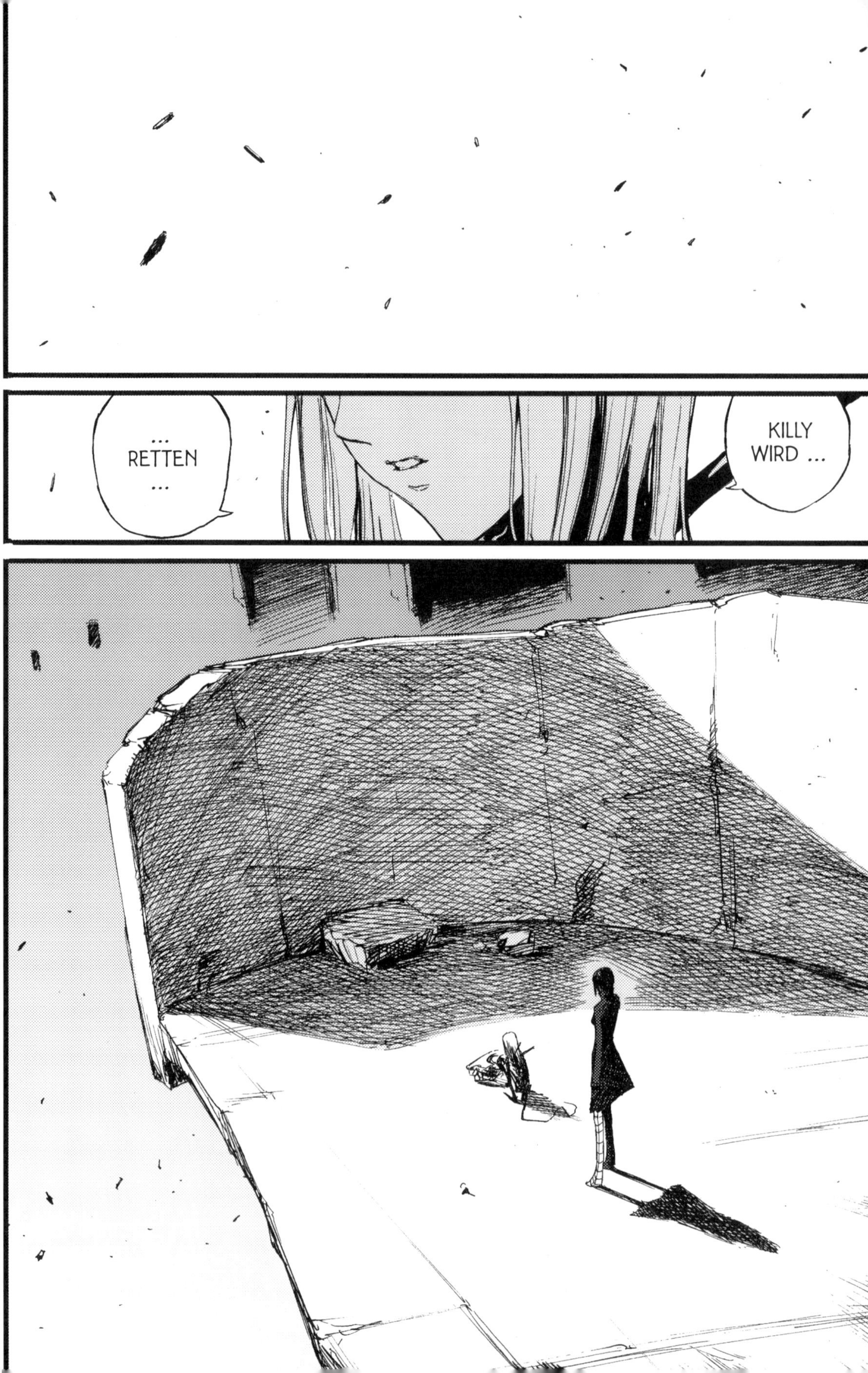
KILLY WIRD ...
... RETTEN ...

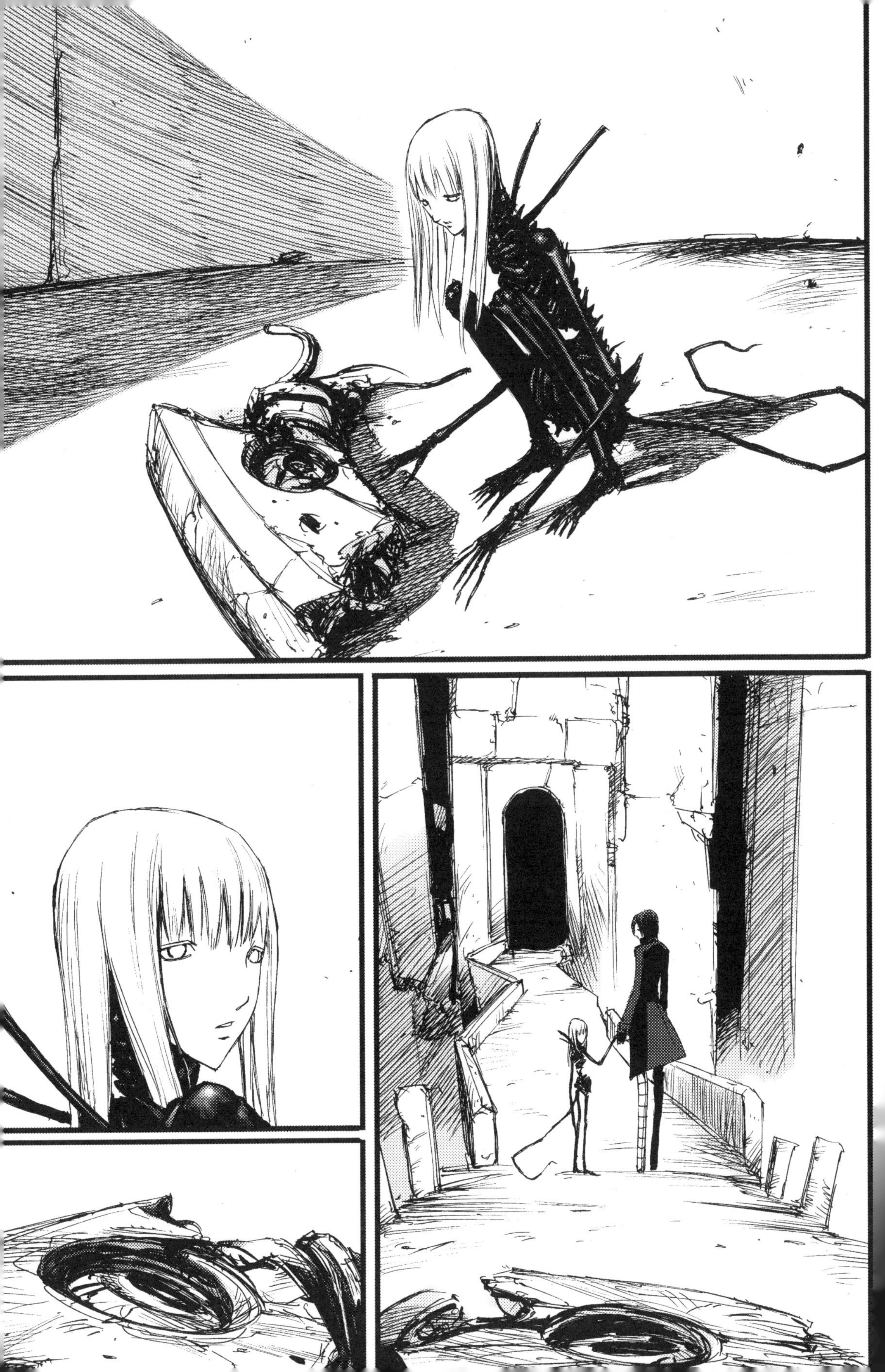

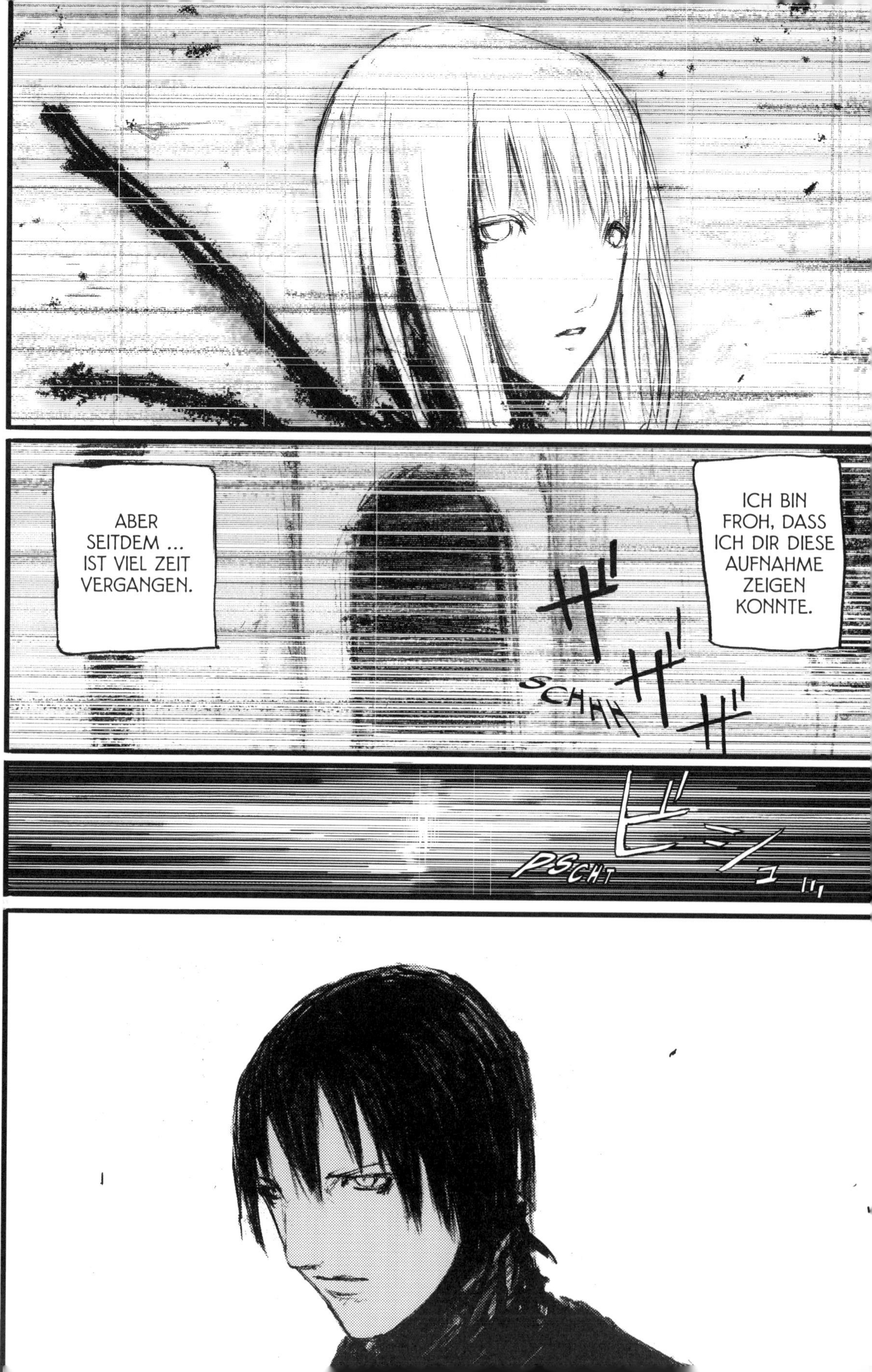
ICH BIN FROH, DASS ICH DIR DIESE AUFNAHME ZEIGEN KONNTE.
ABER SEITDEM ... IST VIEL ZEIT VERGANGEN.
SCHHH
PSCHT

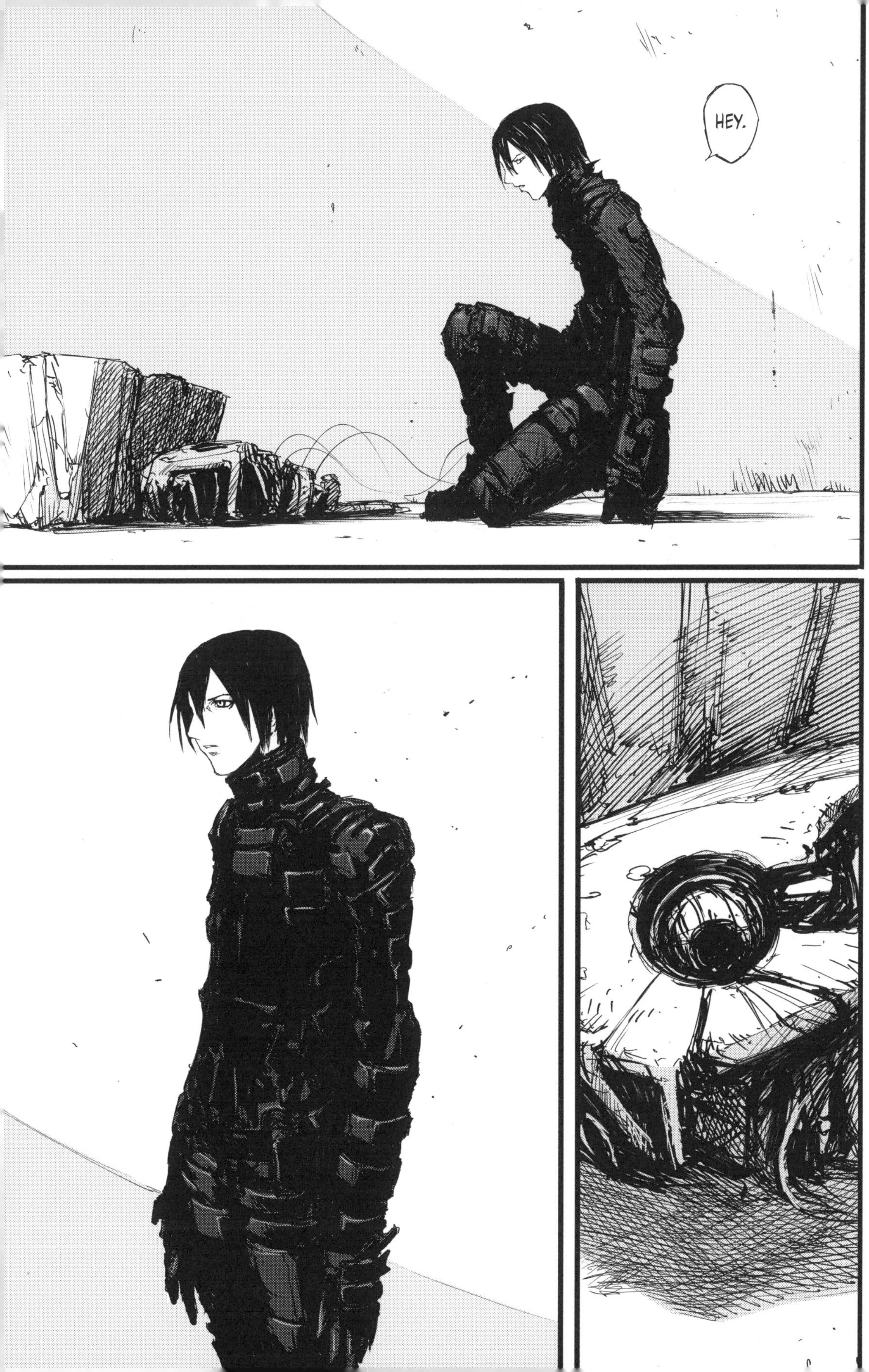
HEY.

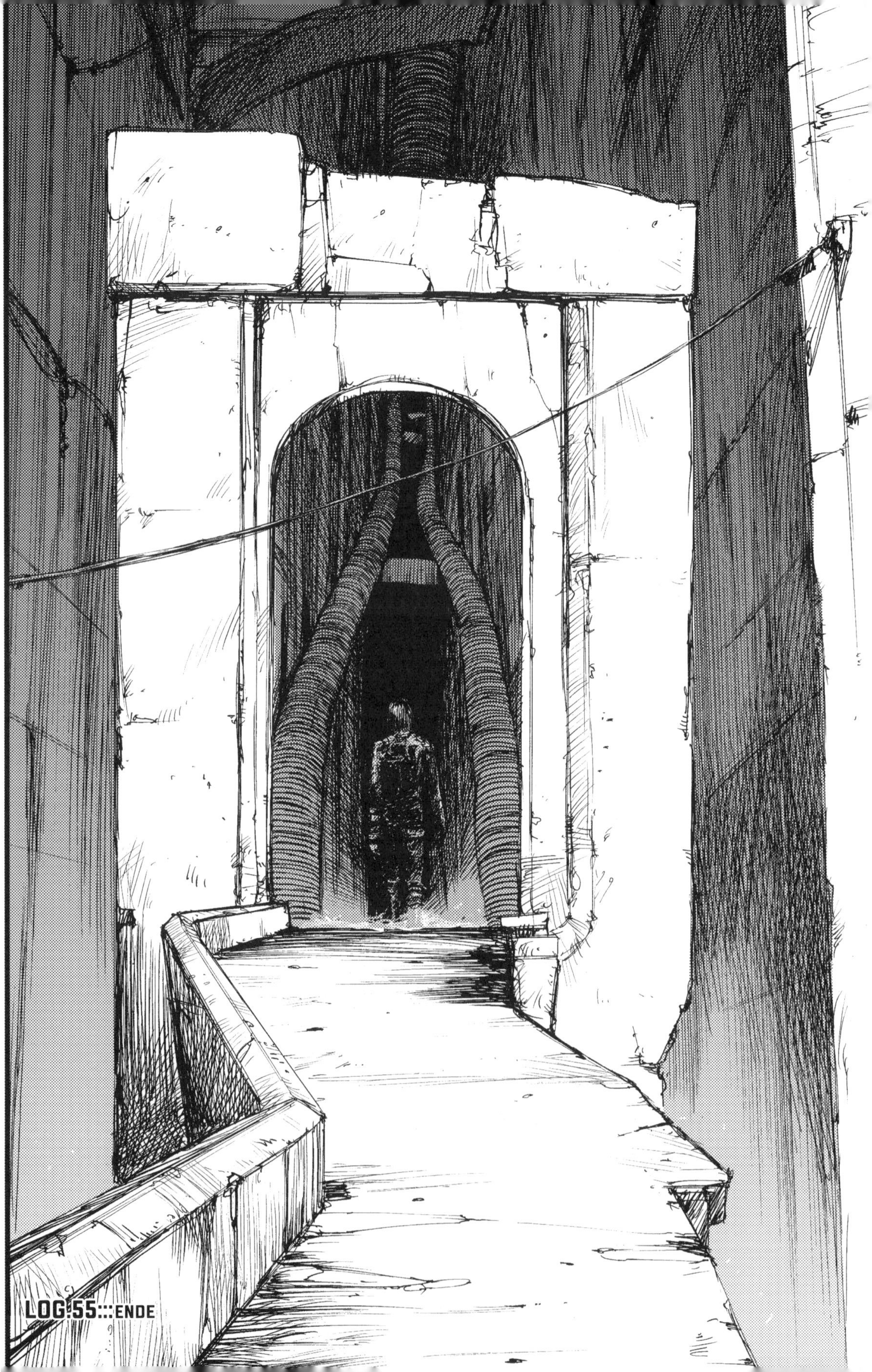
LOG.55:::ENDE

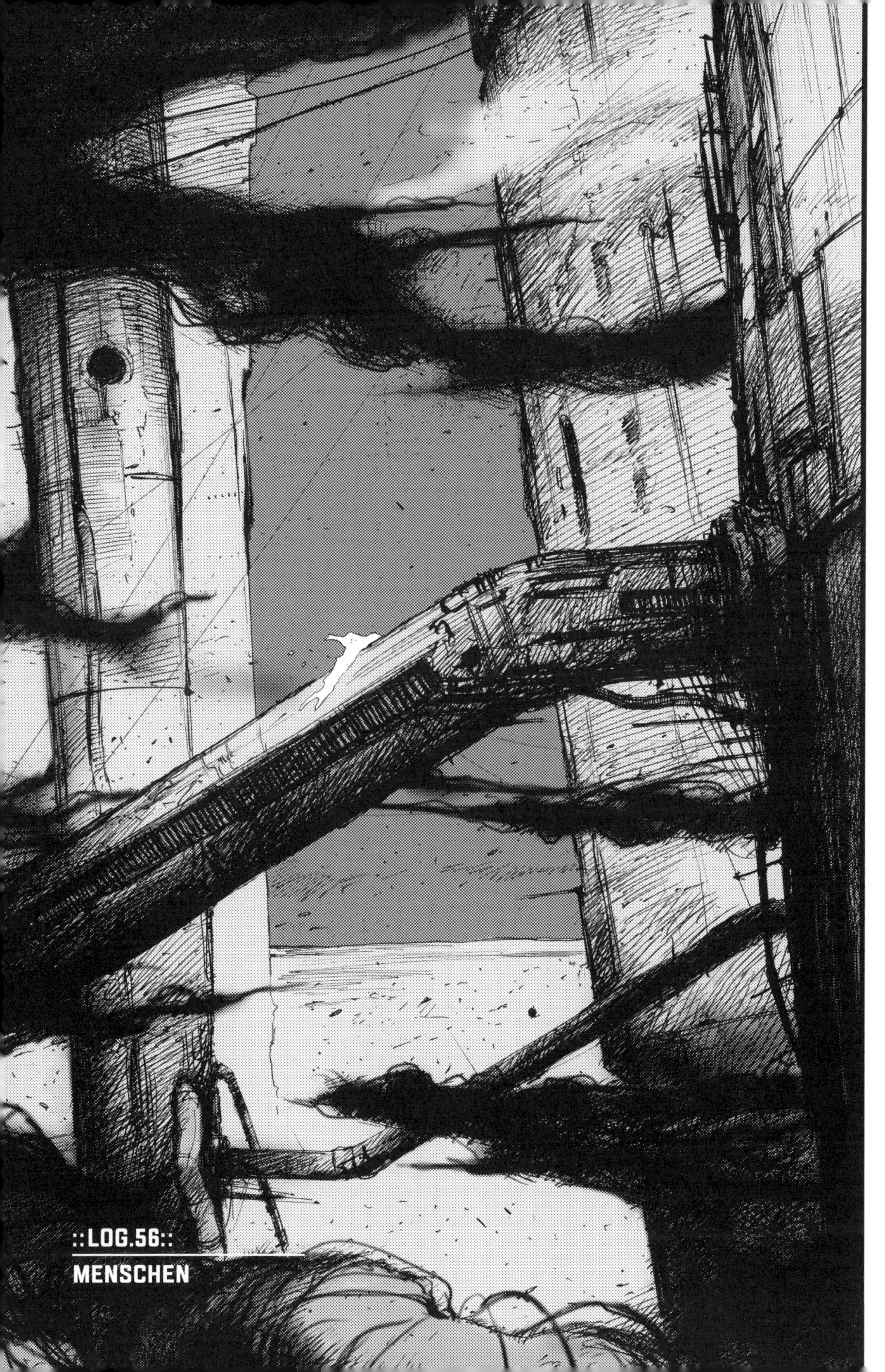

::LOG.56::

MENSCHEN

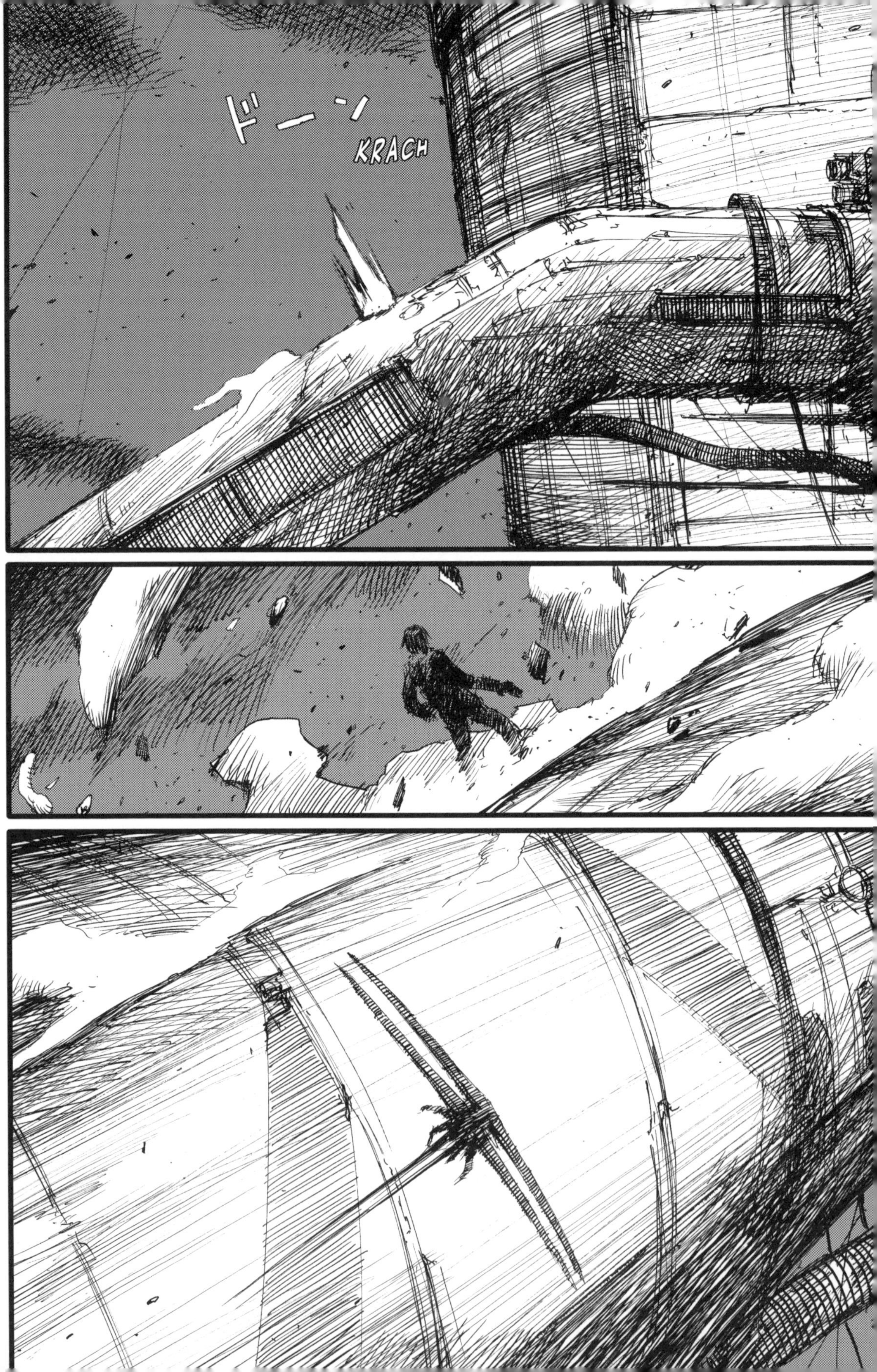
ドーン
KRACH

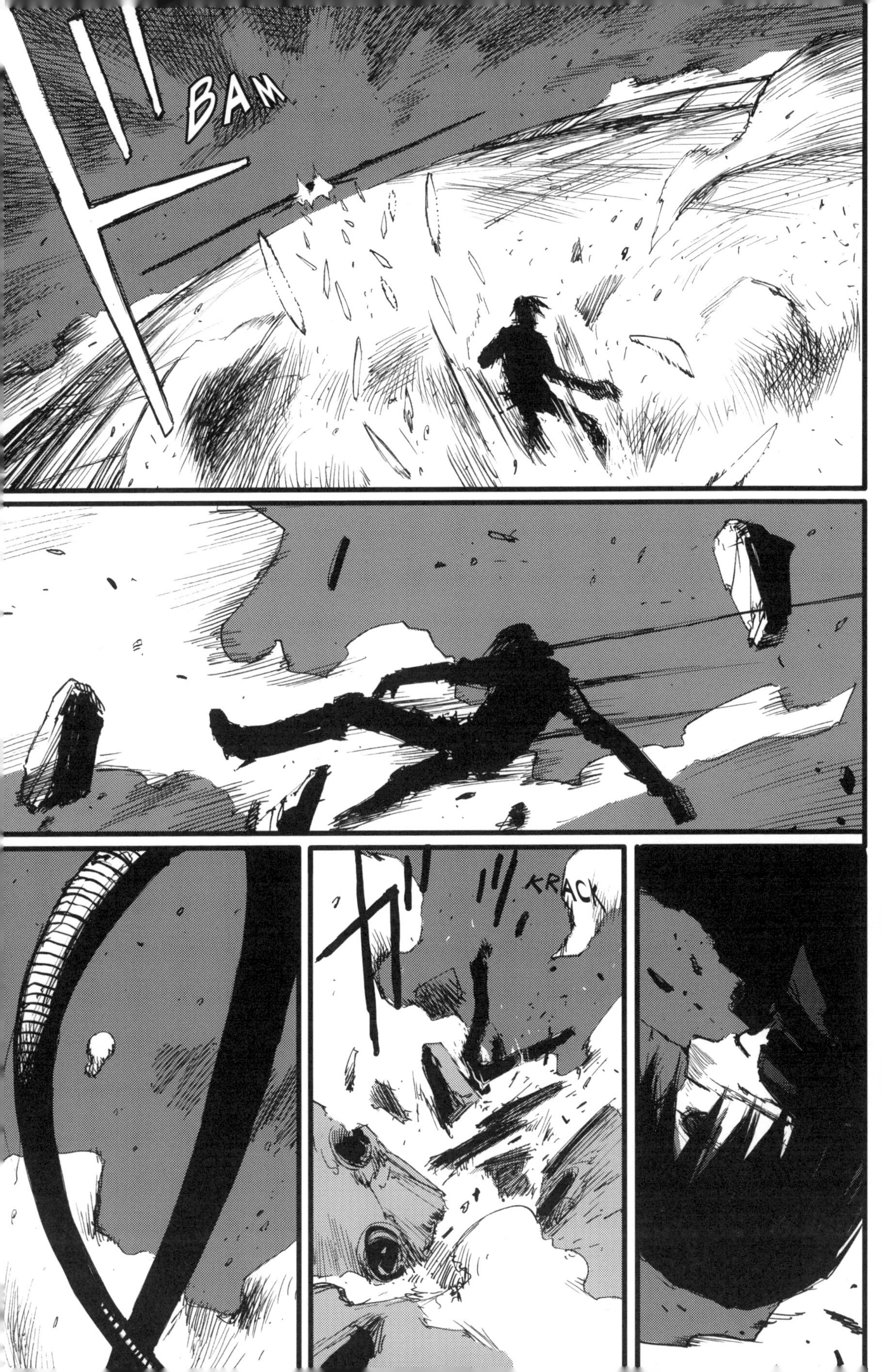
BAM
KRACK

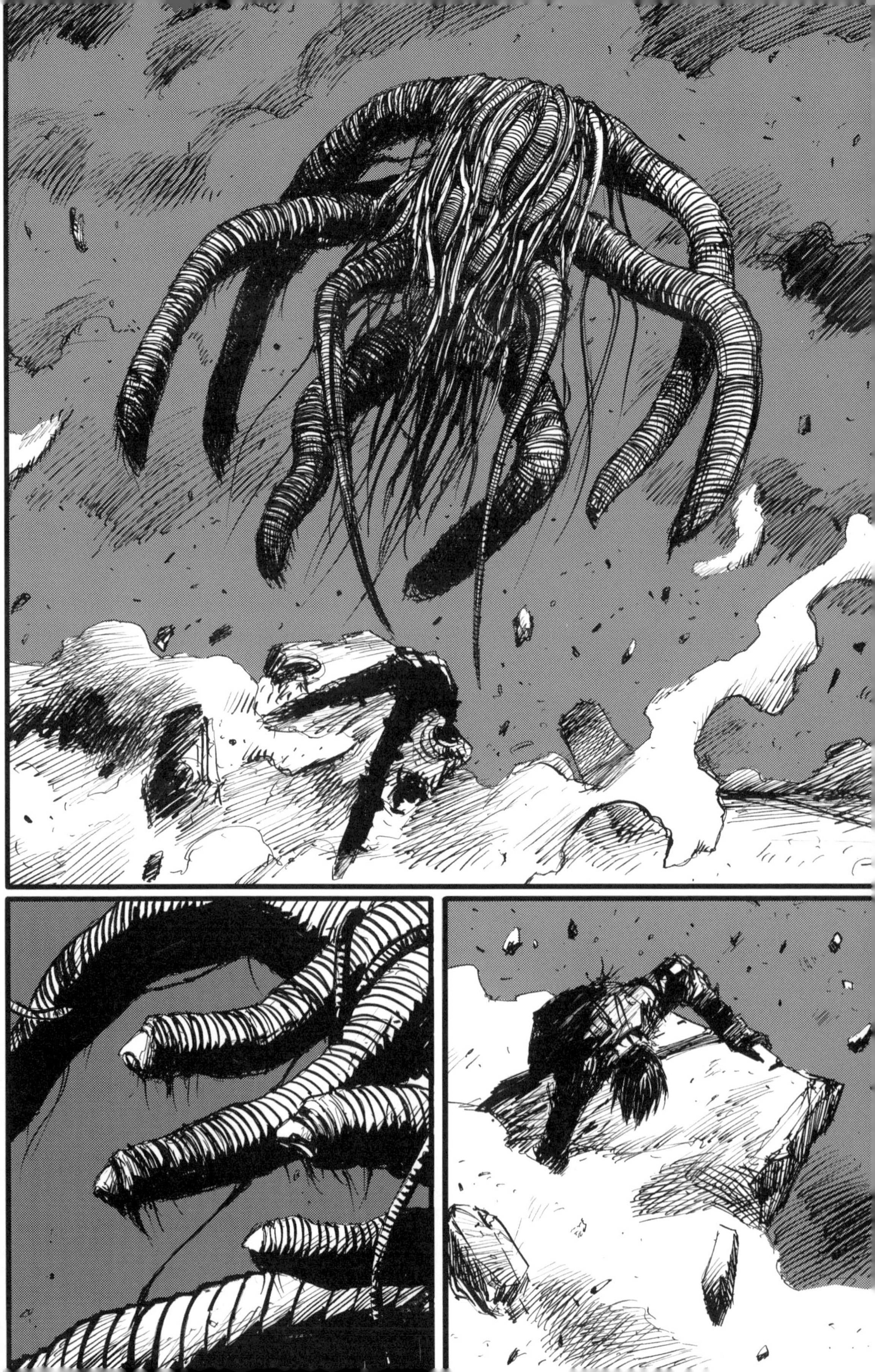

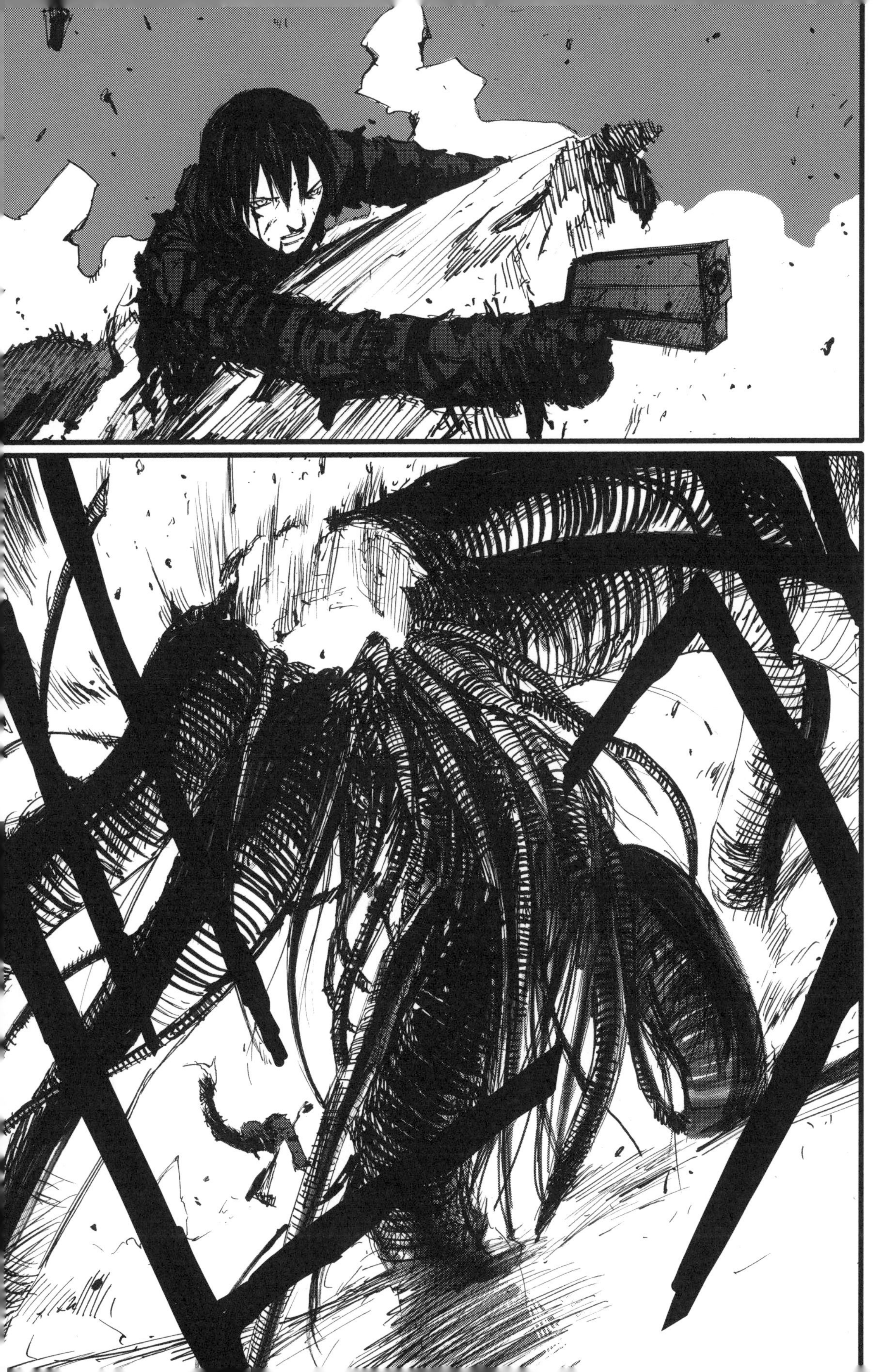

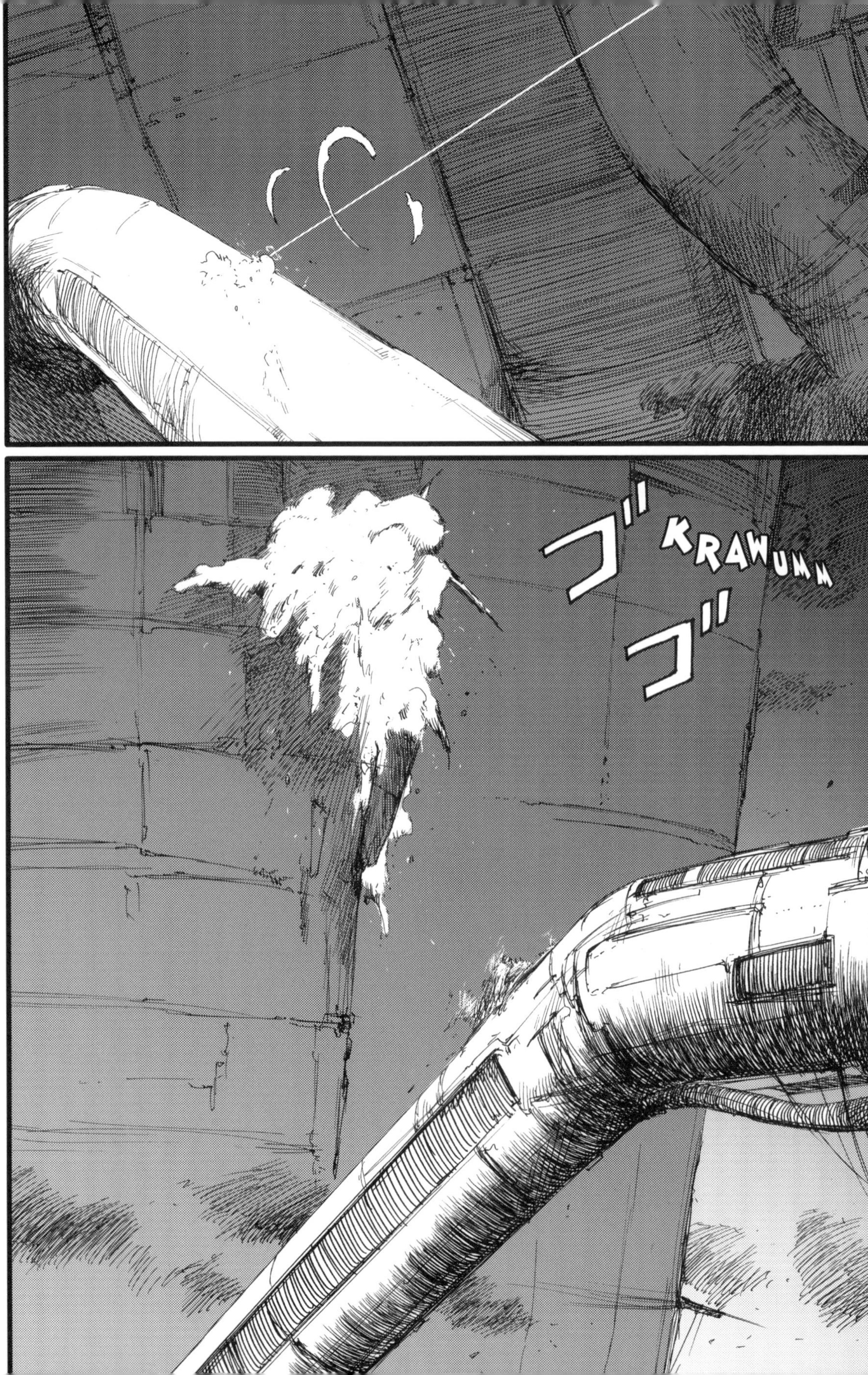
ゴ
KRAWUMM
ゴ

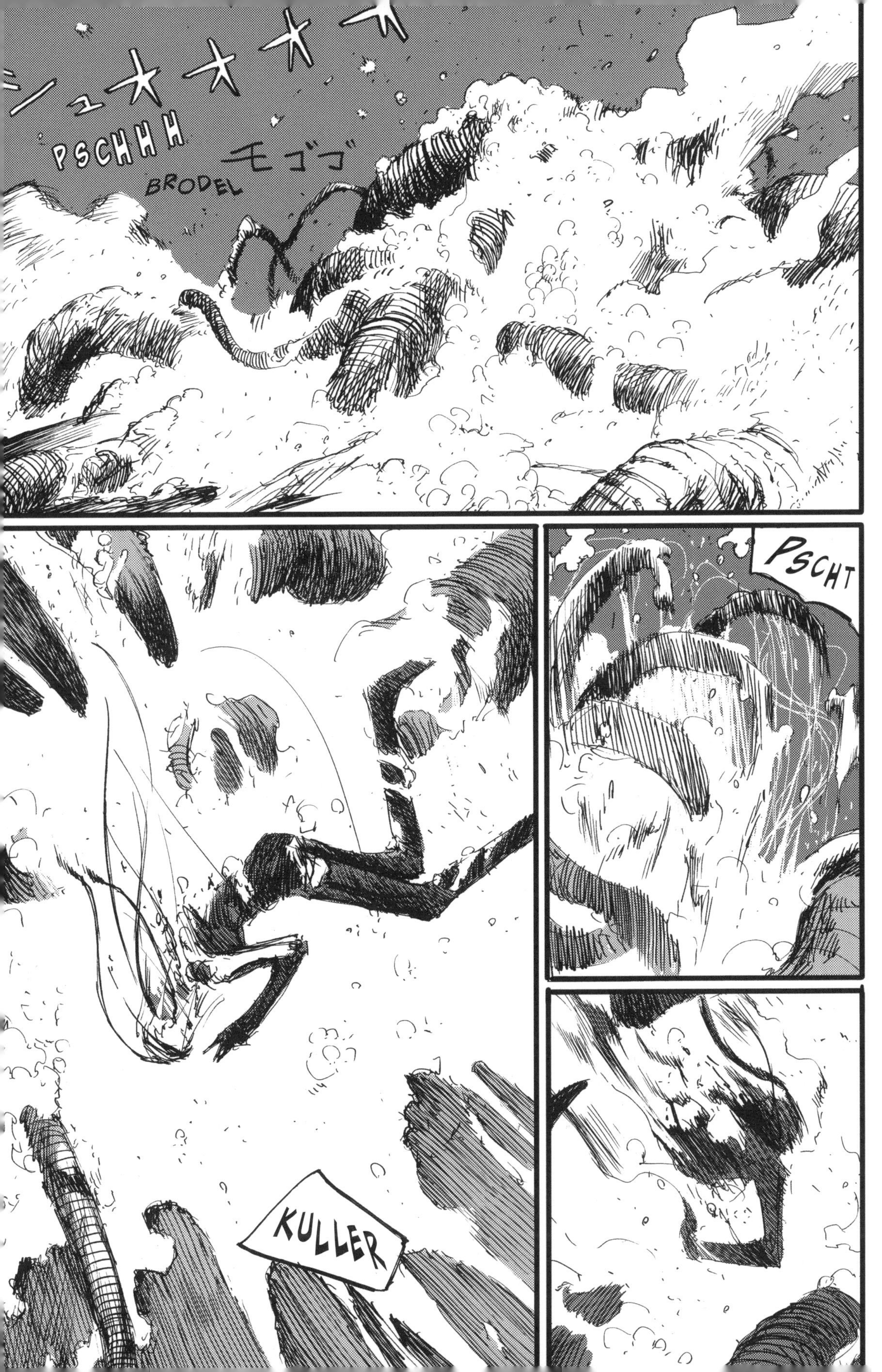
シュオオオオ
PSCHHH
モゴゴ
BRODEL
PSCHT
KULLER

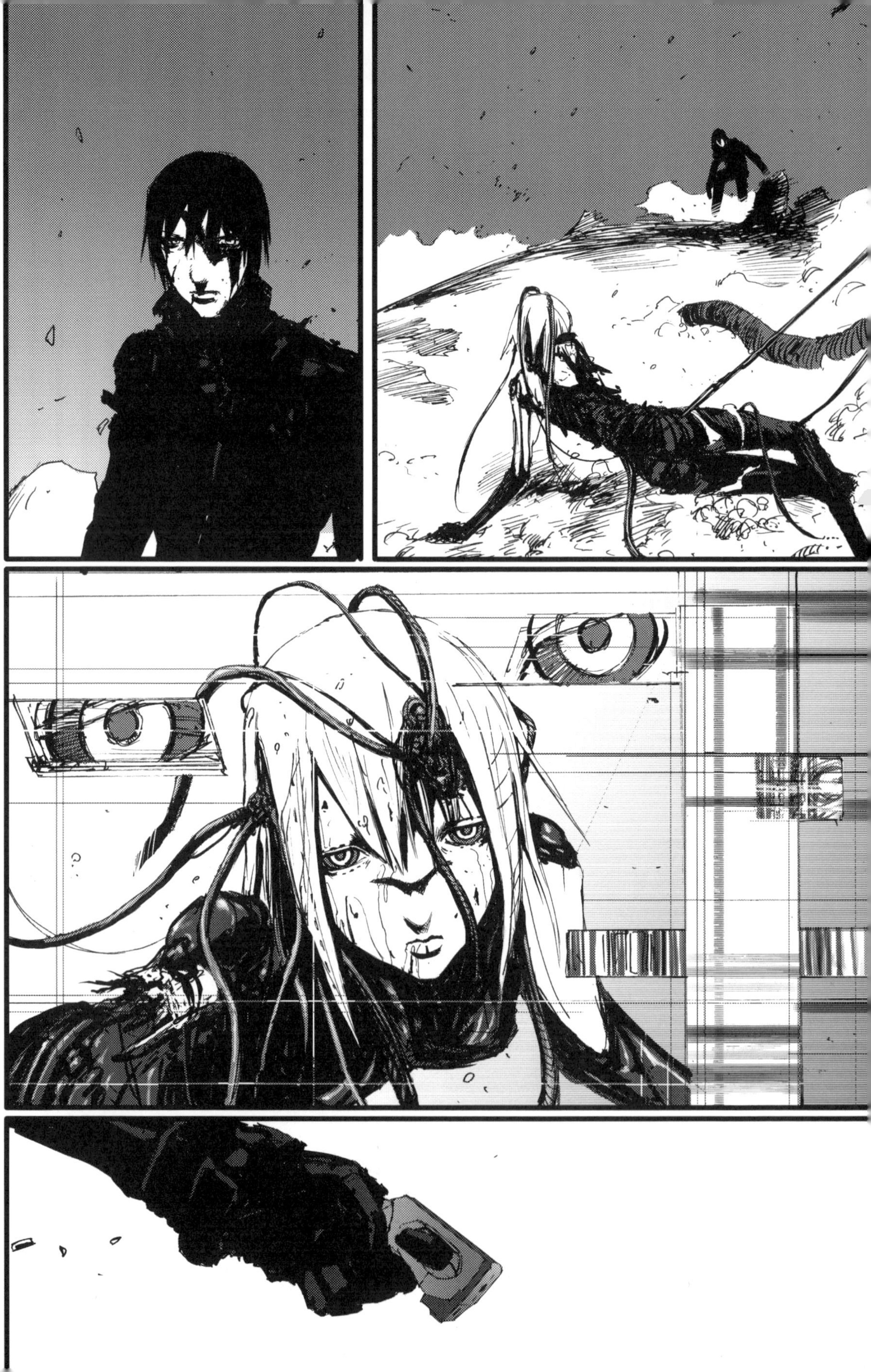

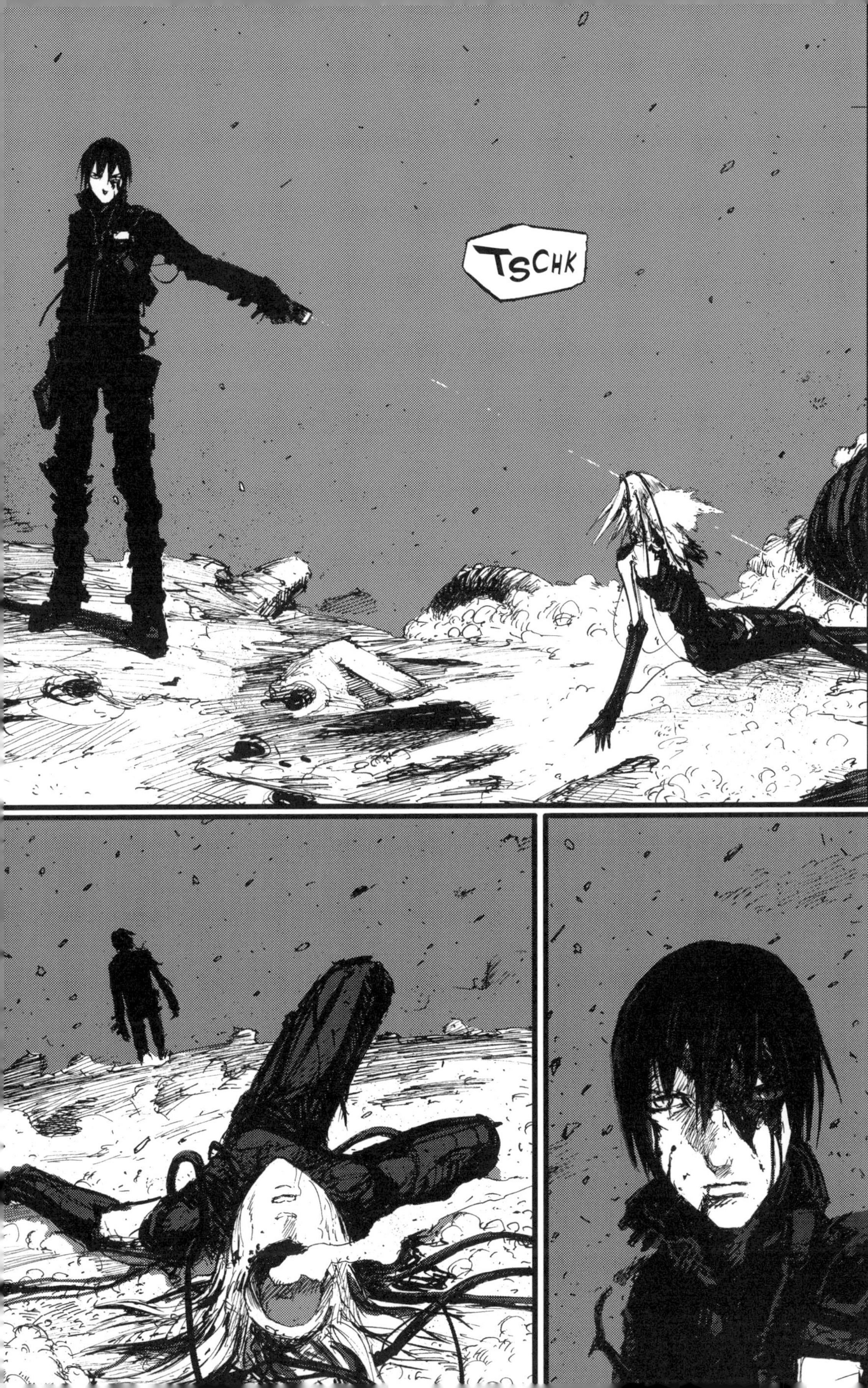
TSCHK

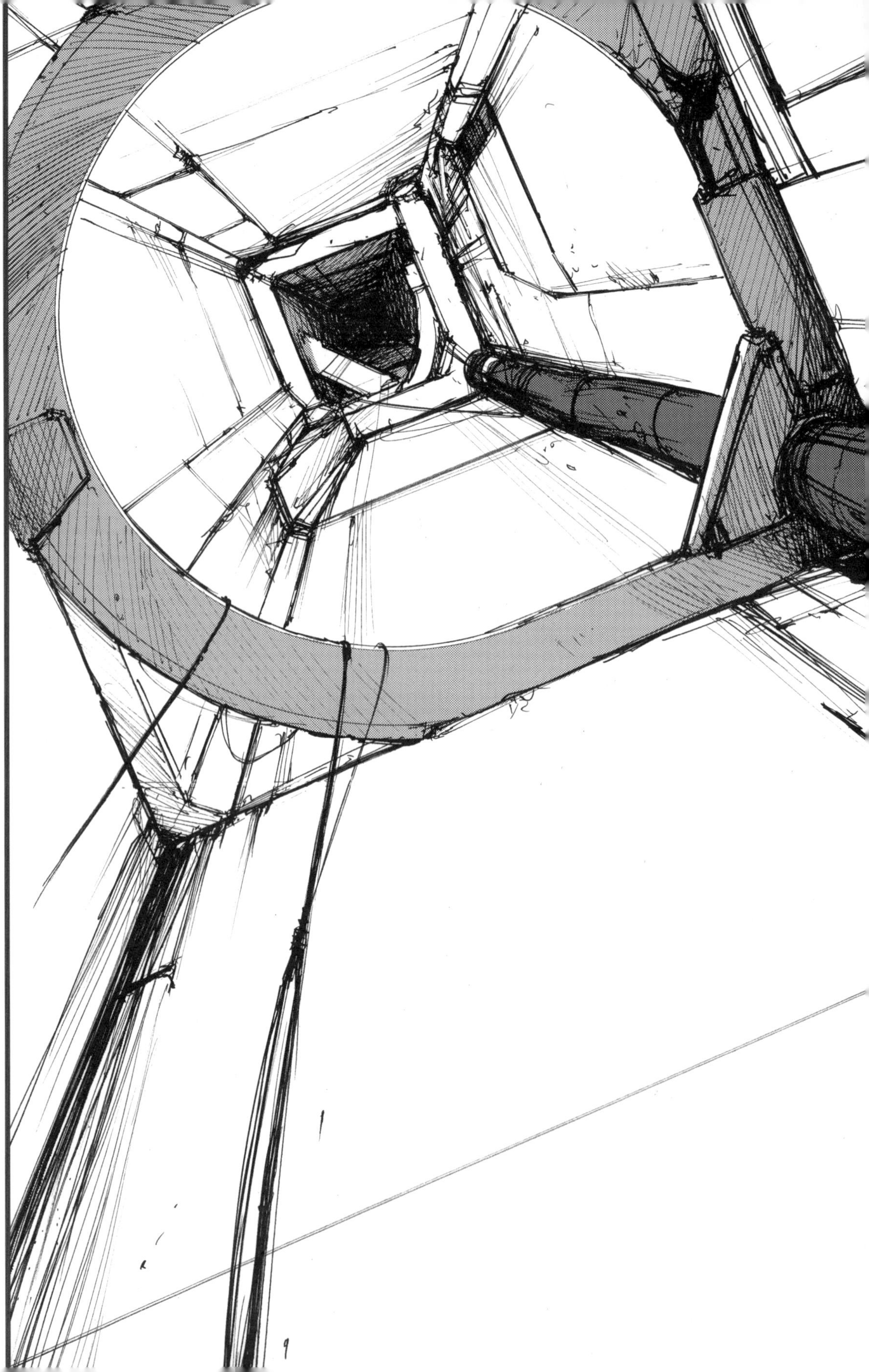

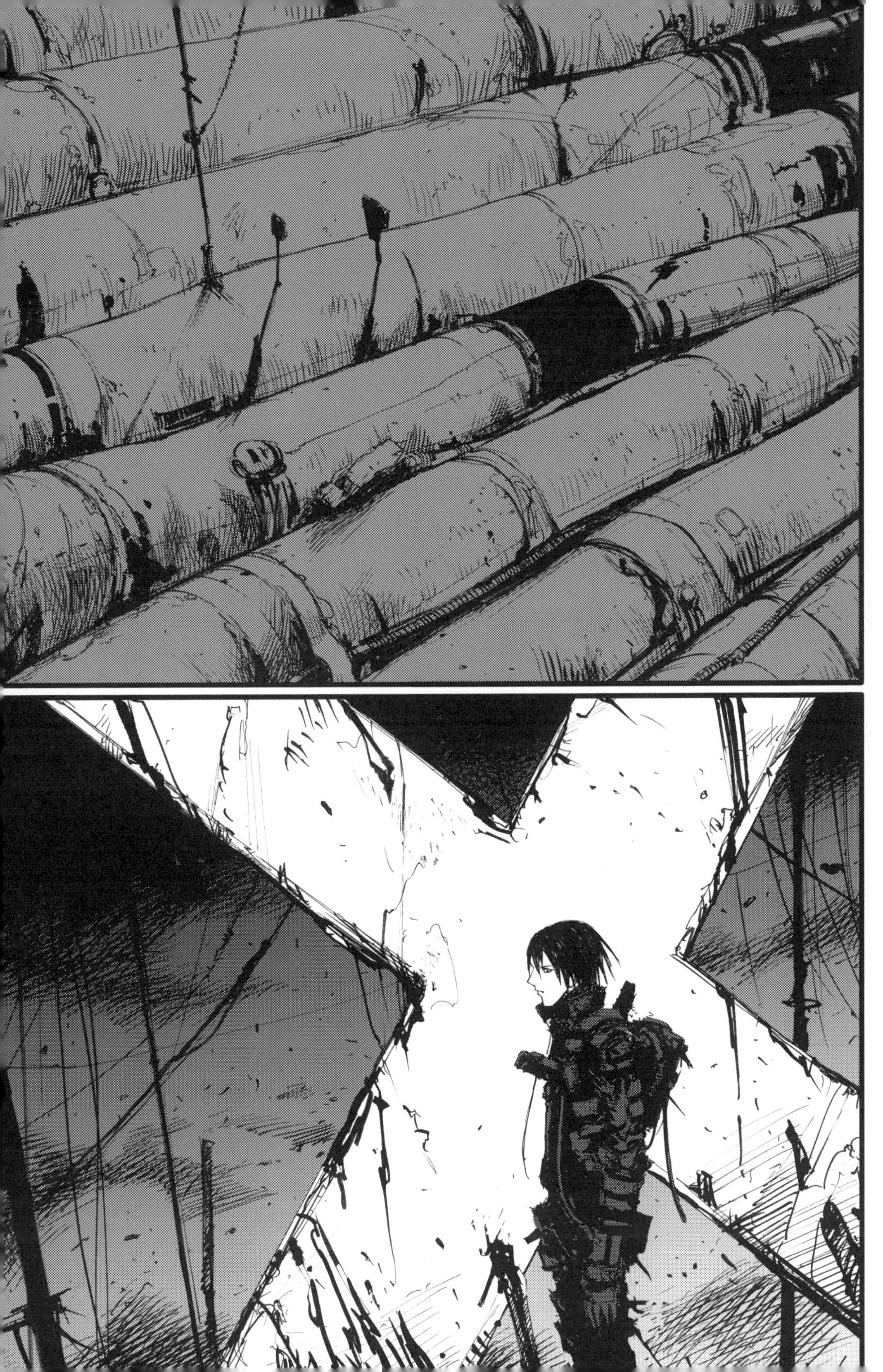

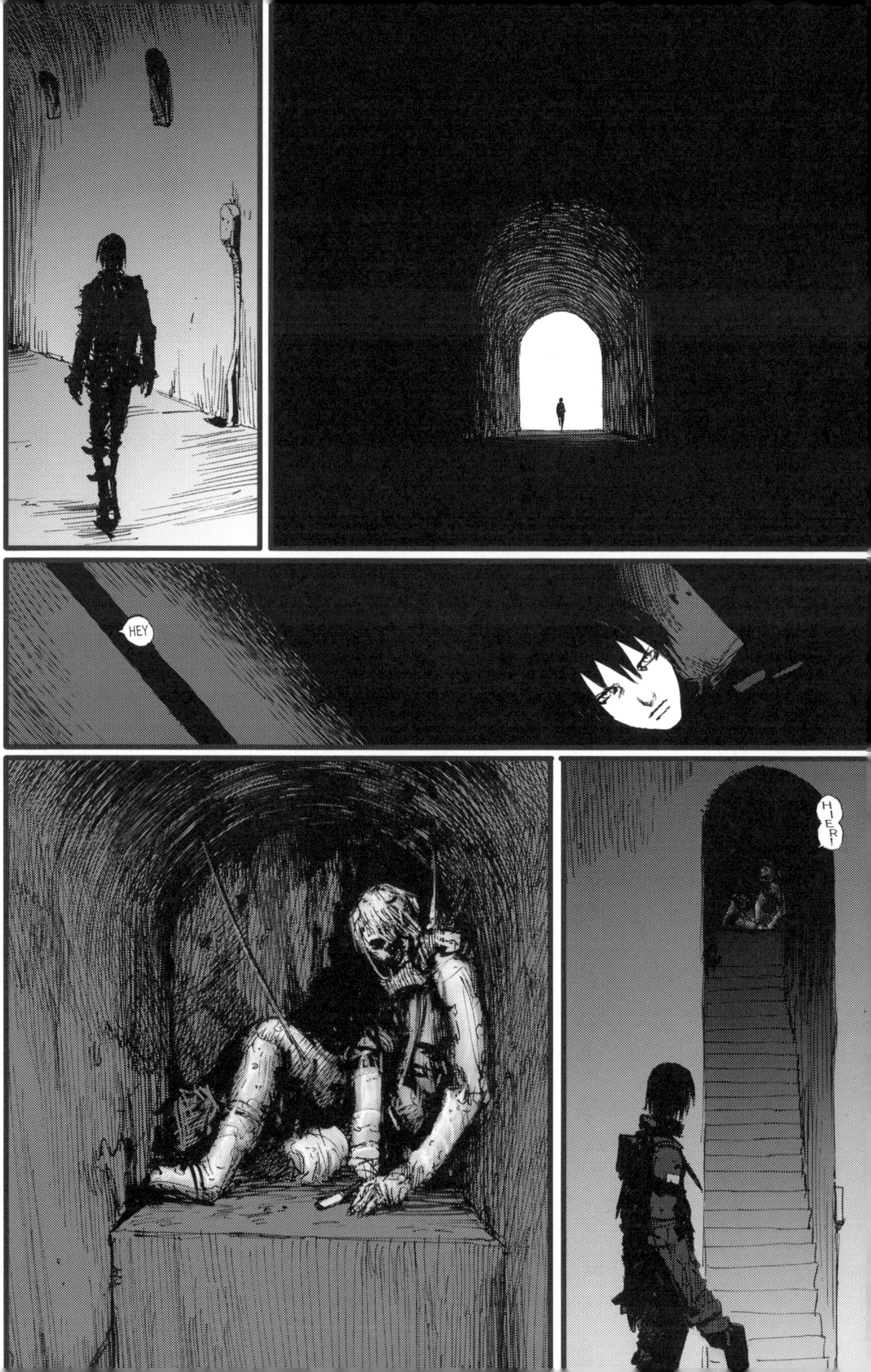
HEY
HIER!

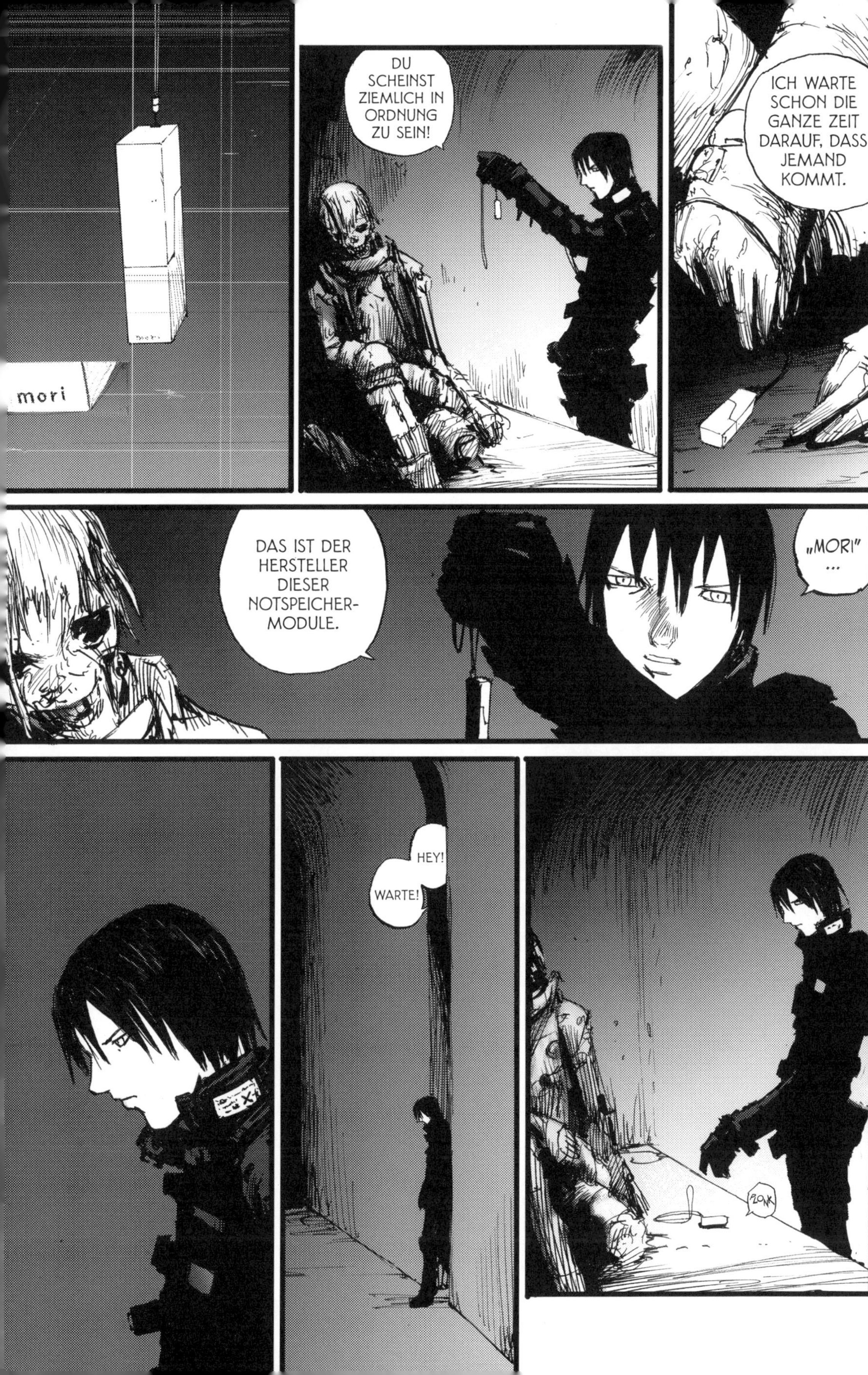

mori
DU SCHEINST ZIEMLICH IN ORDNUNG ZU SEIN!
ICH WARTE SCHON DIE GANZE ZEIT DARAUF, DASS JEMAND KOMMT.
DAS IST DER HERSTELLER DIESER NOTSPEICHER-MODULE.
„MORI" …
HEY!
WARTE!
PLONK

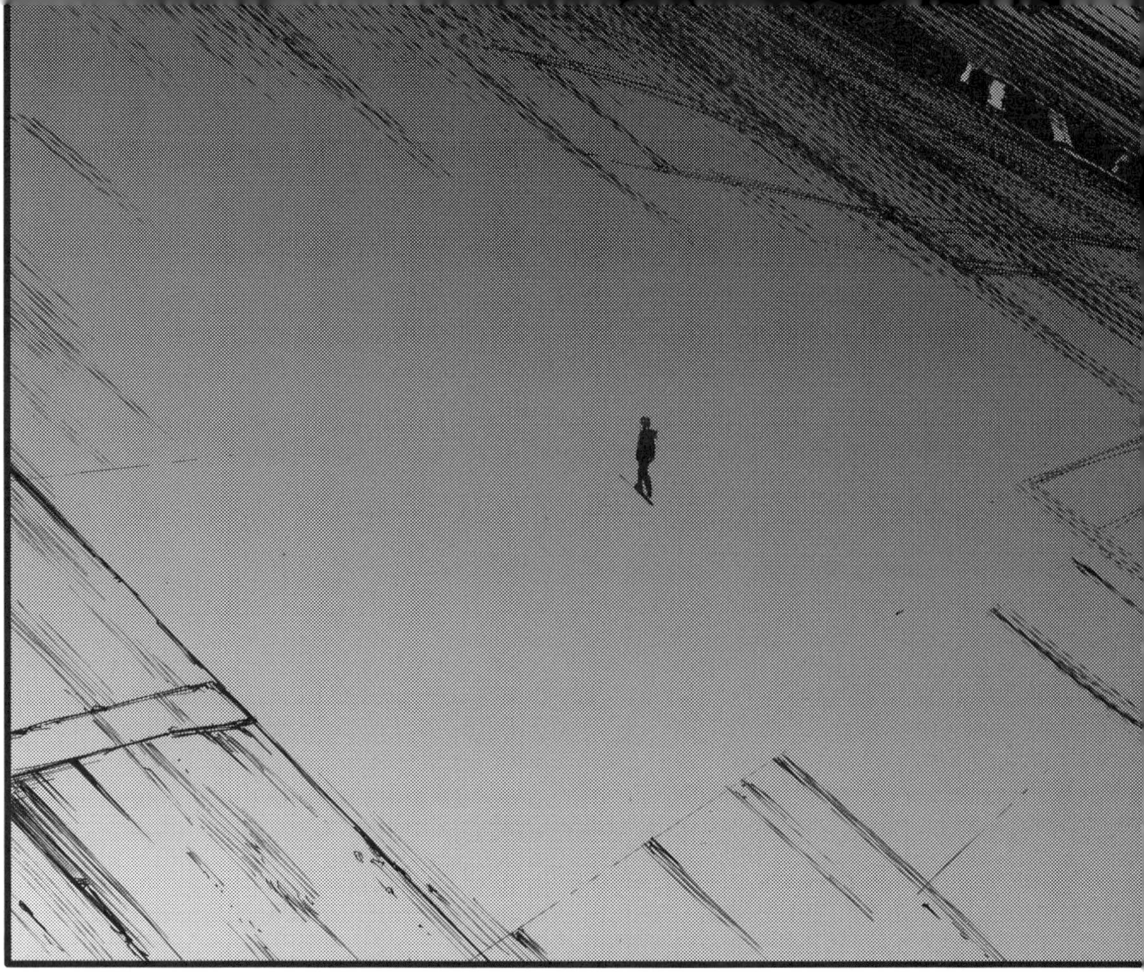
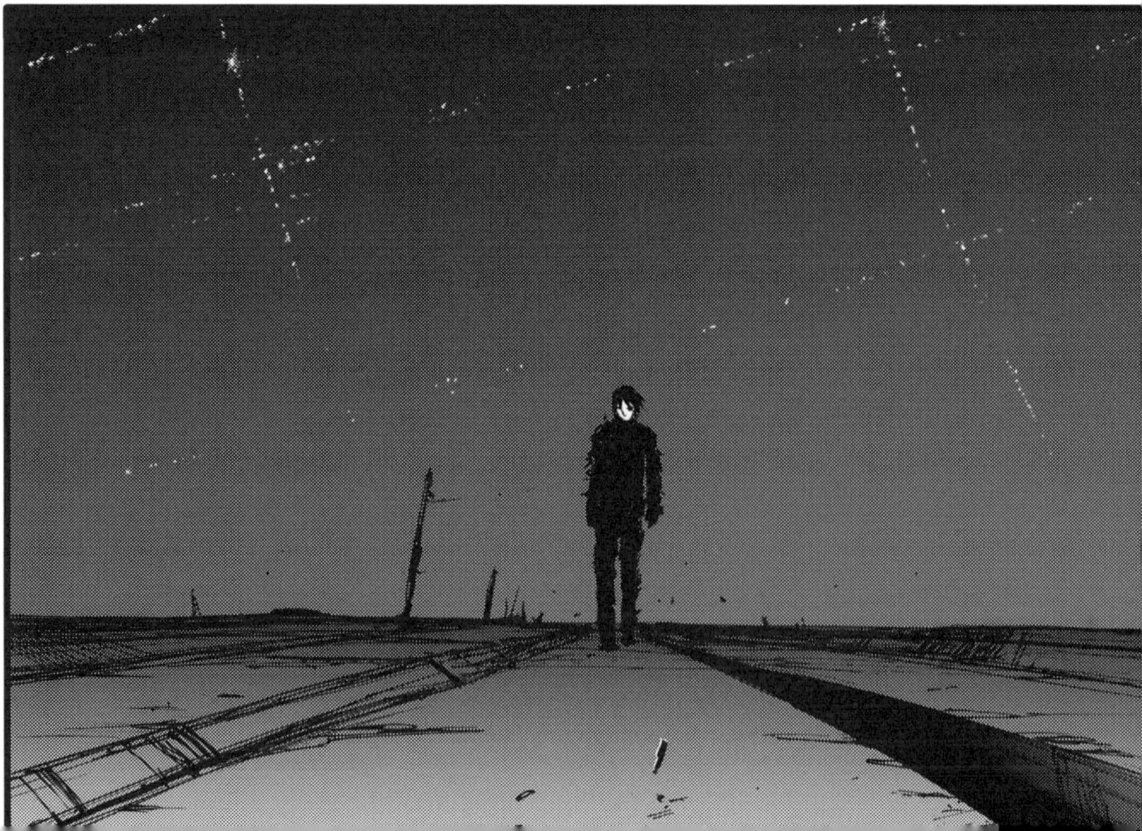

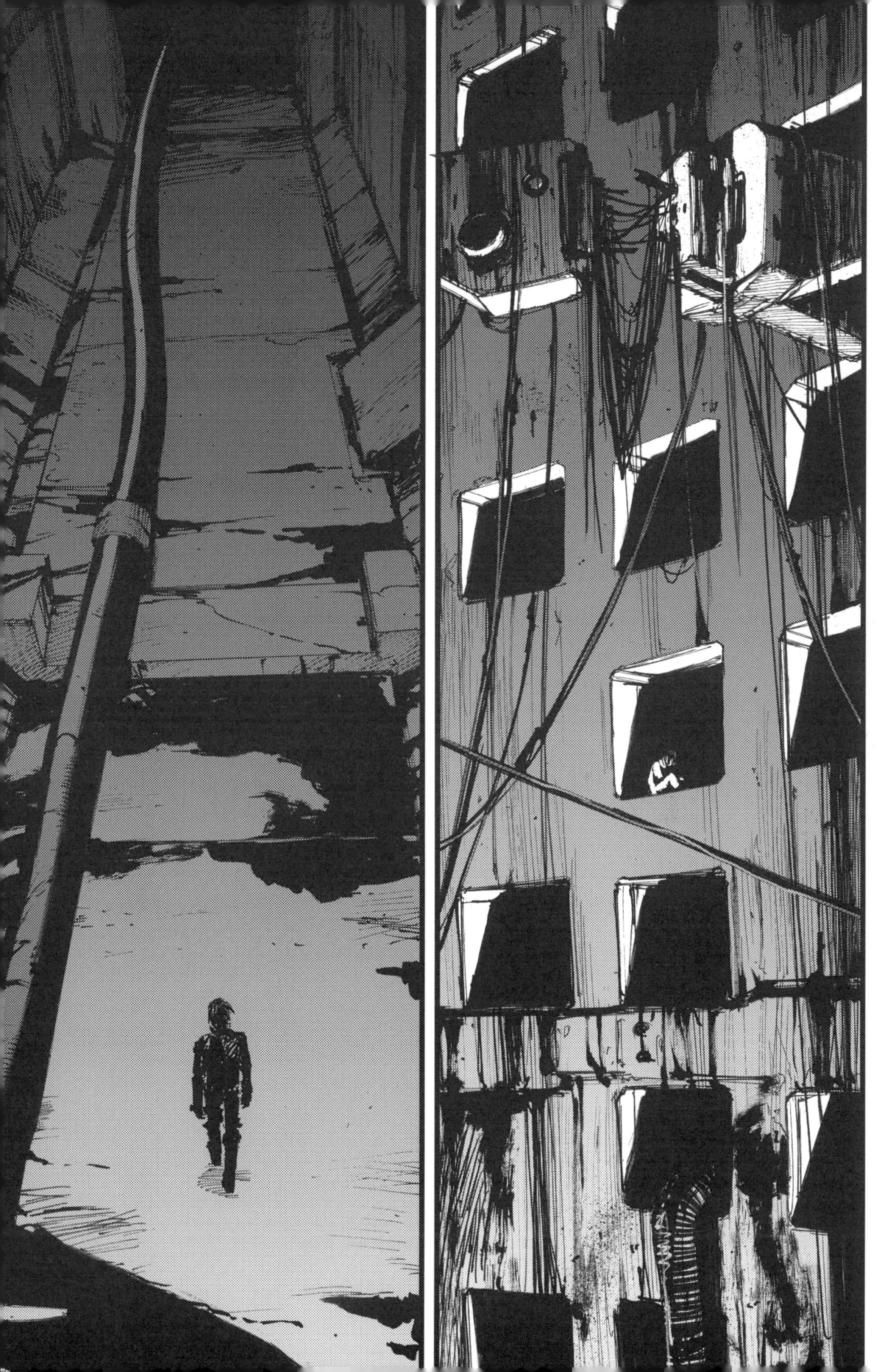

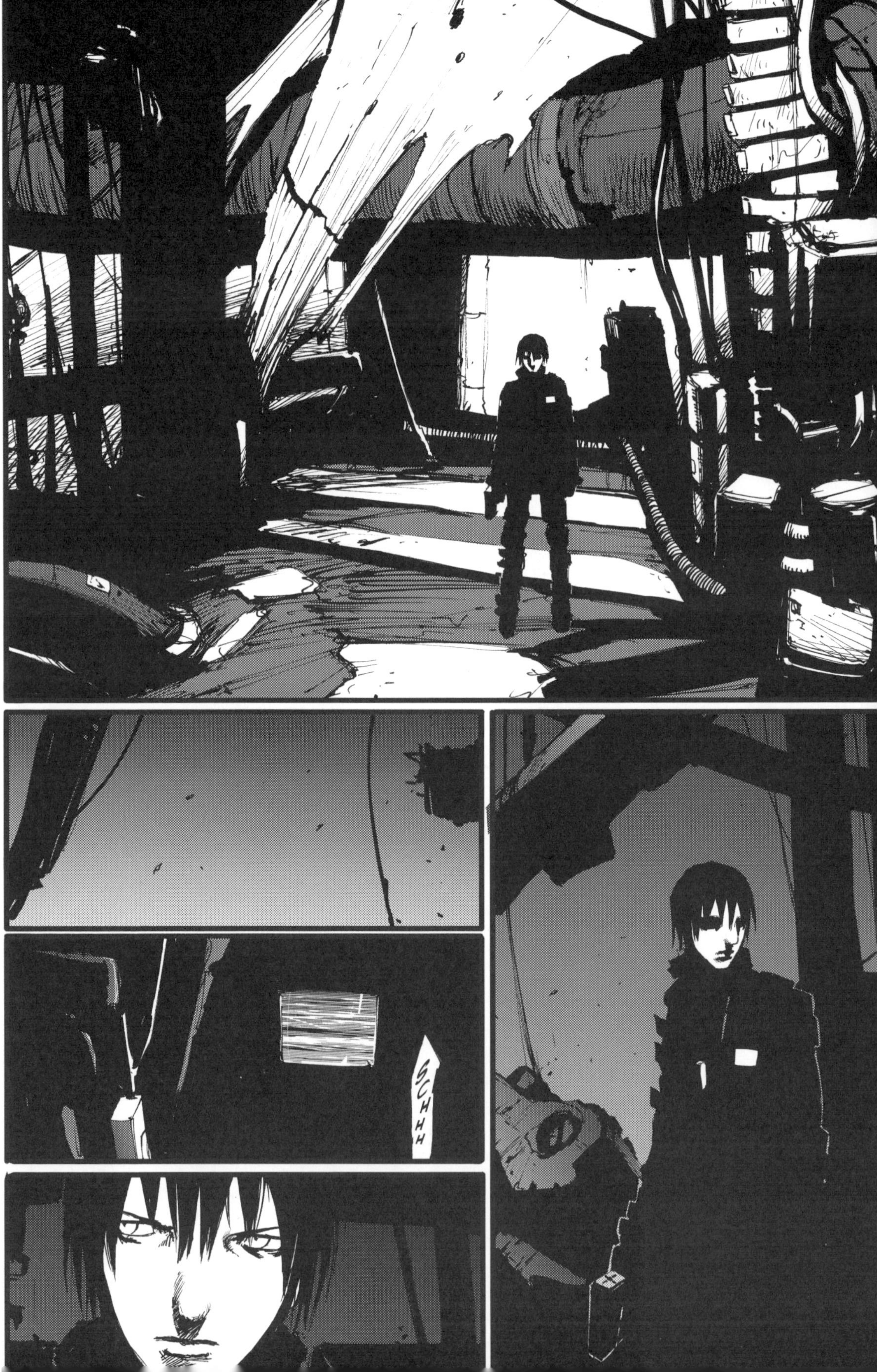
SCHHH

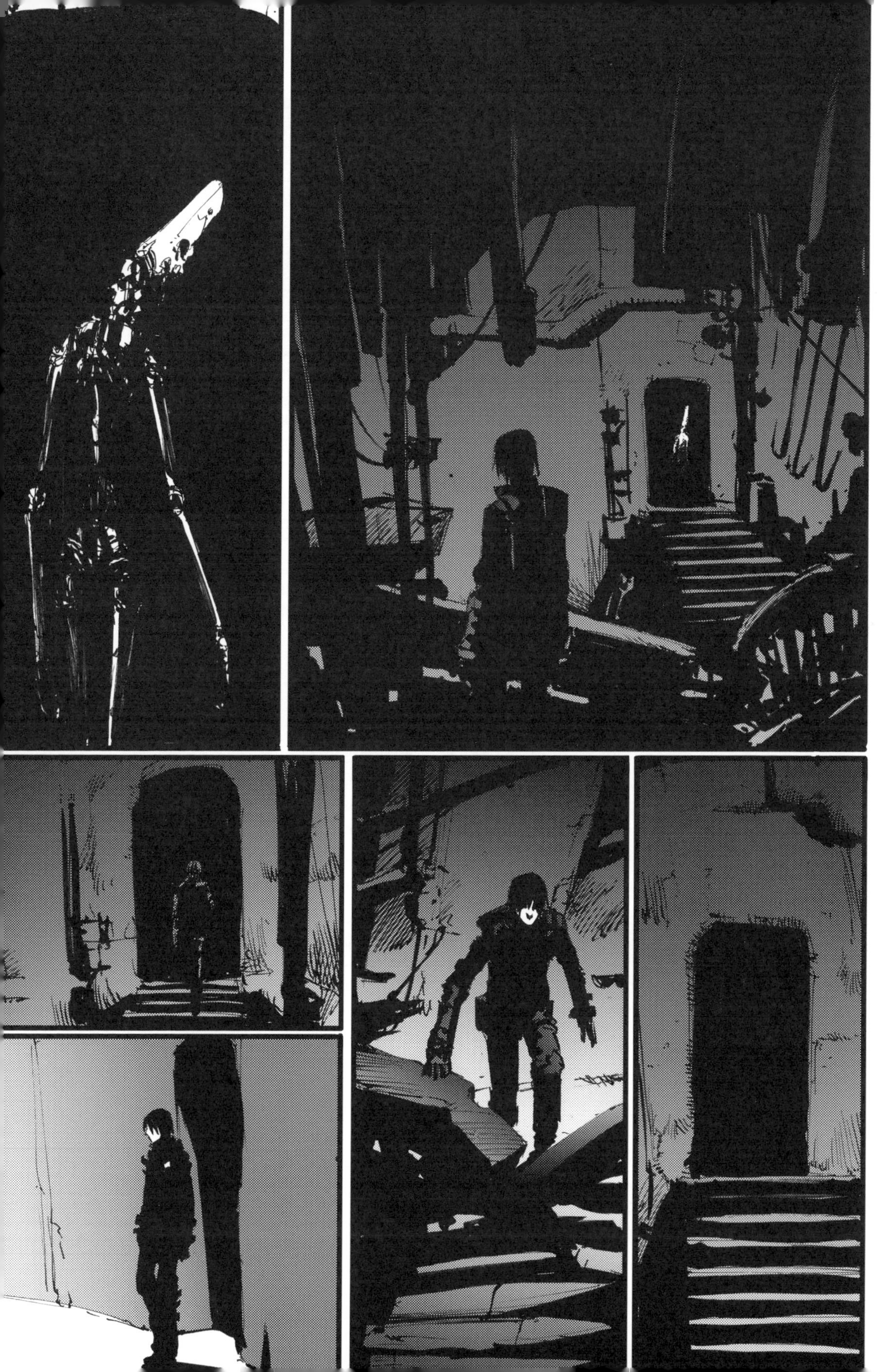

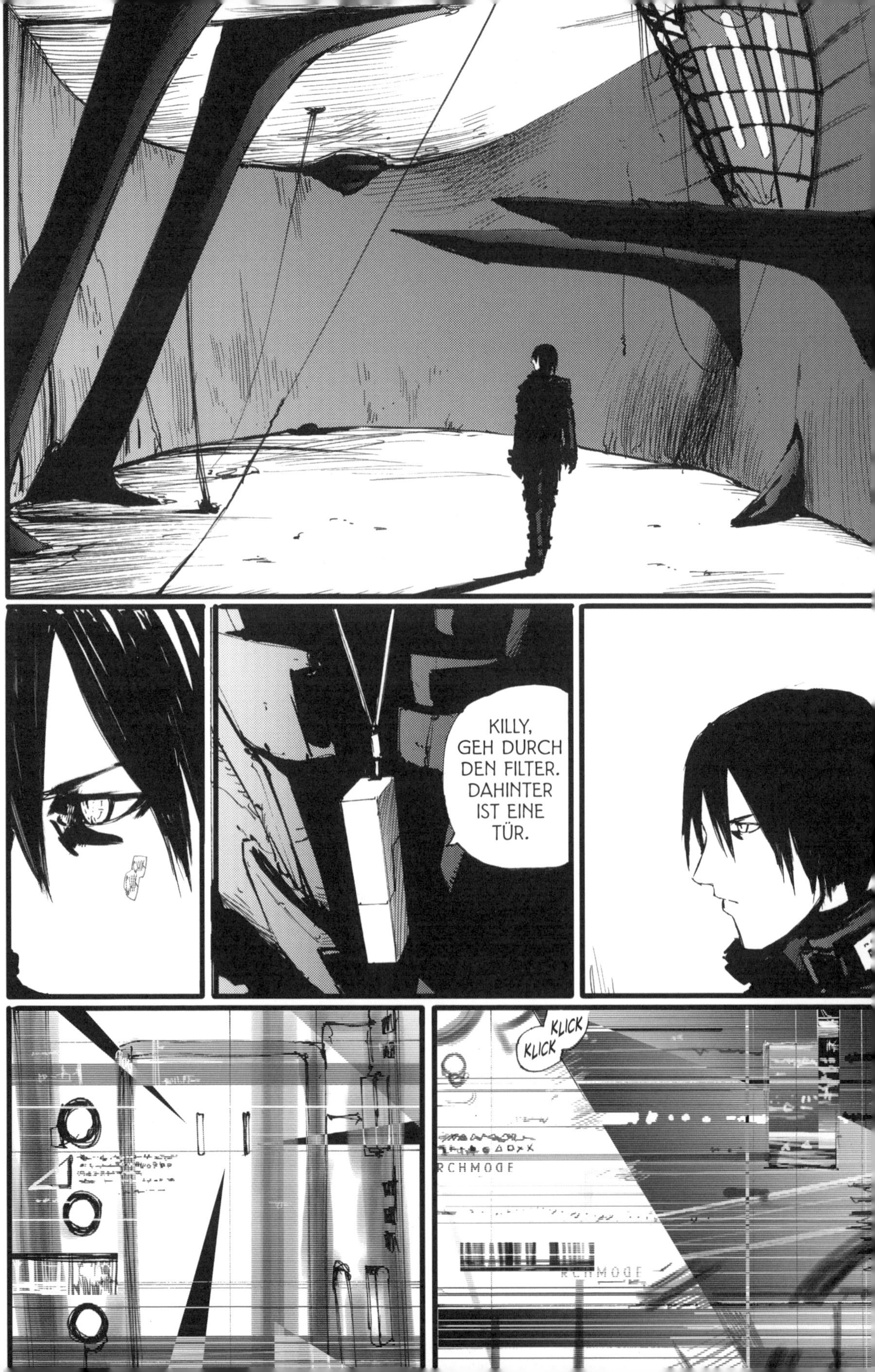
KILLY, GEH DURCH DEN FILTER. DAHINTER IST EINE TÜR.
KLICK KLICK

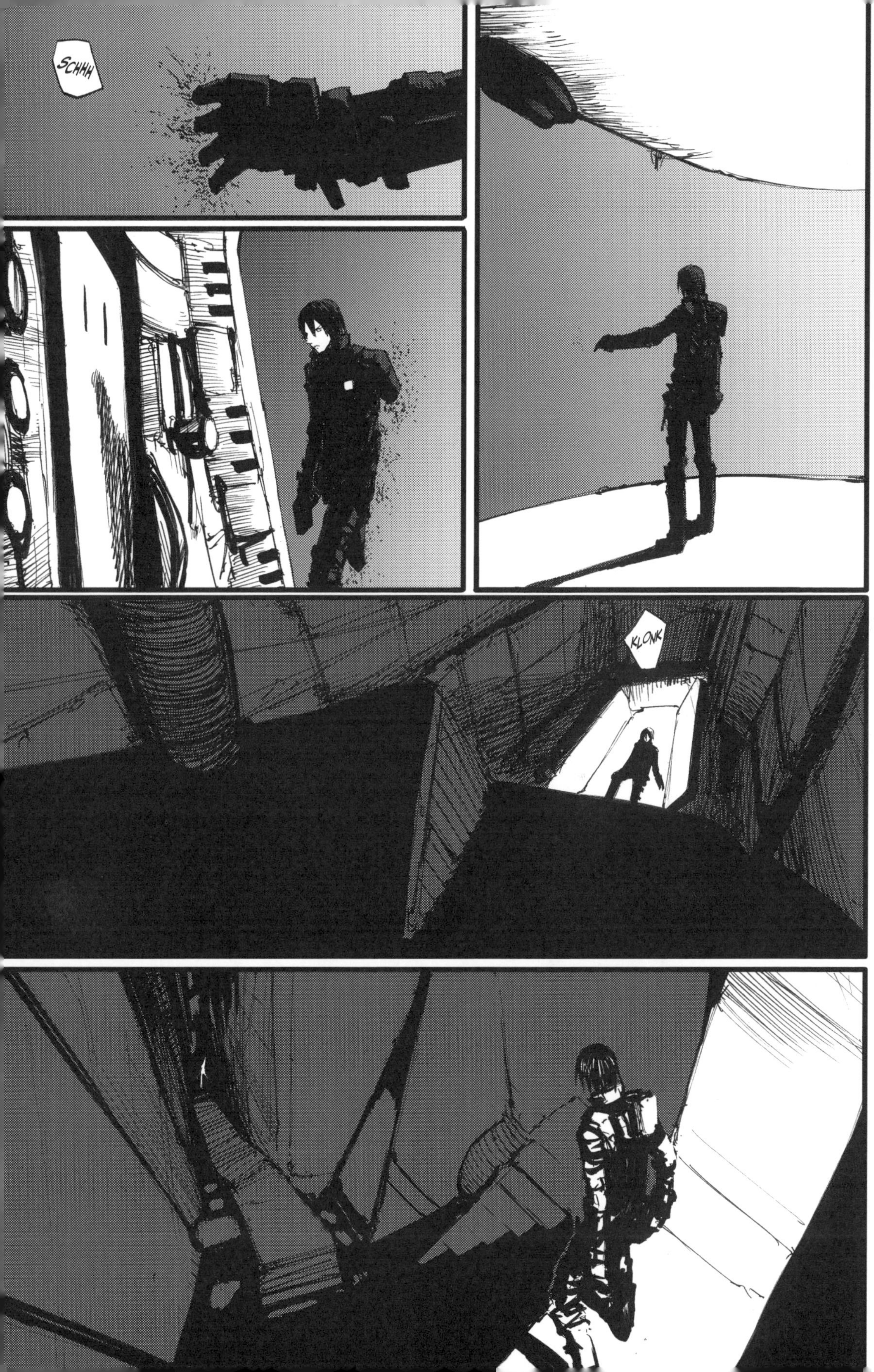
SCHHH
KLONK

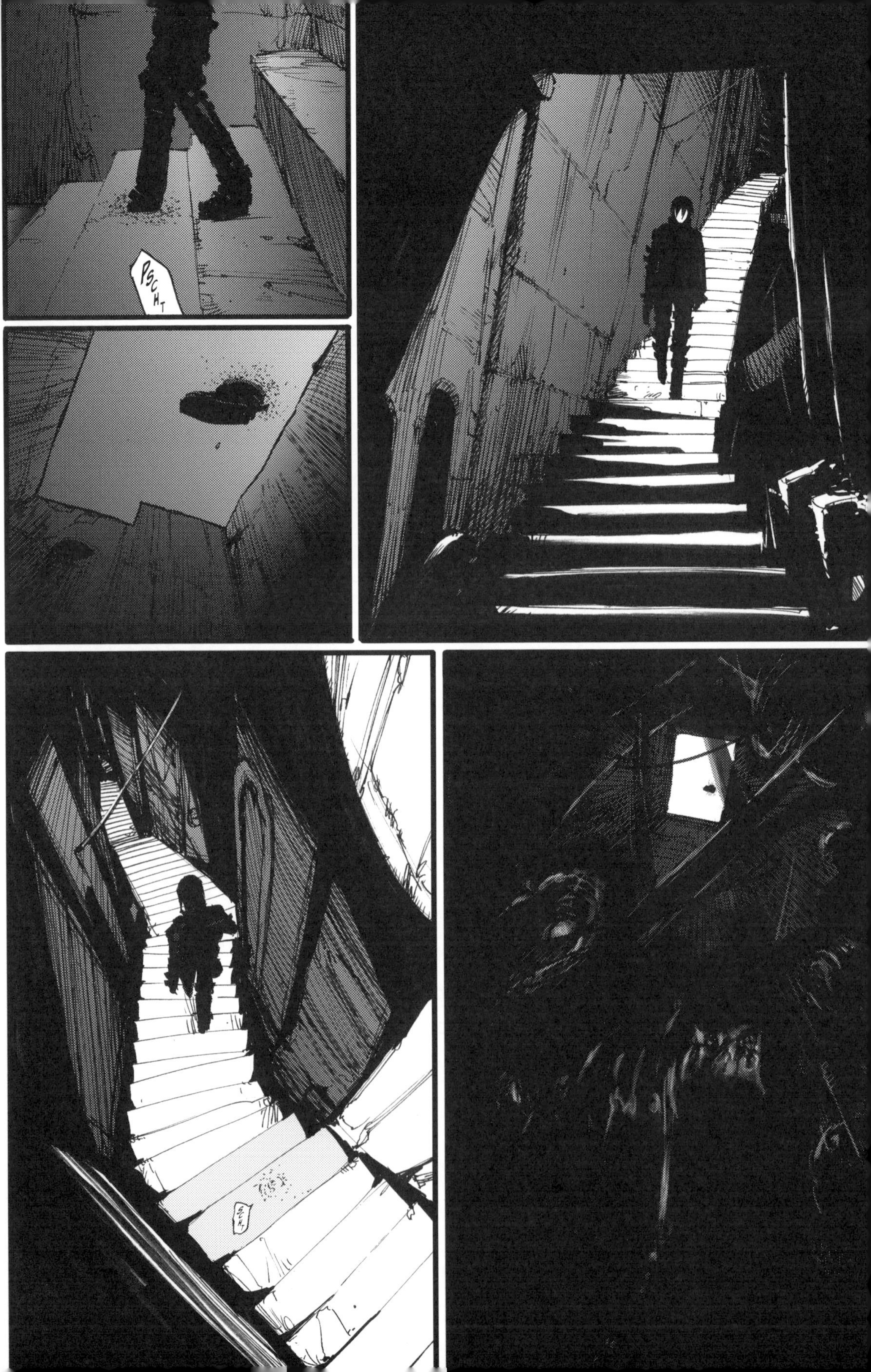
PSCHT
SCHT

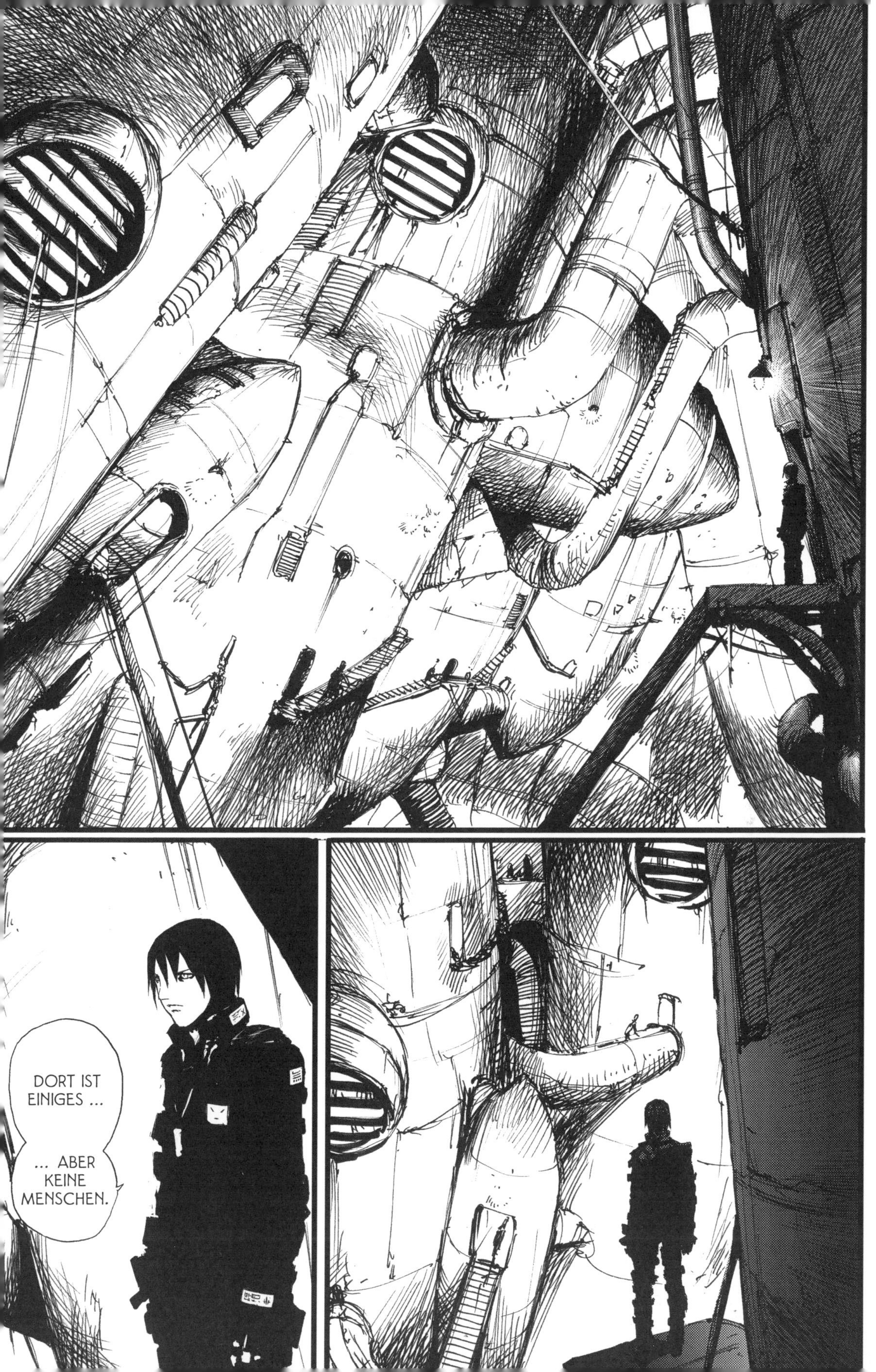
DORT IST EINIGES ...
... ABER KEINE MENSCHEN.

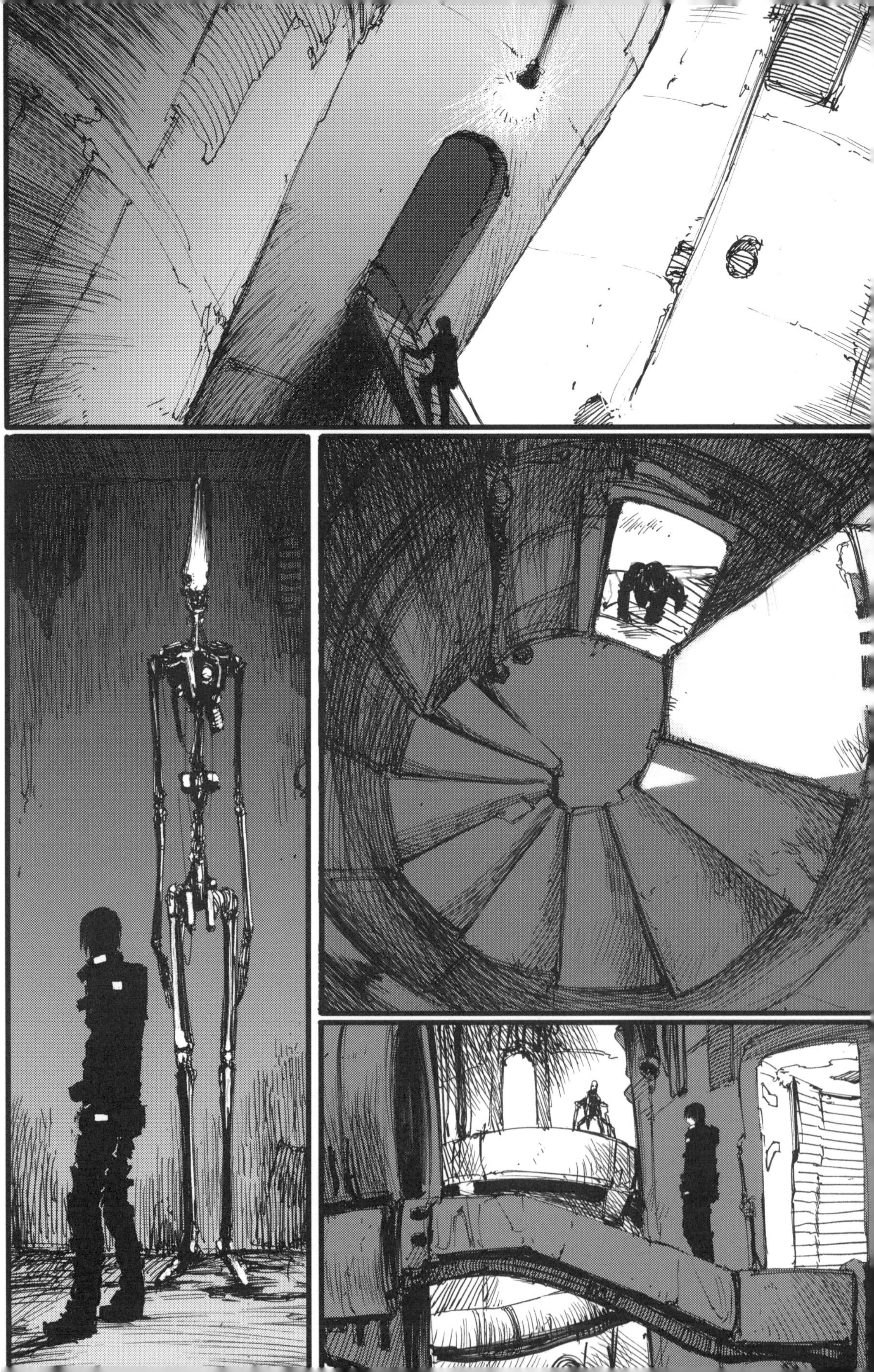

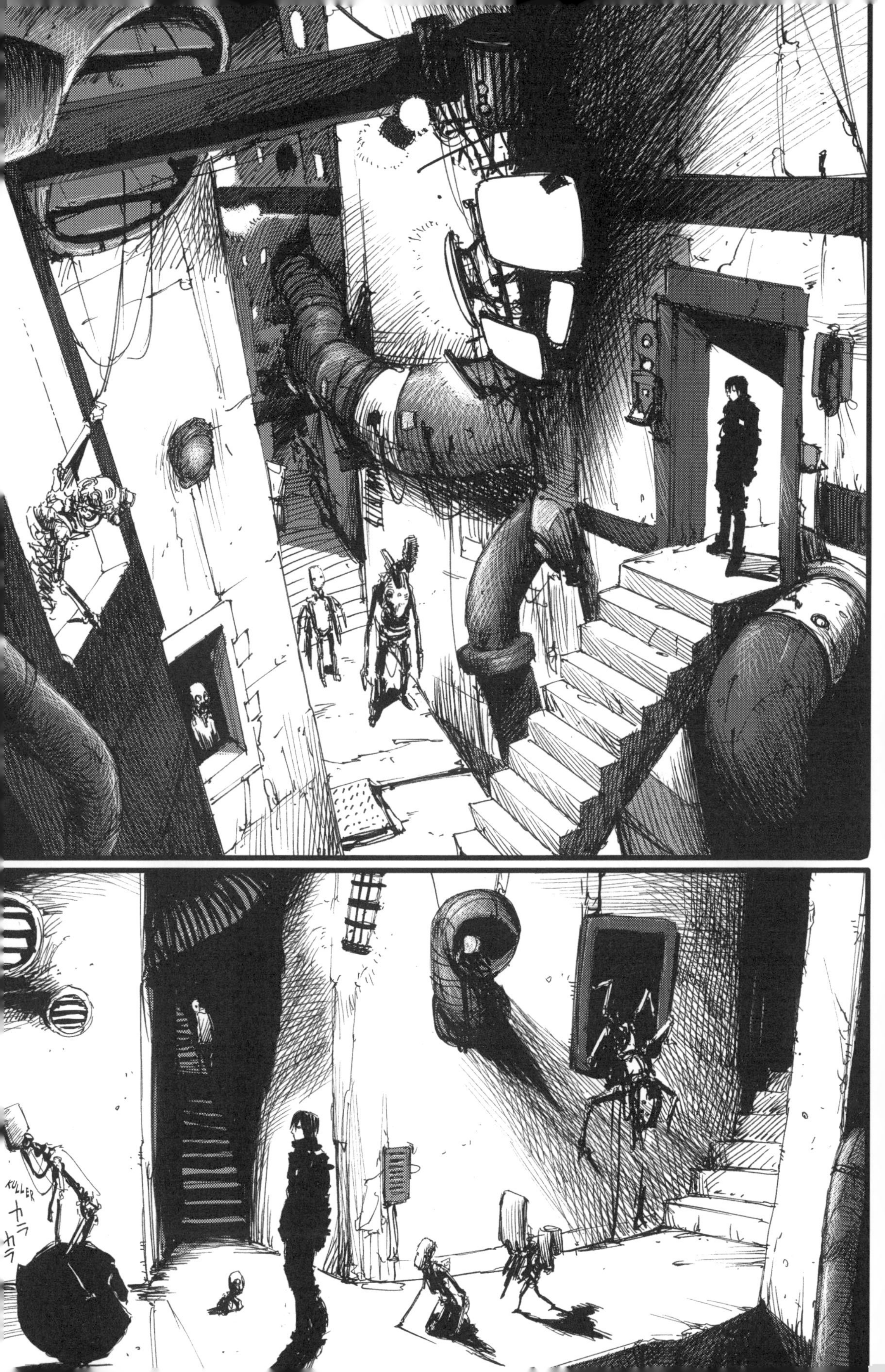
KULLER
カラ
カラ

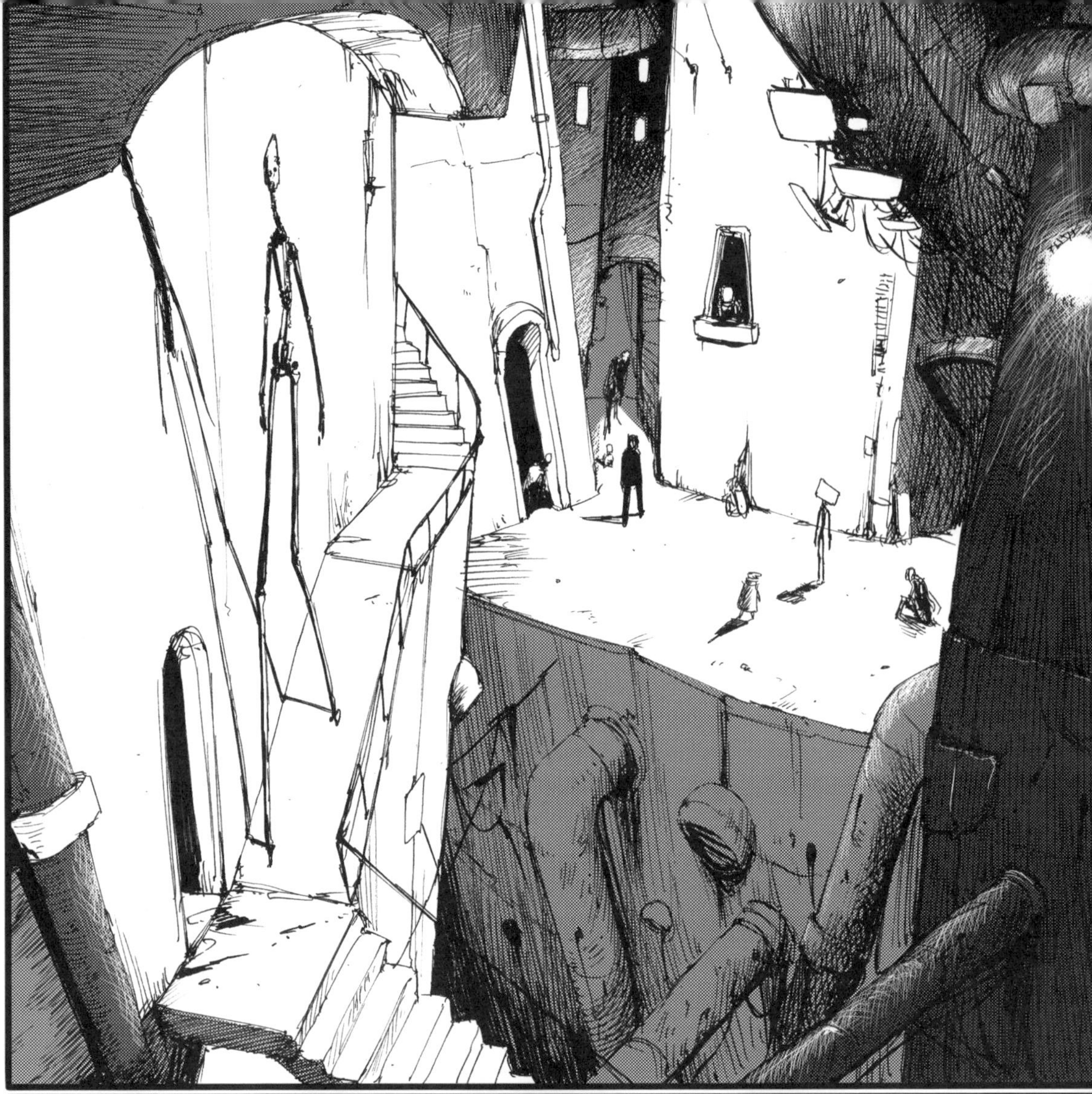

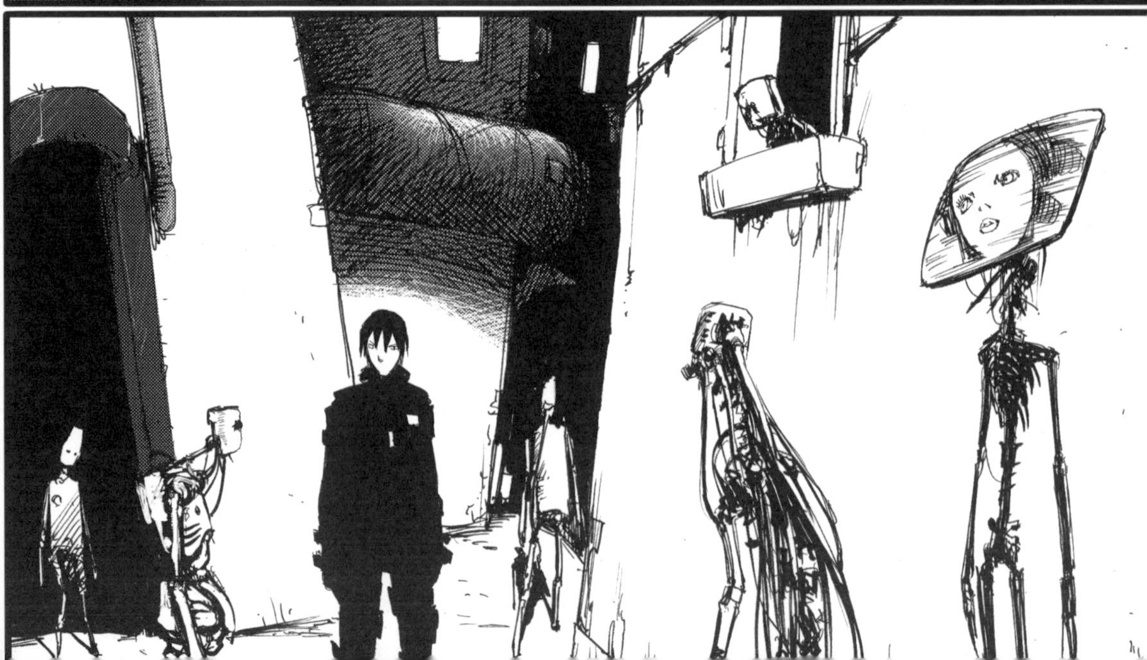

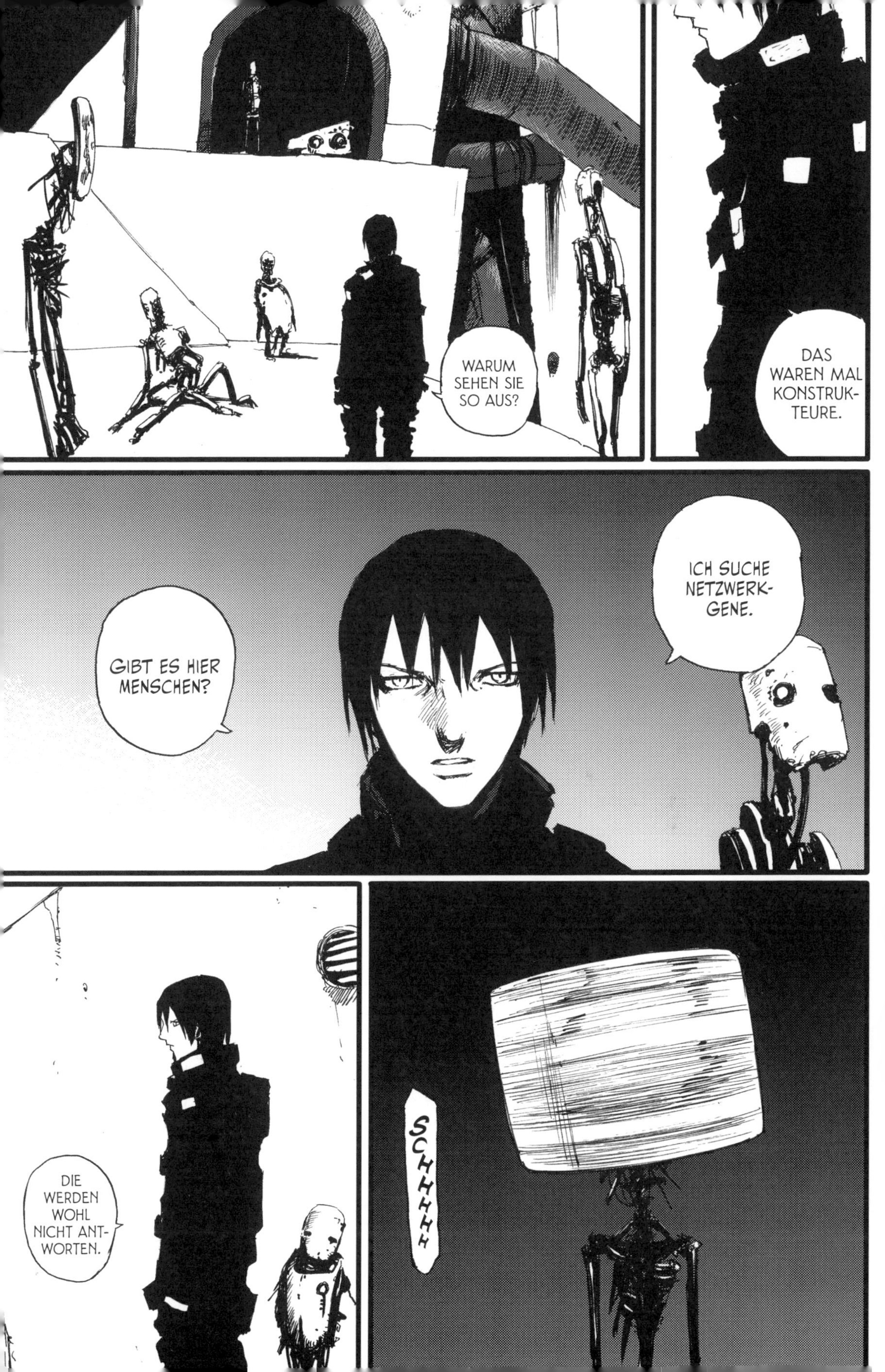
DAS WAREN MAL KONSTRUKTEURE.
WARUM SEHEN SIE SO AUS?
ICH SUCHE NETZWERK-GENE.
GIBT ES HIER MENSCHEN?
SCHHHHH
DIE WERDEN WOHL NICHT ANT-WORTEN.

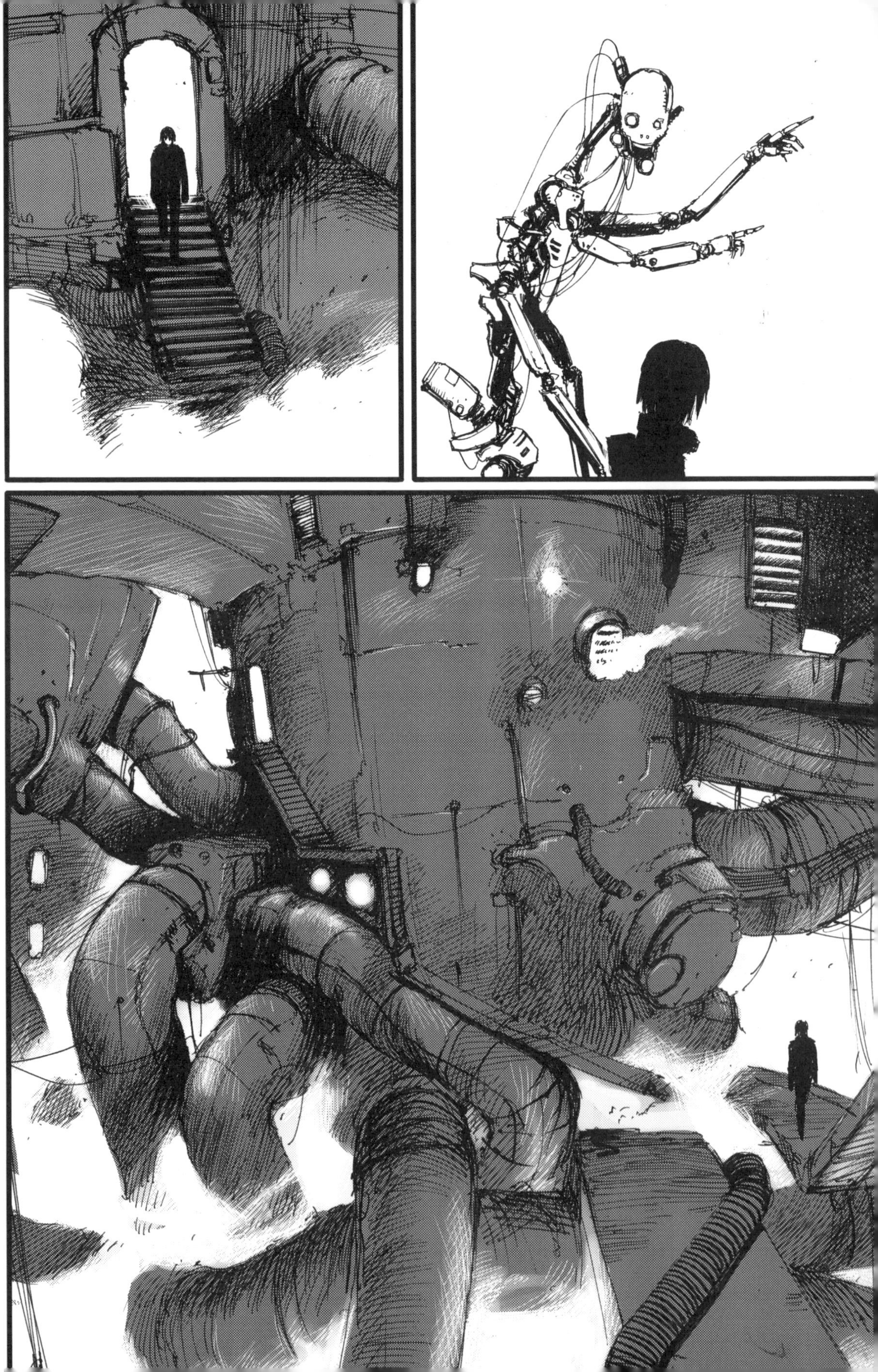

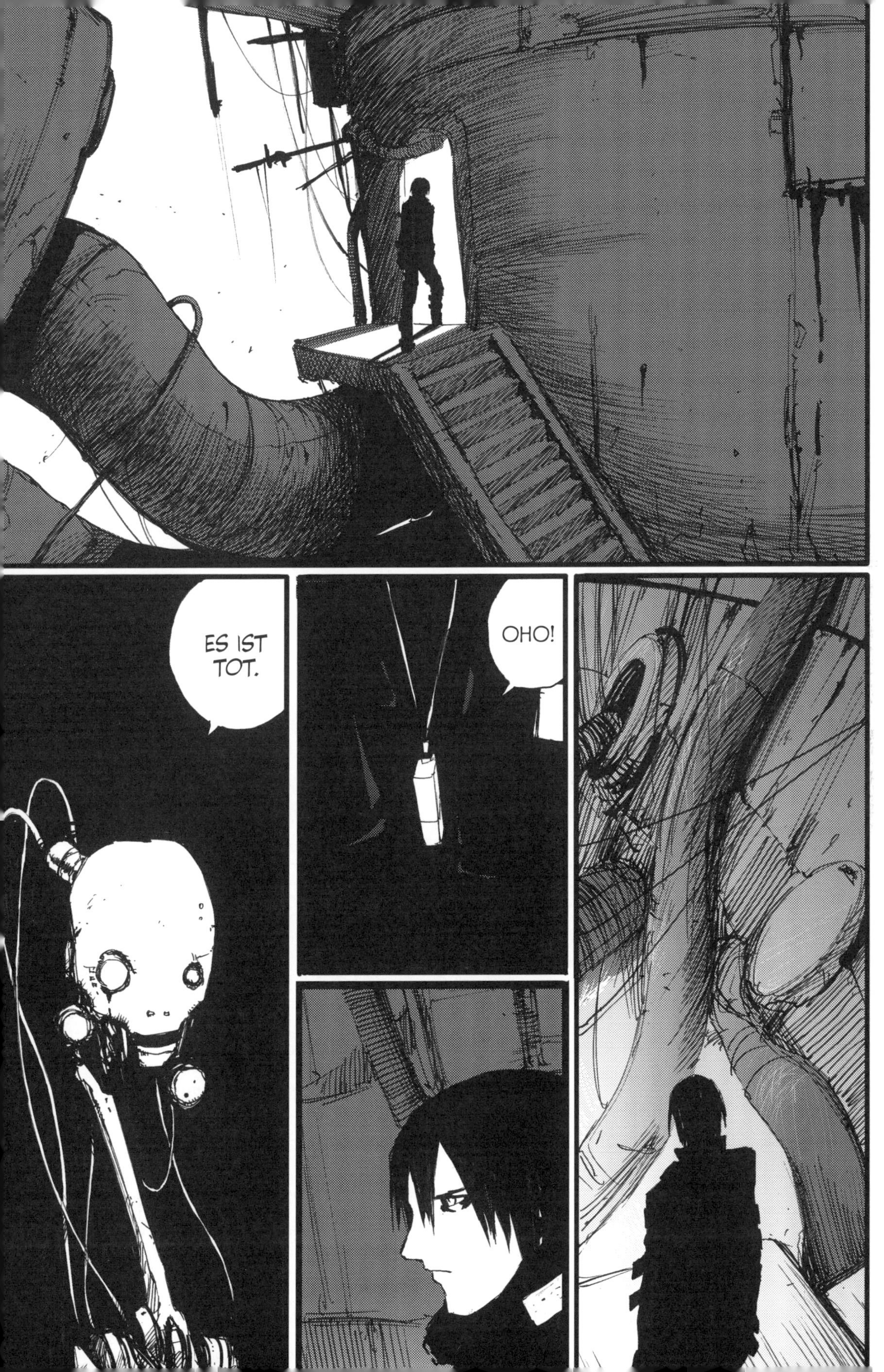
OHO!
ES IST TOT.

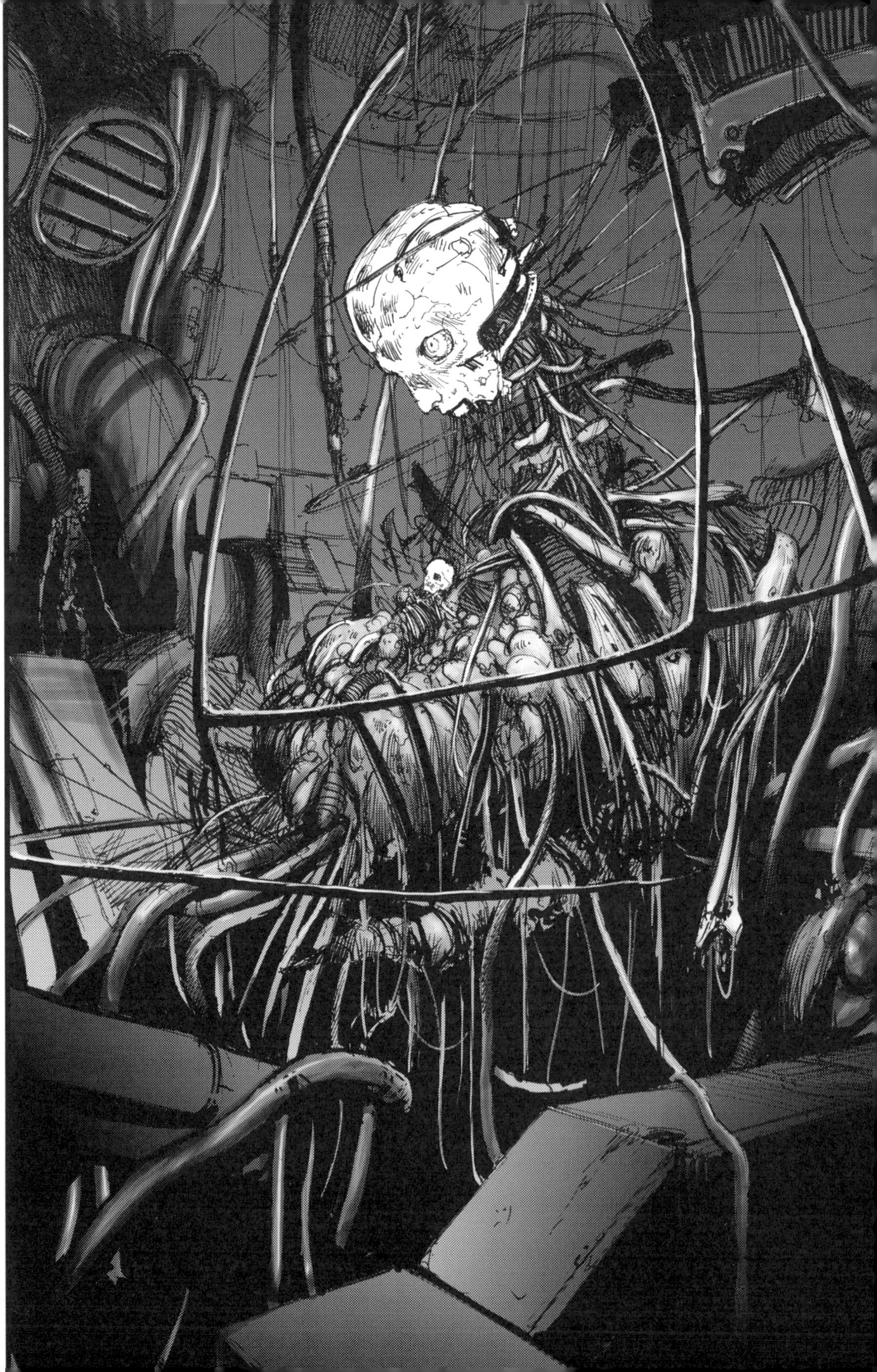

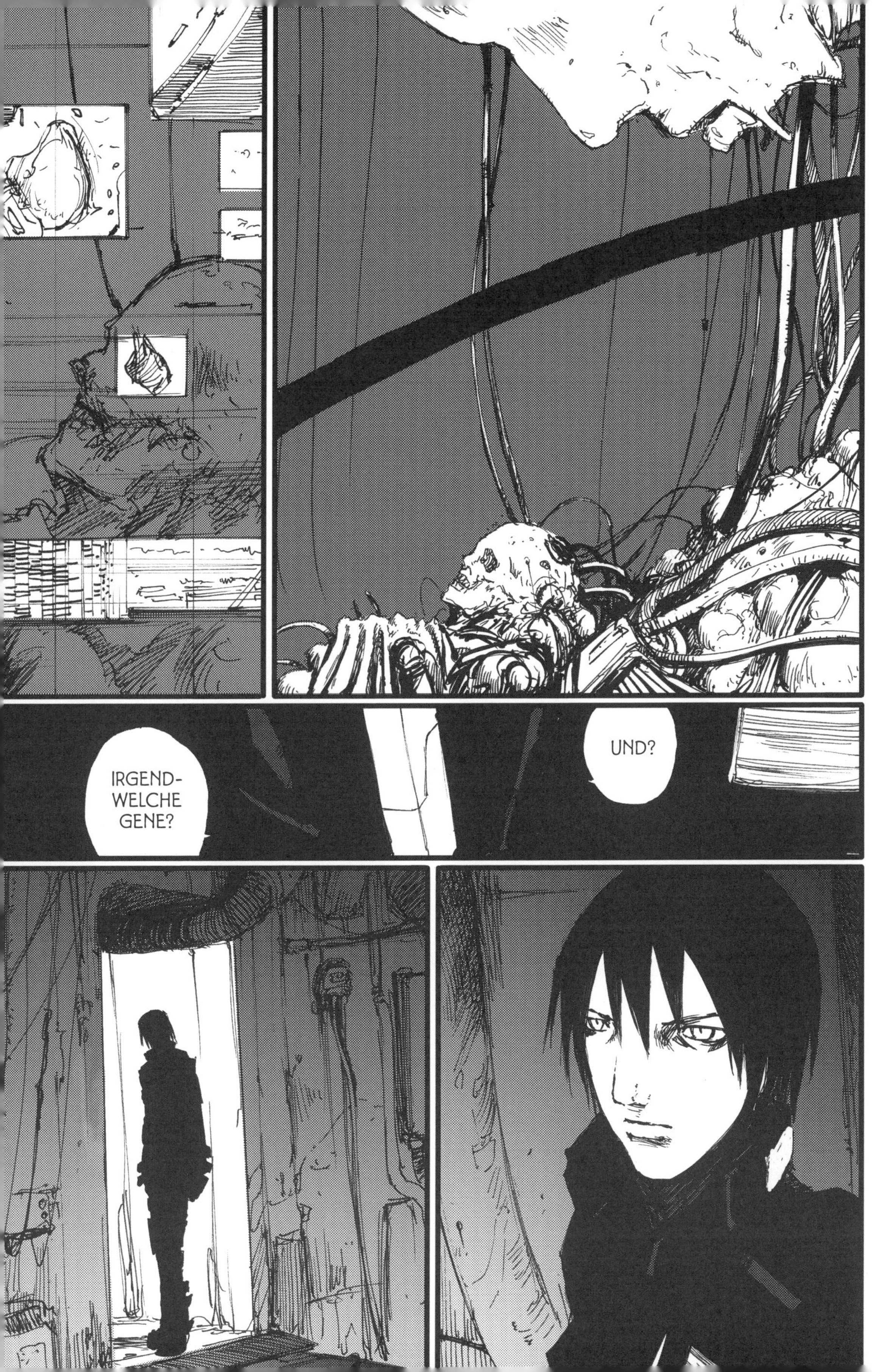
UND?
IRGEND-
WELCHE
GENE?

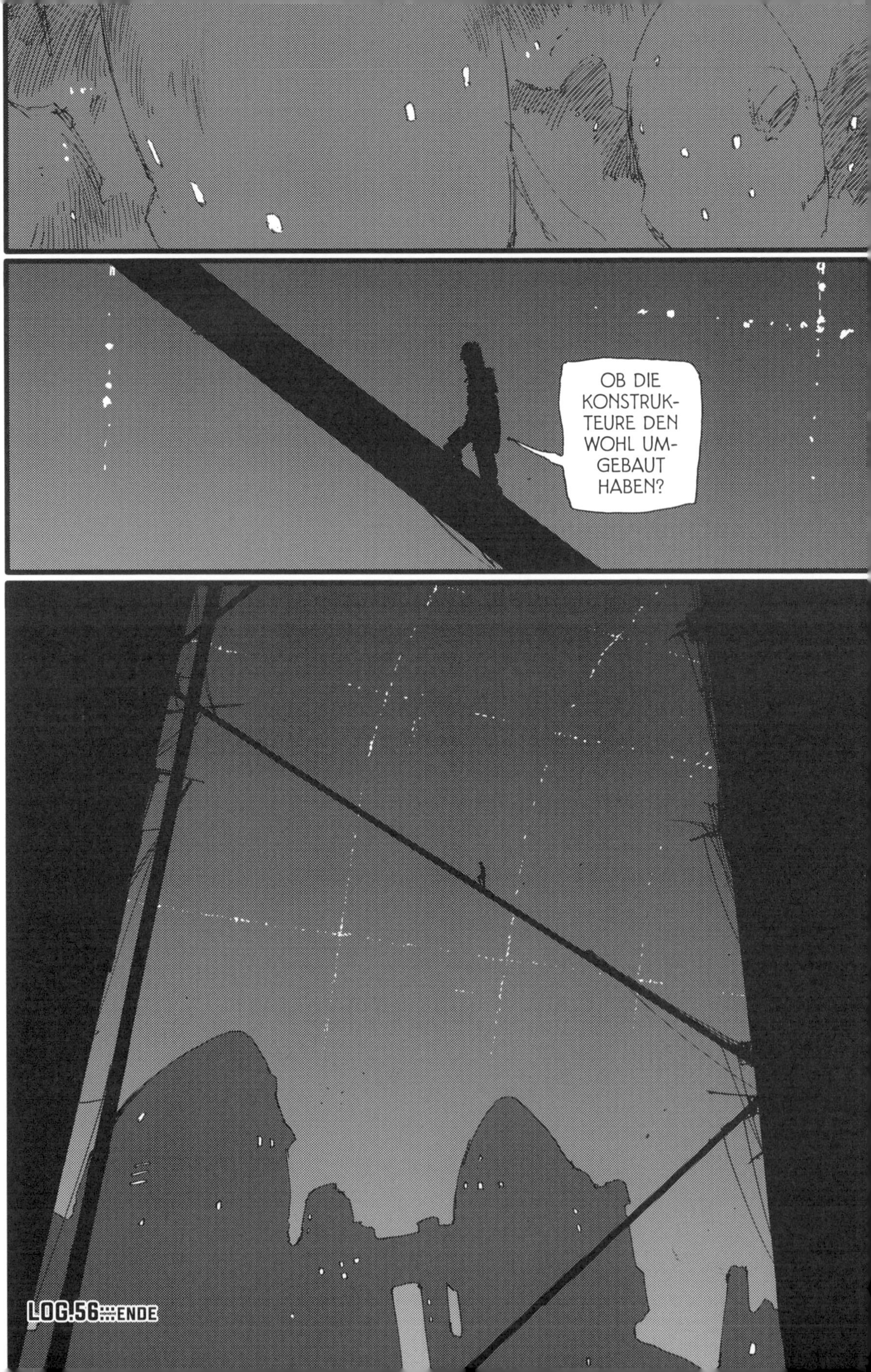
OB DIE KONSTRUKTEURE DEN WOHL UMGEBAUT HABEN?
LOG.56 ENDE

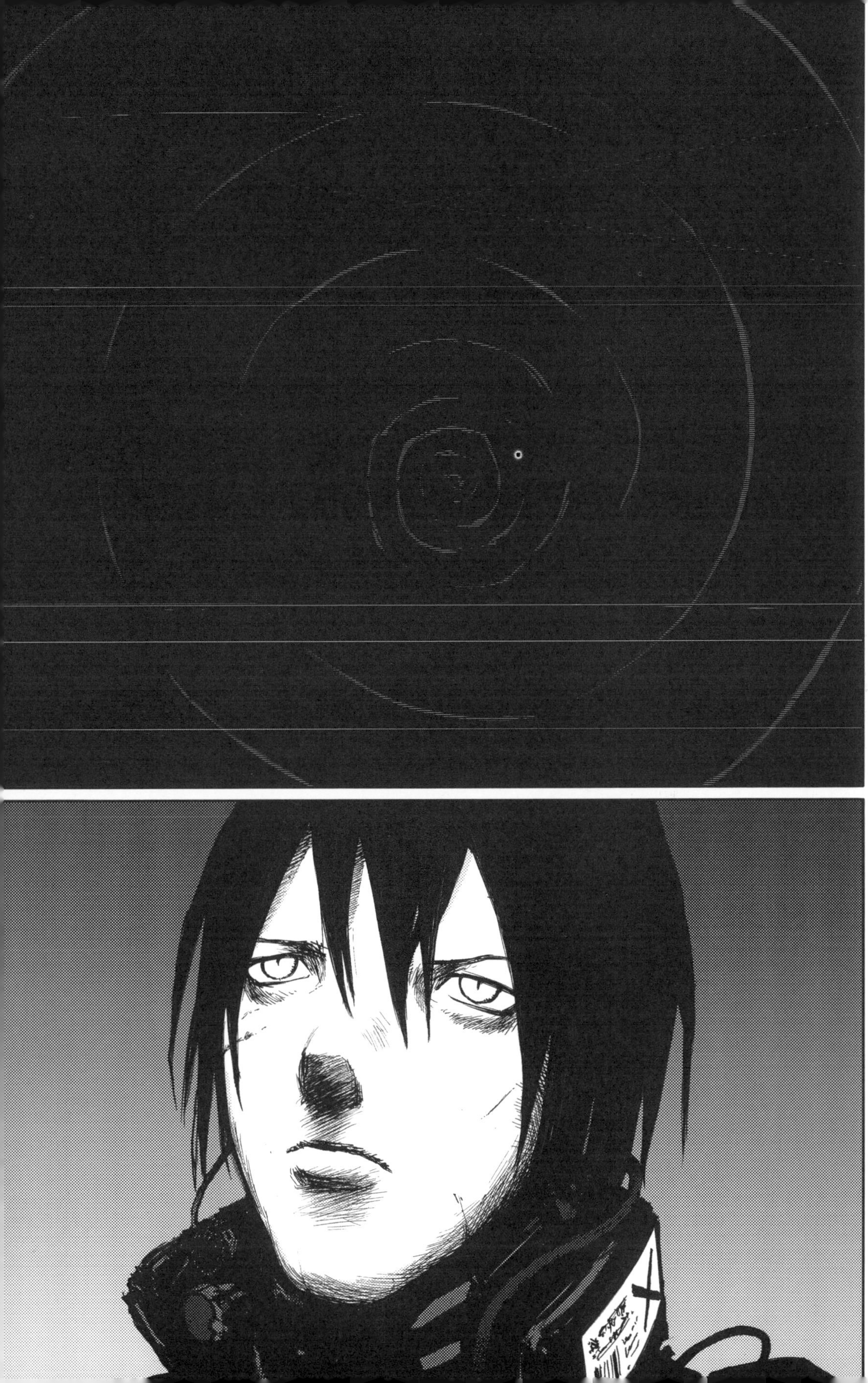

::LOG.57::

DER BEOBACHTER

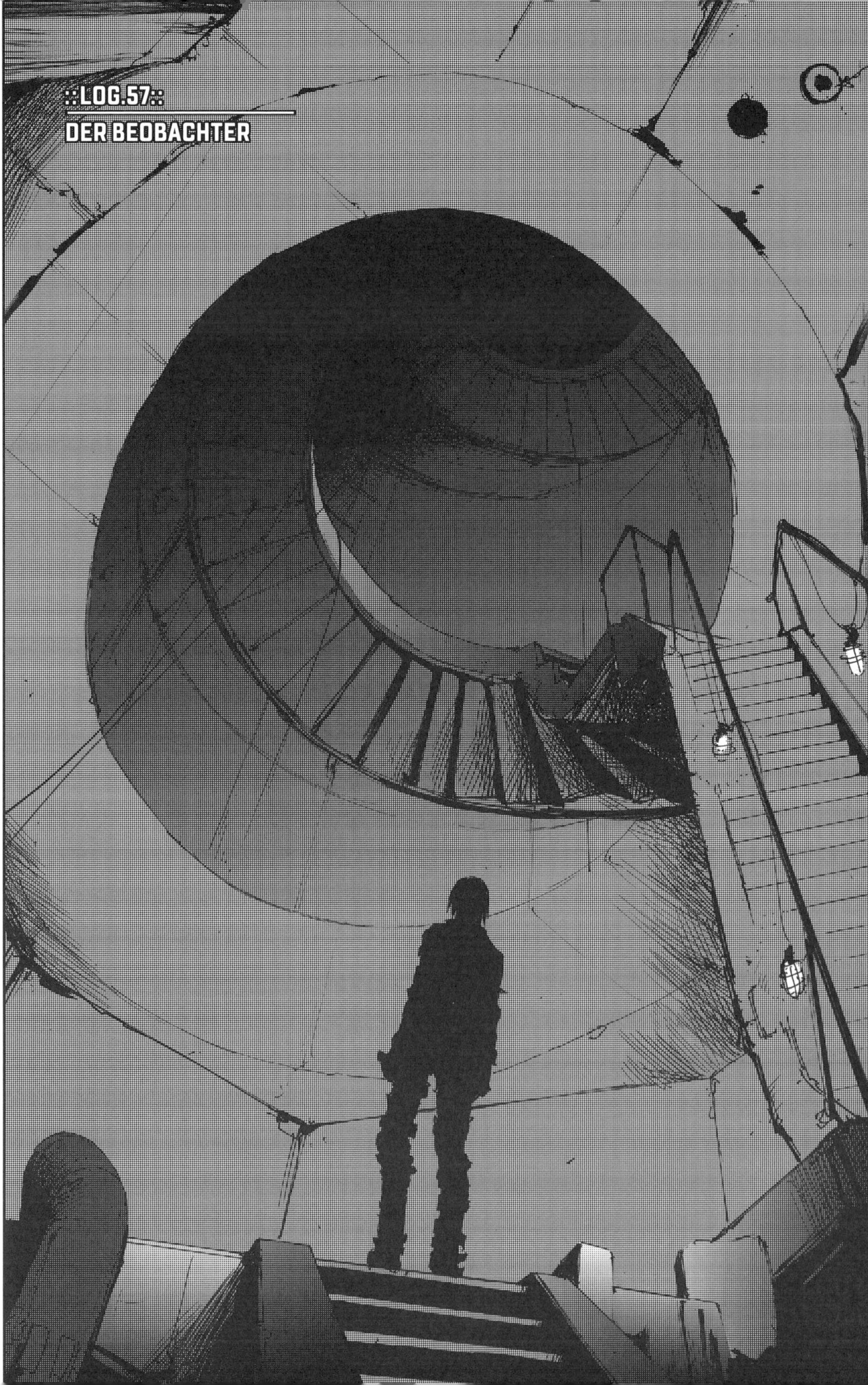

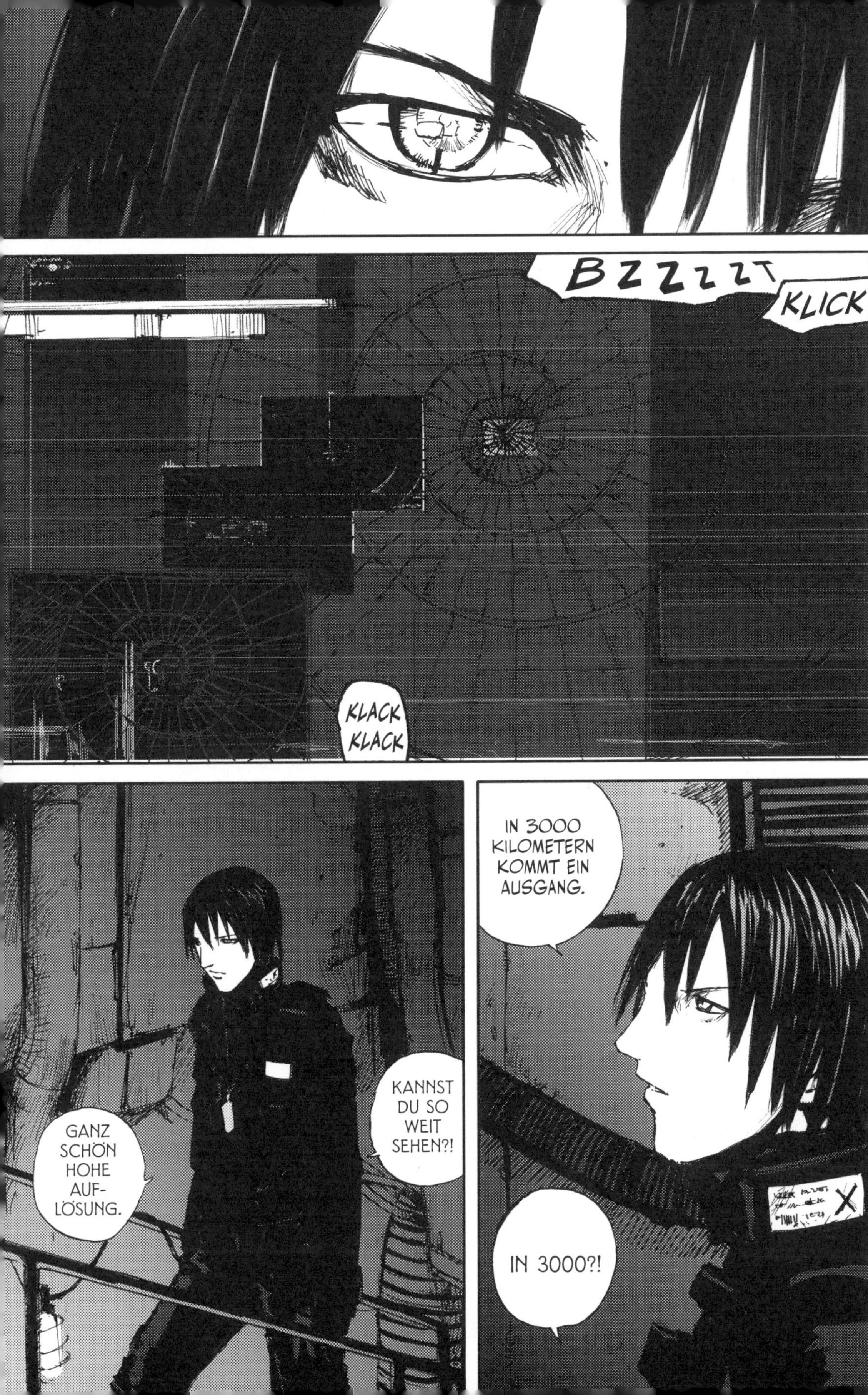
BZZZZZT
KLICK
KLACK KLACK
IN 3000 KILOMETERN KOMMT EIN AUSGANG.
IN 3000?!
KANNST DU SO WEIT SEHEN?!
GANZ SCHÖN HOHE AUF-LÖSUNG.

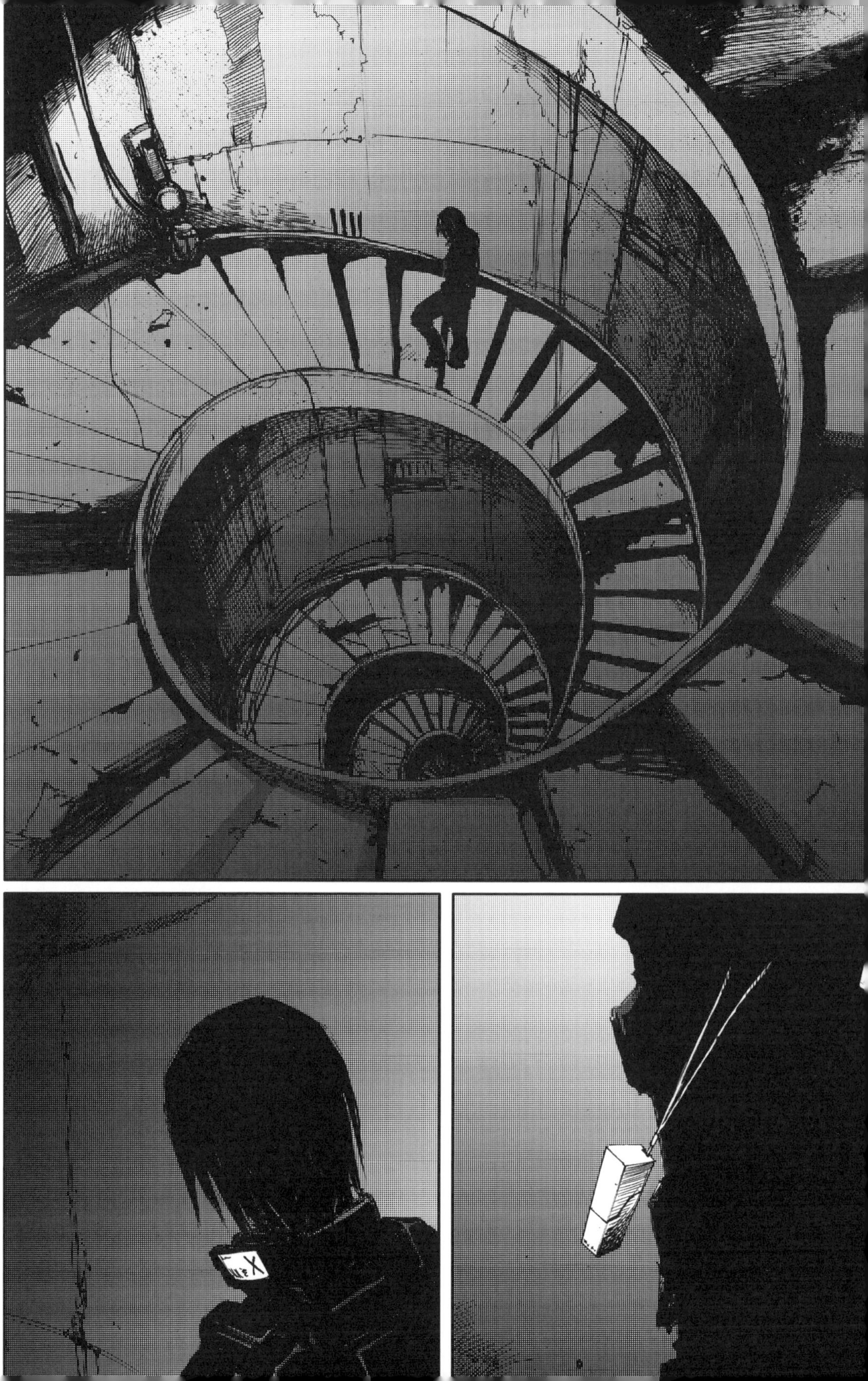

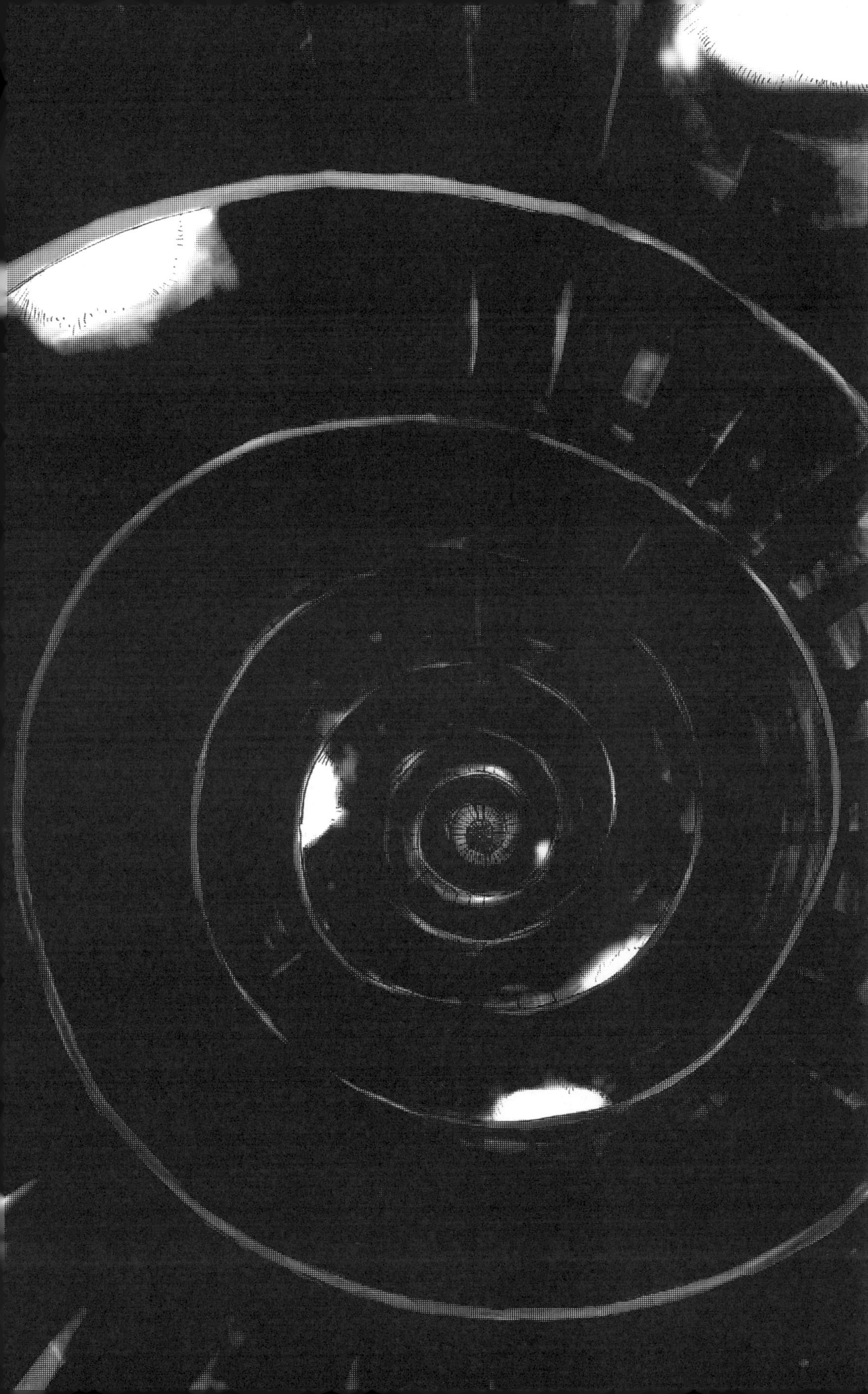

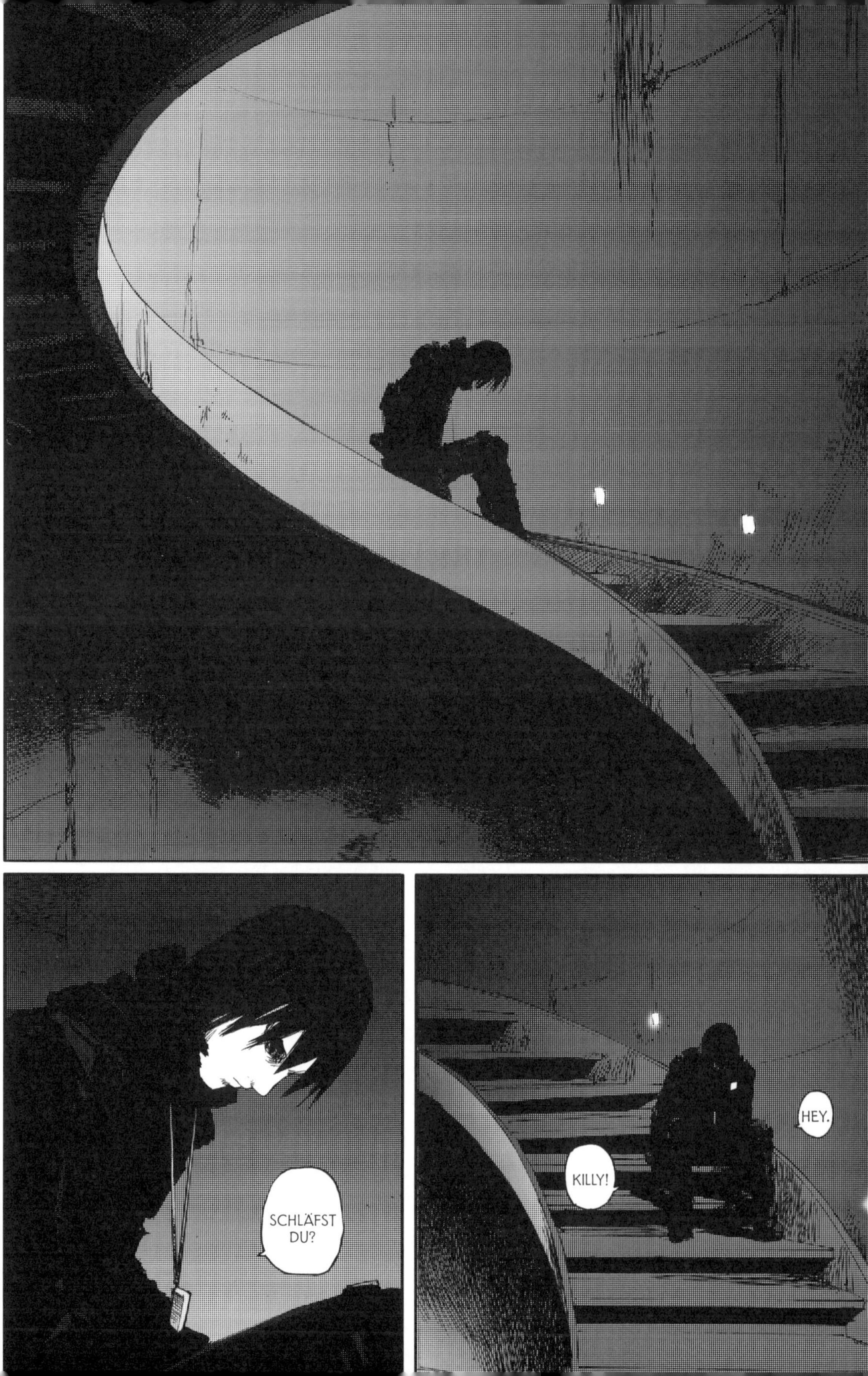
HEY.
KILLY!
SCHLÄFST DU?

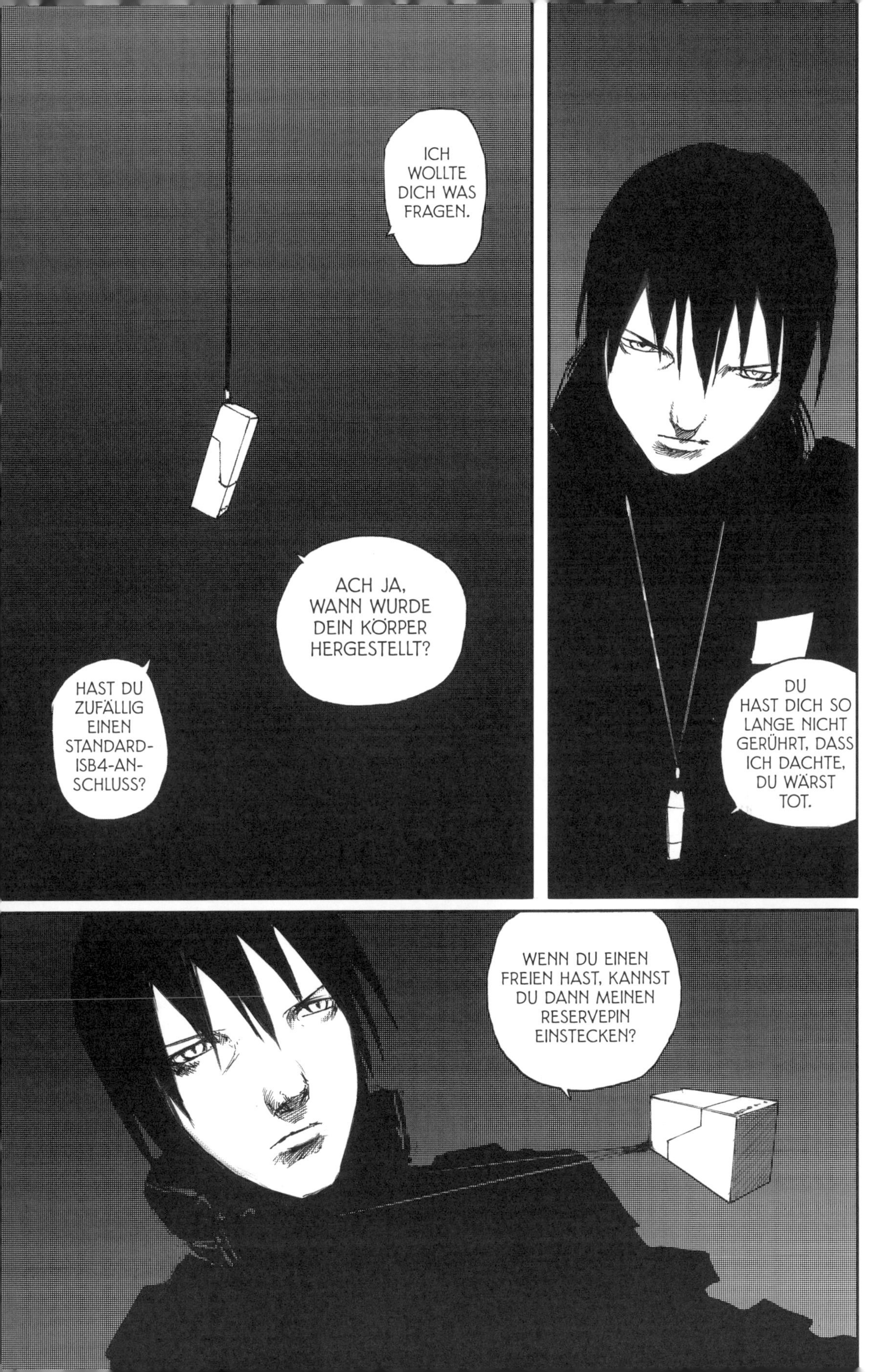
DU HAST DICH SO LANGE NICHT GERÜHRT, DASS ICH DACHTE, DU WÄRST TOT.
ICH WOLLTE DICH WAS FRAGEN.
ACH JA, WANN WURDE DEIN KÖRPER HERGESTELLT?
HAST DU ZUFÄLLIG EINEN STANDARD-ISB4-ANSCHLUSS?
WENN DU EINEN FREIEN HAST, KANNST DU DANN MEINEN RESERVEPIN EINSTECKEN?

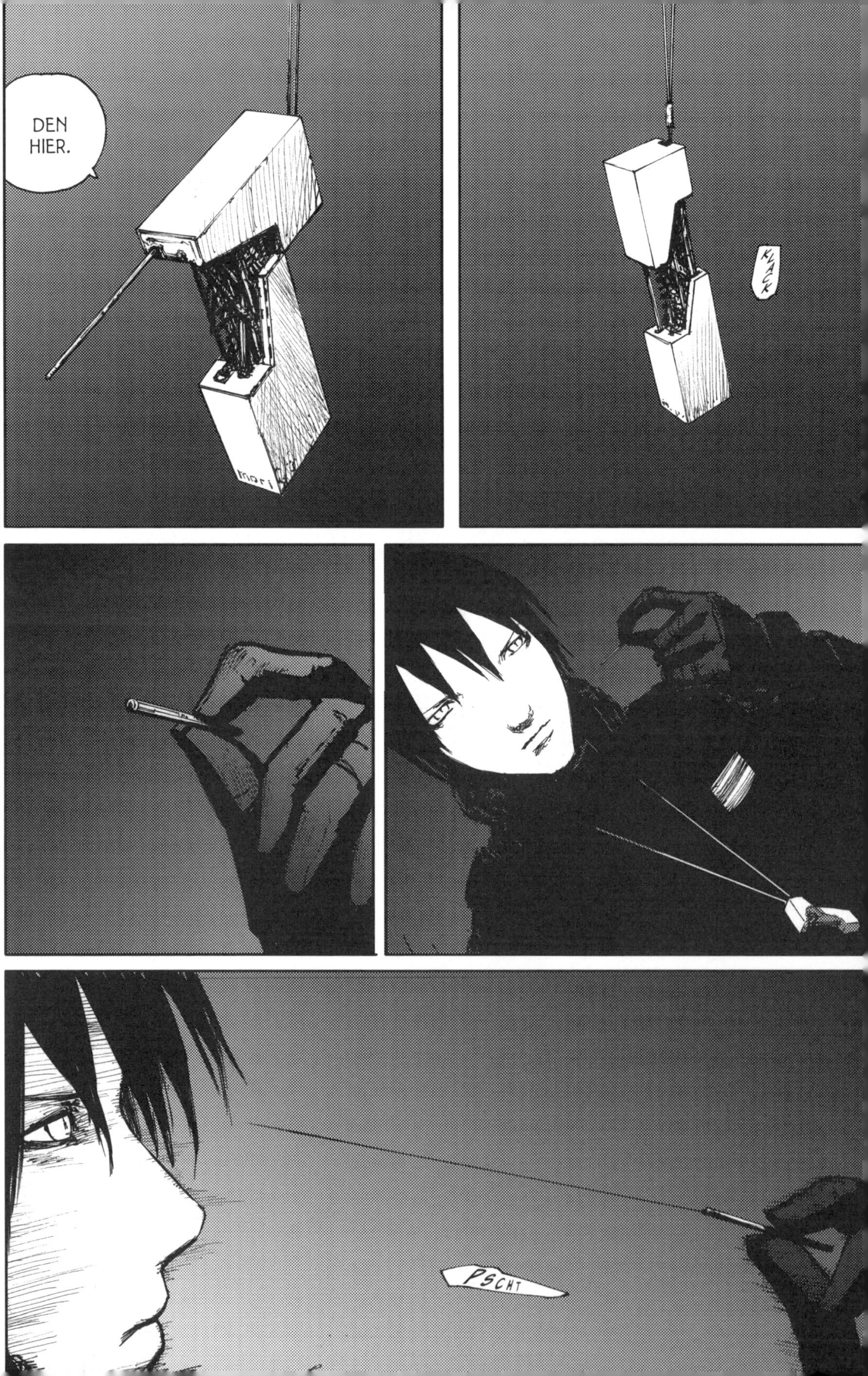
DEN HIER.
KLACK
PSCHT

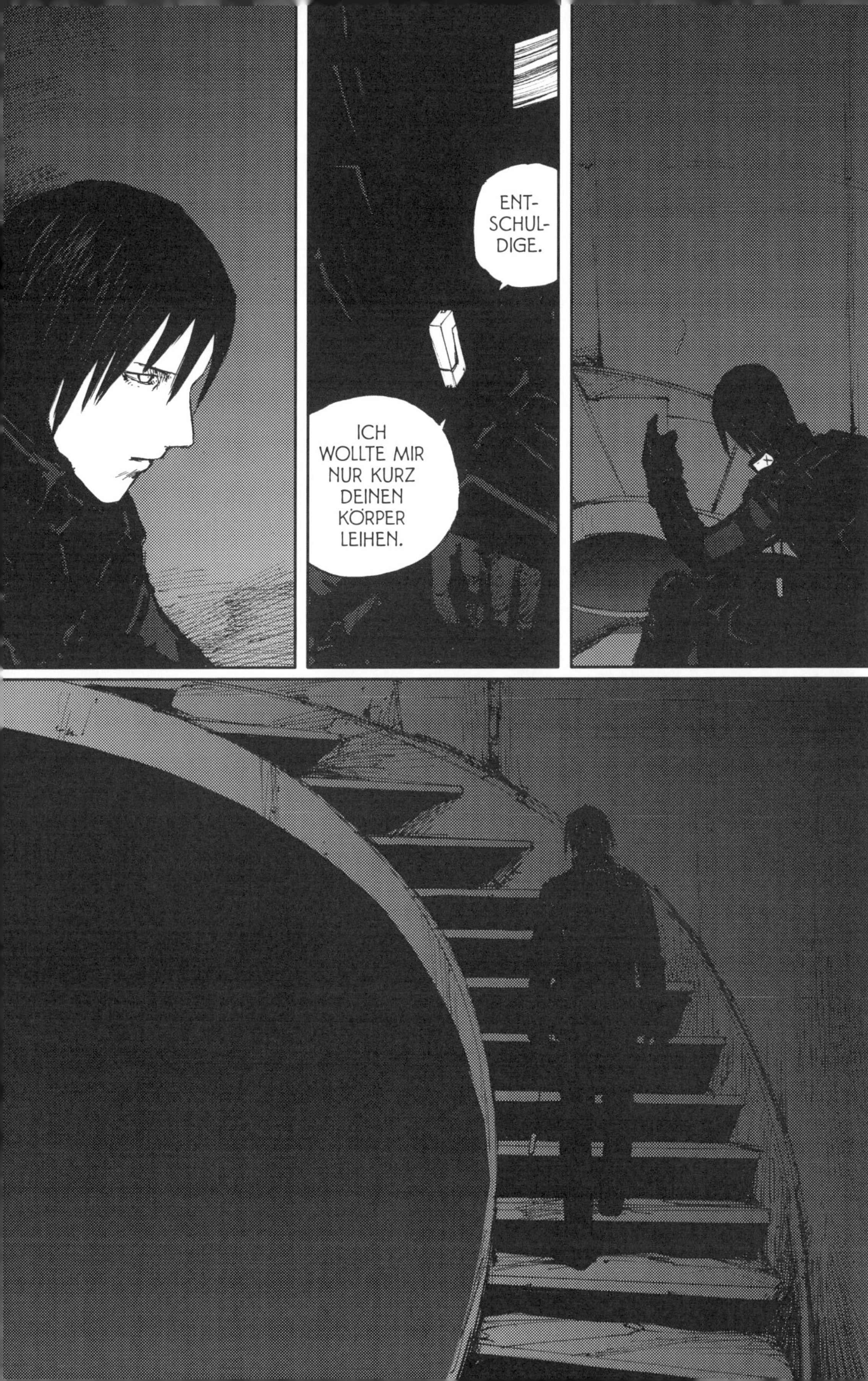
ENT-
SCHUL-
DIGE.
ICH
WOLLTE MIR
NUR KURZ
DEINEN
KÖRPER
LEIHEN.

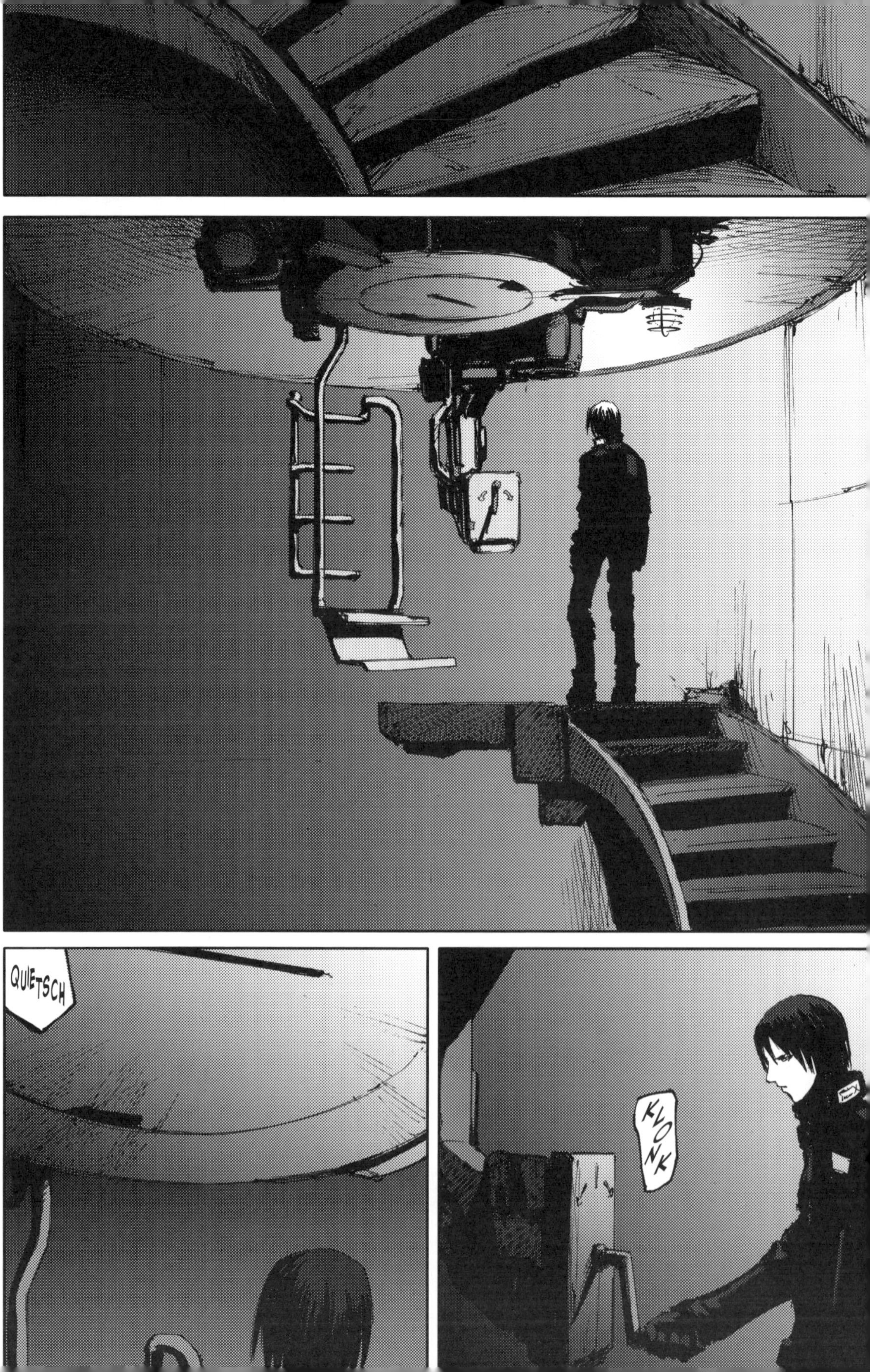
QUIETSCH
KLONK

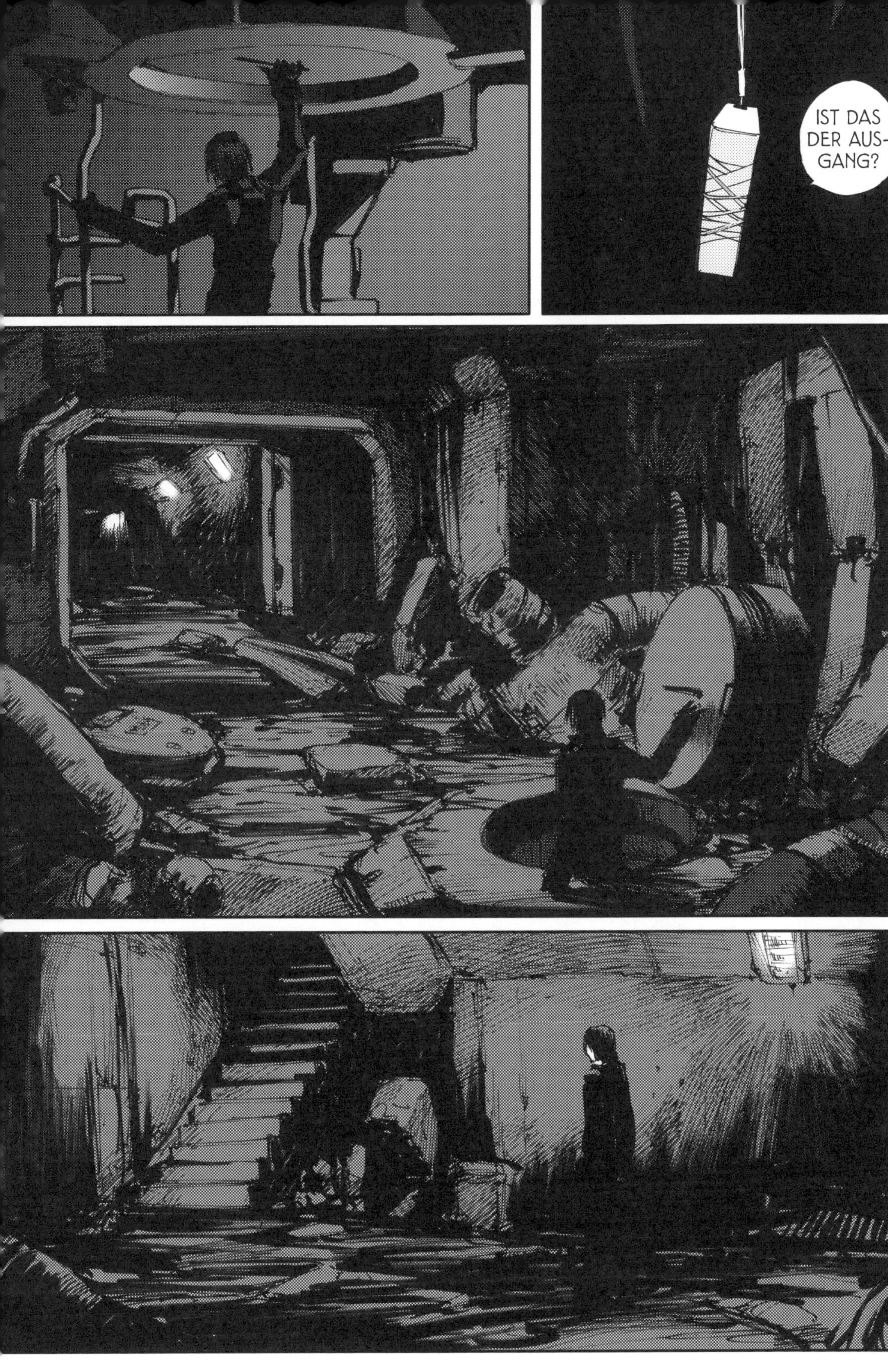
IST DAS
DER AUS-
GANG?

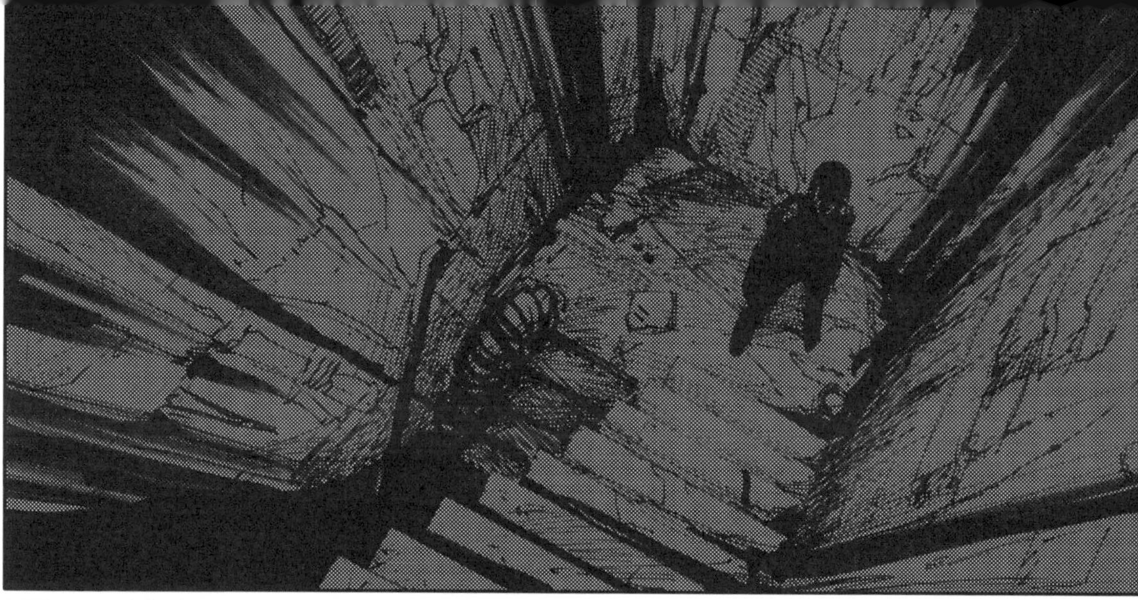

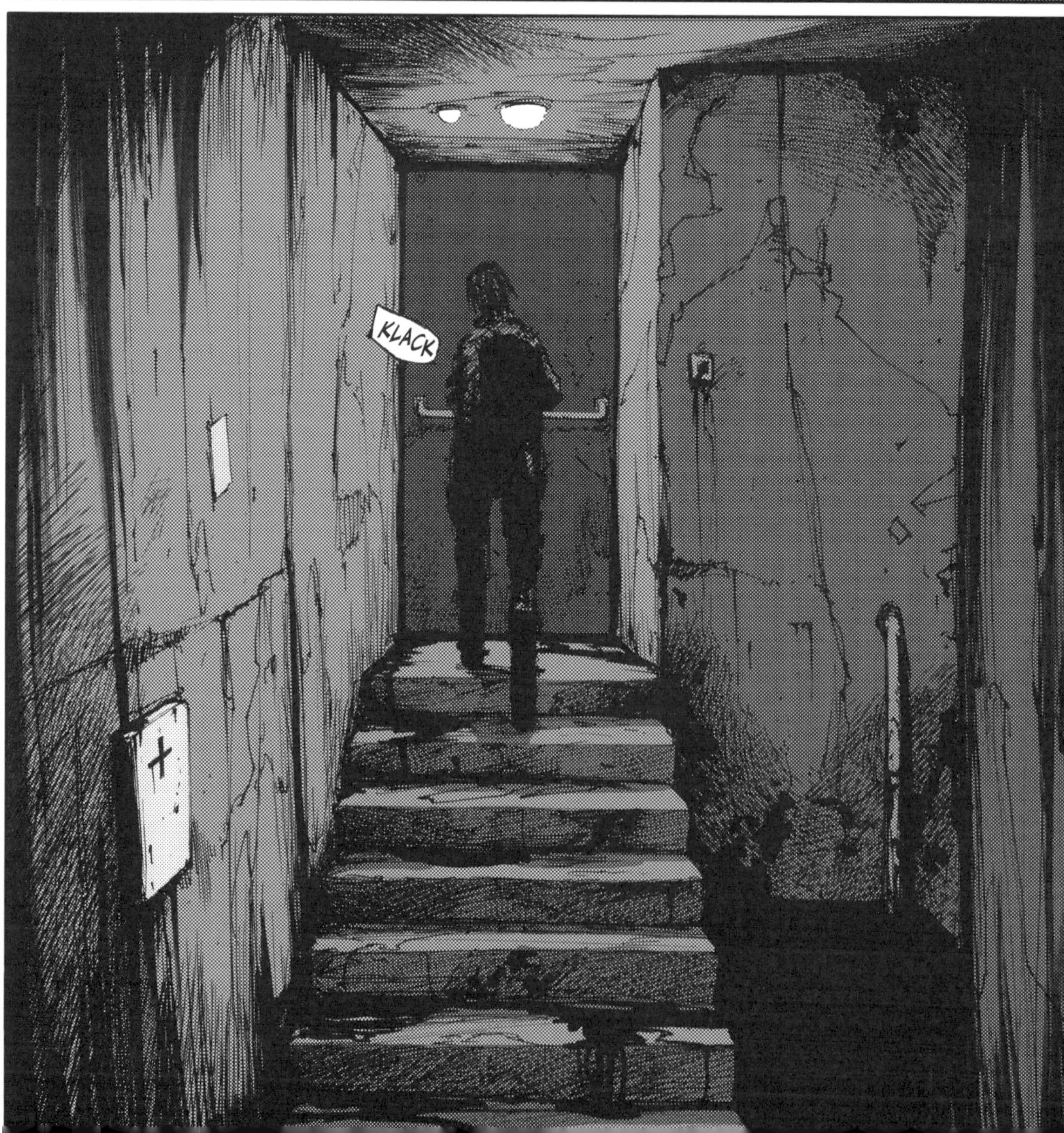
KLACK

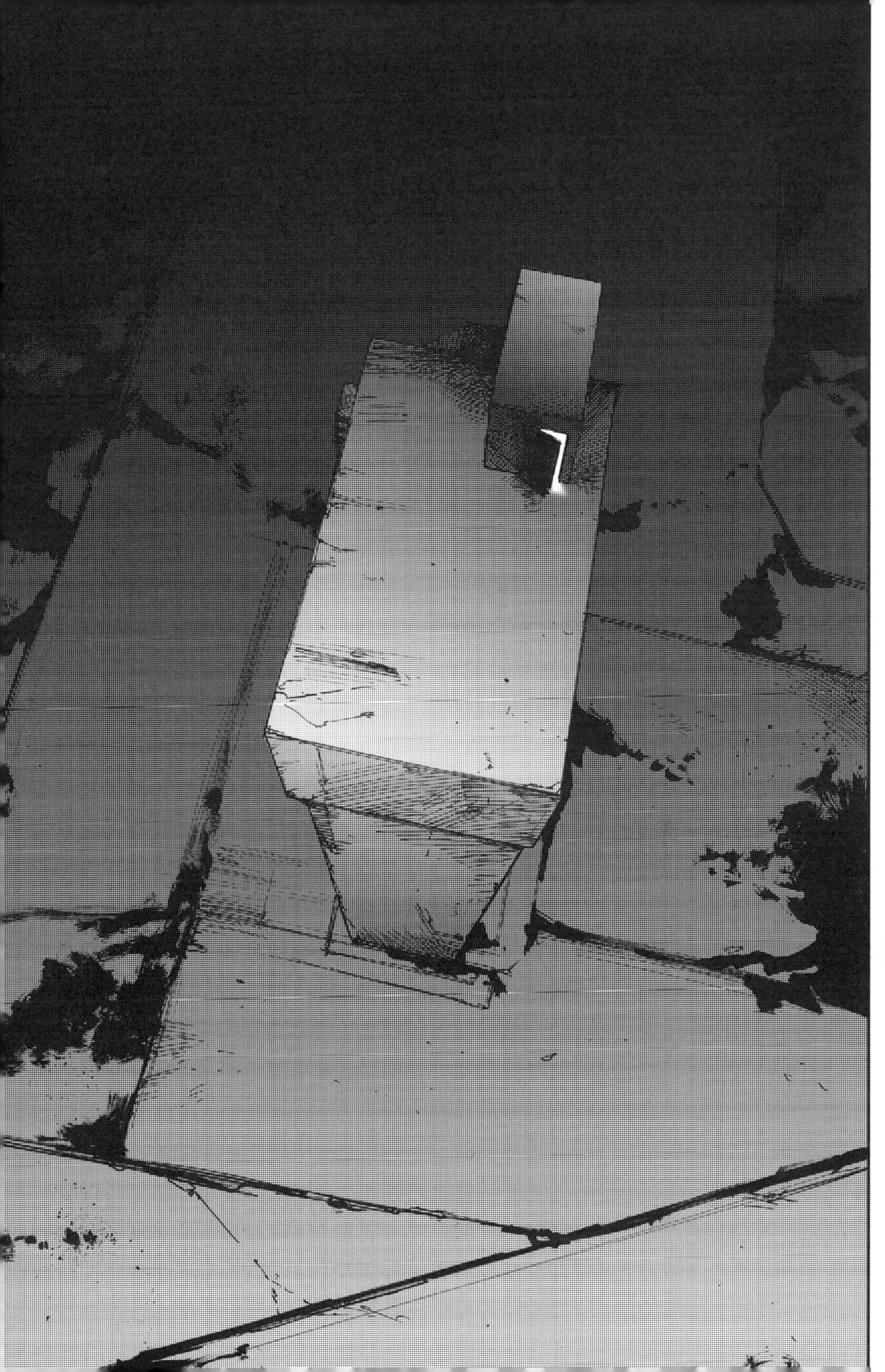

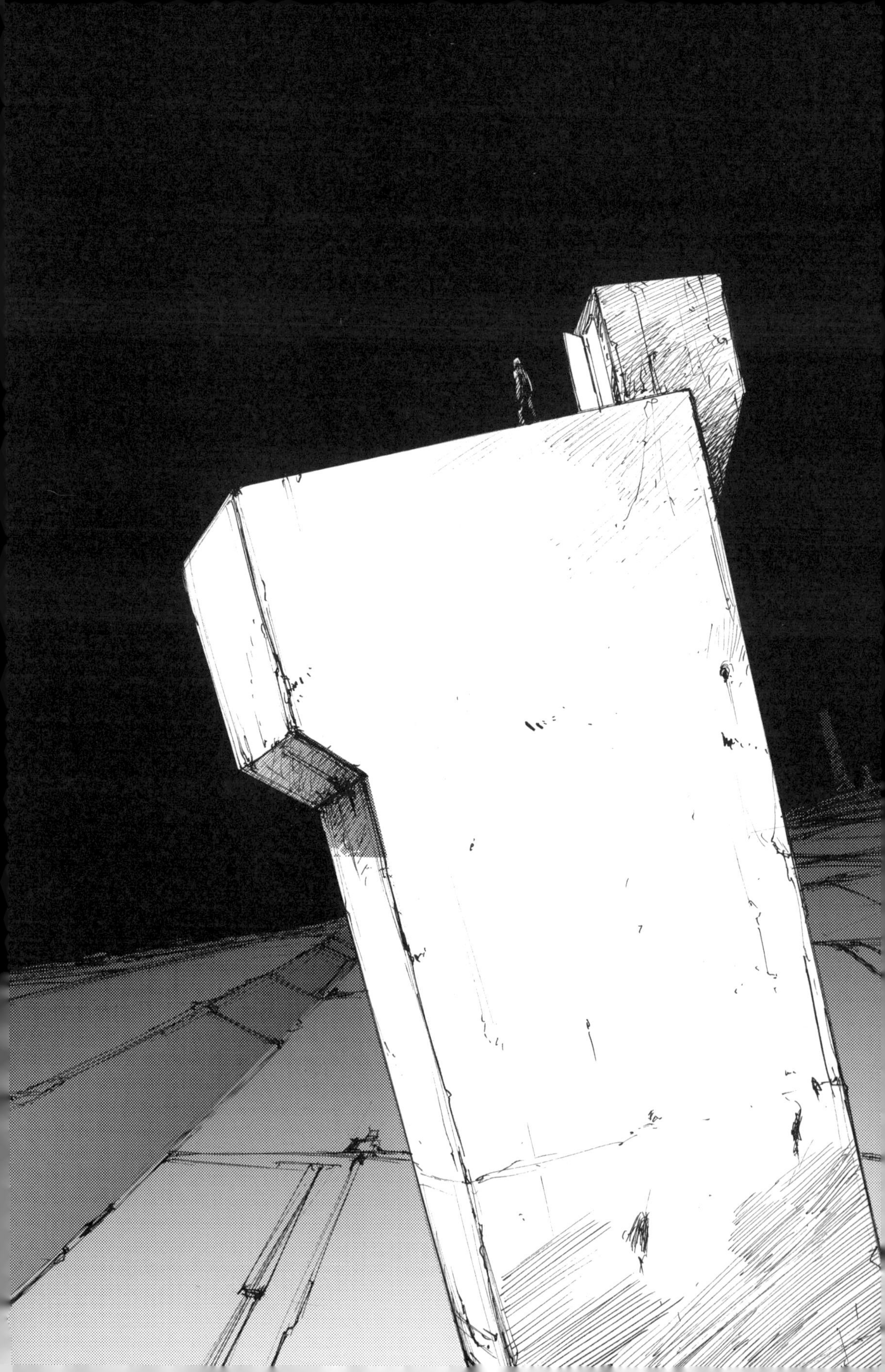

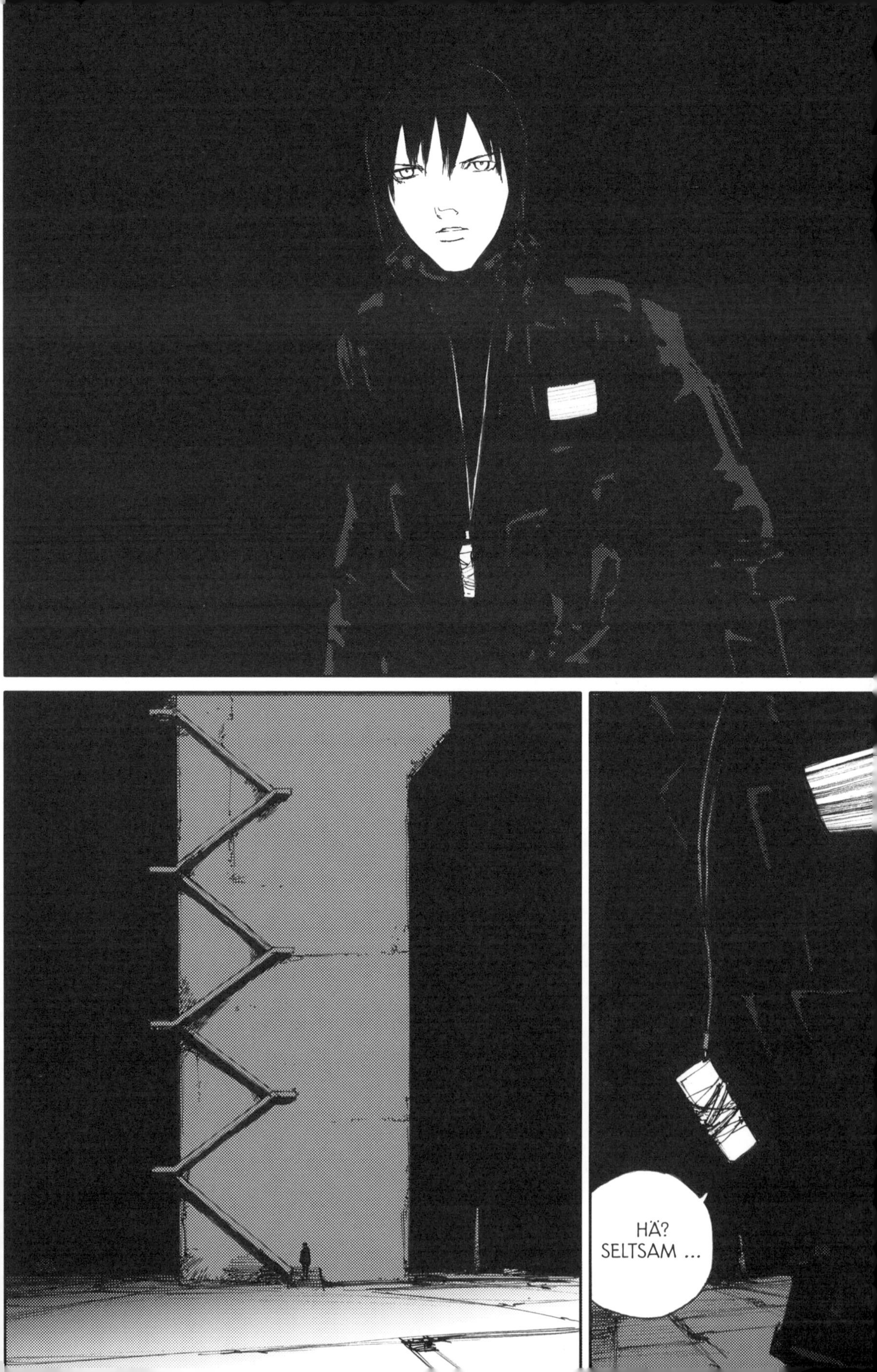
HÄ?
SELTSAM ...

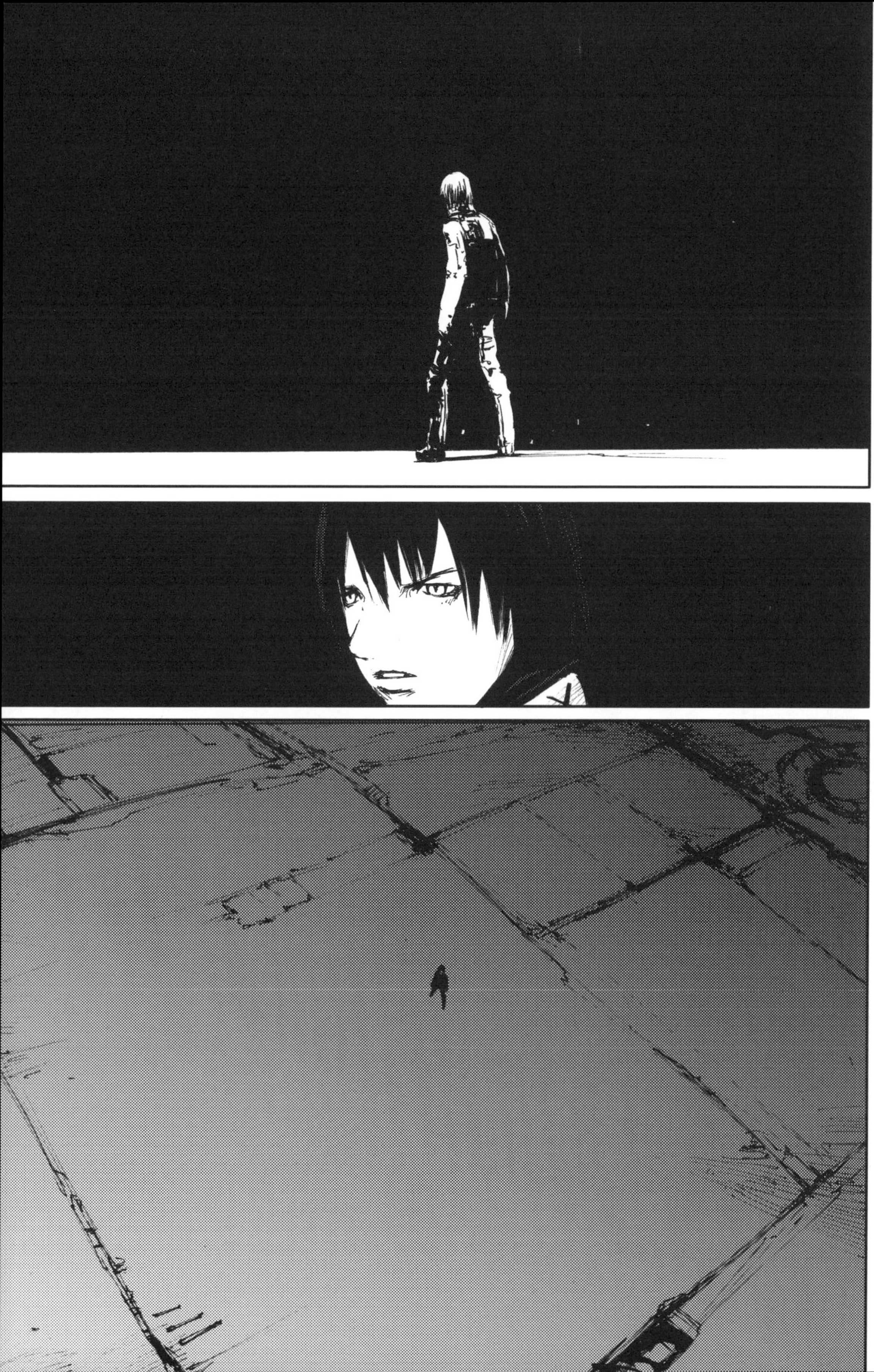

HÄ?

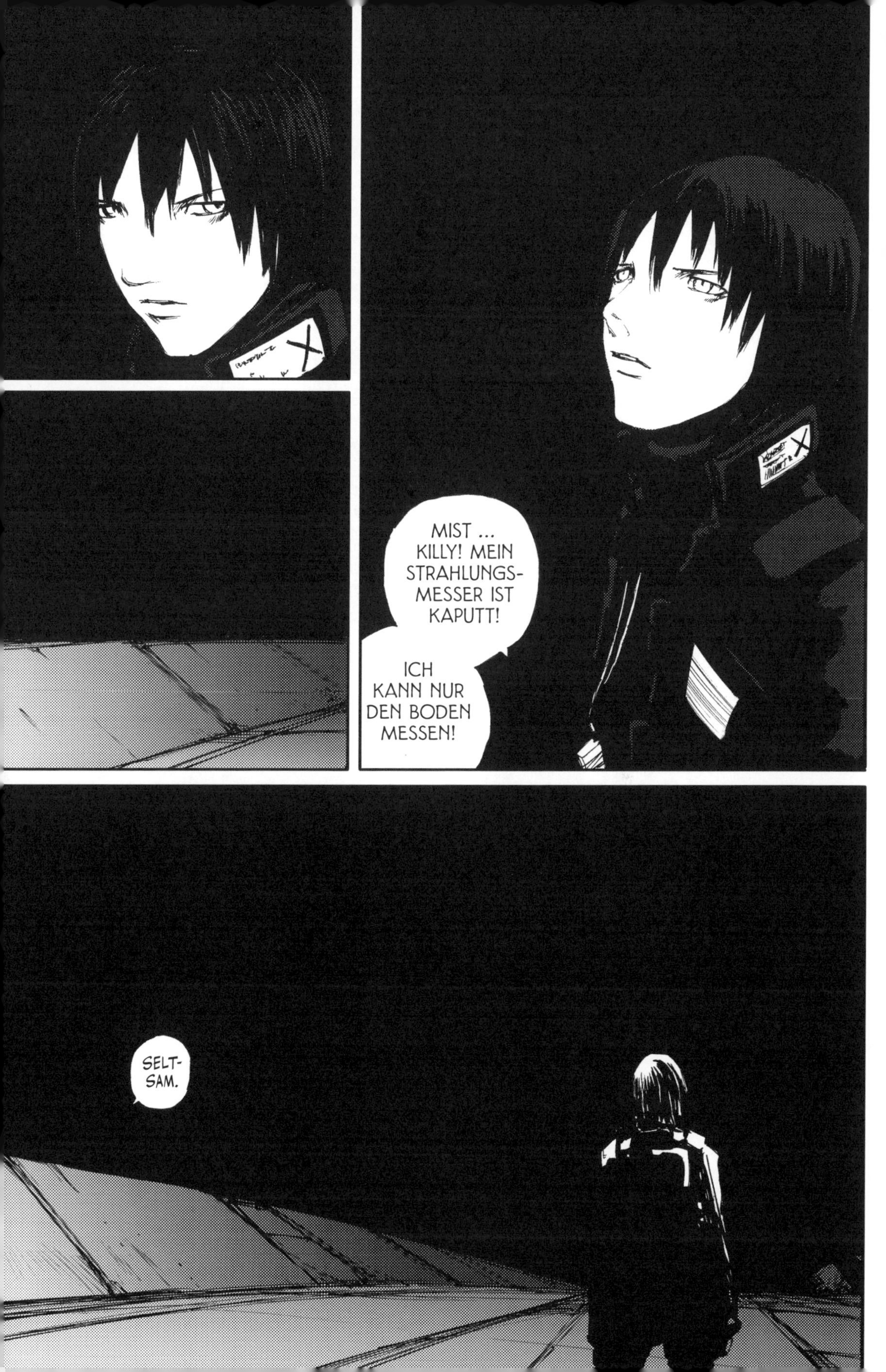
MIST ... KILLY! MEIN STRAHLUNGS-MESSER IST KAPUTT!
ICH KANN NUR DEN BODEN MESSEN!
SELT-SAM.

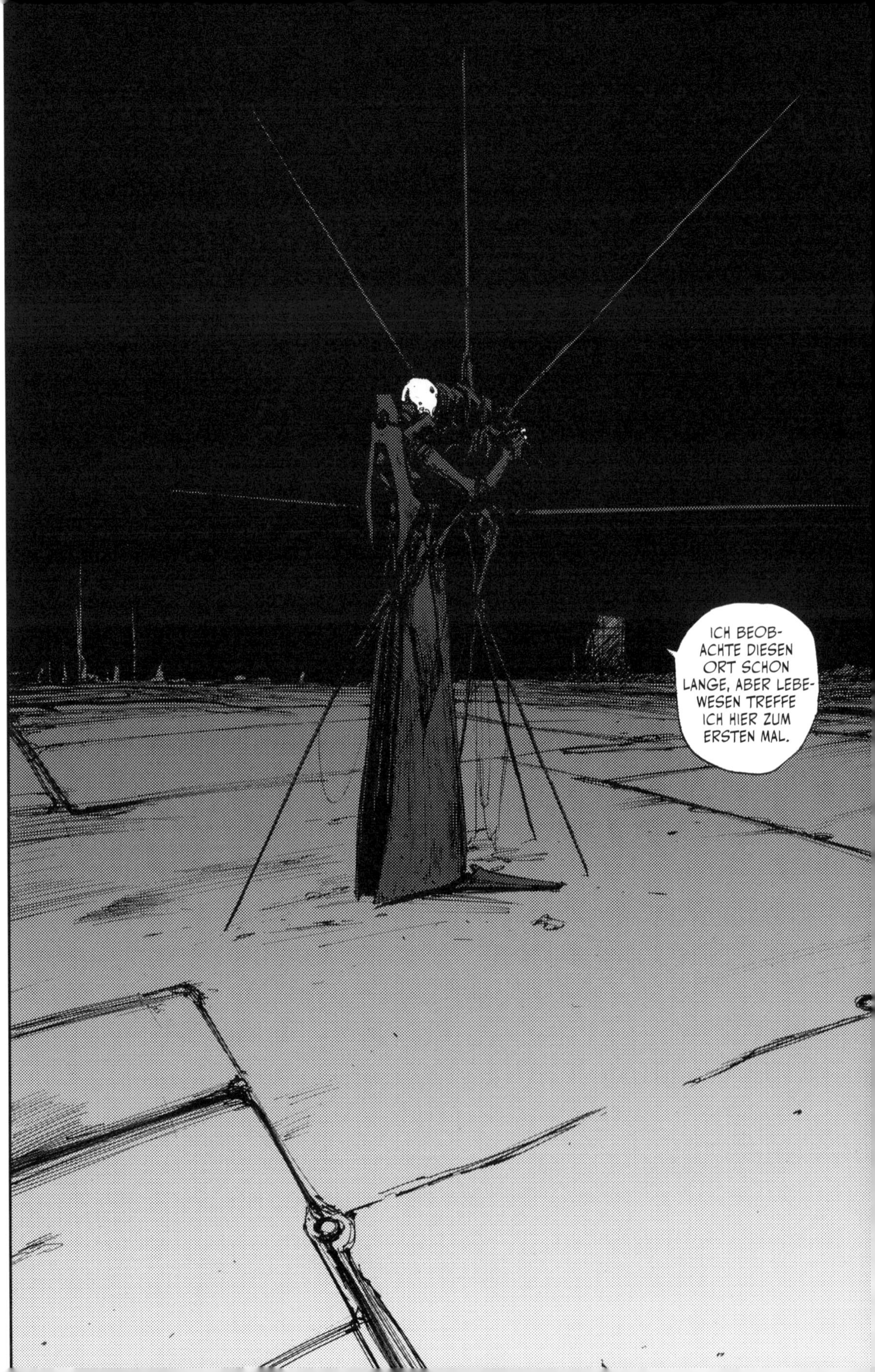
ICH BEOBACHTE DIESEN ORT SCHON LANGE, ABER LEBEWESEN TREFFE ICH HIER ZUM ERSTEN MAL.

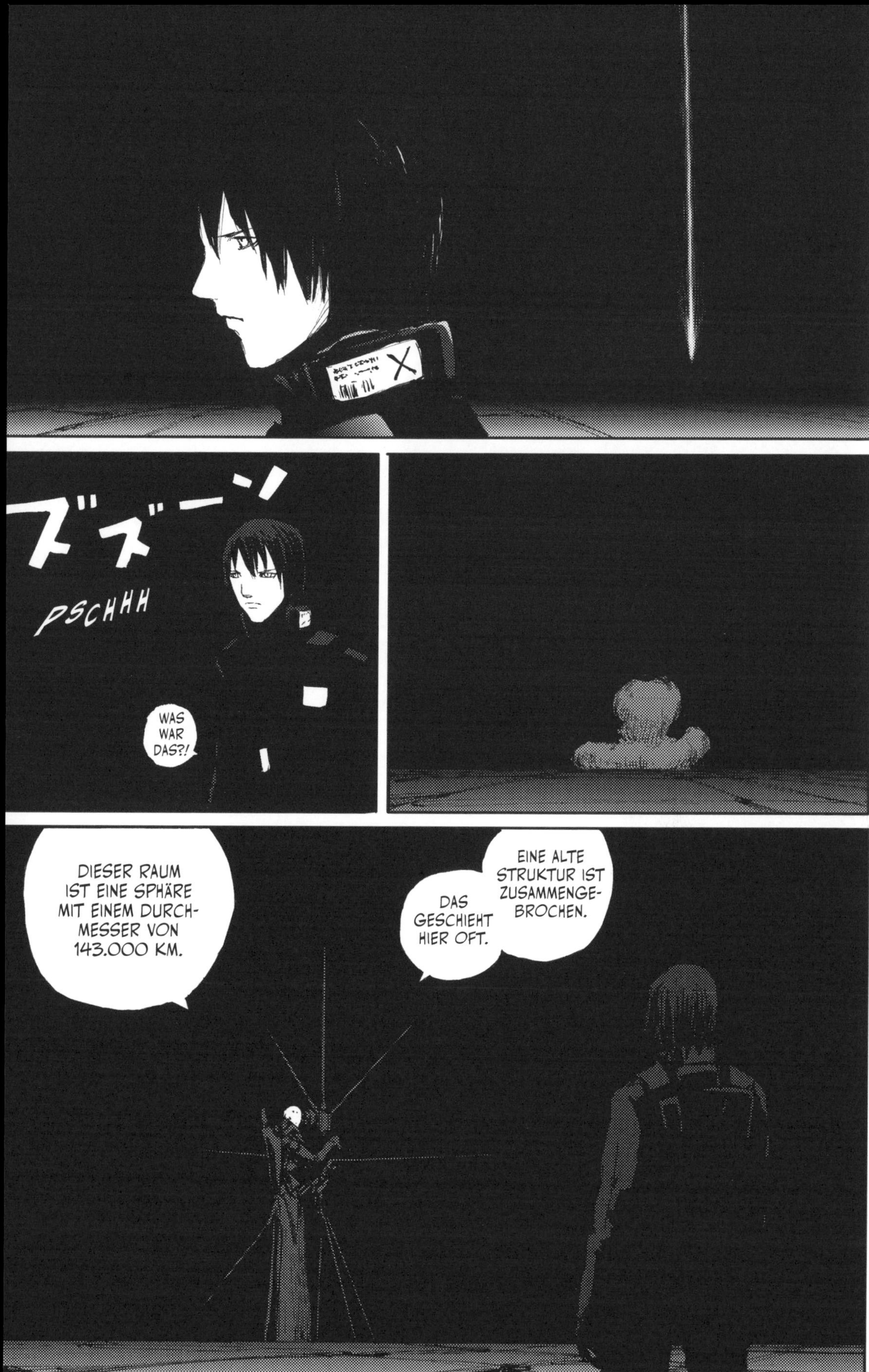
ズズーン
PSCHHH
WAS WAR DAS?!
EINE ALTE STRUKTUR IST ZUSAMMENGE-BROCHEN.
DAS GESCHIEHT HIER OFT.
DIESER RAUM IST EINE SPHÄRE MIT EINEM DURCH-MESSER VON 143.000 KM.

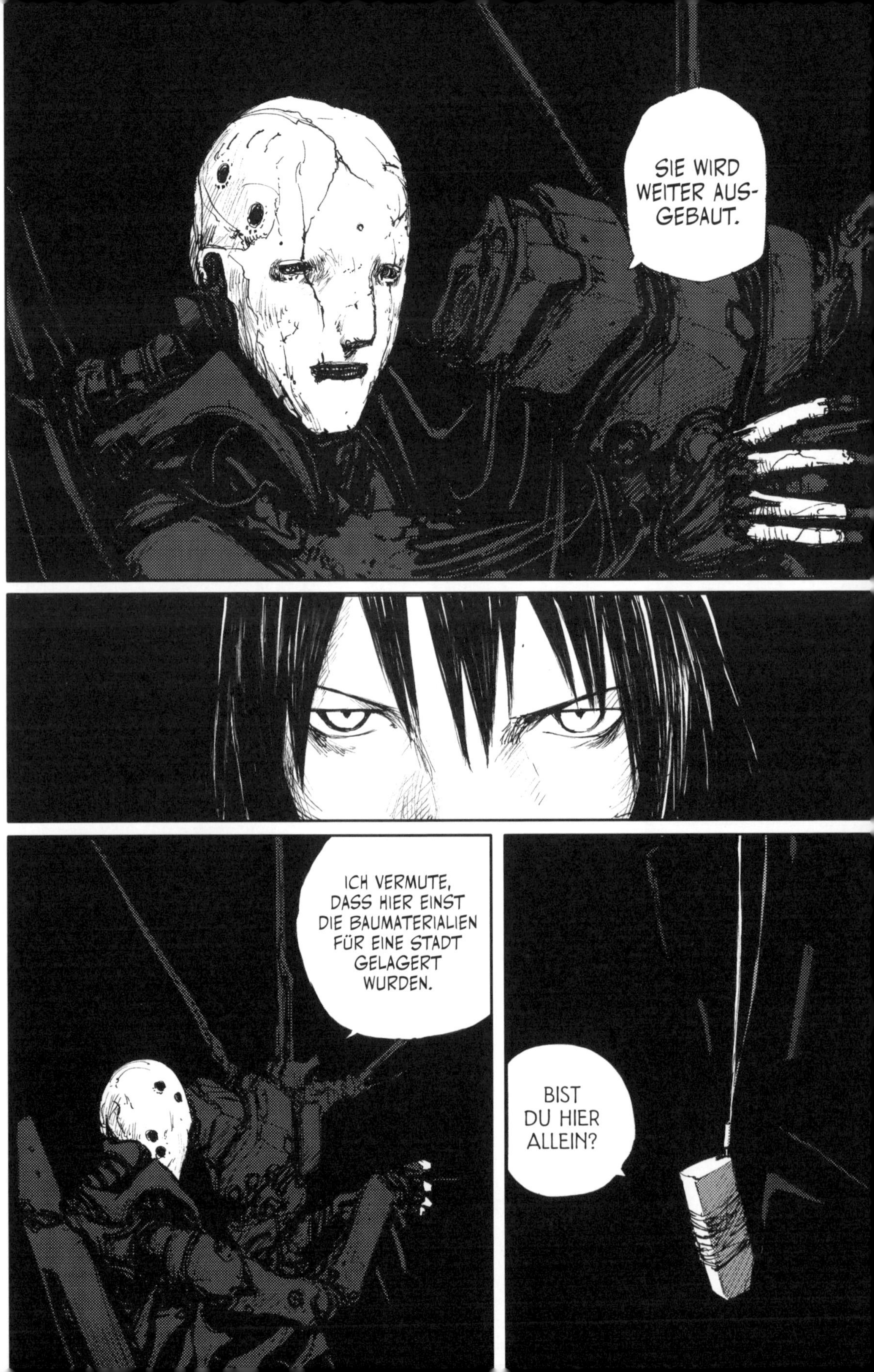
SIE WIRD WEITER AUS-GEBAUT.
ICH VERMUTE, DASS HIER EINST DIE BAUMATERIALIEN FÜR EINE STADT GELAGERT WURDEN.
BIST DU HIER ALLEIN?

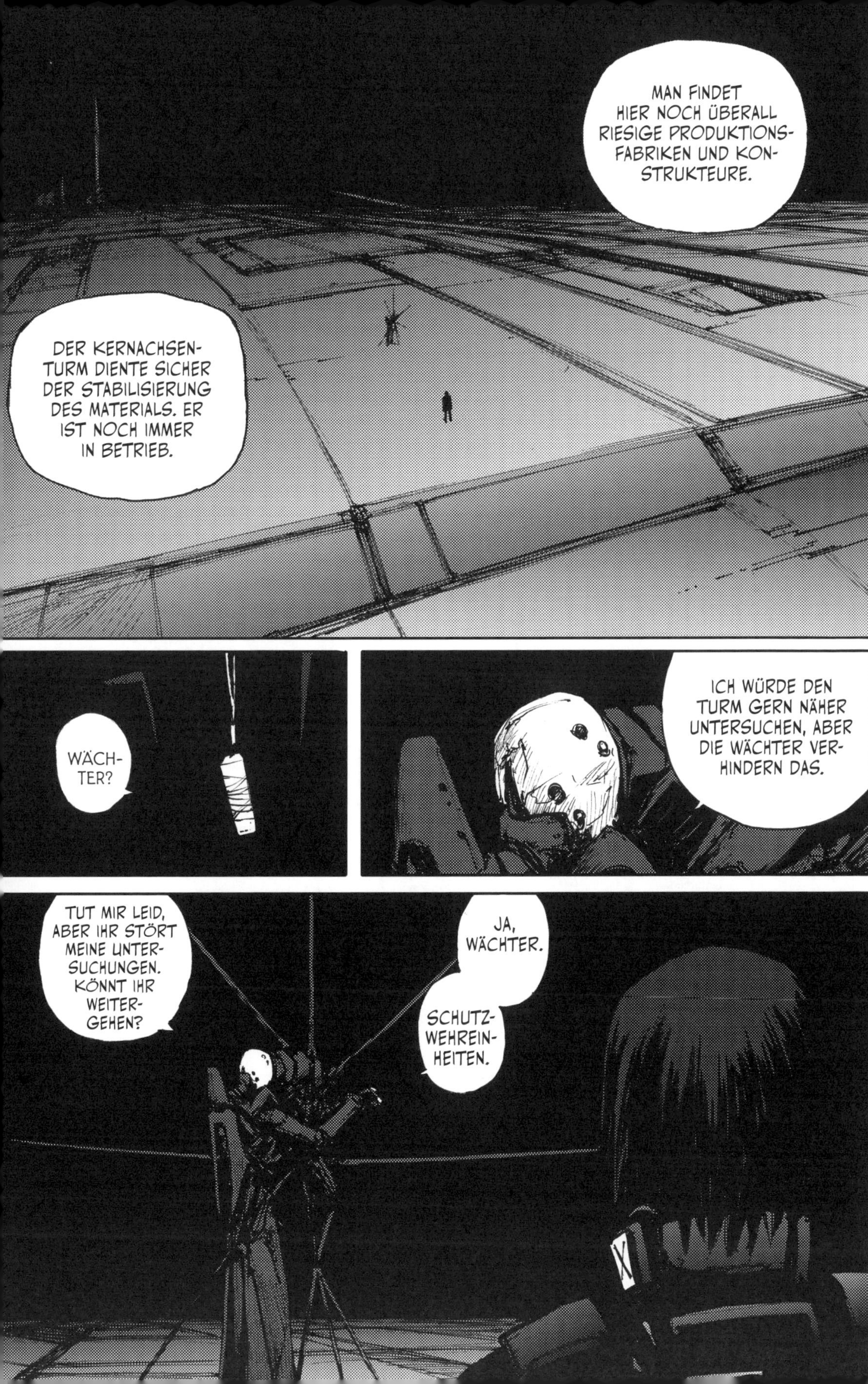
MAN FINDET HIER NOCH ÜBERALL RIESIGE PRODUKTIONS-FABRIKEN UND KON-STRUKTEURE.
DER KERNACHSEN-TURM DIENTE SICHER DER STABILISIERUNG DES MATERIALS. ER IST NOCH IMMER IN BETRIEB.
ICH WÜRDE DEN TURM GERN NÄHER UNTERSUCHEN, ABER DIE WÄCHTER VER-HINDERN DAS.
WÄCH-TER?
JA, WÄCHTER.
SCHUTZ-WEHREIN-HEITEN.
TUT MIR LEID, ABER IHR STÖRT MEINE UNTER-SUCHUNGEN. KÖNNT IHR WEITER-GEHEN?

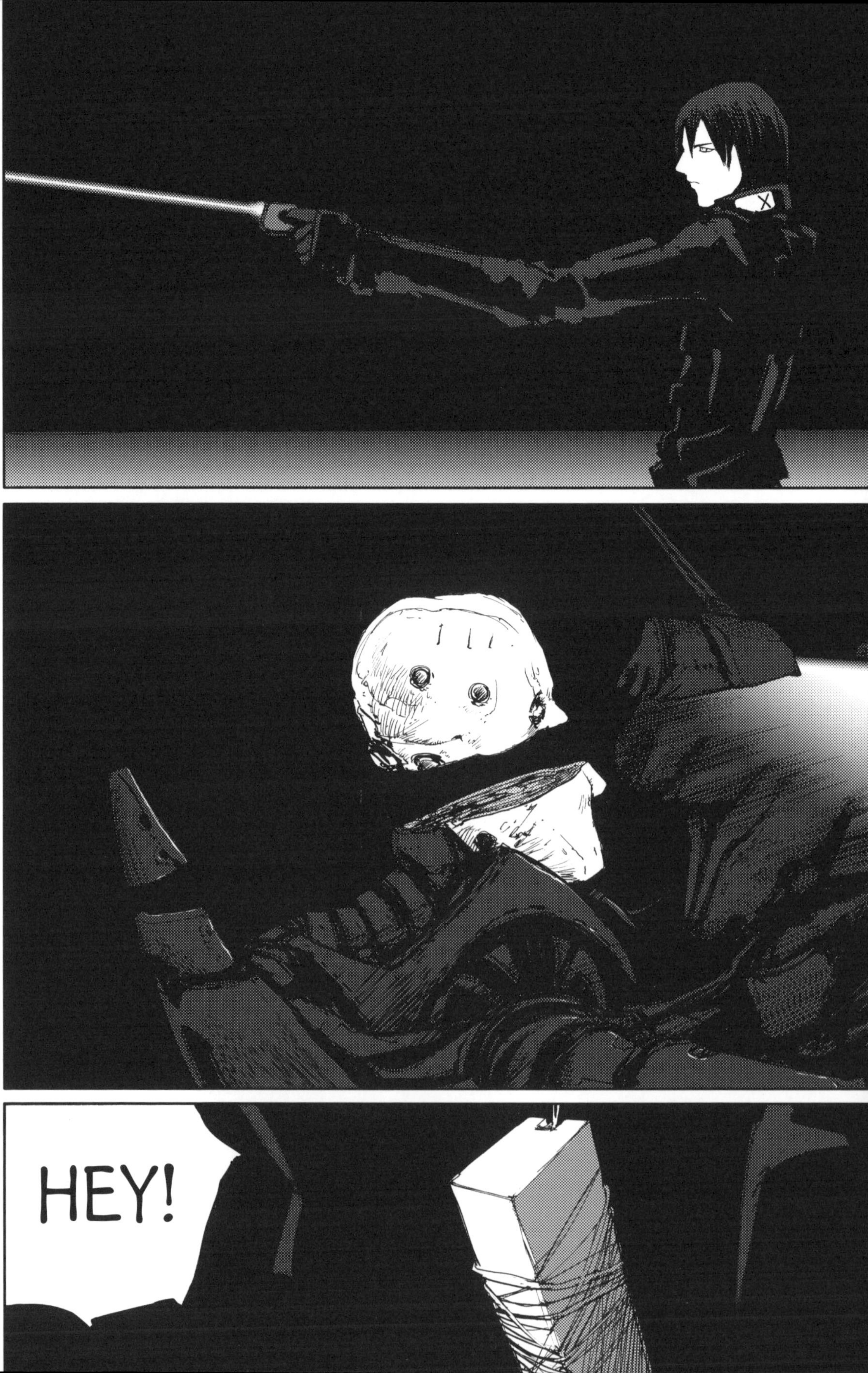
HEY!

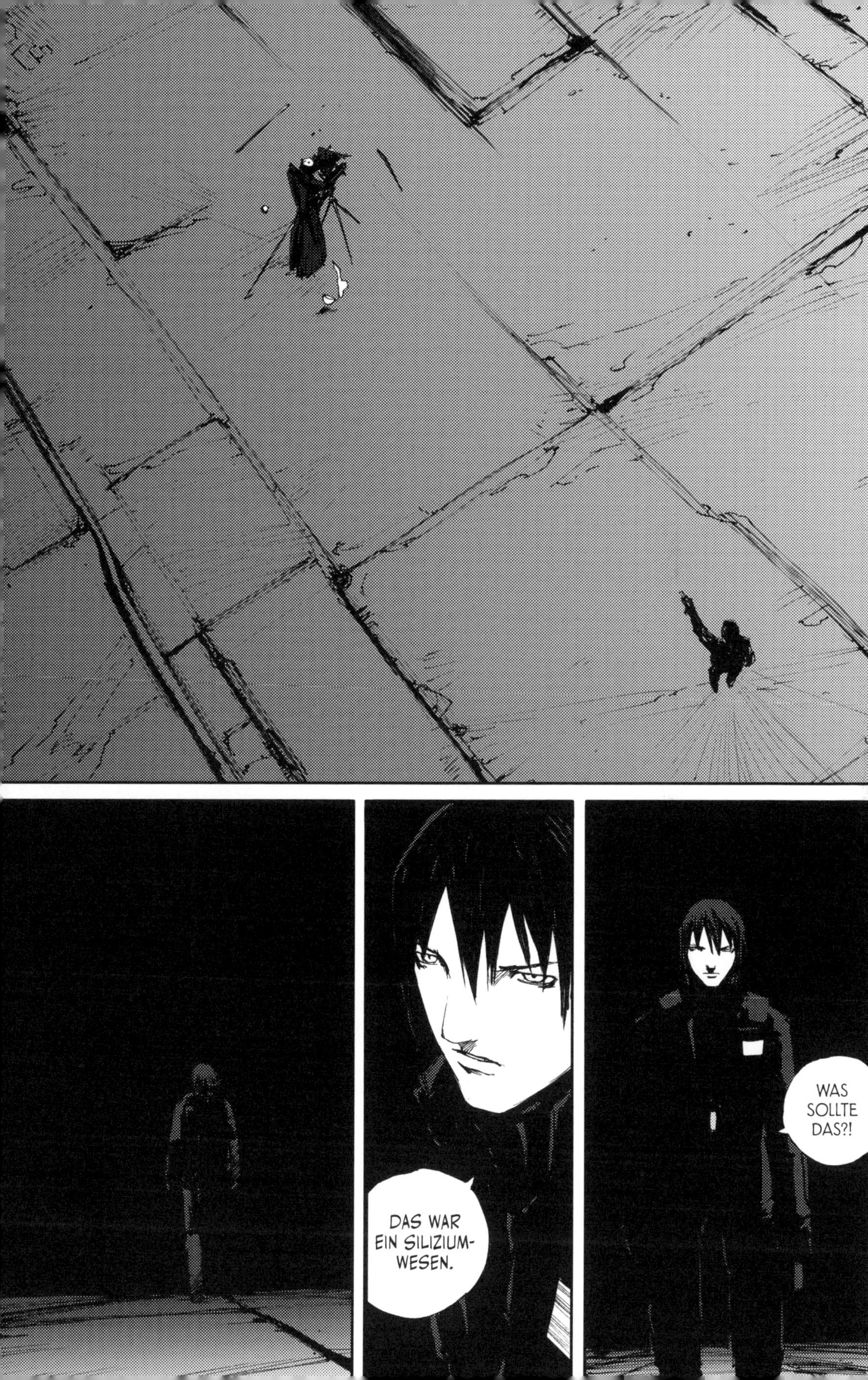
WAS SOLLTE DAS?!
DAS WAR EIN SILIZIUM-WESEN.

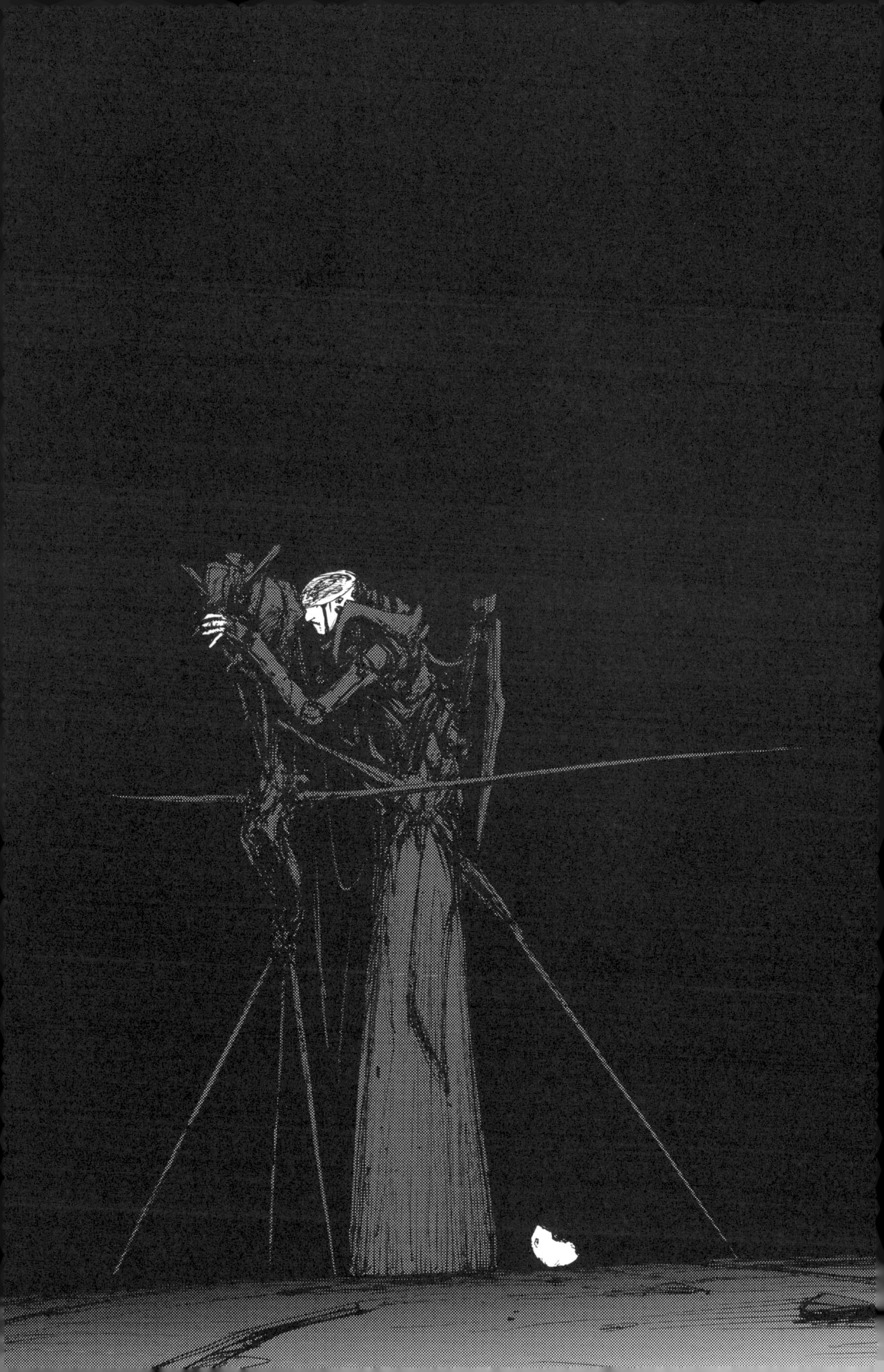

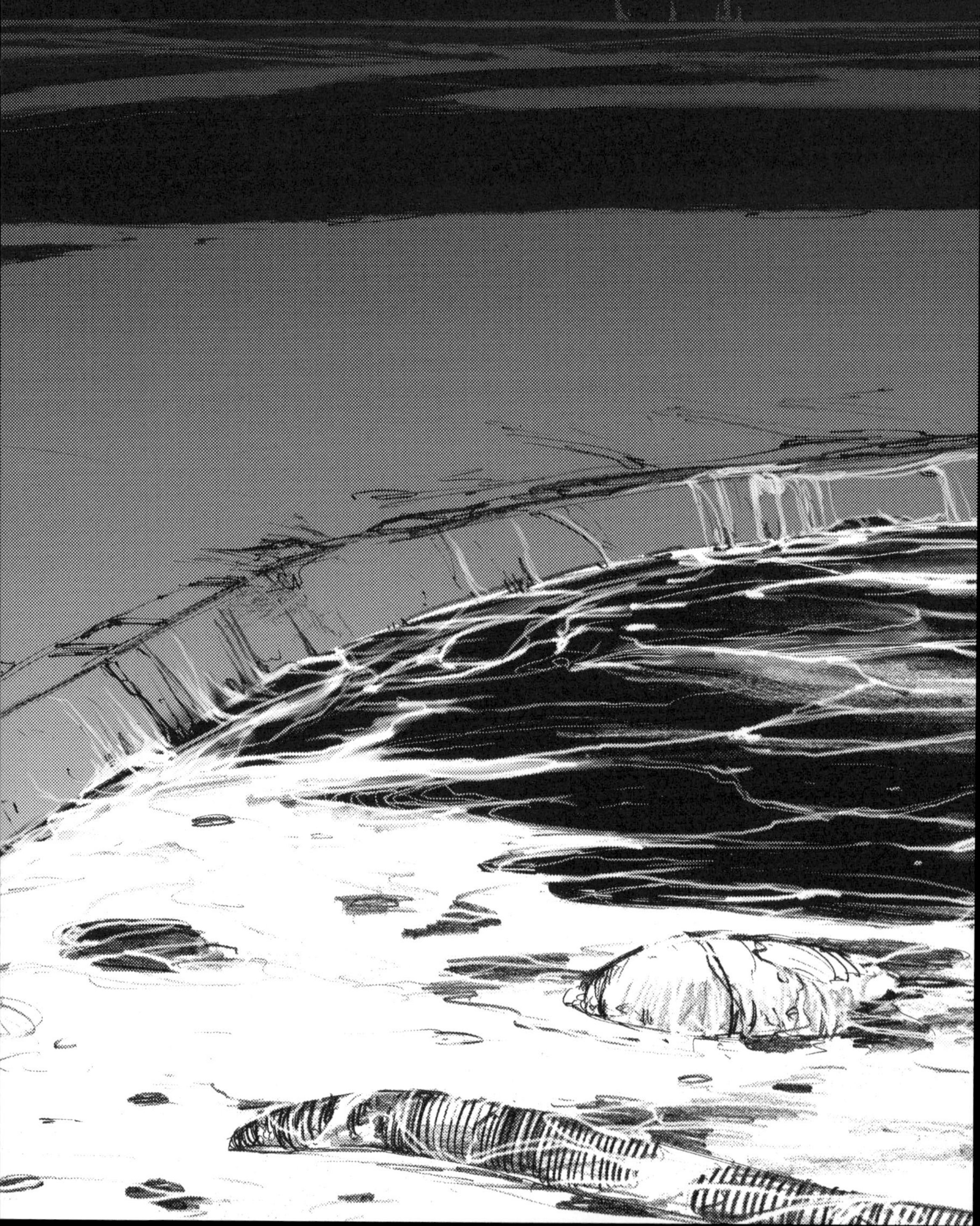

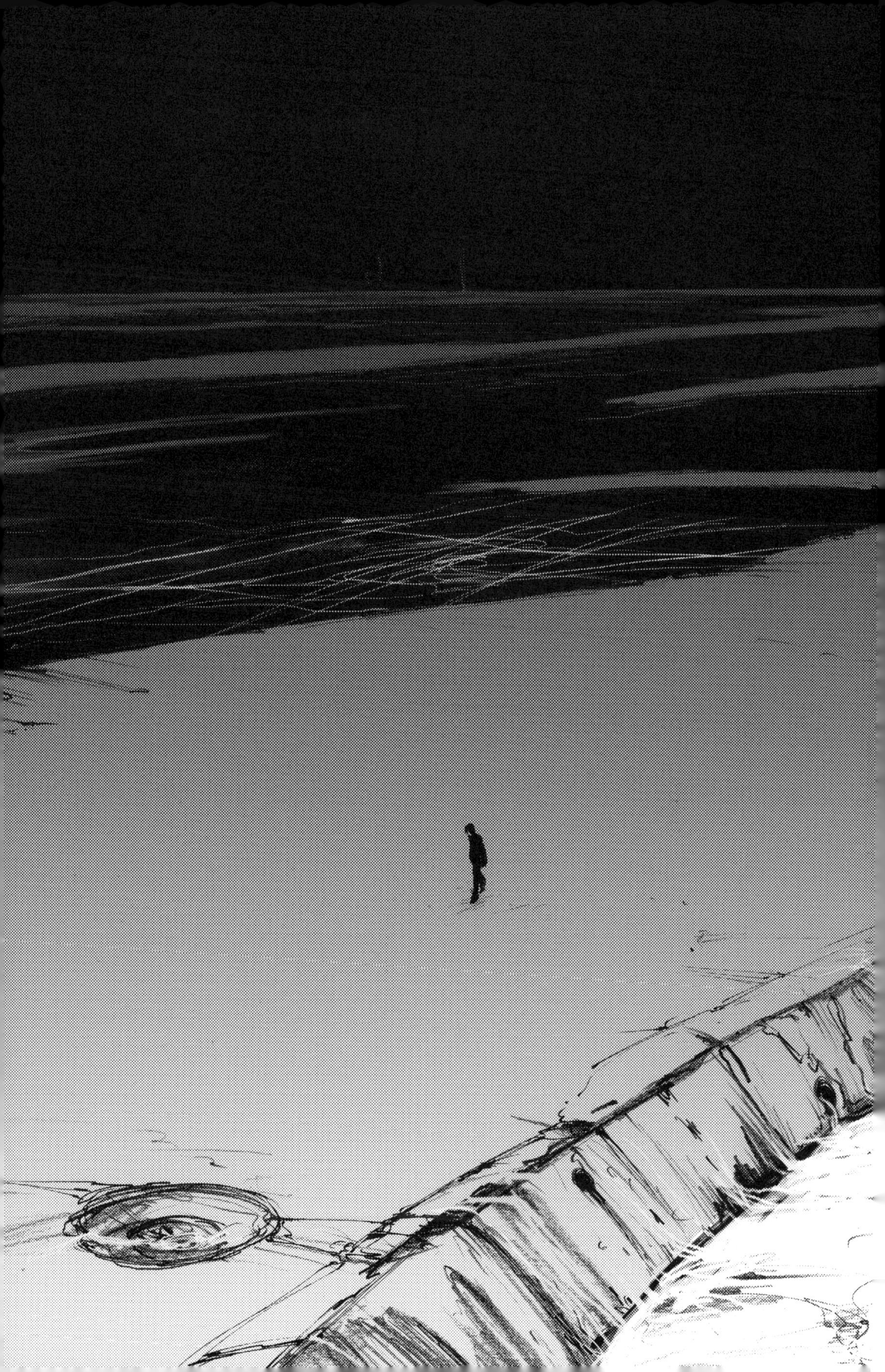

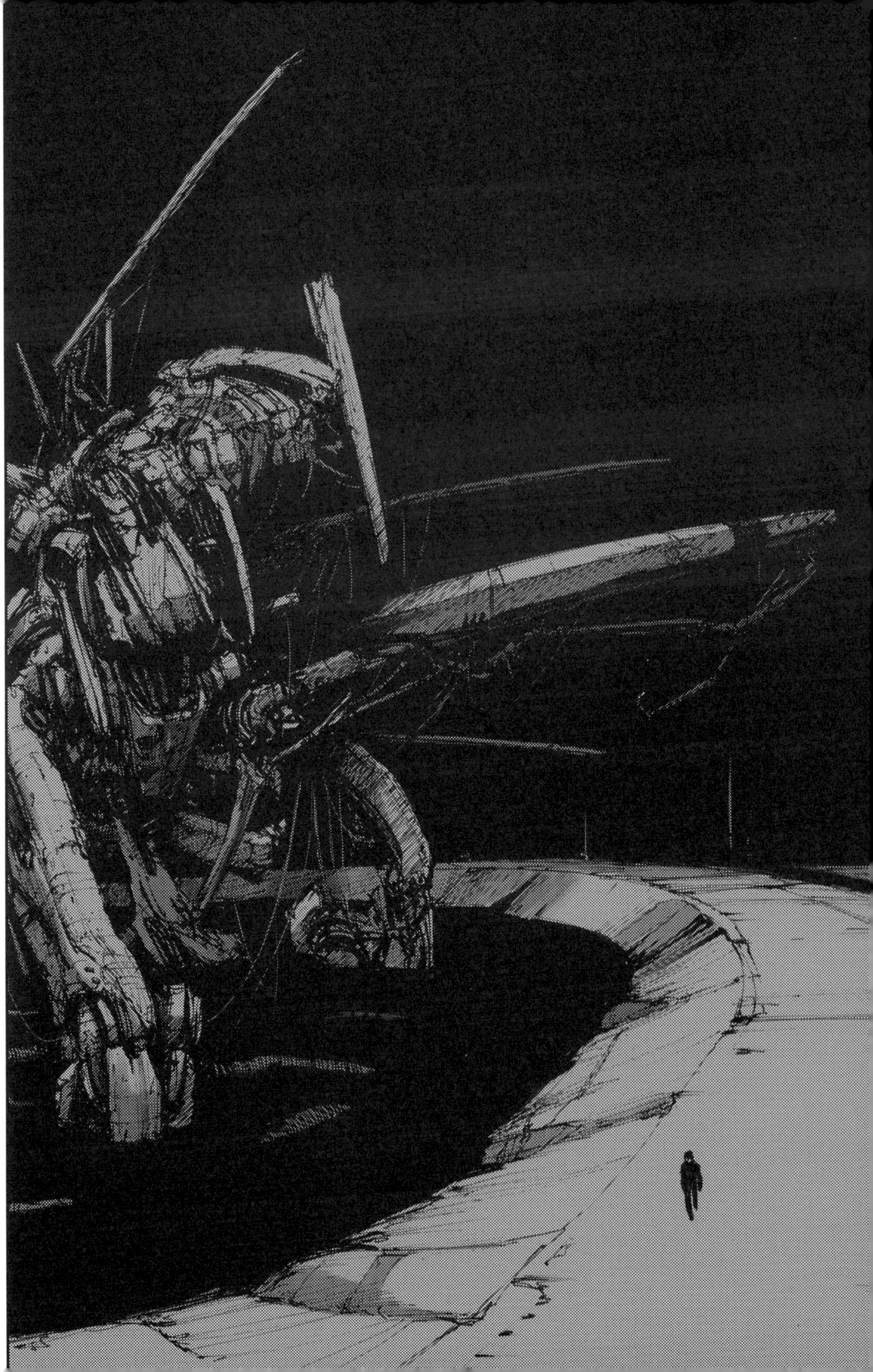

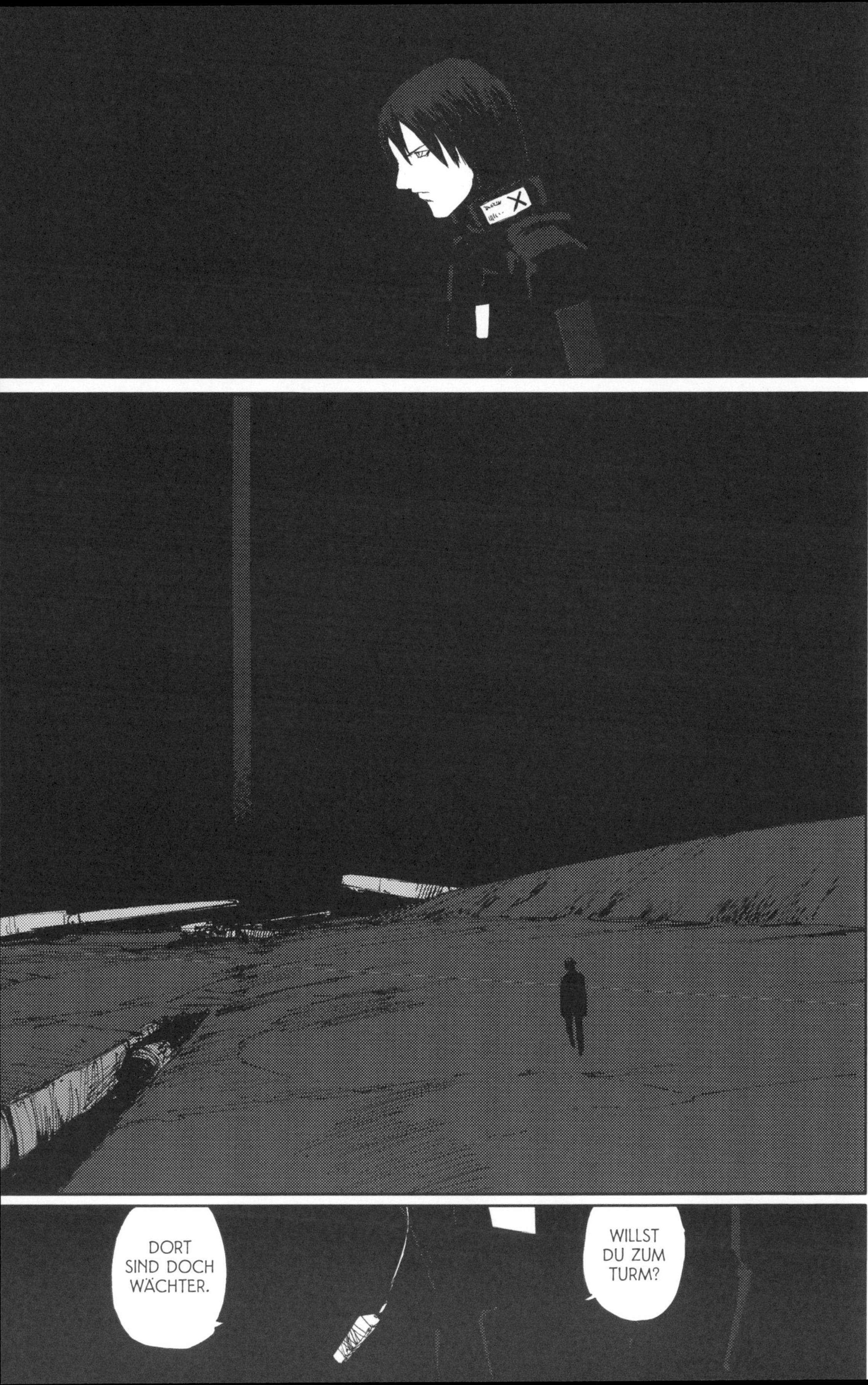
WILLST DU ZUM TURM?
DORT SIND DOCH WÄCHTER.

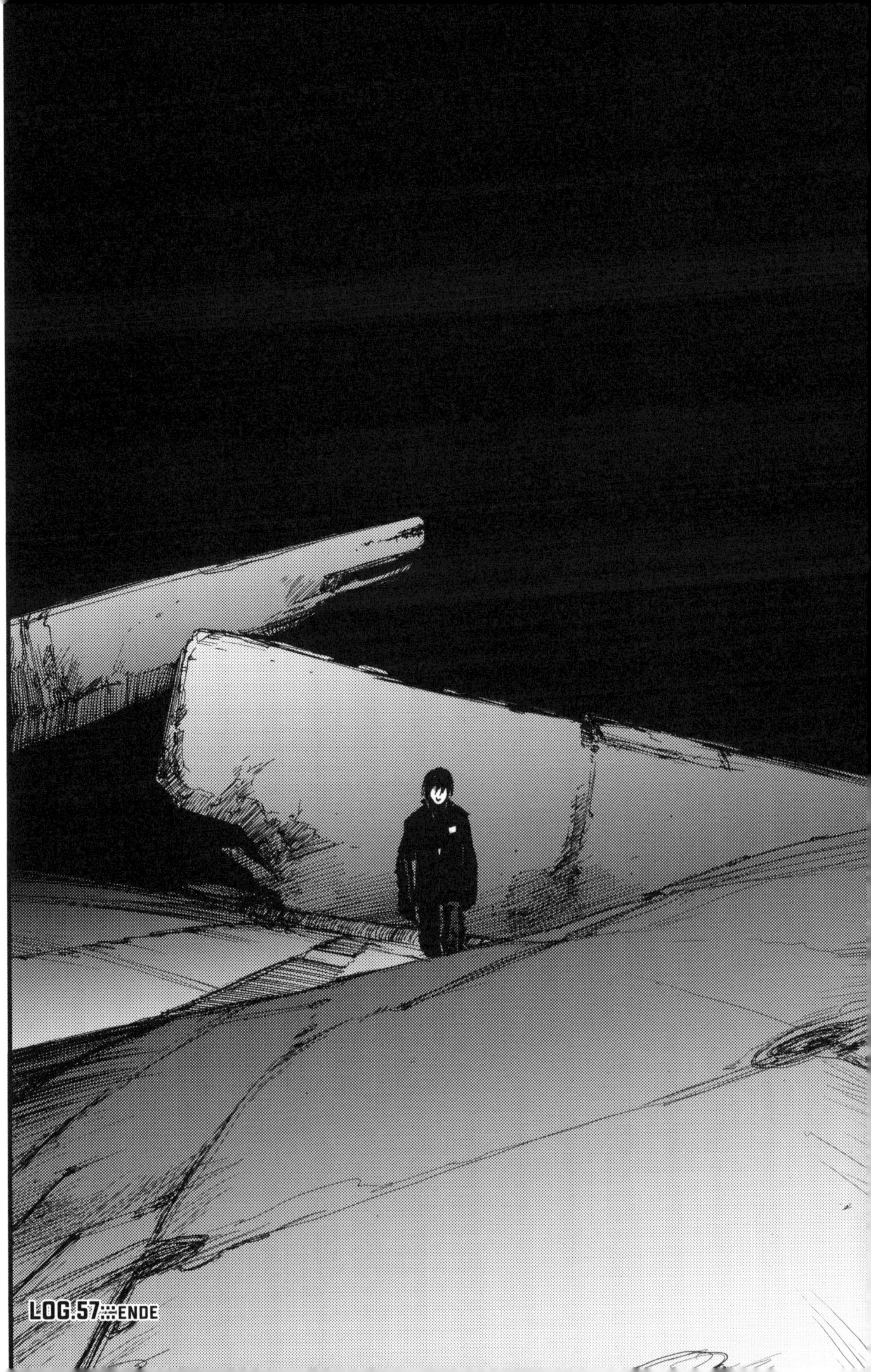
LOG.57 ENDE

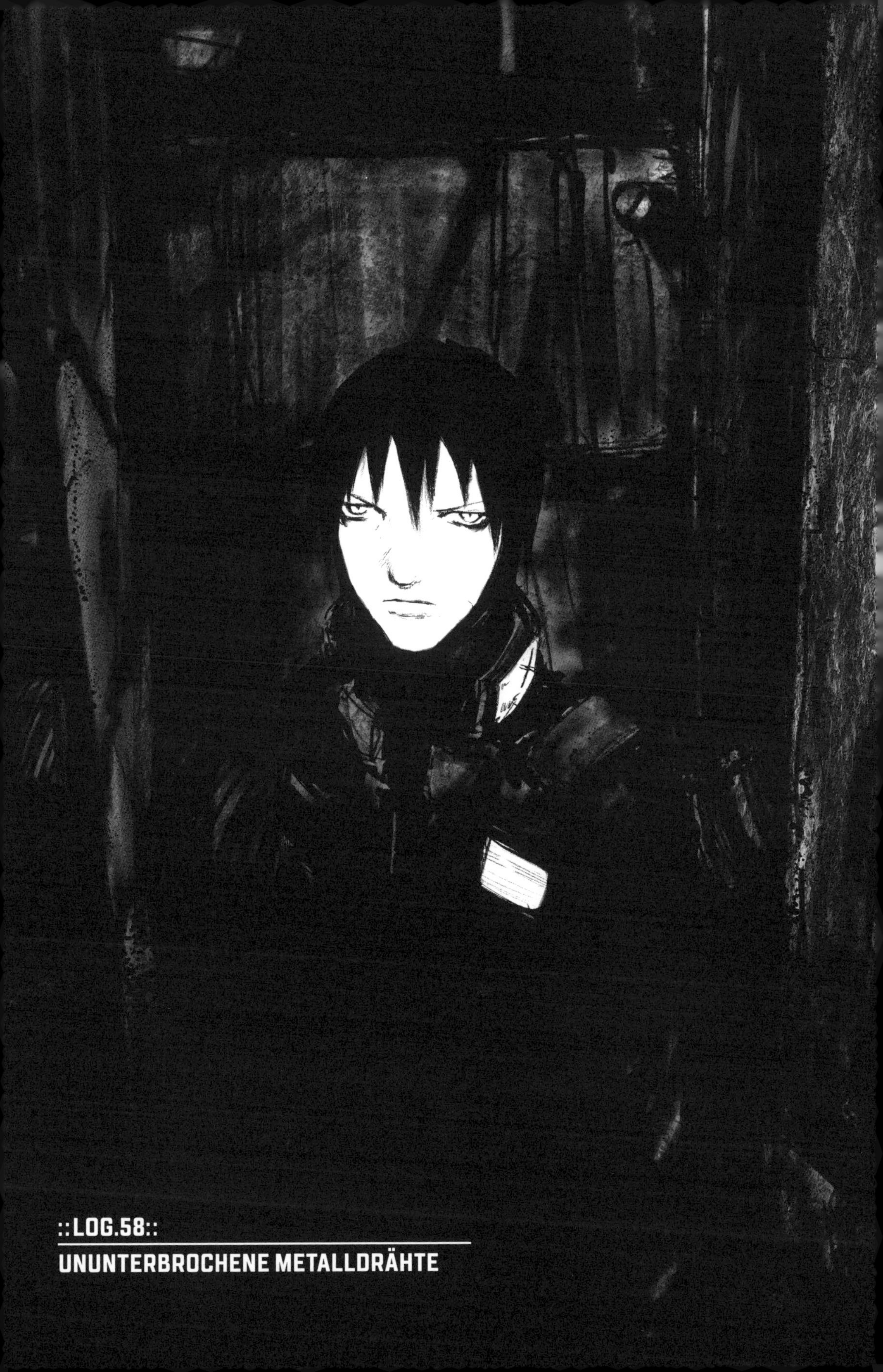

::LOG.58::

UNUNTERBROCHENE METALLDRÄHTE

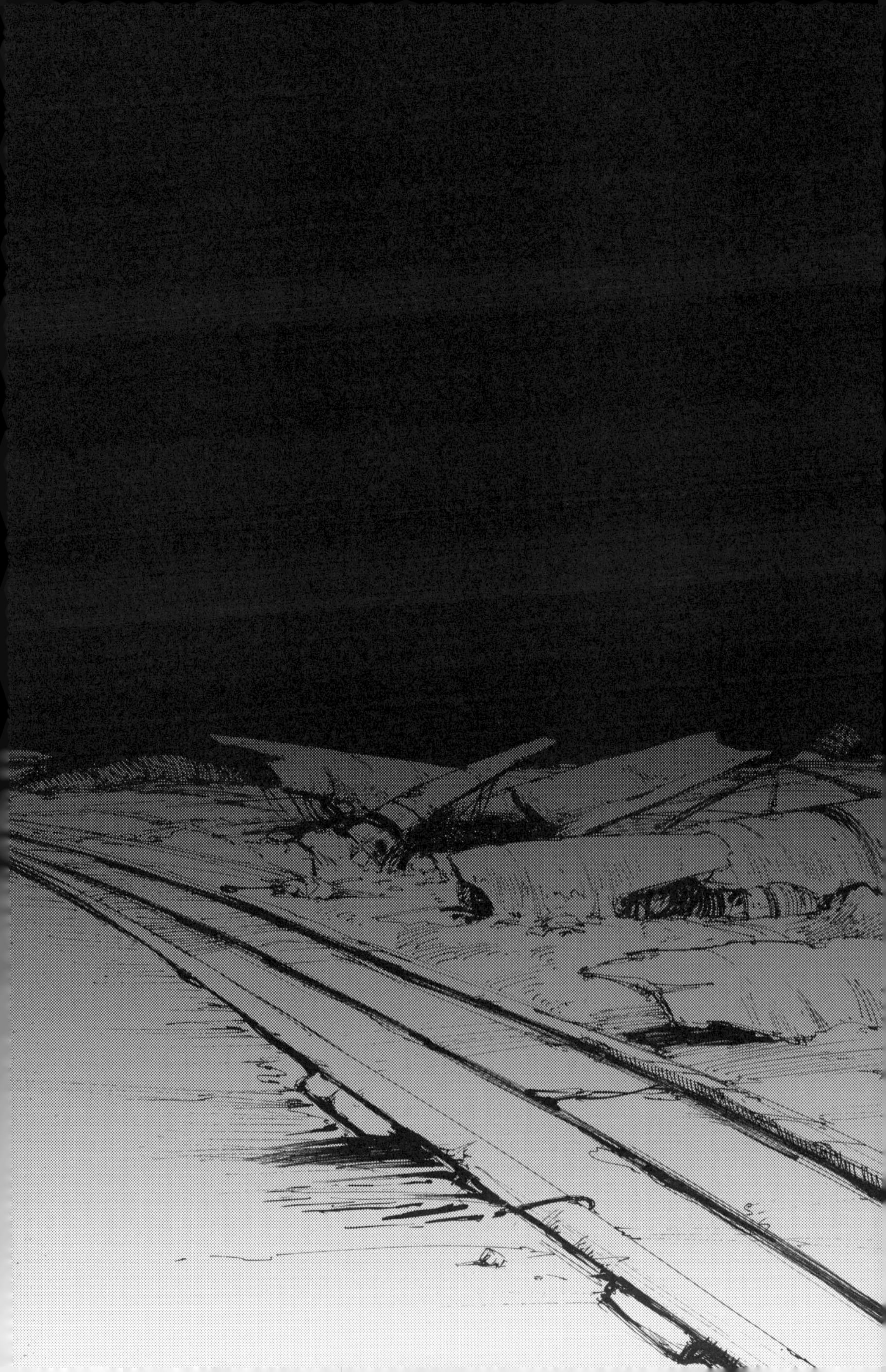

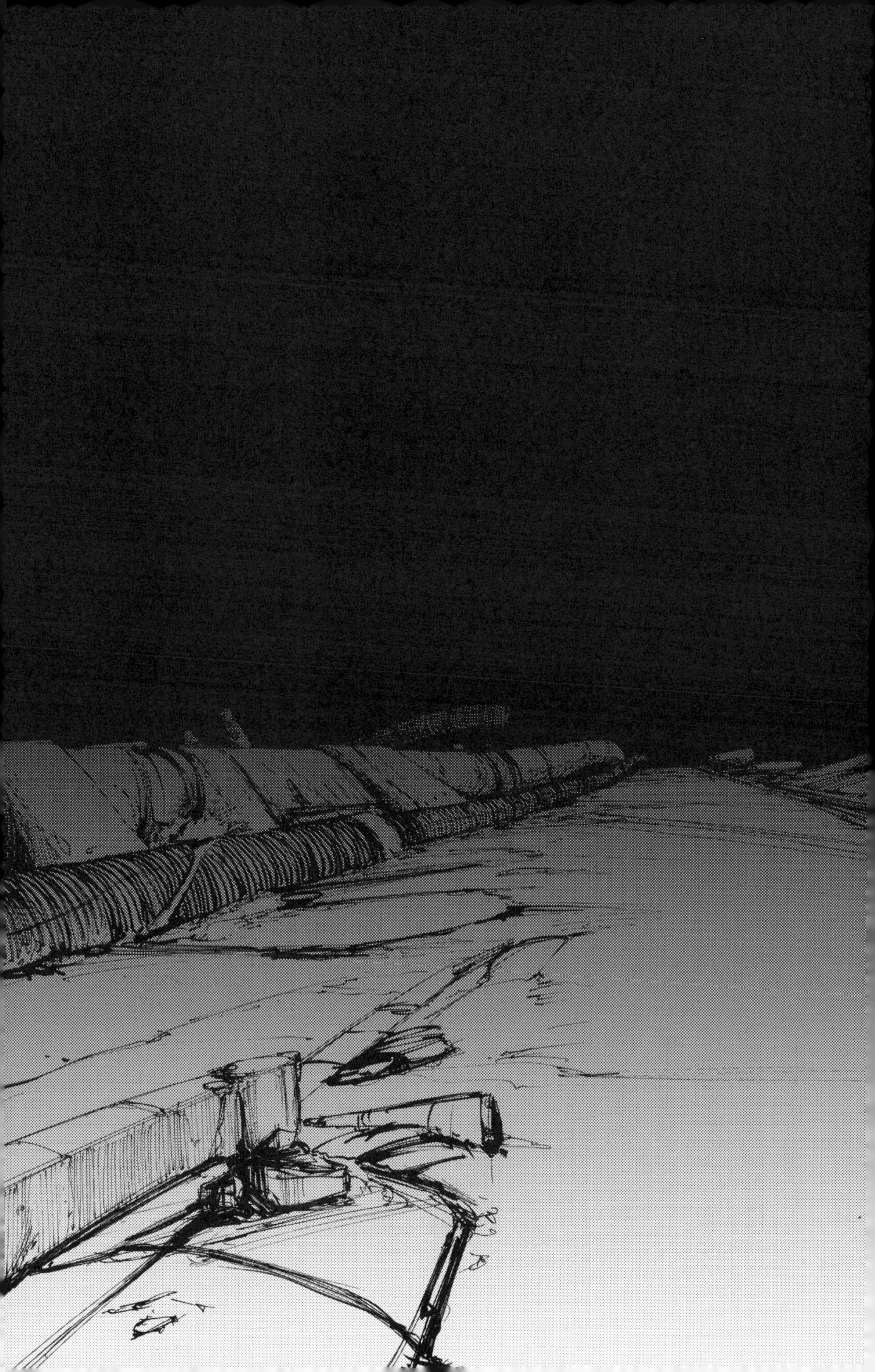

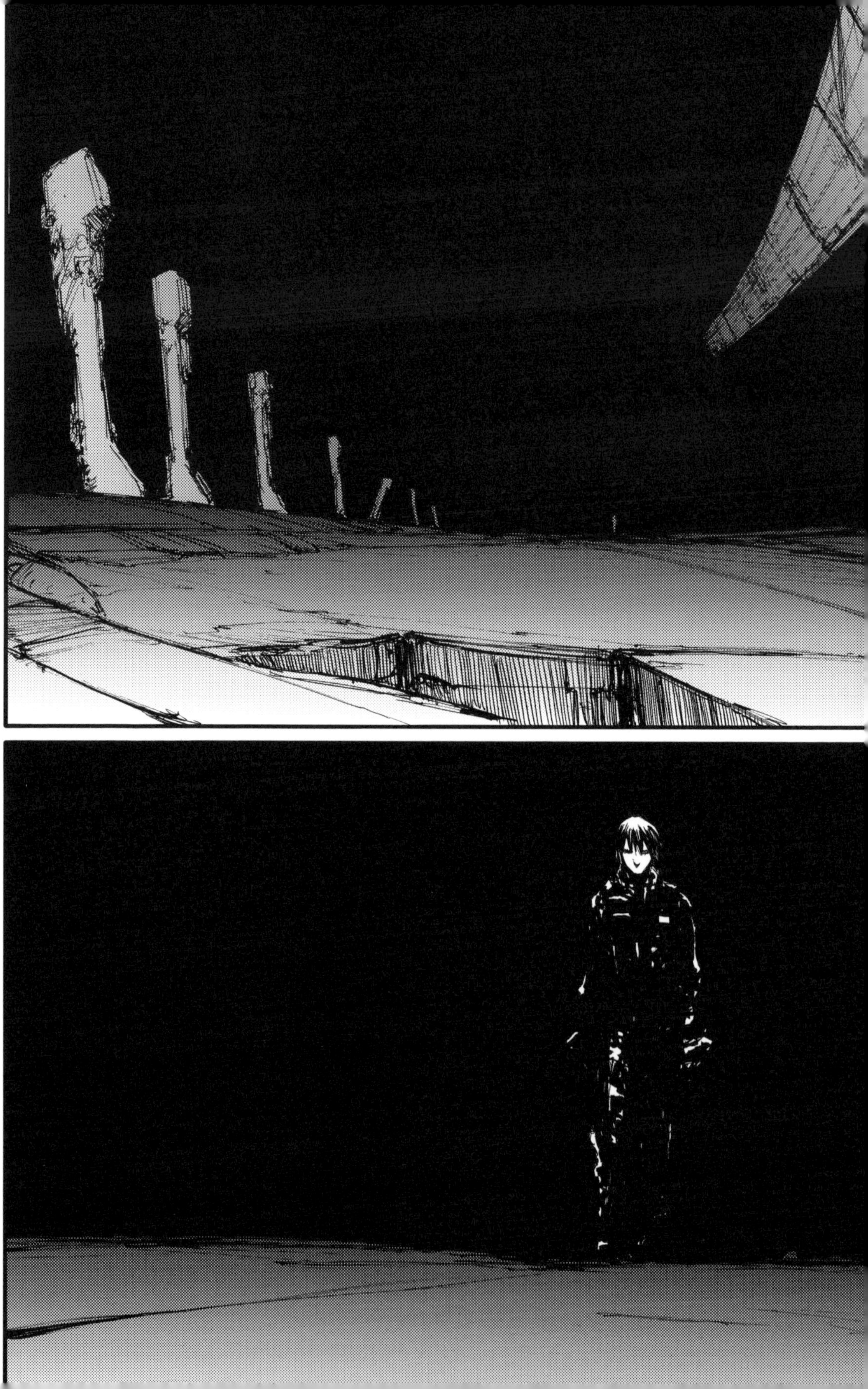

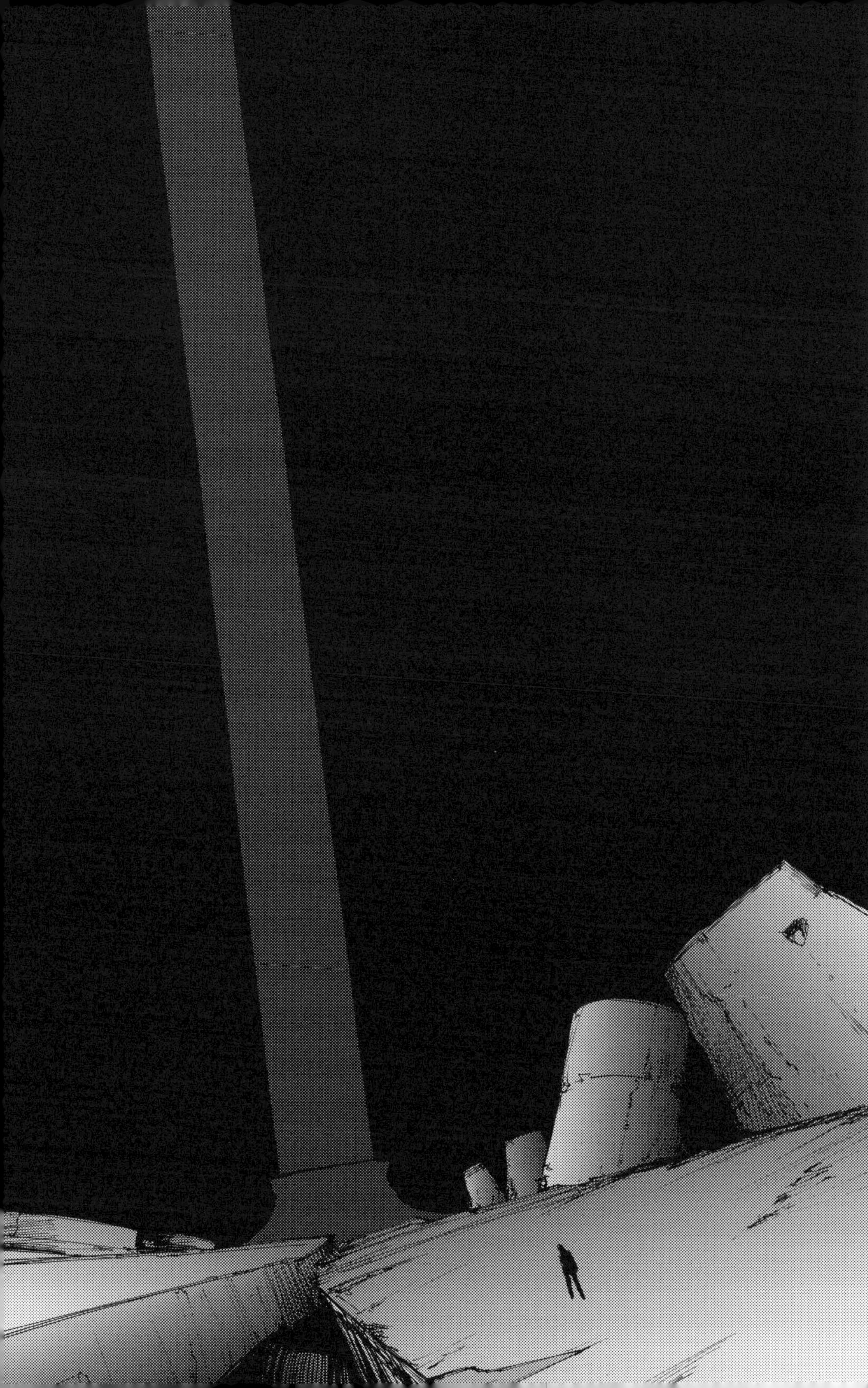

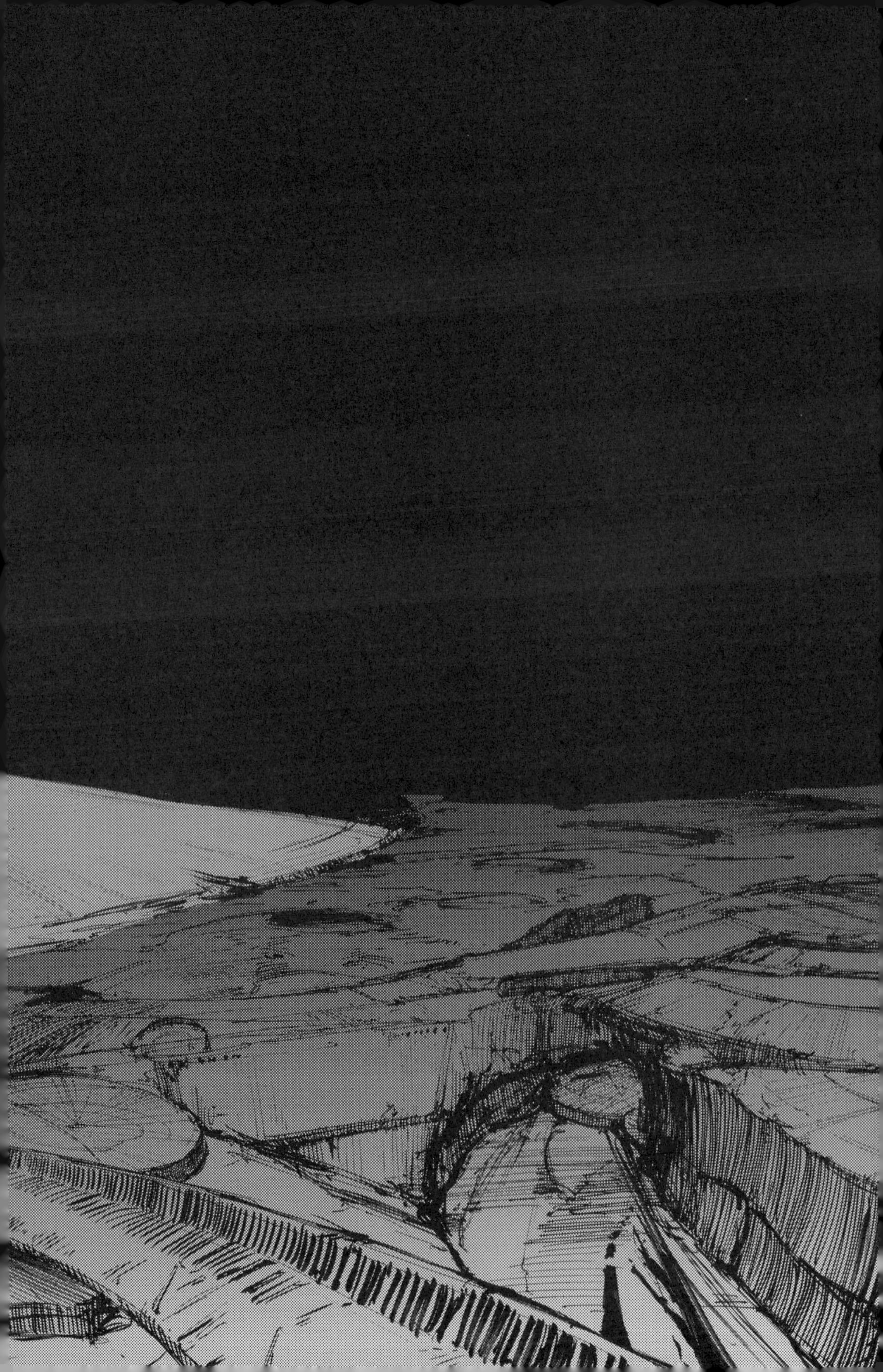

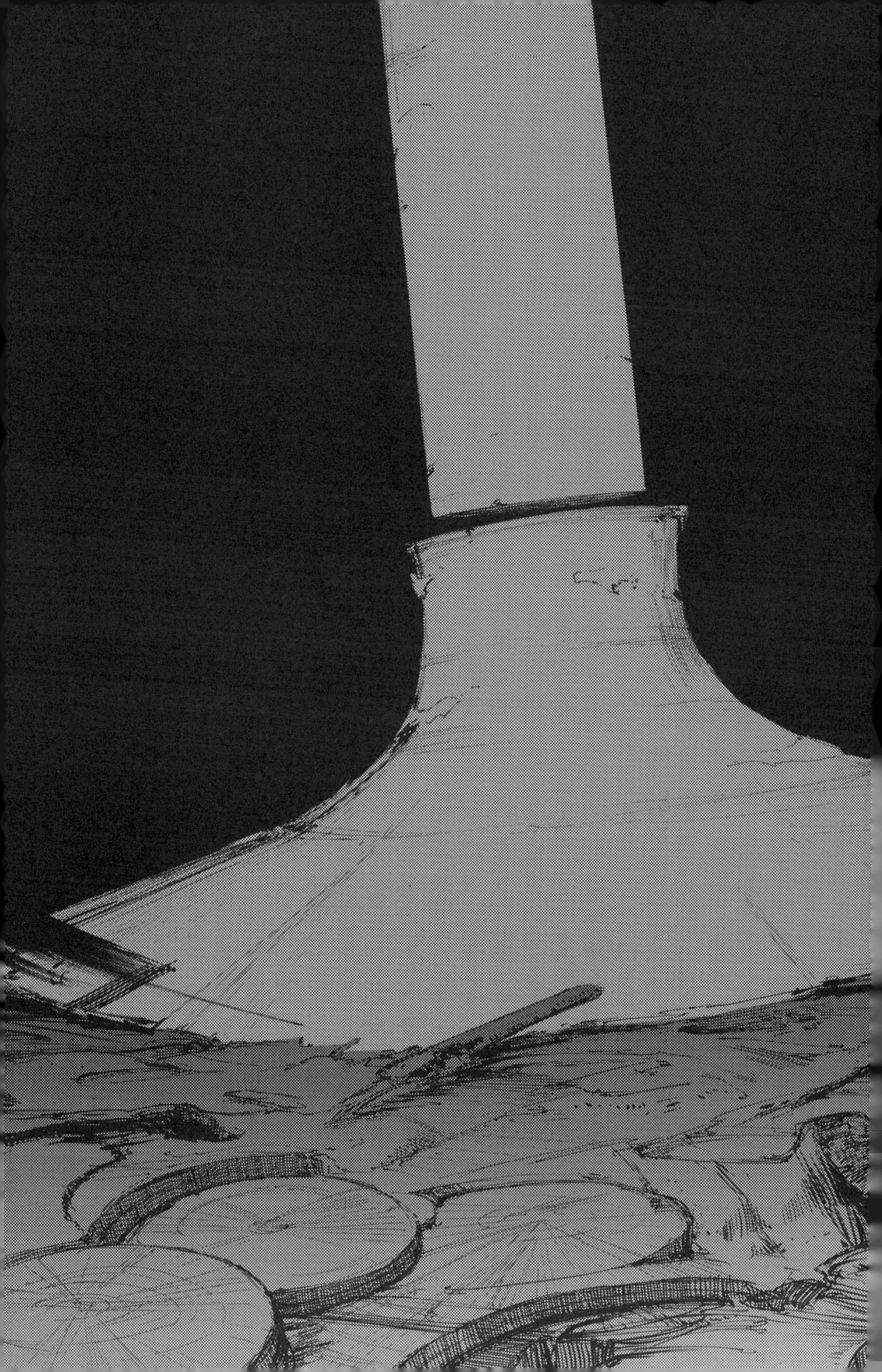

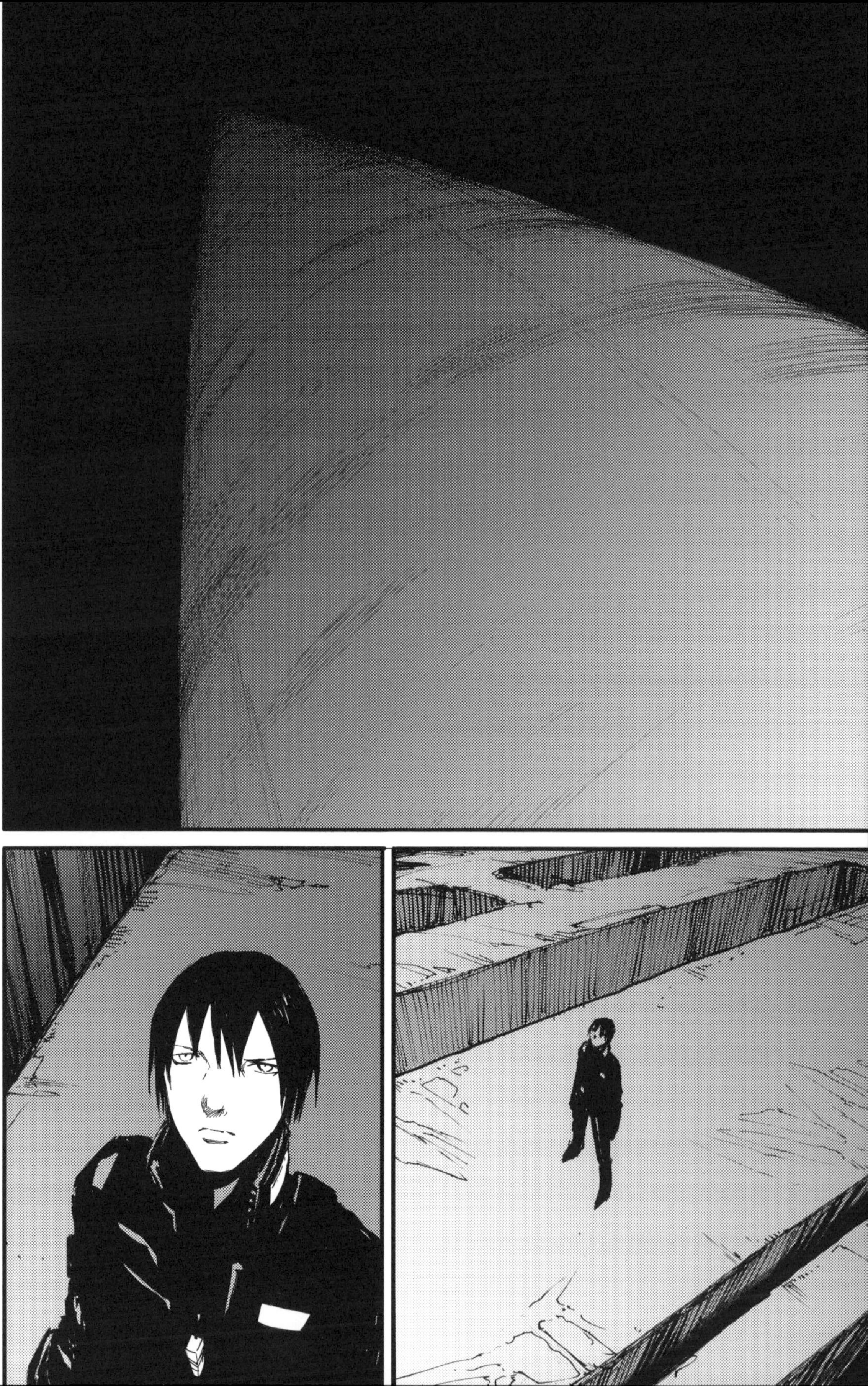

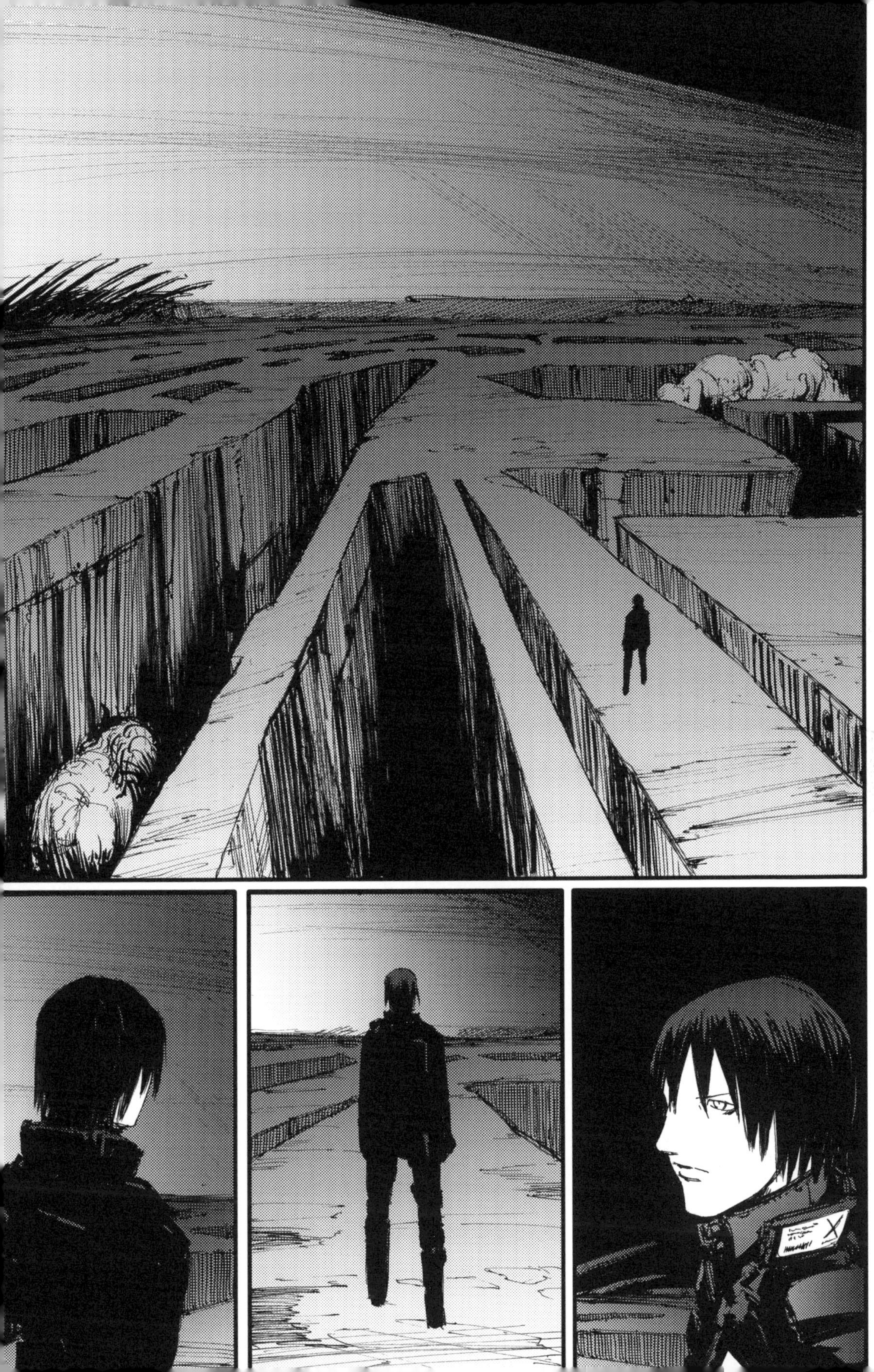

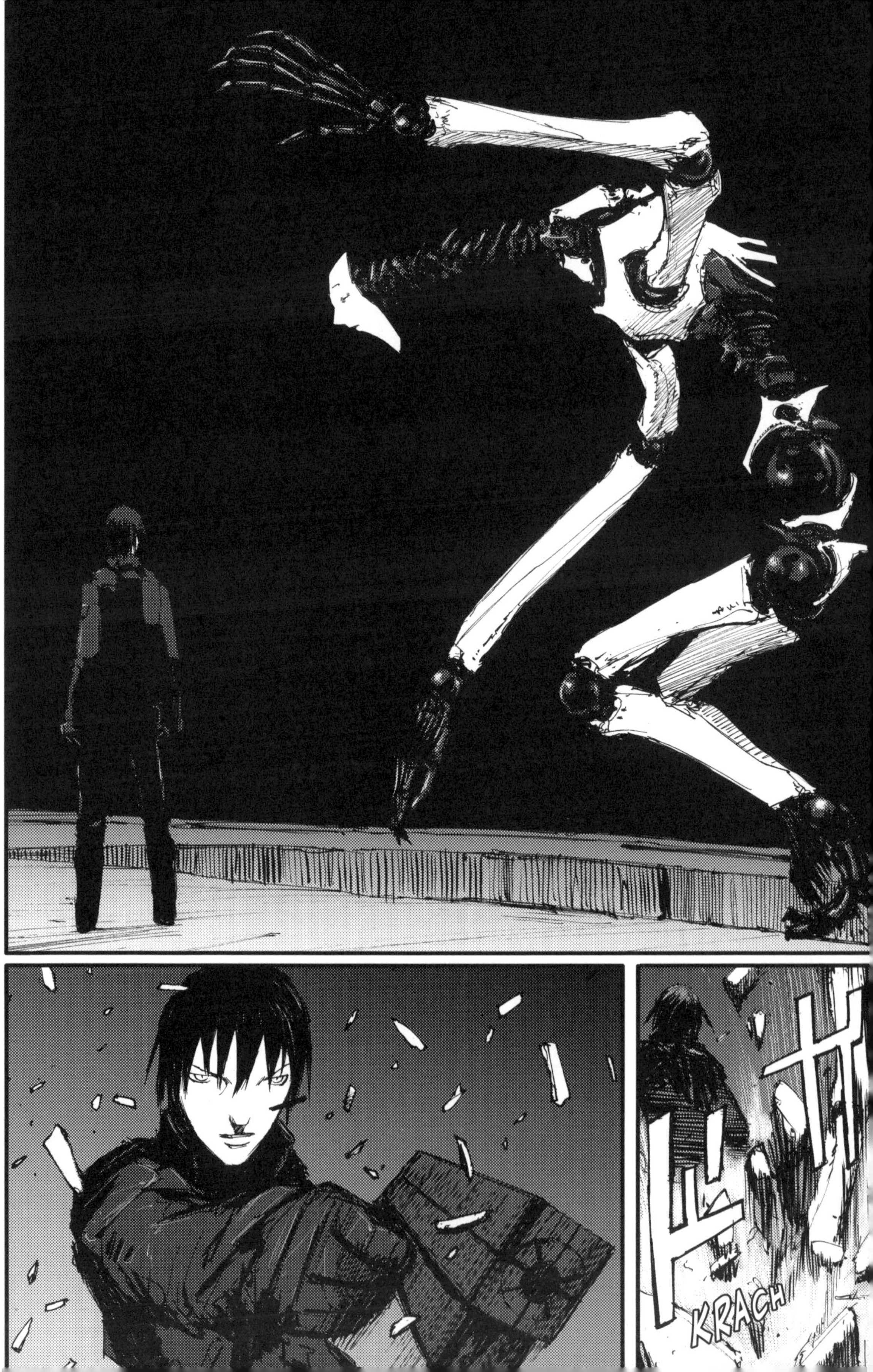
KRACH

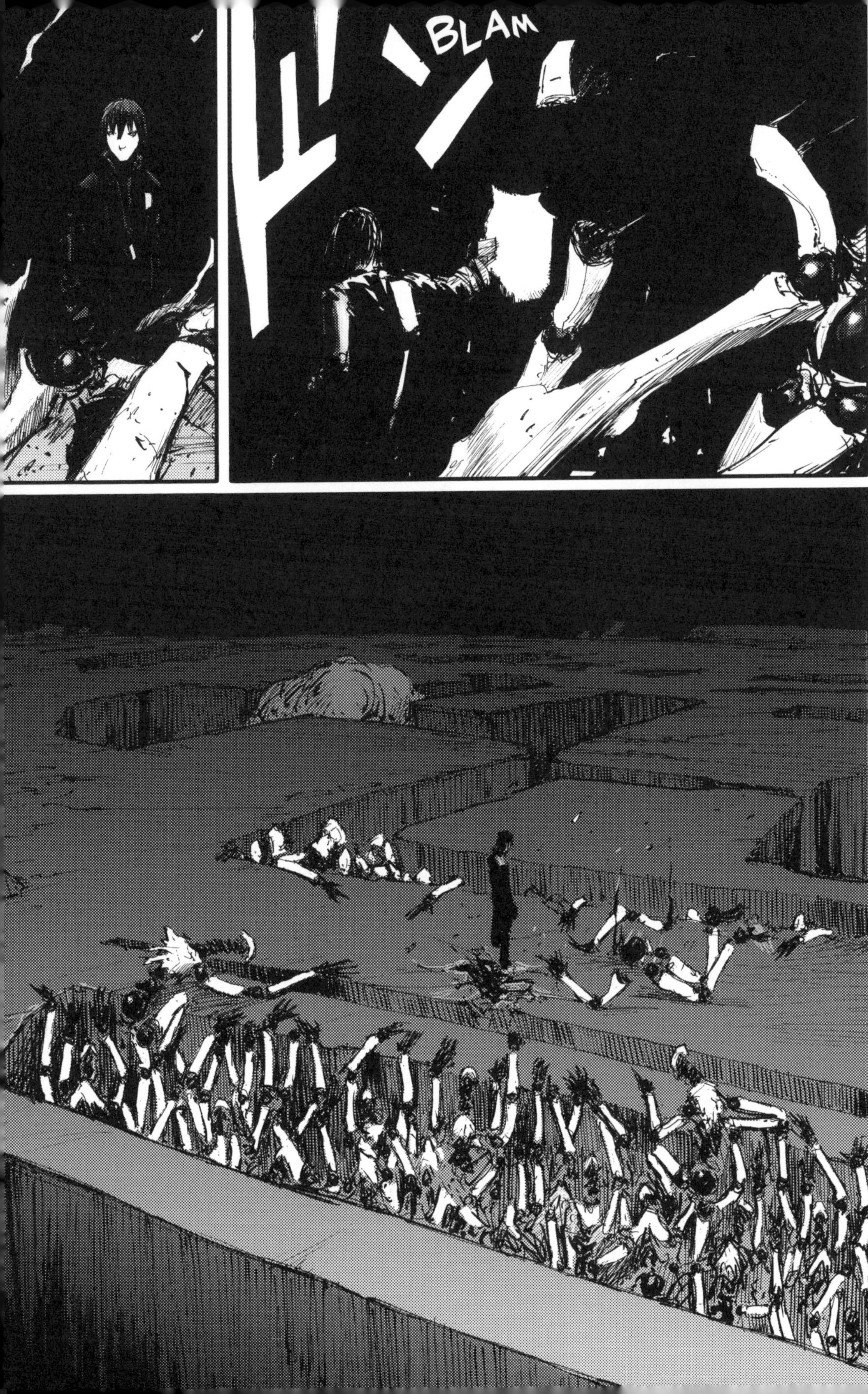
BLAM

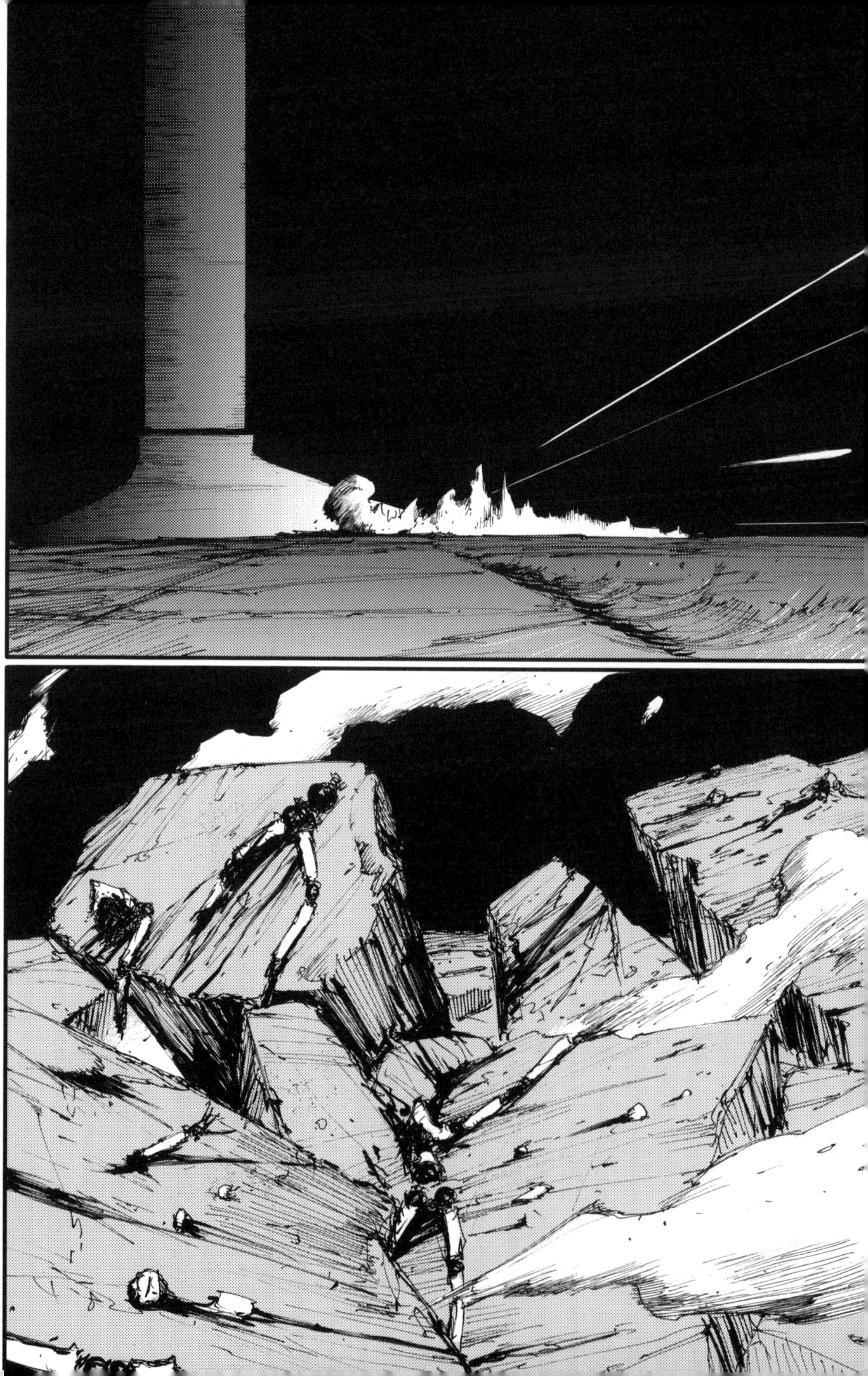

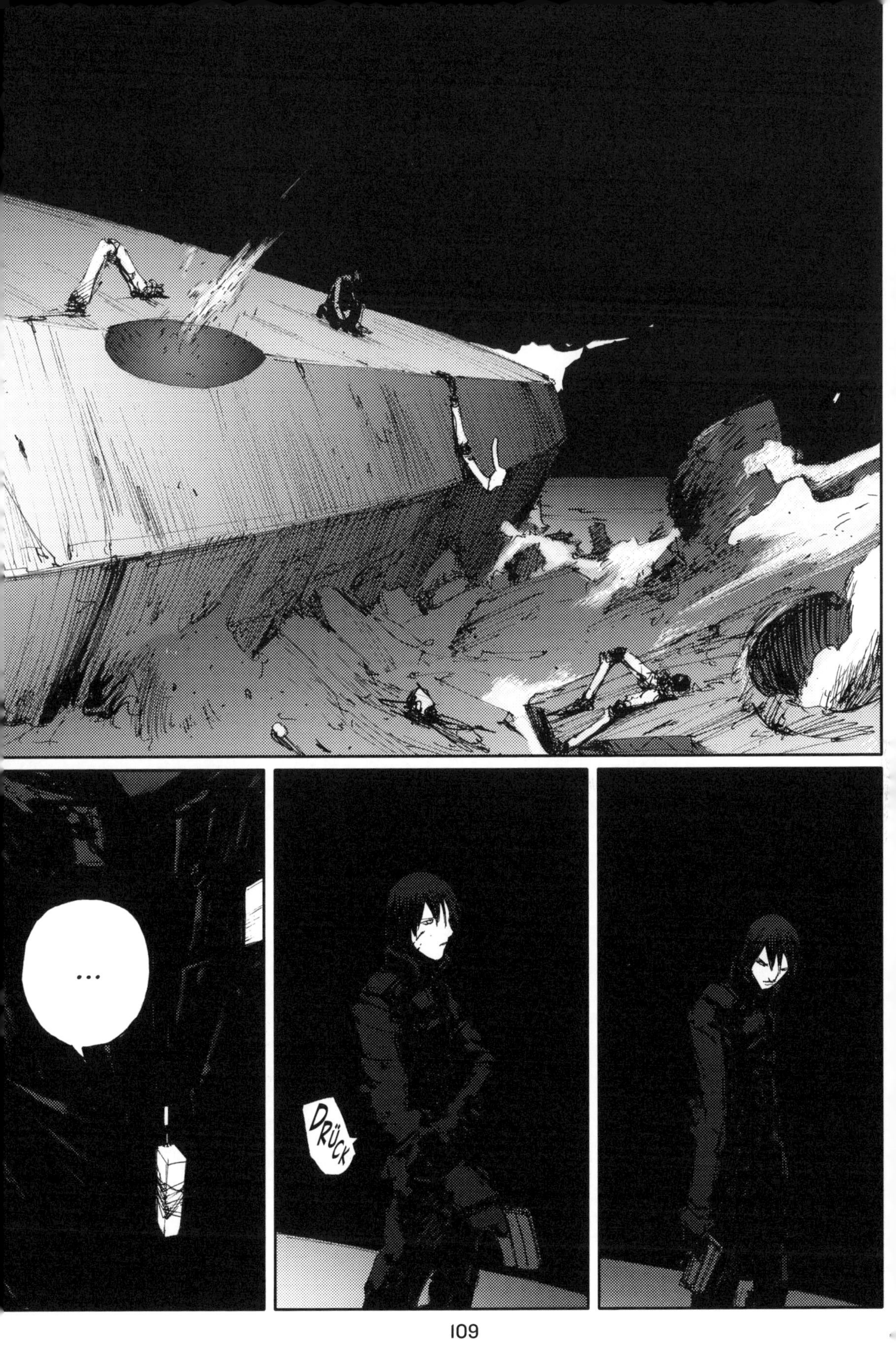
...
DRÜCK

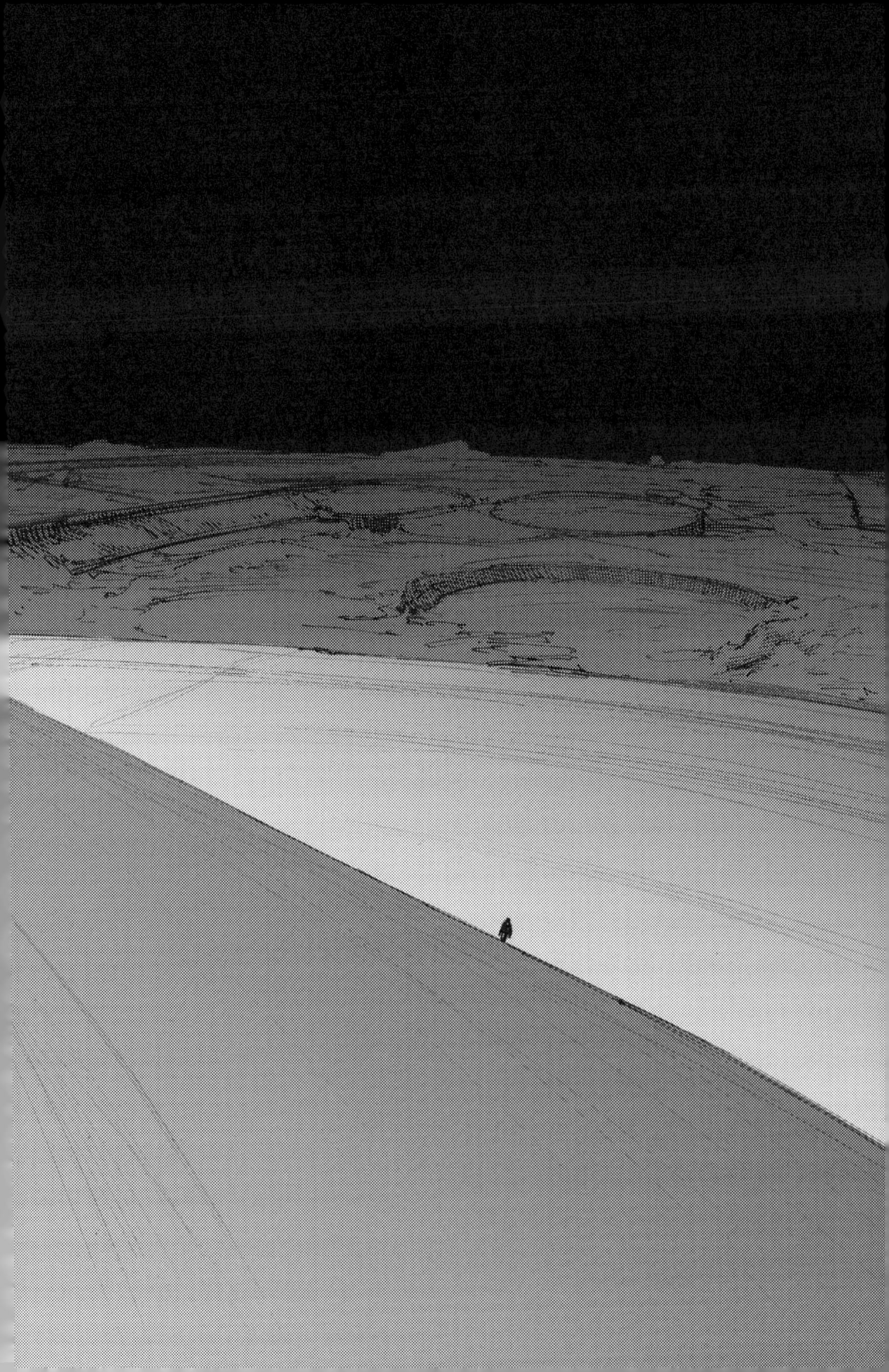

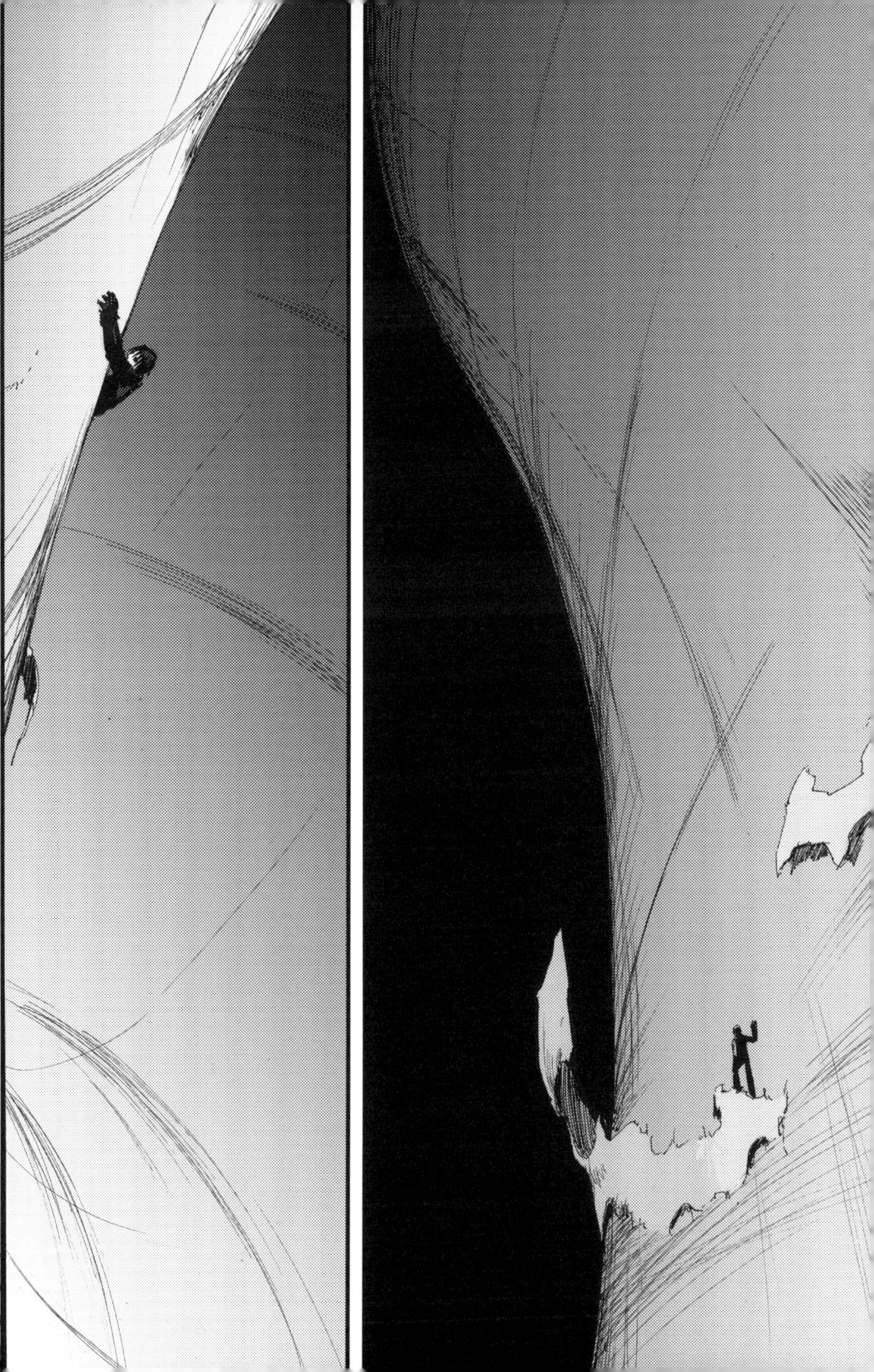

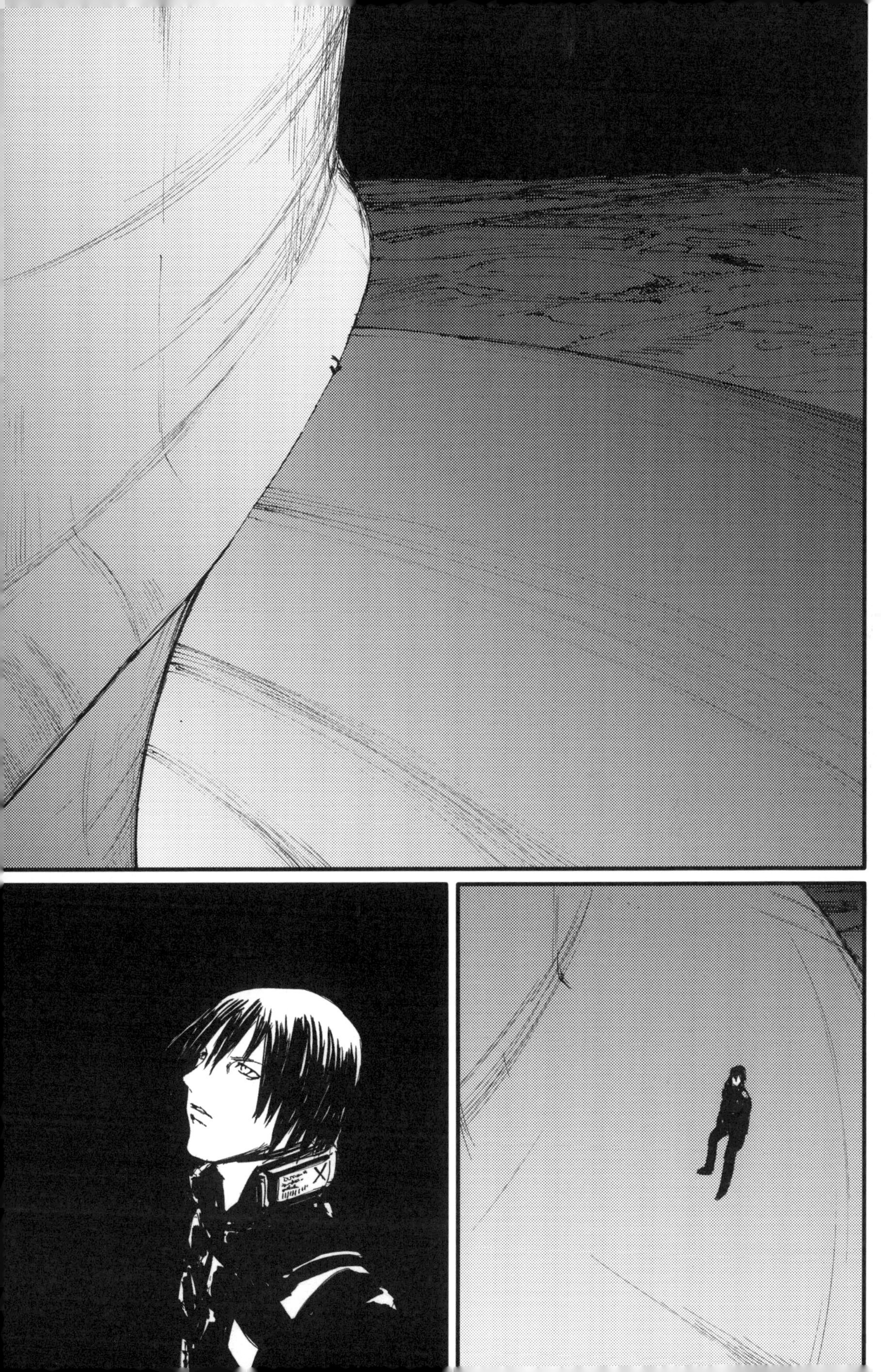

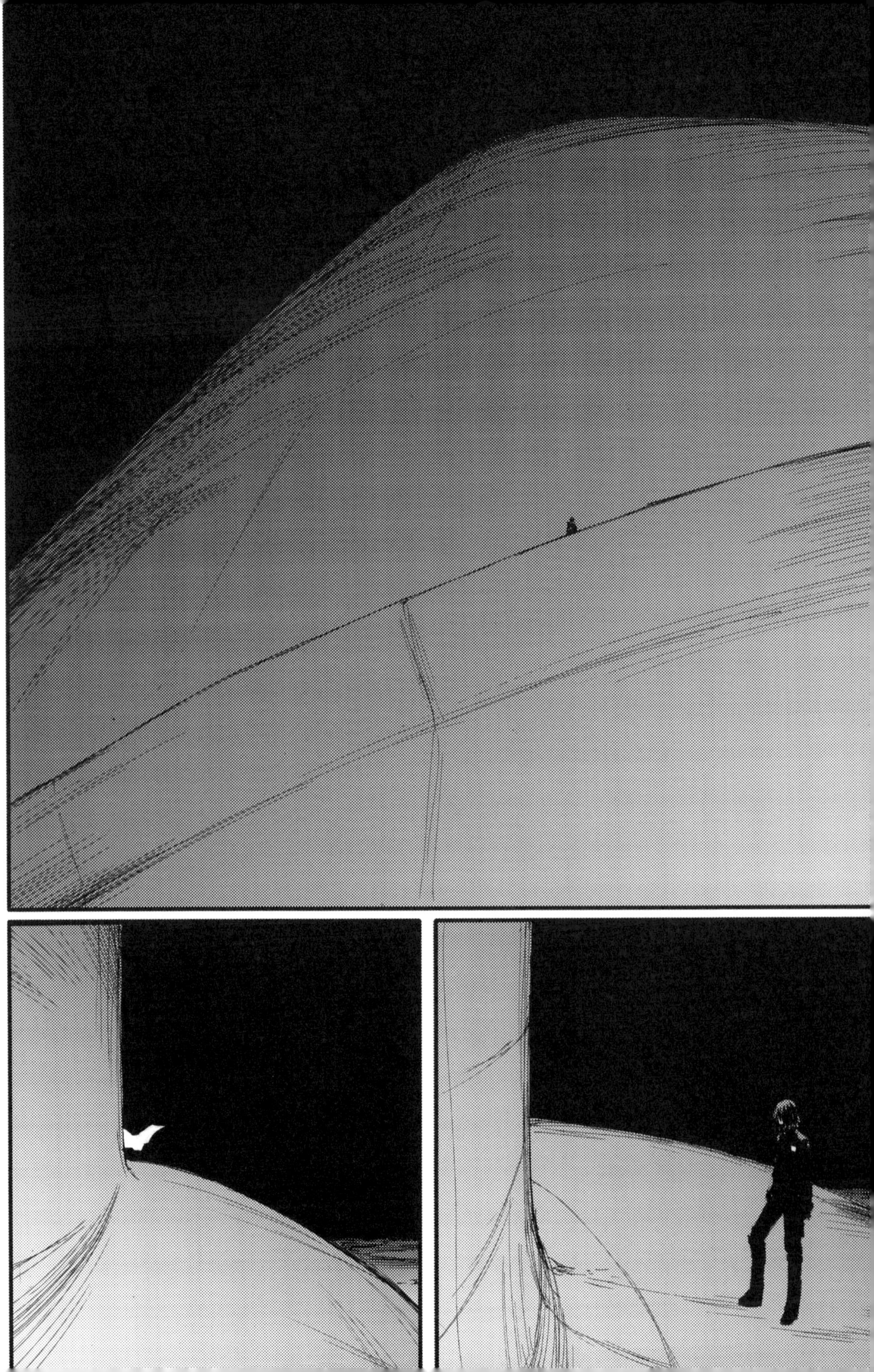

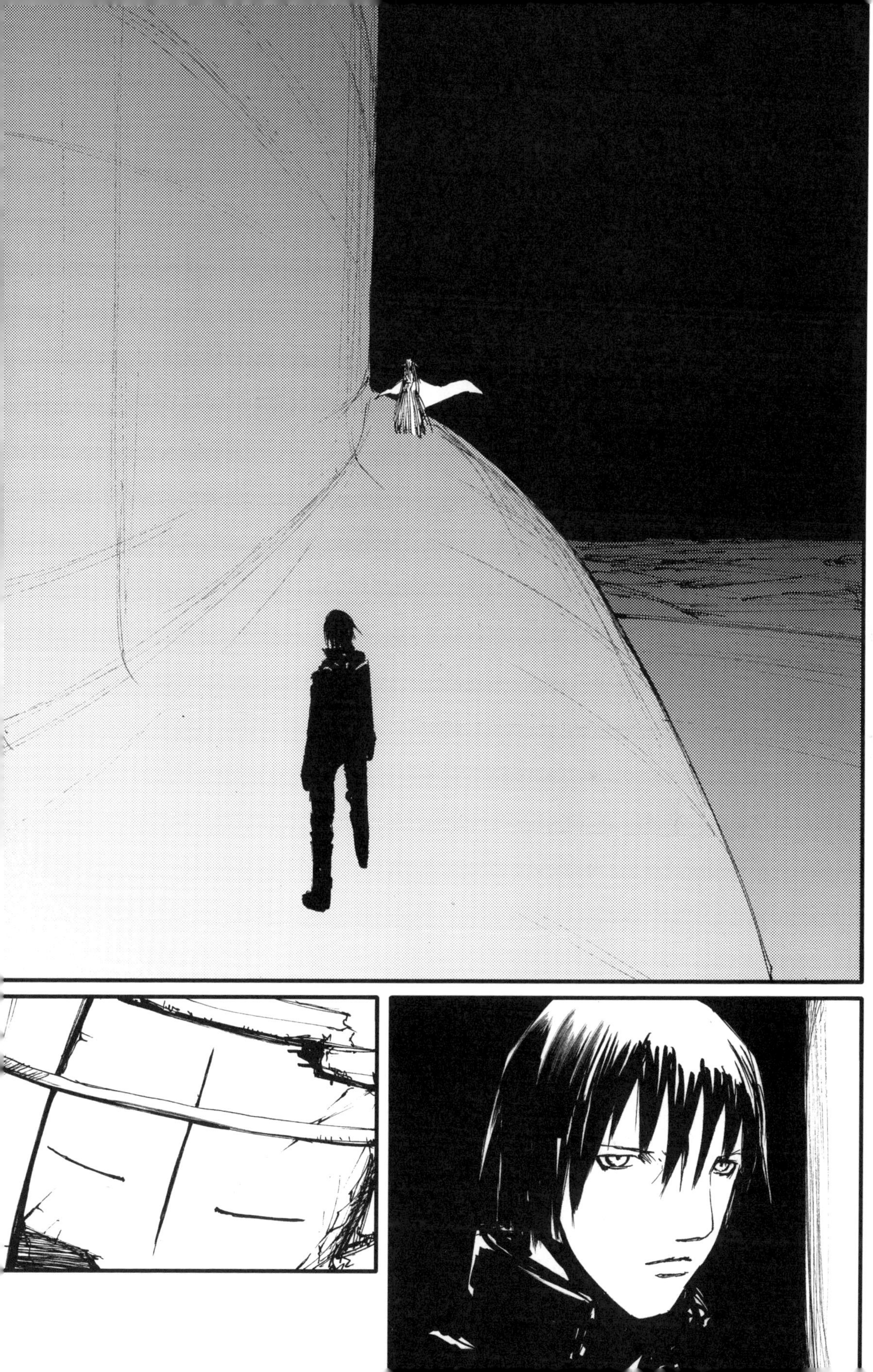

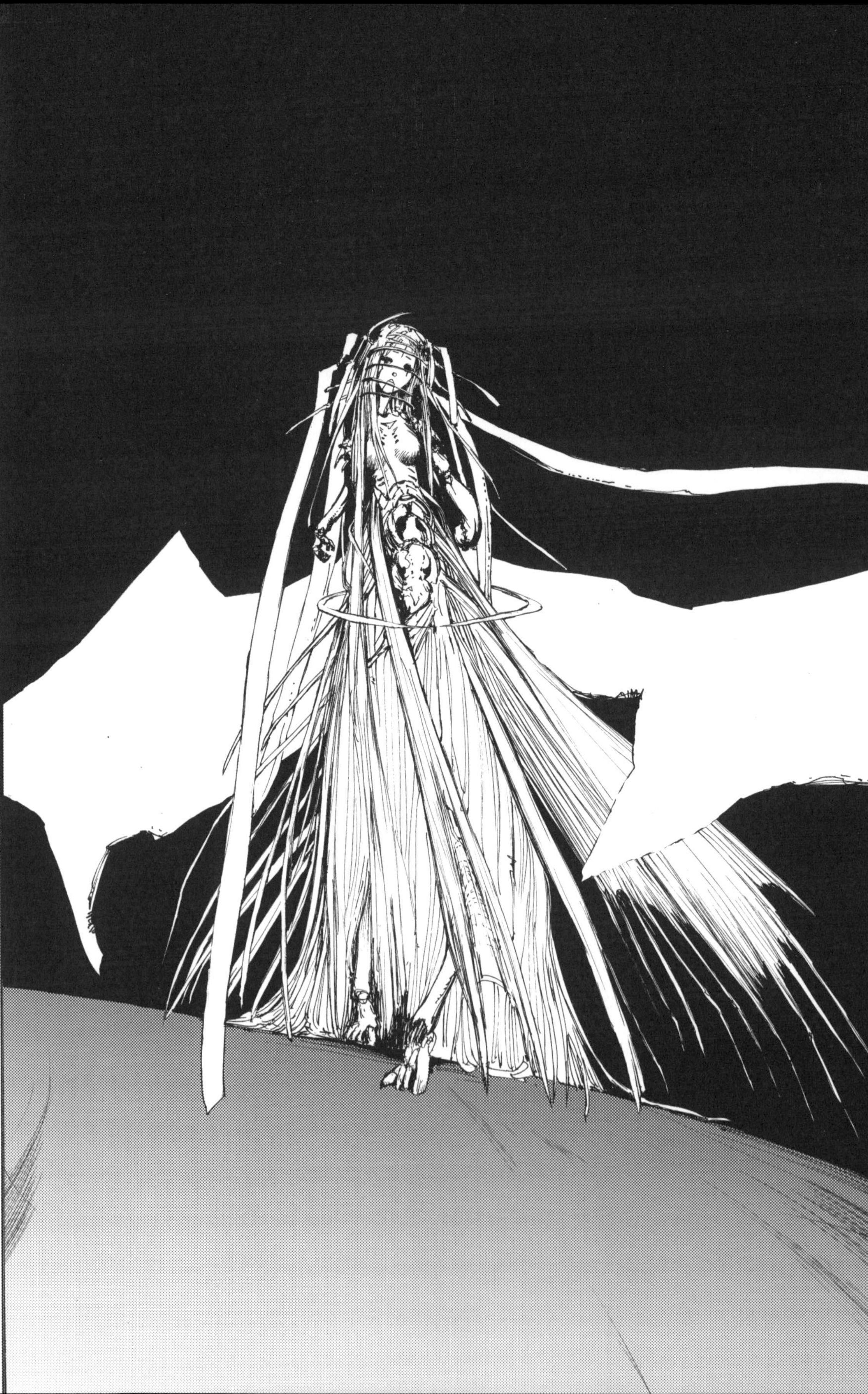

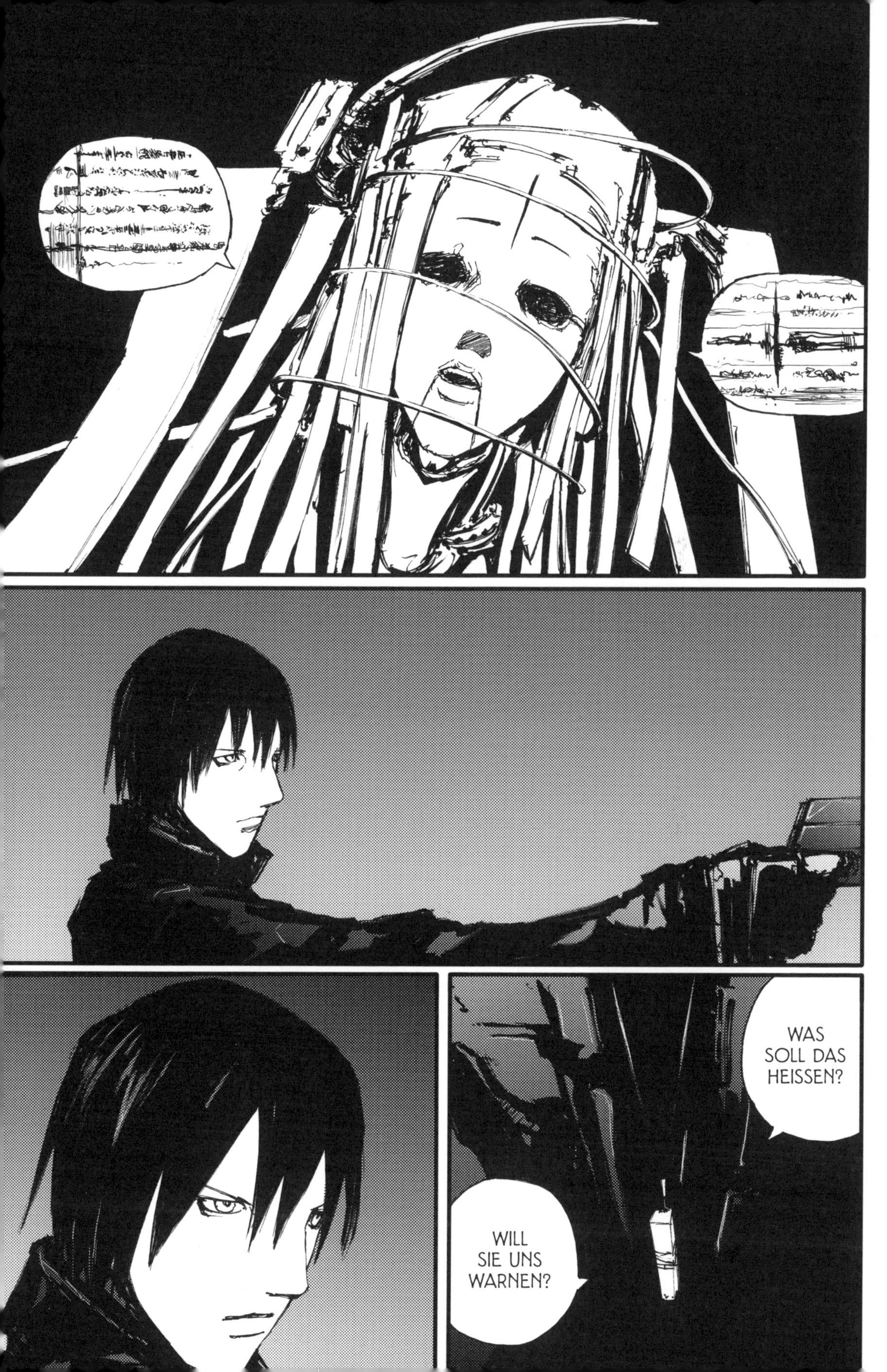
WAS SOLL DAS HEISSEN?
WILL SIE UNS WARNEN?

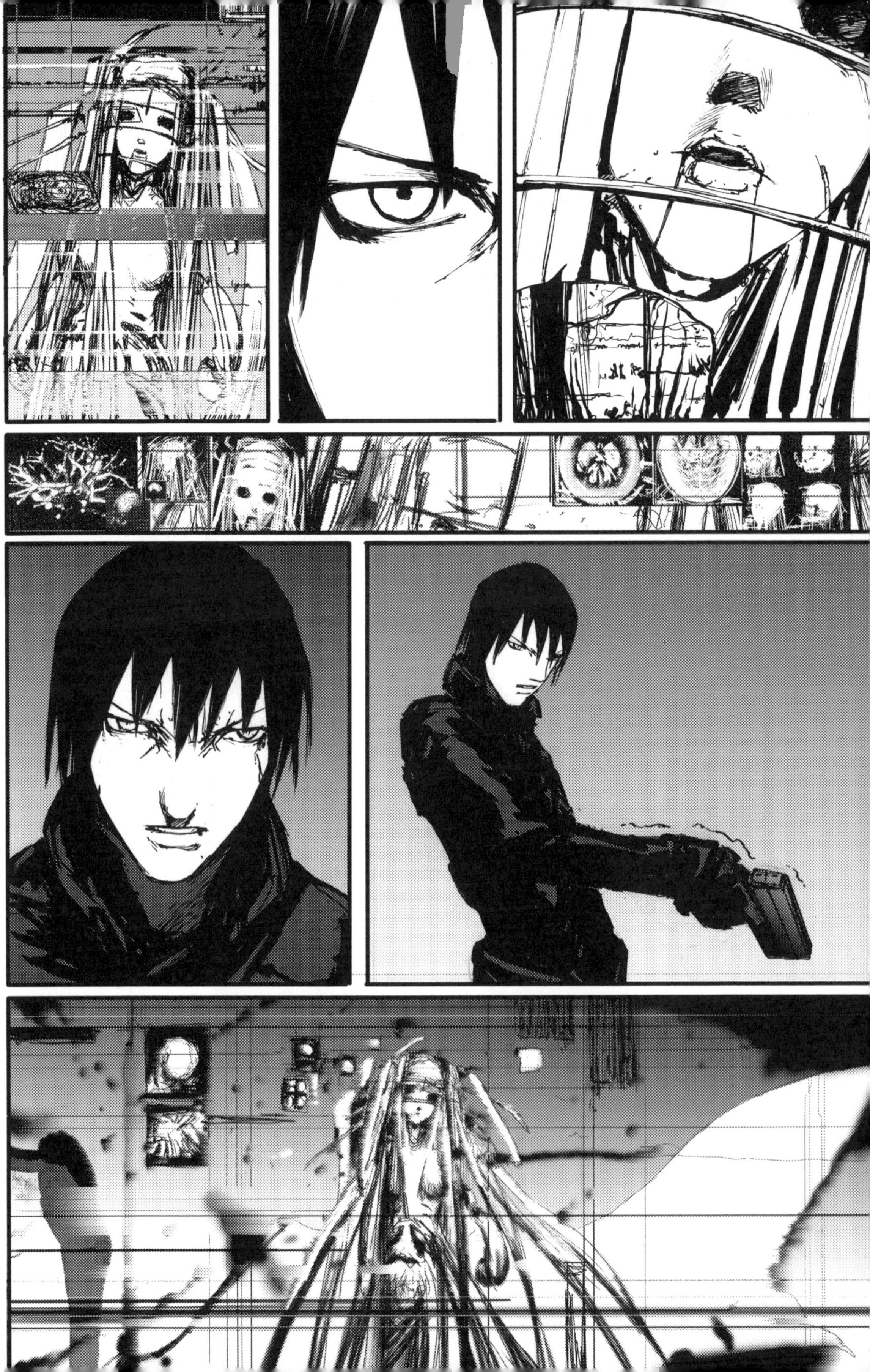

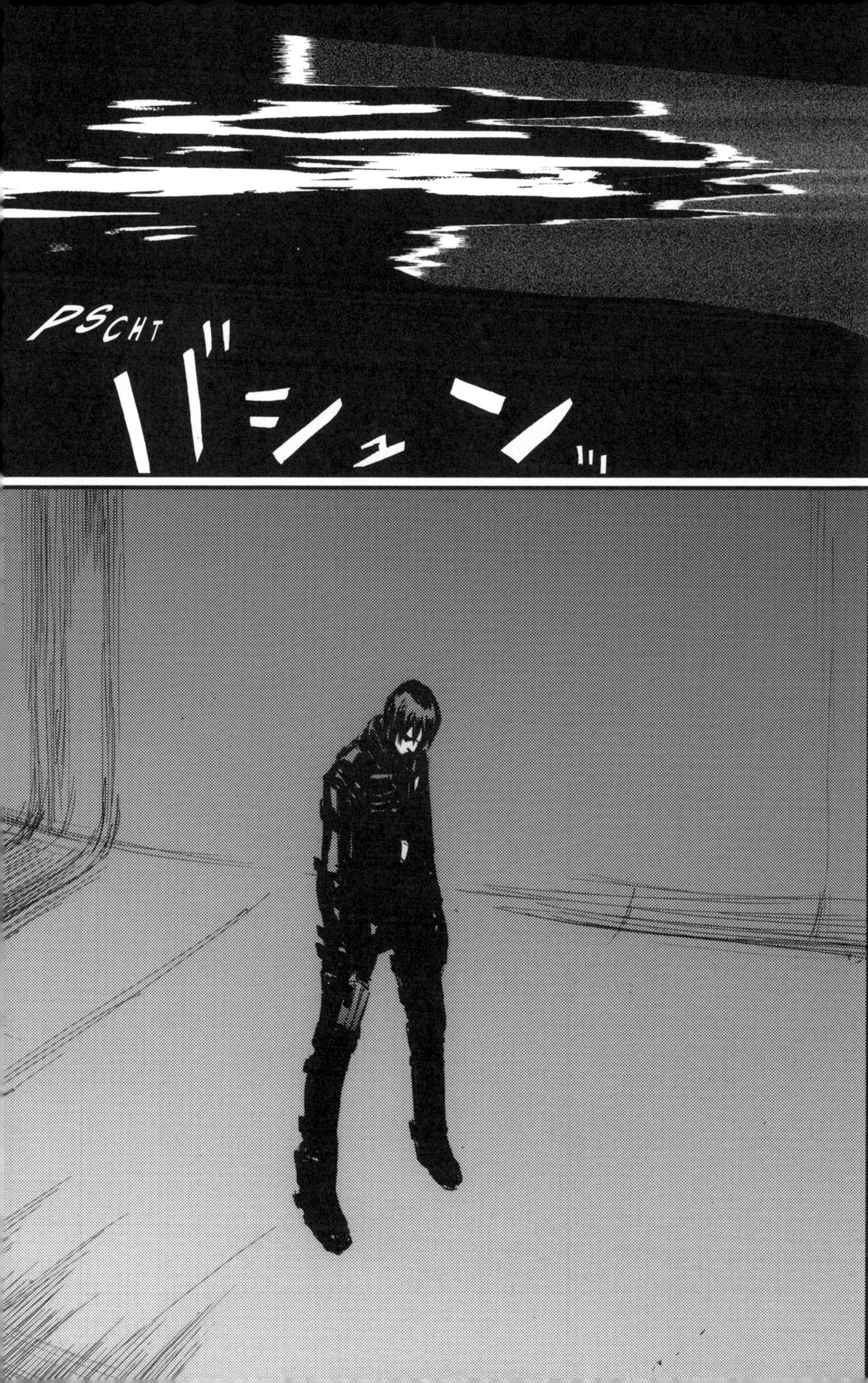
PSCHT
バシューンッ

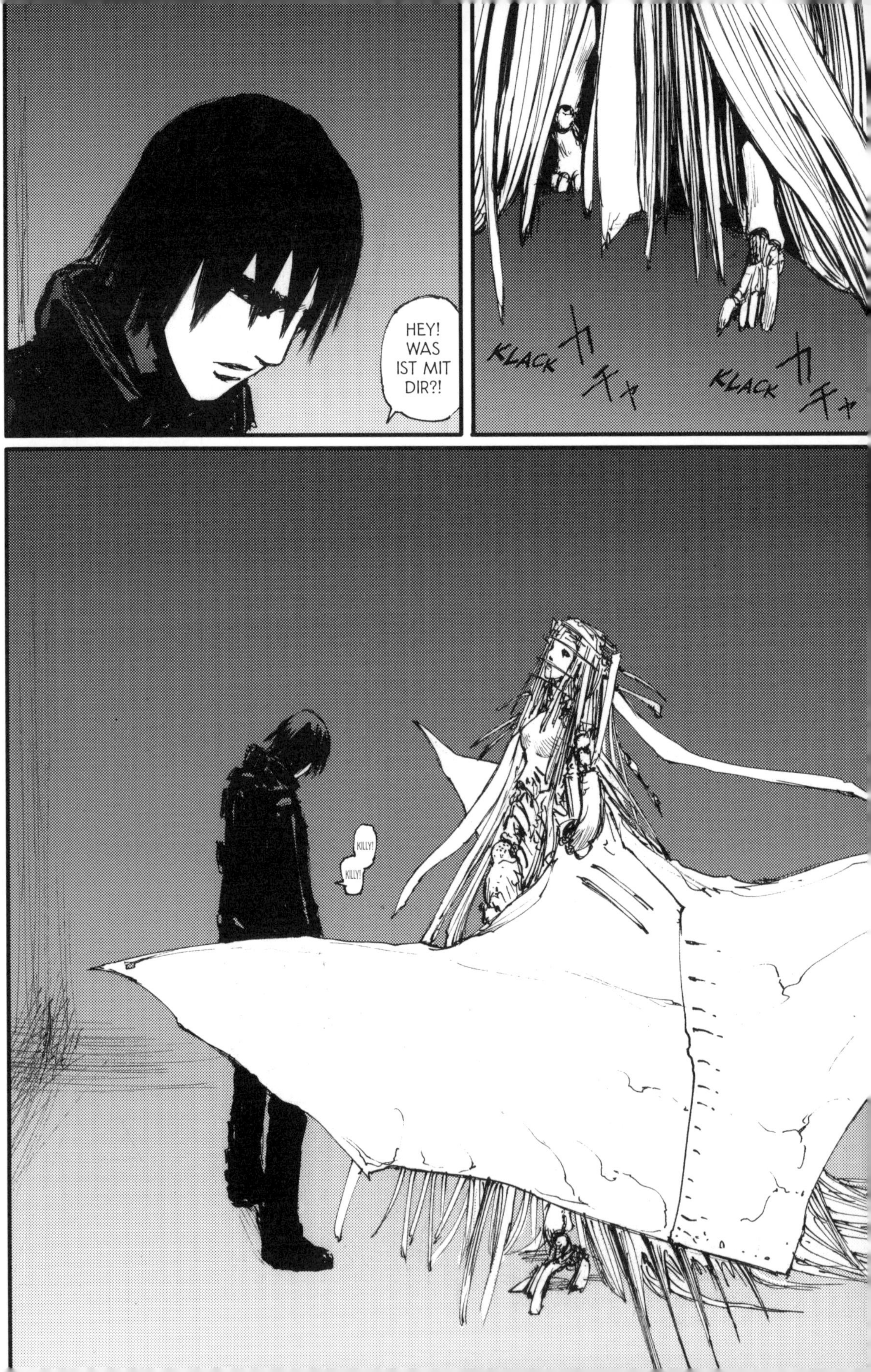
KLACK
カチャ
KLACK
カチャ
HEY! WAS IST MIT DIR?!
KILLY!
KILLY!

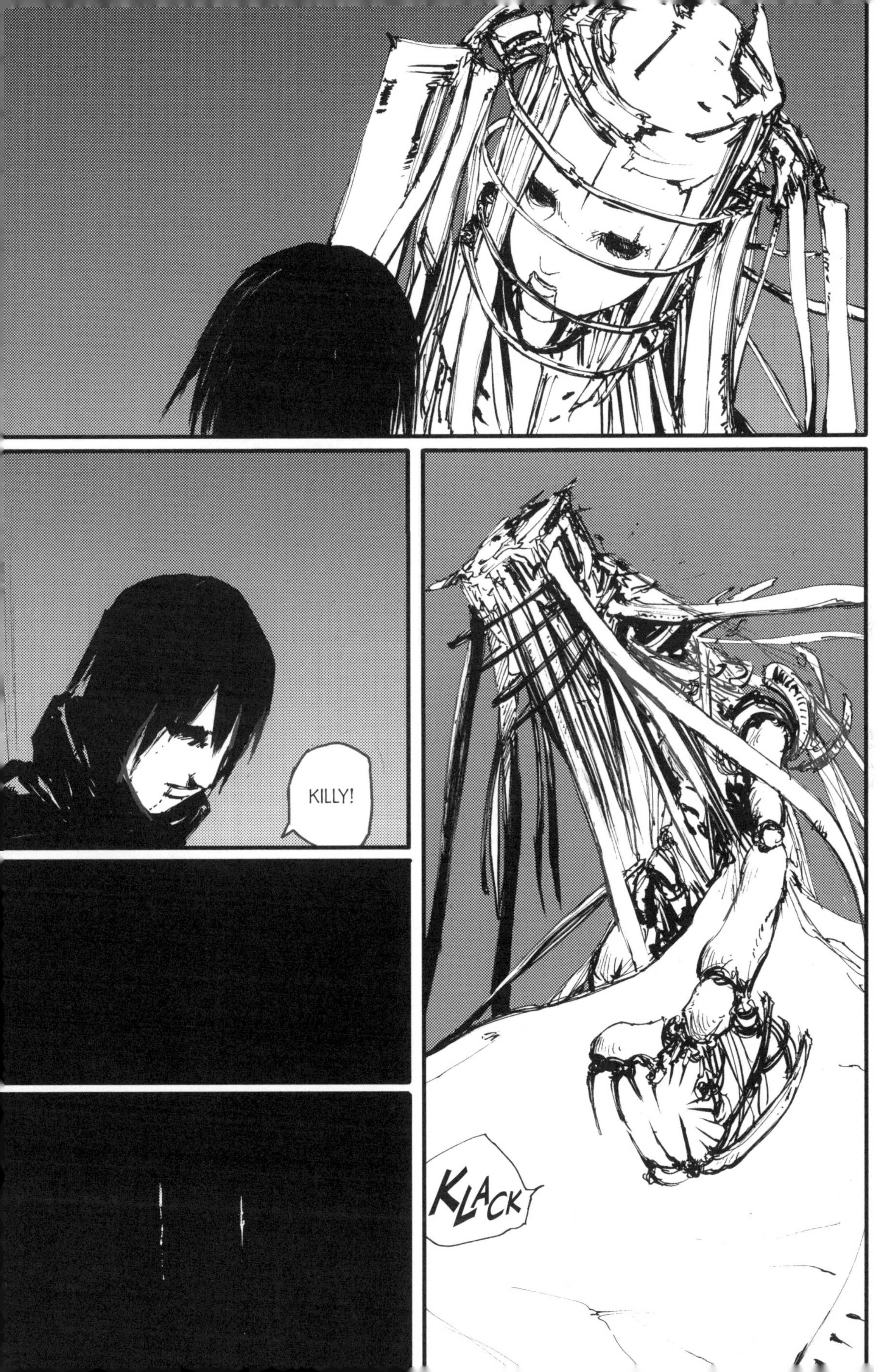
KILLY!
KLACK

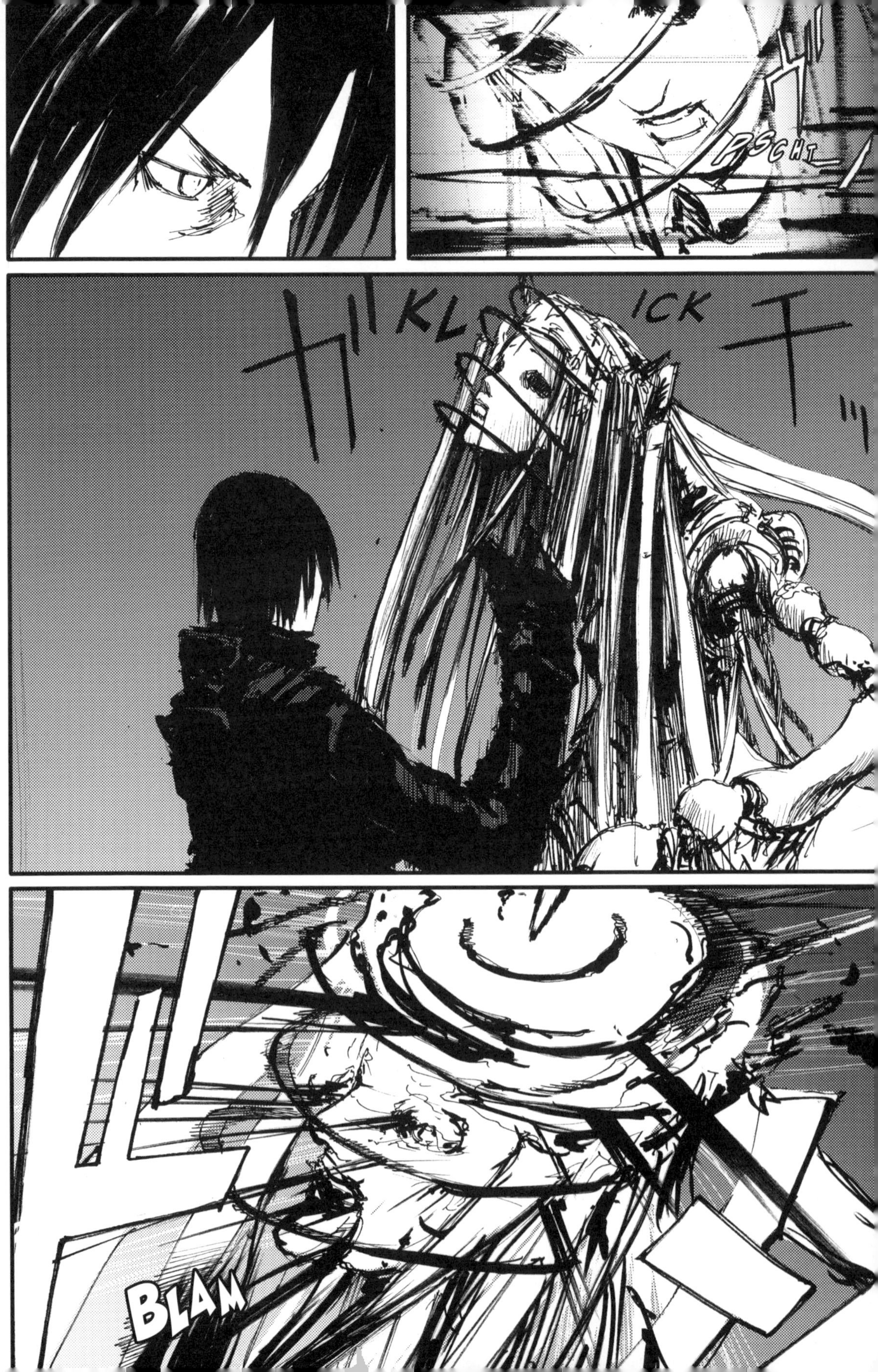
PSCHT
KLICK
BLAM

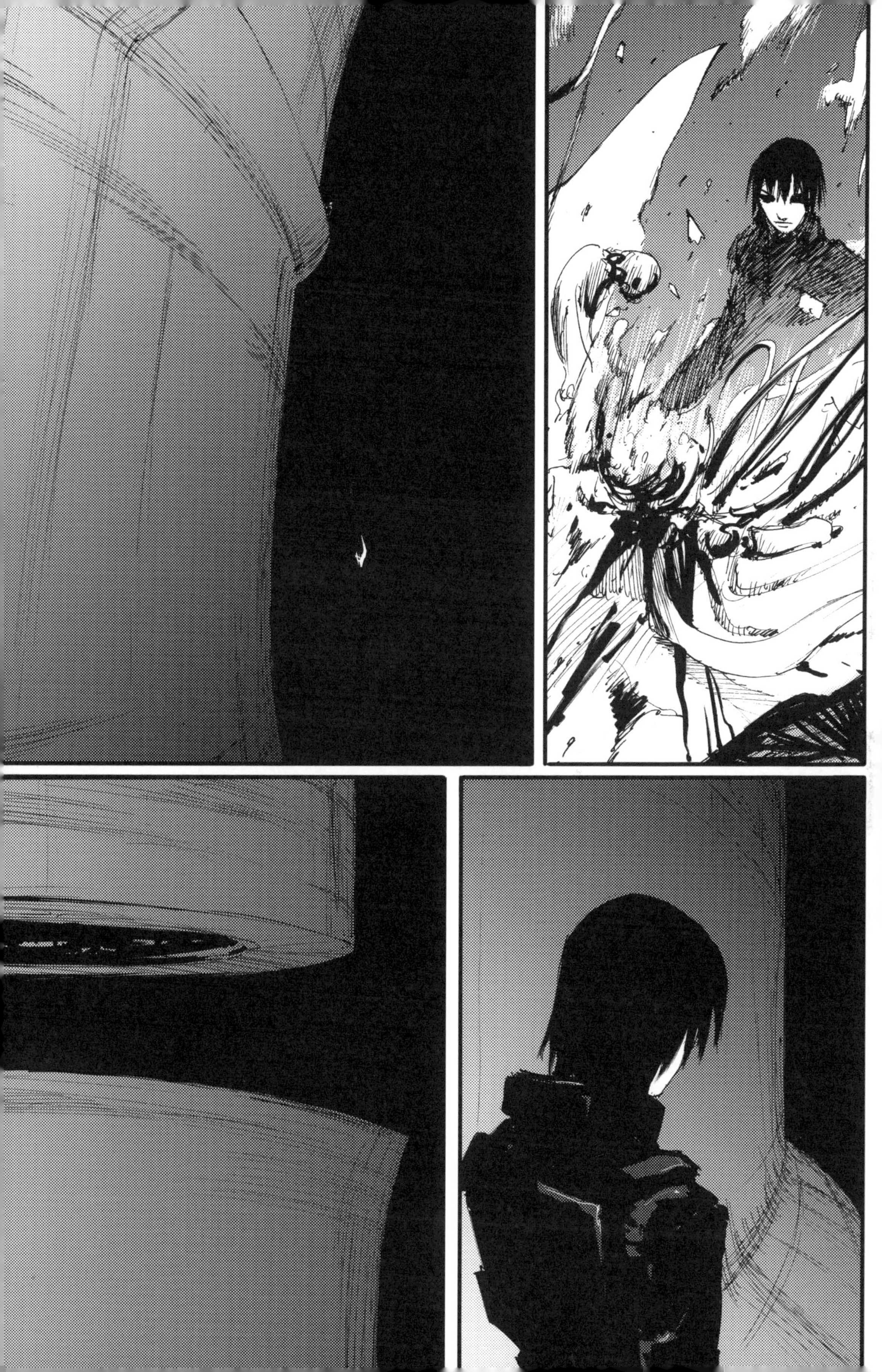

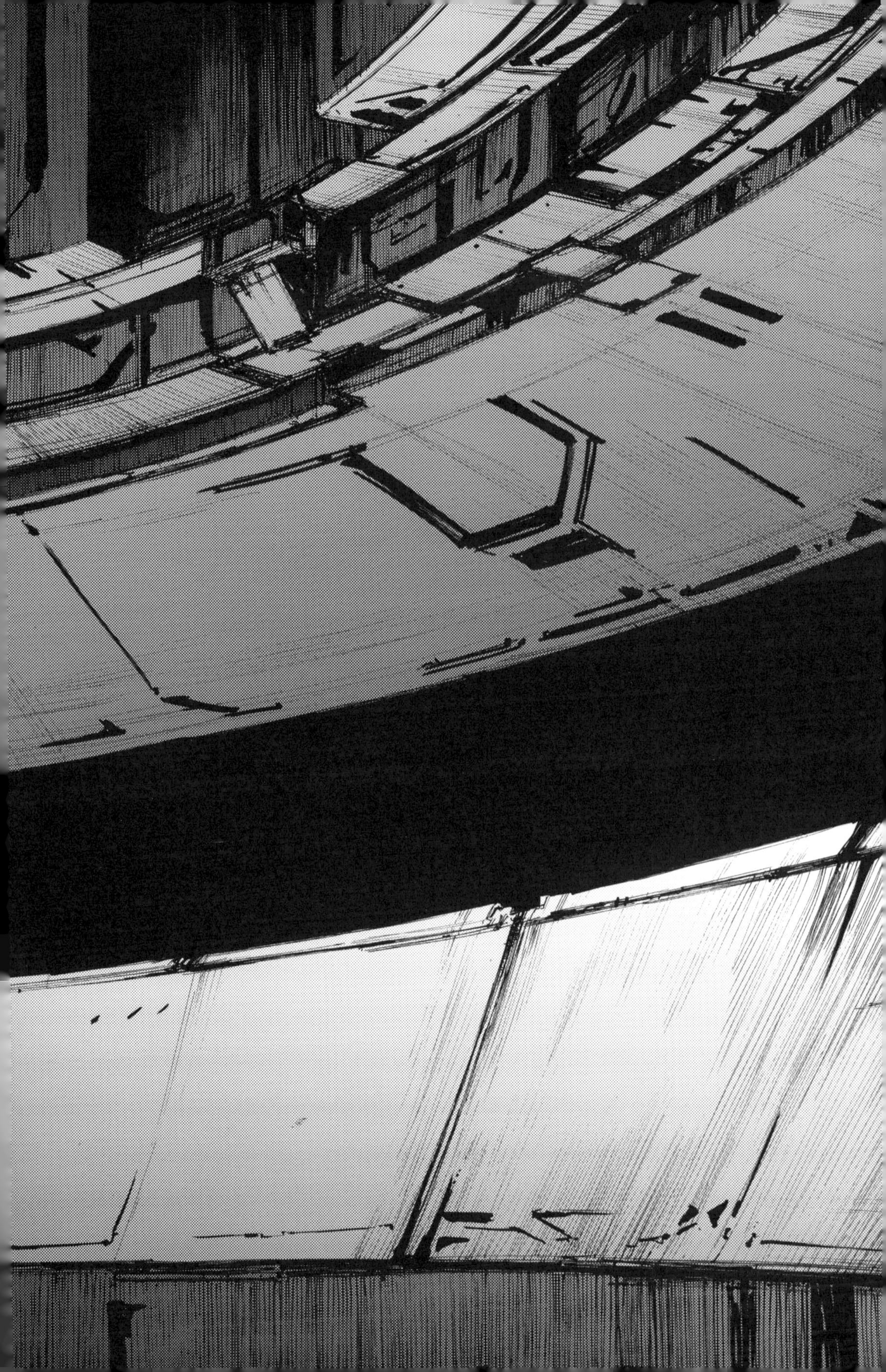

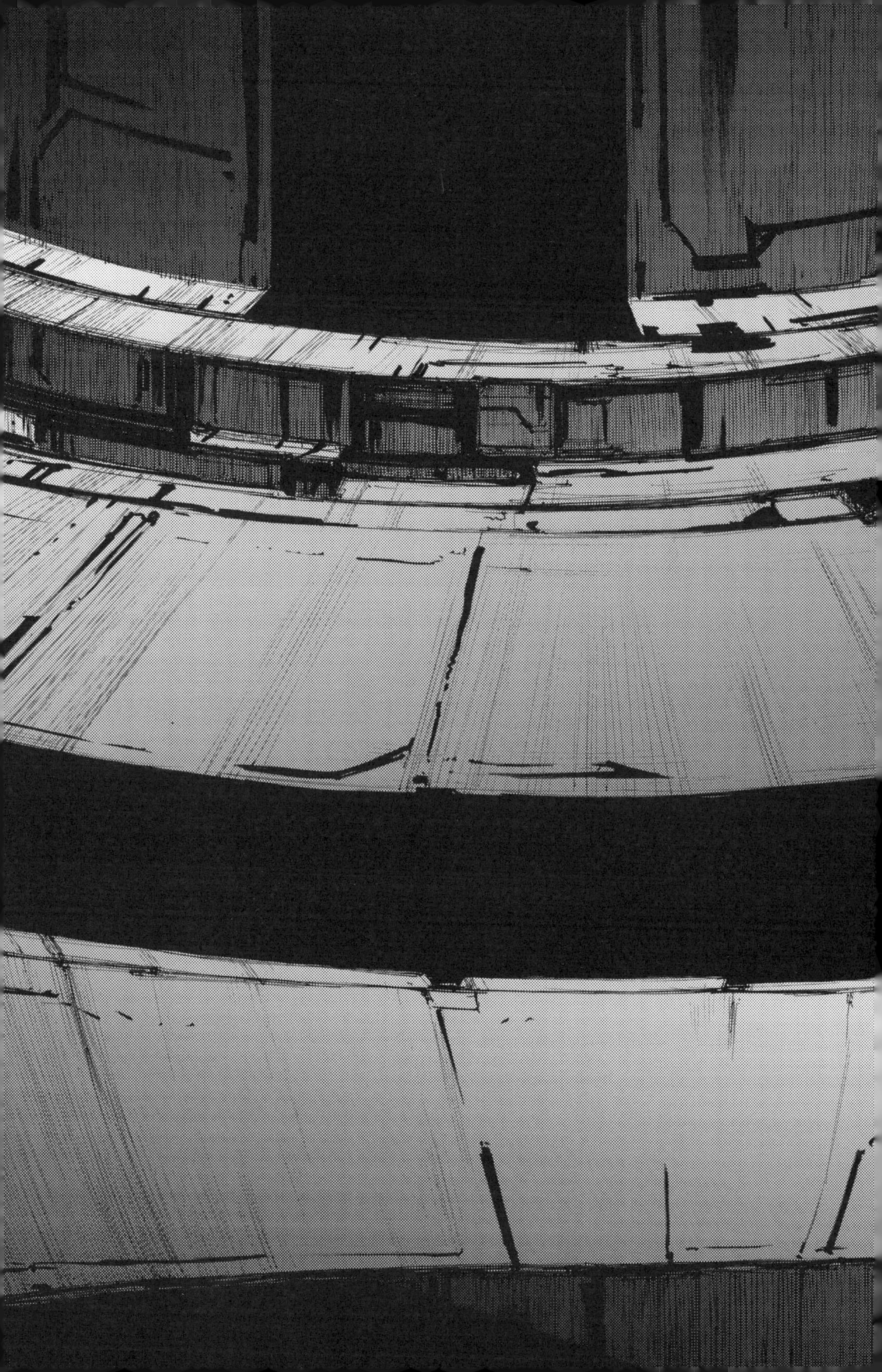

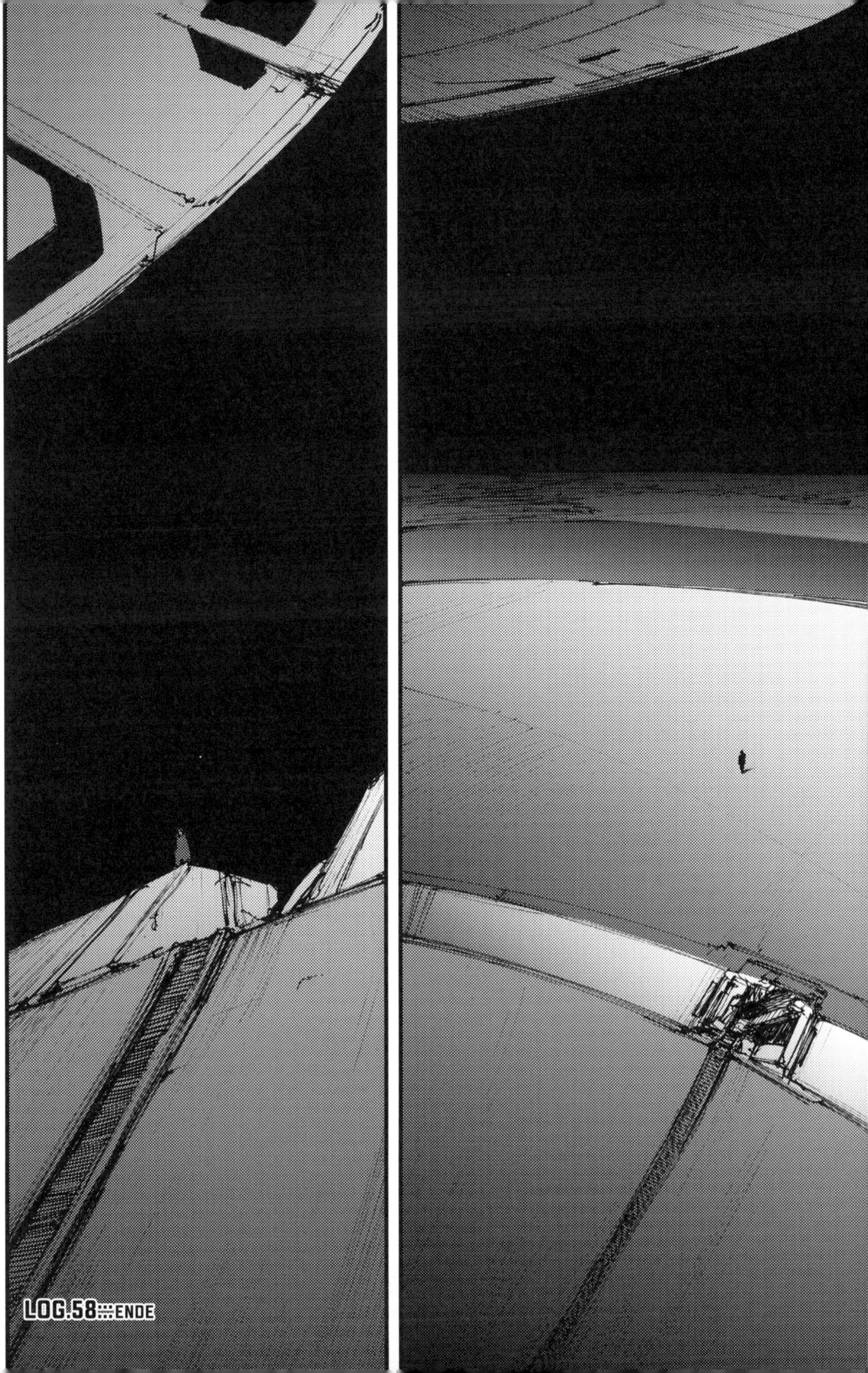
LOG.58 ENDE

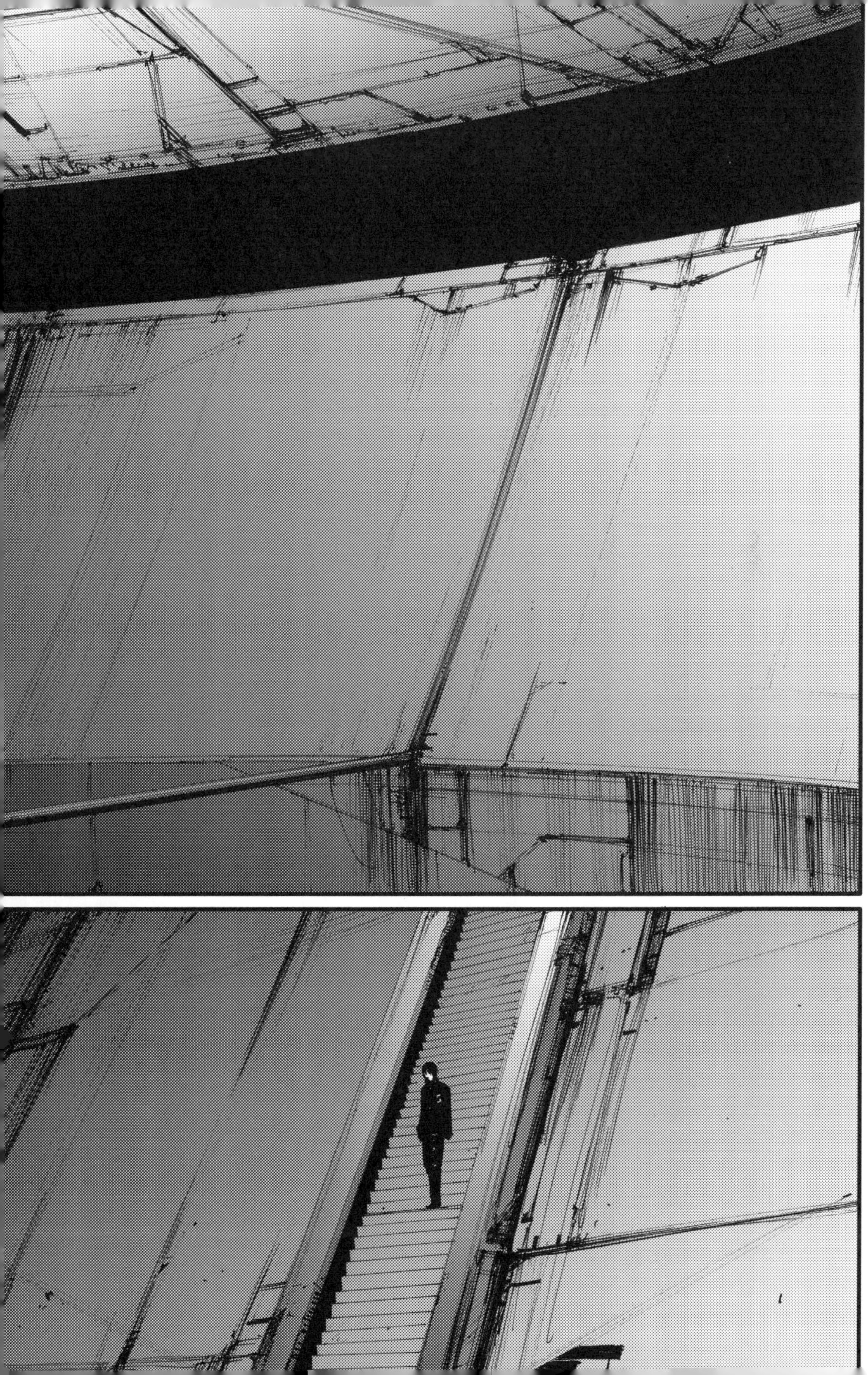

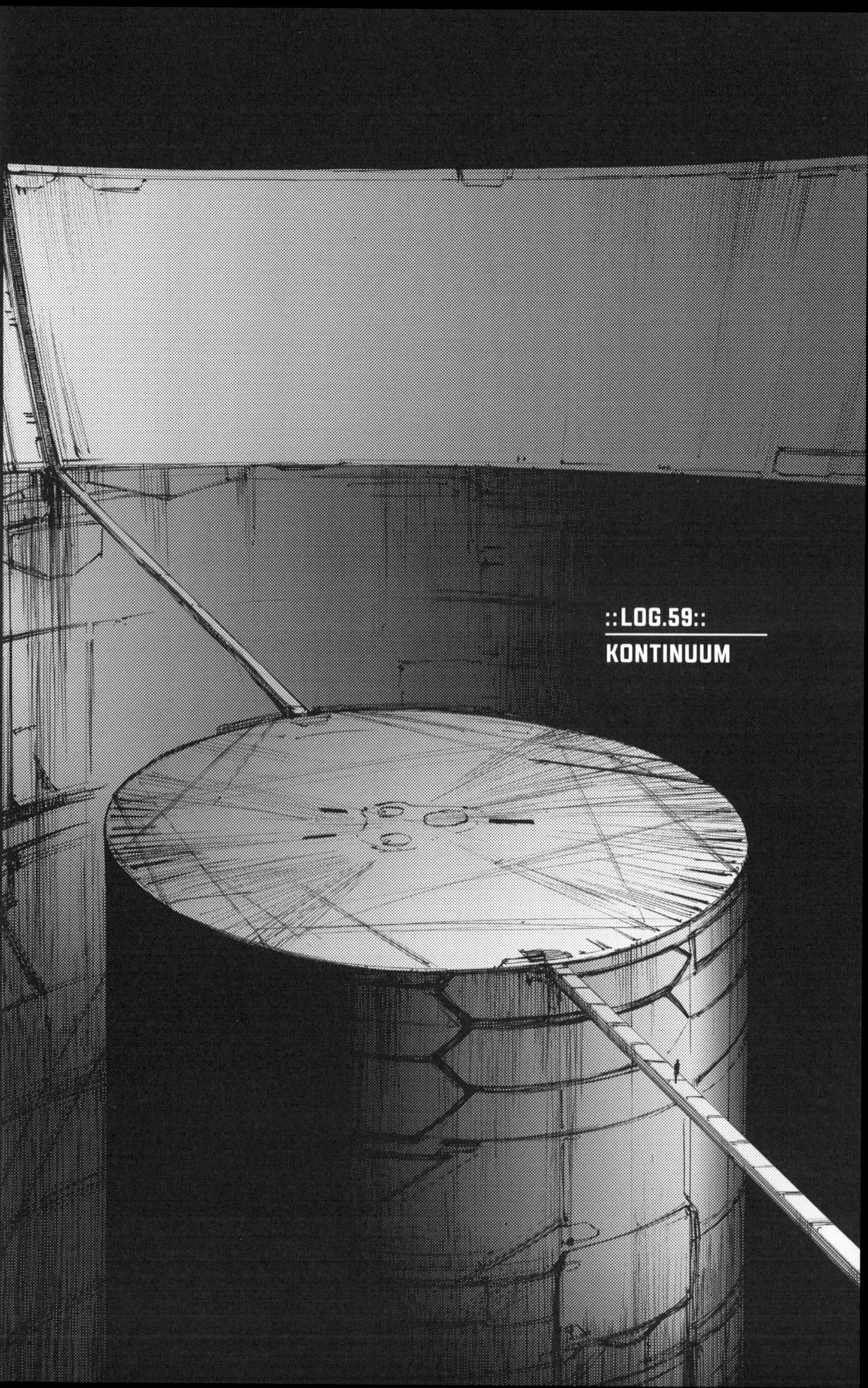
::LOG.59::
KONTINUUM

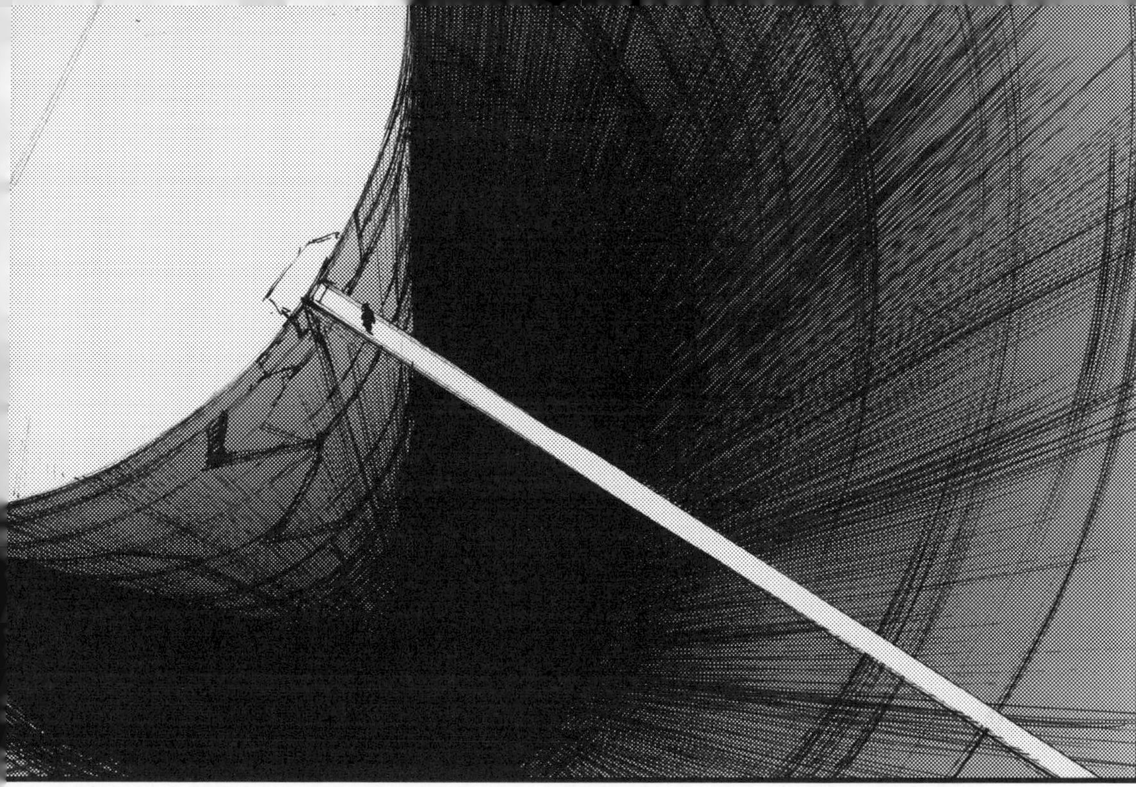
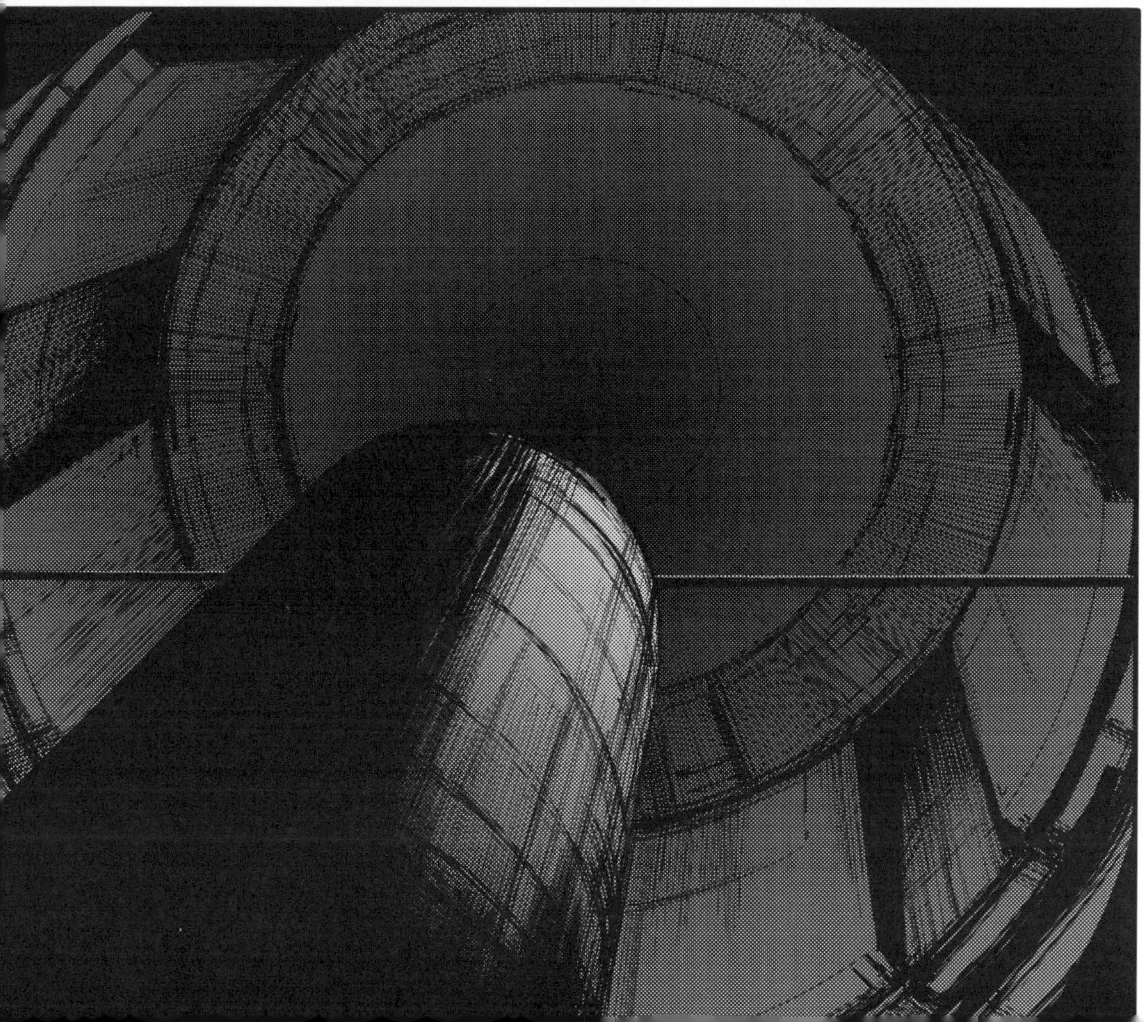

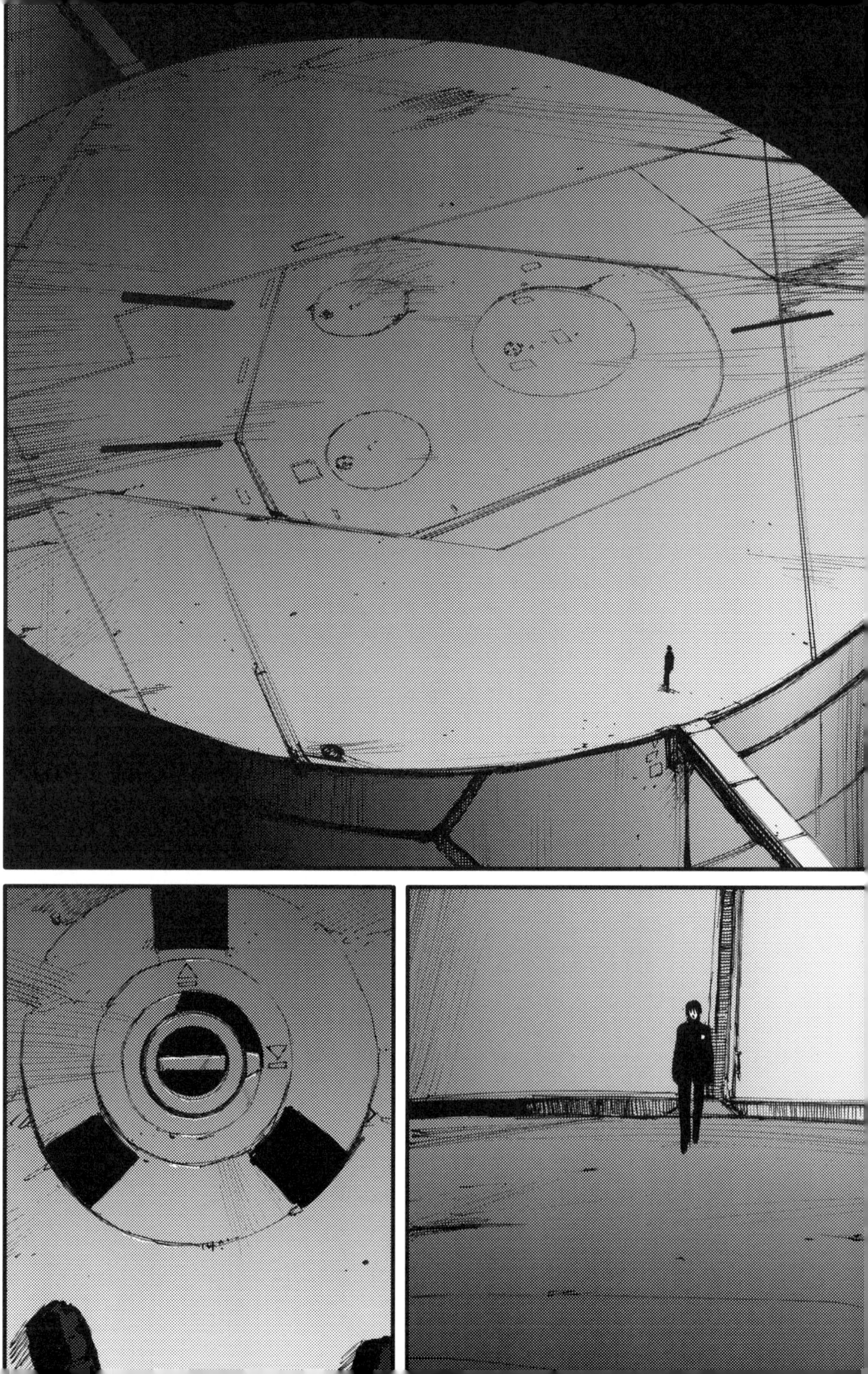

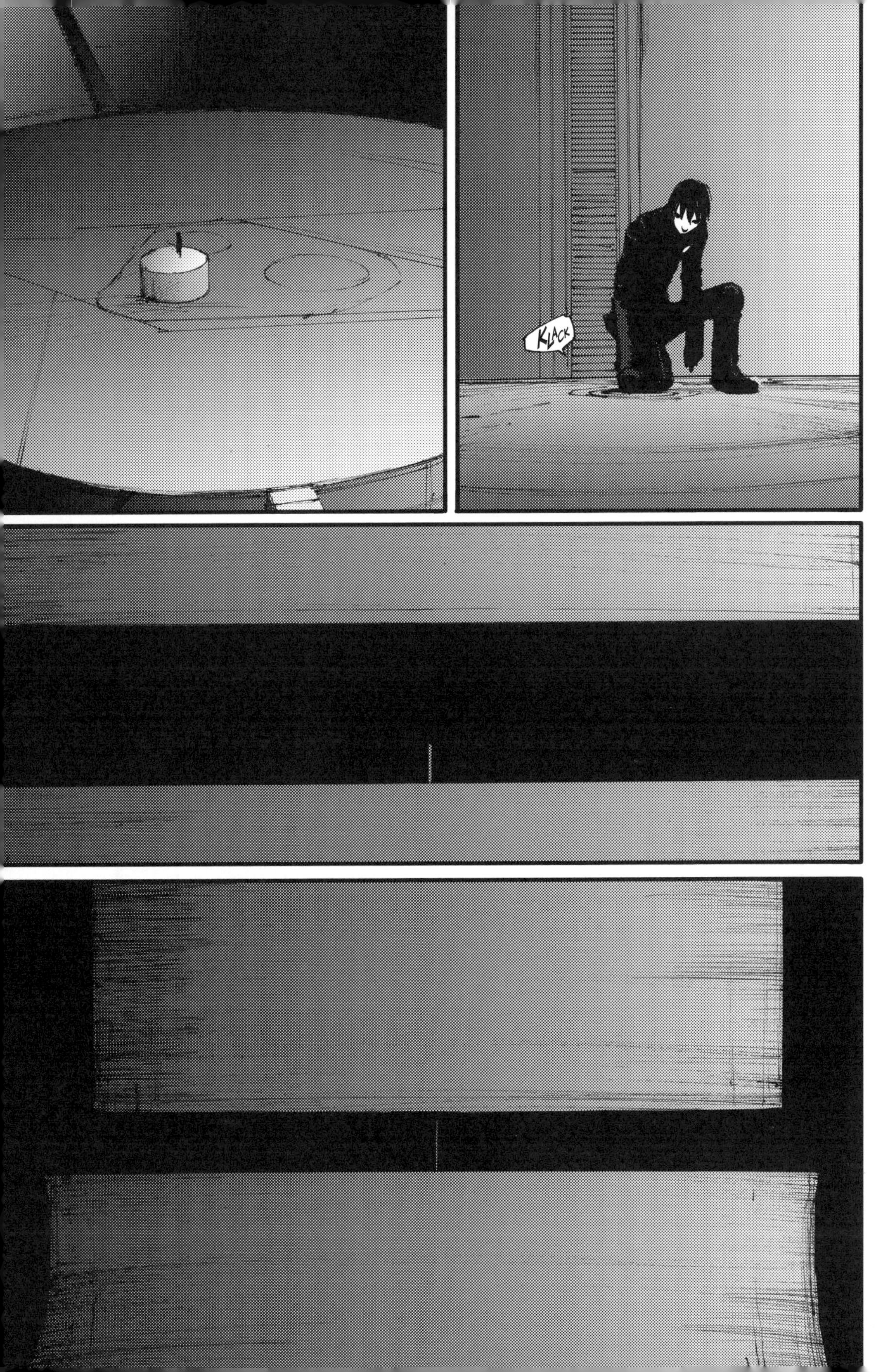
KLACK

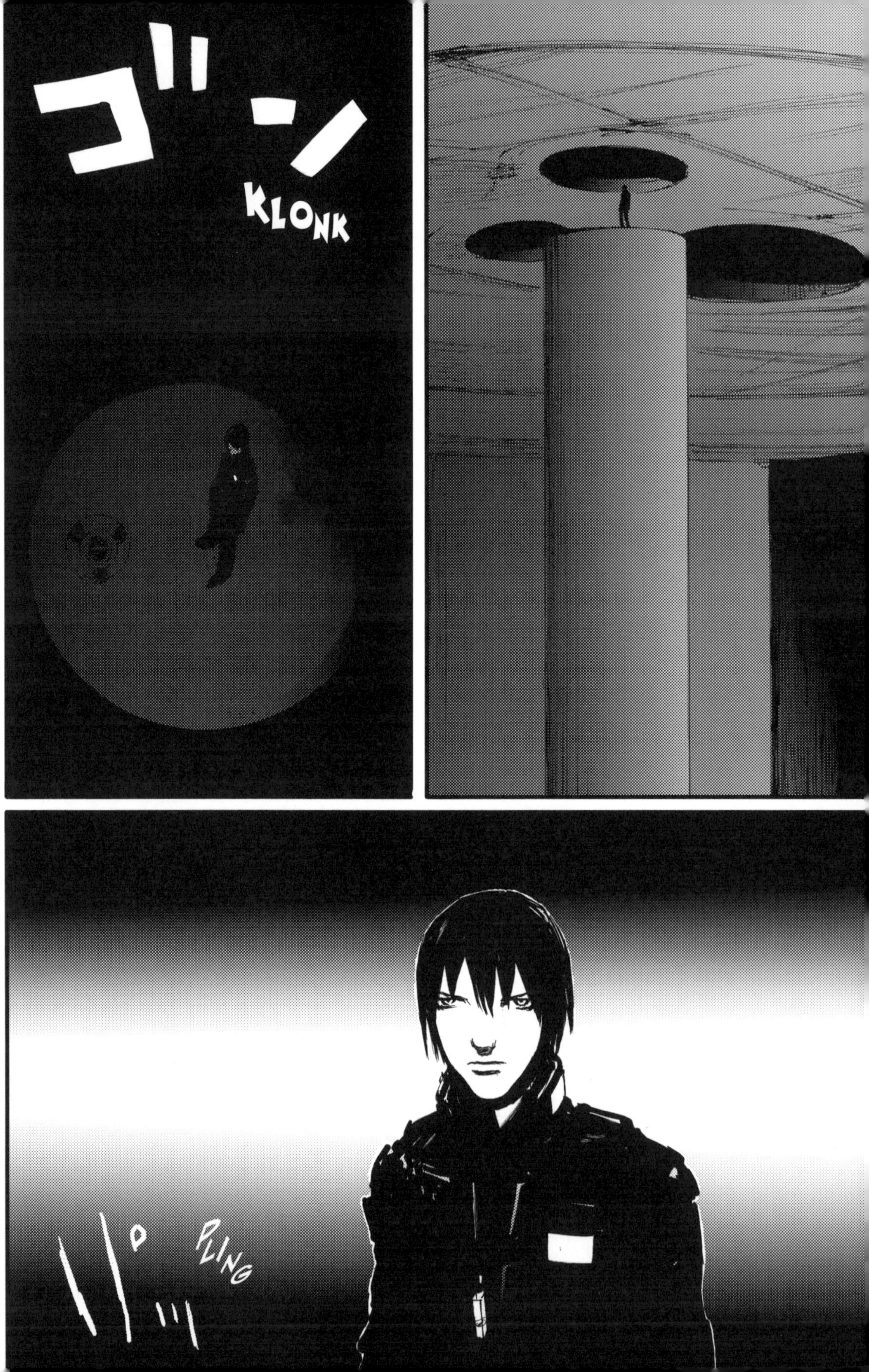
ゴーン
KLONK
PLING

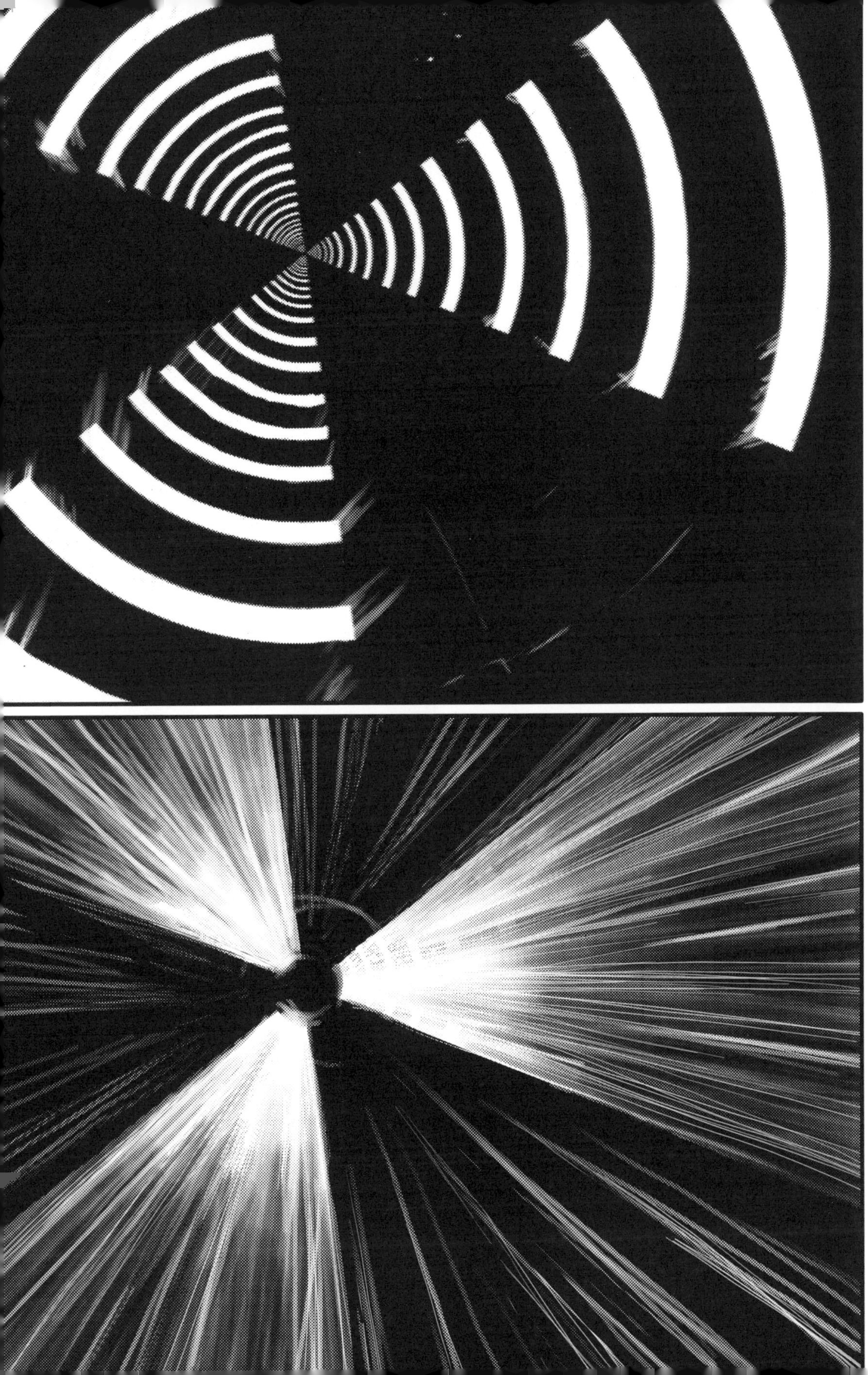

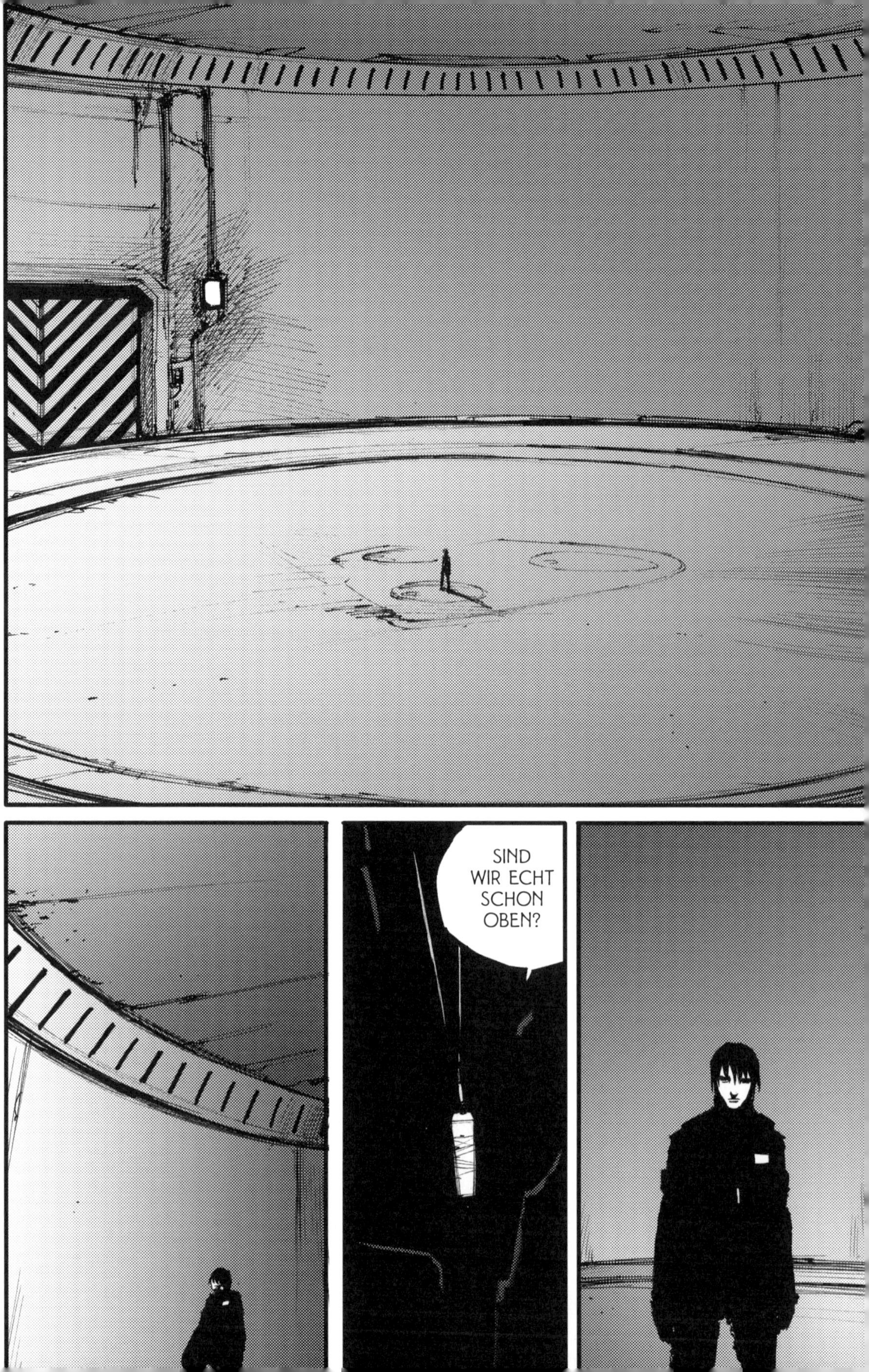
SIND WIR ECHT SCHON OBEN?

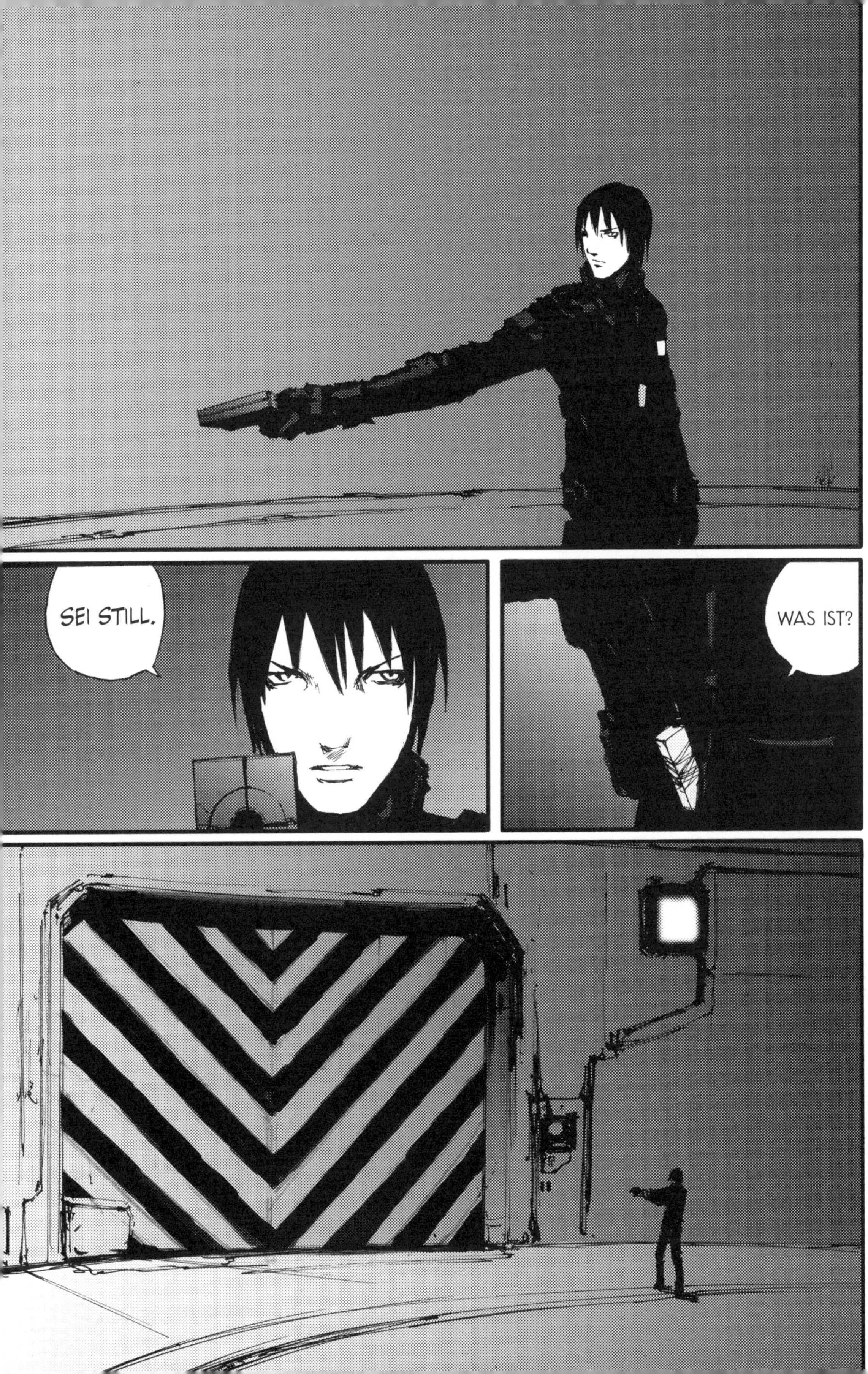
SEI STILL.
WAS IST?

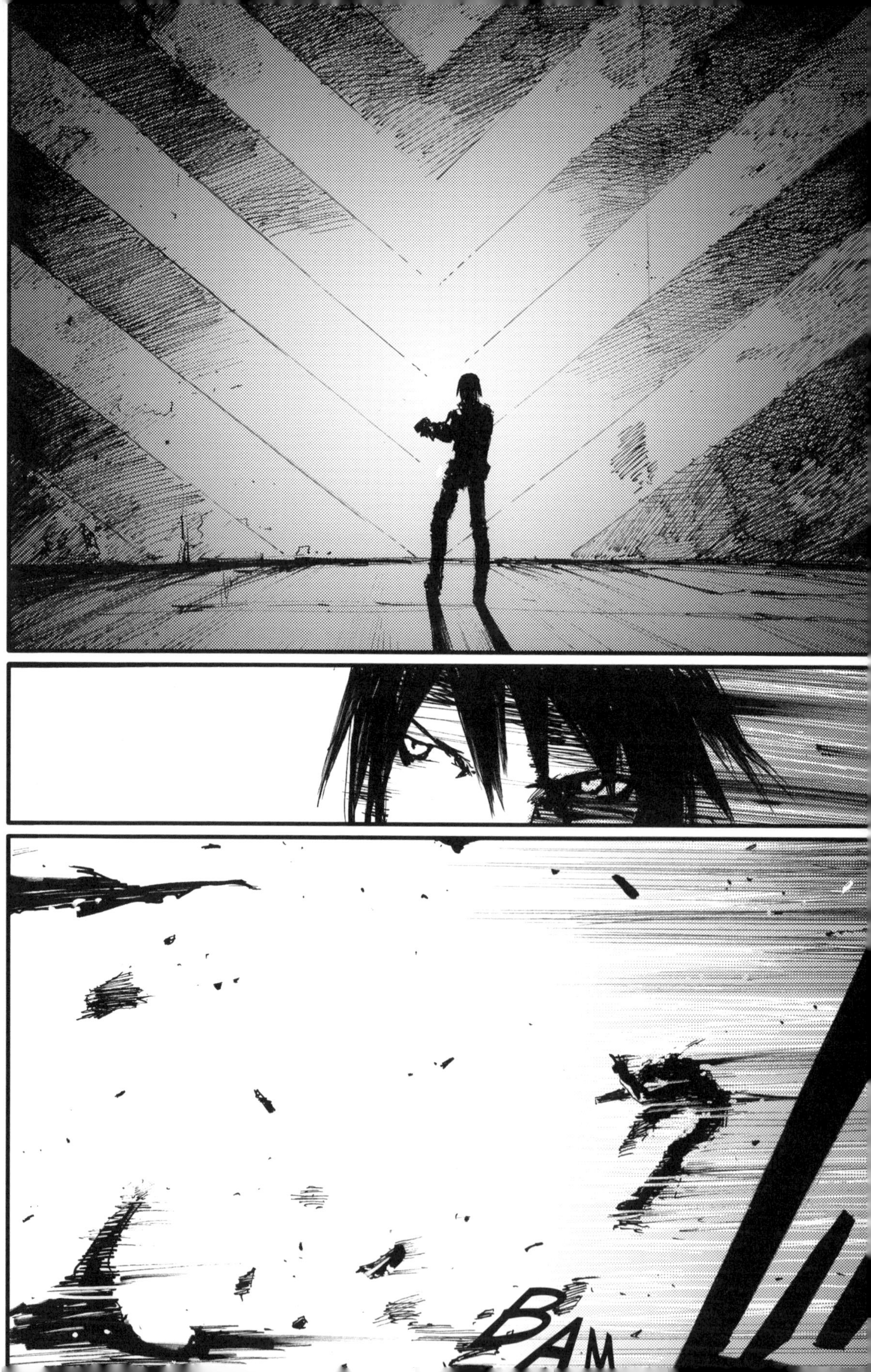
BAM

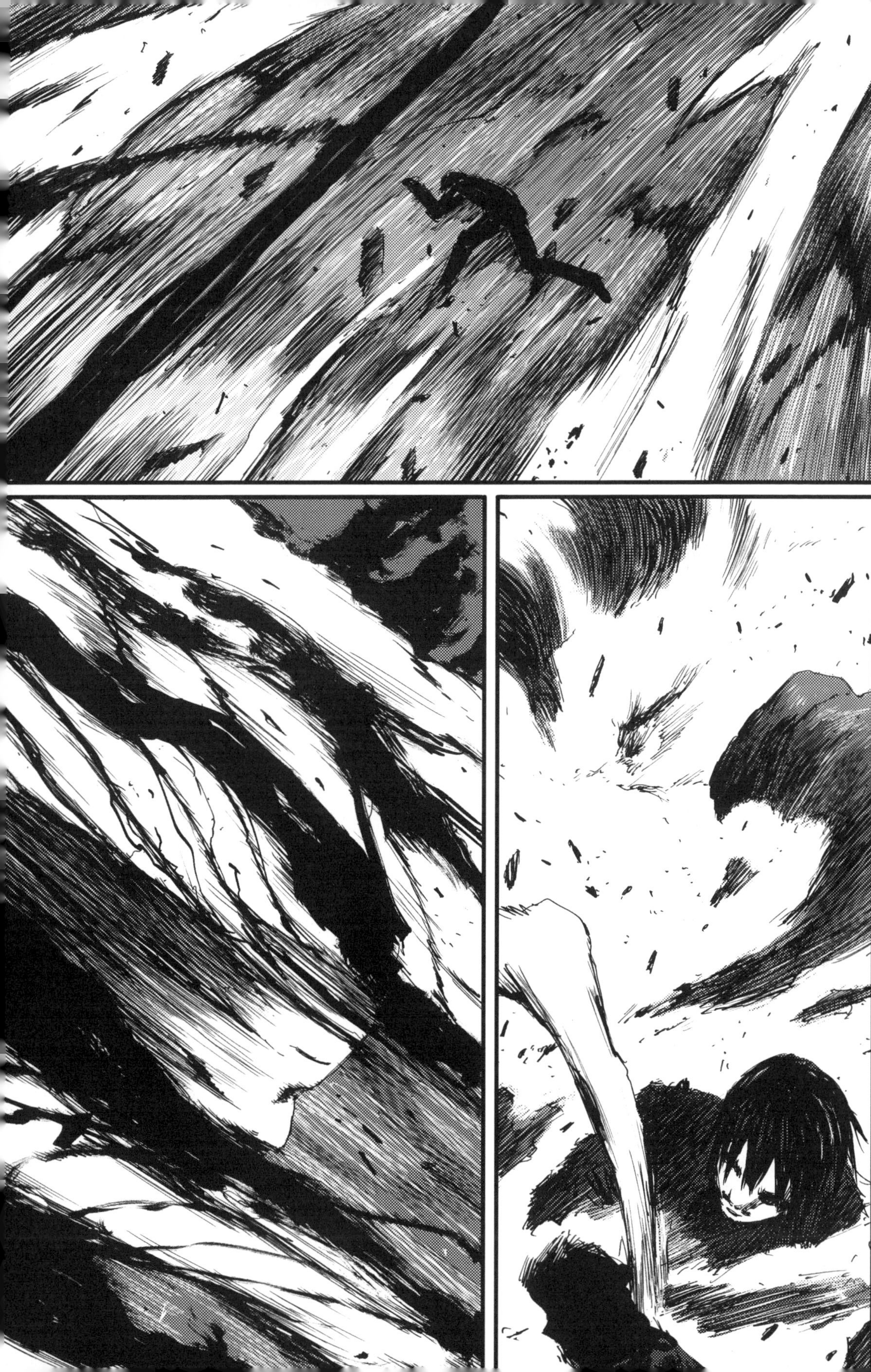

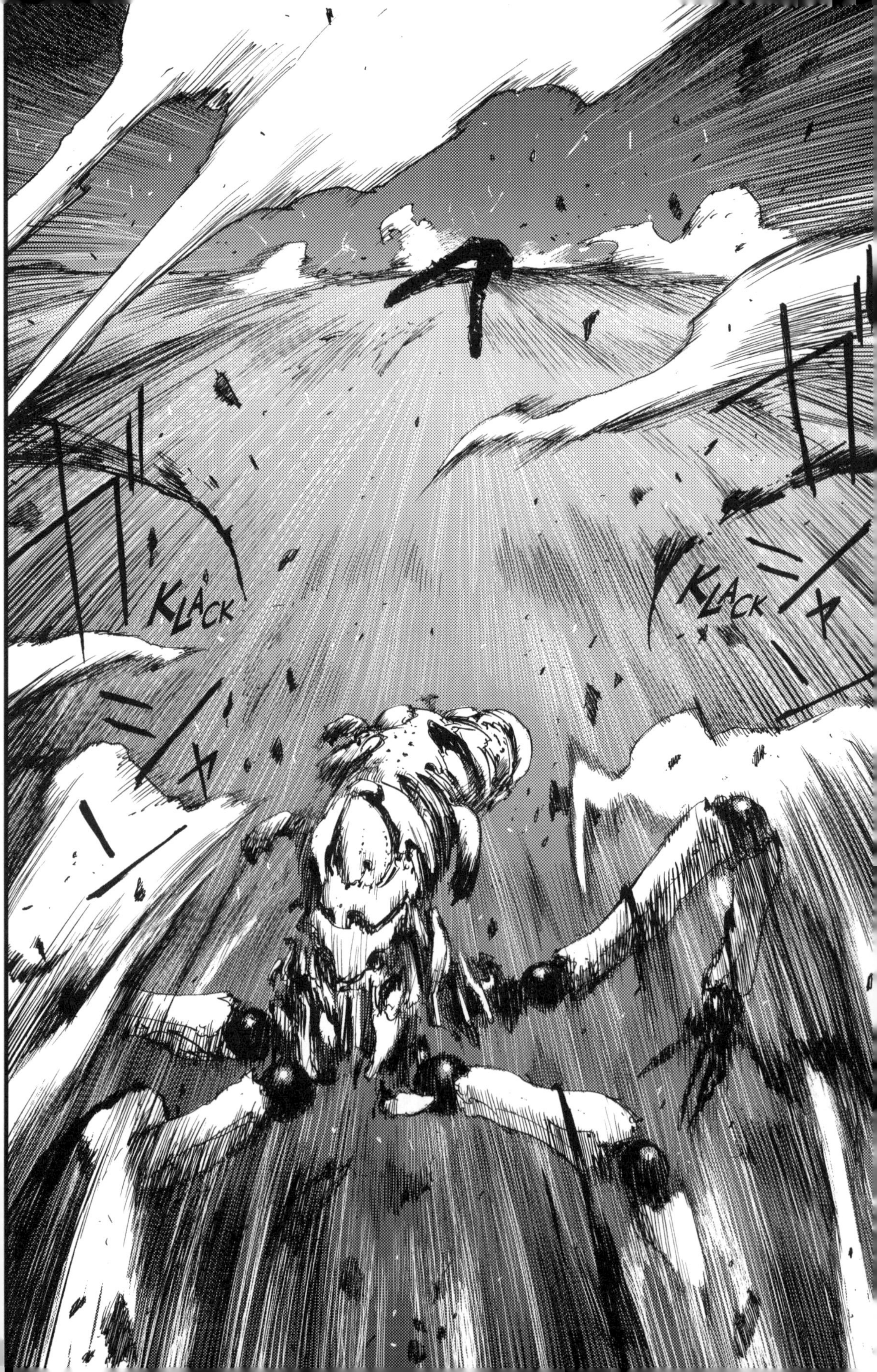
KLACK
KLACK

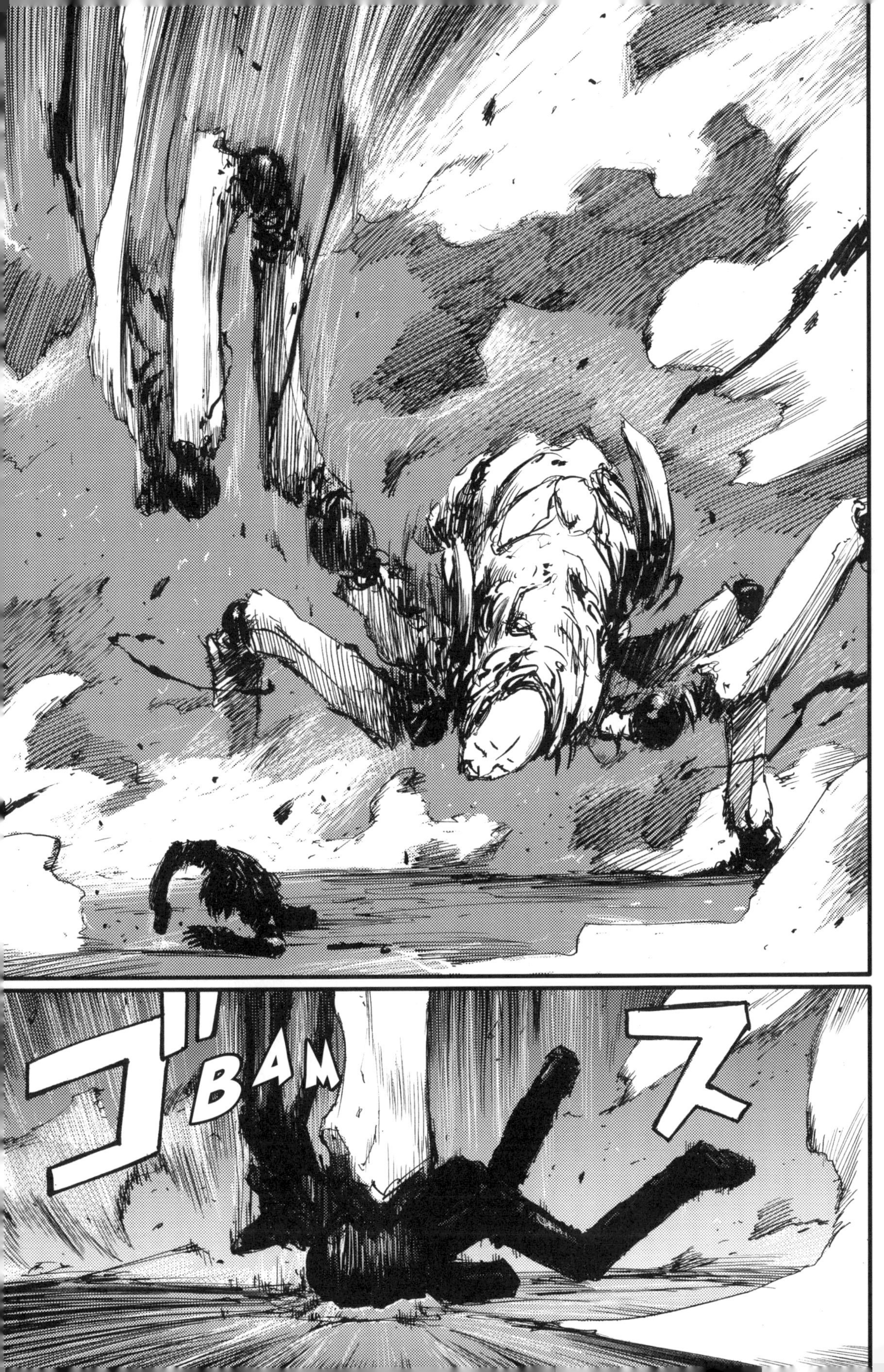
ゴ BAM ス

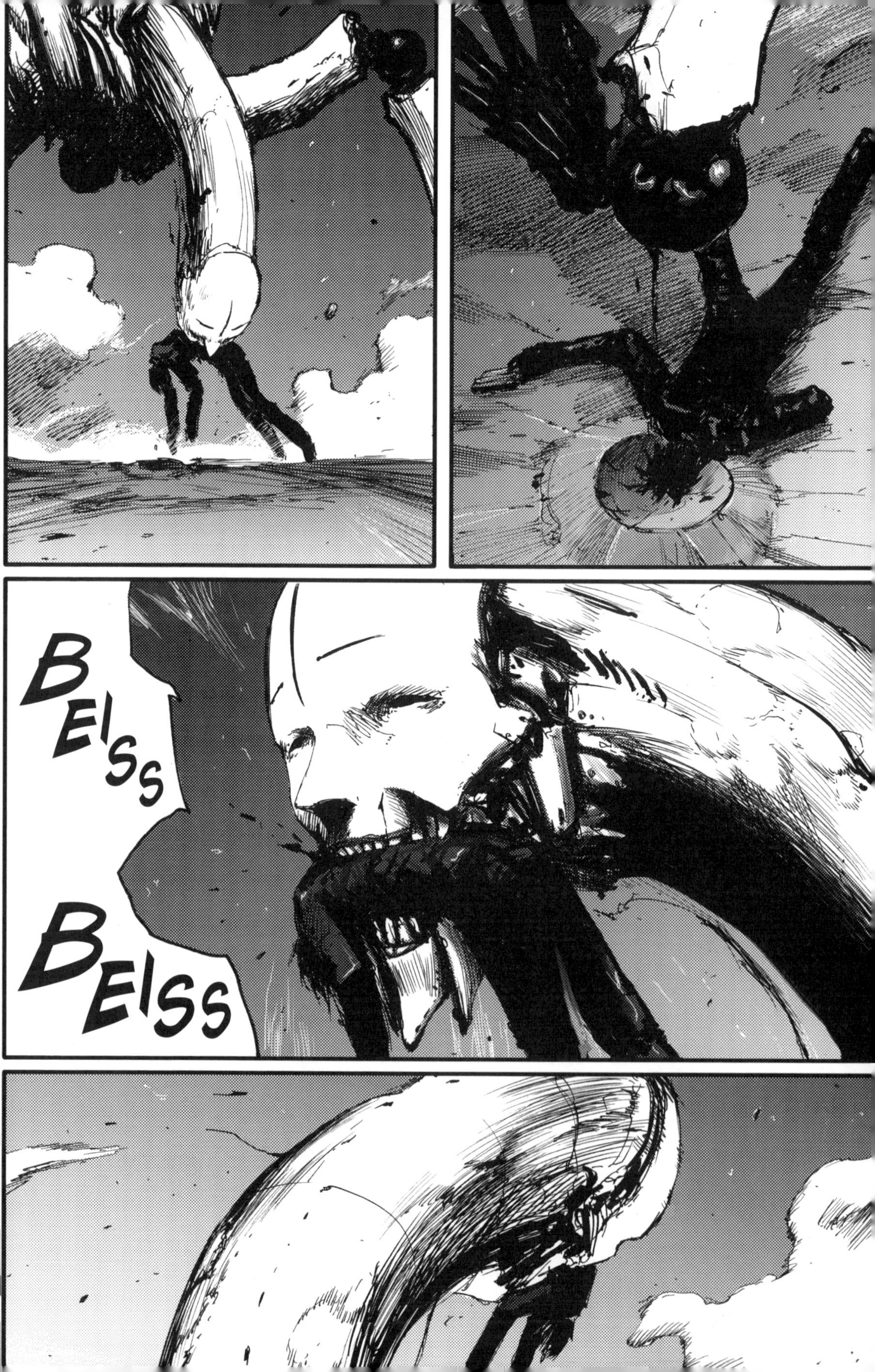
BEISS
BEISS

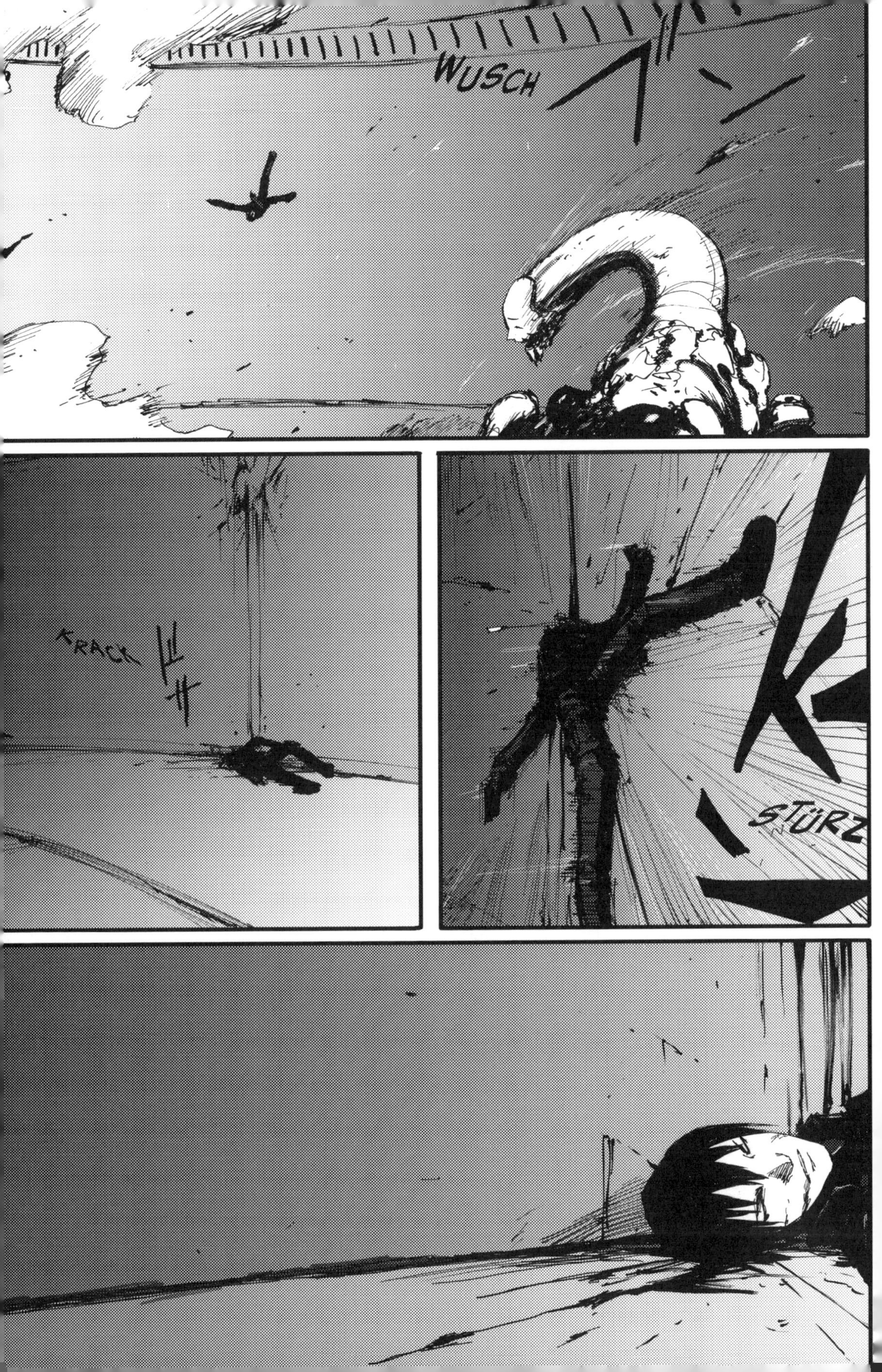
WUSCH
KRACK
STÜRZ

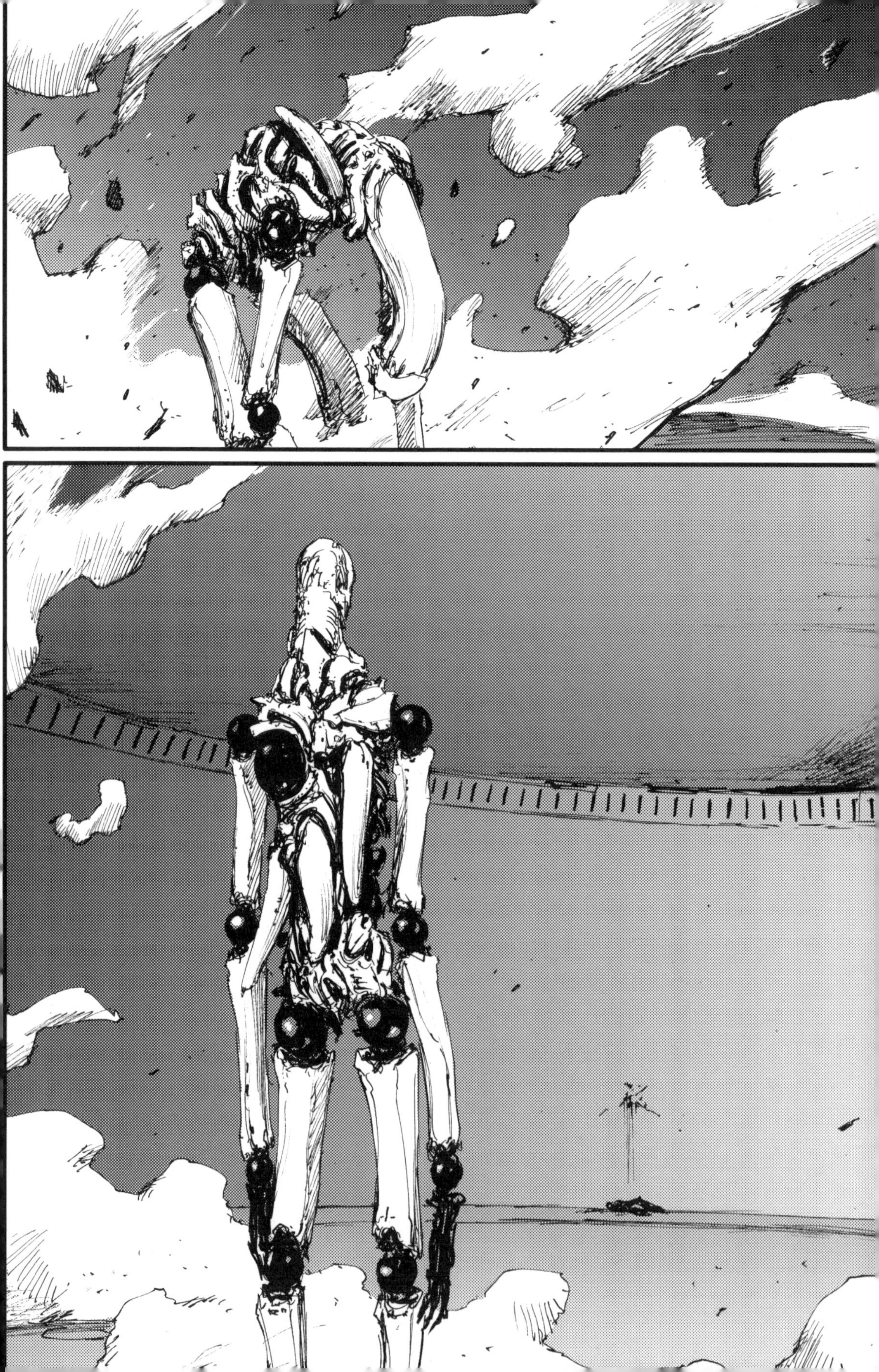

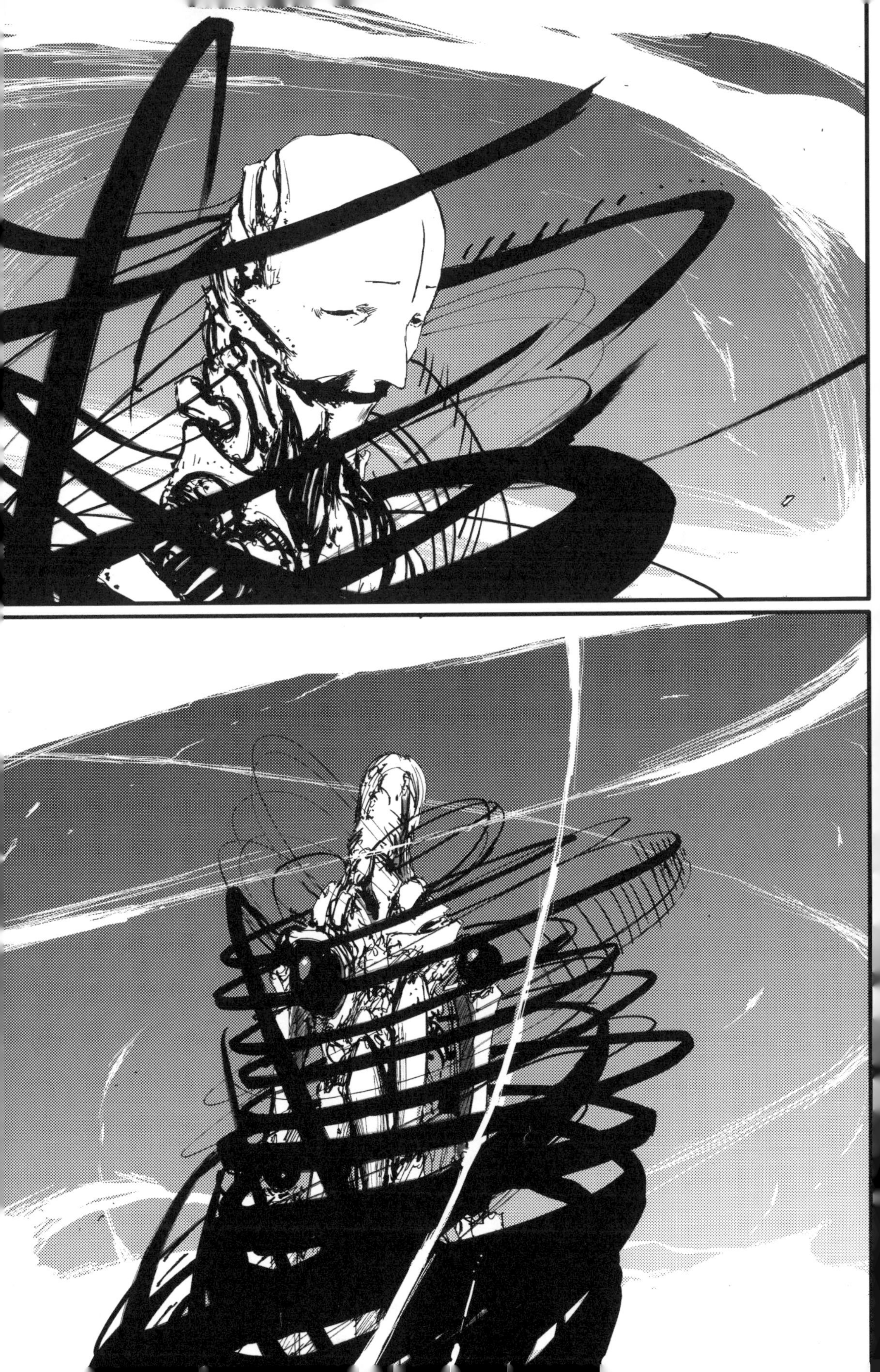

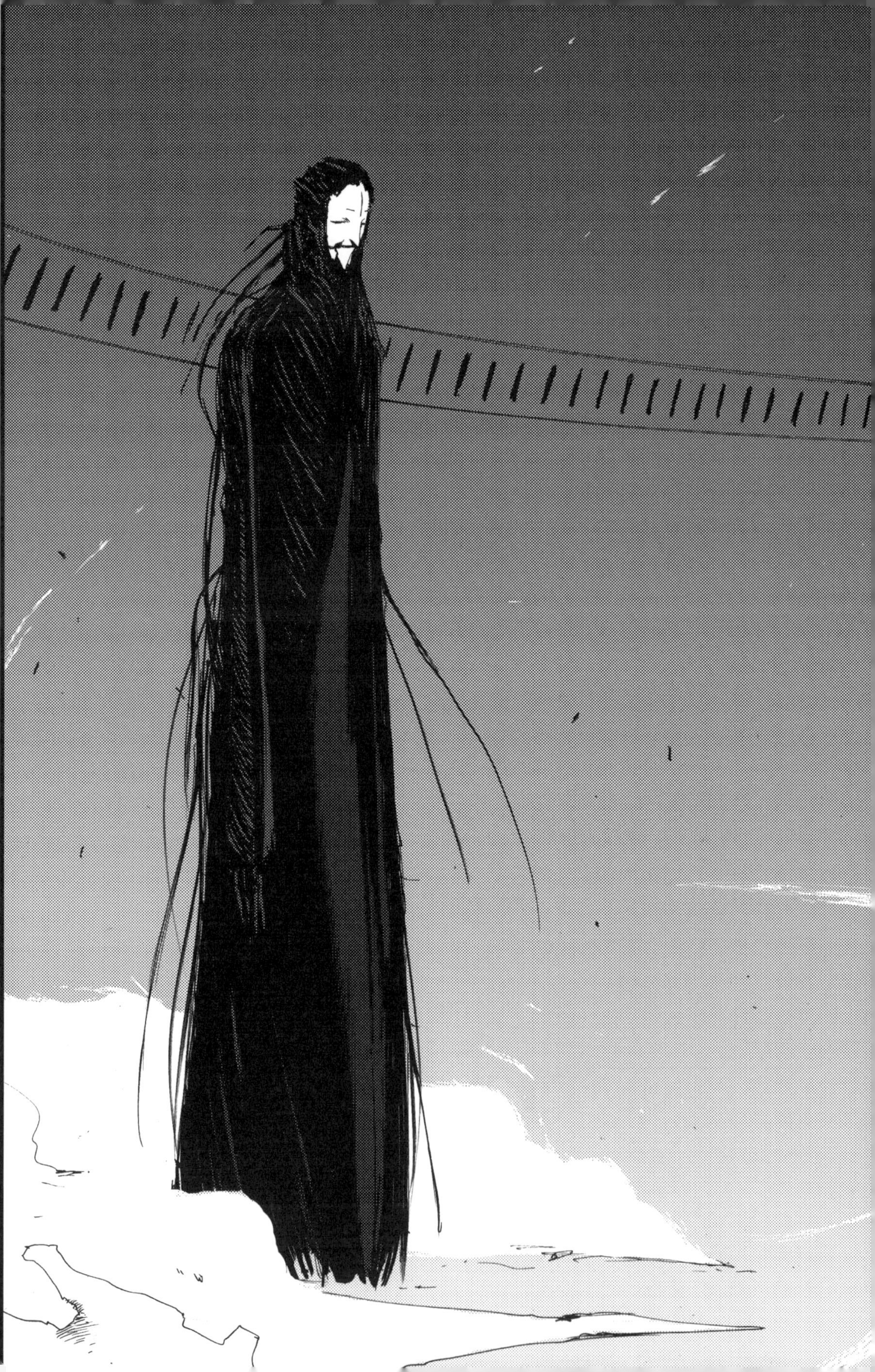

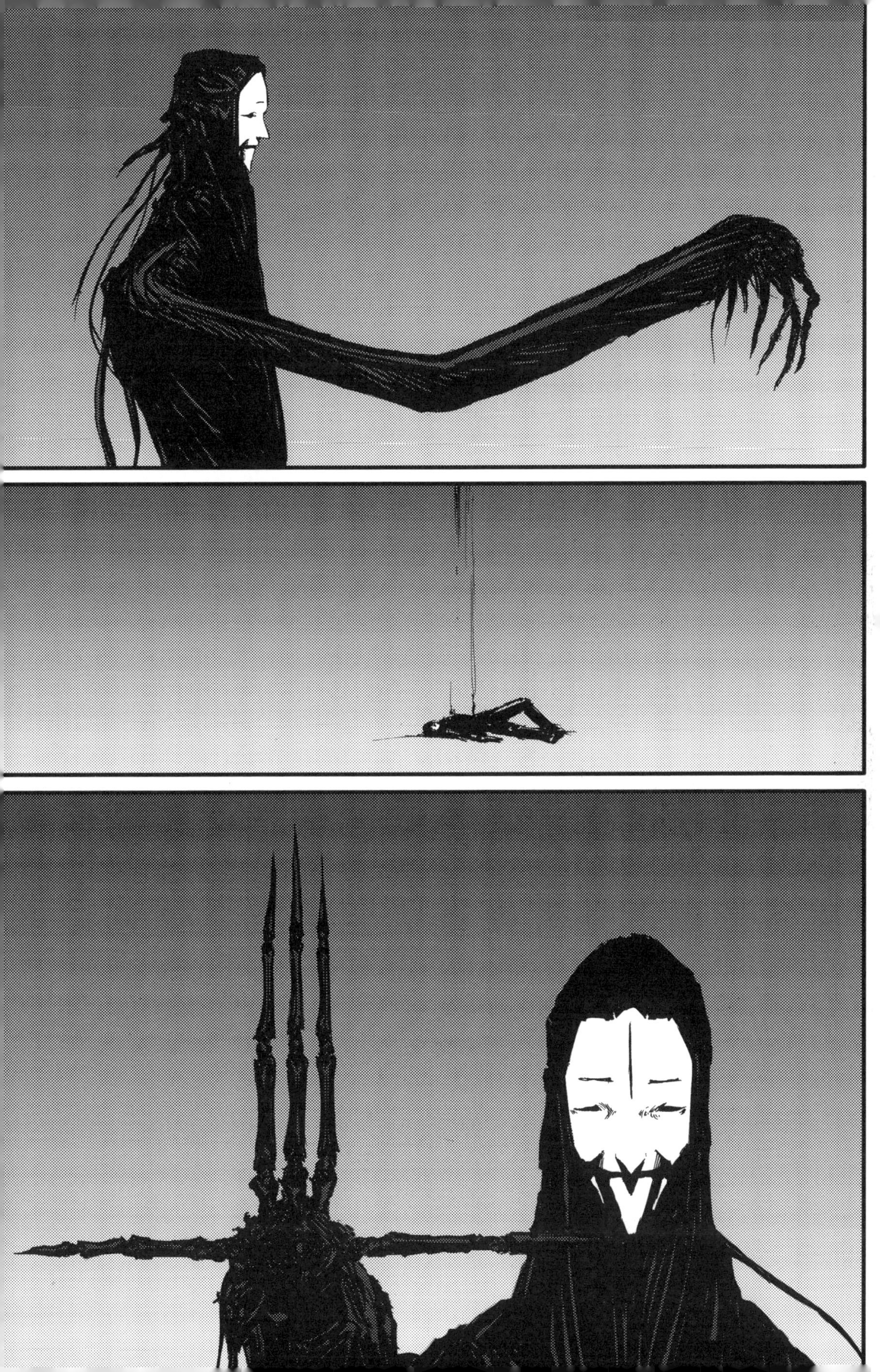

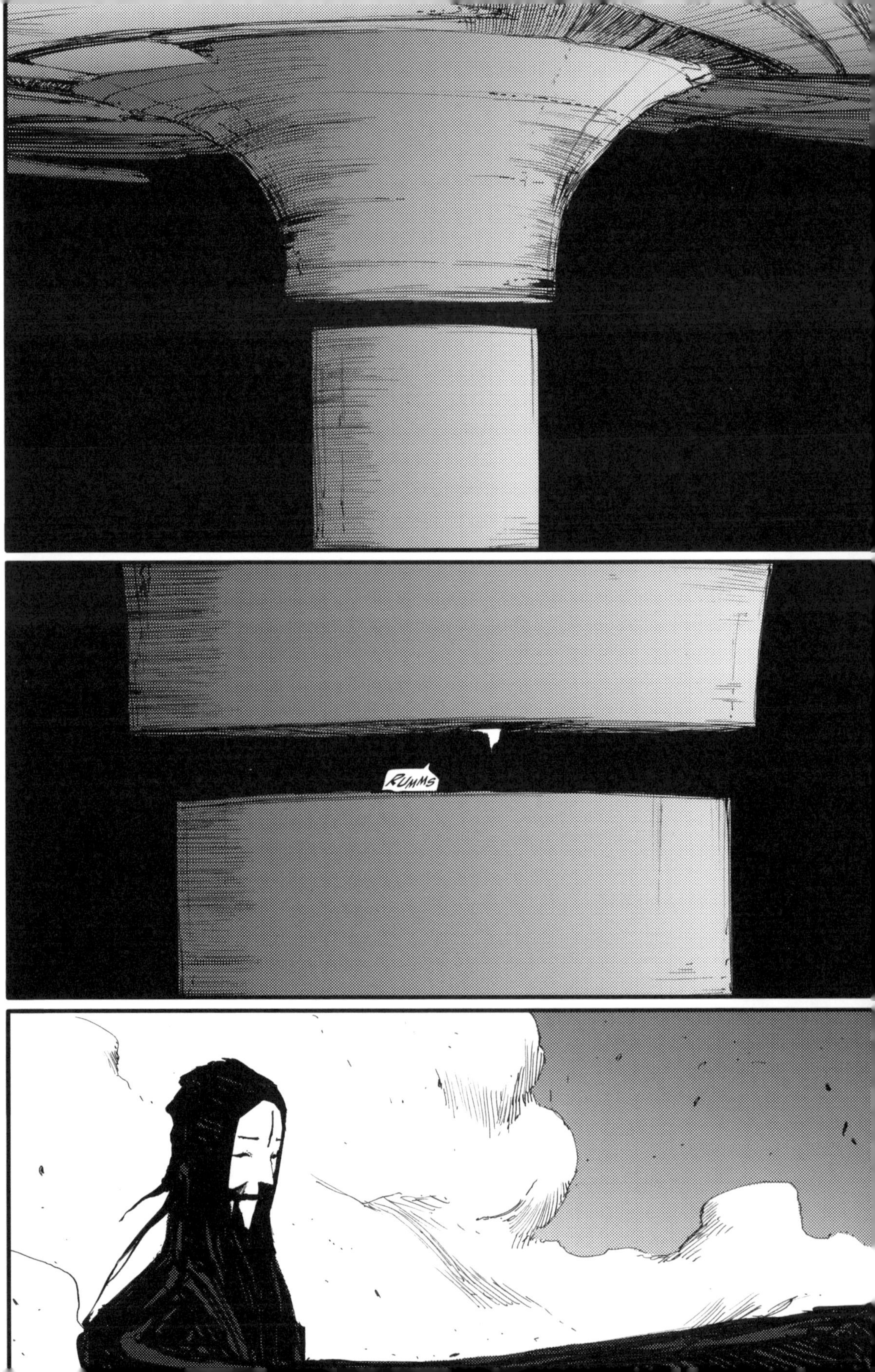
RUMMS

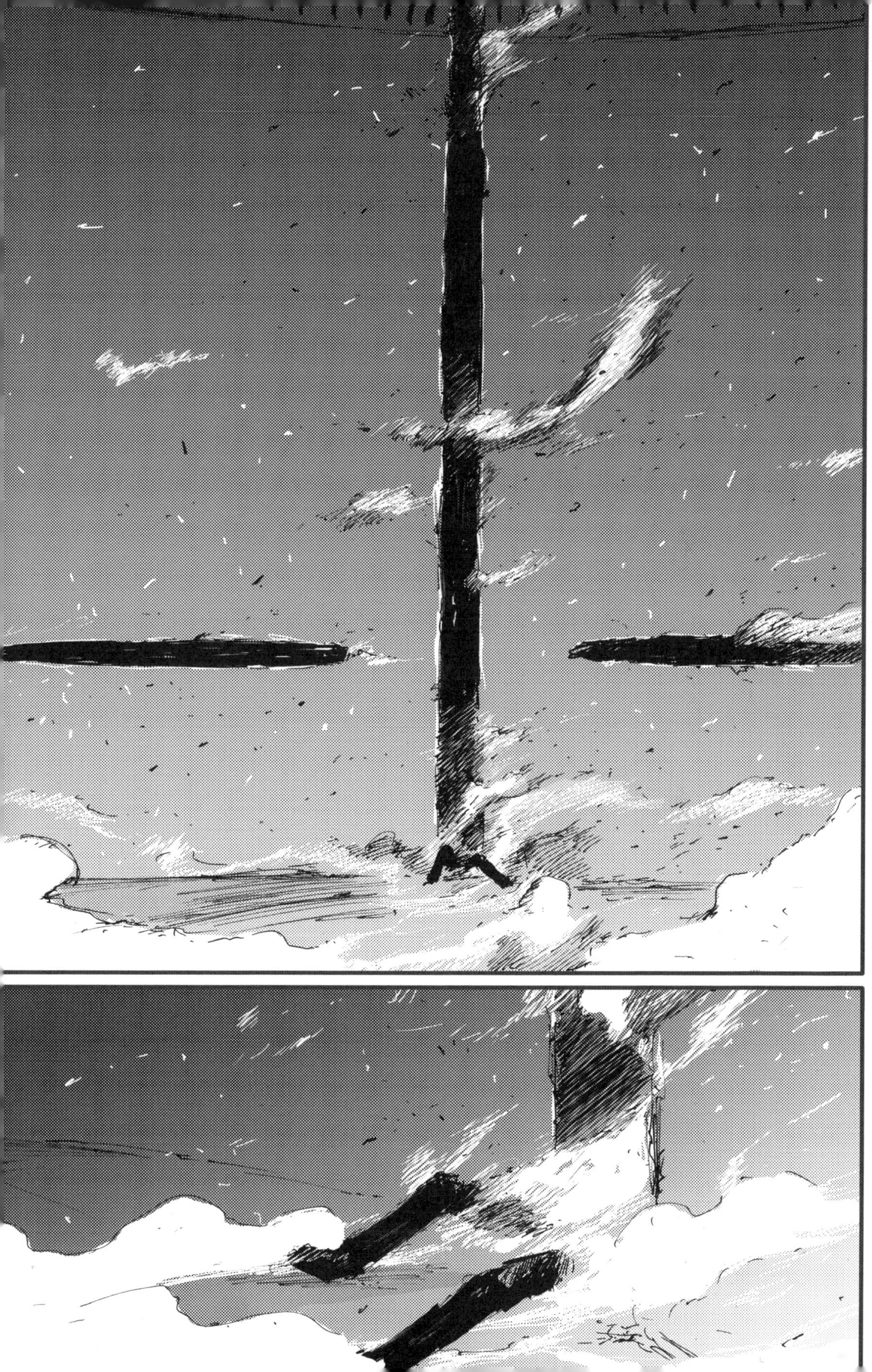

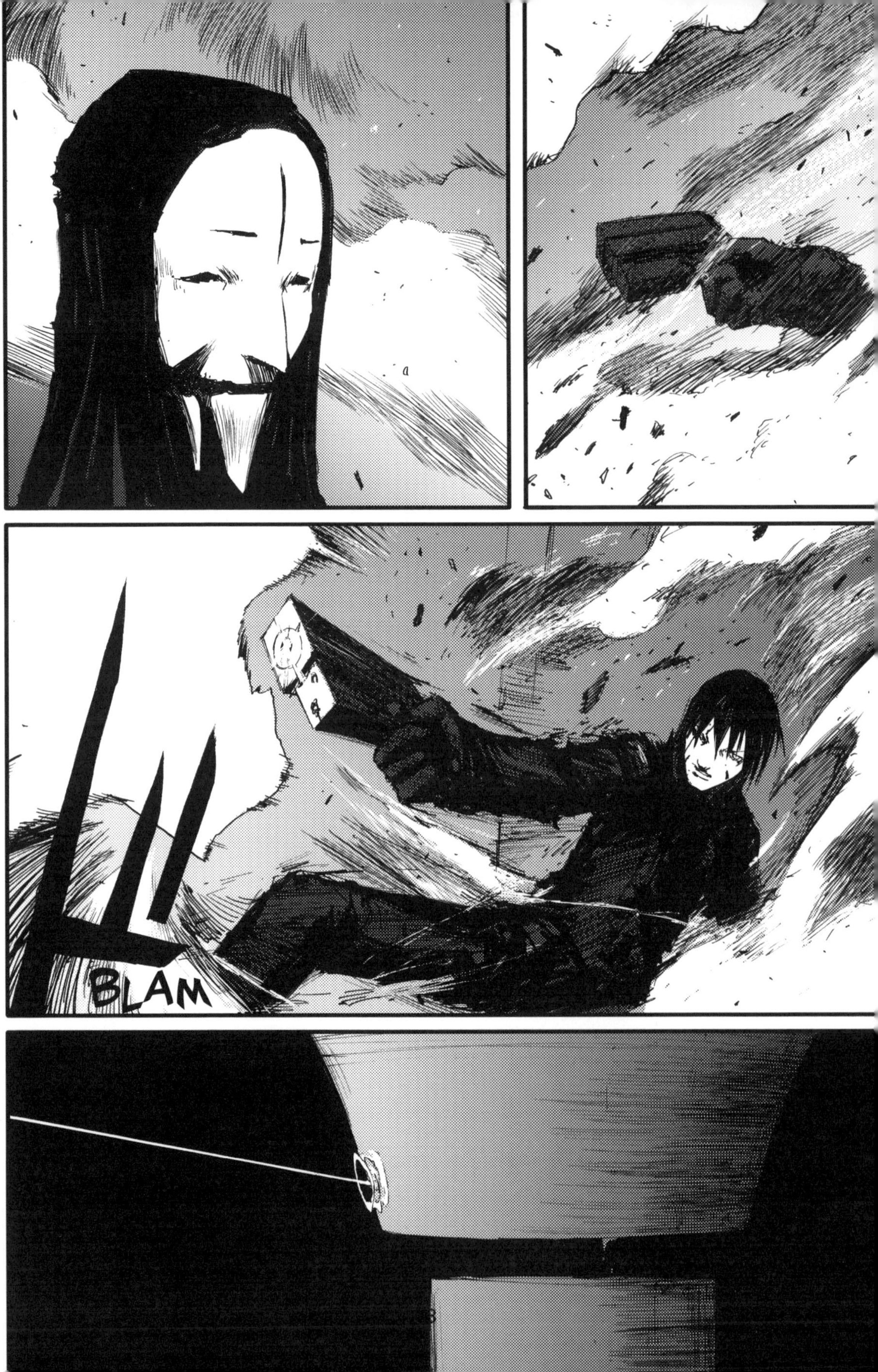
BLAM

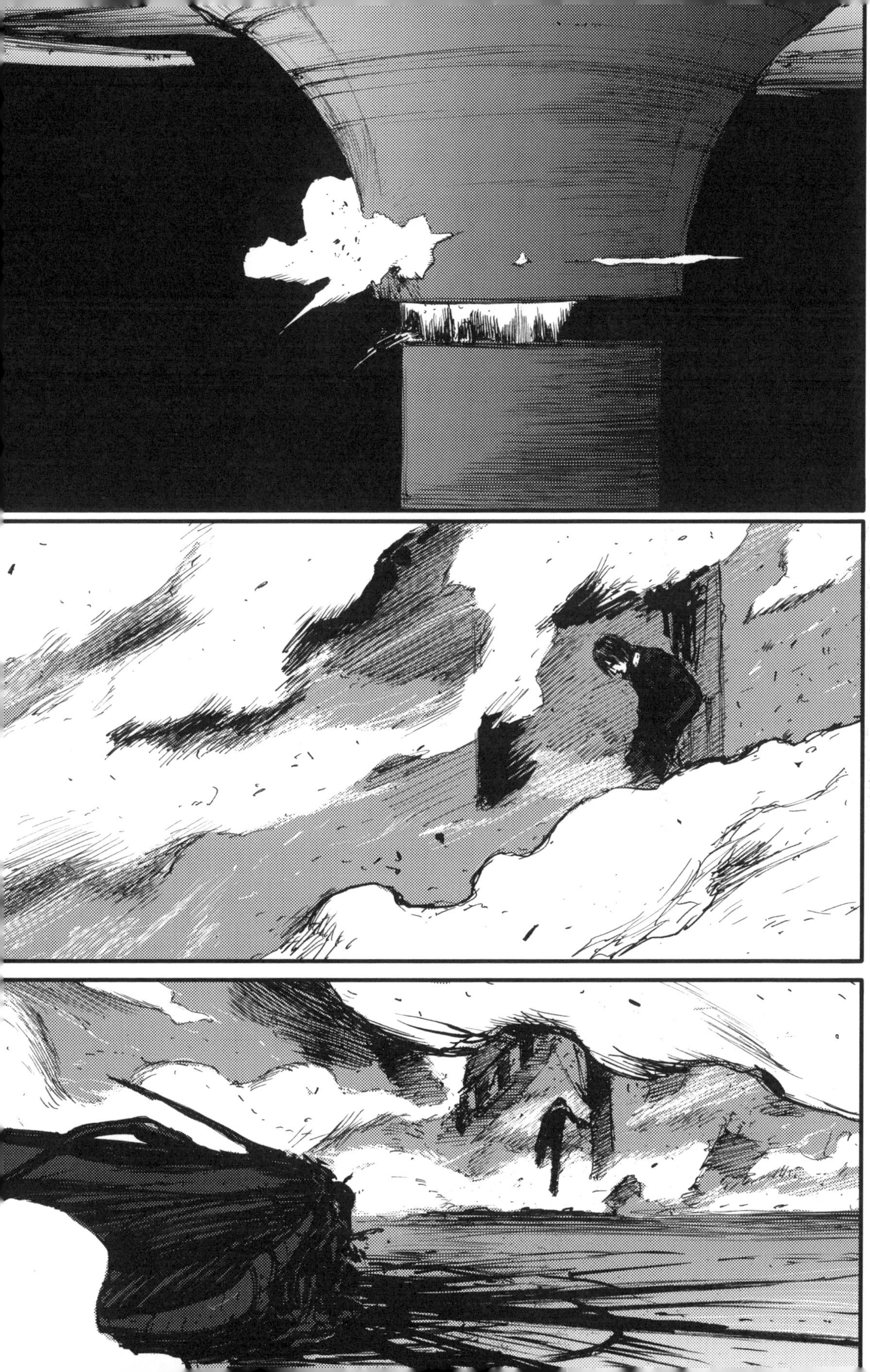

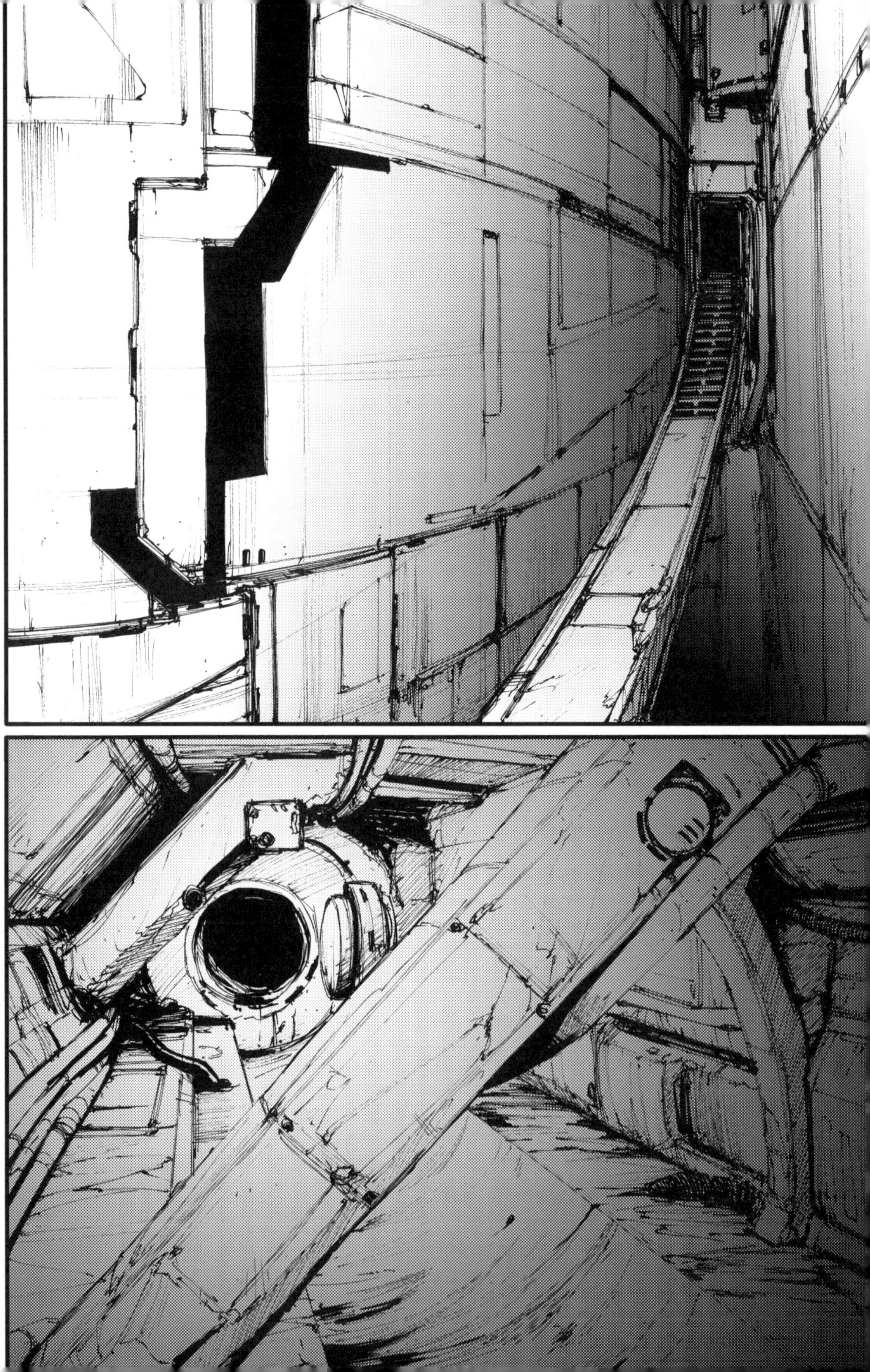

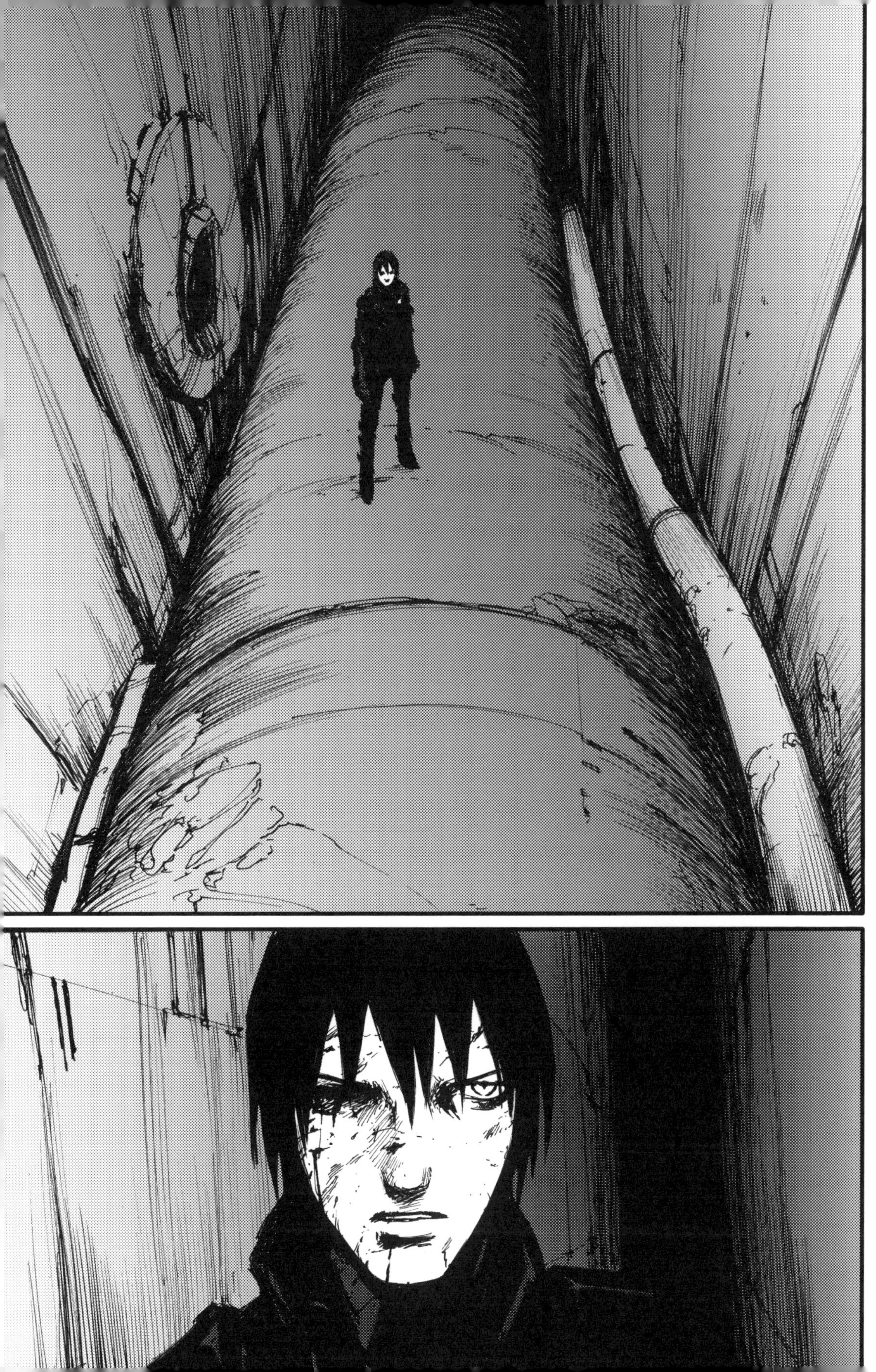

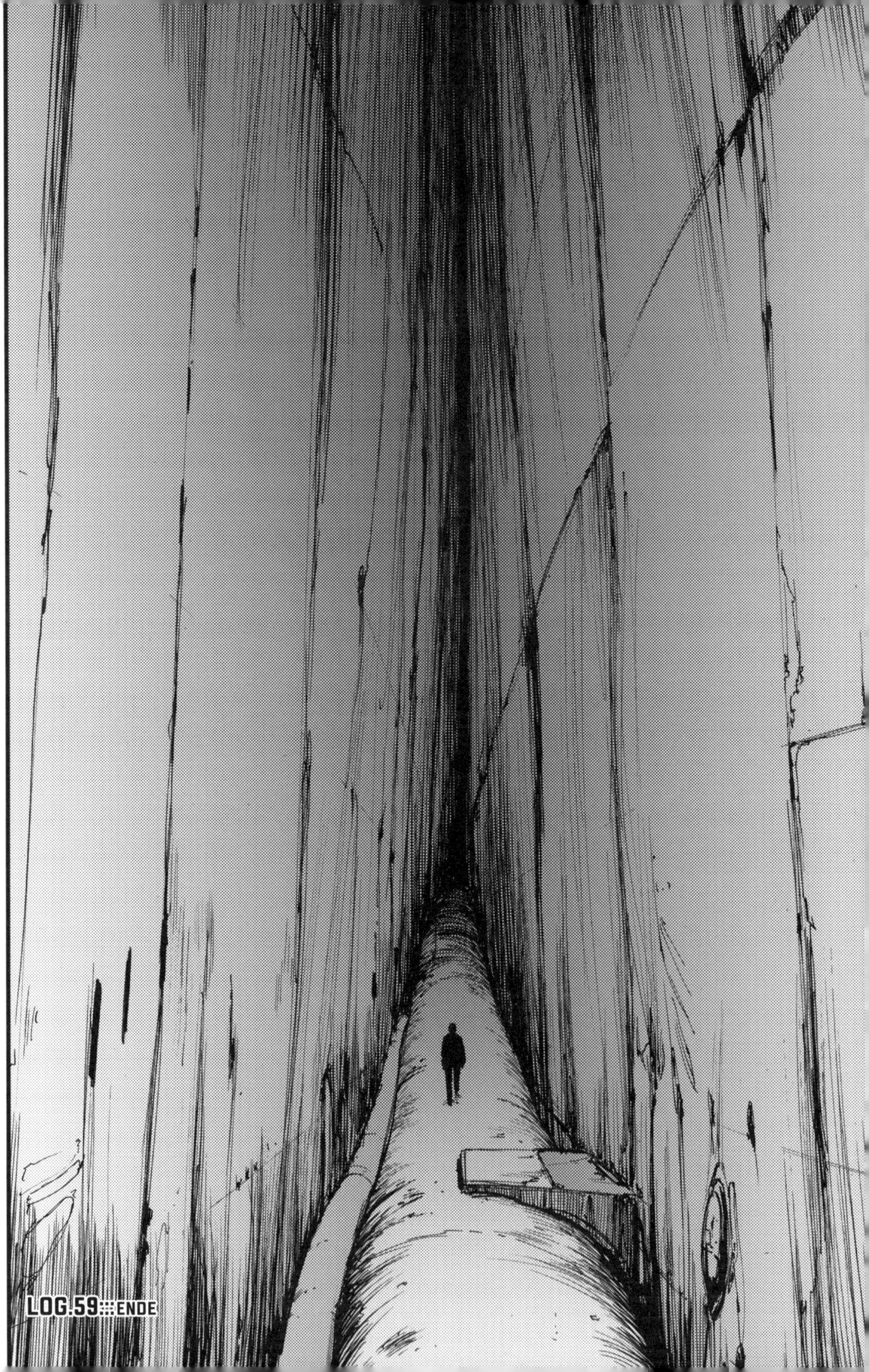
LOG.59 ENDE

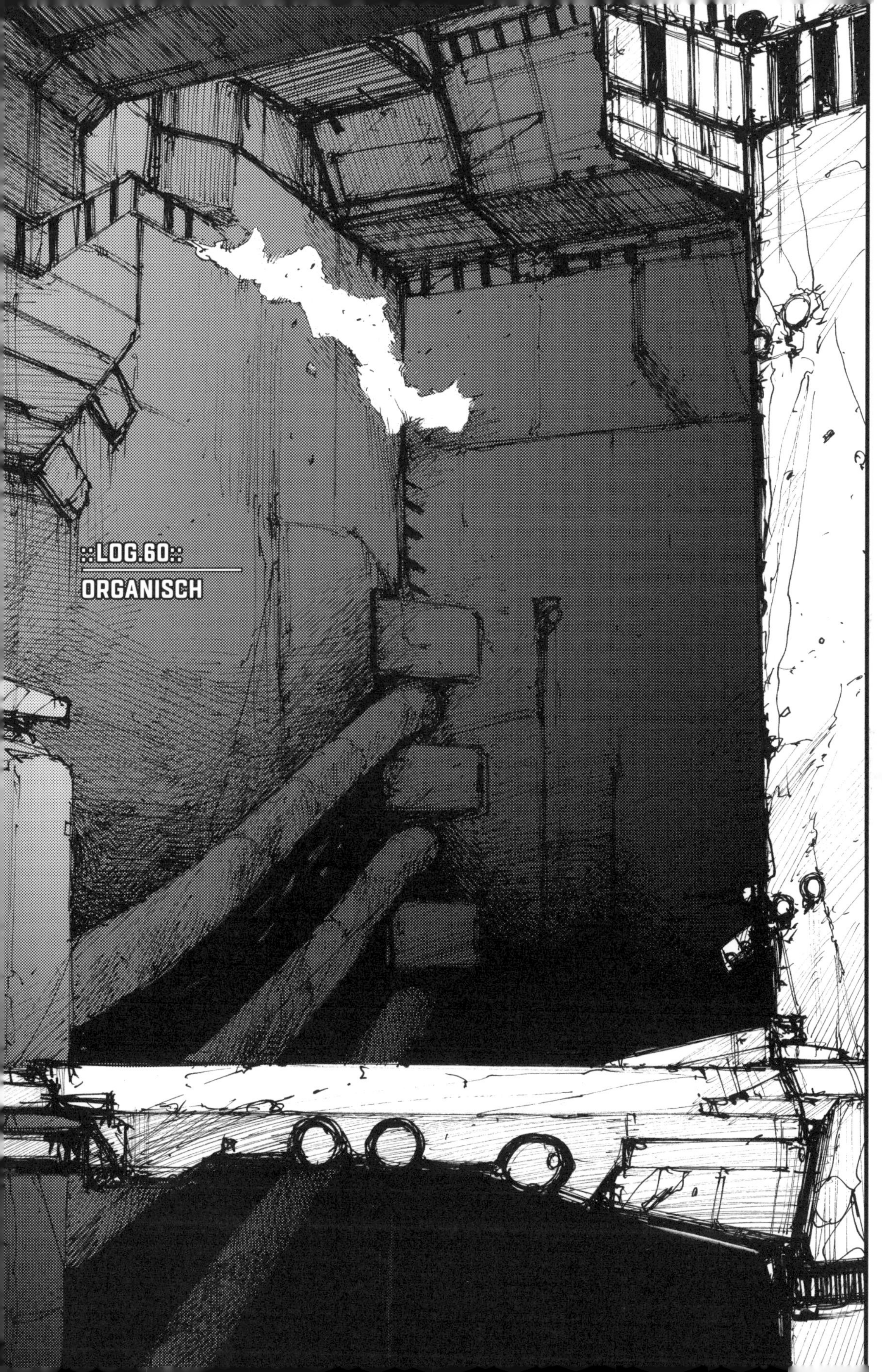
::LOG.60::
ORGANISCH

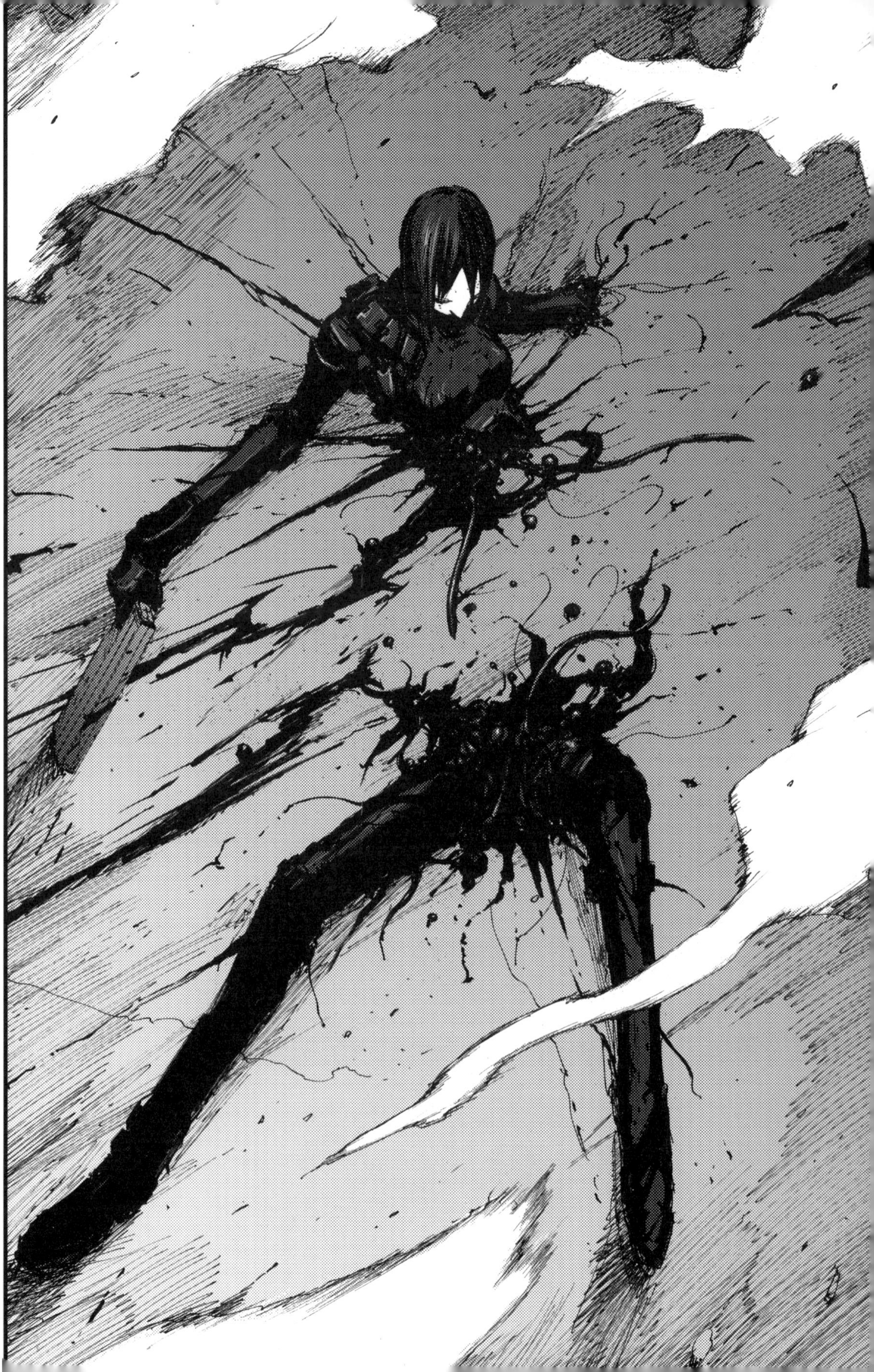

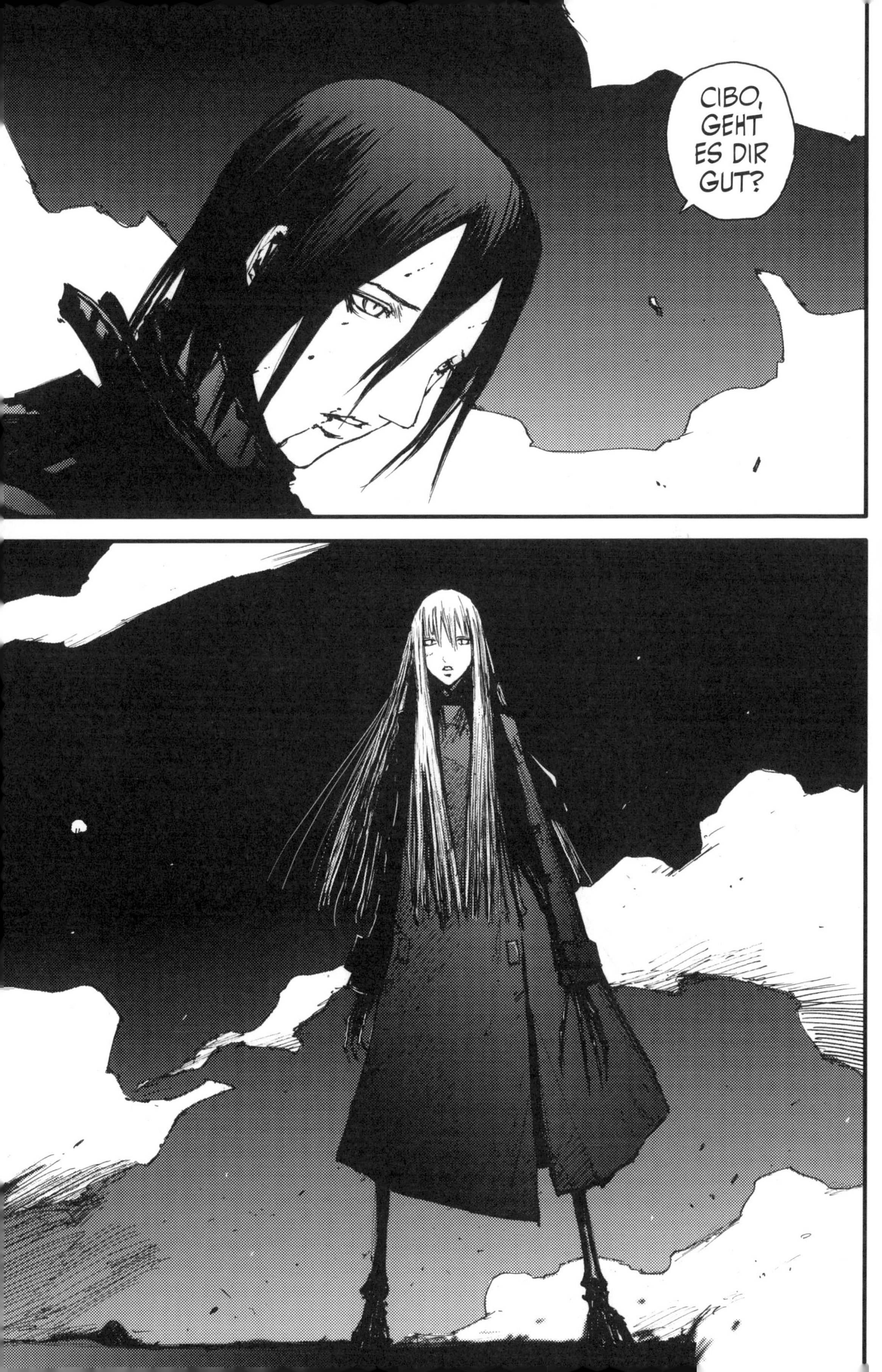
CIBO, GEHT ES DIR GUT?

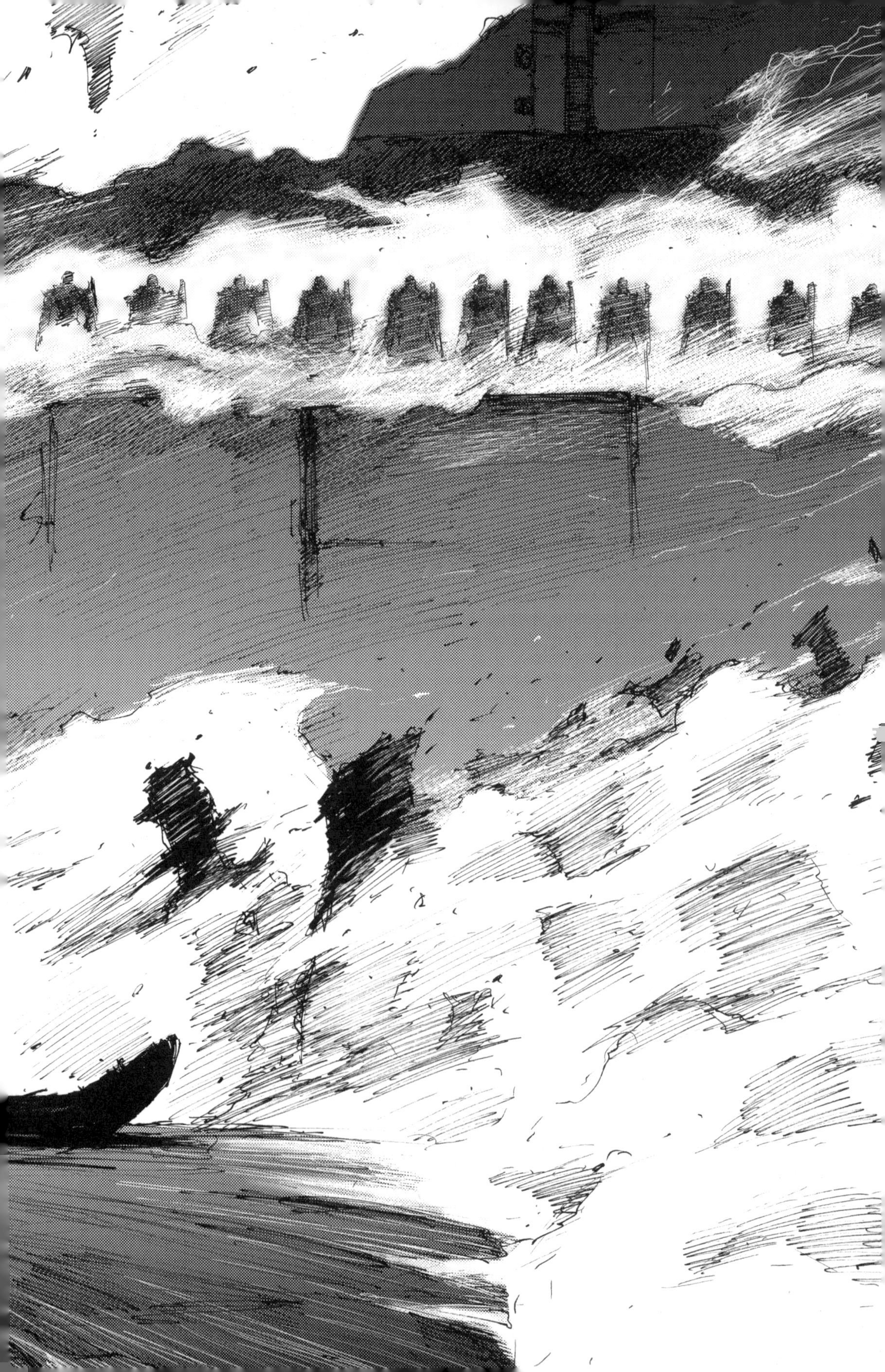

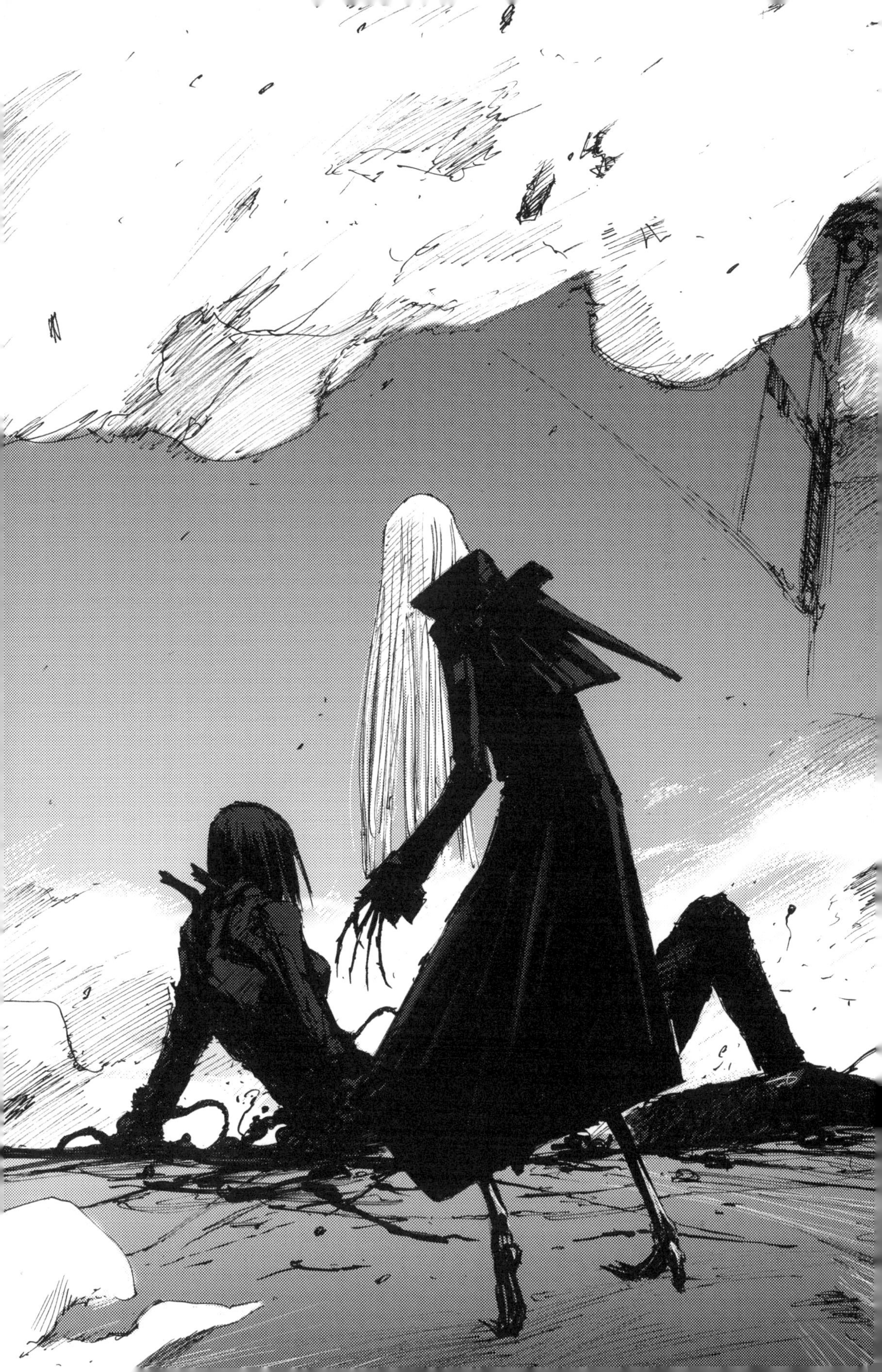

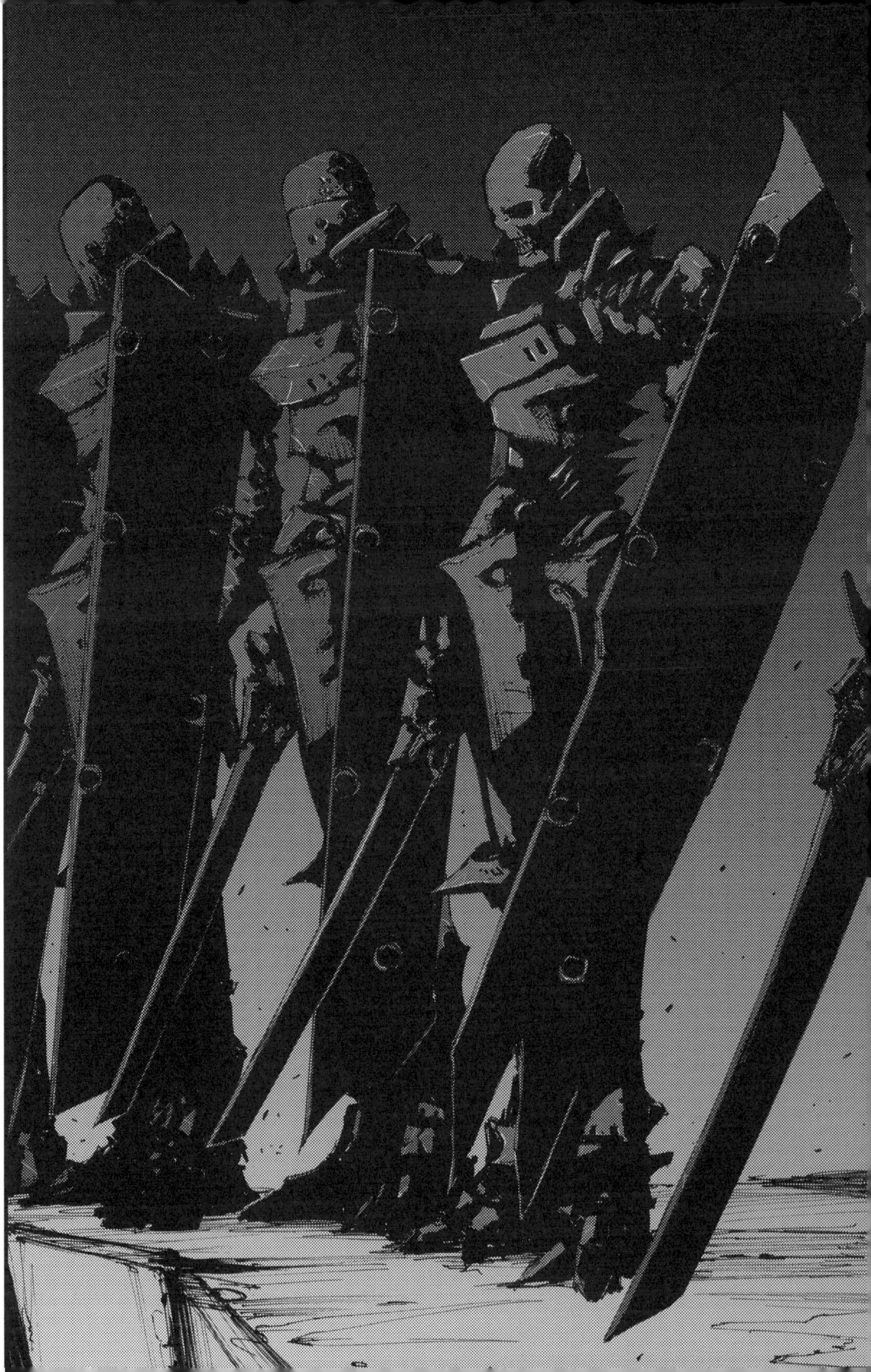

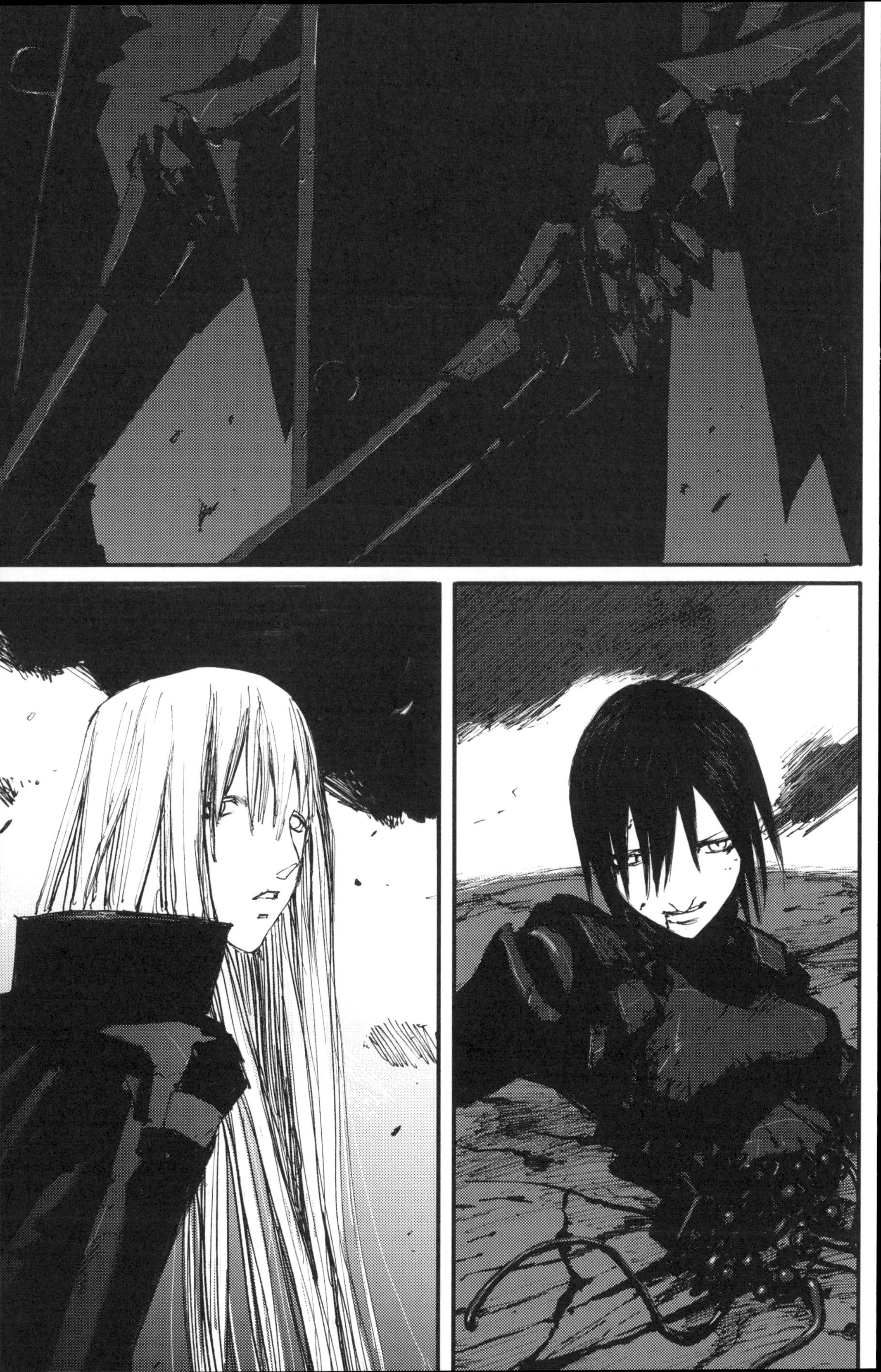

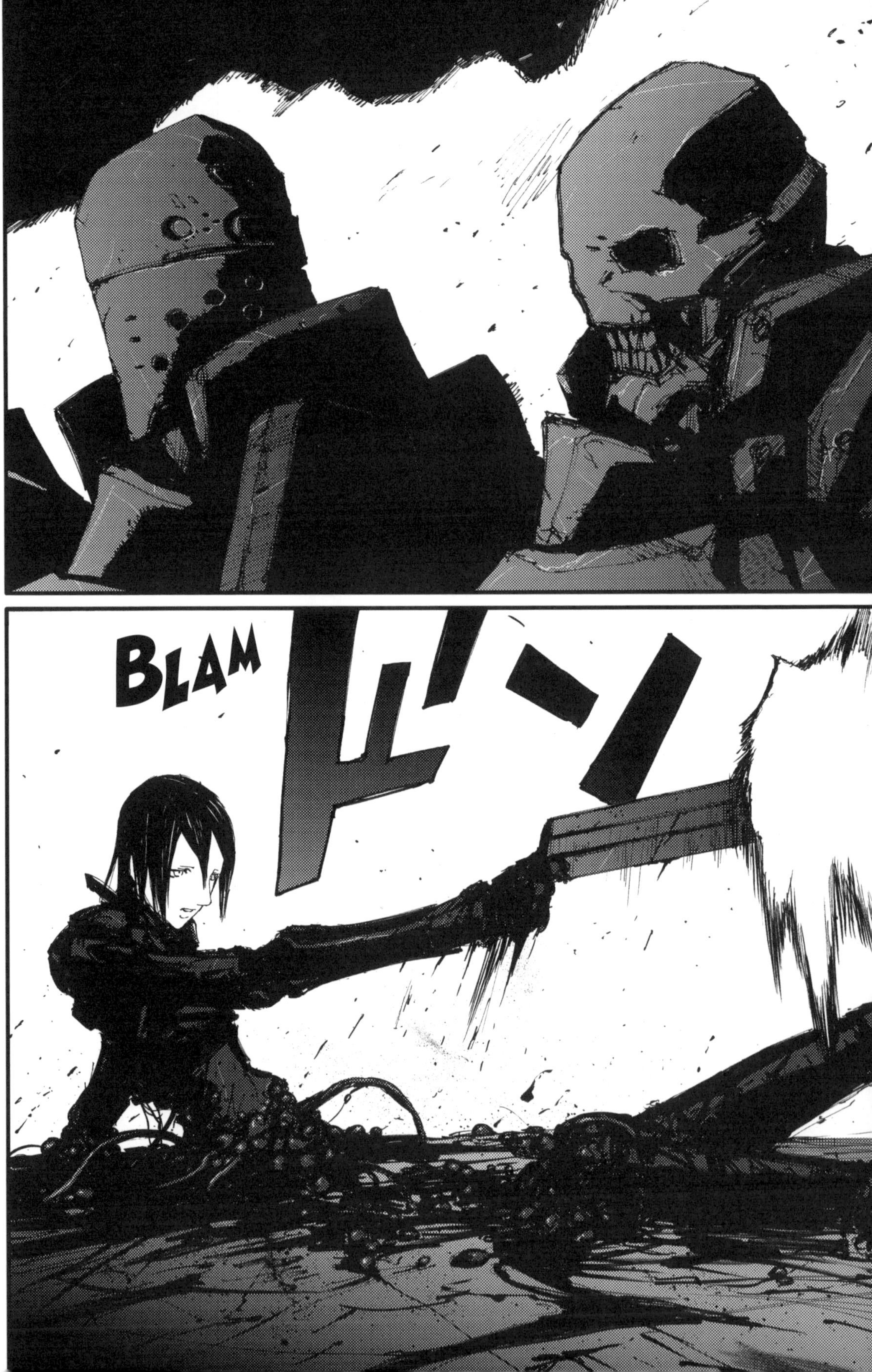
BLAM
ドン

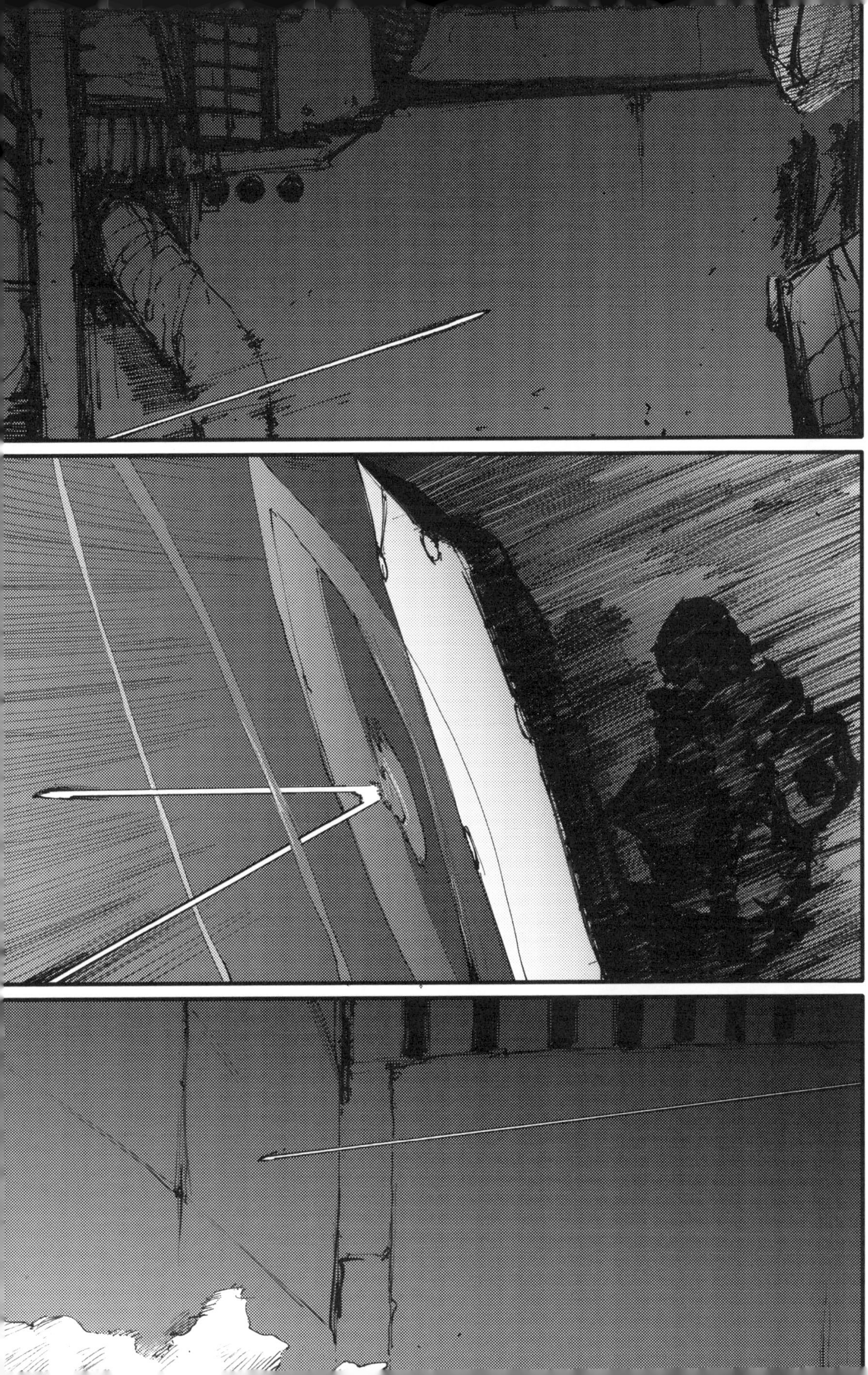

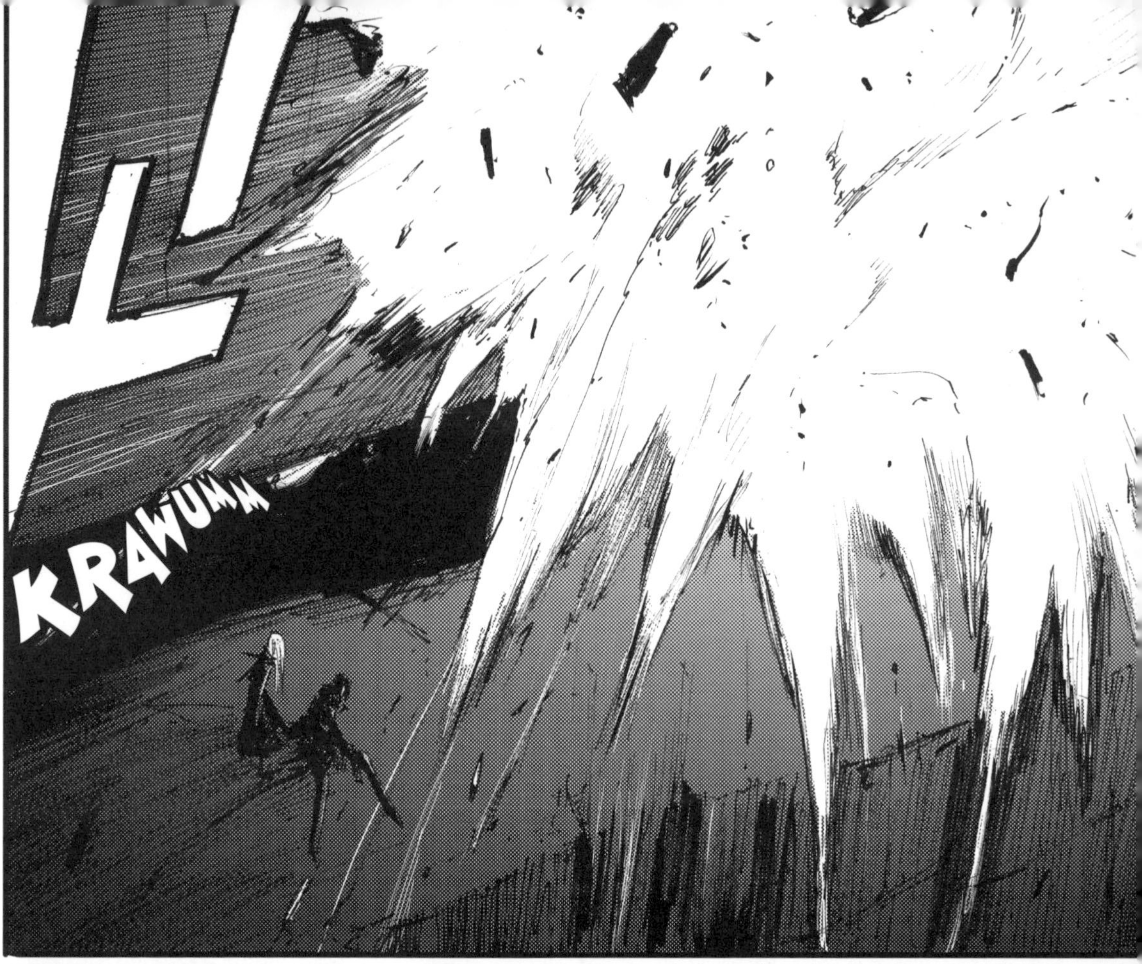
KRAWUMM

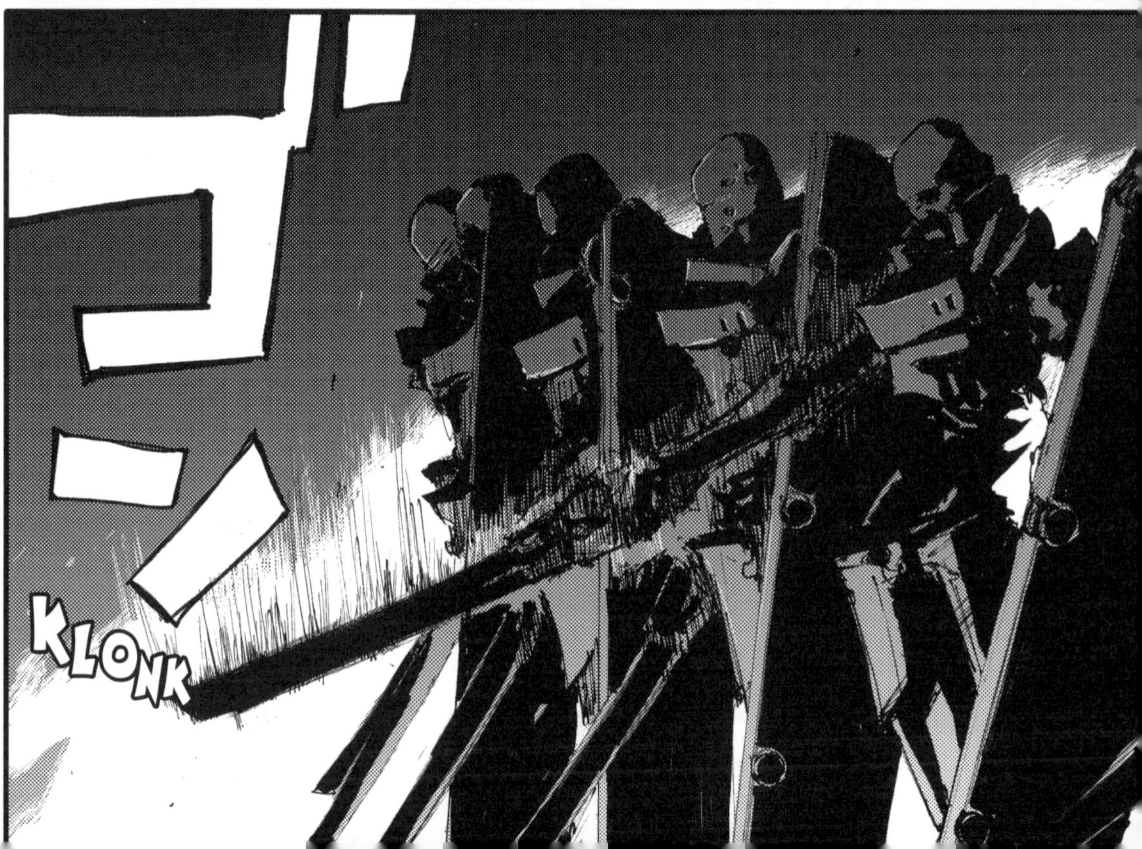
KLONK

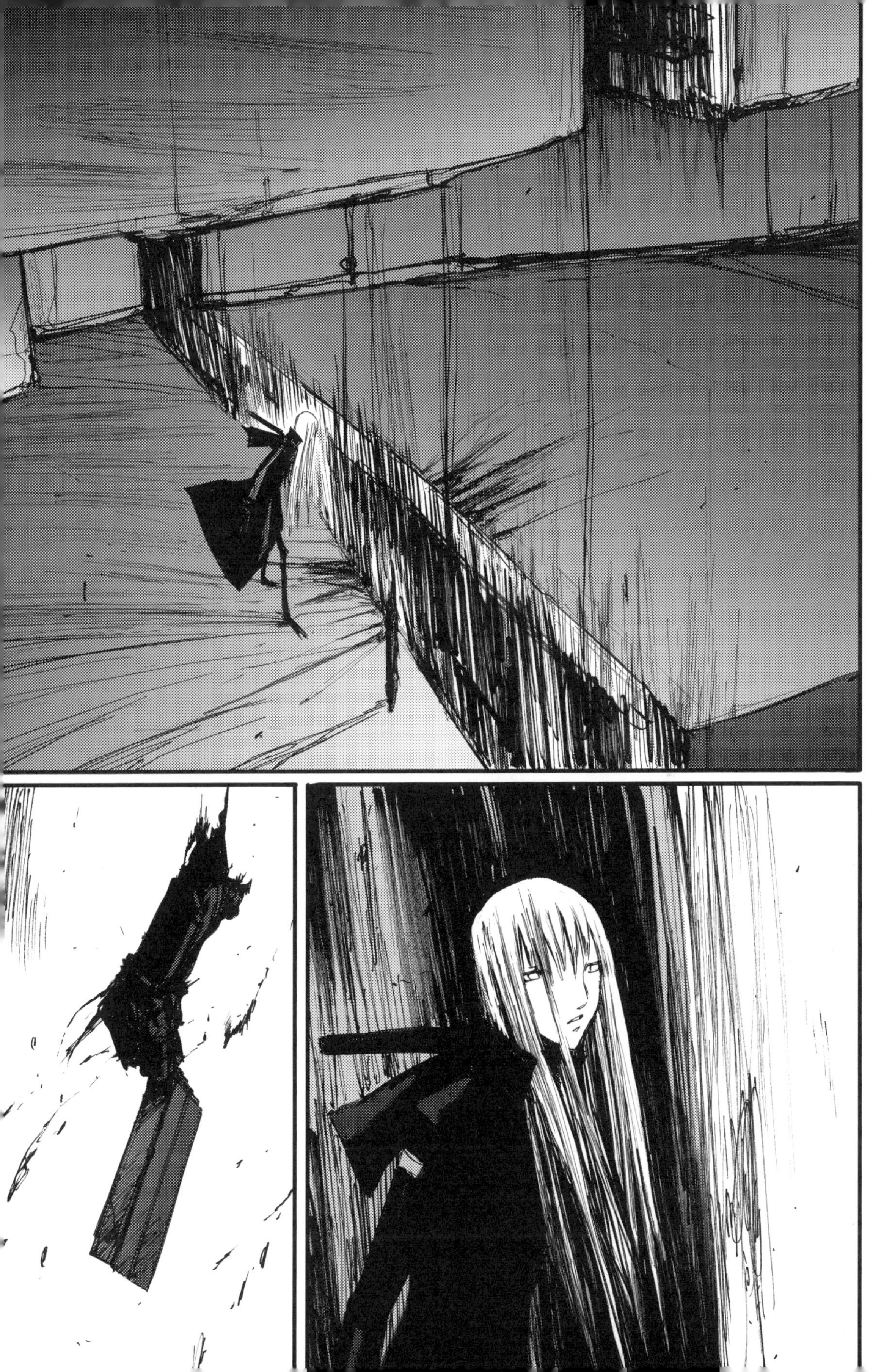

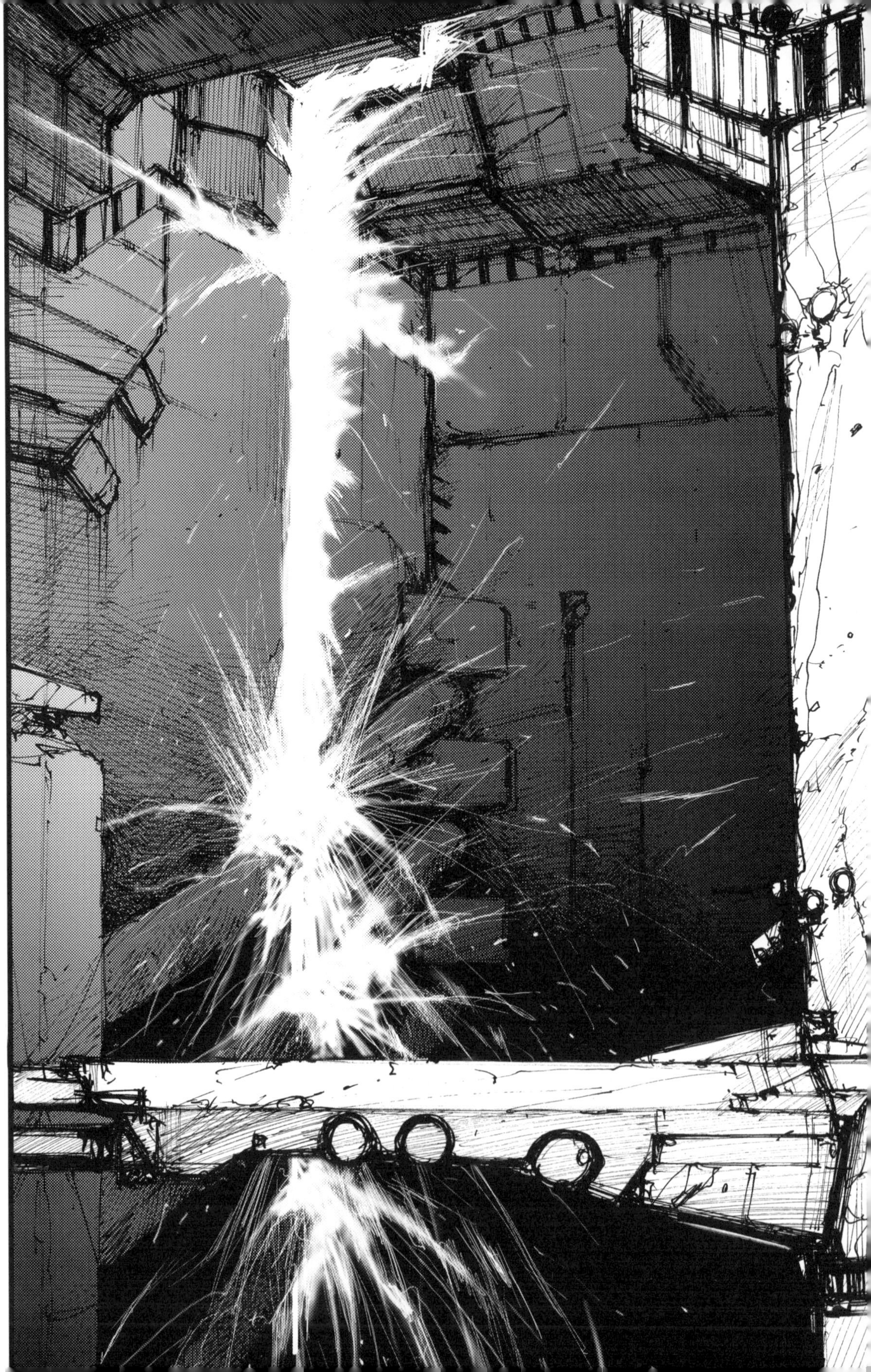

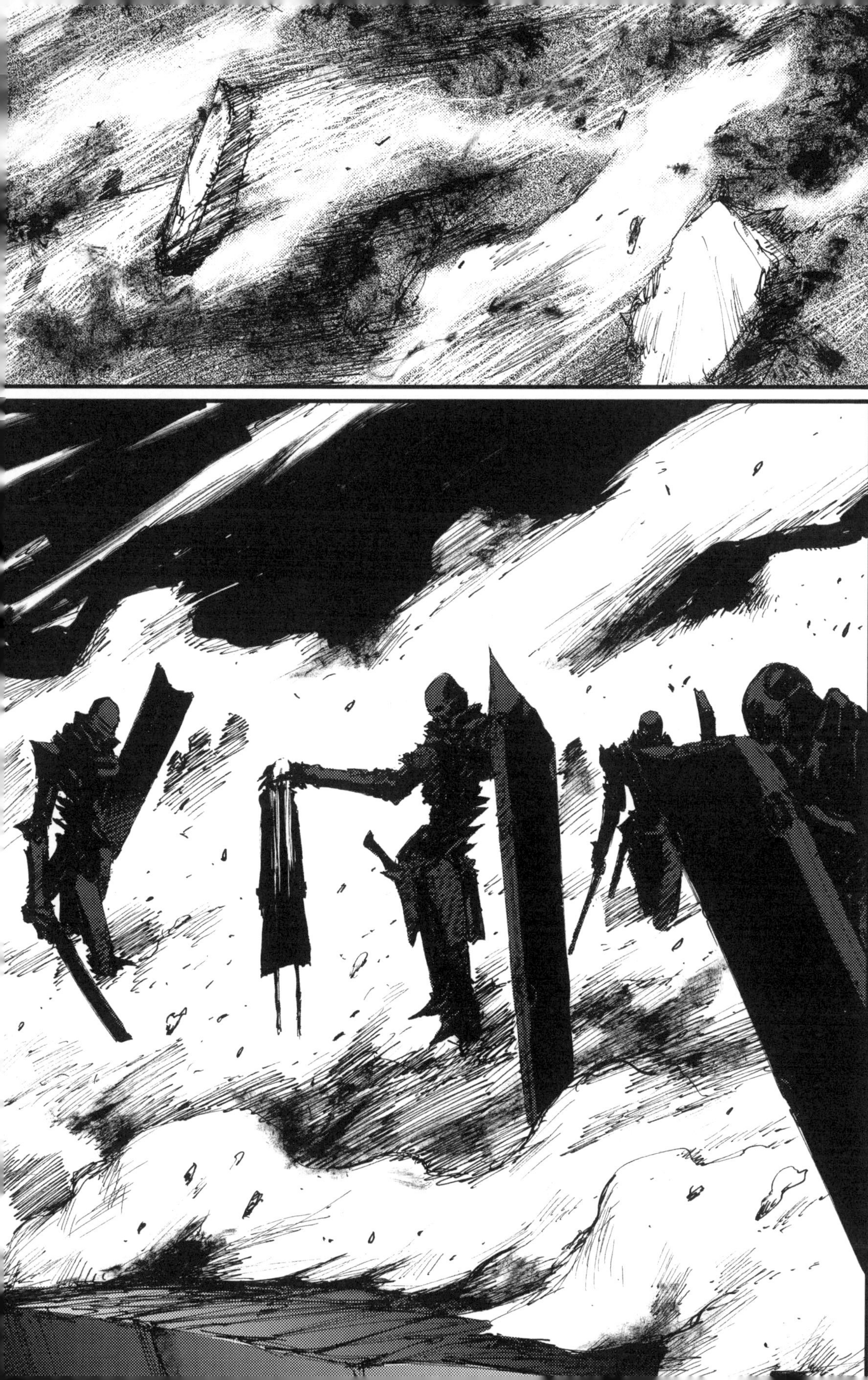

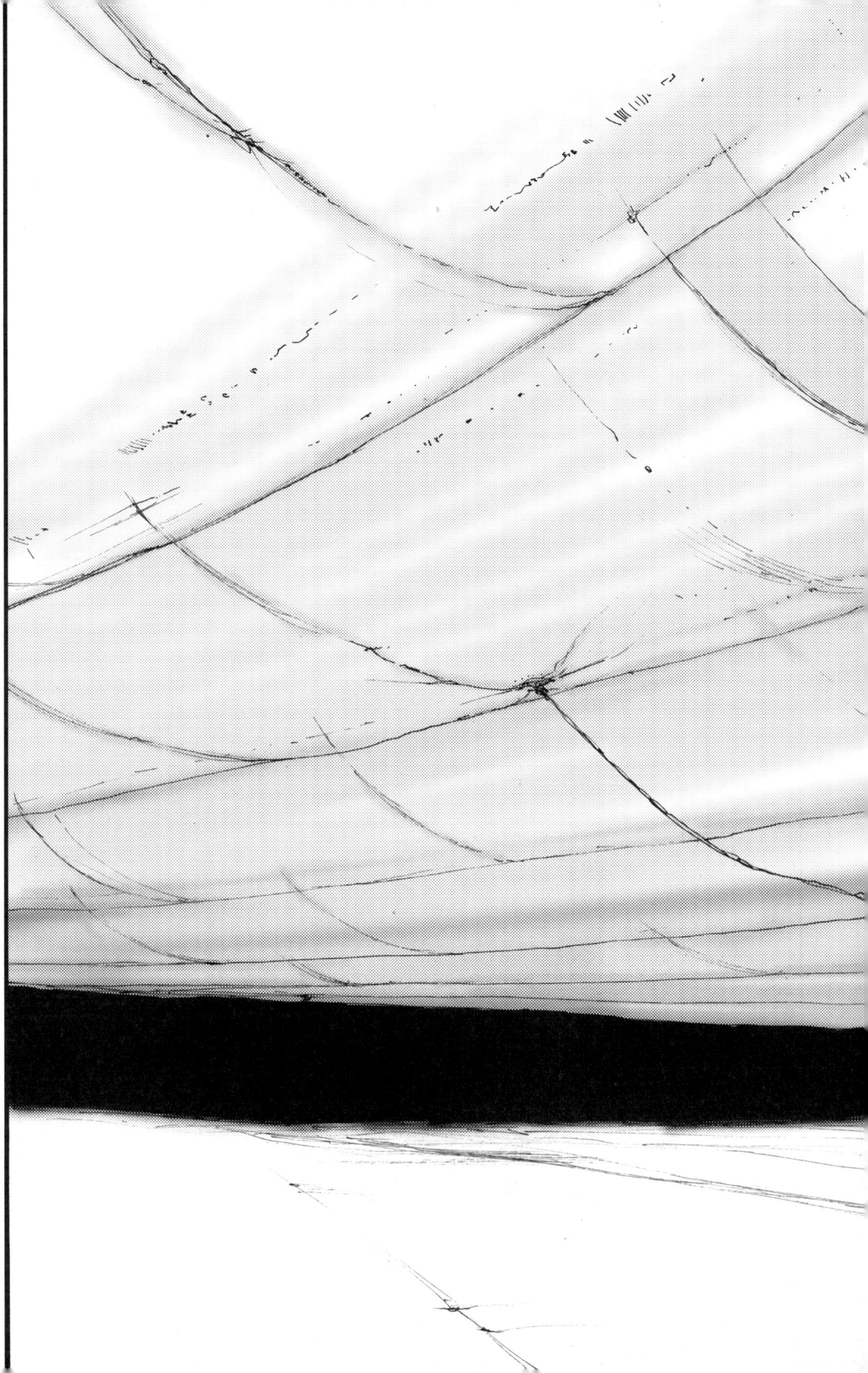

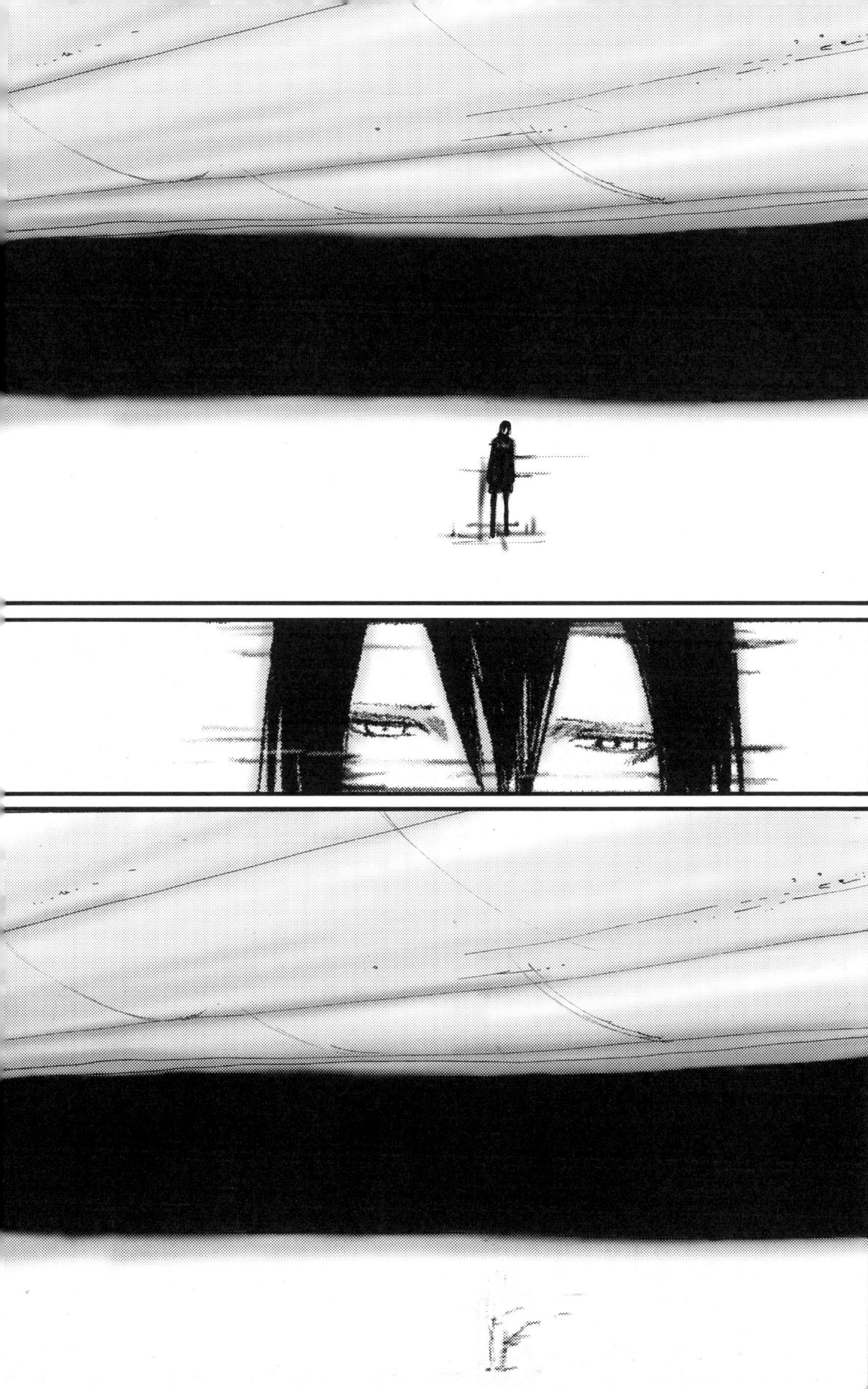

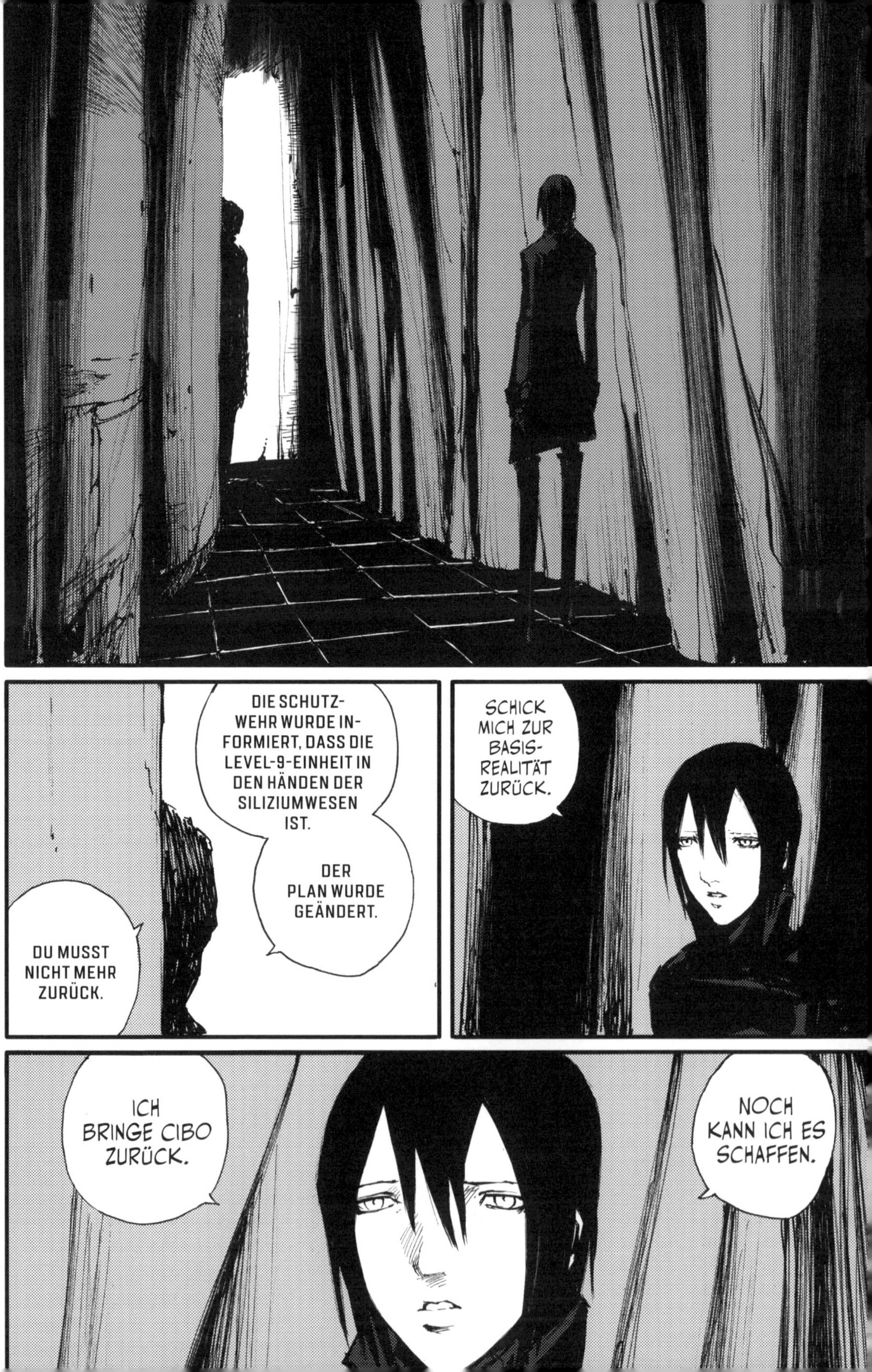
SCHICK MICH ZUR BASISREALITÄT ZURÜCK.
DIE SCHUTZWEHR WURDE INFORMIERT, DASS DIE LEVEL-9-EINHEIT IN DEN HÄNDEN DER SILIZIUMWESEN IST.
DER PLAN WURDE GEÄNDERT.
DU MUSST NICHT MEHR ZURÜCK.
NOCH KANN ICH ES SCHAFFEN.
ICH BRINGE CIBO ZURÜCK.

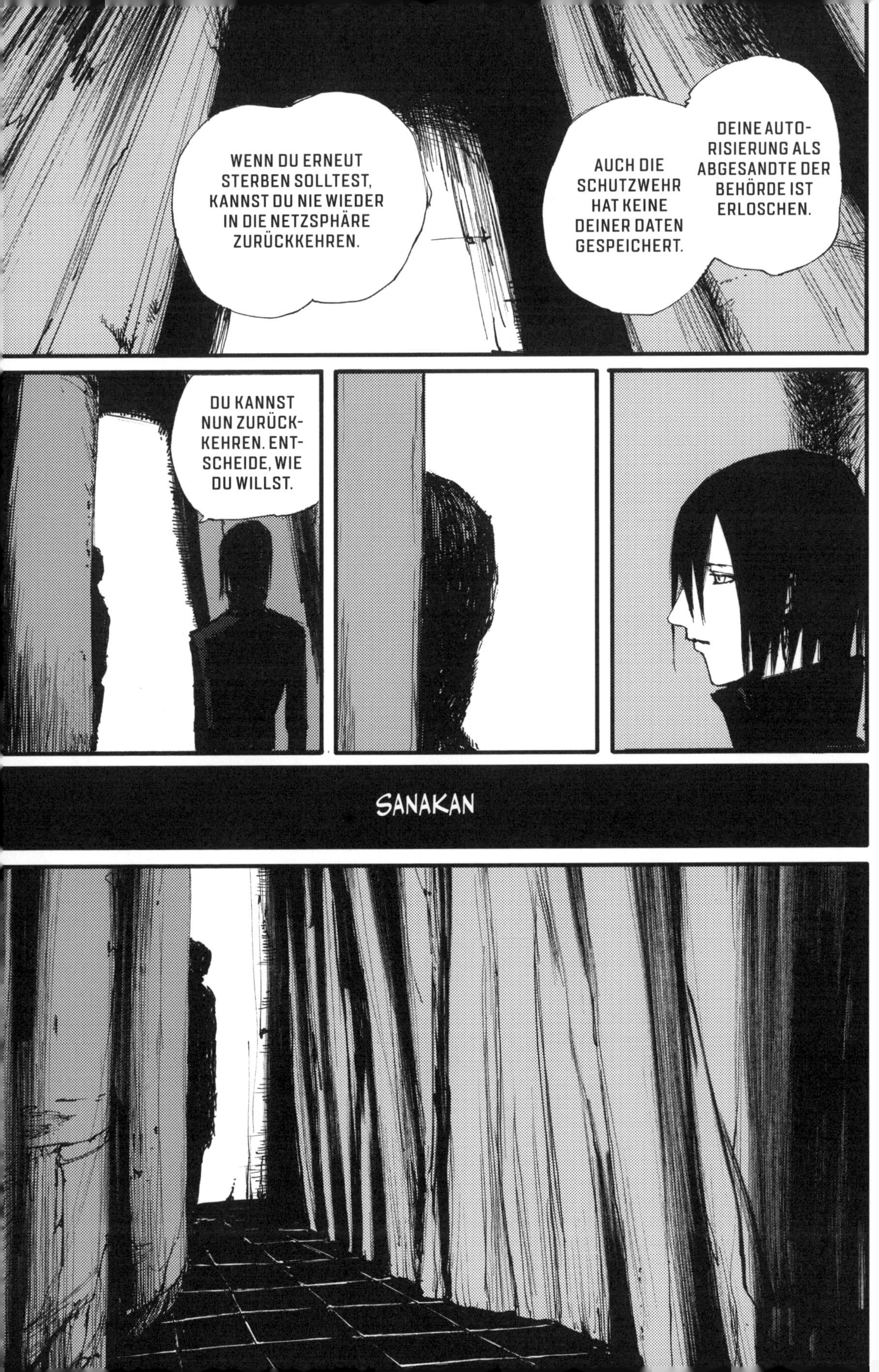
DEINE AUTO-RISIERUNG ALS ABGESANDTE DER BEHÖRDE IST ERLOSCHEN.
AUCH DIE SCHUTZWEHR HAT KEINE DEINER DATEN GESPEICHERT.
WENN DU ERNEUT STERBEN SOLLTEST, KANNST DU NIE WIEDER IN DIE NETZSPHÄRE ZURÜCKKEHREN.
DU KANNST NUN ZURÜCK-KEHREN. ENT-SCHEIDE, WIE DU WILLST.
SANAKAN

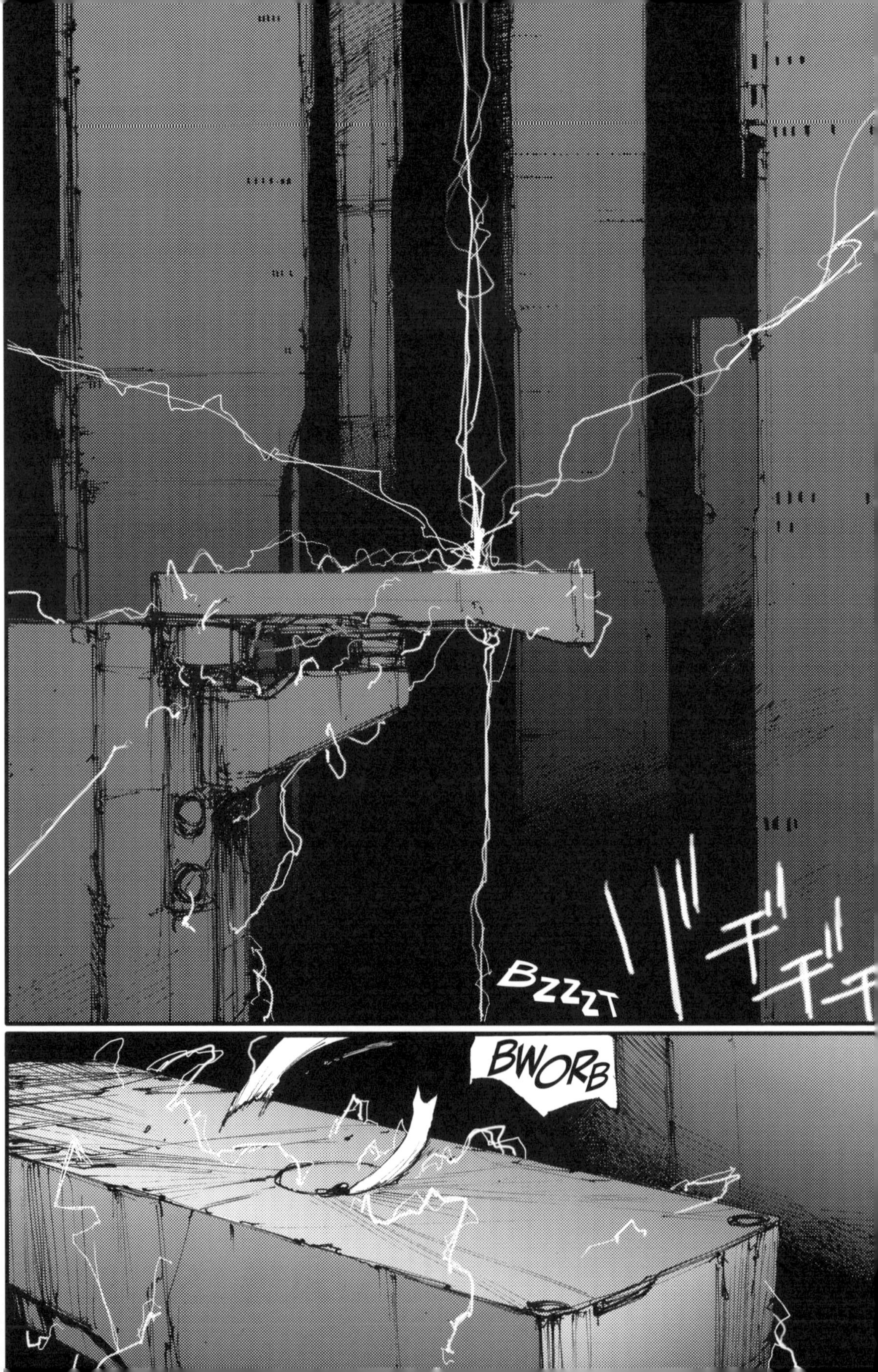
BZZZZT
ヂヂ
BWORB

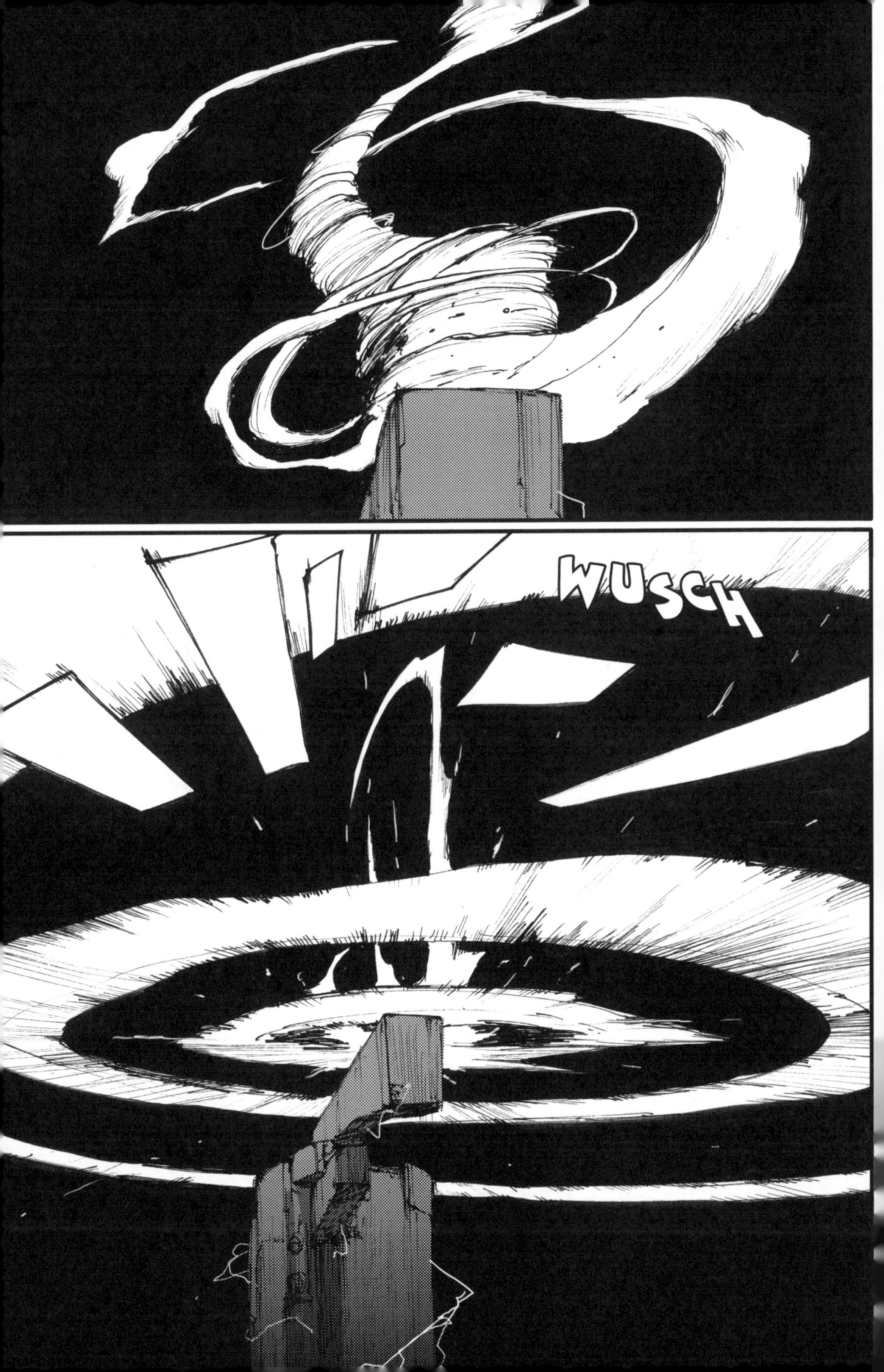
WUSCH

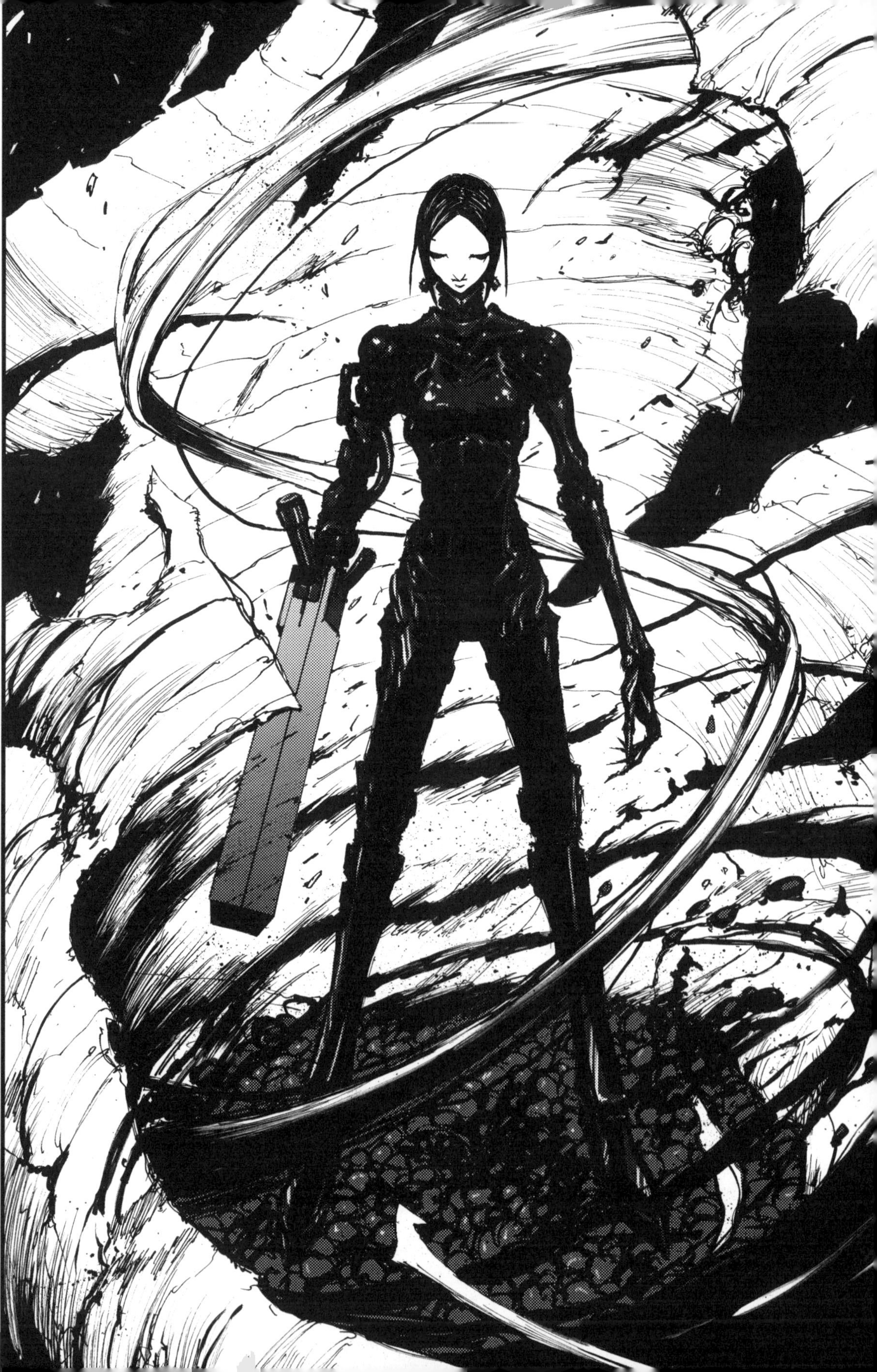

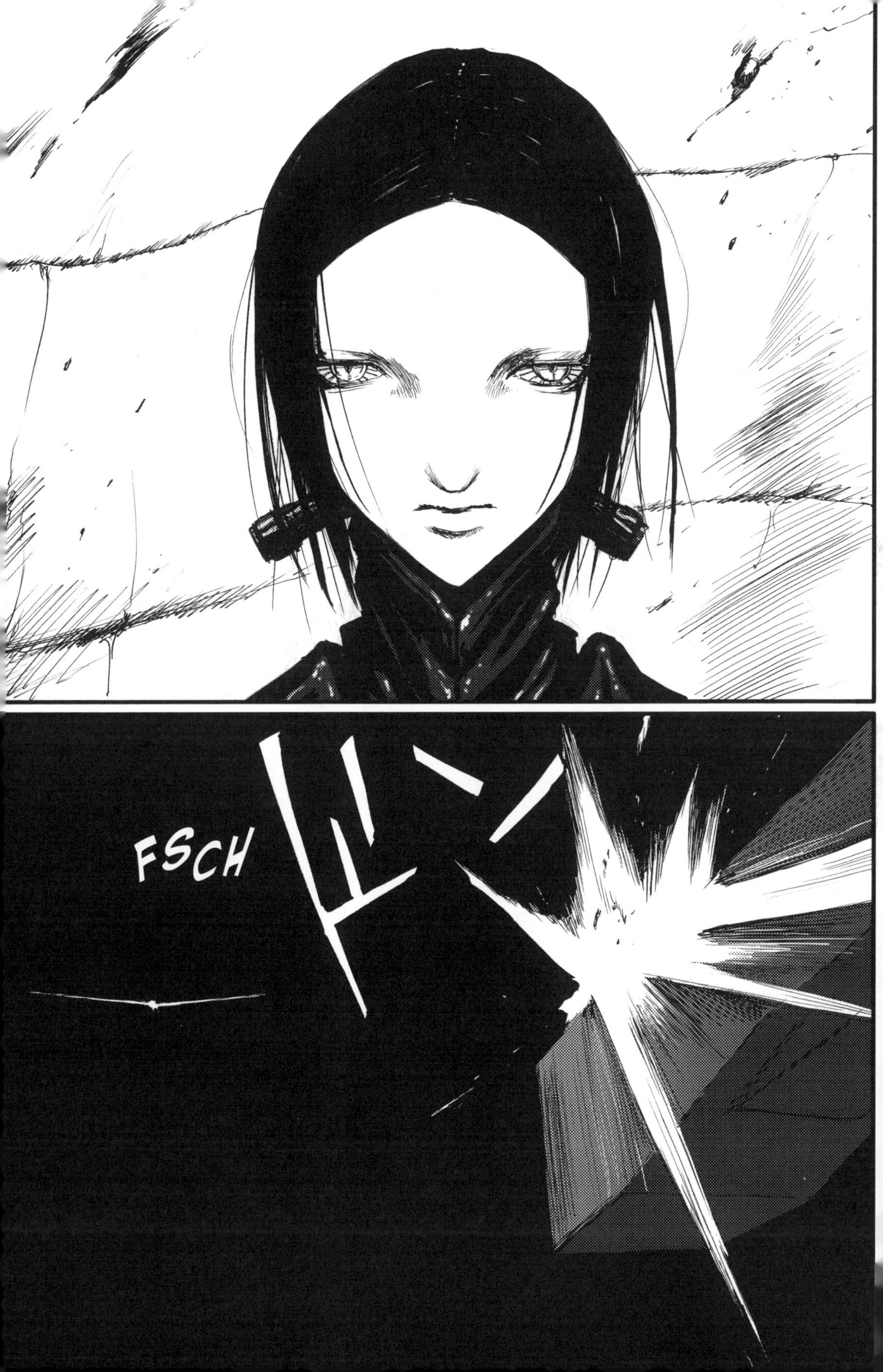
ドン
FSCH

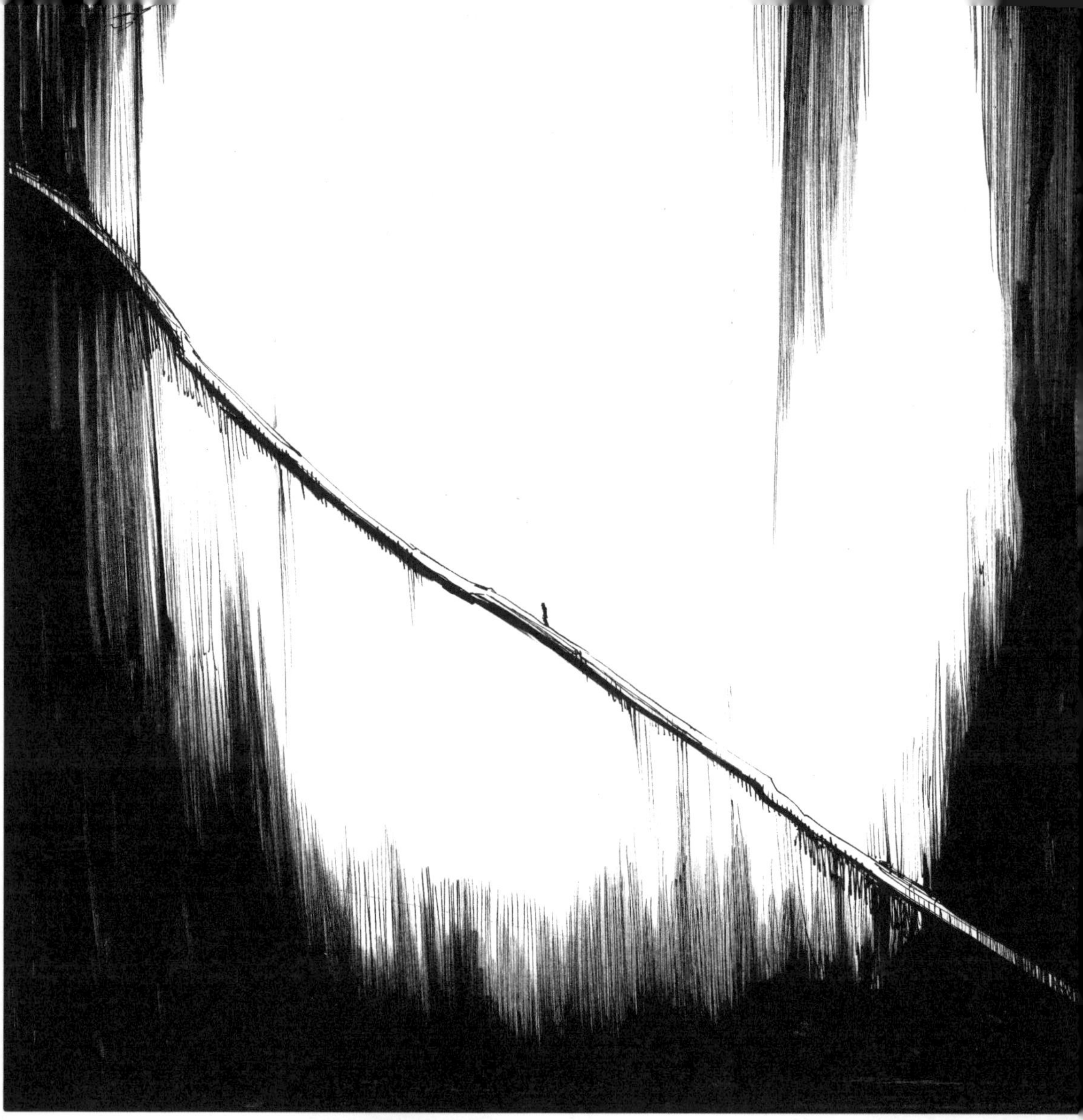
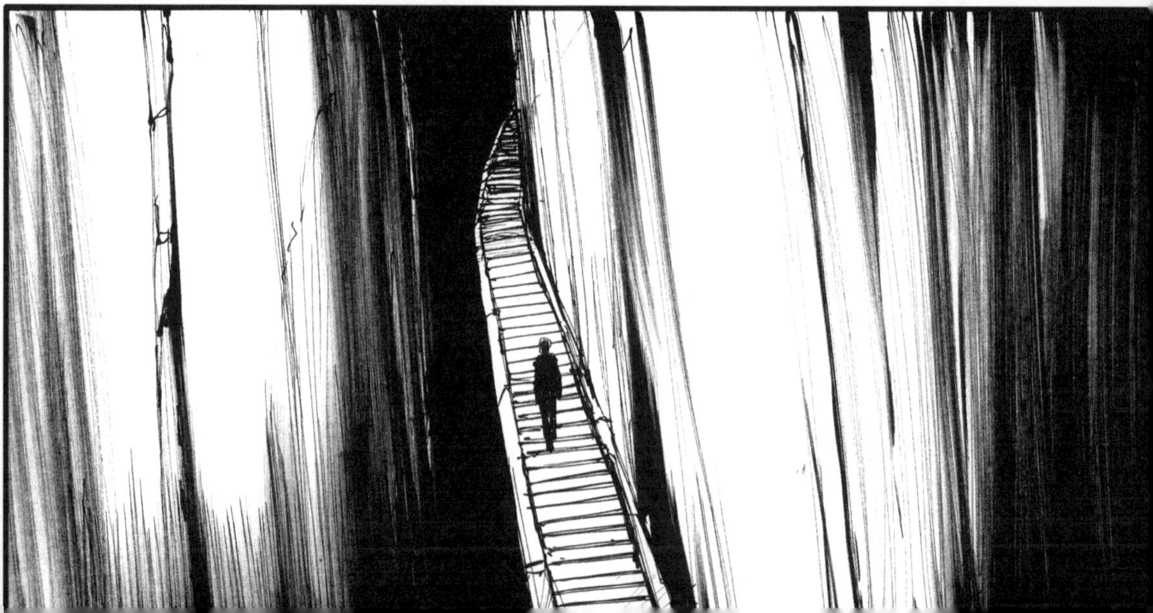

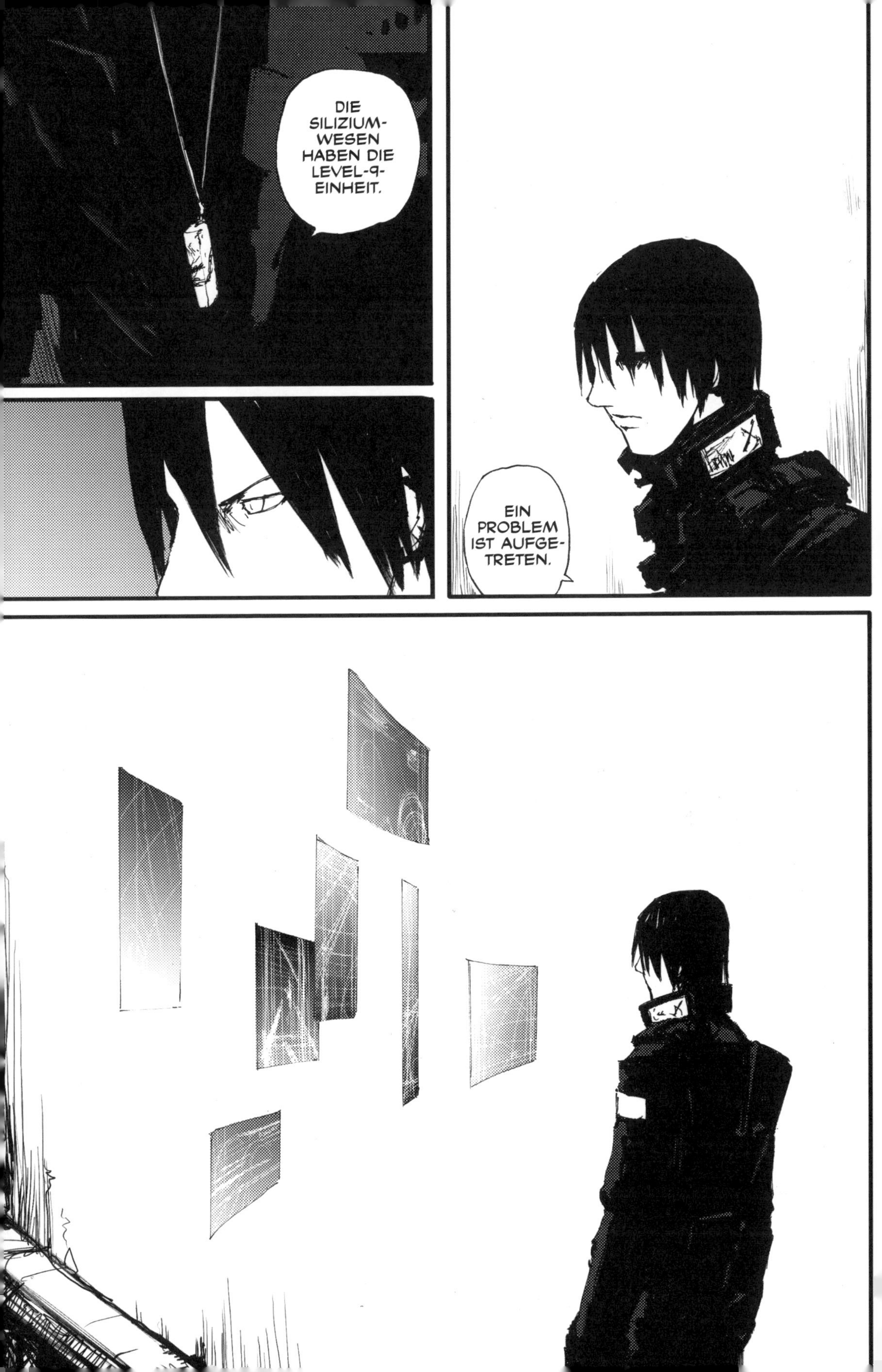
EIN PROBLEM IST AUFGE-TRETEN.
DIE SILIZIUM-WESEN HABEN DIE LEVEL-9-EINHEIT.

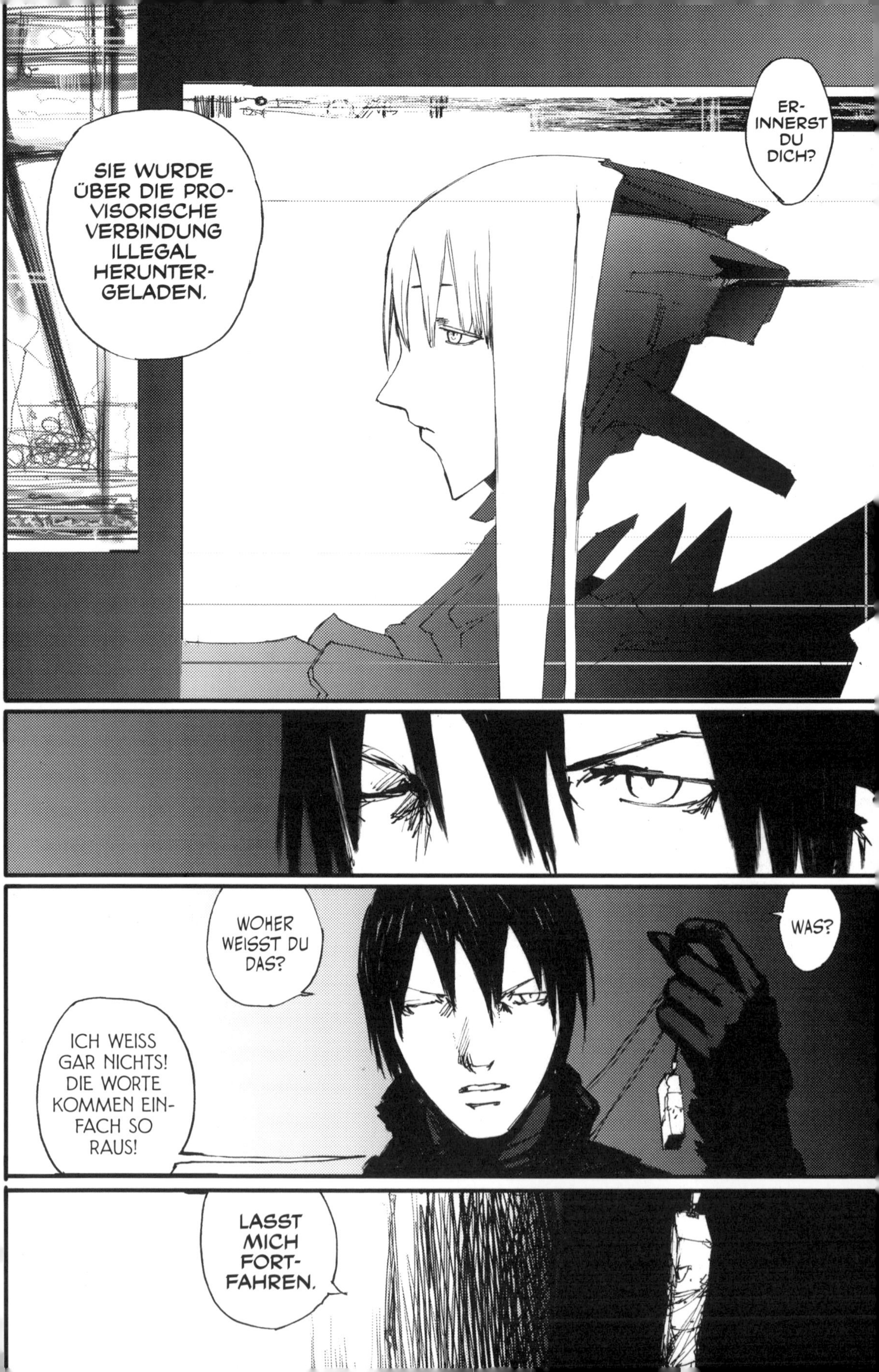
ER-INNERST DU DICH?
SIE WURDE ÜBER DIE PROVISORISCHE VERBINDUNG ILLEGAL HERUNTERGELADEN.
WAS?
WOHER WEISST DU DAS?
ICH WEISS GAR NICHTS! DIE WORTE KOMMEN EINFACH SO RAUS!
LASST MICH FORTFAHREN.

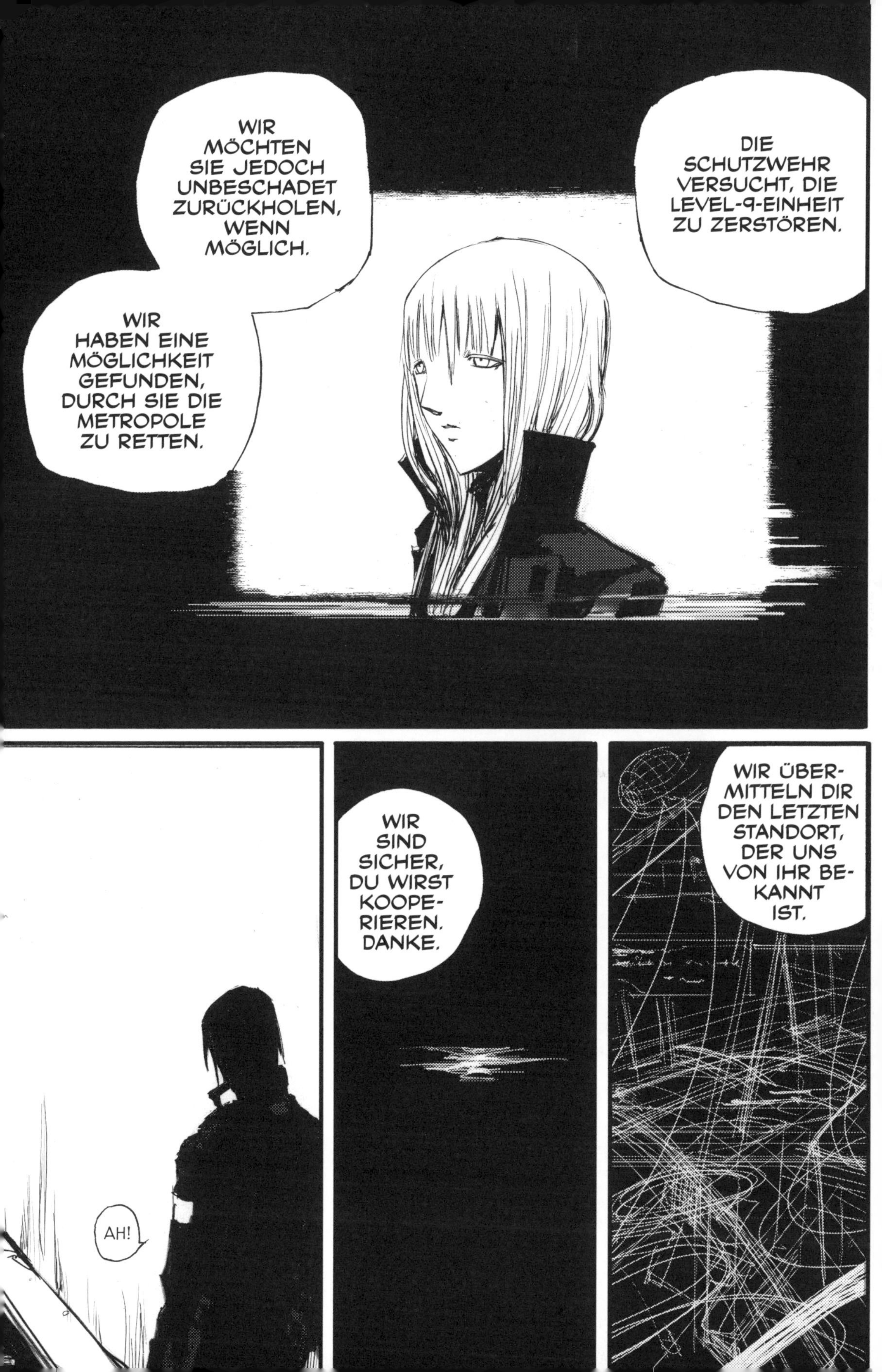
DIE SCHUTZWEHR VERSUCHT, DIE LEVEL-9-EINHEIT ZU ZERSTÖREN.
WIR MÖCHTEN SIE JEDOCH UNBESCHADET ZURÜCKHOLEN, WENN MÖGLICH.
WIR HABEN EINE MÖGLICHKEIT GEFUNDEN, DURCH SIE DIE METROPOLE ZU RETTEN.
WIR ÜBERMITTELN DIR DEN LETZTEN STANDORT, DER UNS VON IHR BEKANNT IST.
WIR SIND SICHER, DU WIRST KOOPERIEREN. DANKE.
AH!

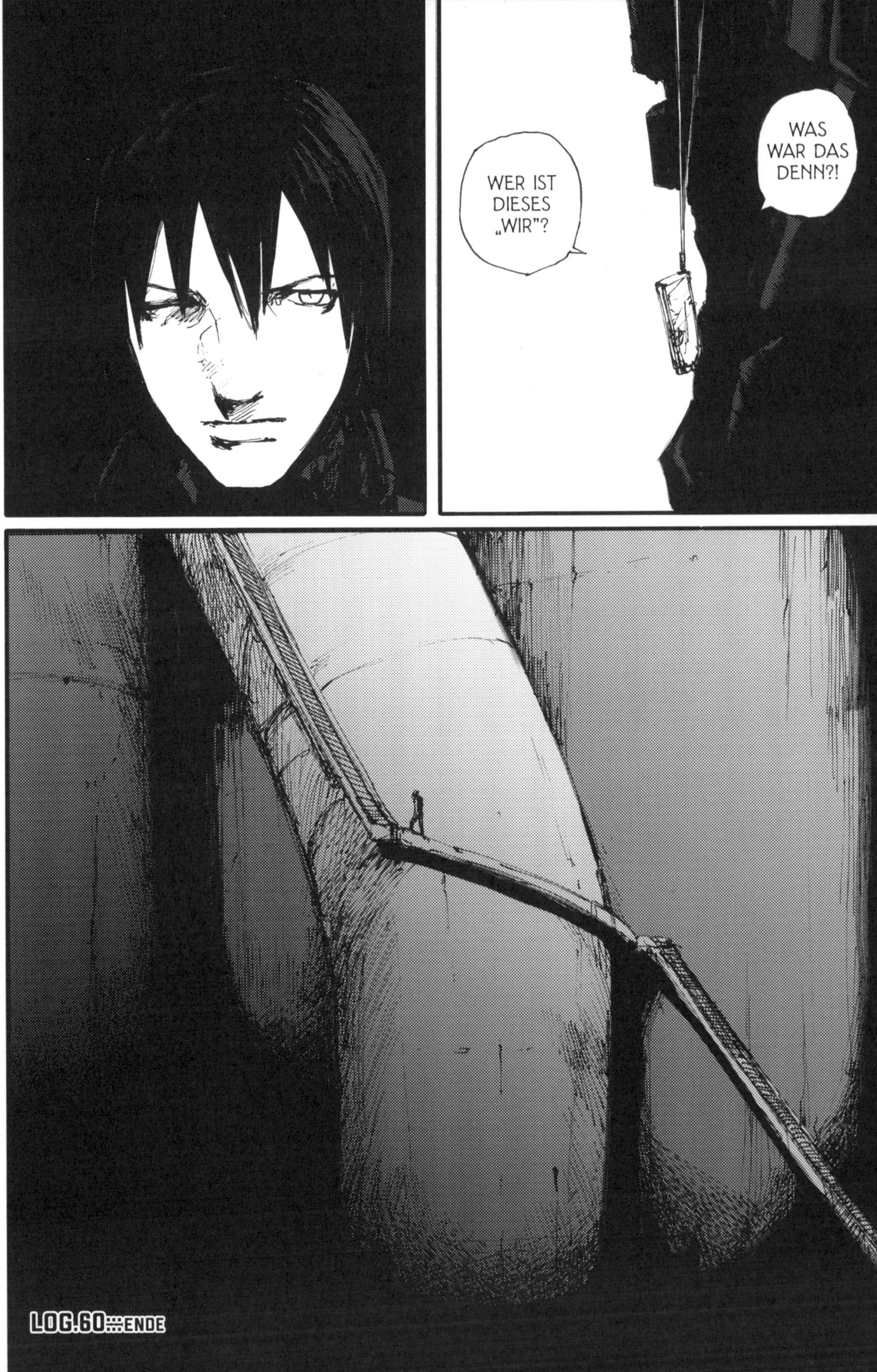
WAS WAR DAS DENN?!
WER IST DIESES „WIR"?
LOG.60 ENDE

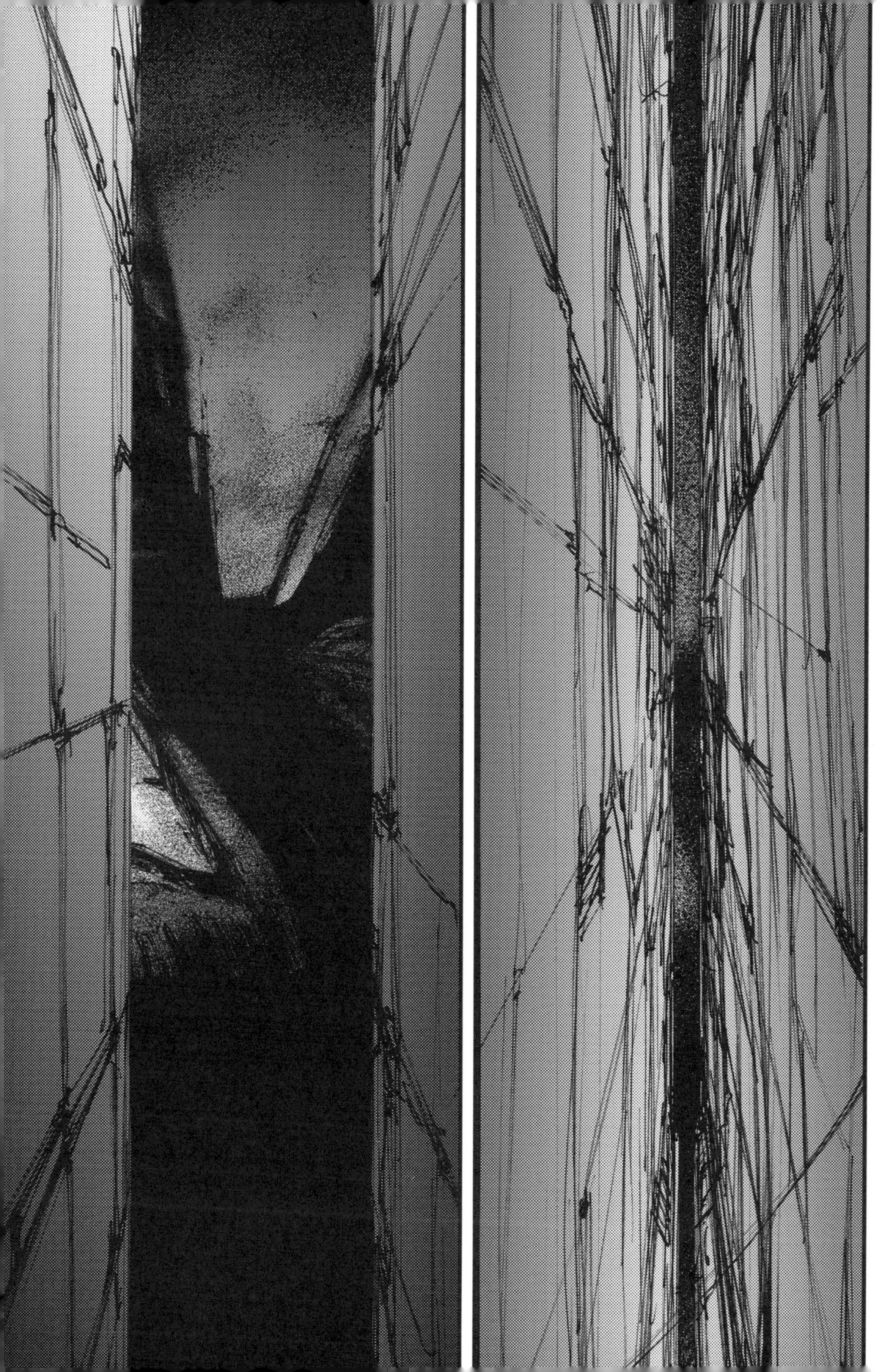

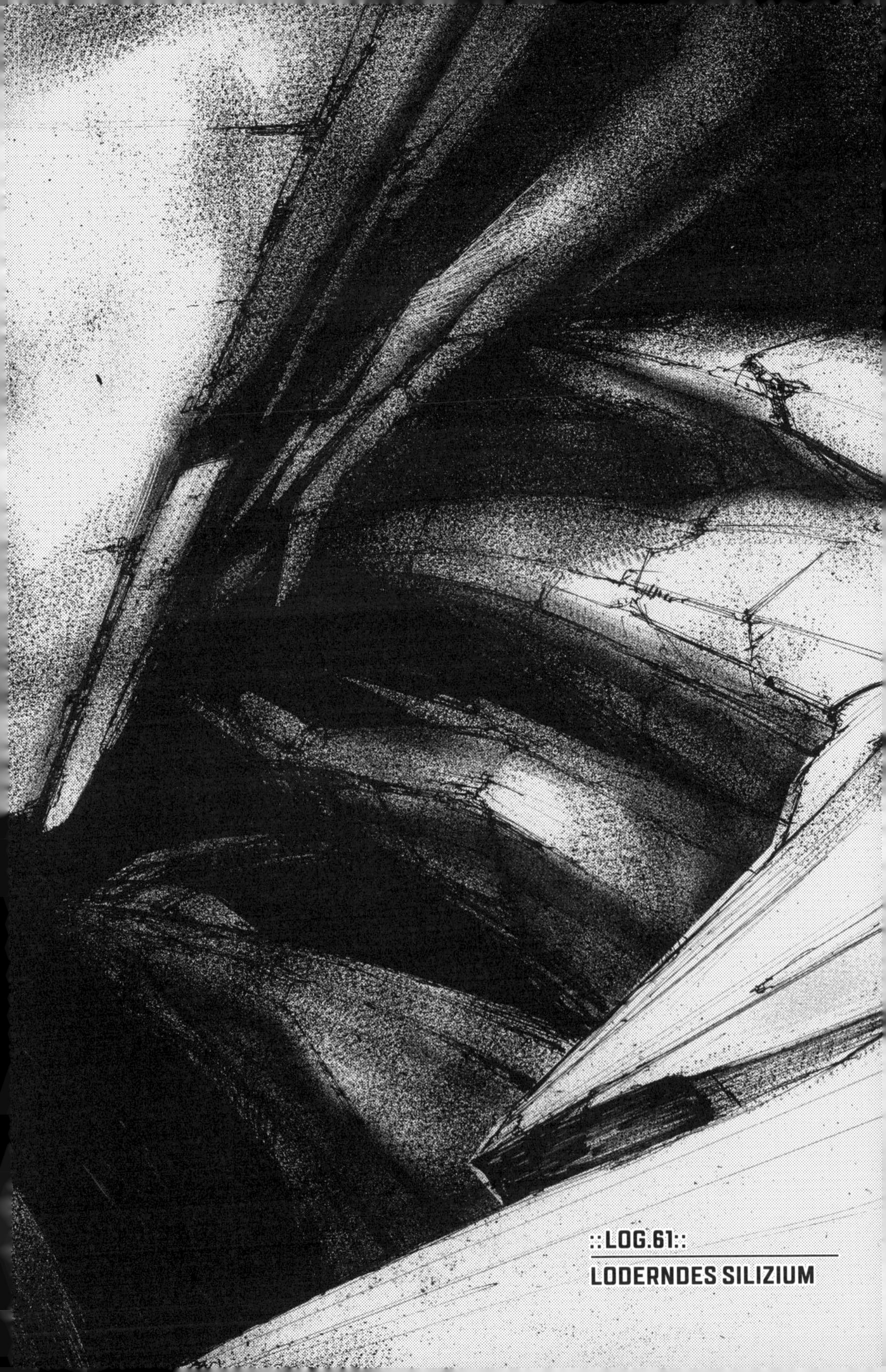

::LOG.61::

LODERNDES SILIZIUM

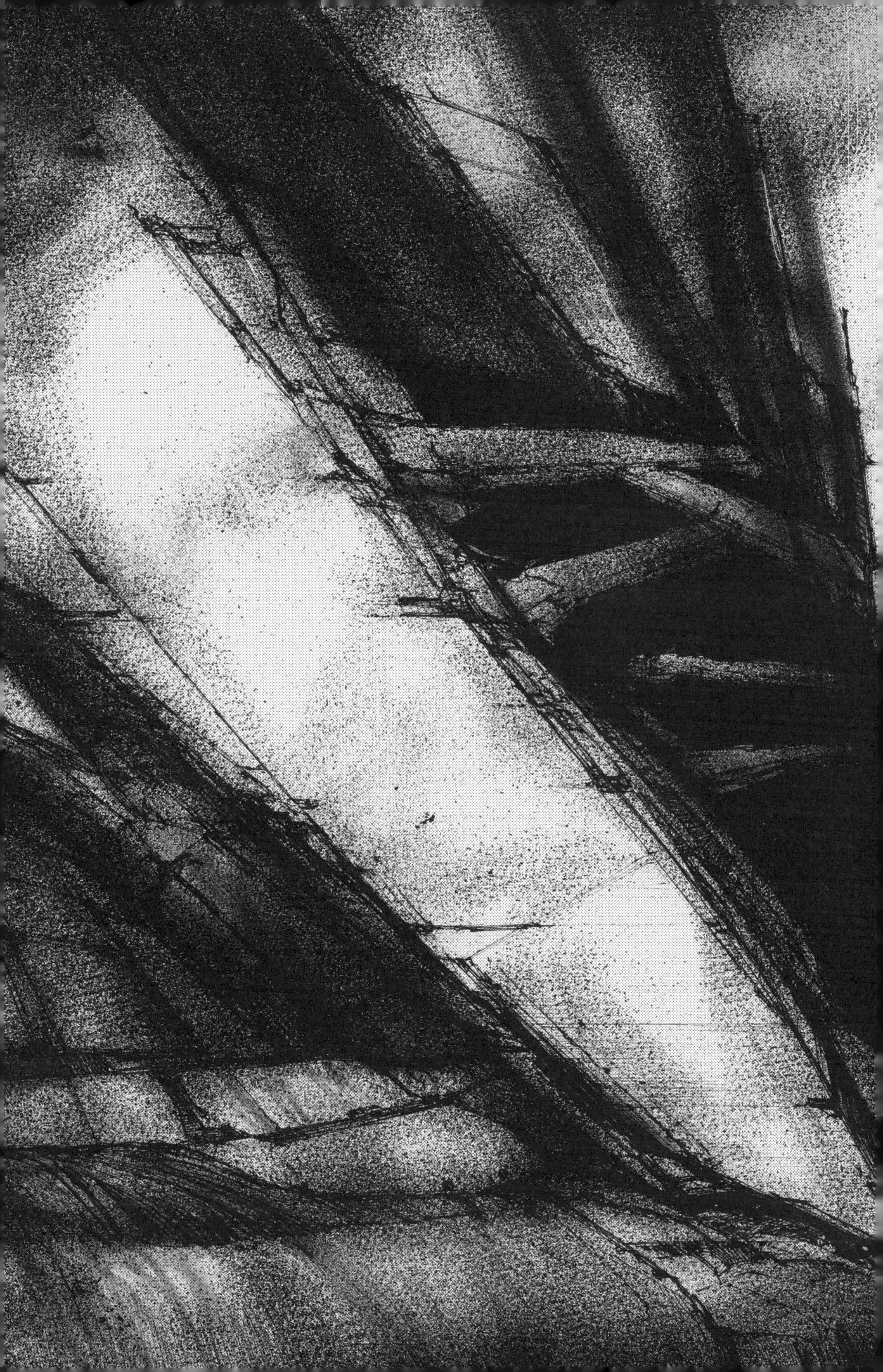

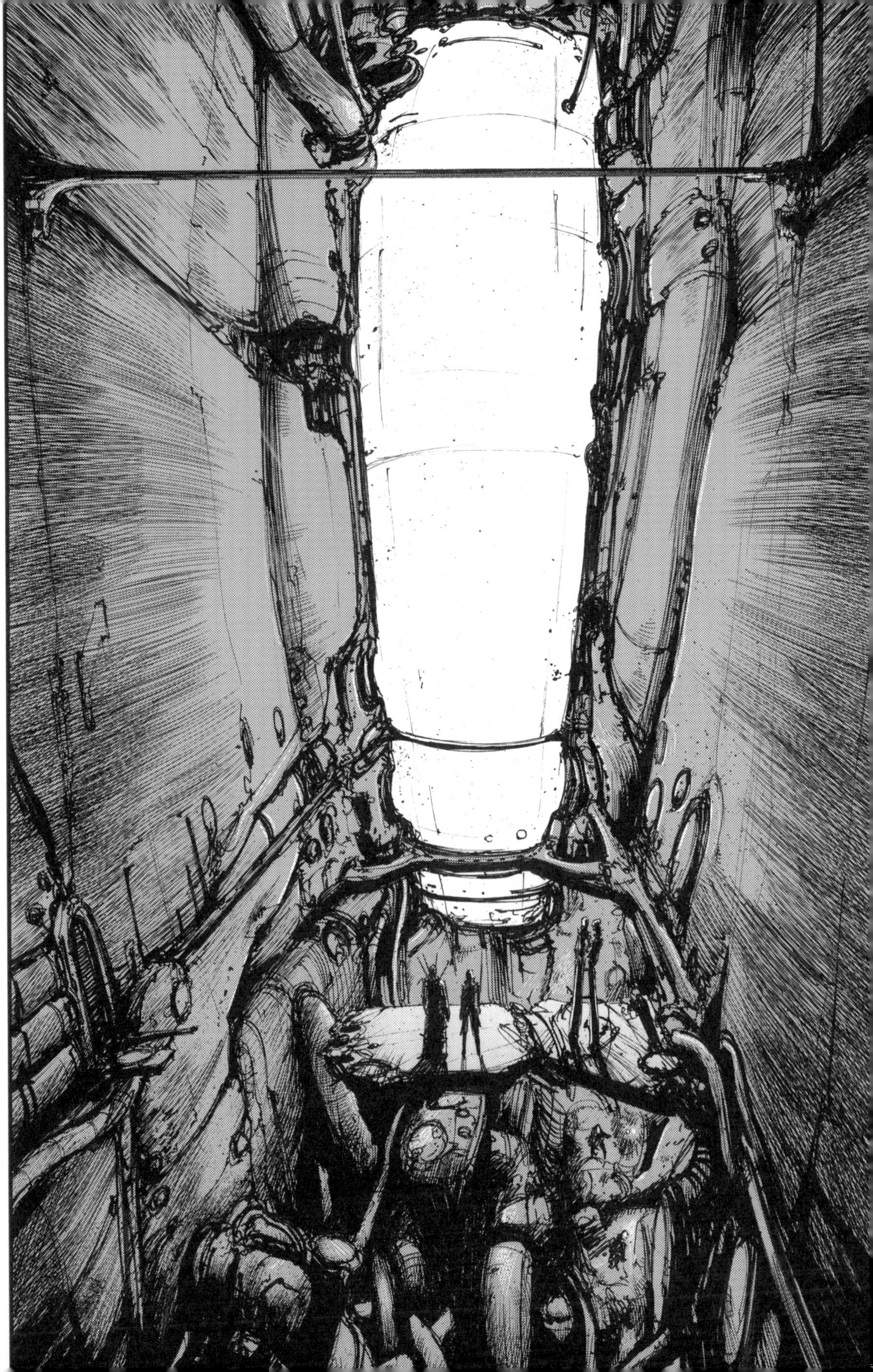

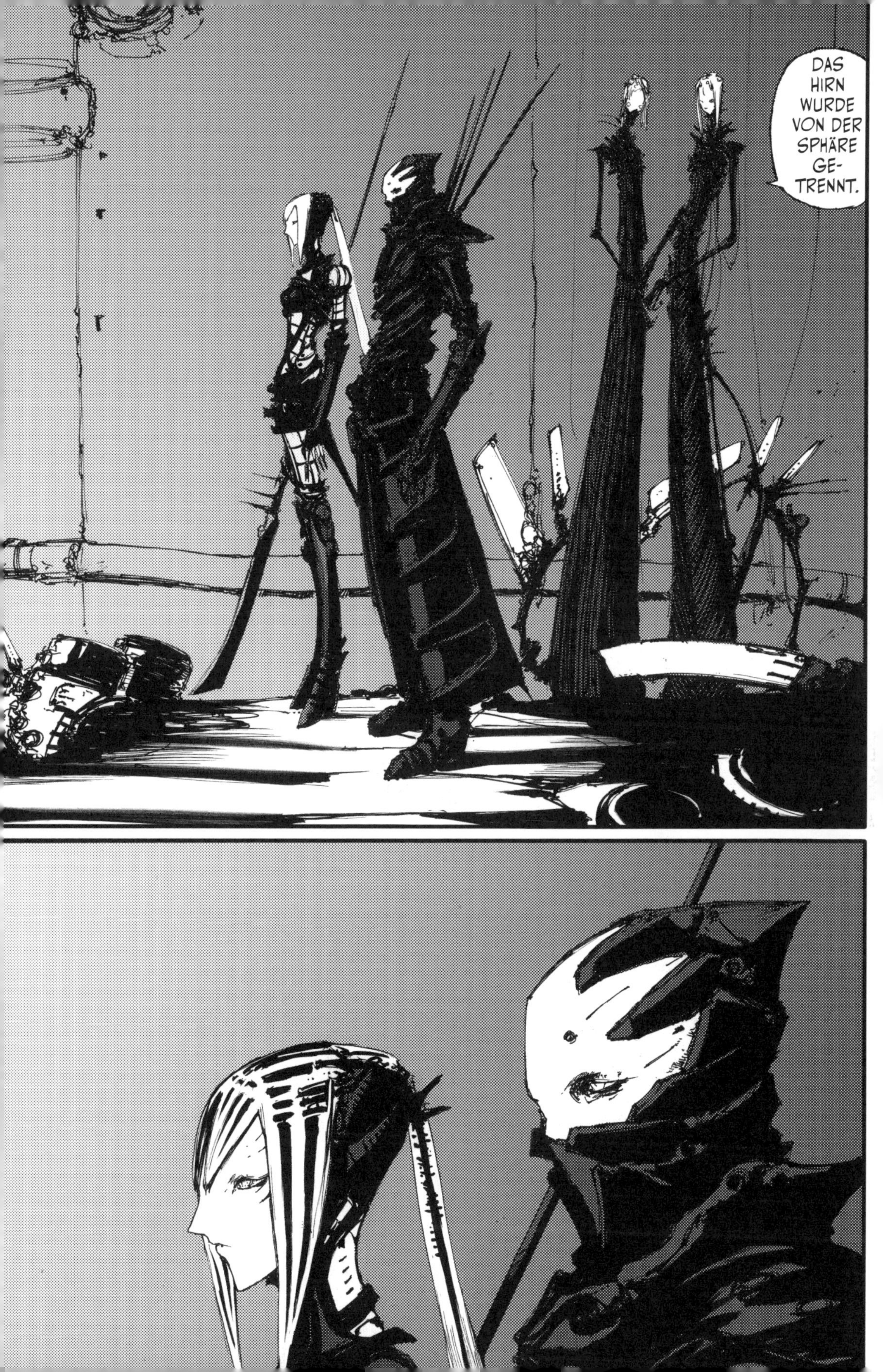
DAS HIRN WURDE VON DER SPHÄRE GETRENNT.

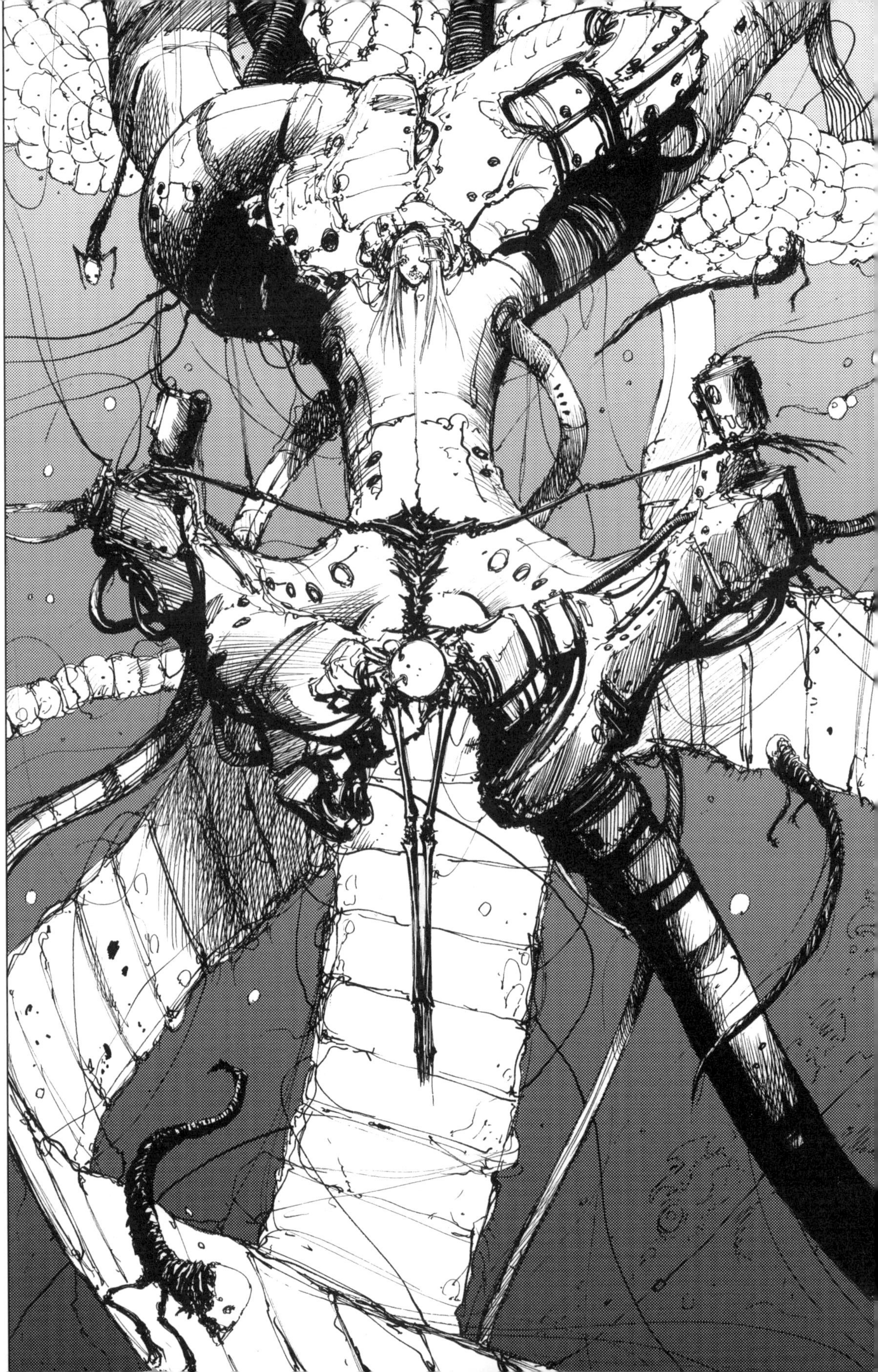

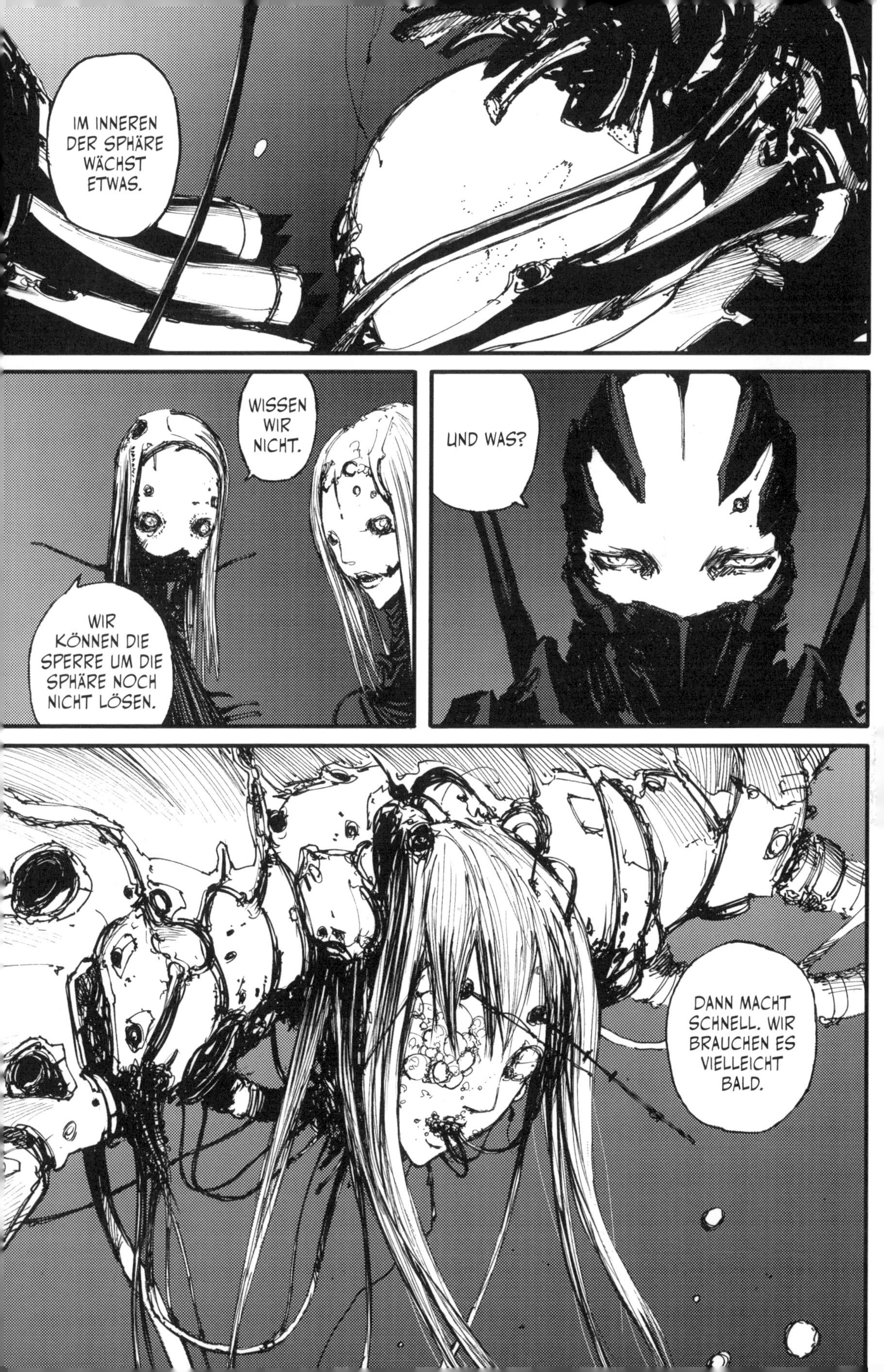
IM INNEREN DER SPHÄRE WÄCHST ETWAS.
UND WAS?
WISSEN WIR NICHT.
WIR KÖNNEN DIE SPERRE UM DIE SPHÄRE NOCH NICHT LÖSEN.
DANN MACHT SCHNELL. WIR BRAUCHEN ES VIELLEICHT BALD.

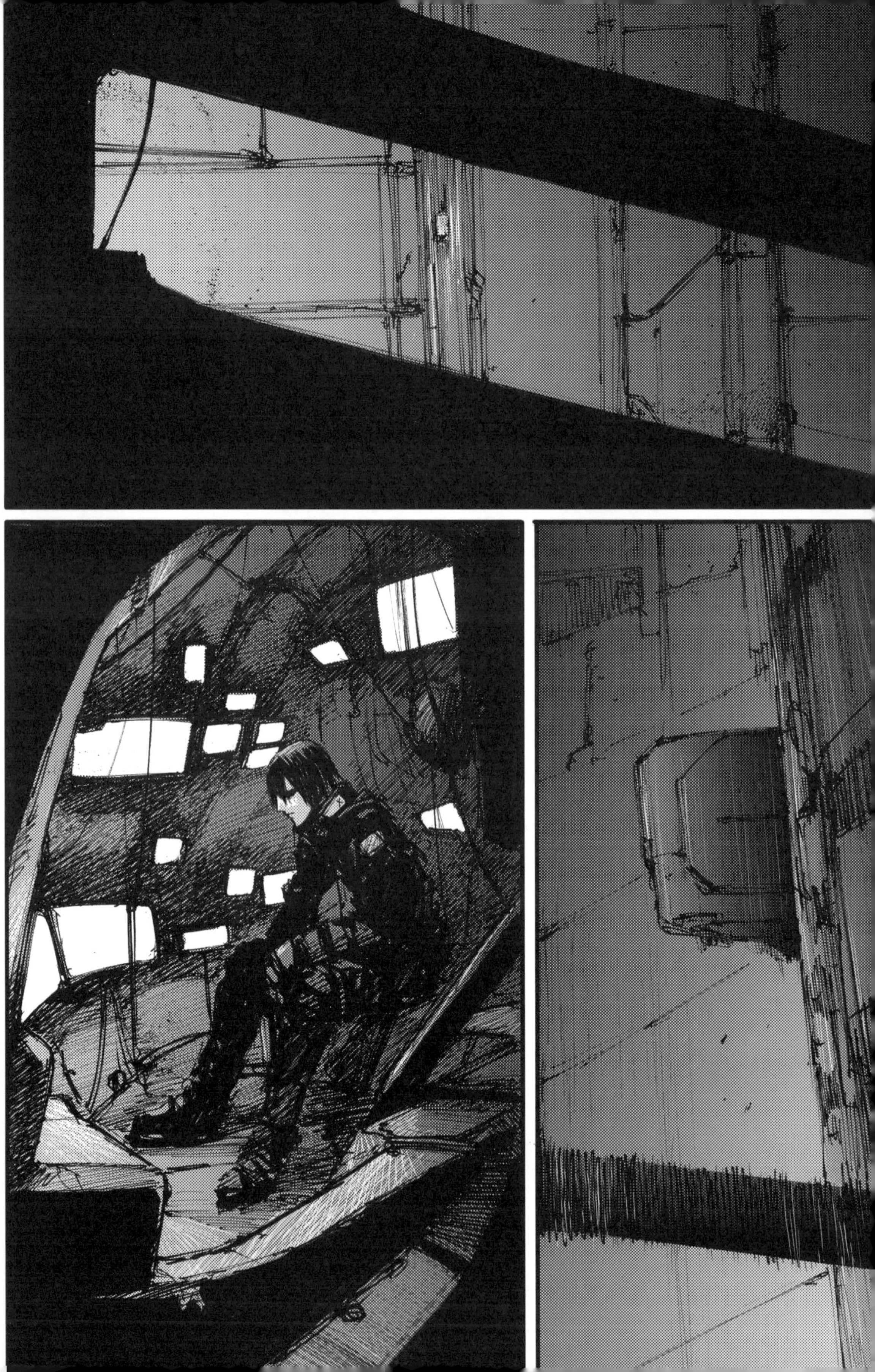

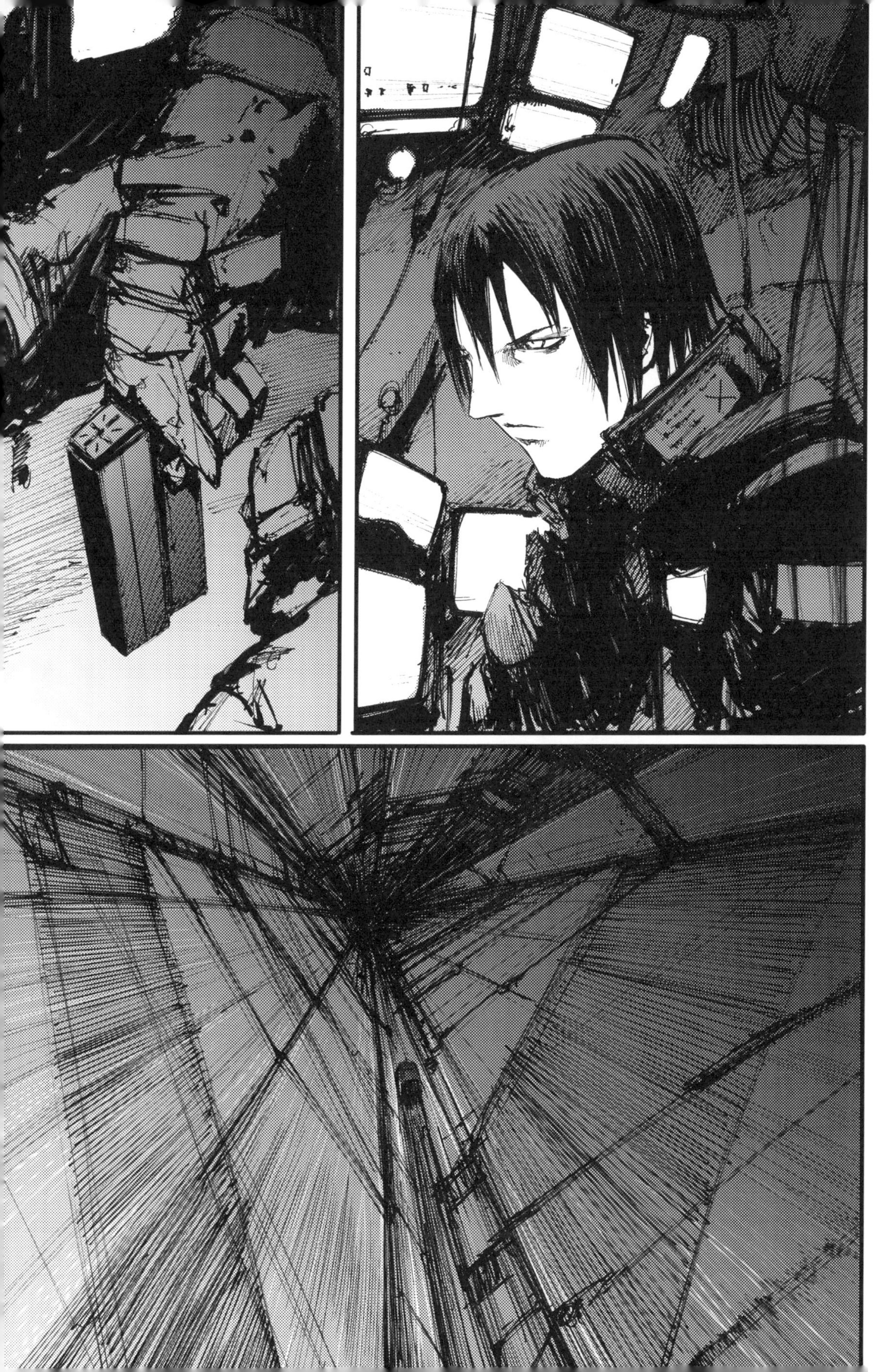

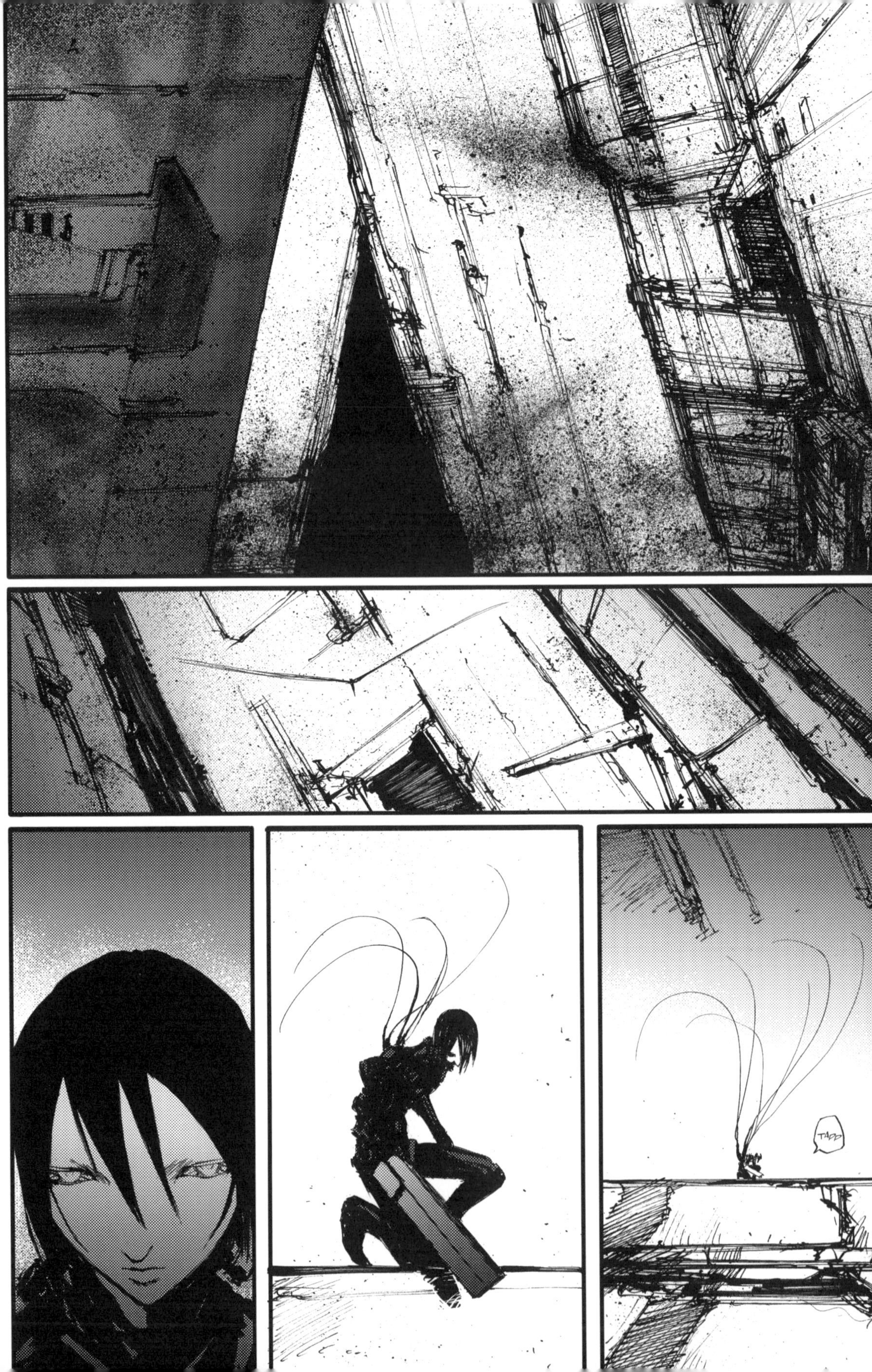
TADD

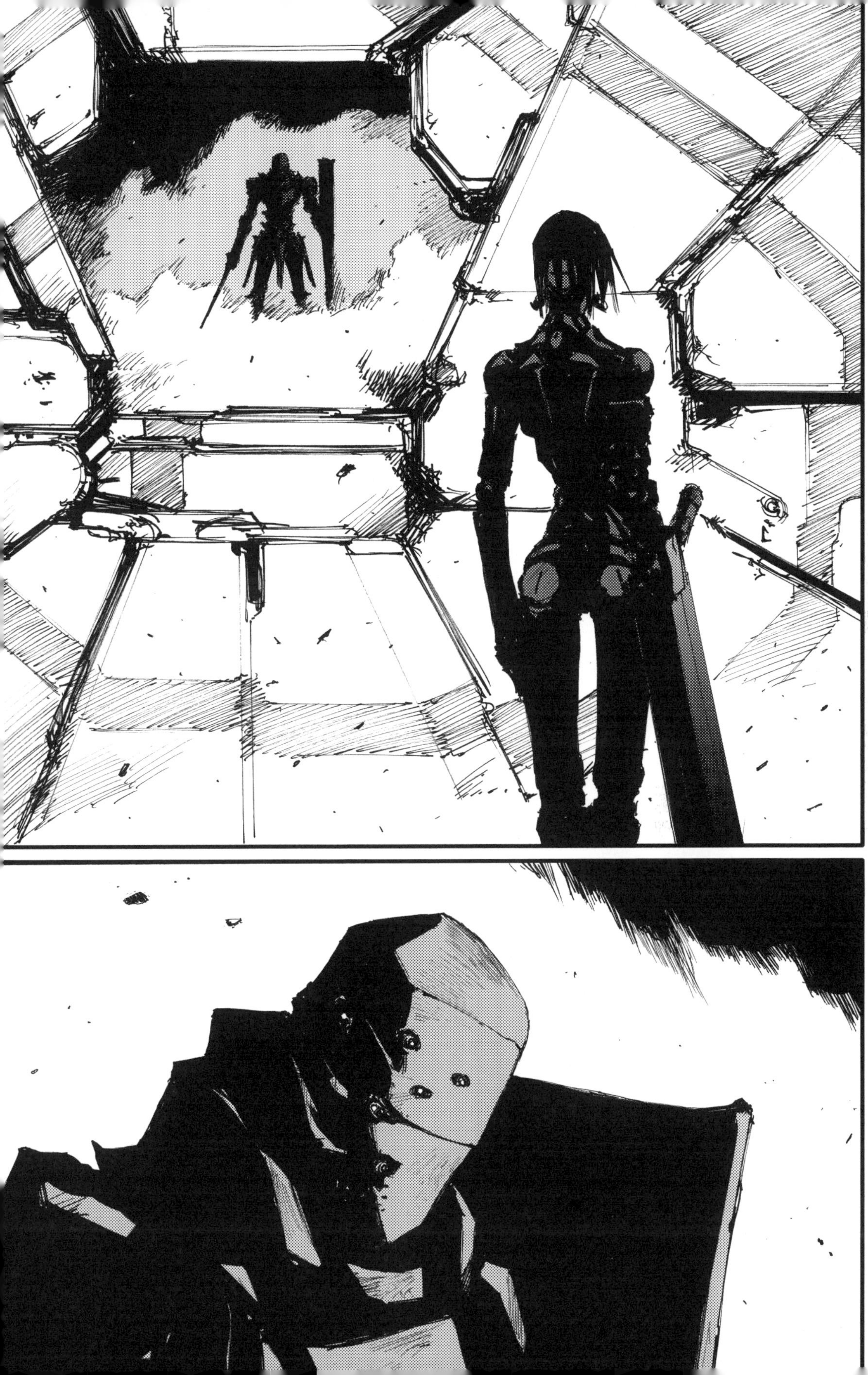

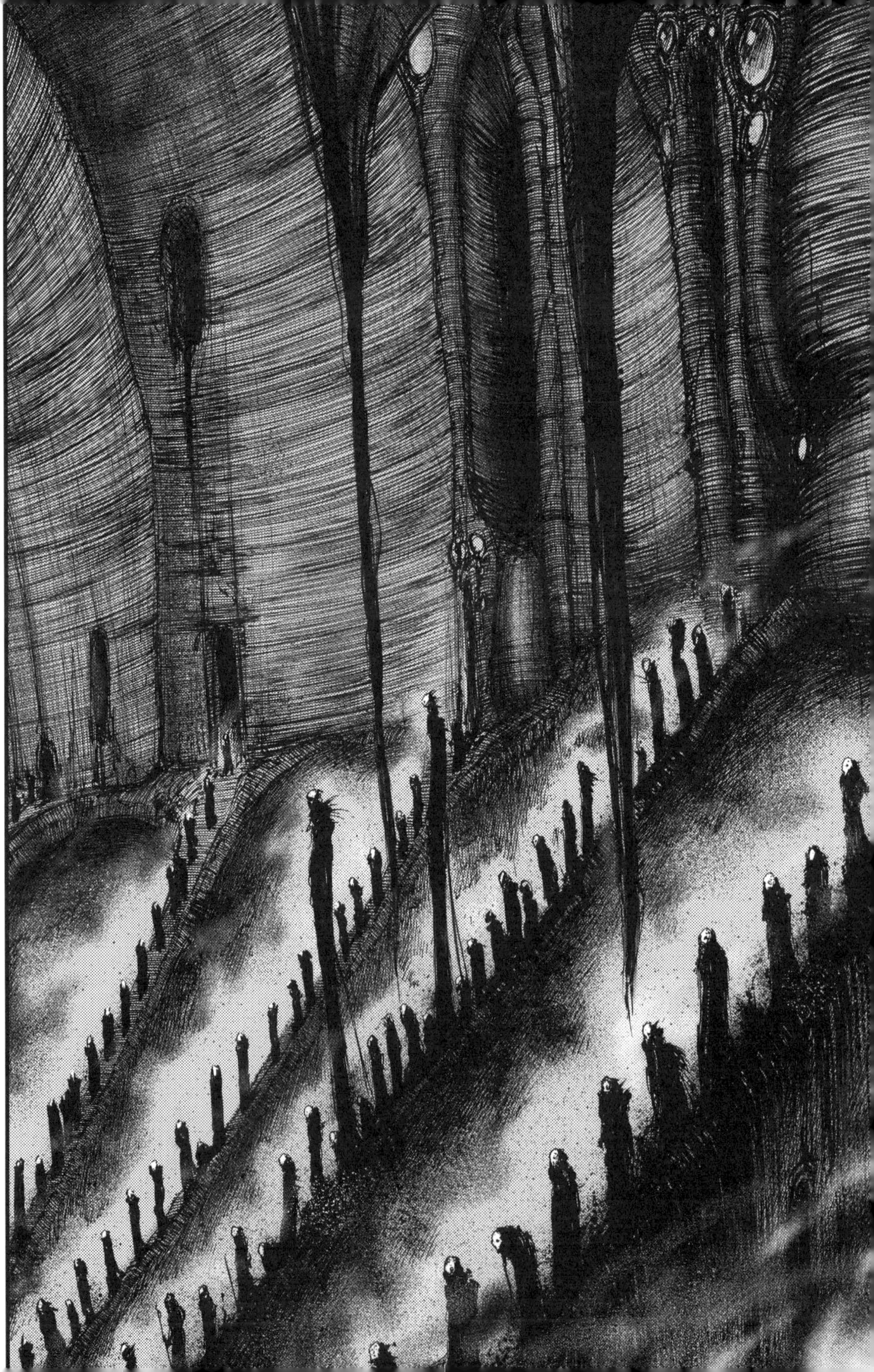

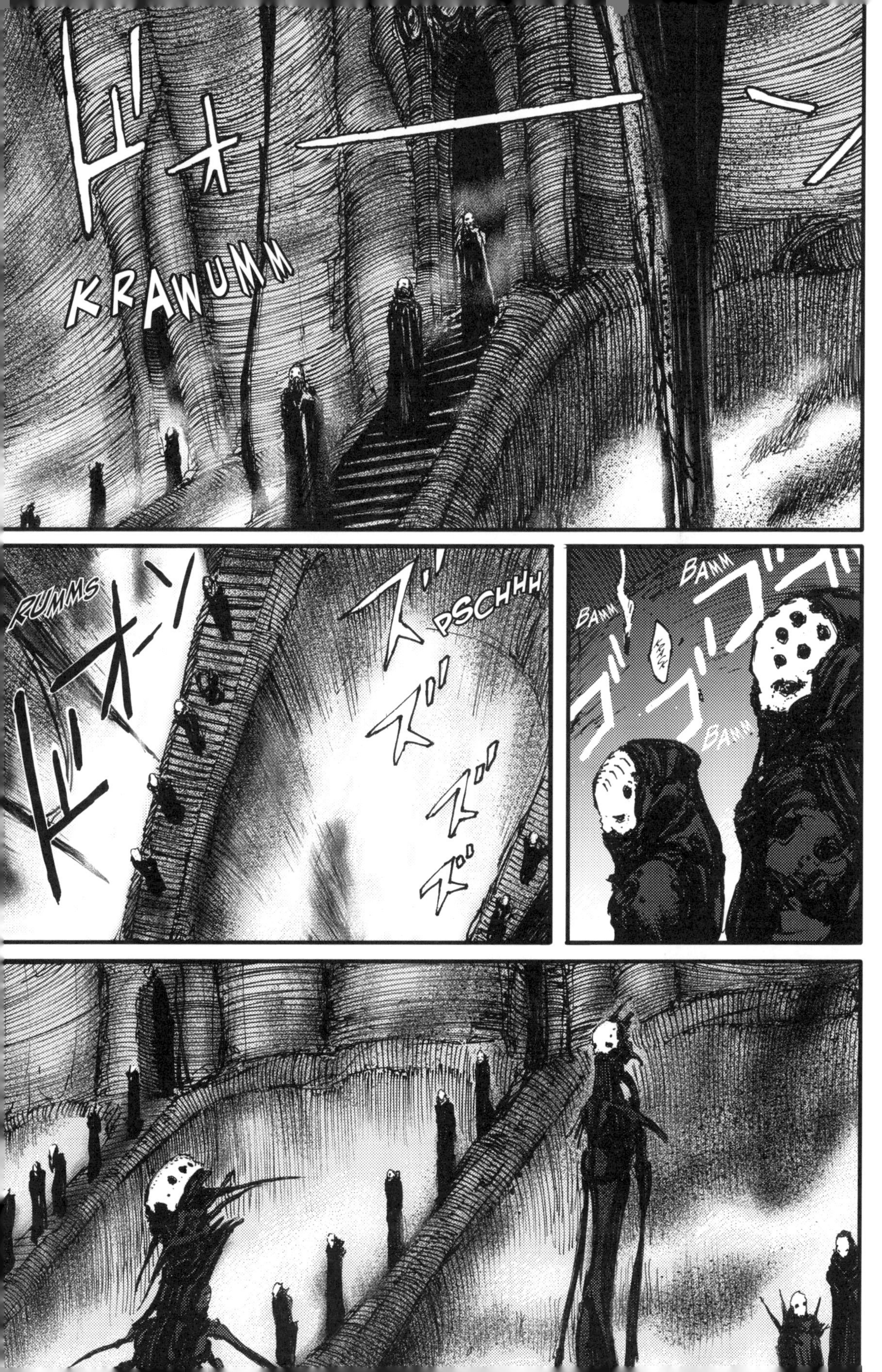
KRAWUMM
RUMMS
PSCHHH
BAMM
BAMM
KNACK
BAMM

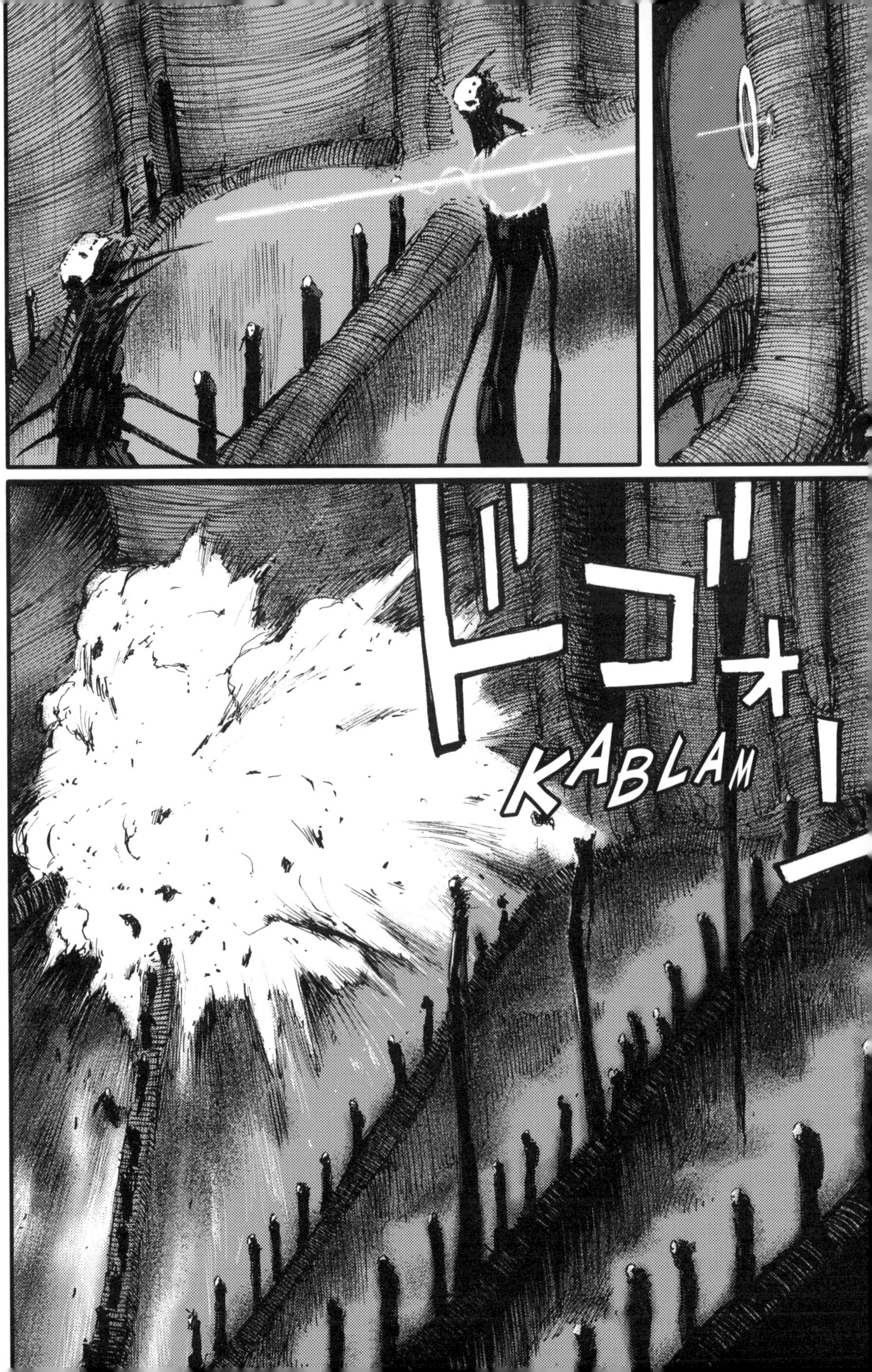
ドゴォー
KABLAM

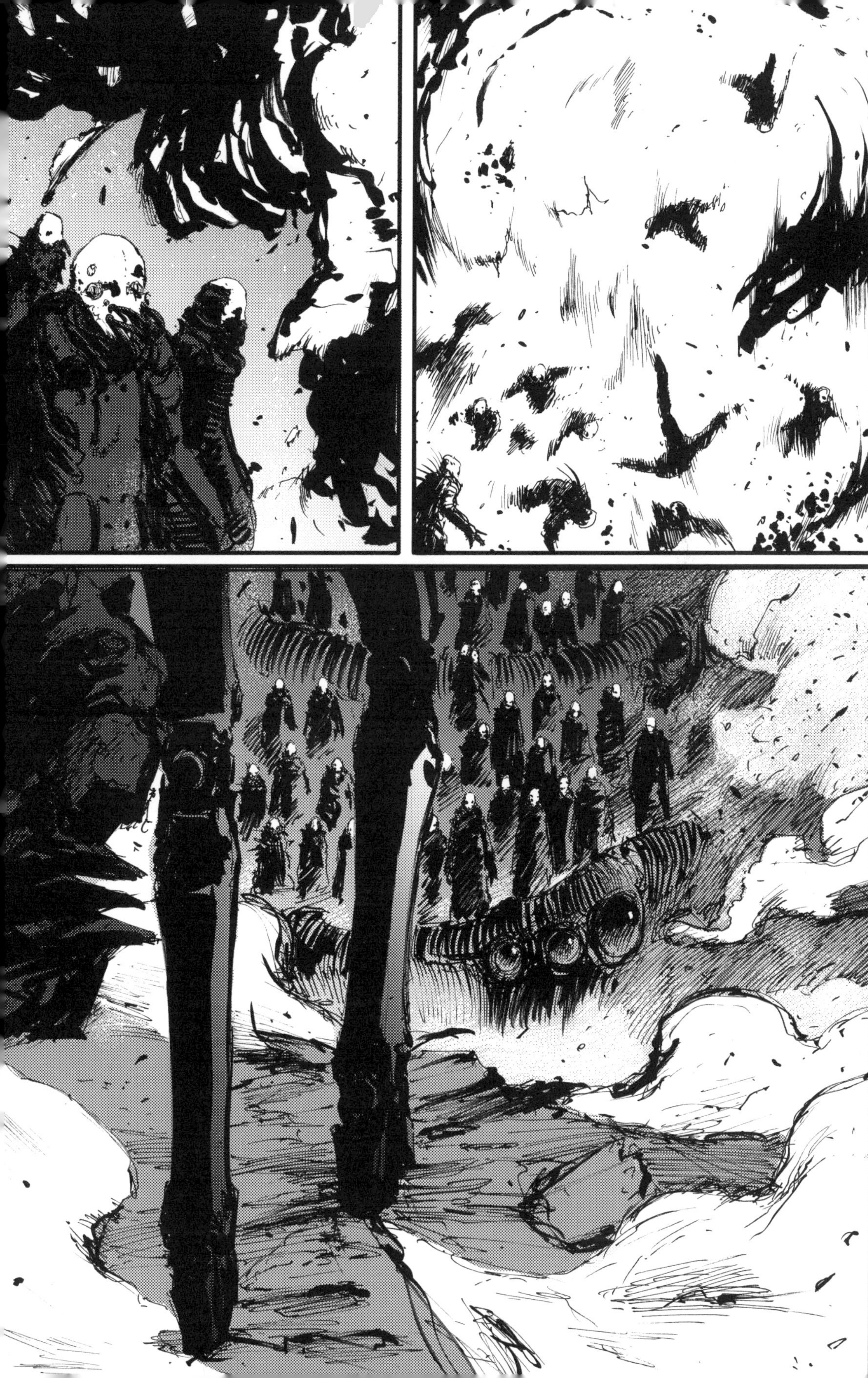

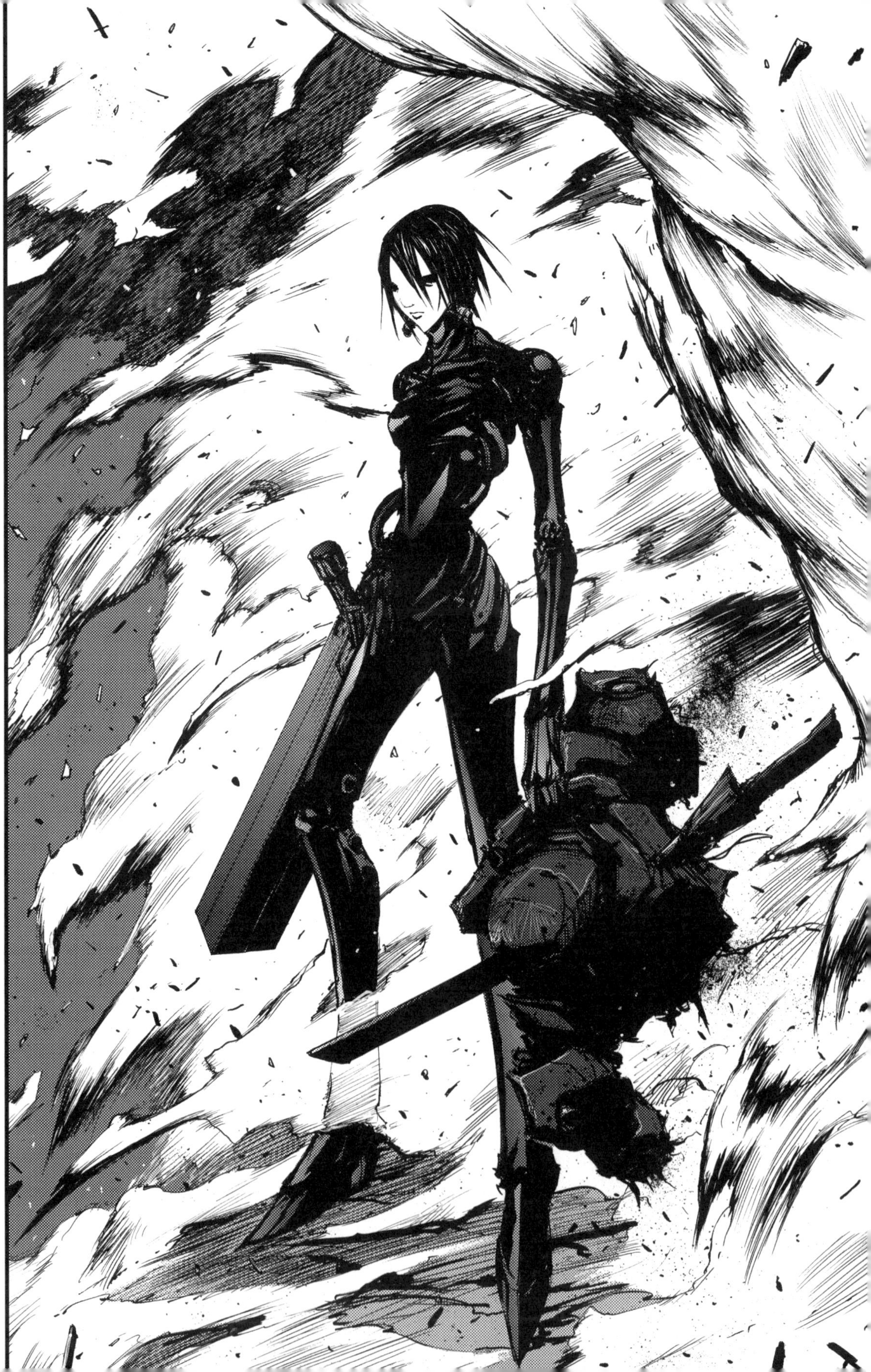

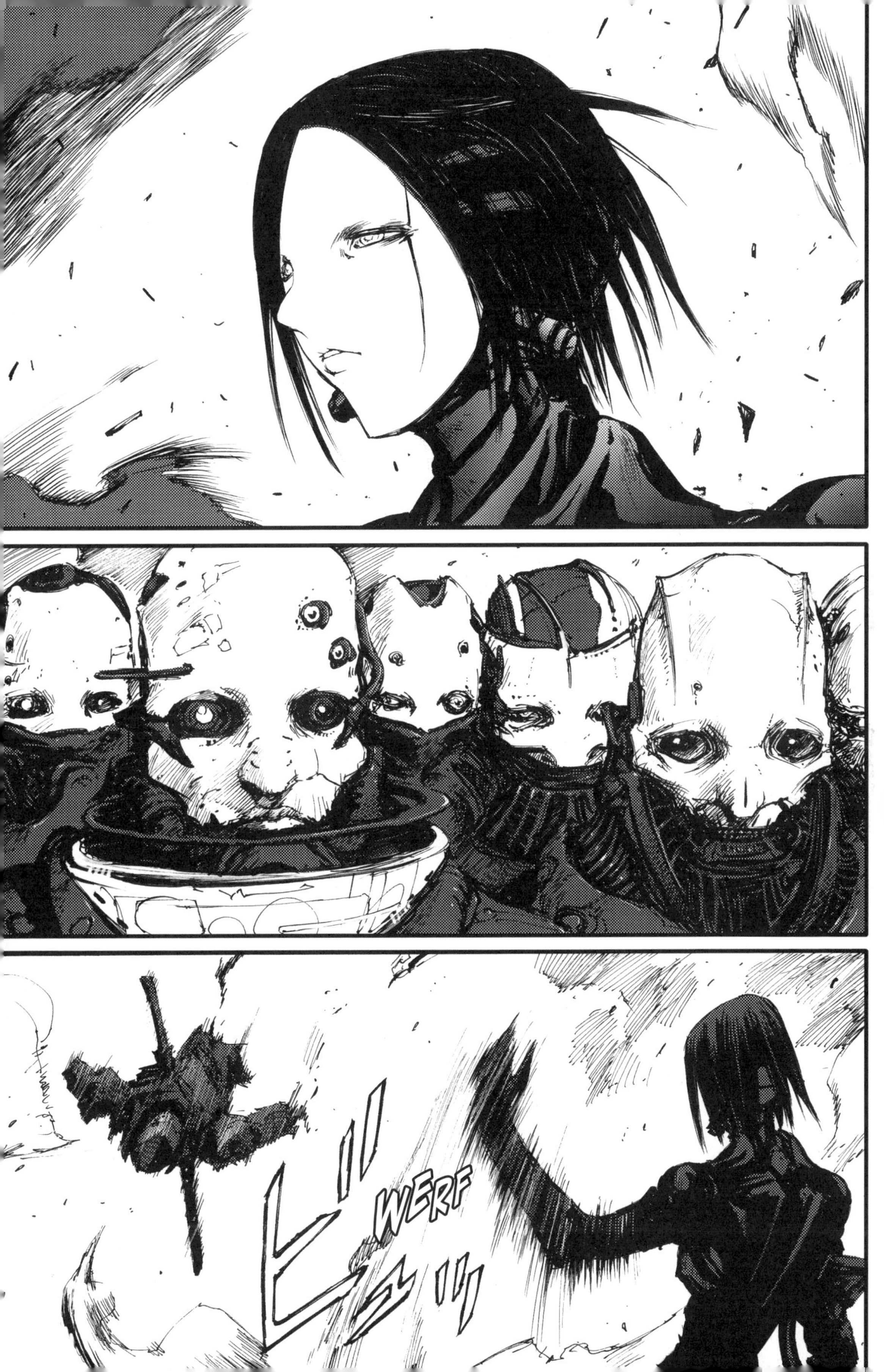
WERF

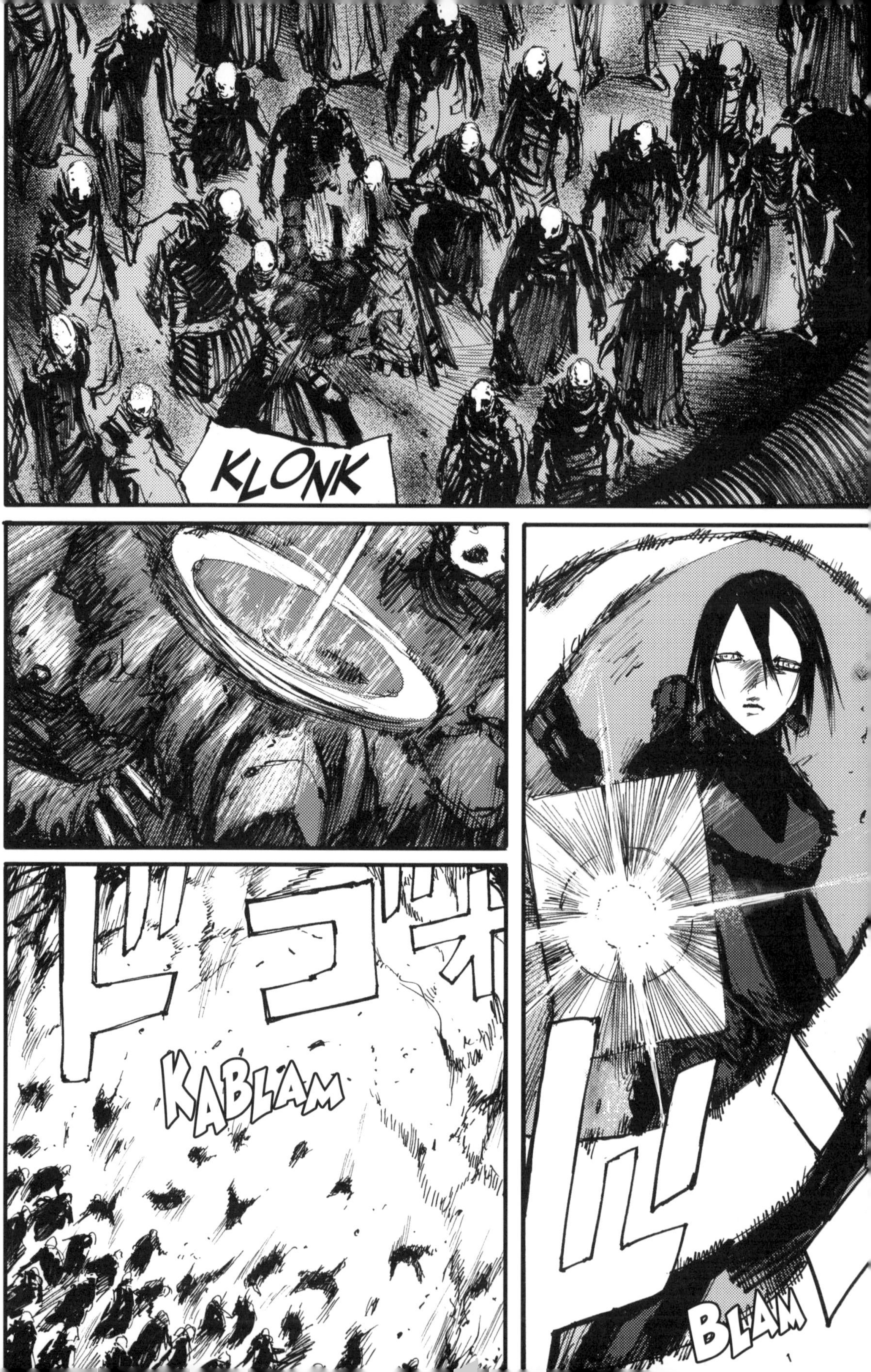
KLONK
KABLAM
BLAM

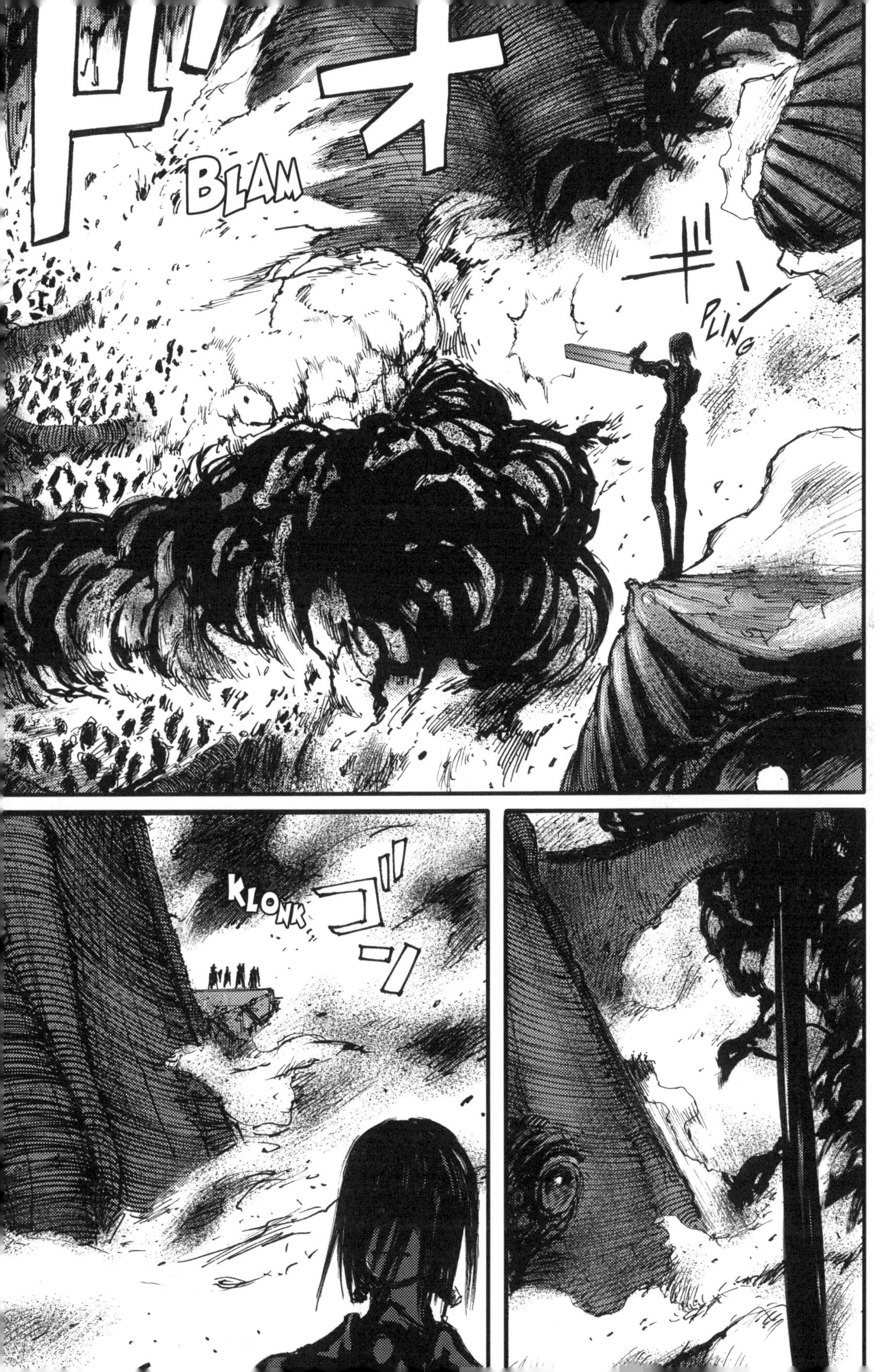
BLAM
PLING
KLONK

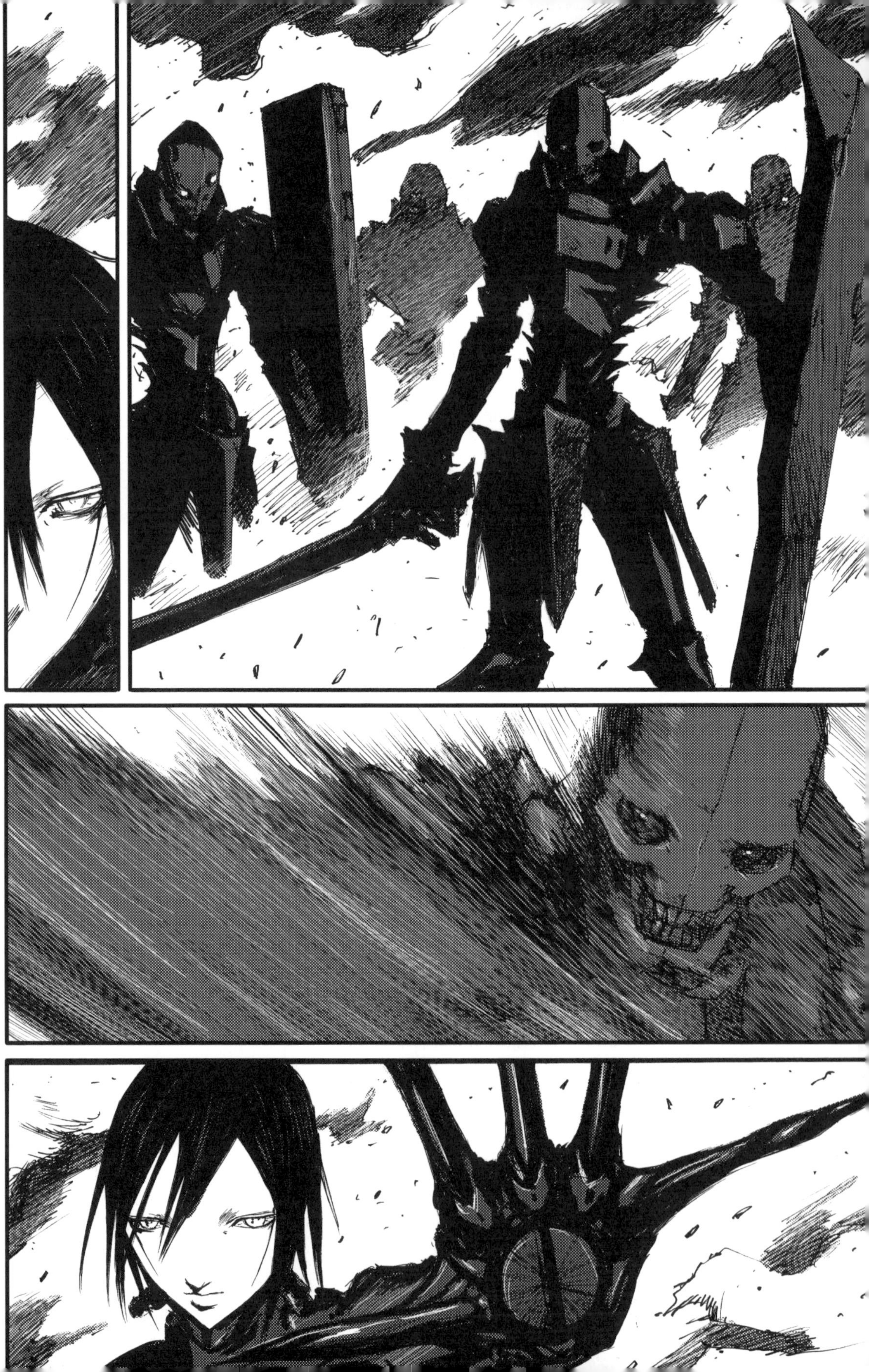

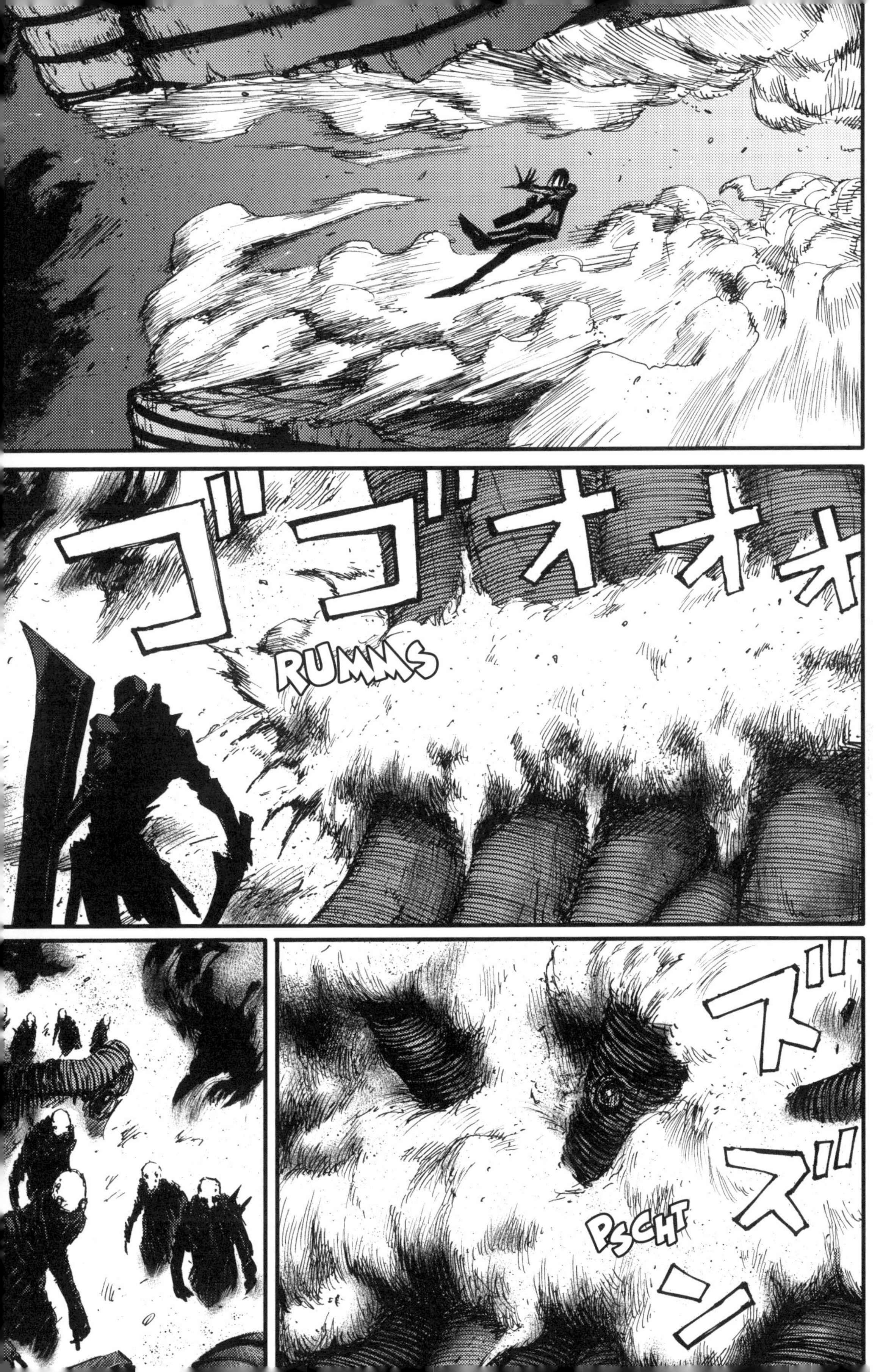
ゴゴオォ
RUMMS
ズズン
PSCHT

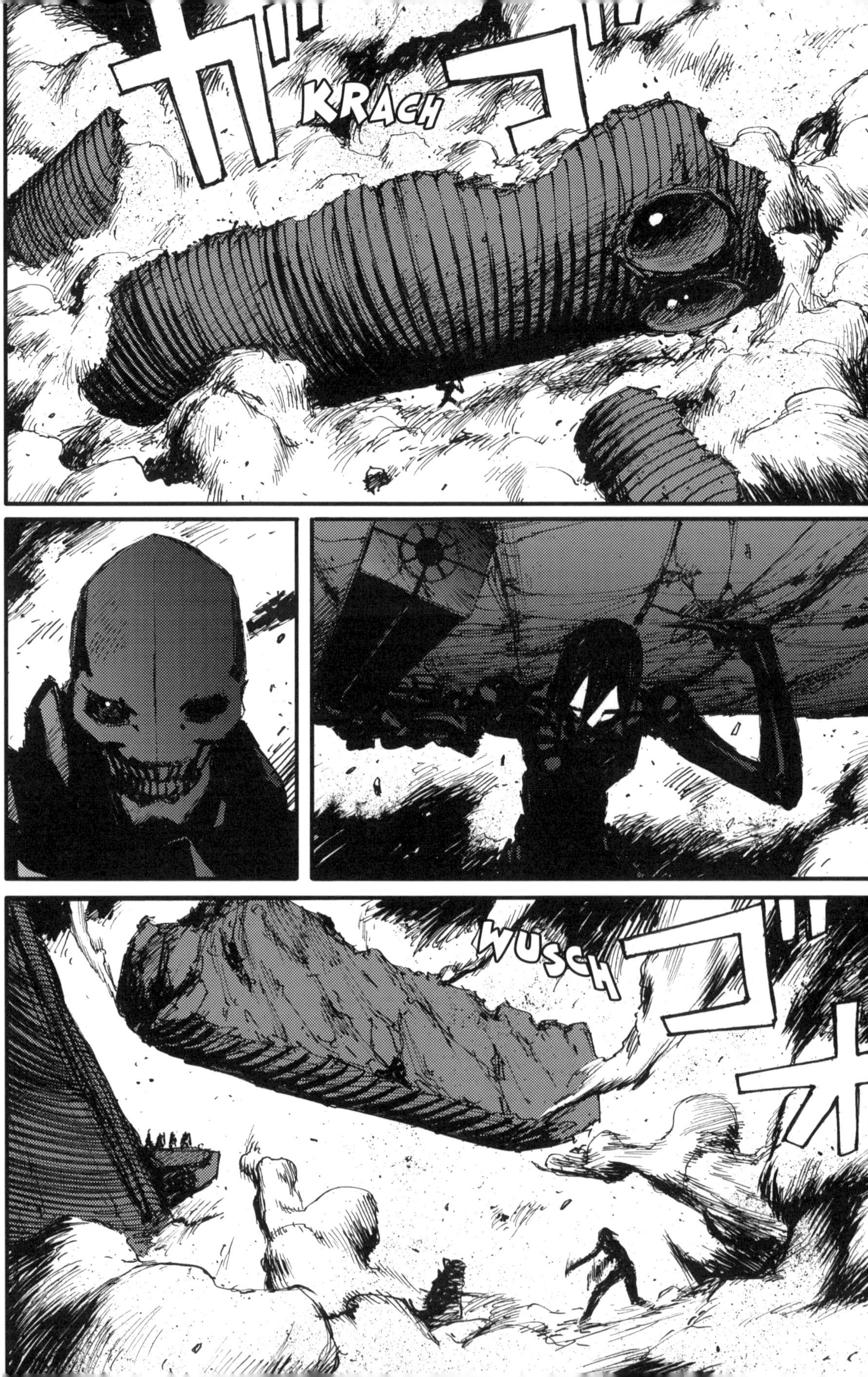
KRACH
WUSCH

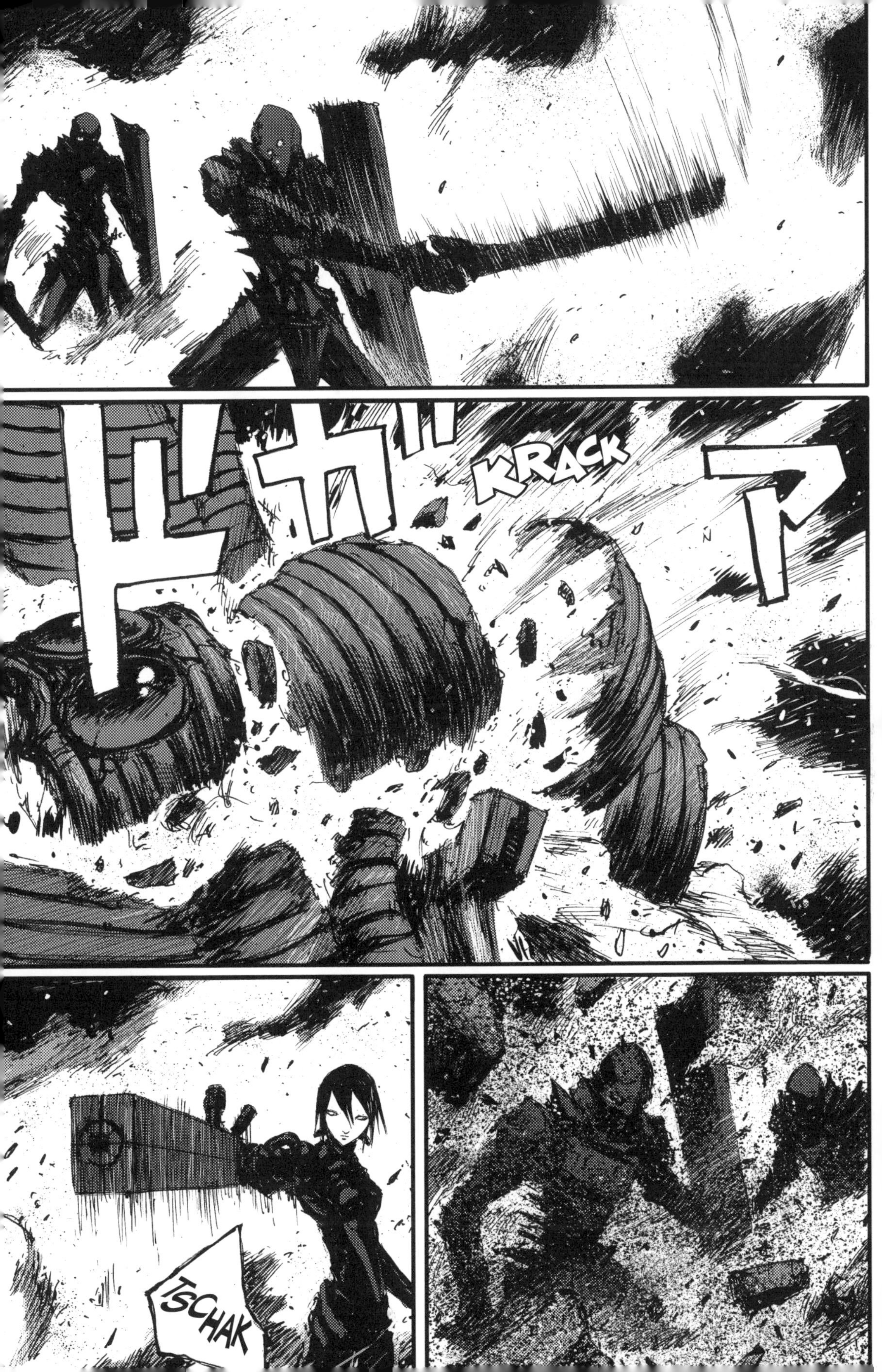
ドガ
KRACK
ッ
TSCHAK

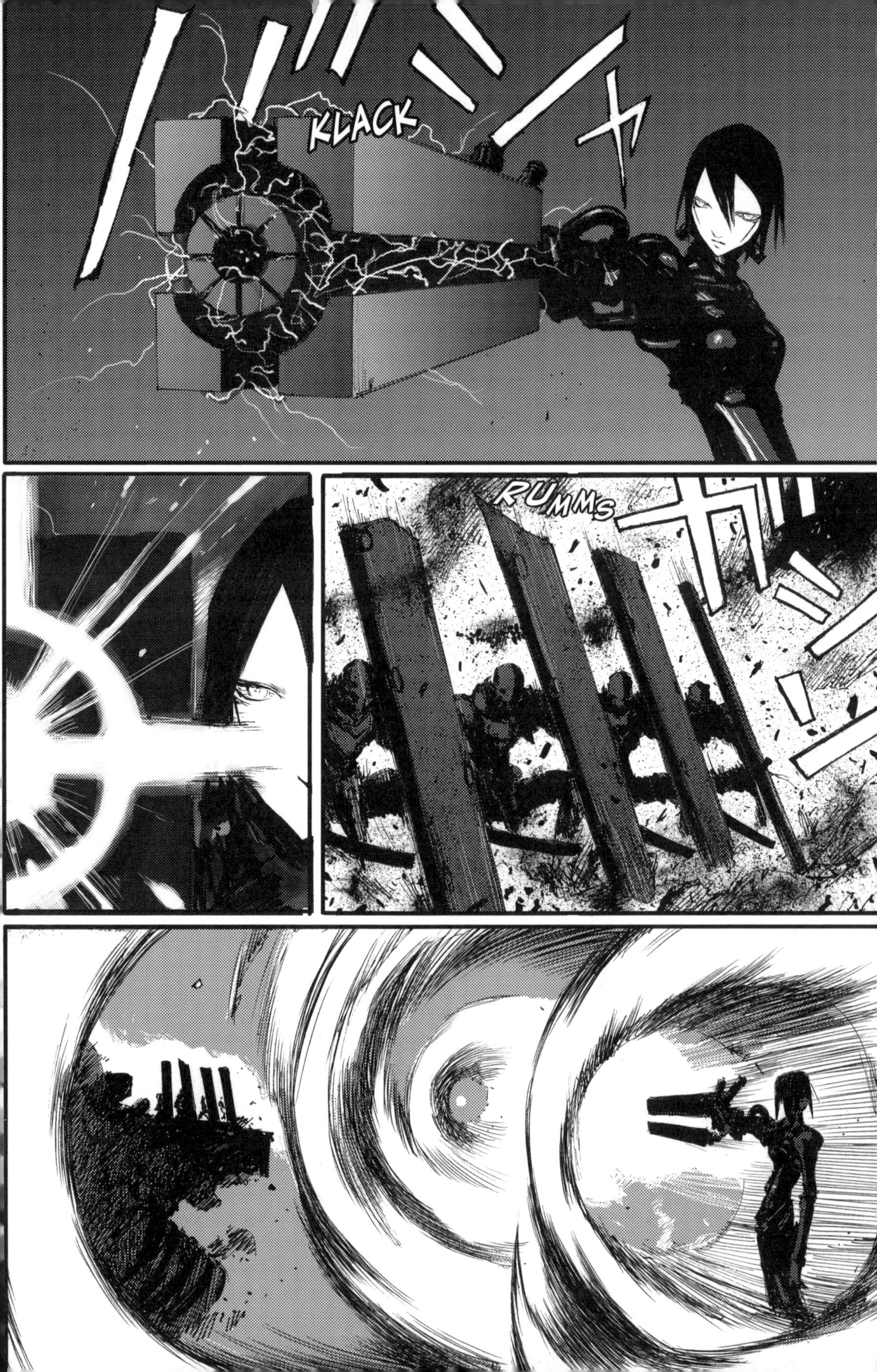
KLACK
RUMMS

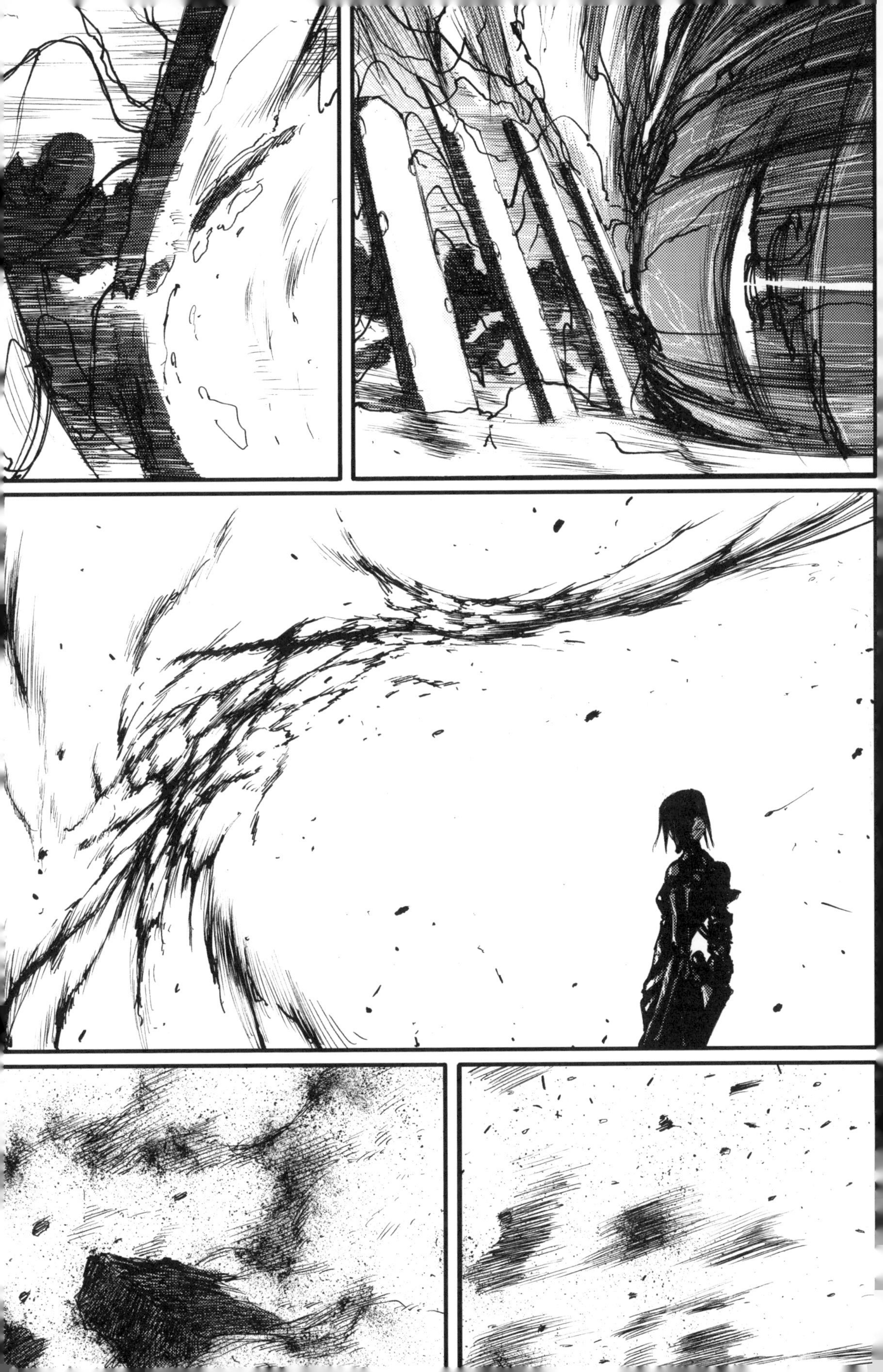

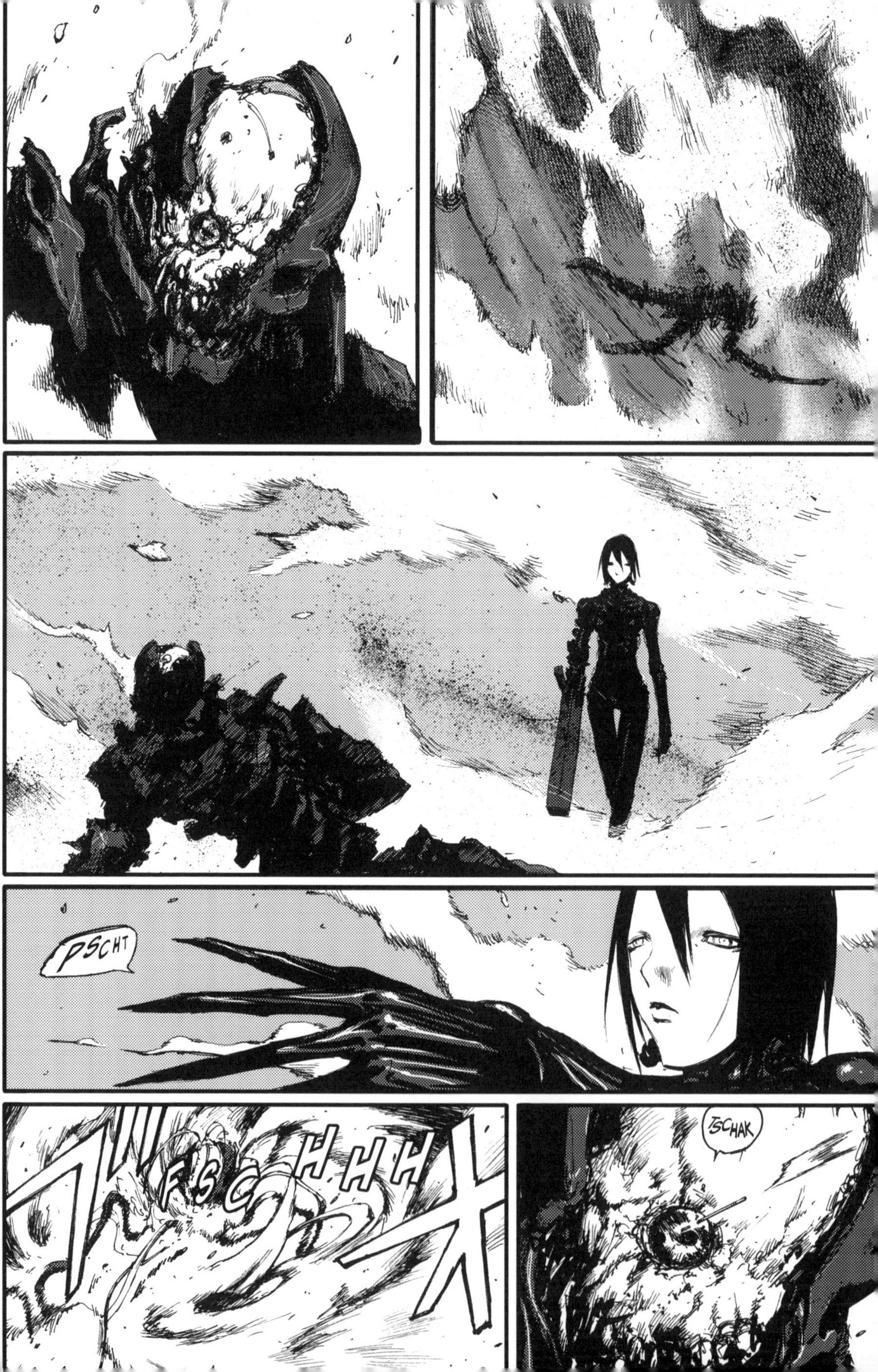
PSCHT
FSCHHHH
TSCHAK

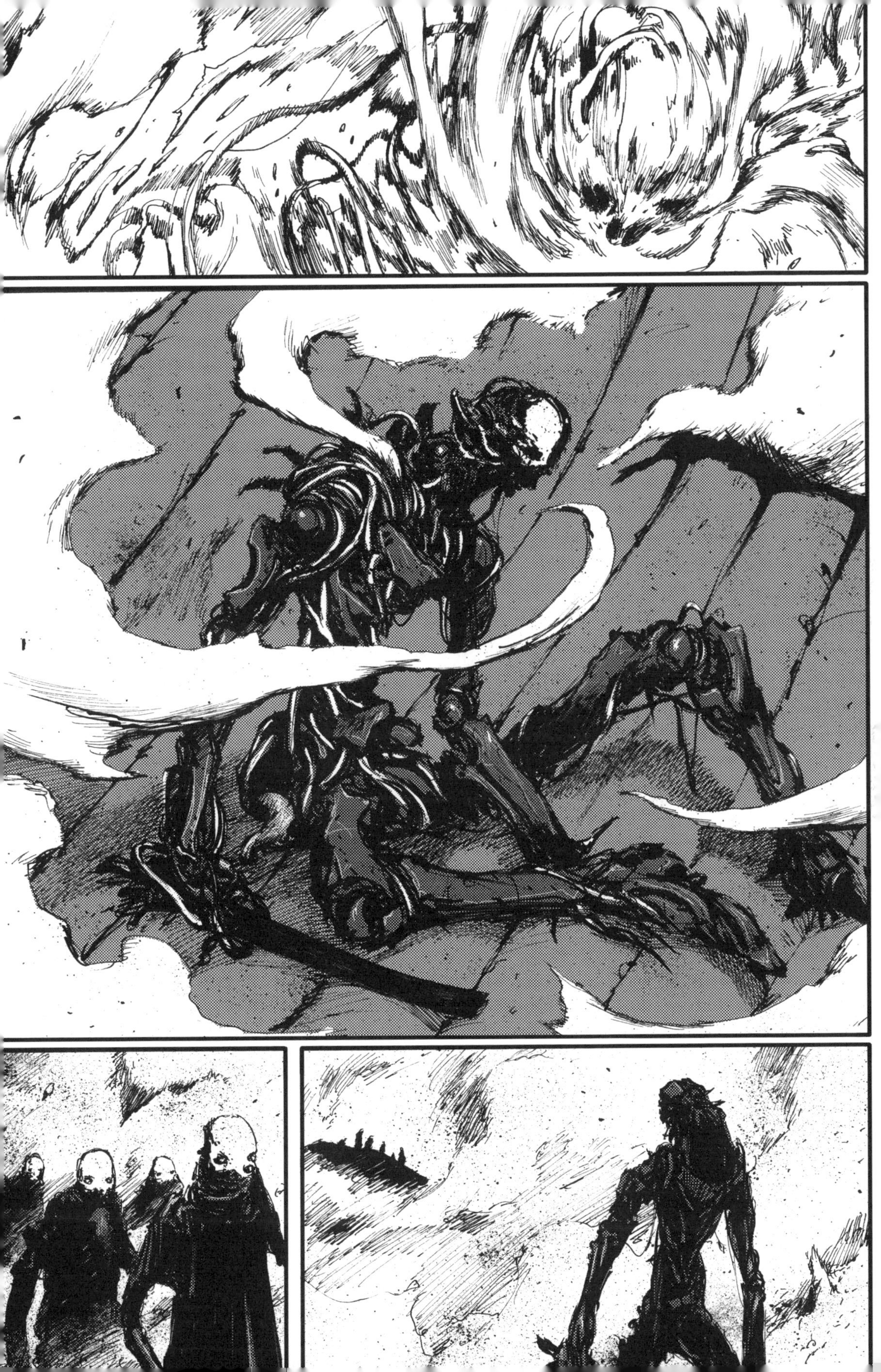

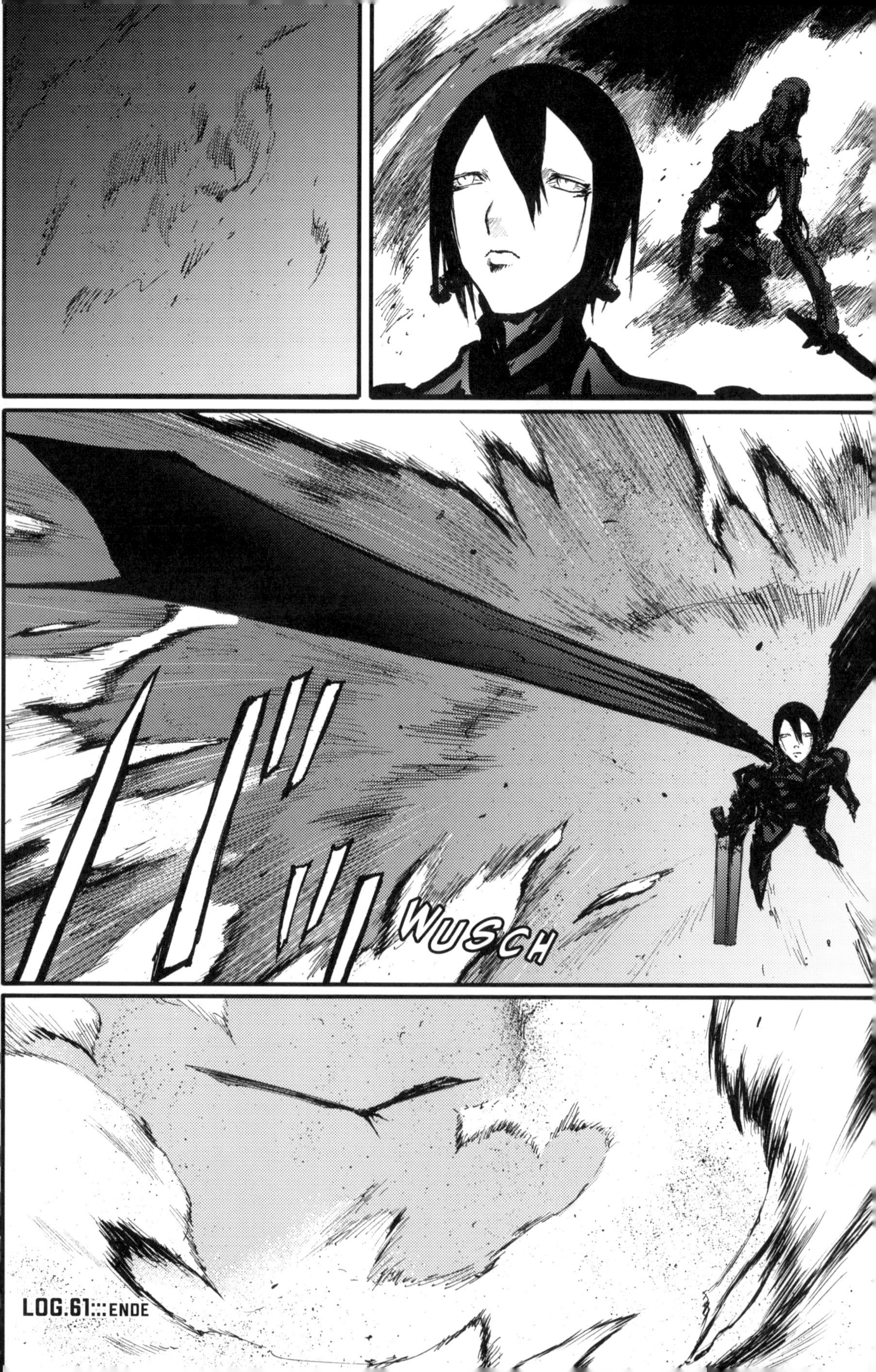
WUSCH
LOG.61:::ENDE

::LOG.62::
RETTUNG DER SPHÄRE

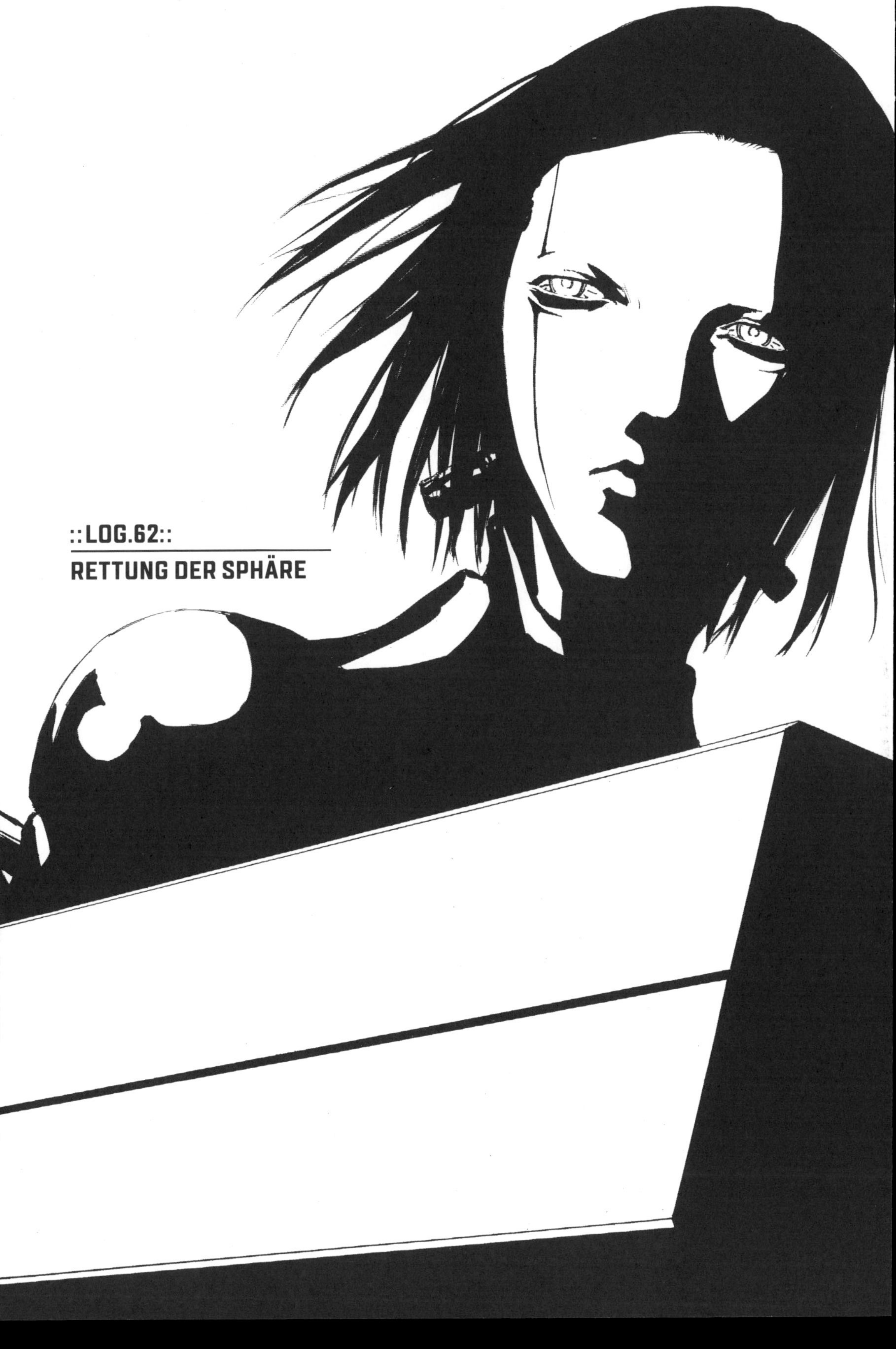

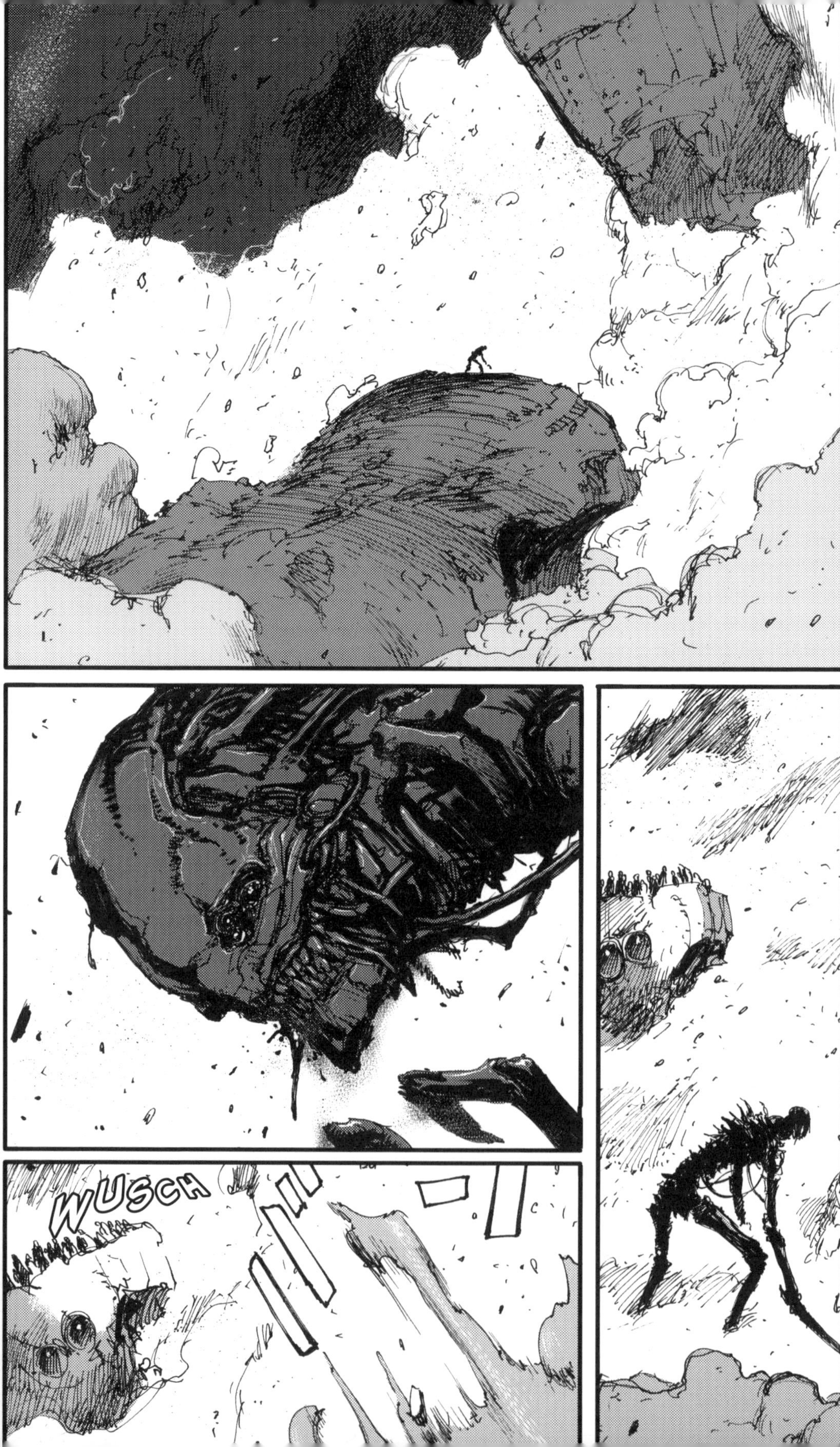
WUSCH

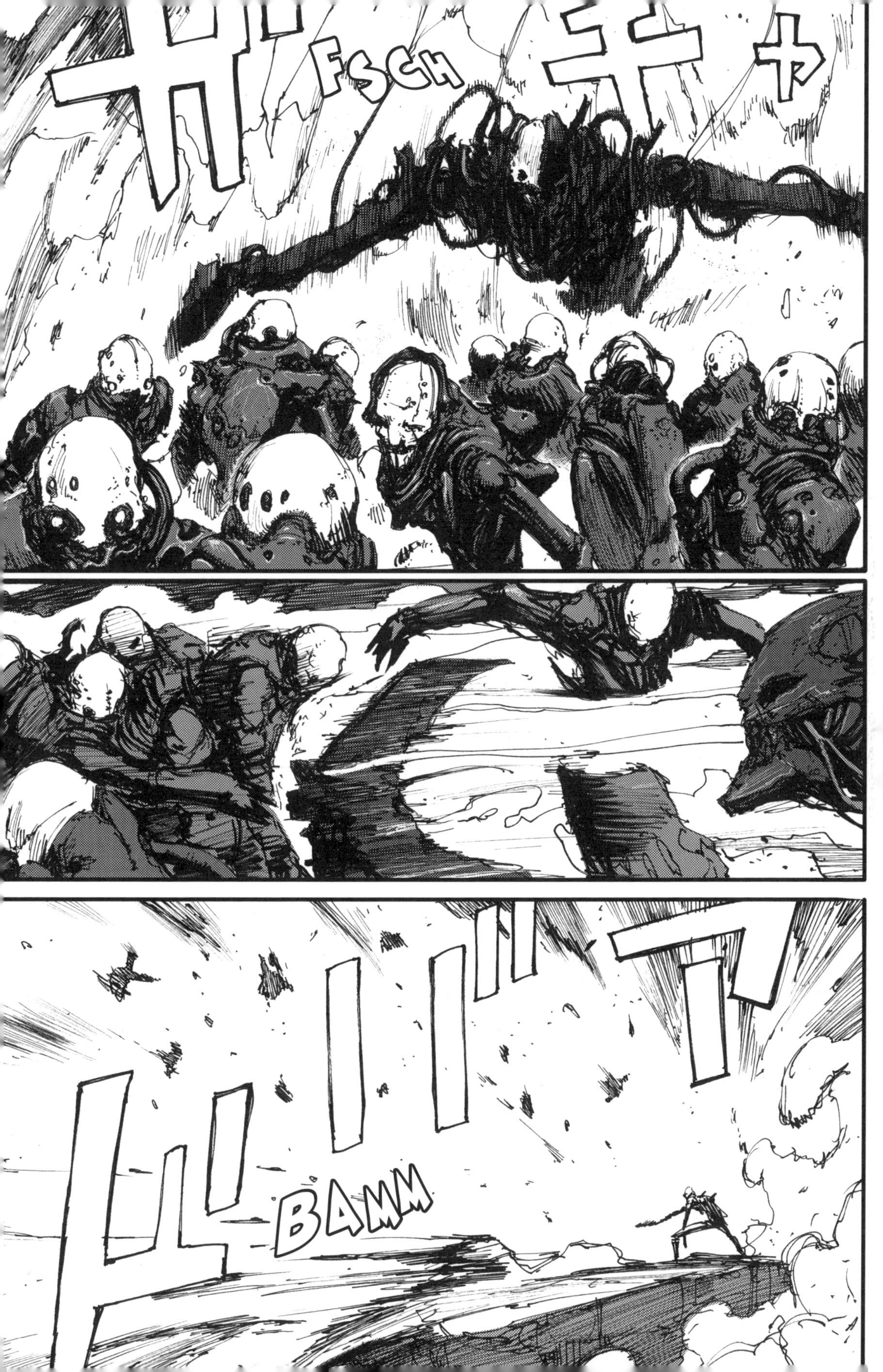
FSCH
BAMM

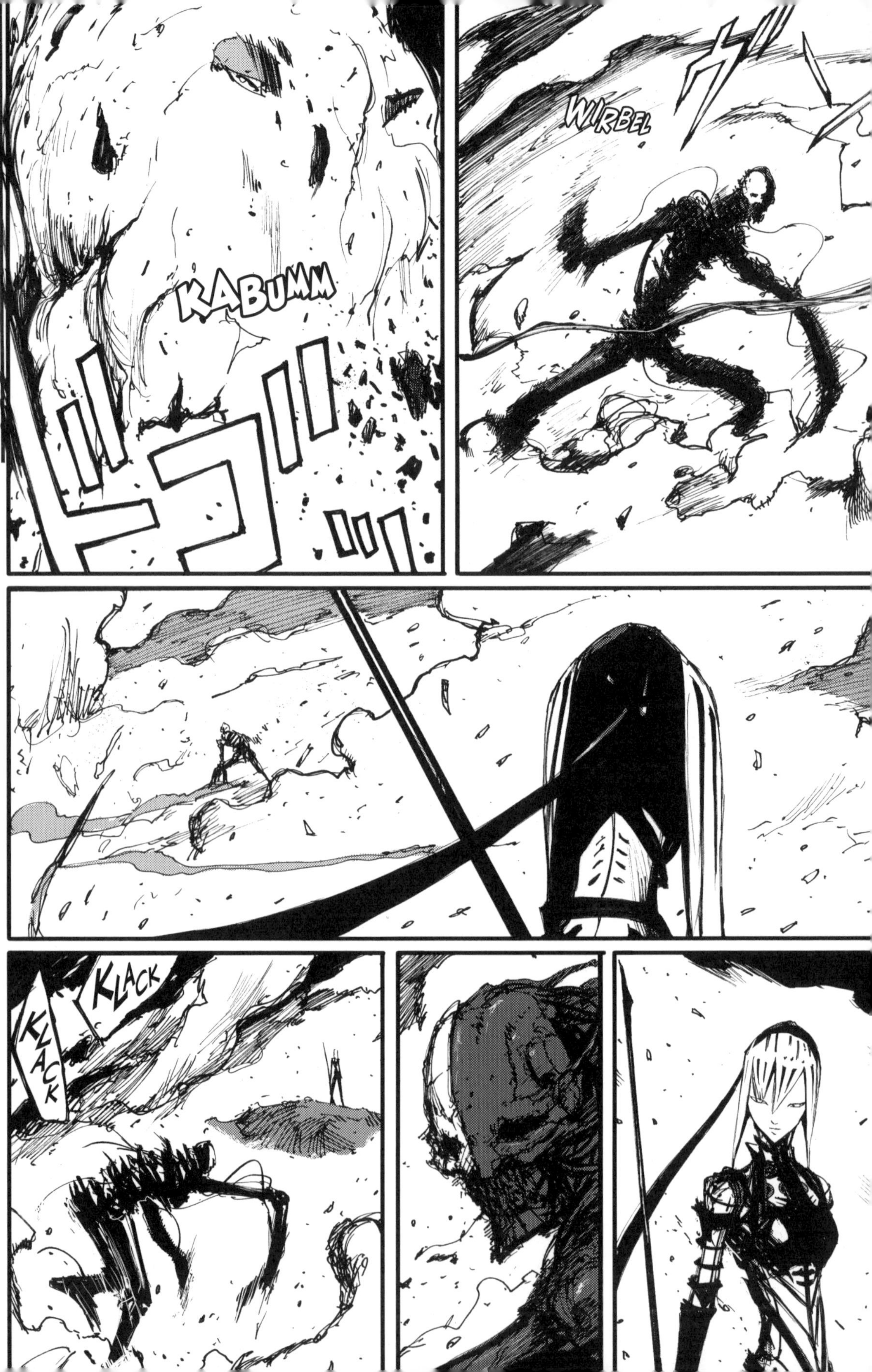
KABUMM
WIRBEL
KLACK
KLACK

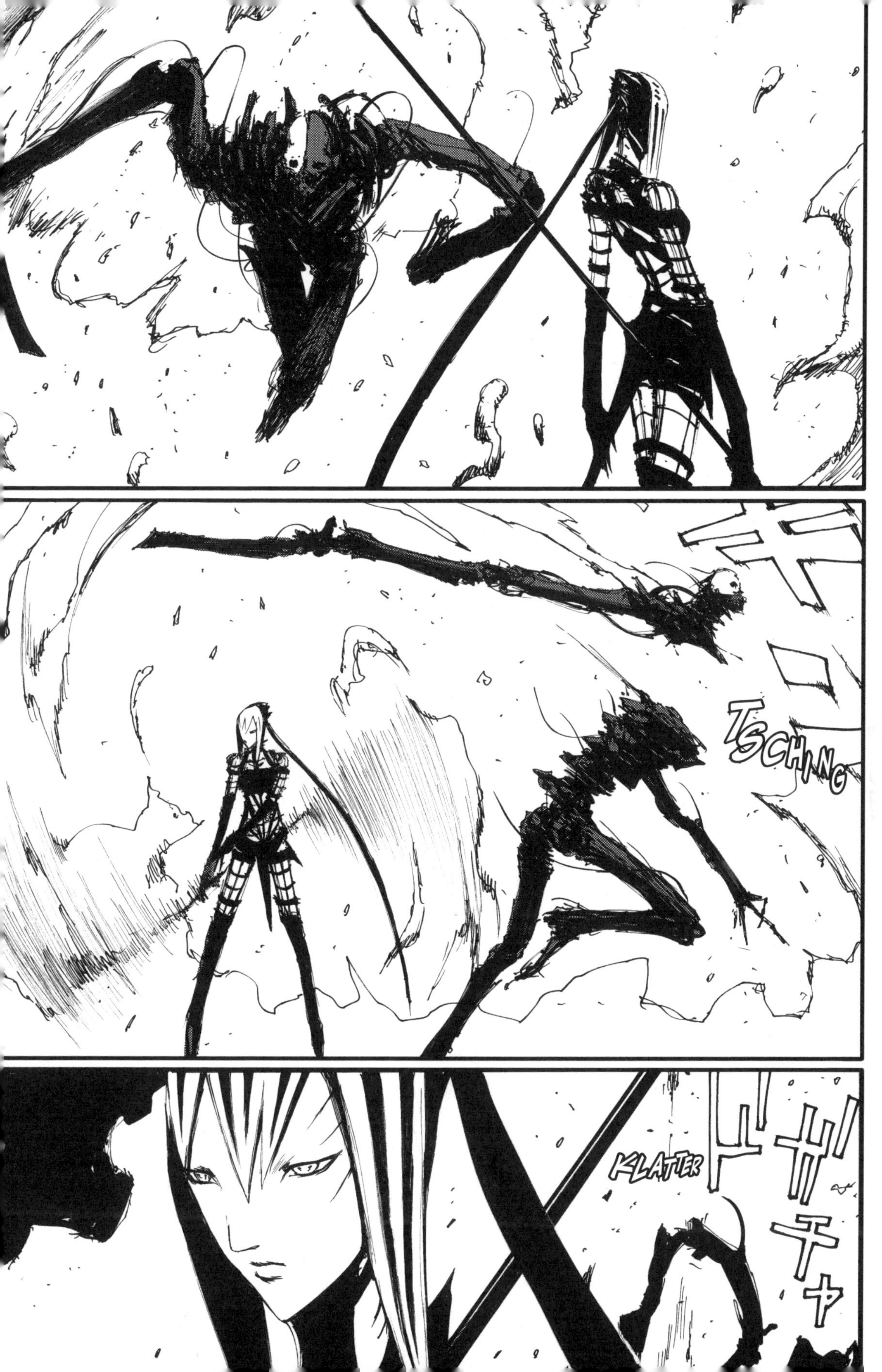
TSCHING
KLATTER

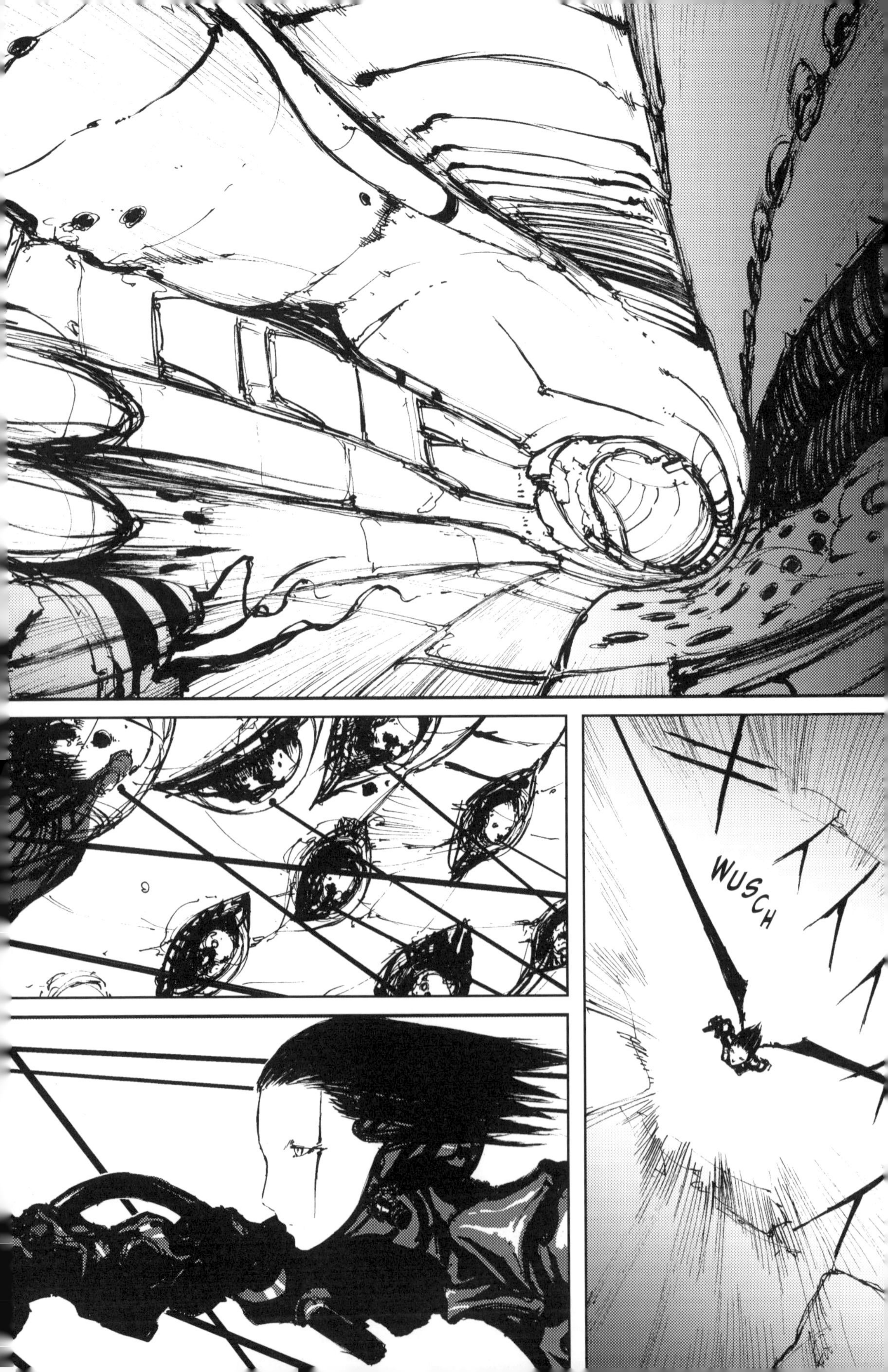
WUSCH

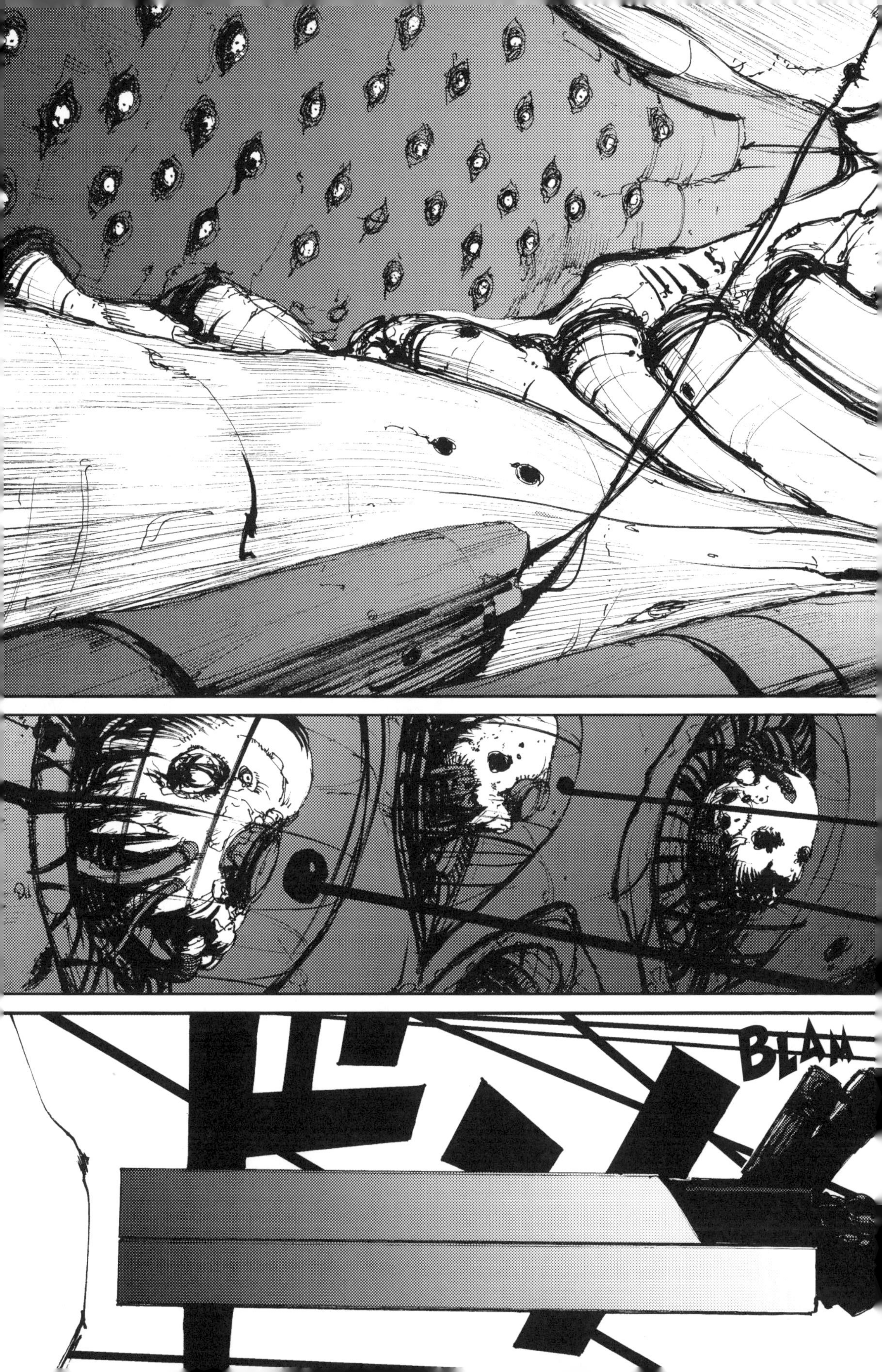
BEAM

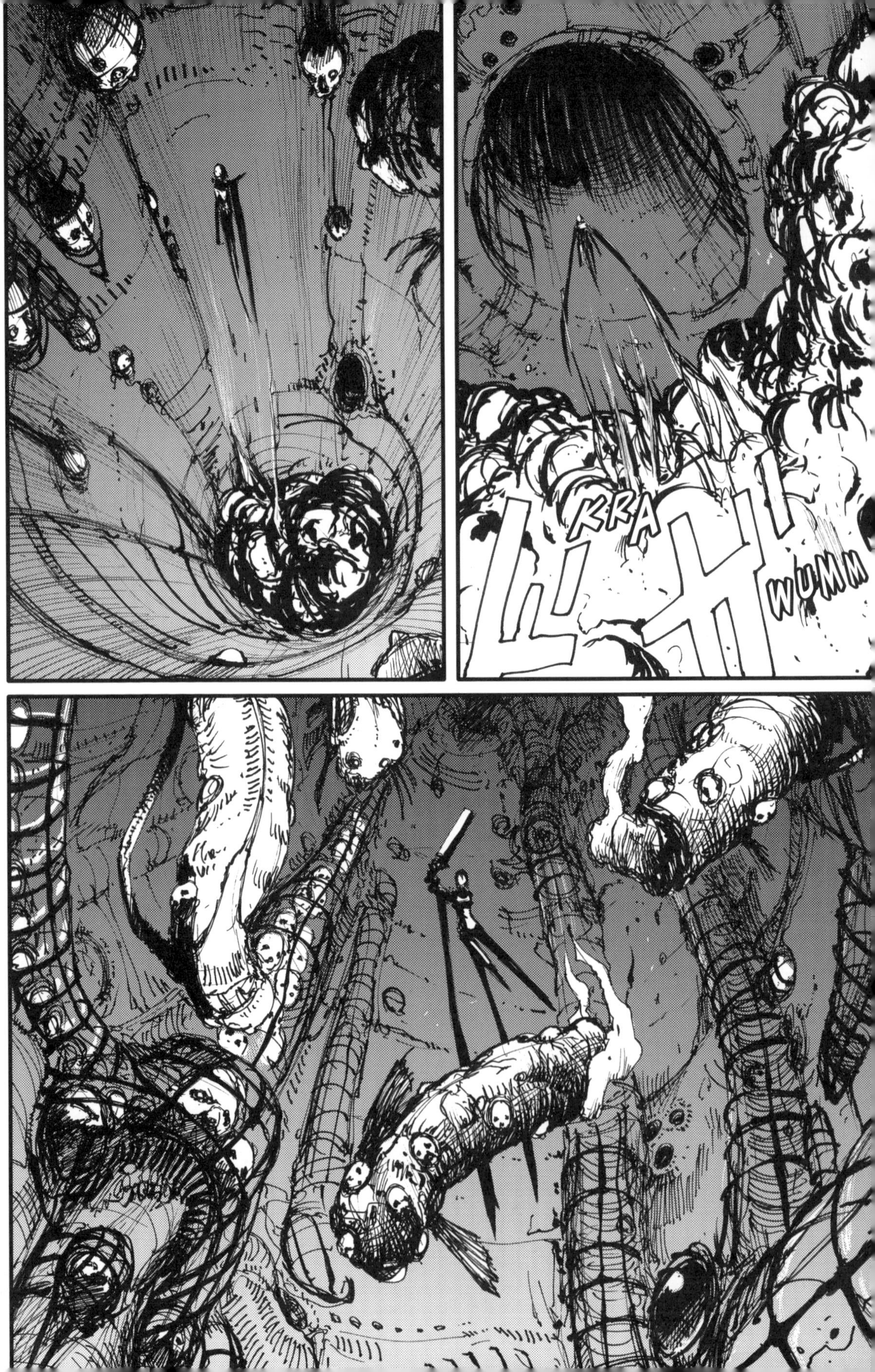
KRA
WUMM

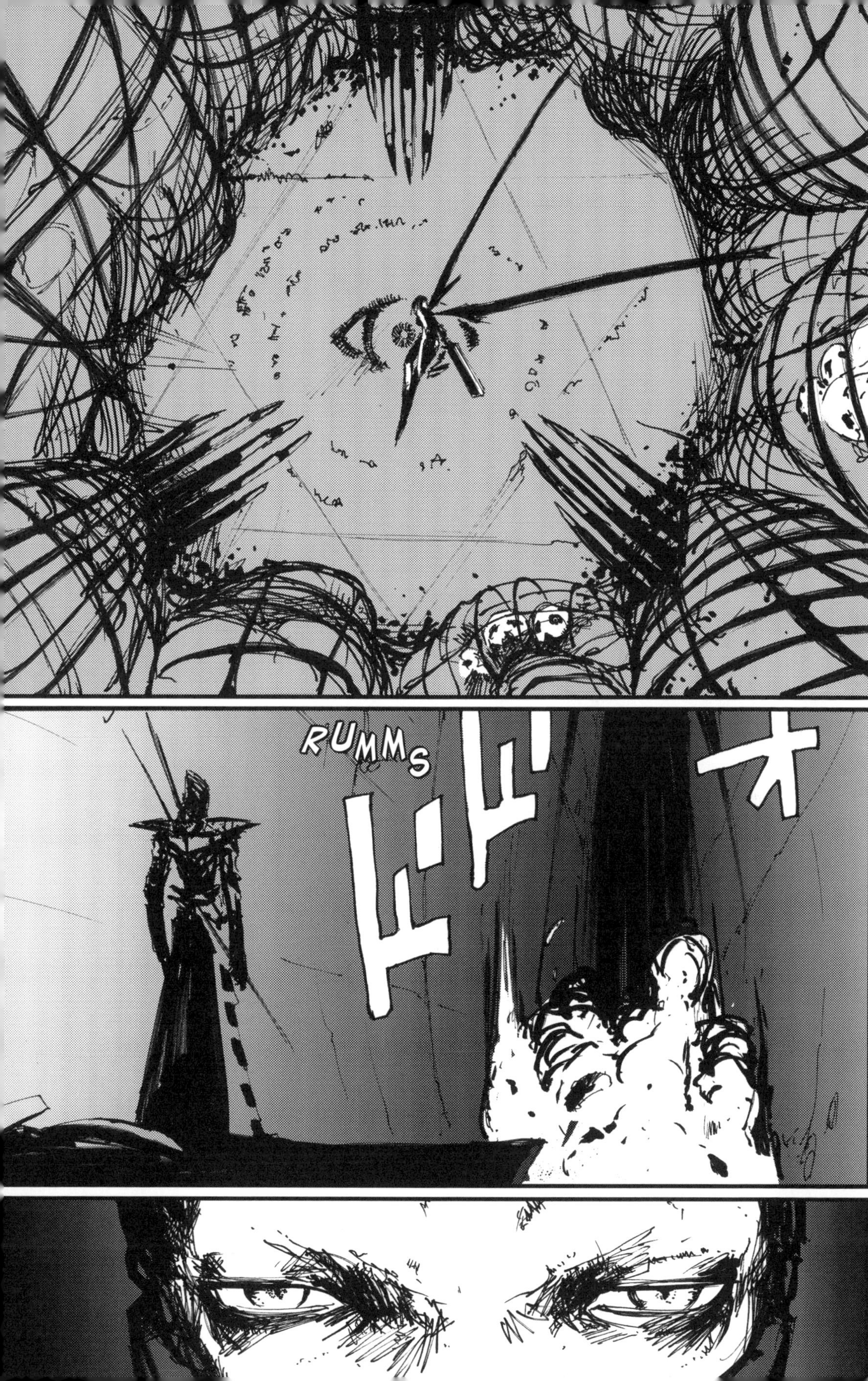
RUMMS
ドドオ

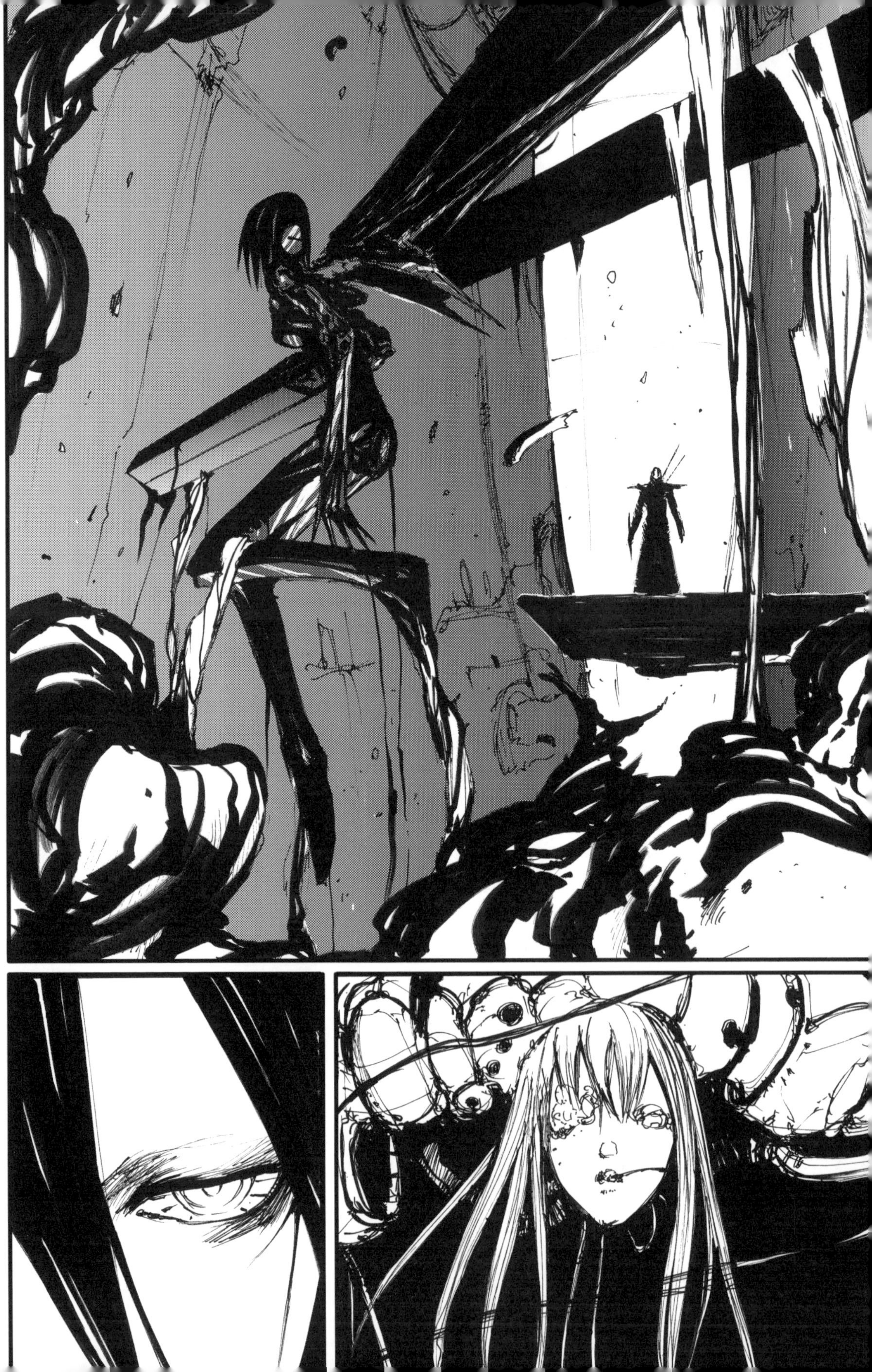

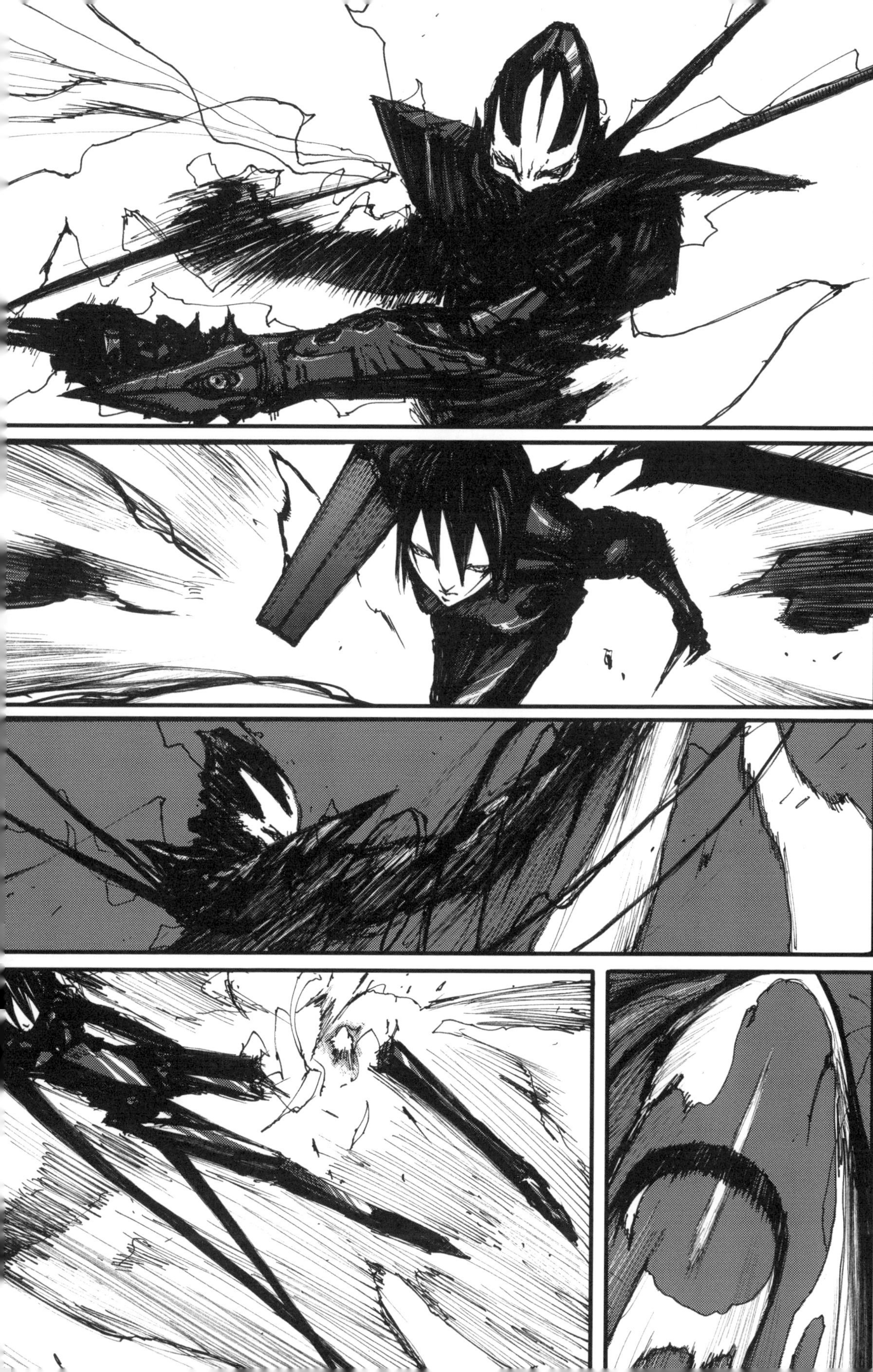

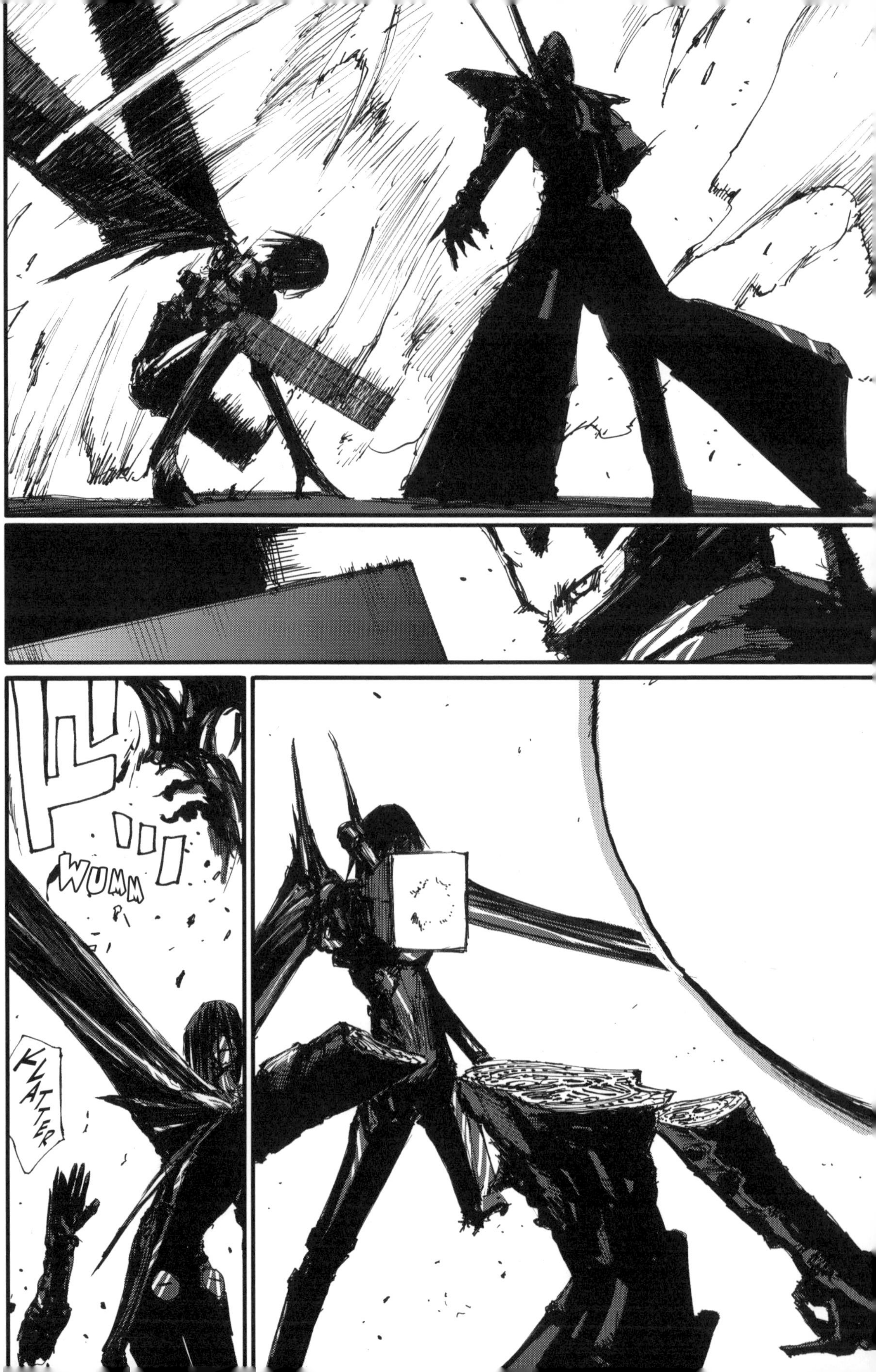
WUMM
KLATTER

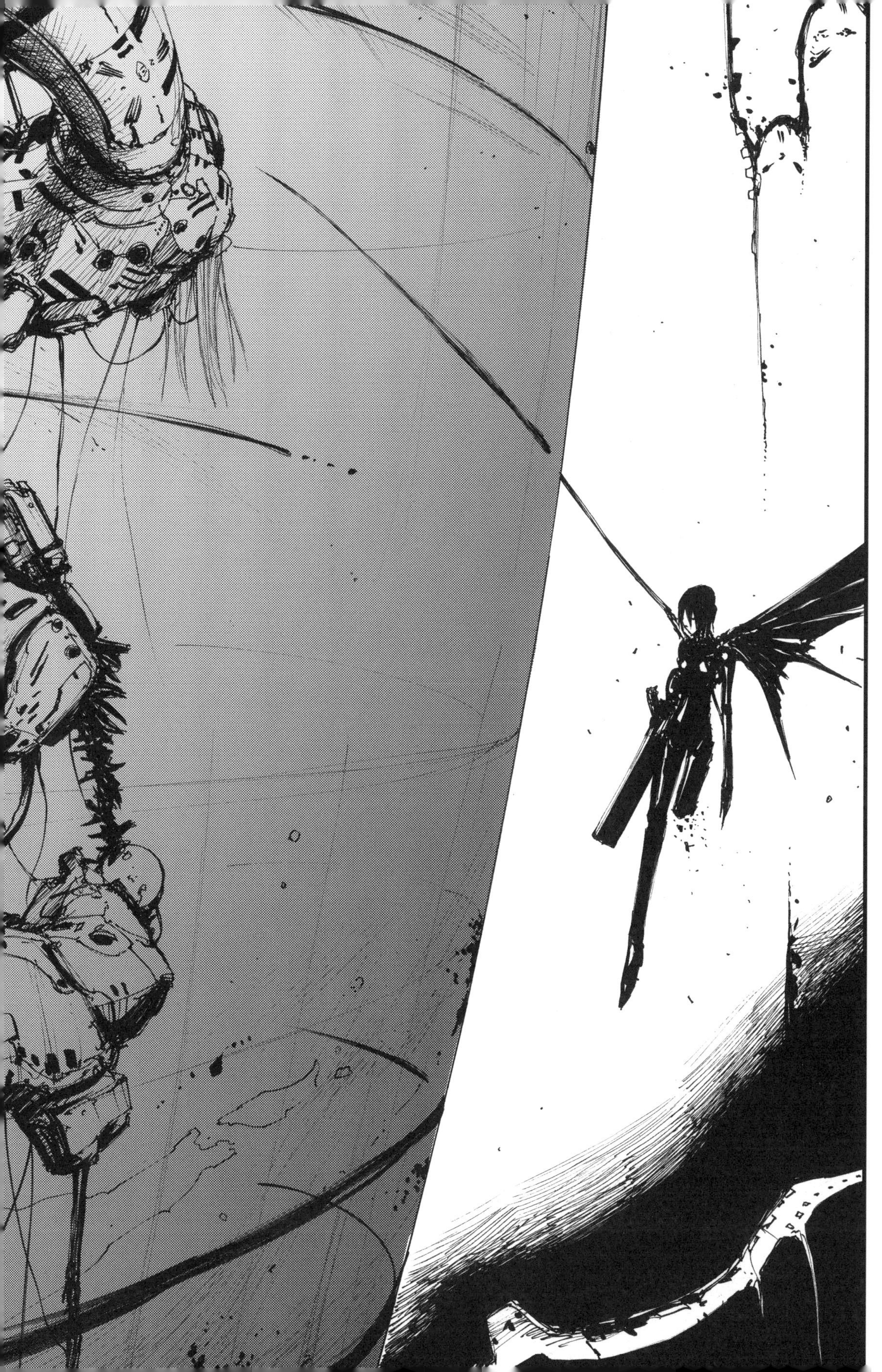

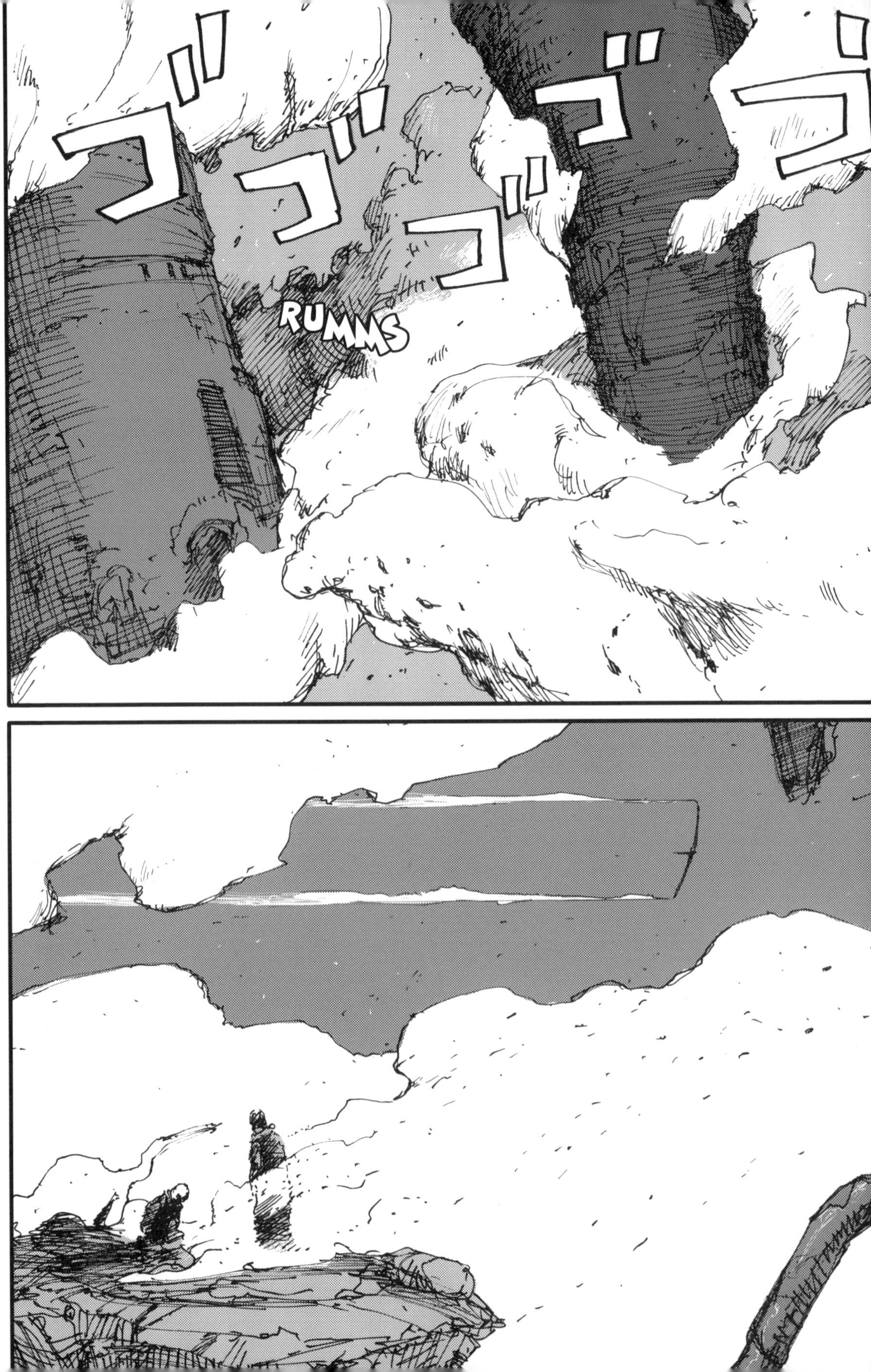
ゴゴゴゴゴ
RUMMS

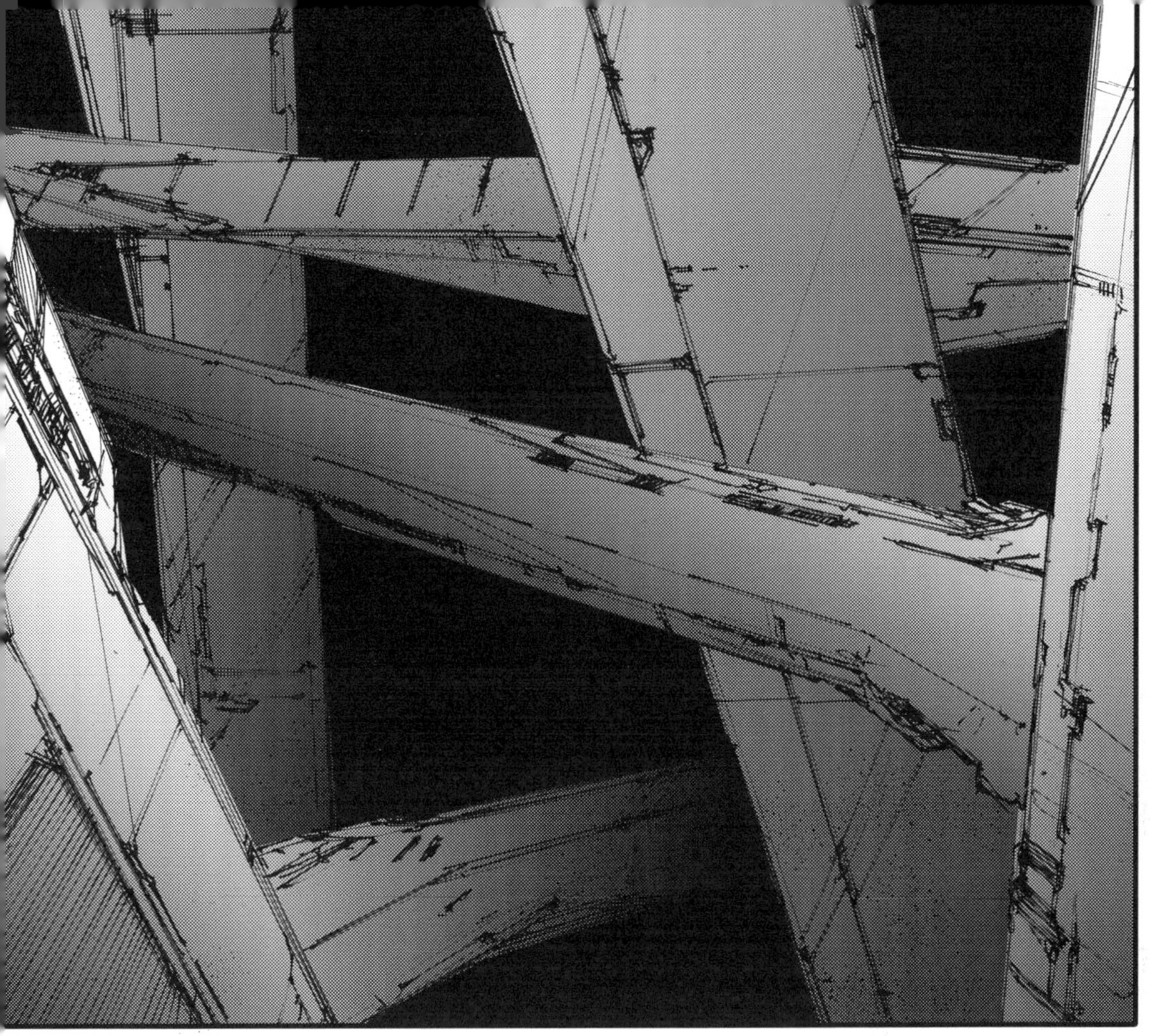
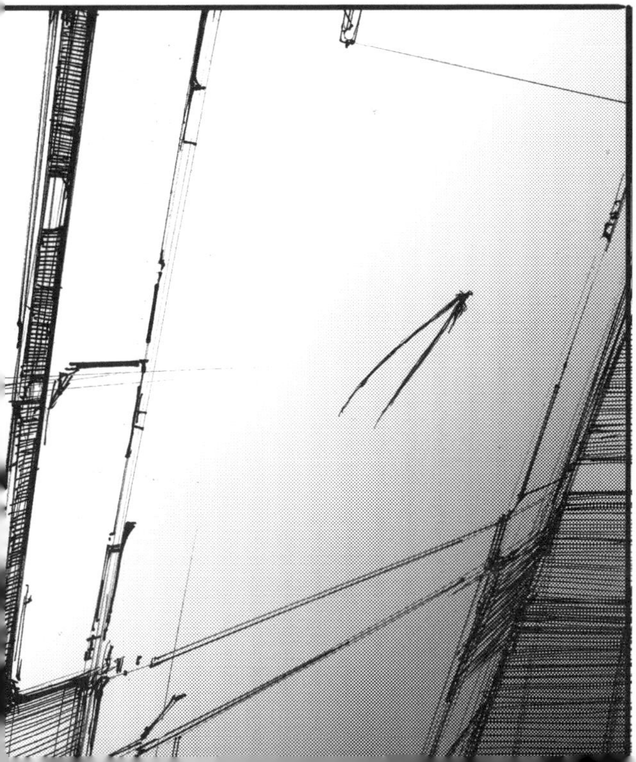
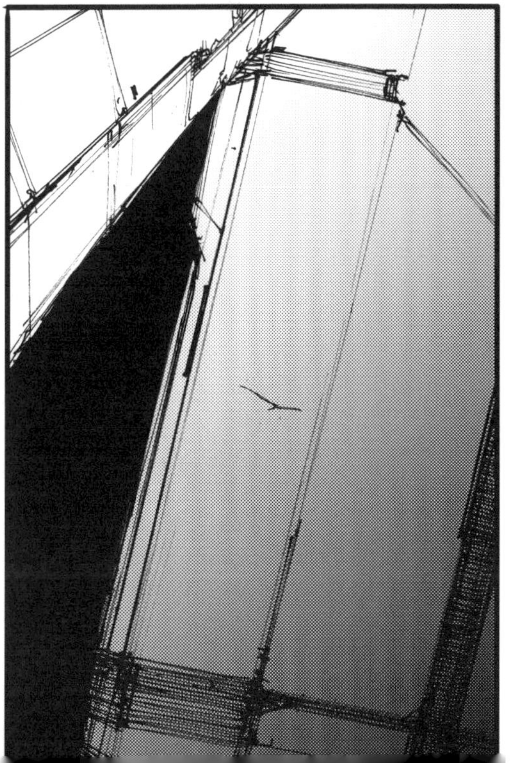

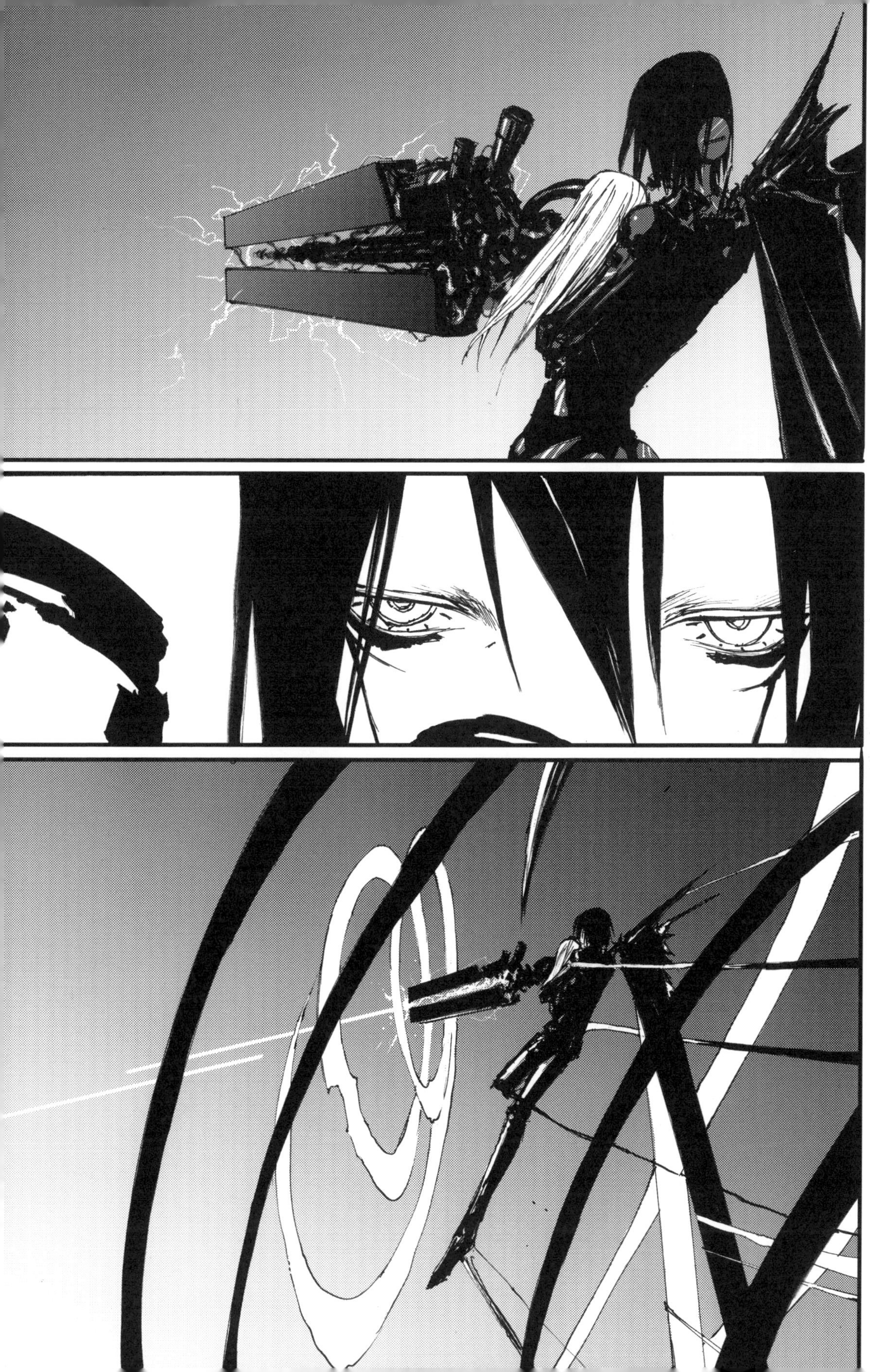

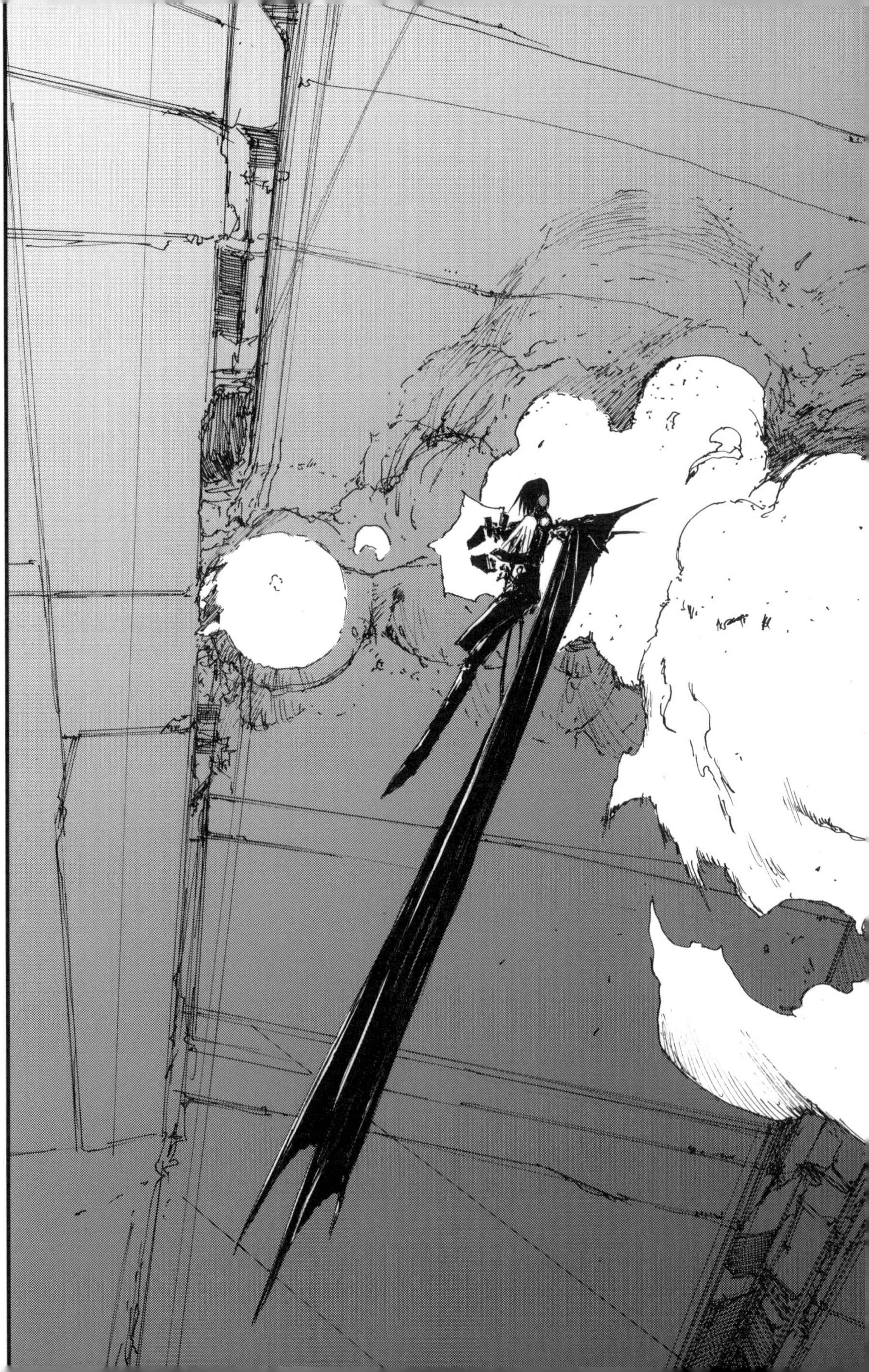

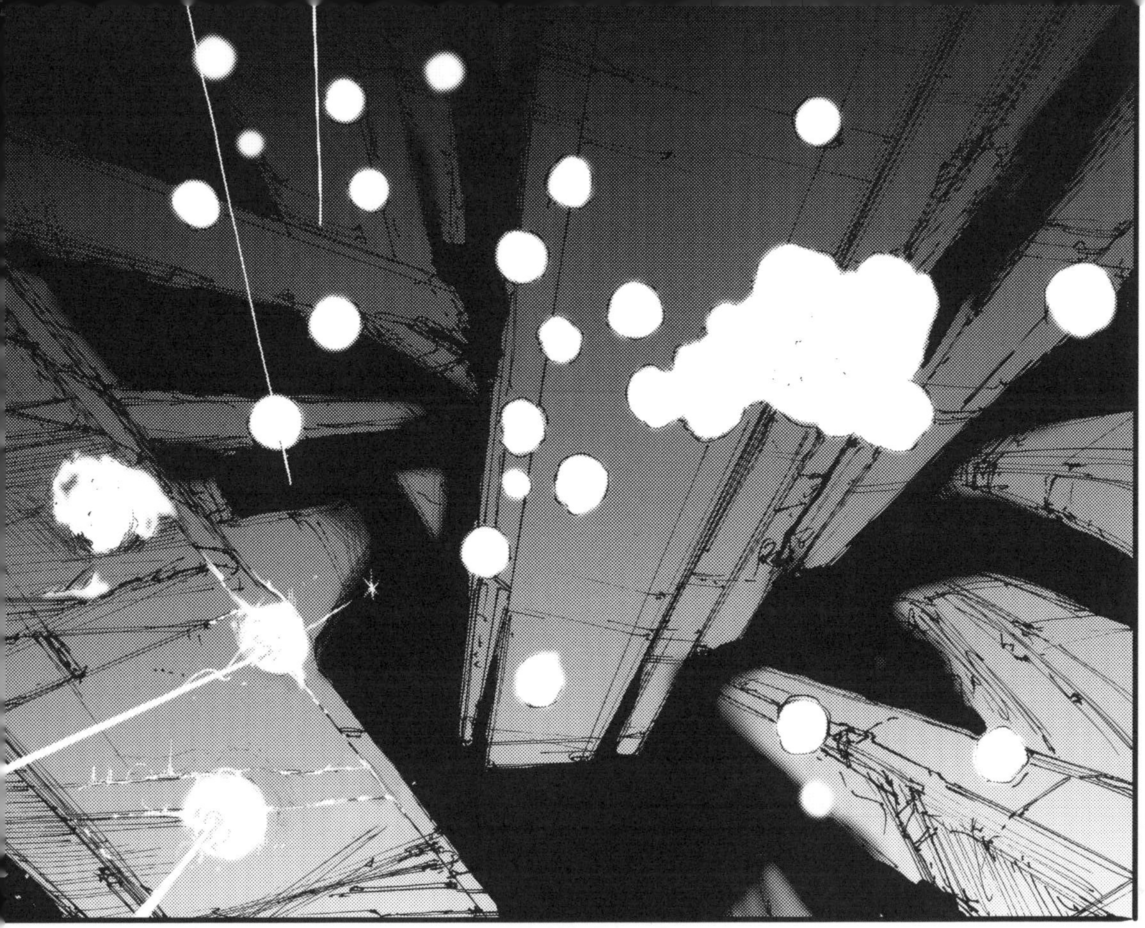
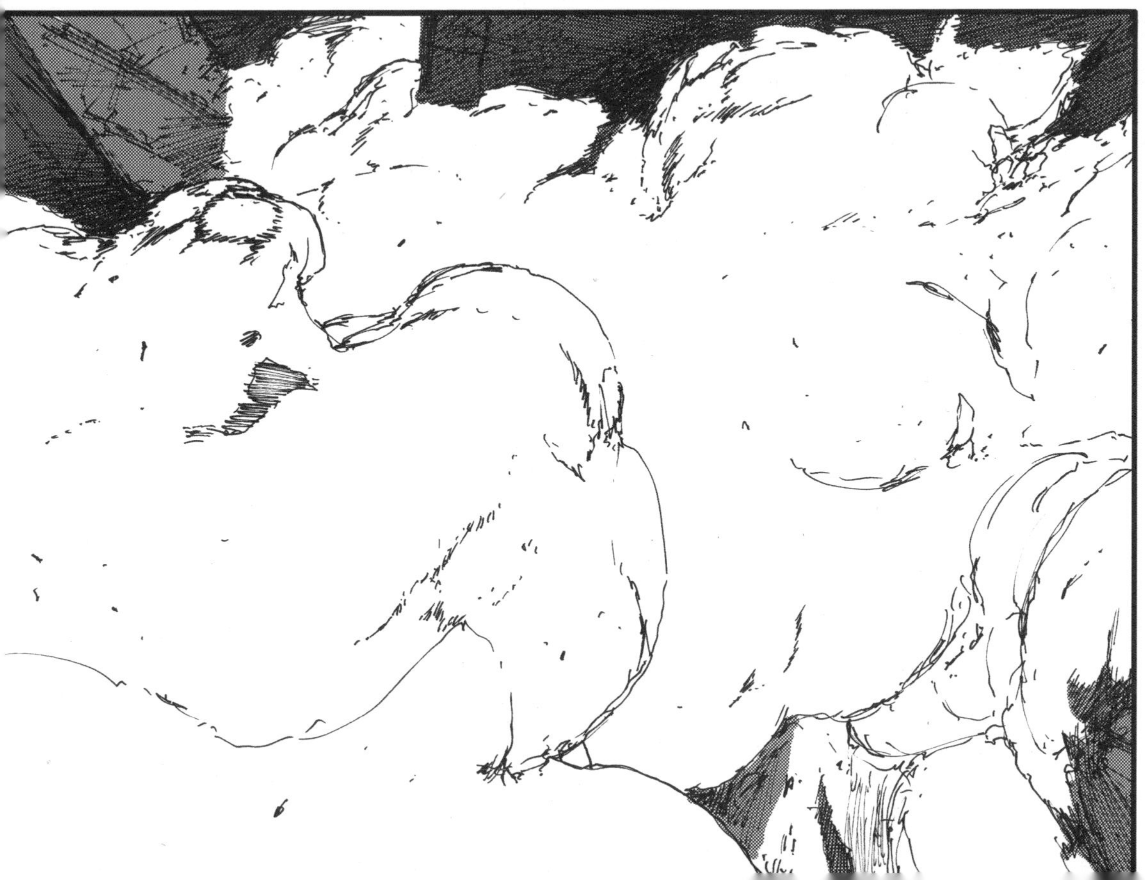

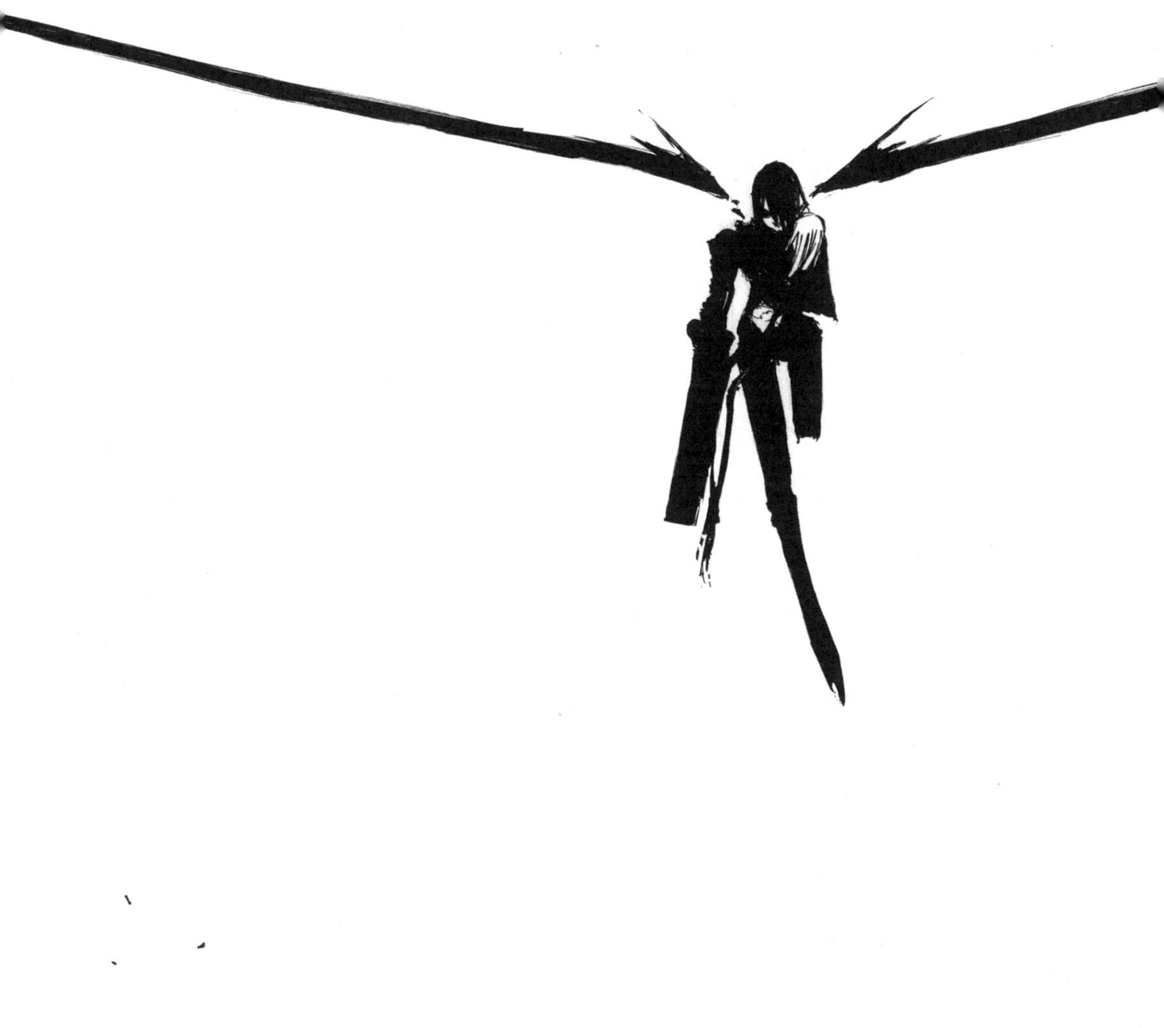

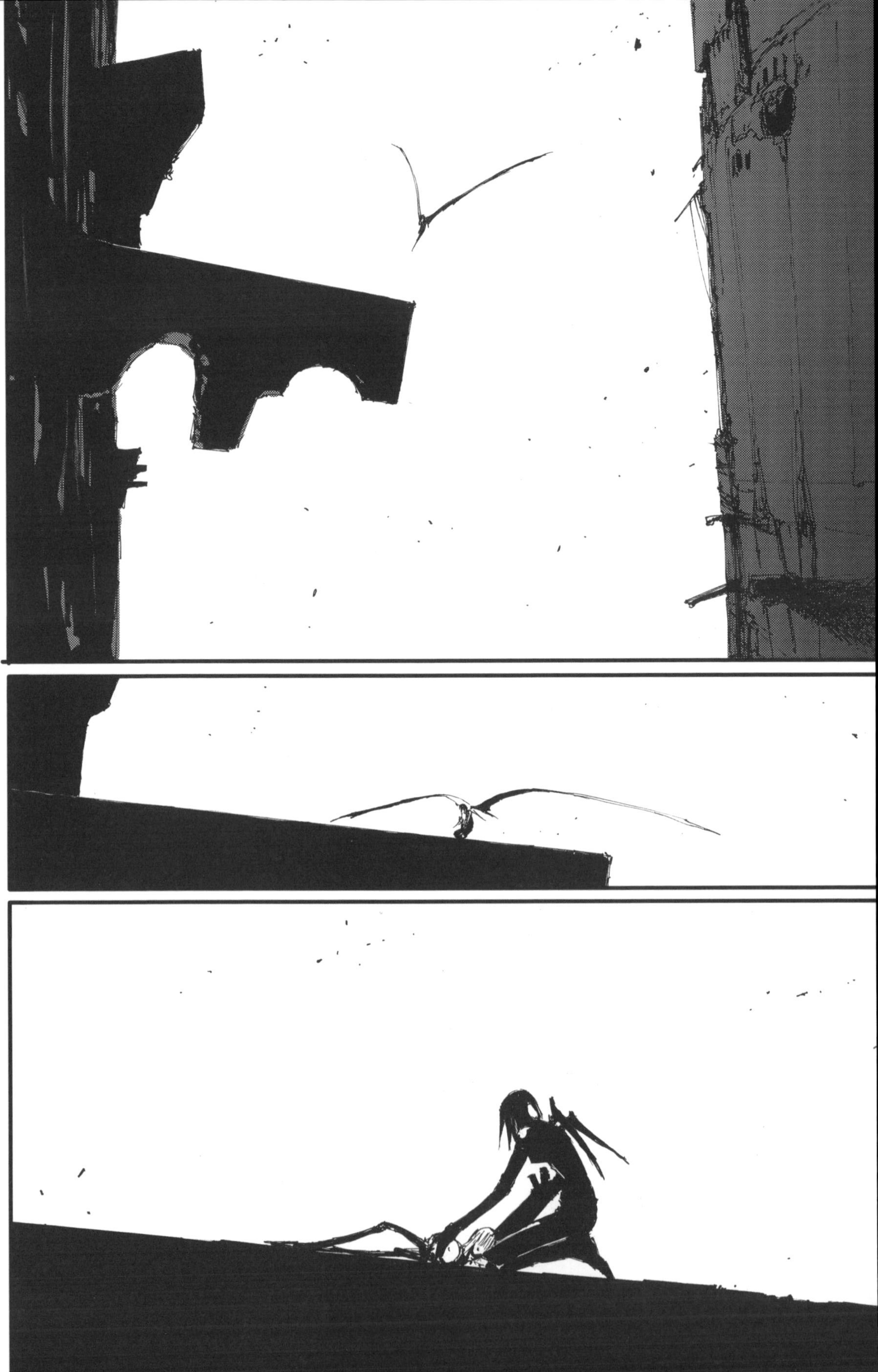

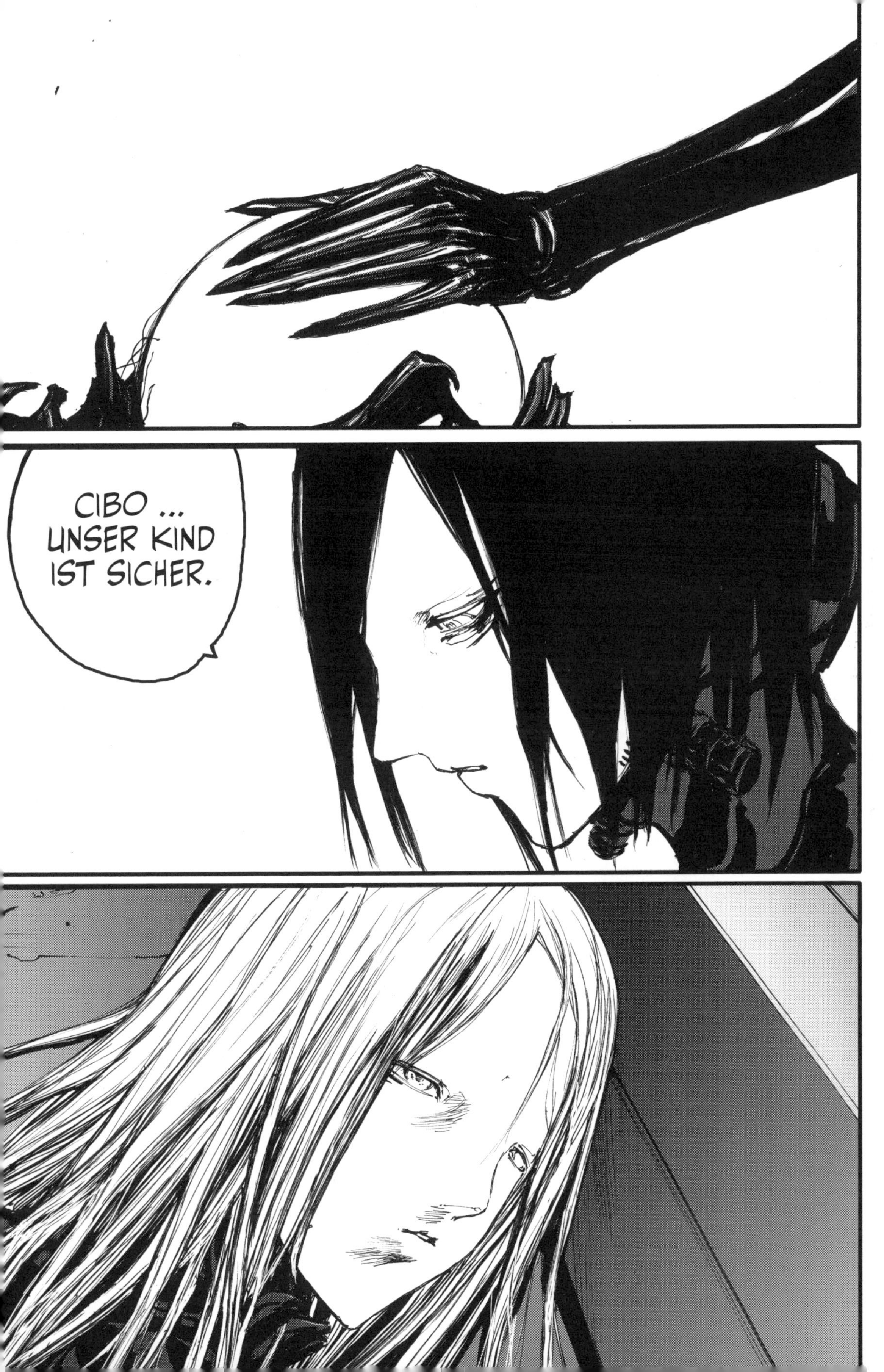
CIBO ... UNSER KIND IST SICHER.

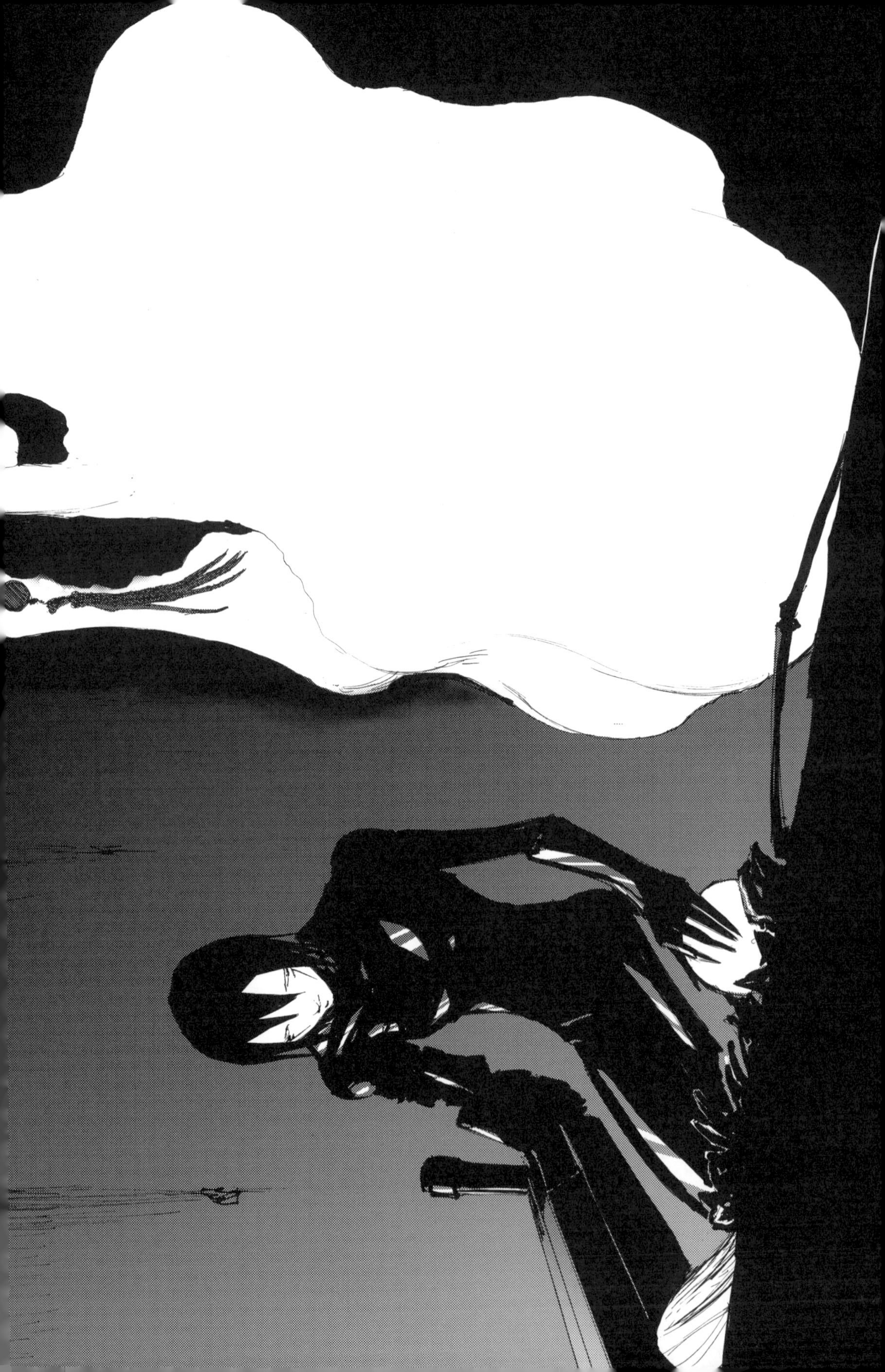

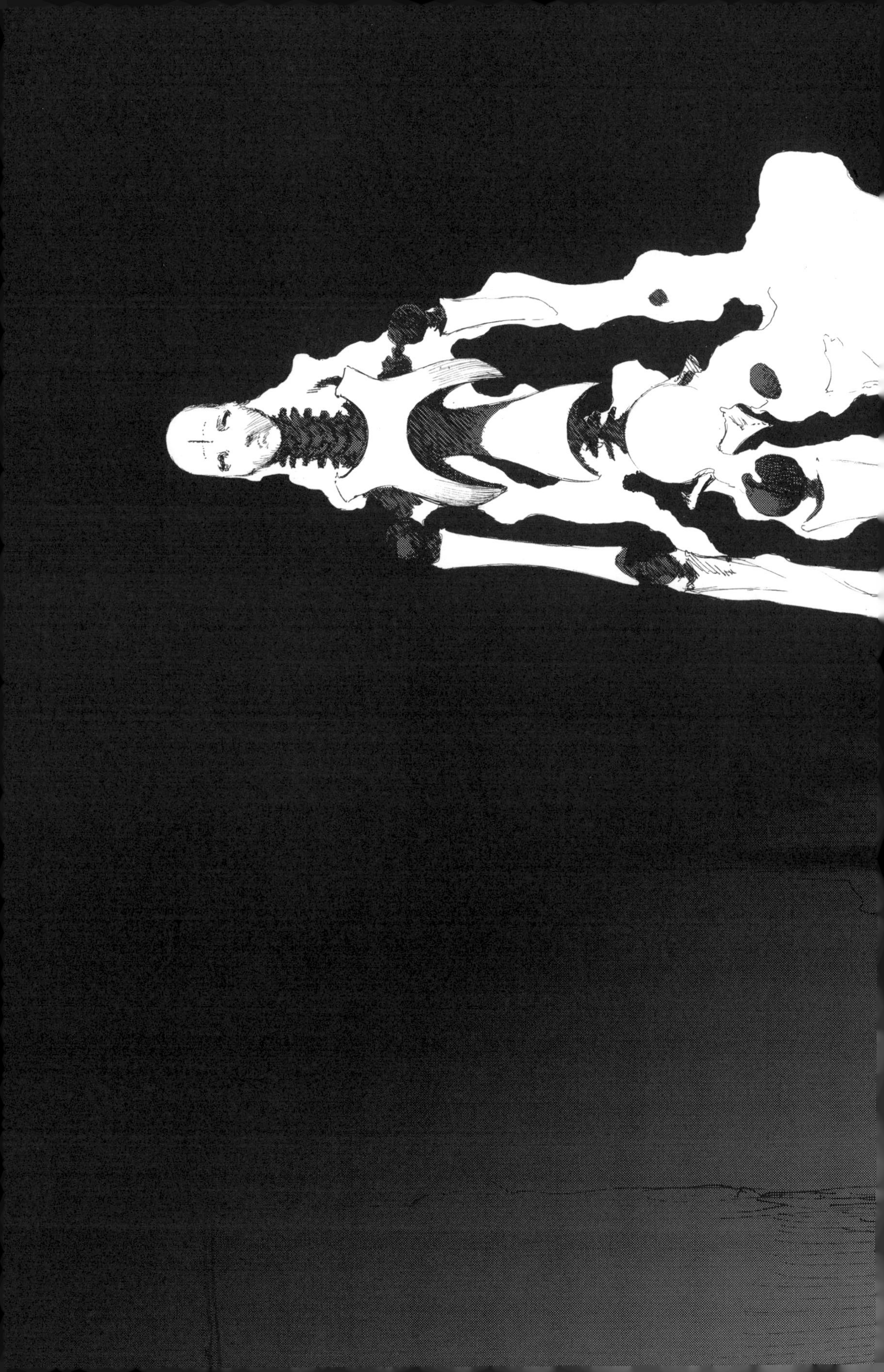

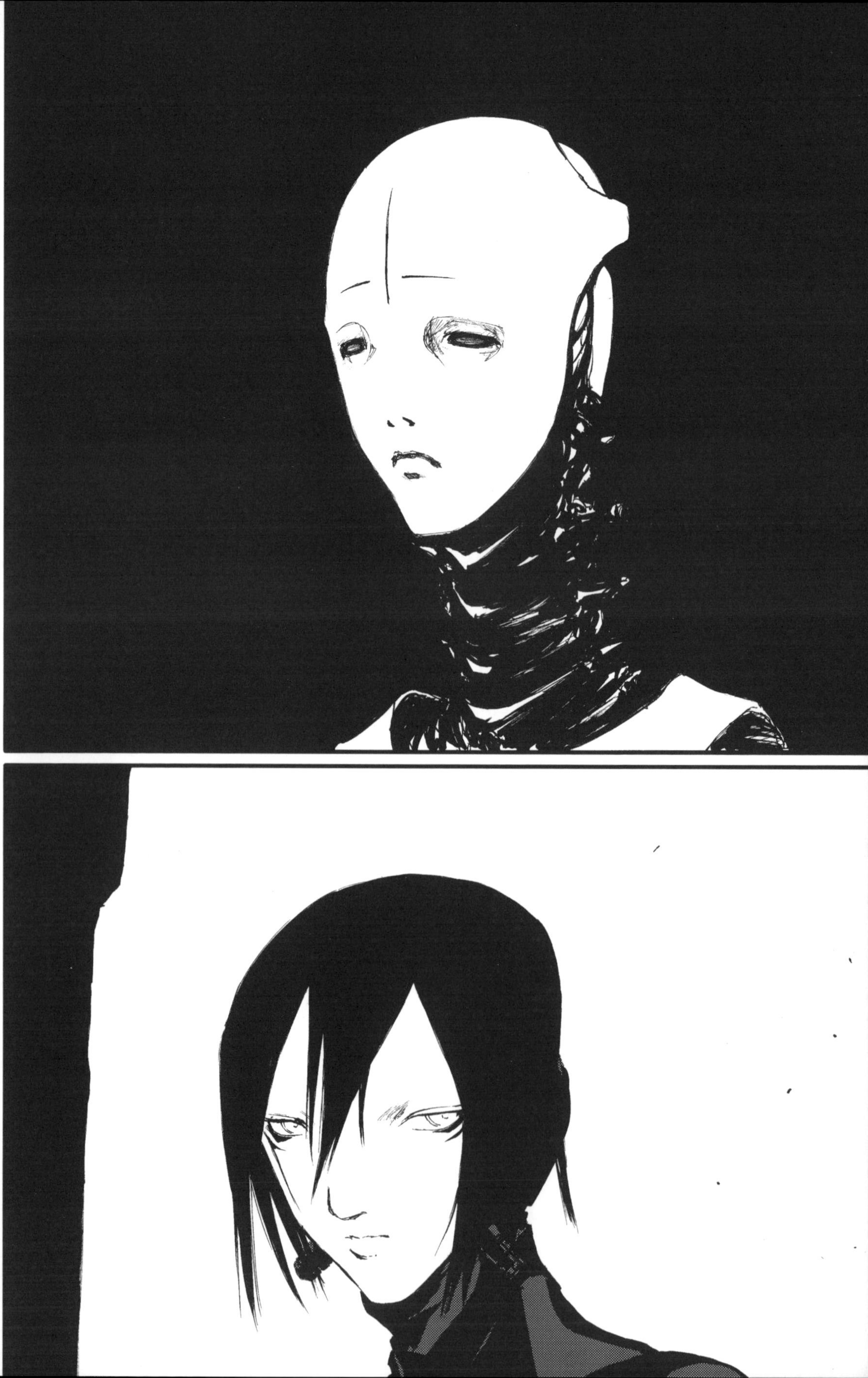

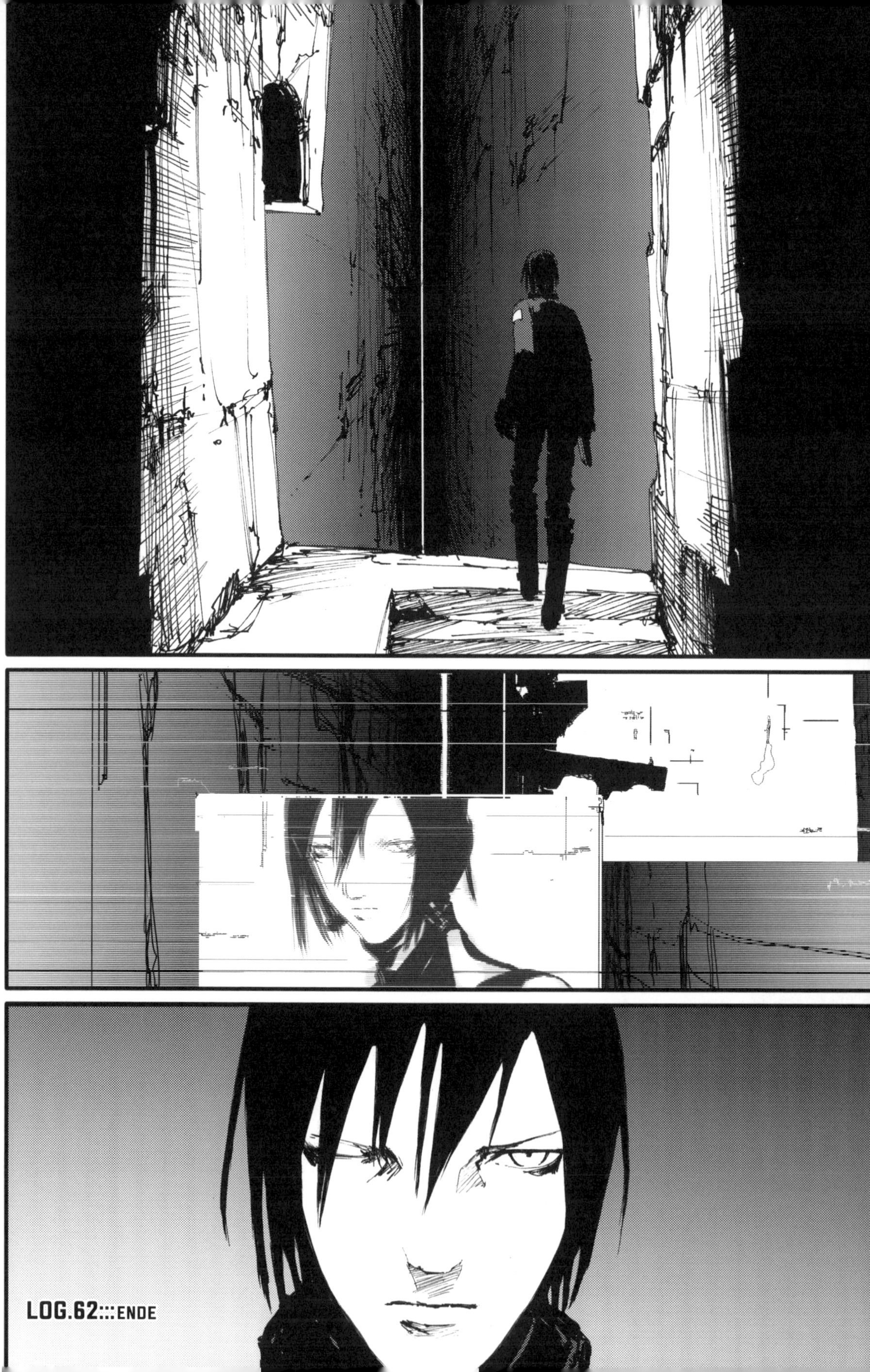
LOG.62:::ENDE

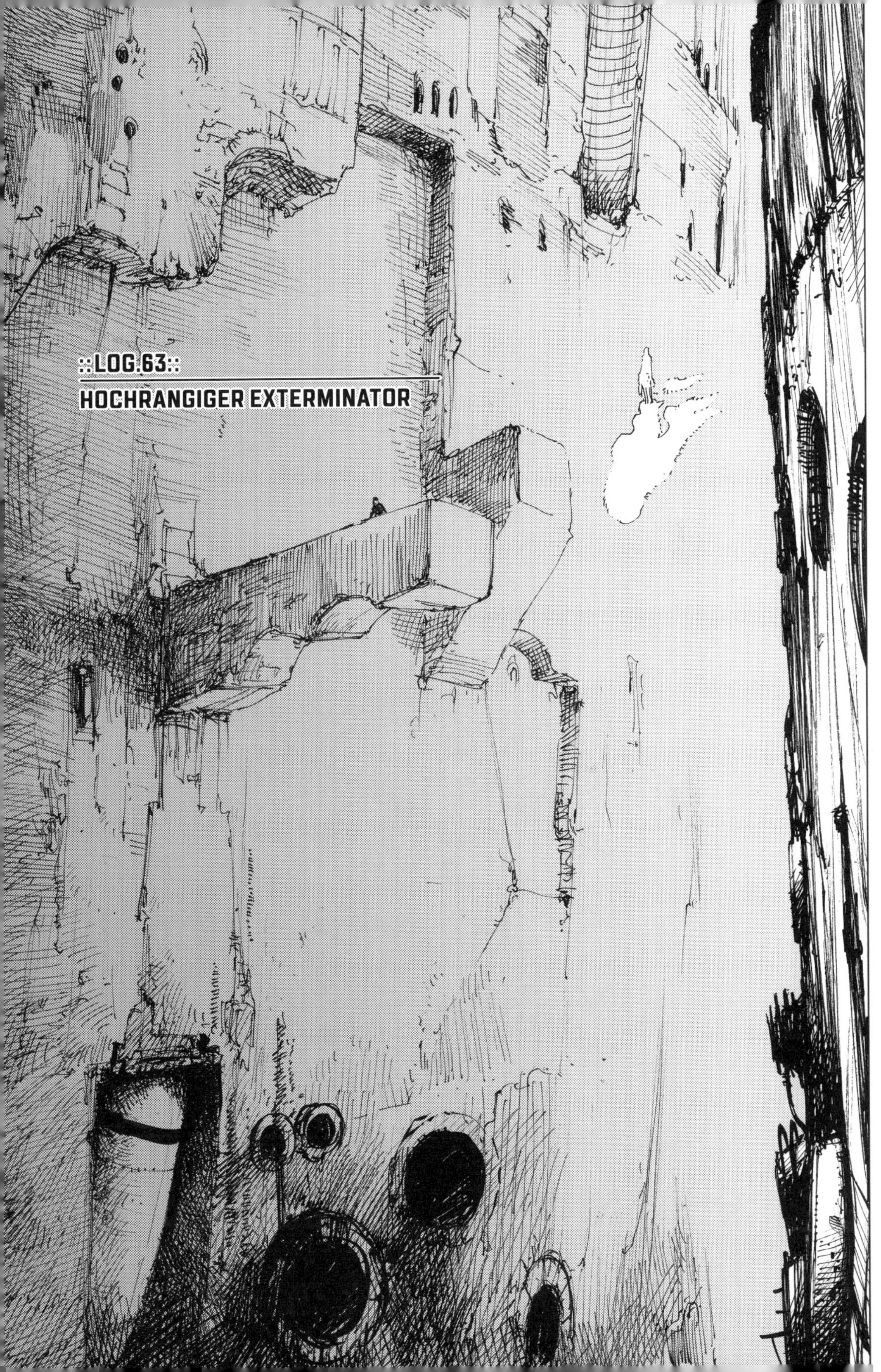
::LOG.63::
HOCHRANGIGER EXTERMINATOR

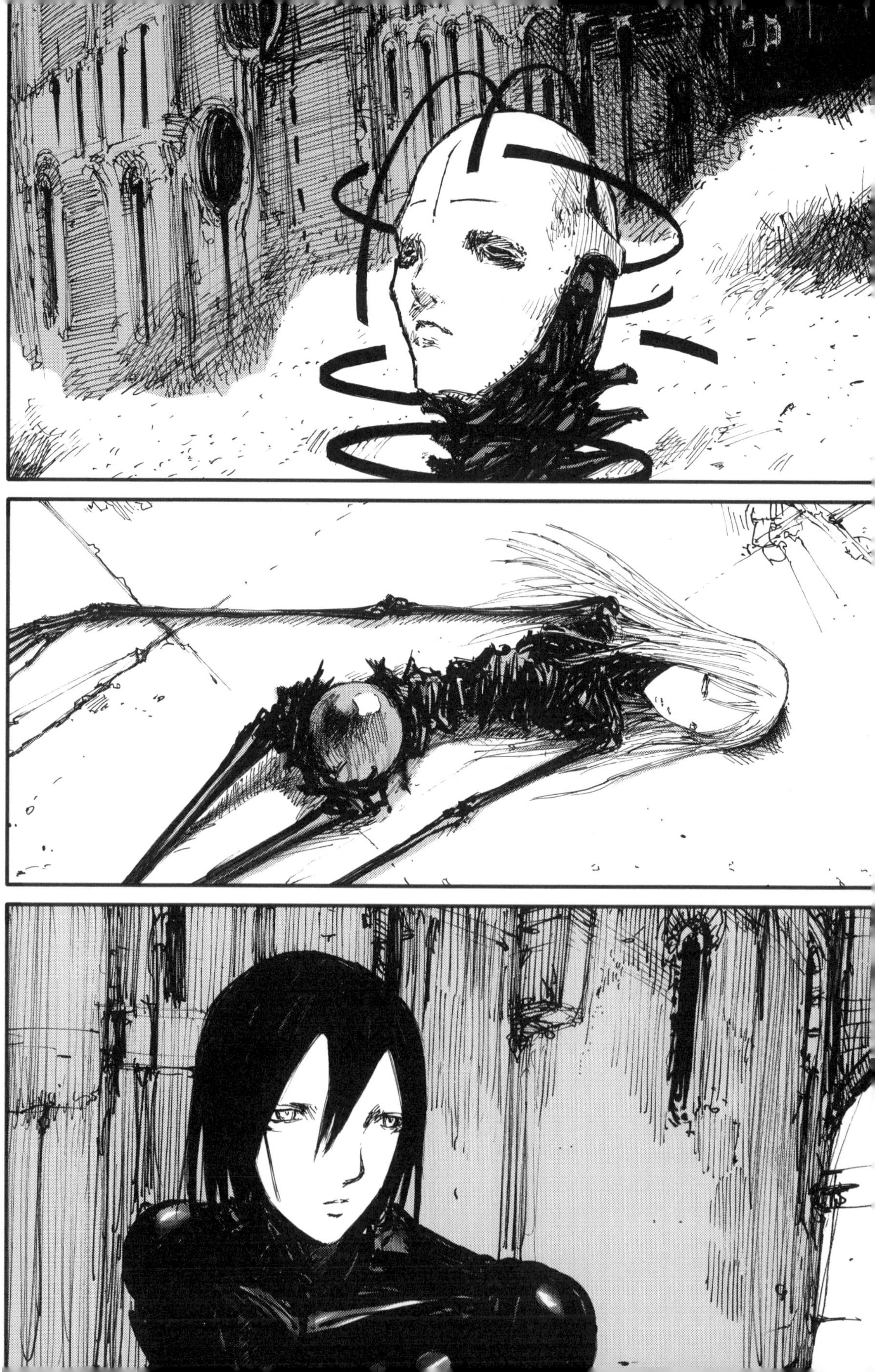

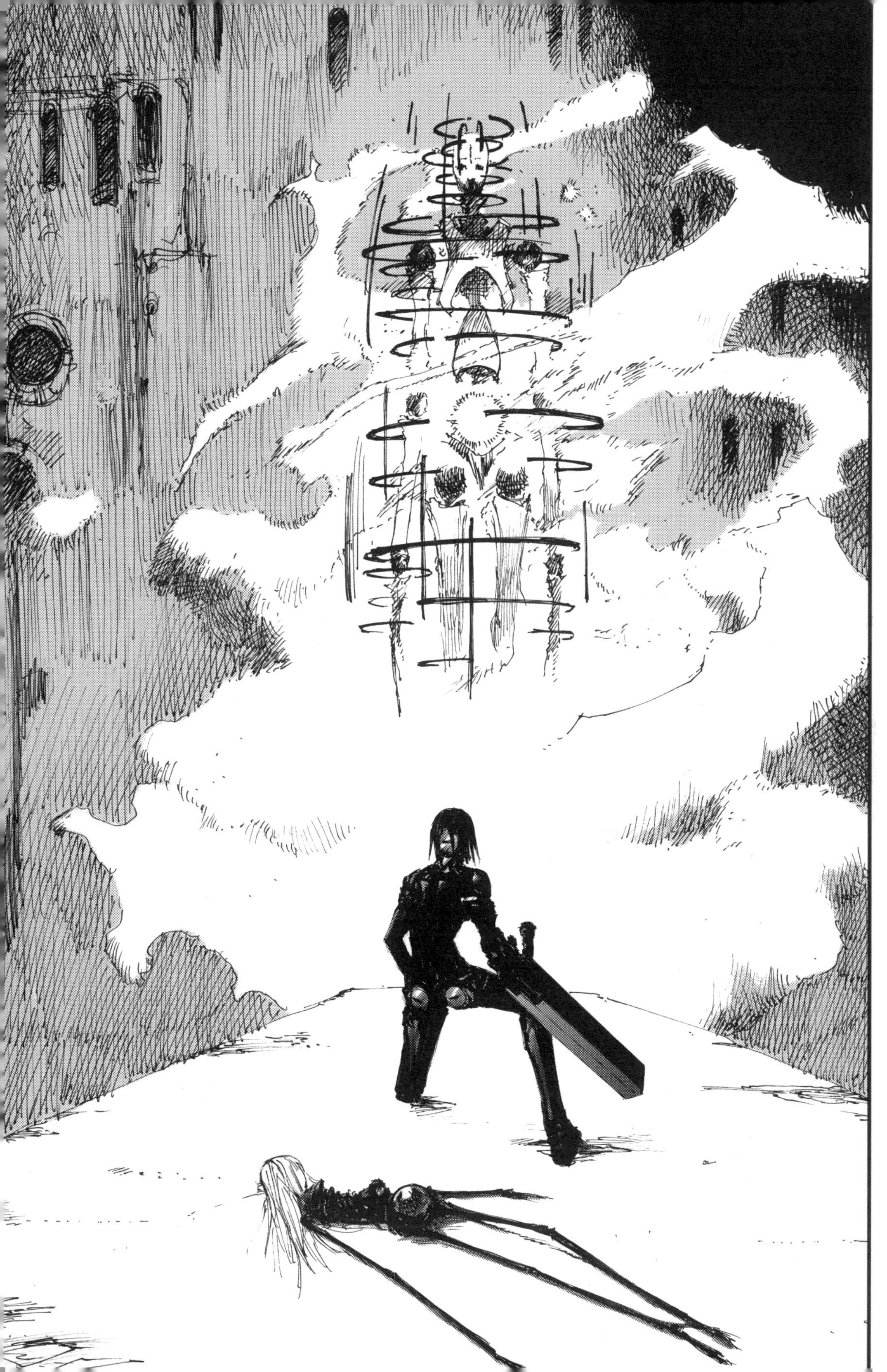

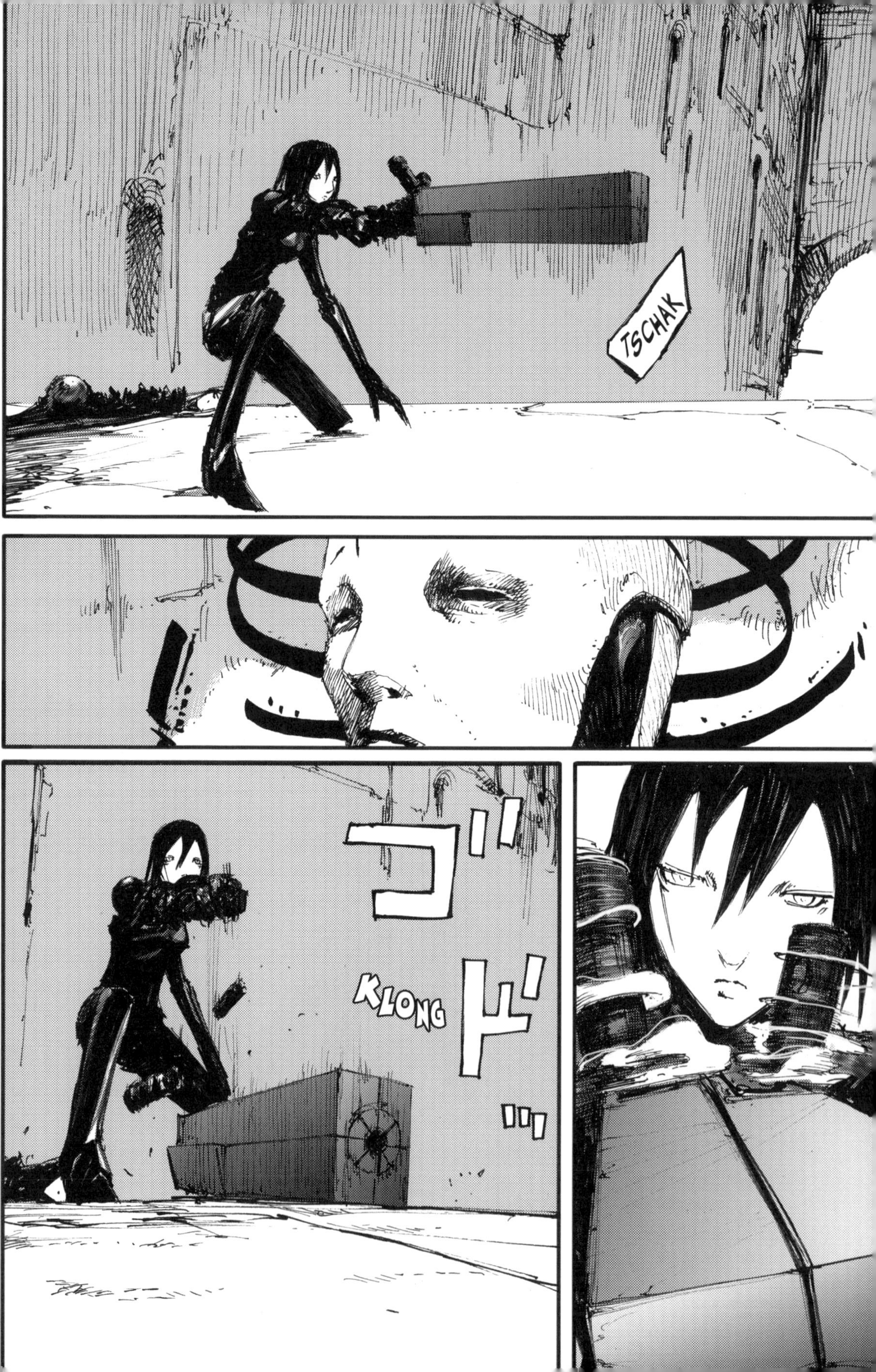
TSCHAK
KLONG
ゴ
ド
…

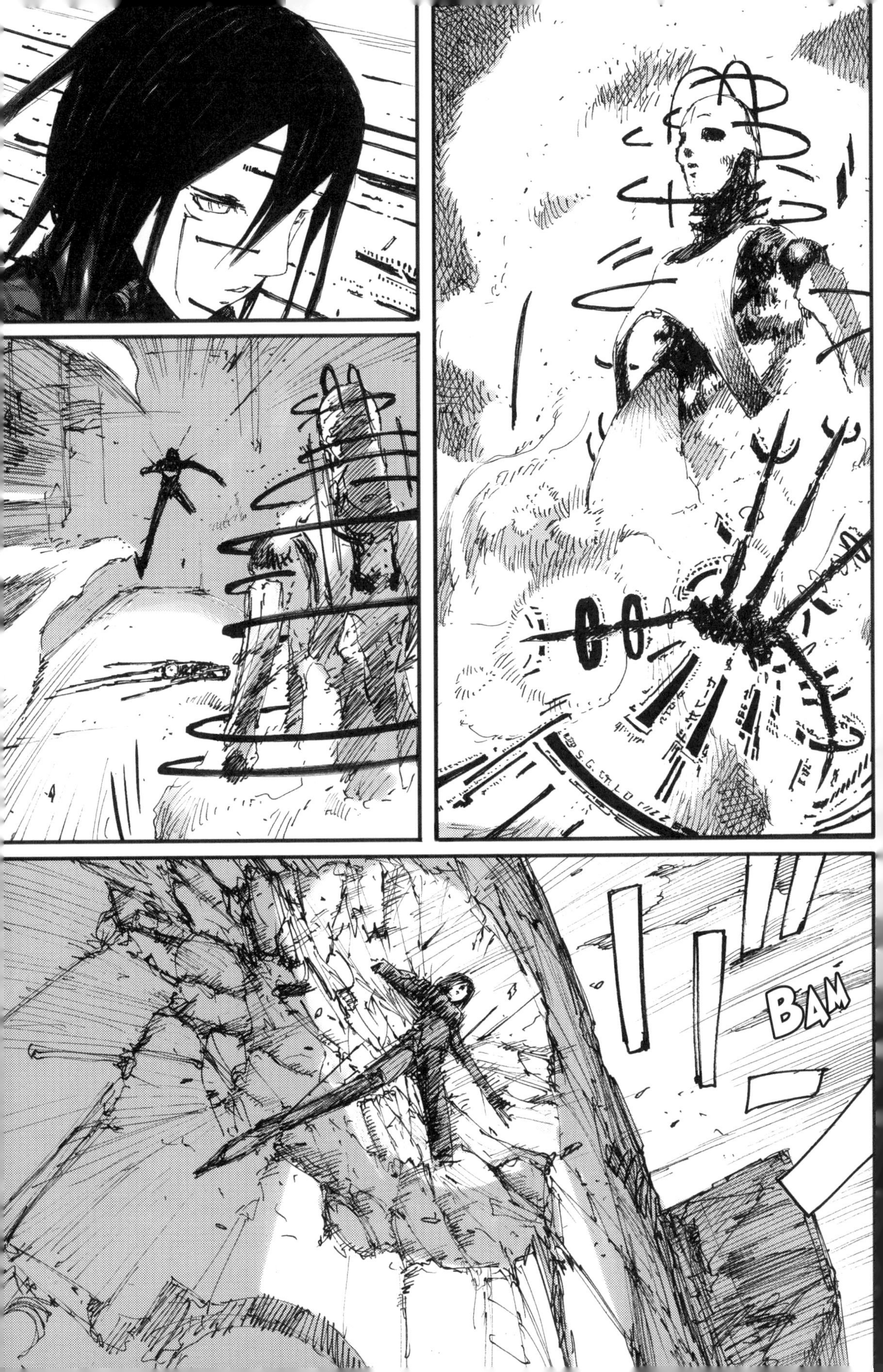
BAM

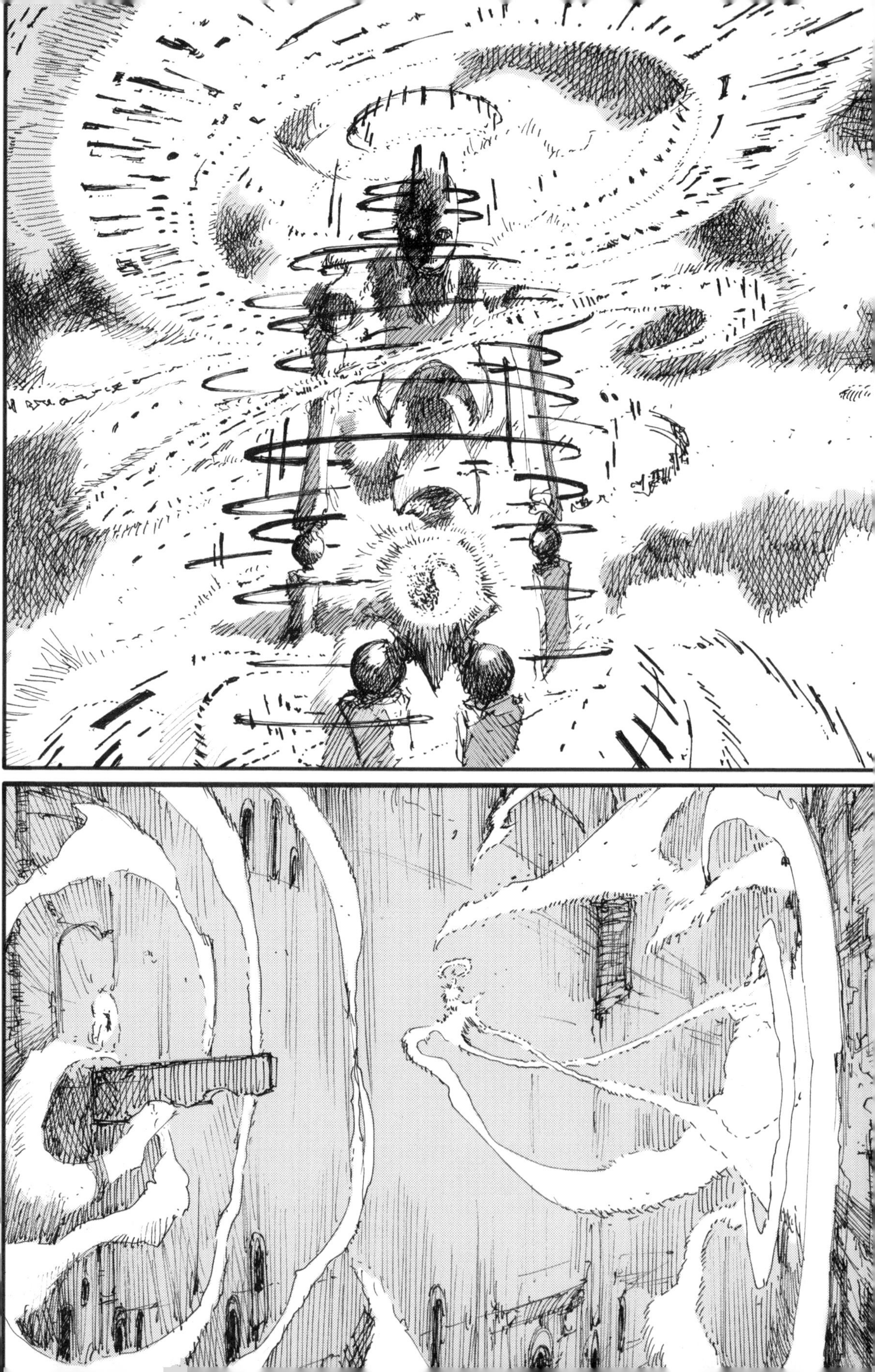

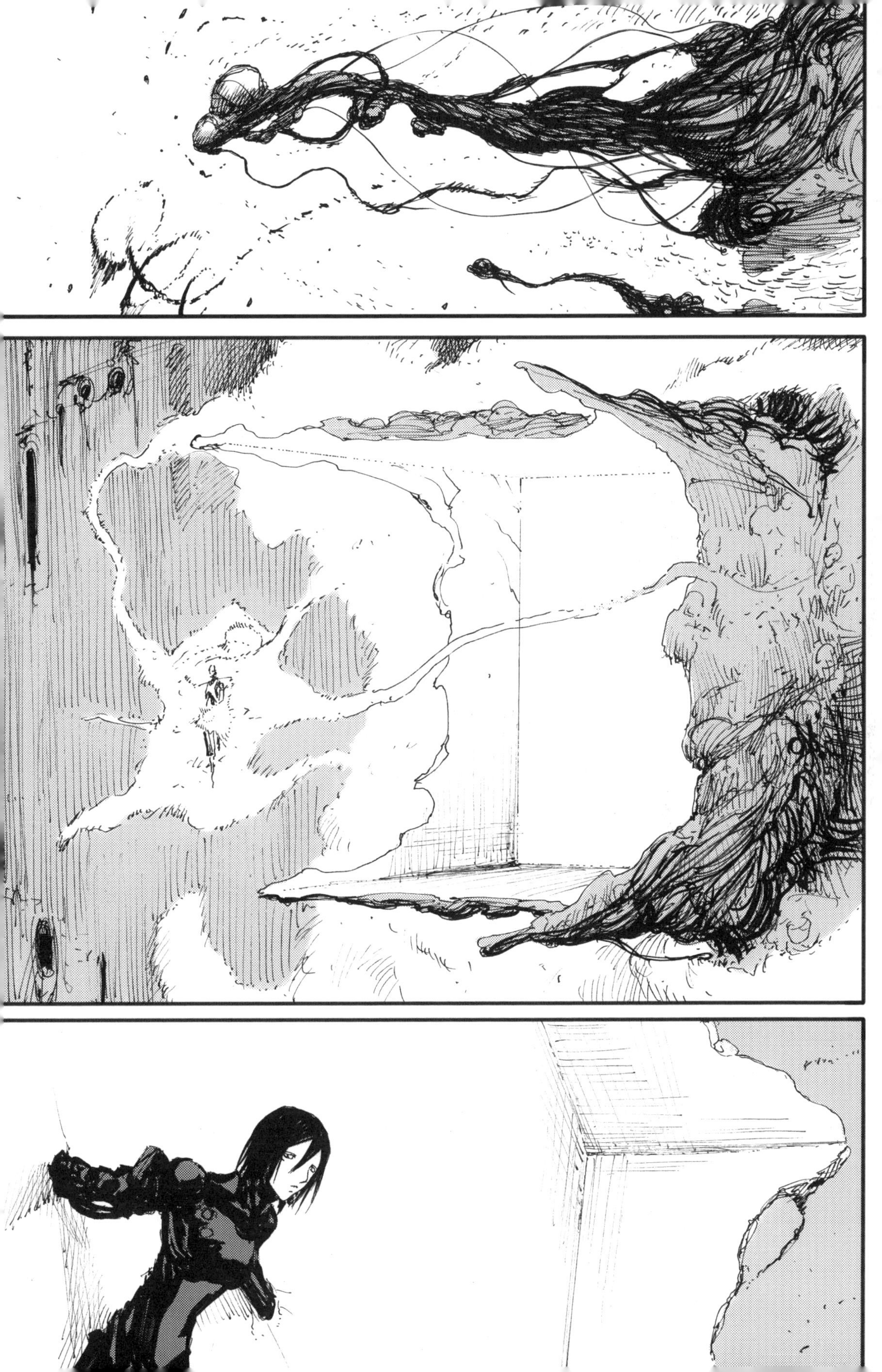

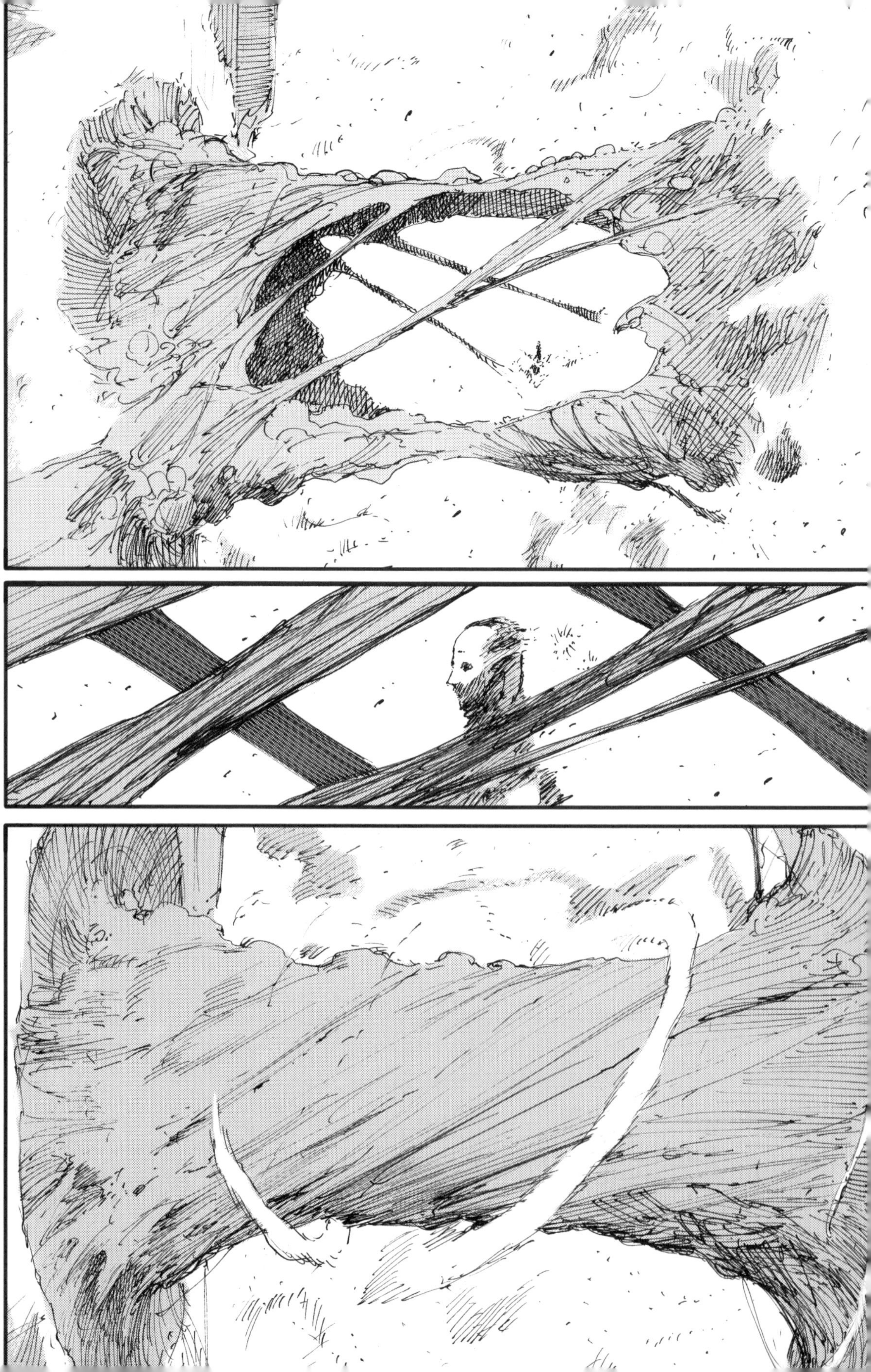

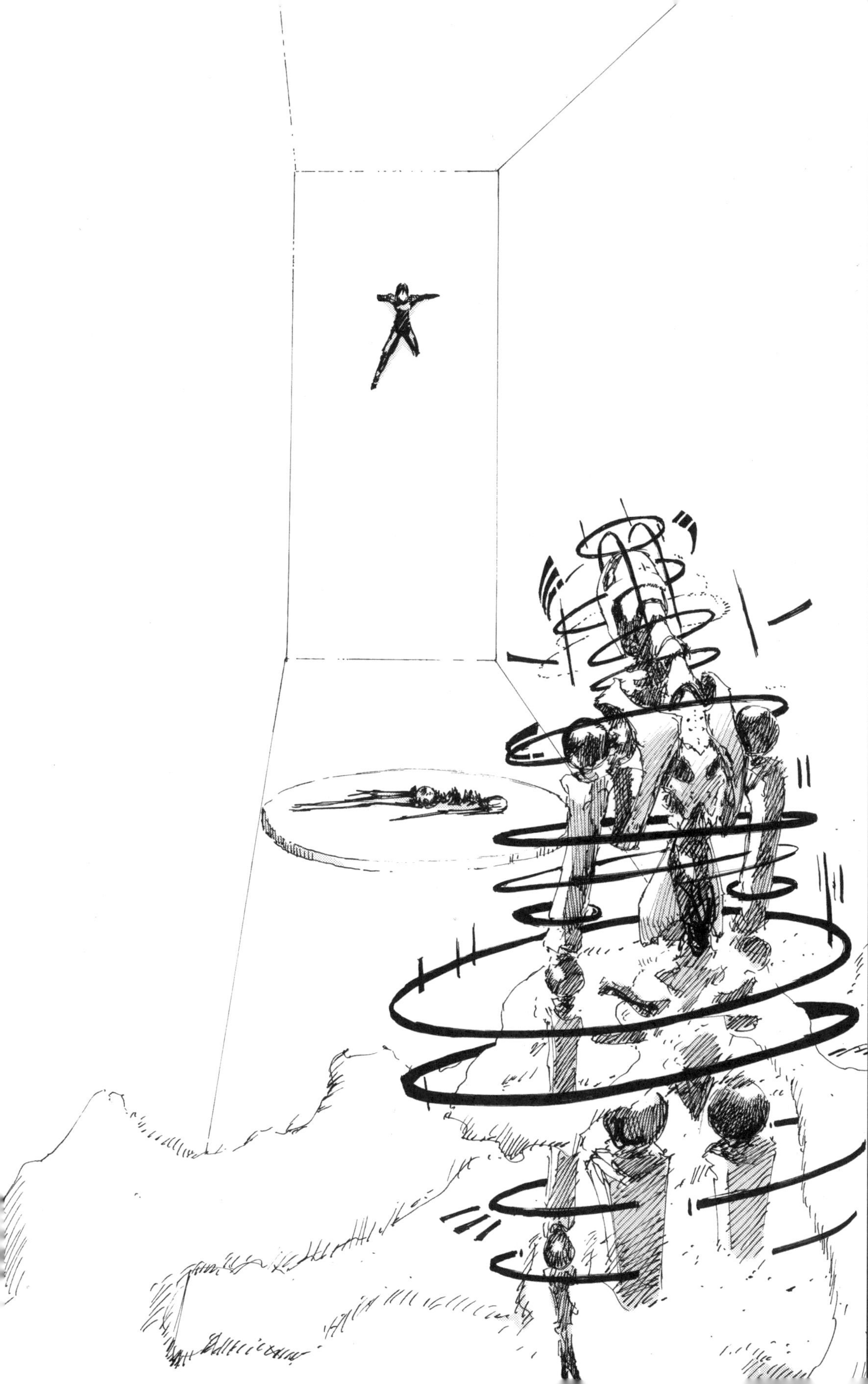

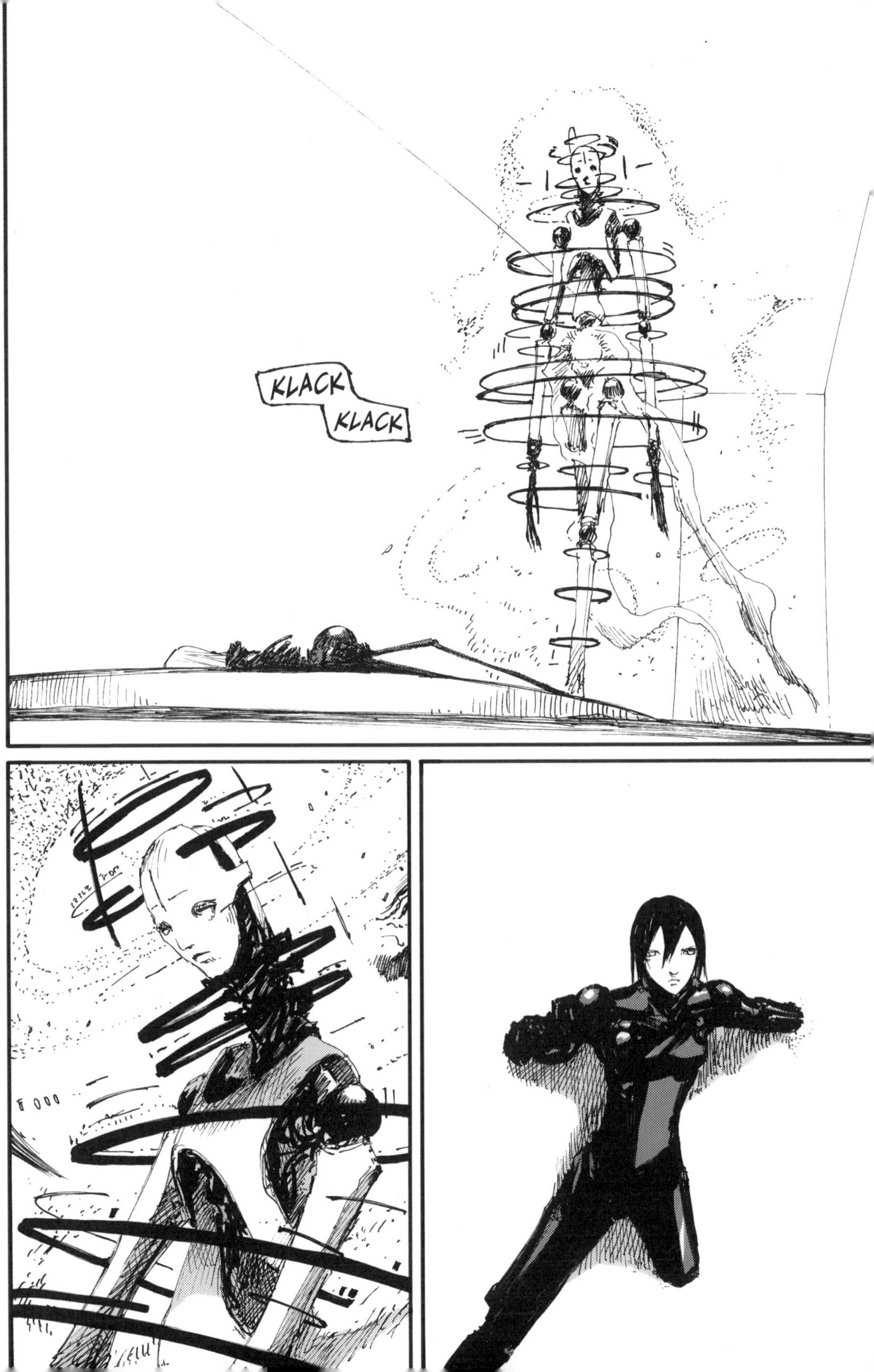
KLACK
KLACK

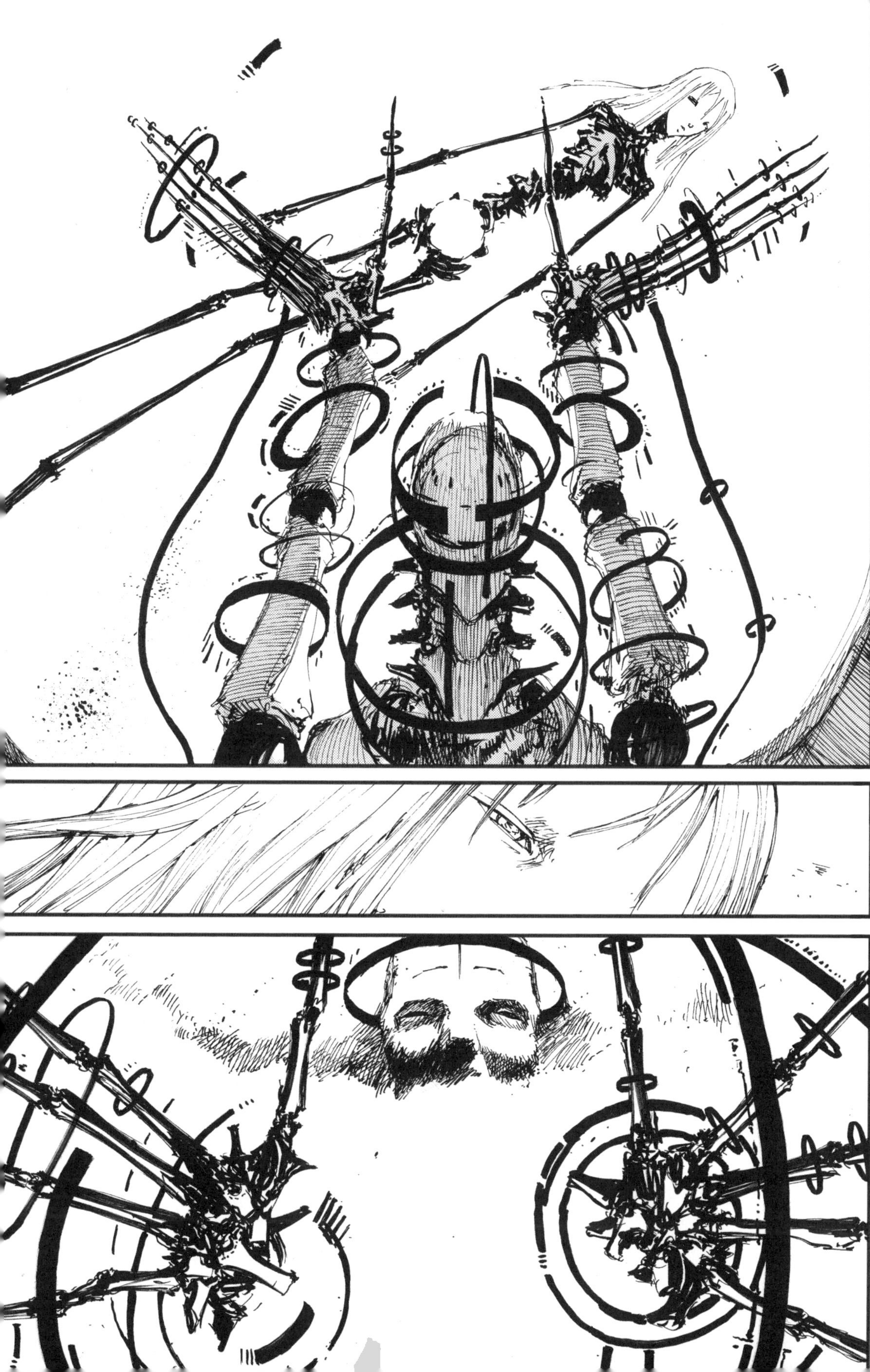

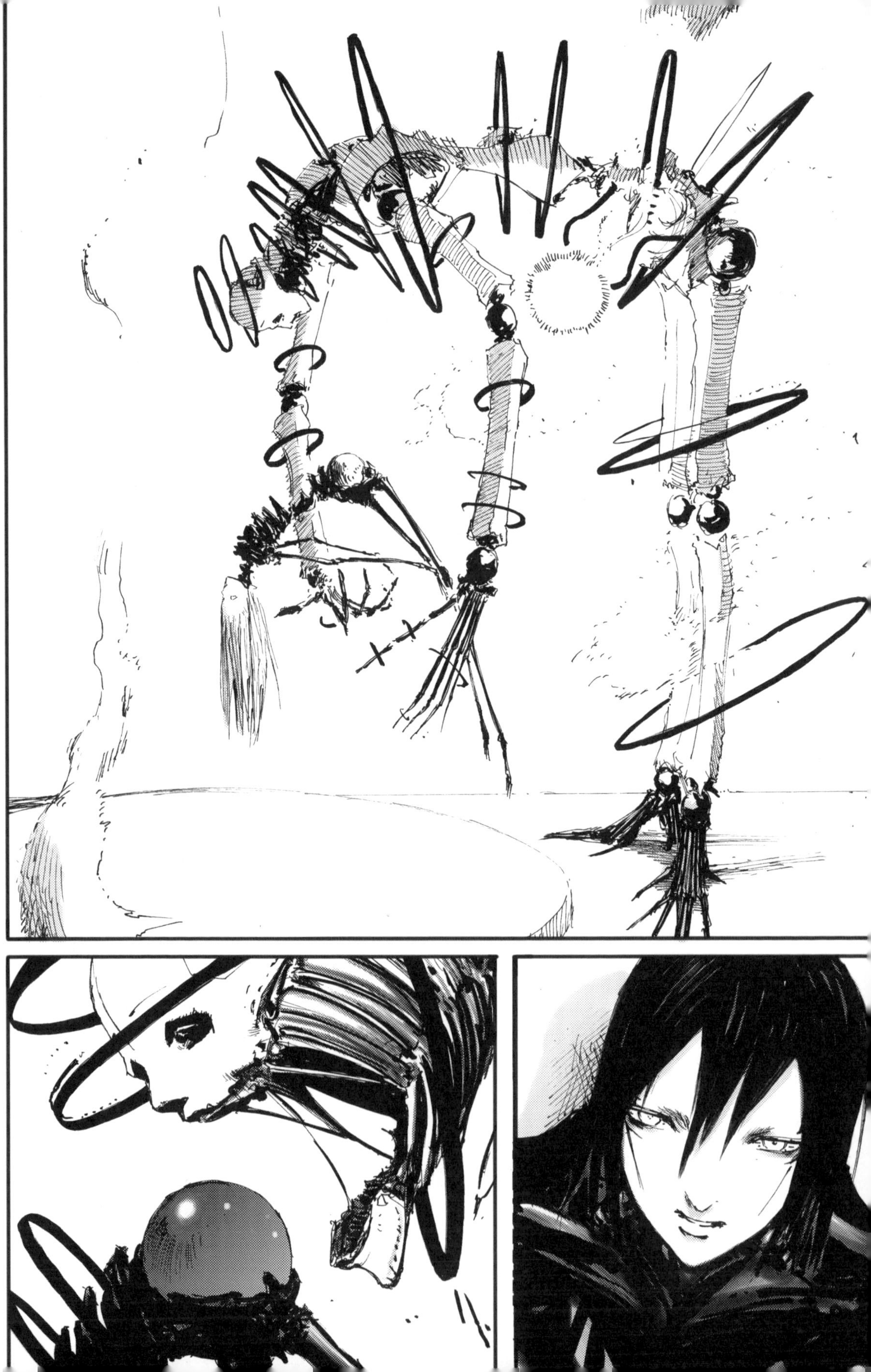

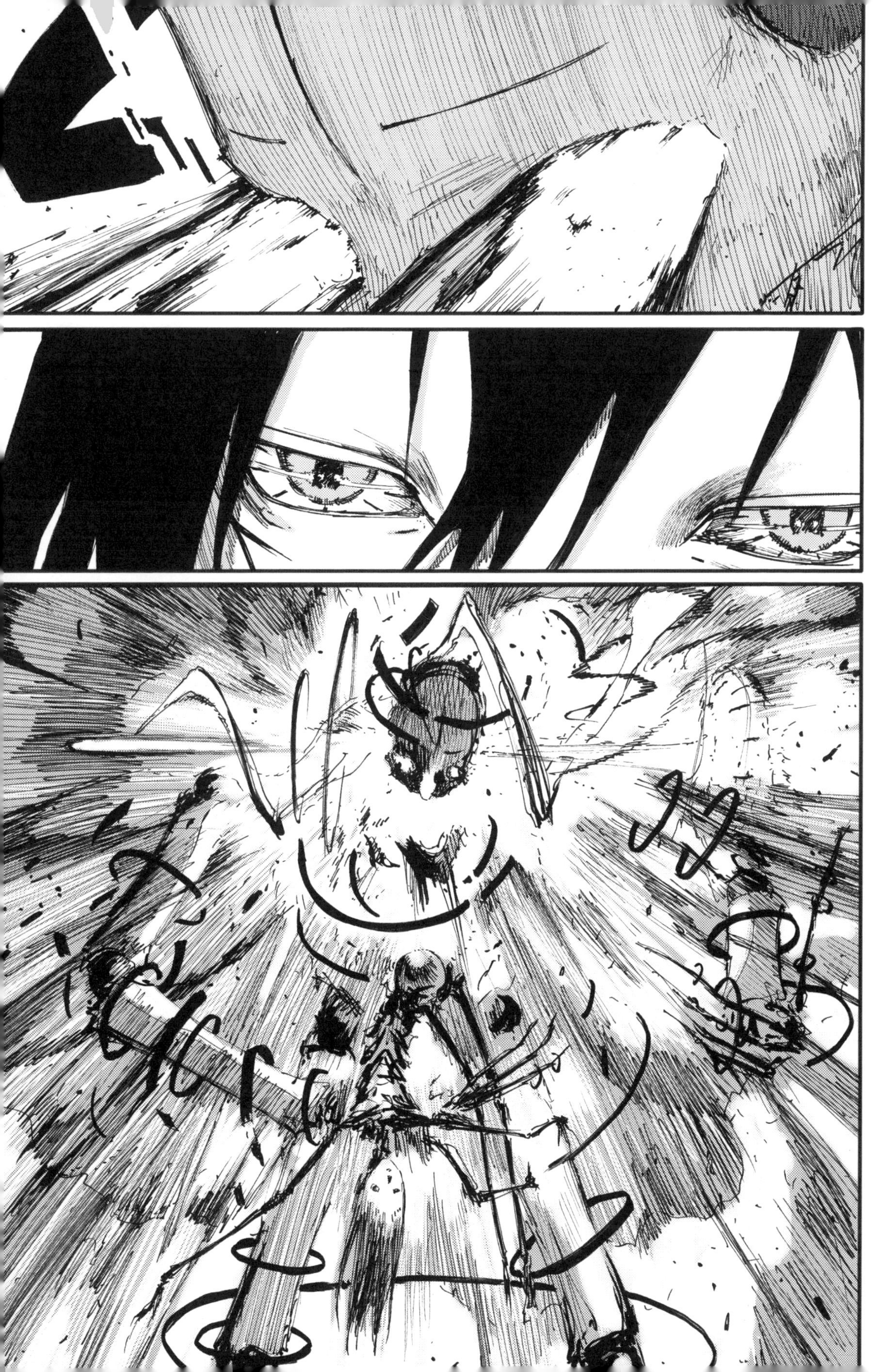

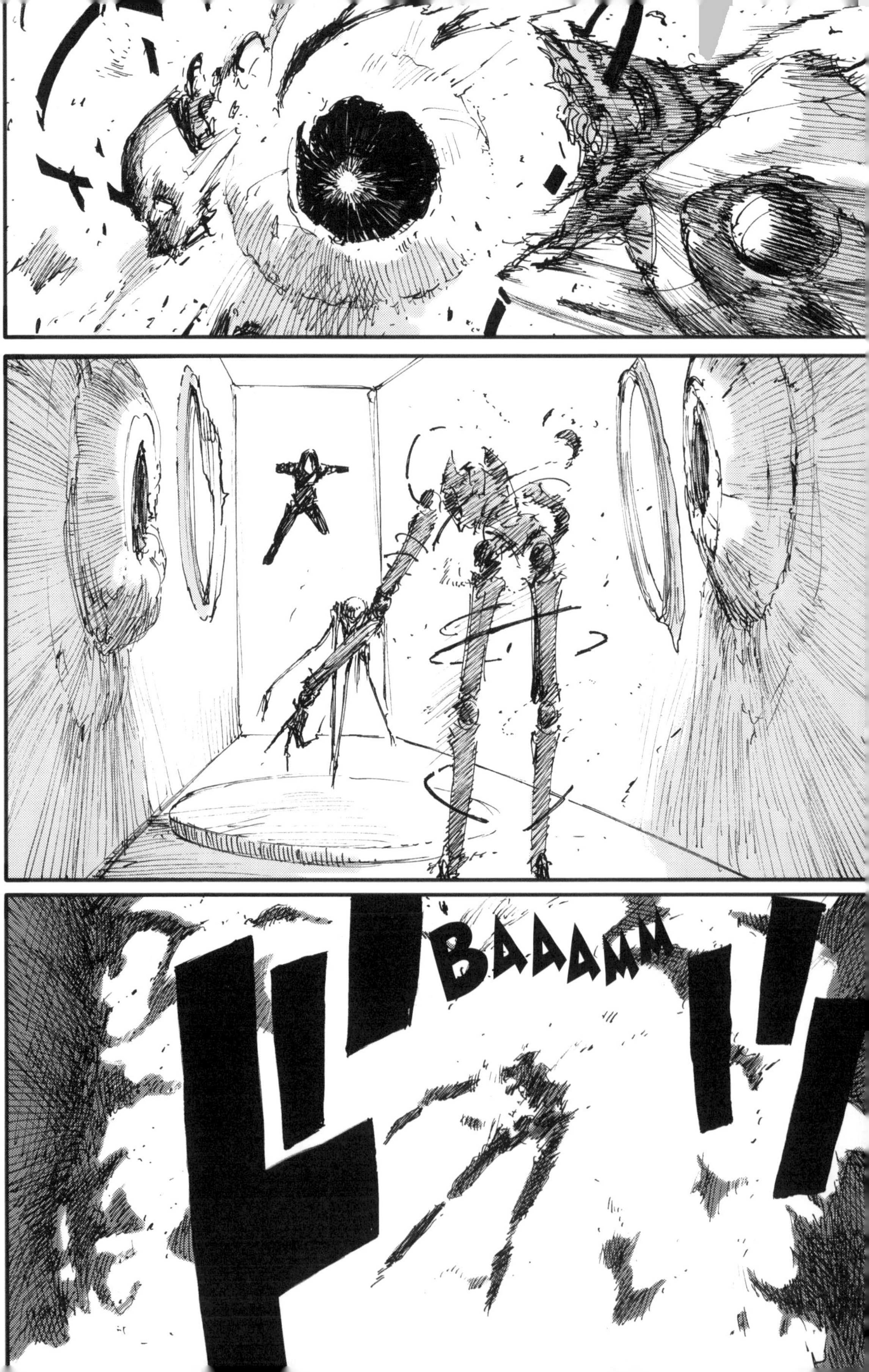
BAAAMM

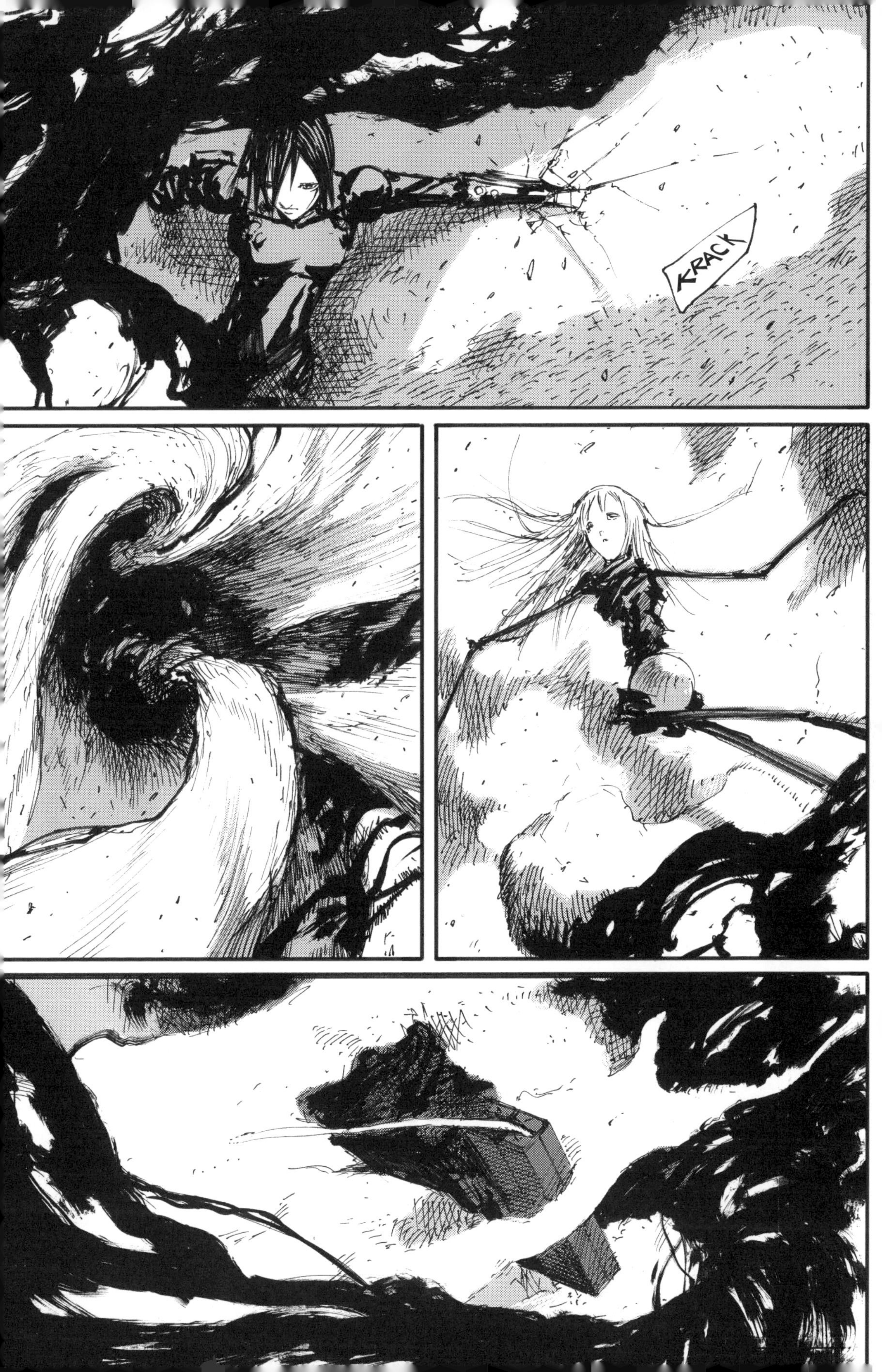
KRACK

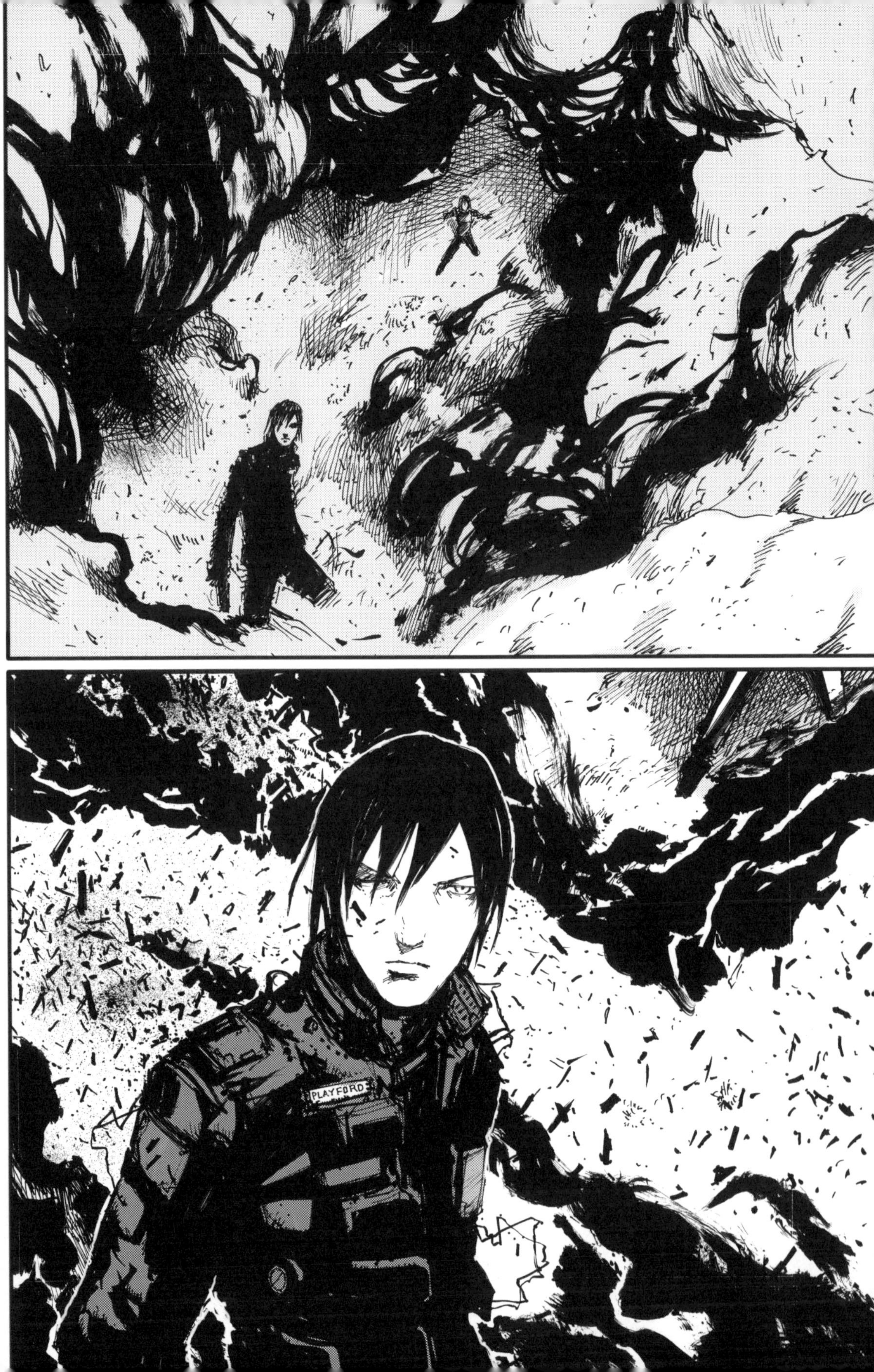
PLAYFORD

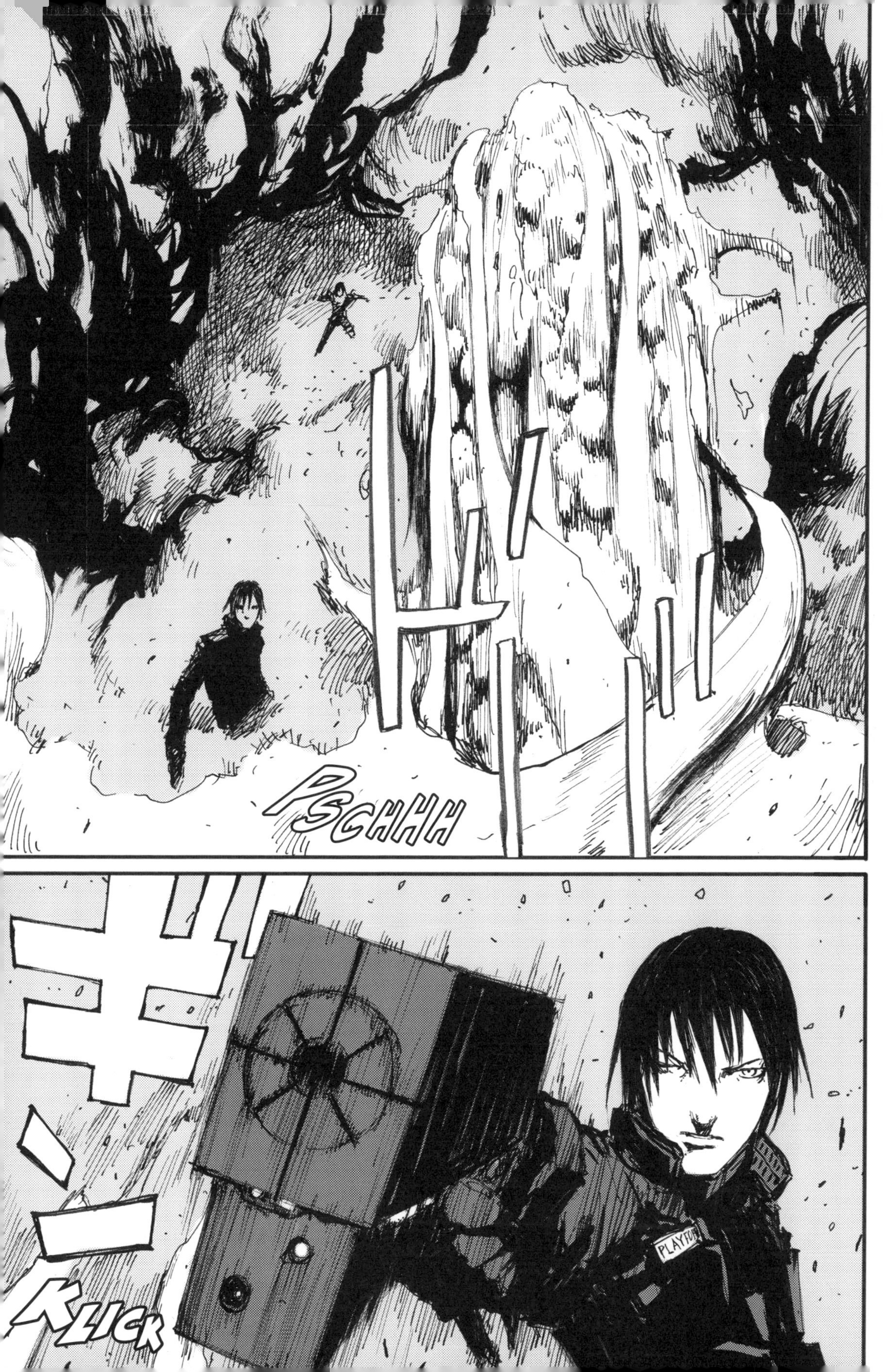
PSCHHH
KLICK

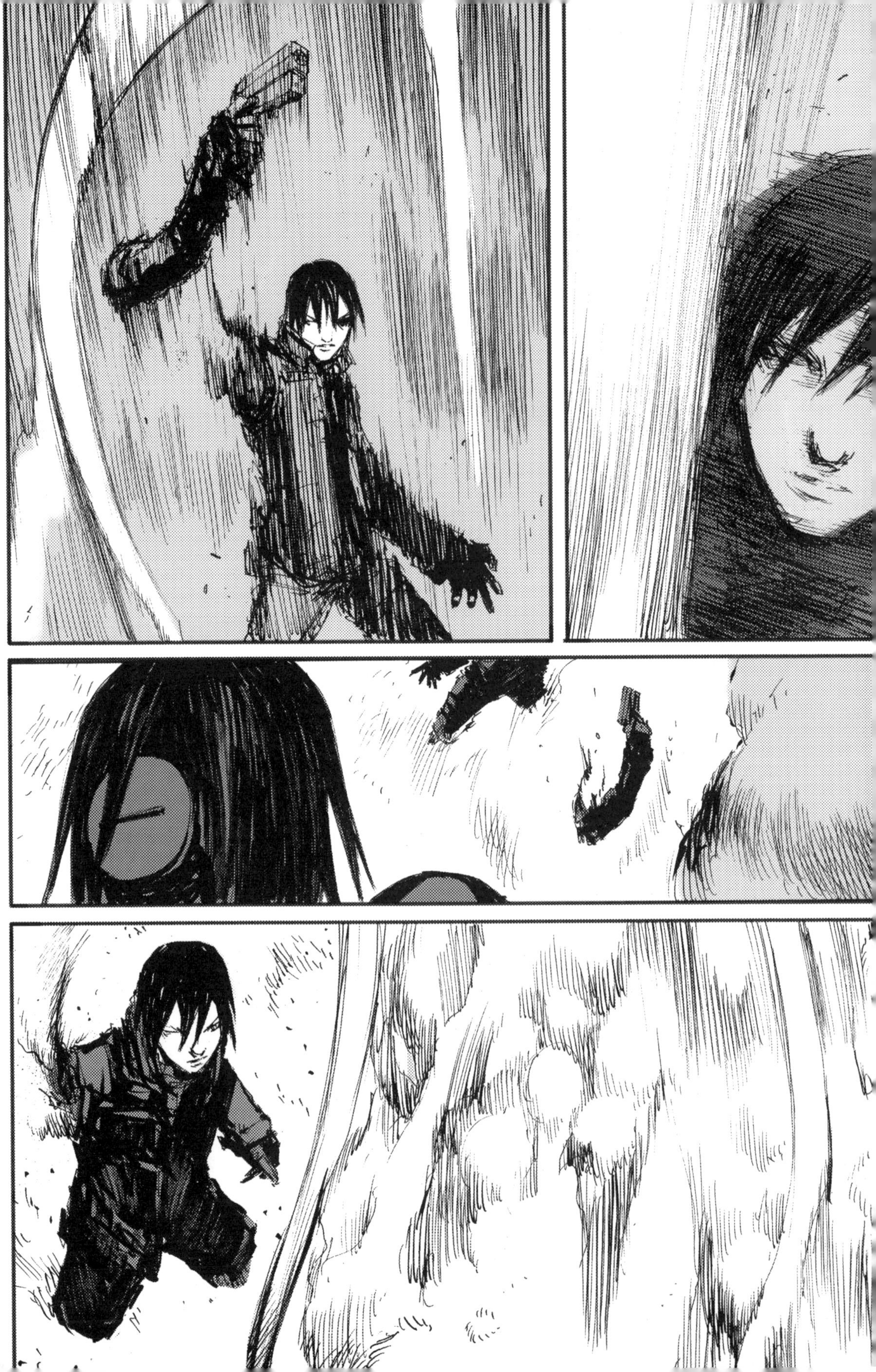

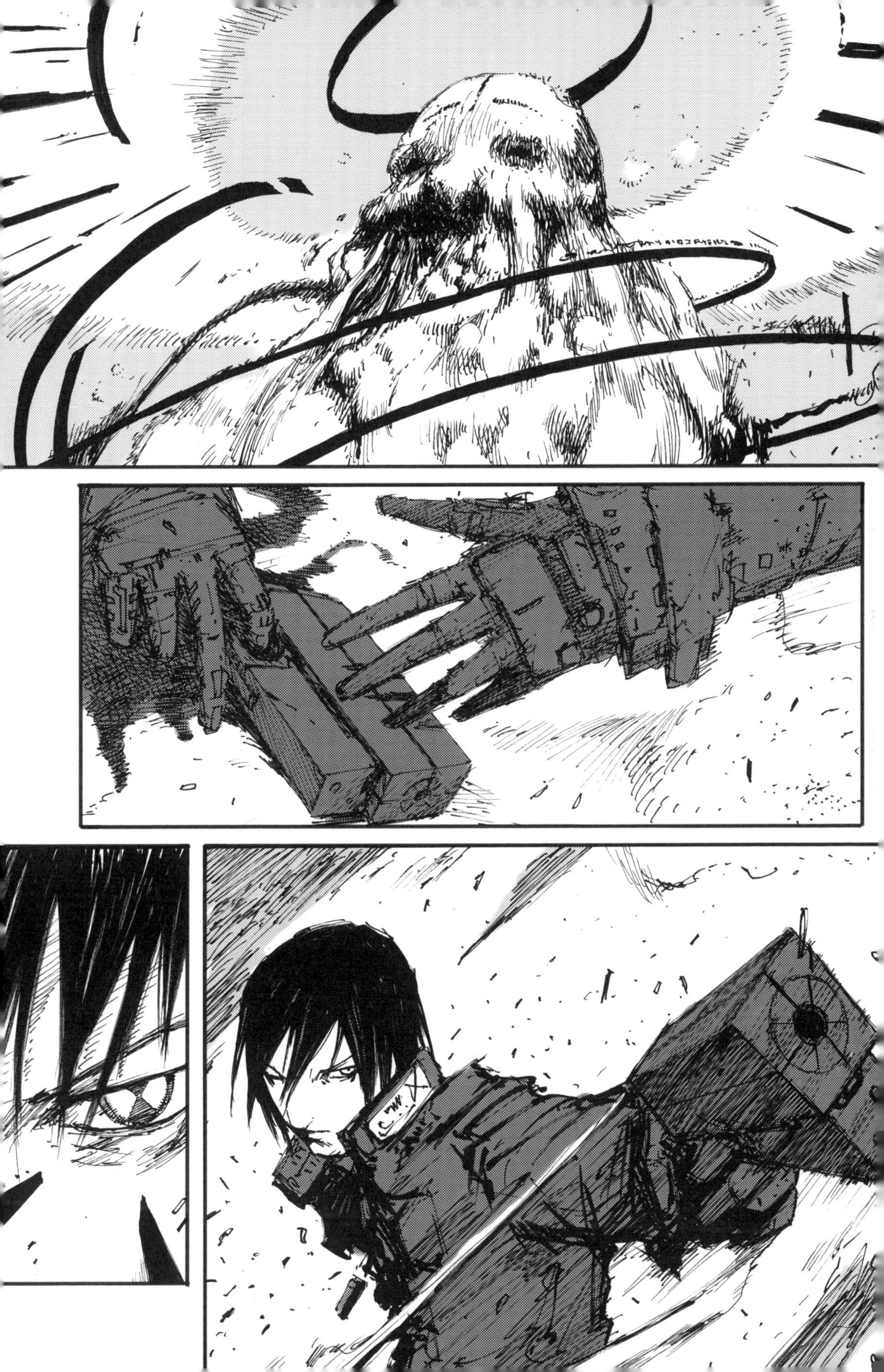

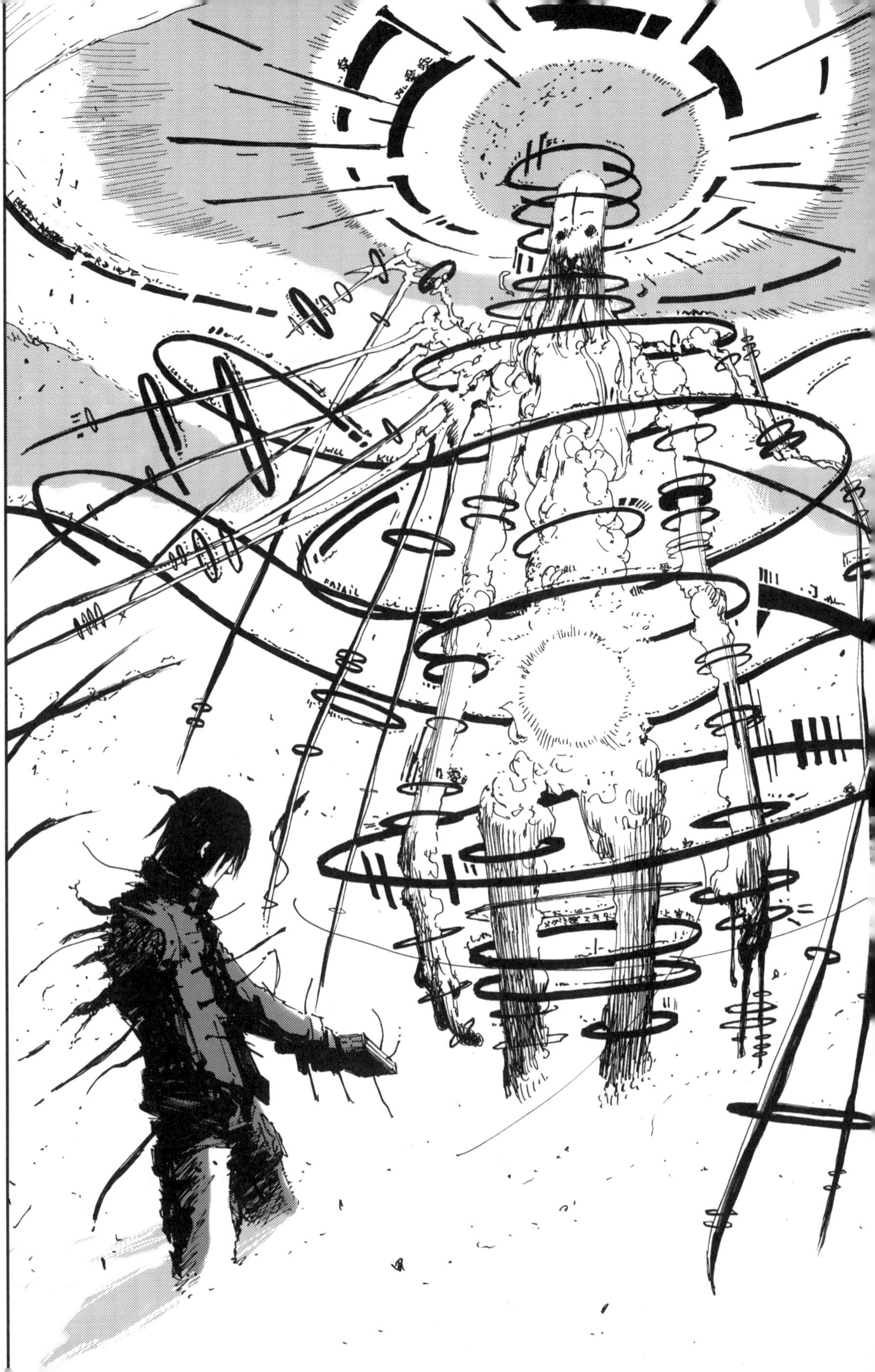

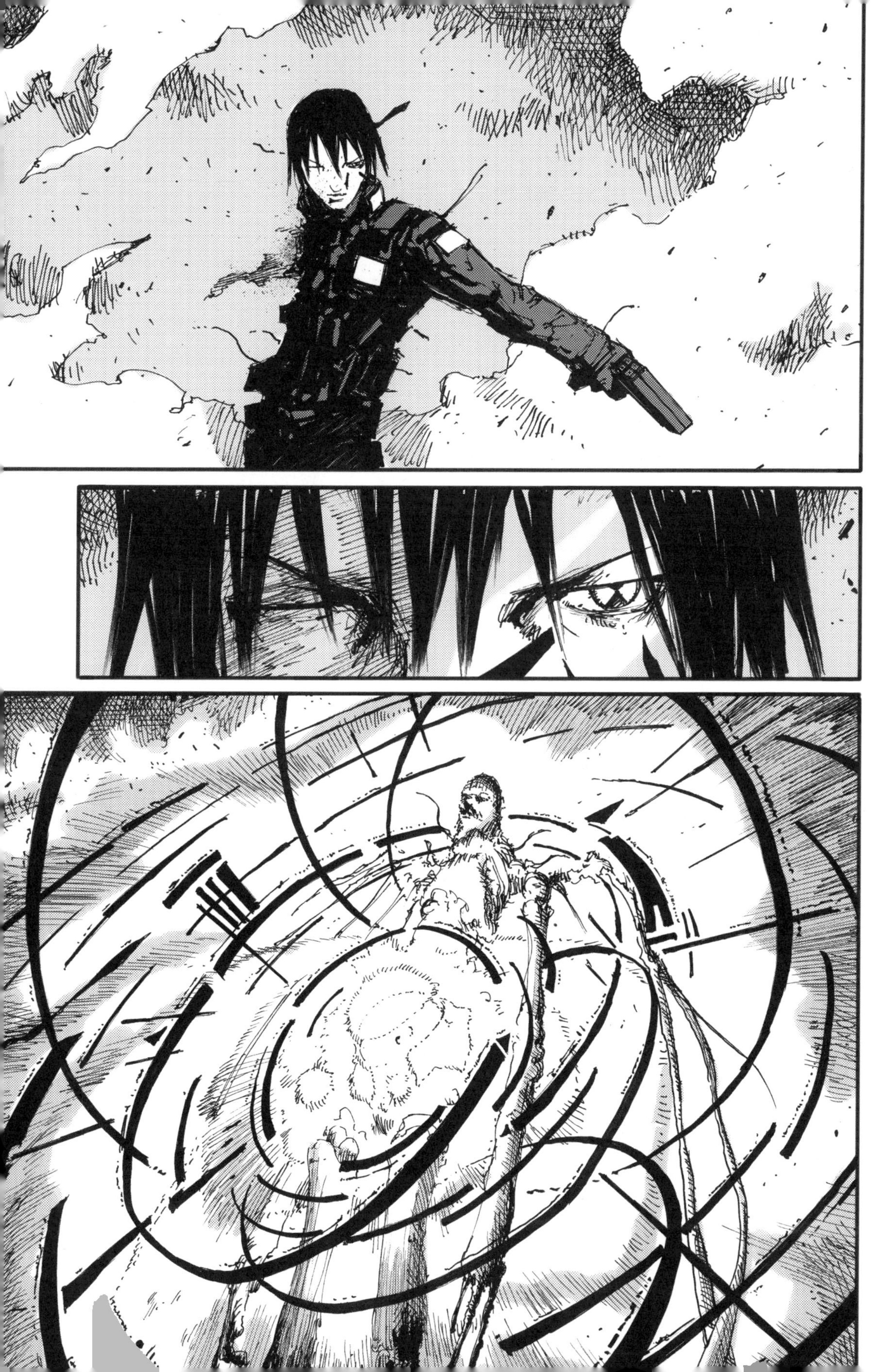

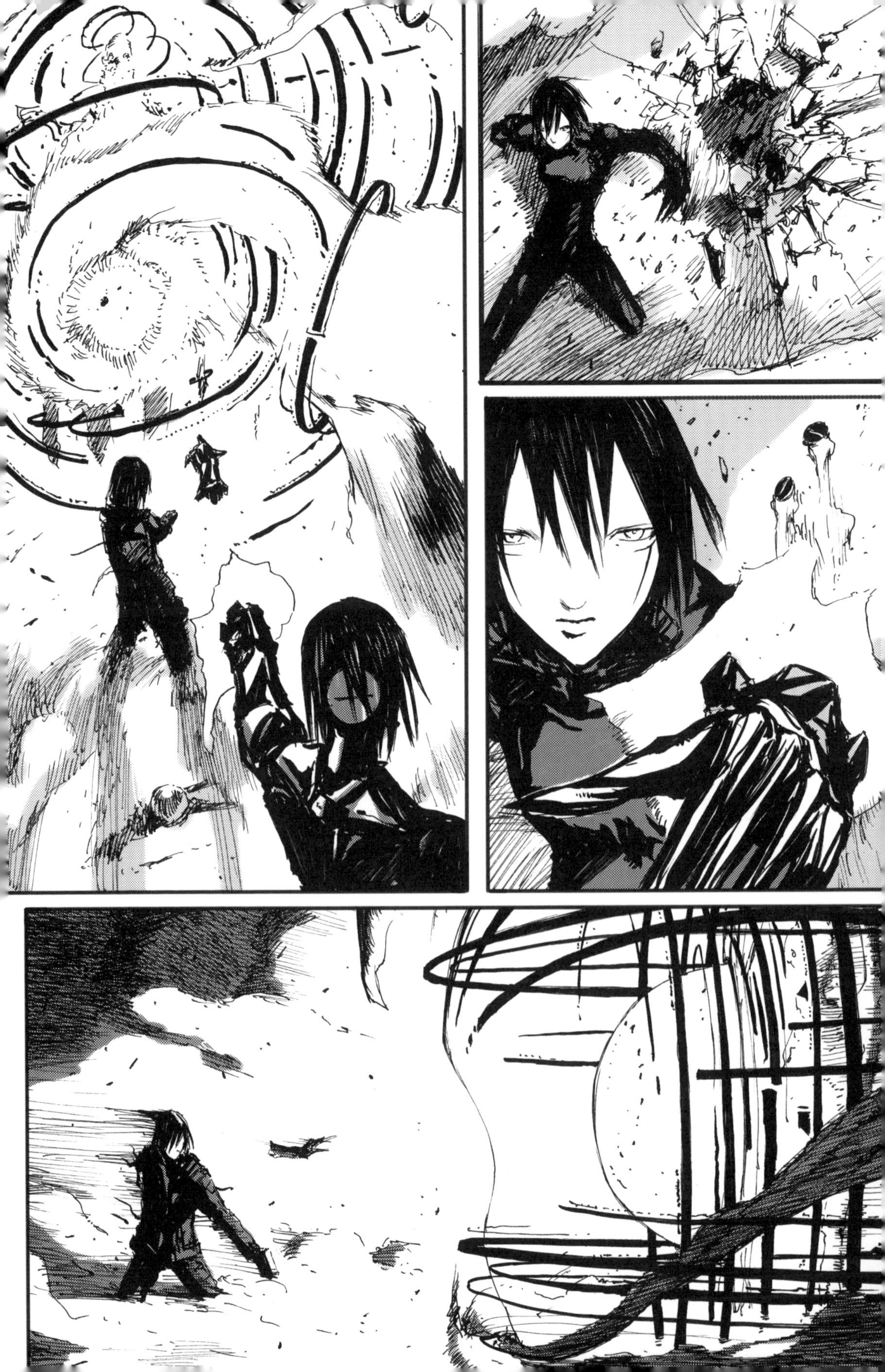

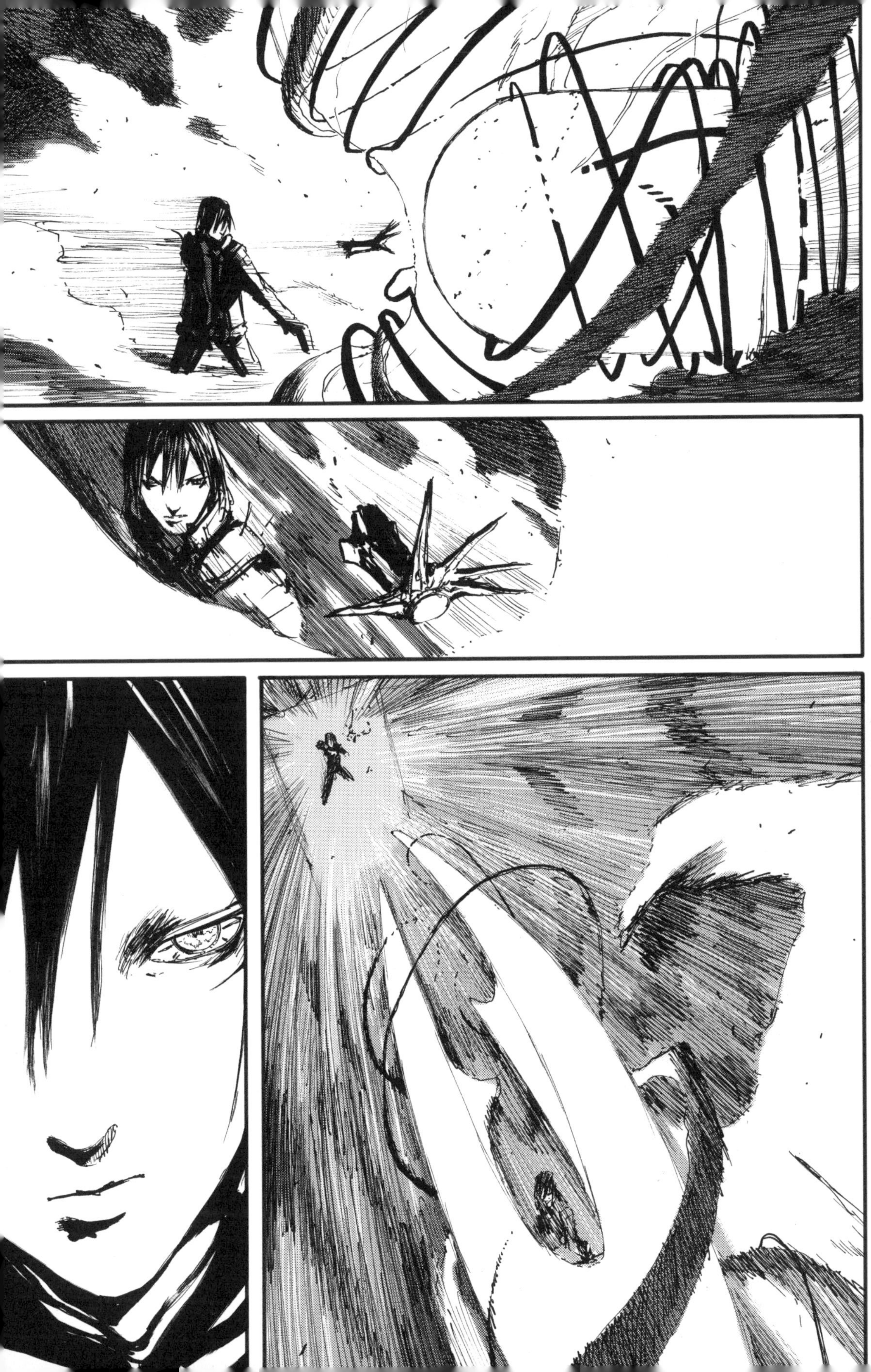

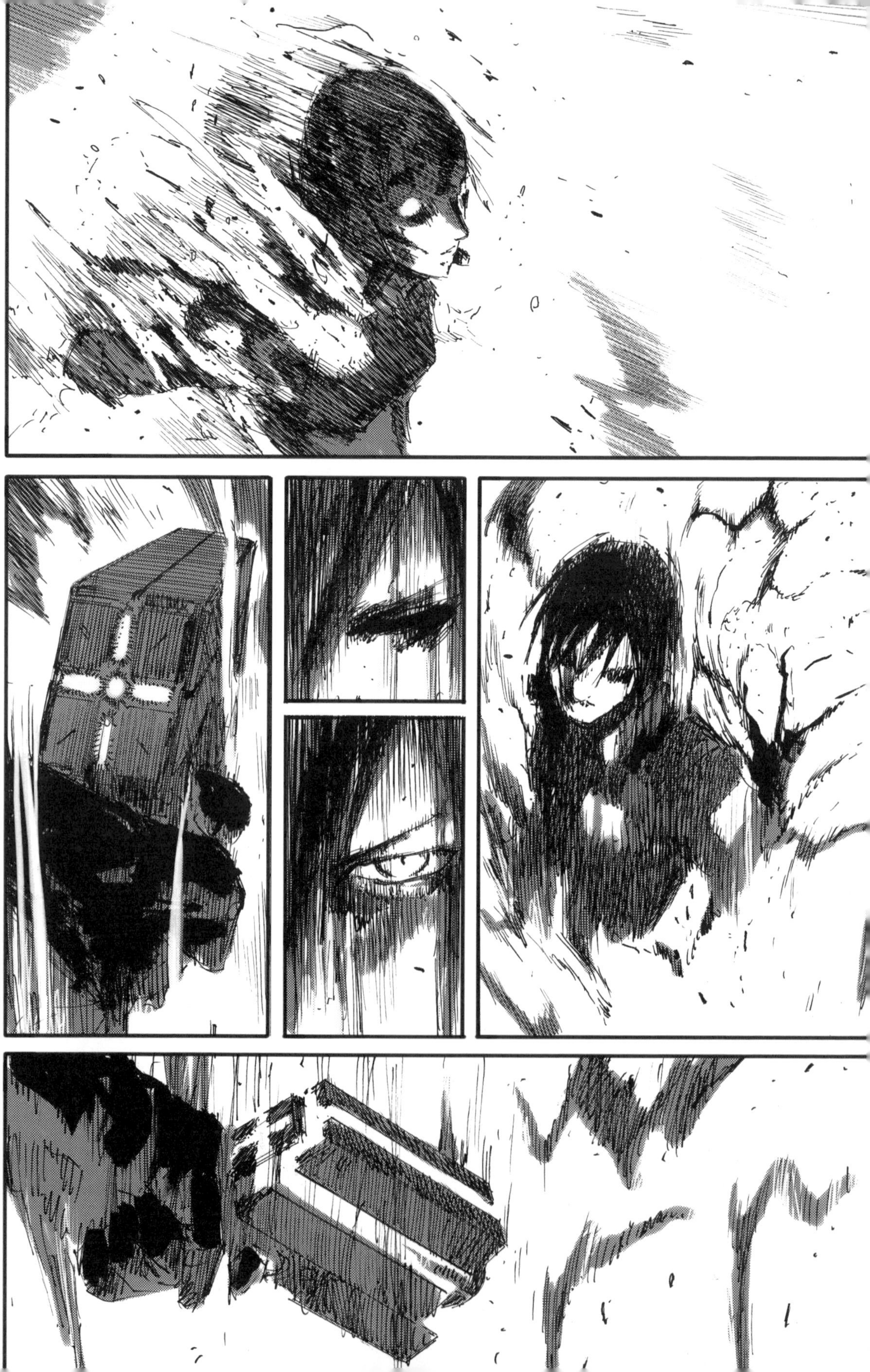

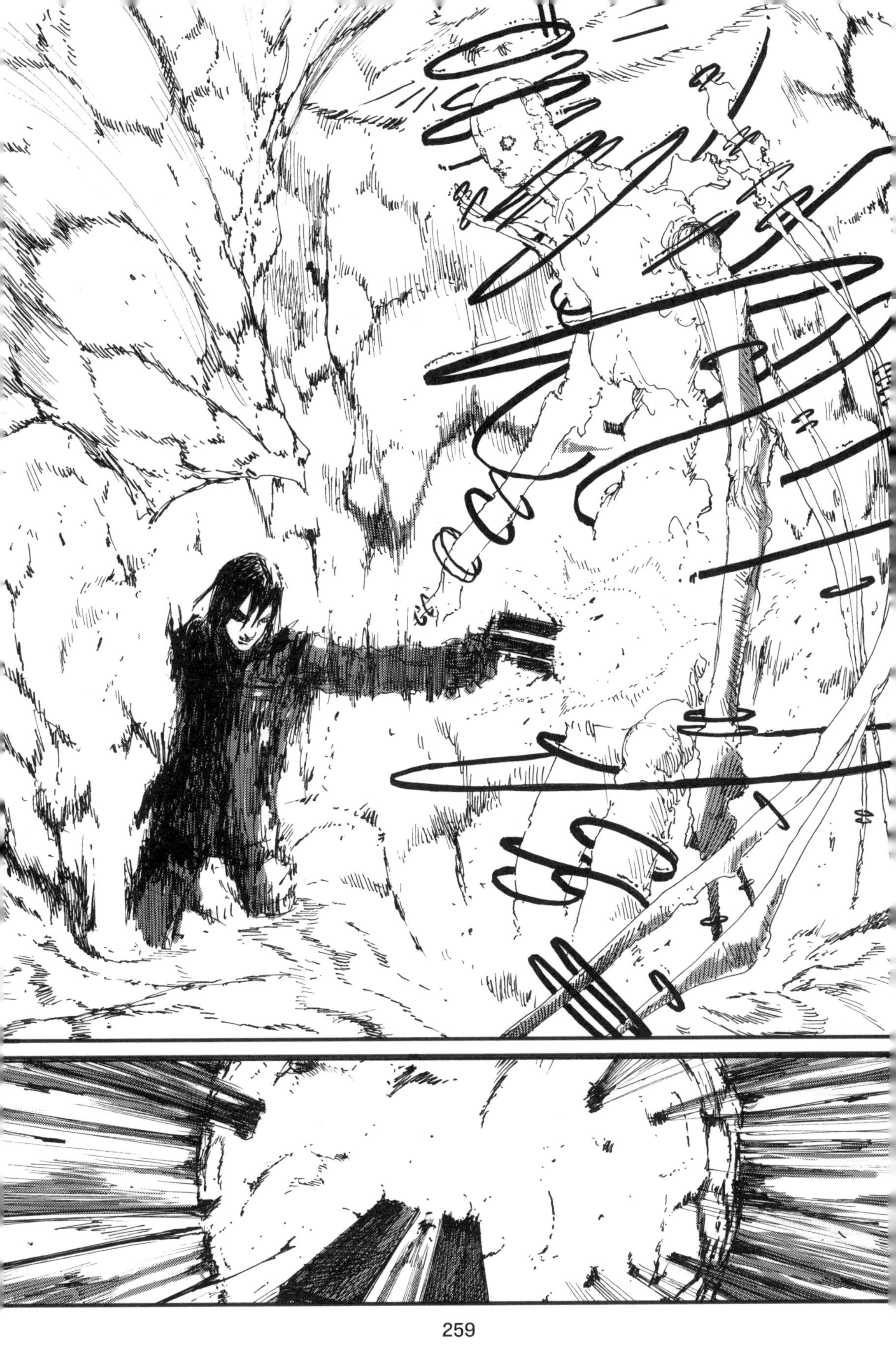

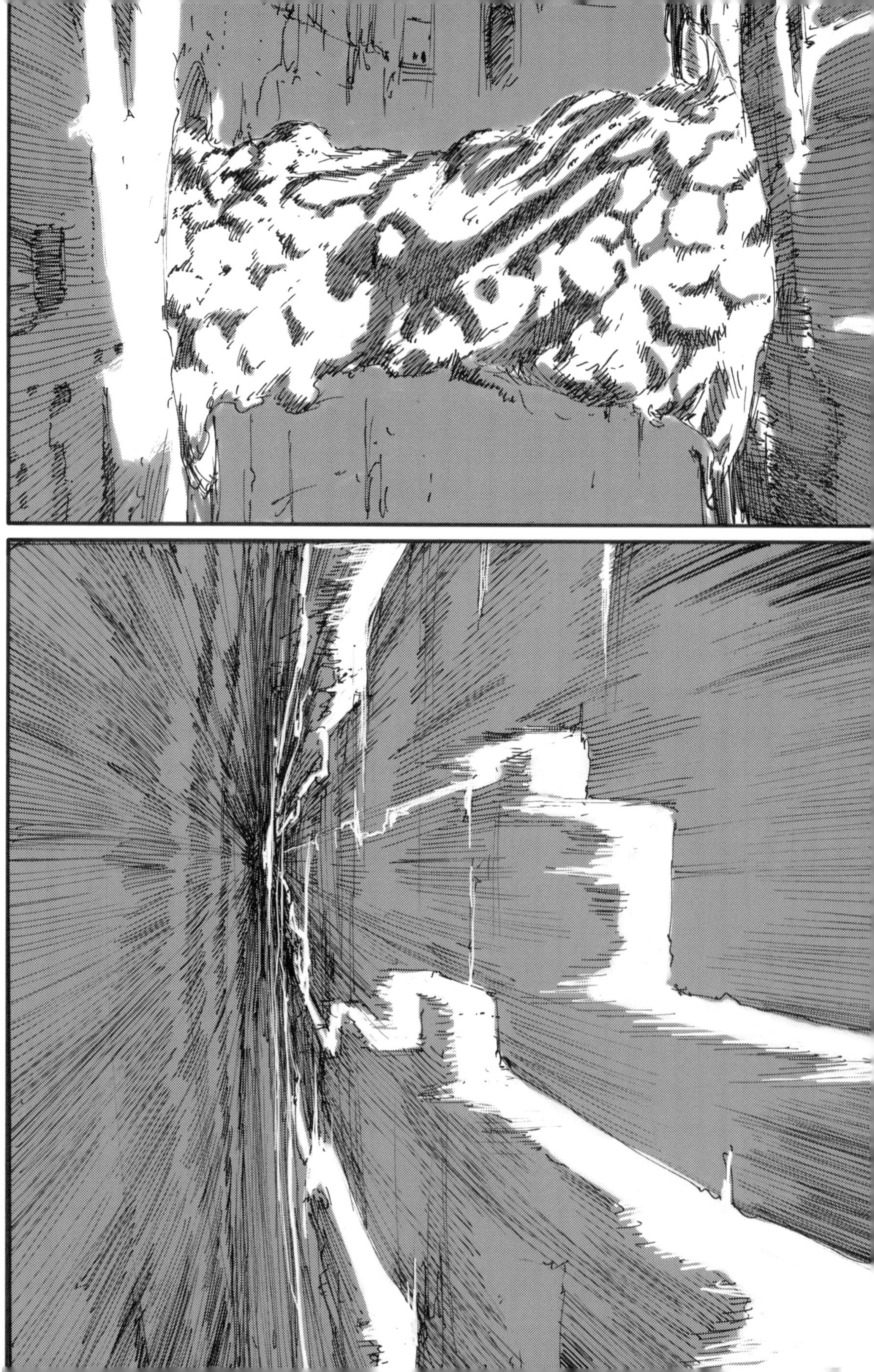

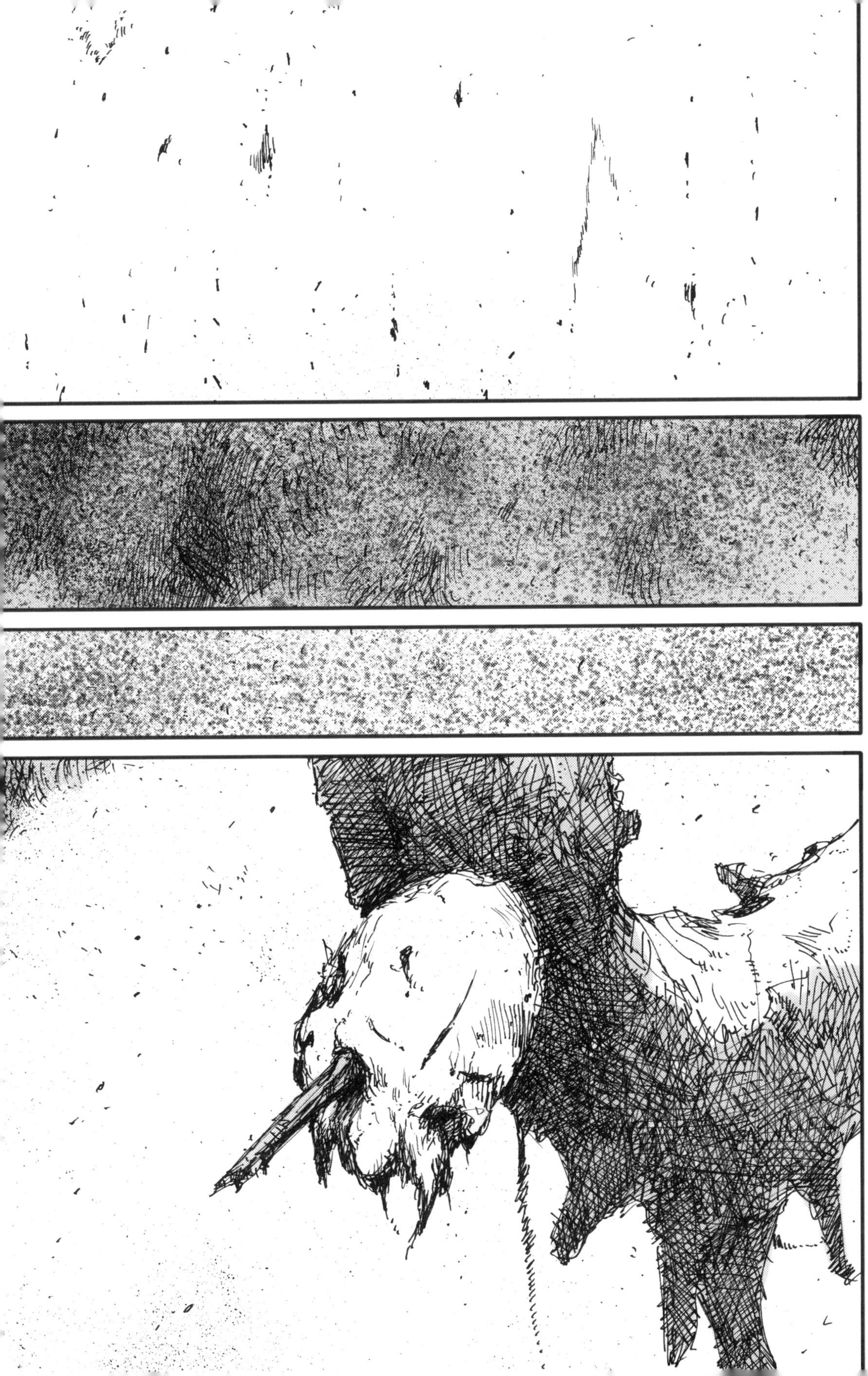

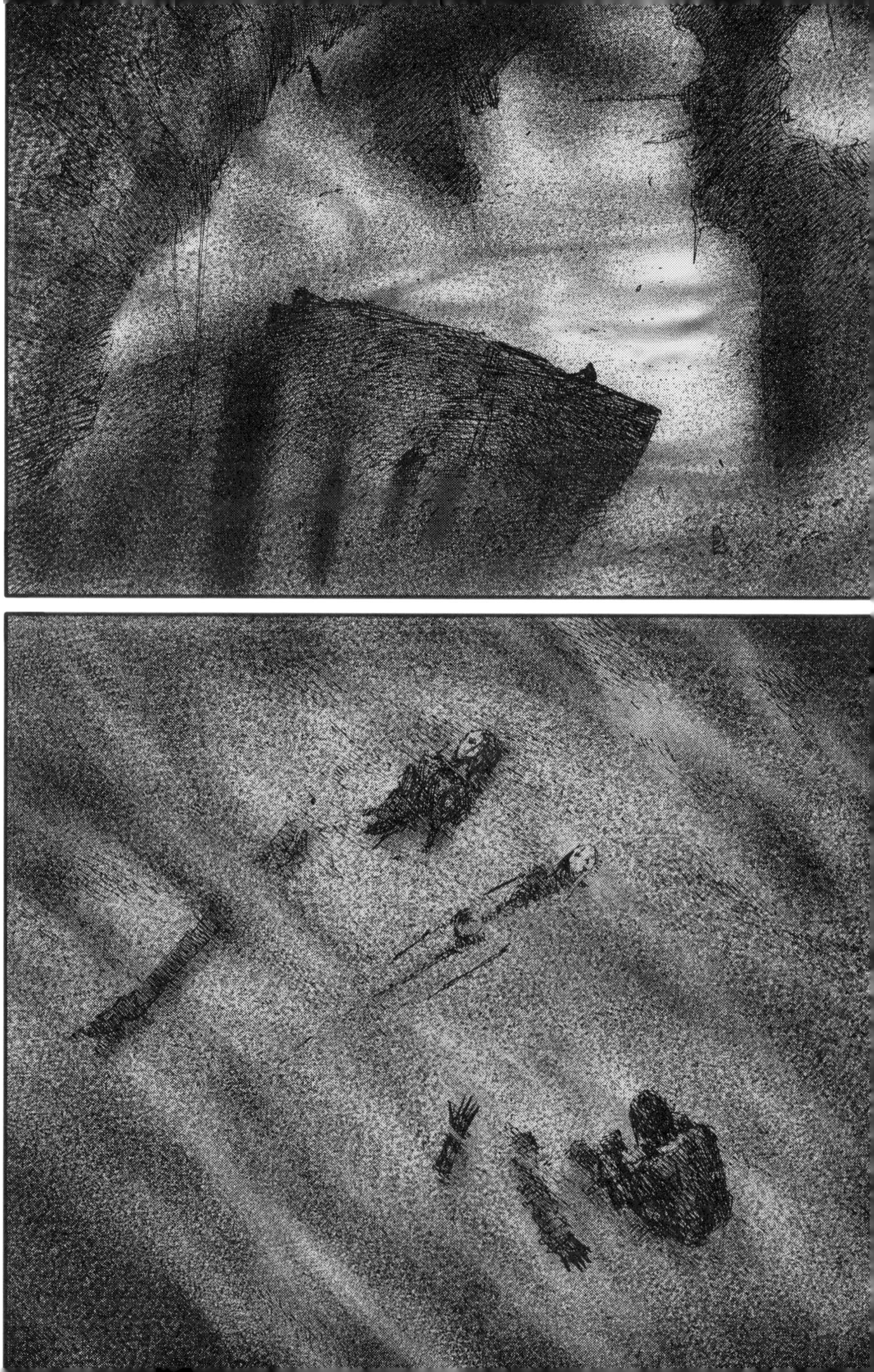

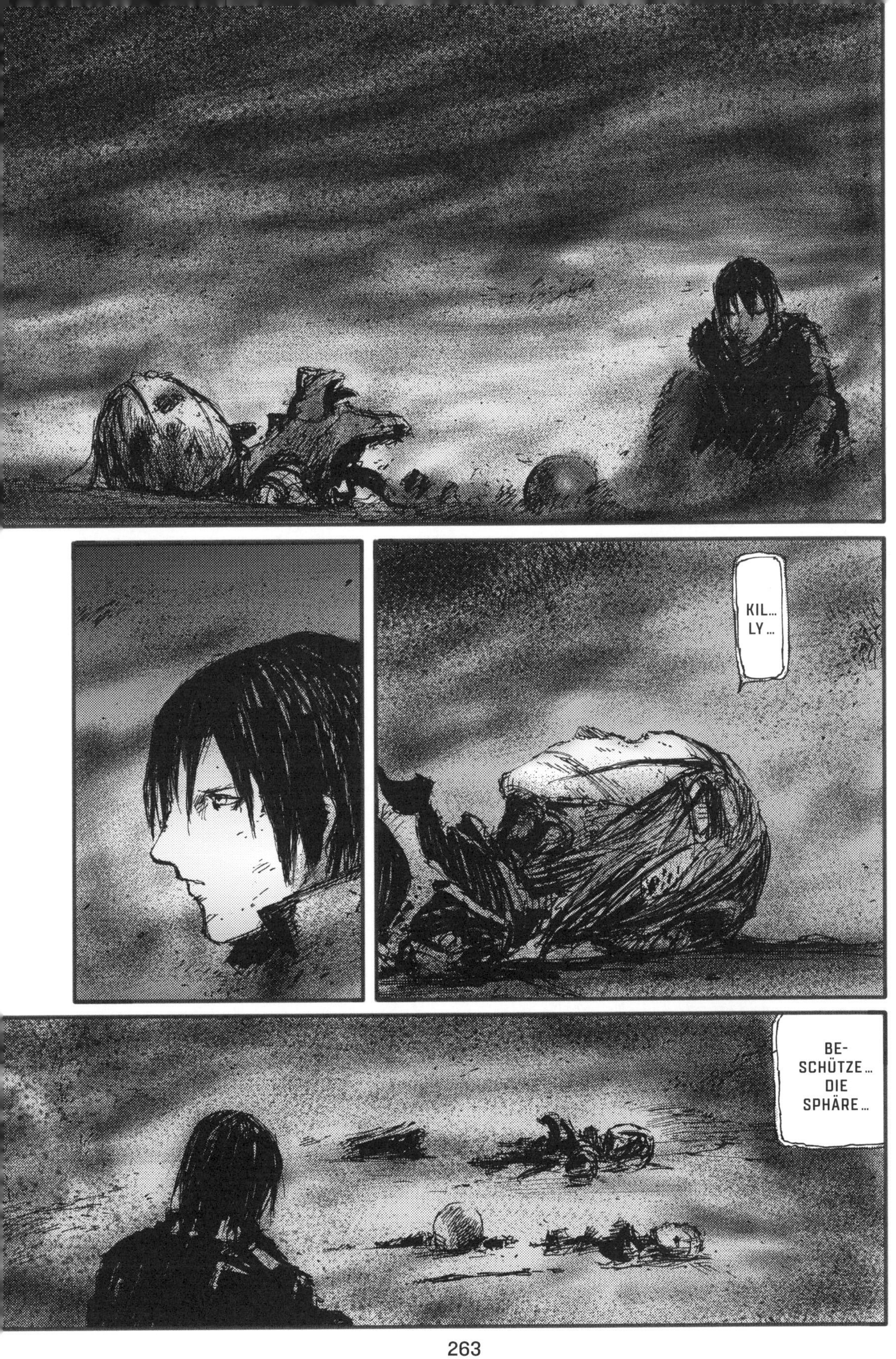
KIL...
LY...
BE-
SCHÜTZE...
DIE
SPHÄRE...

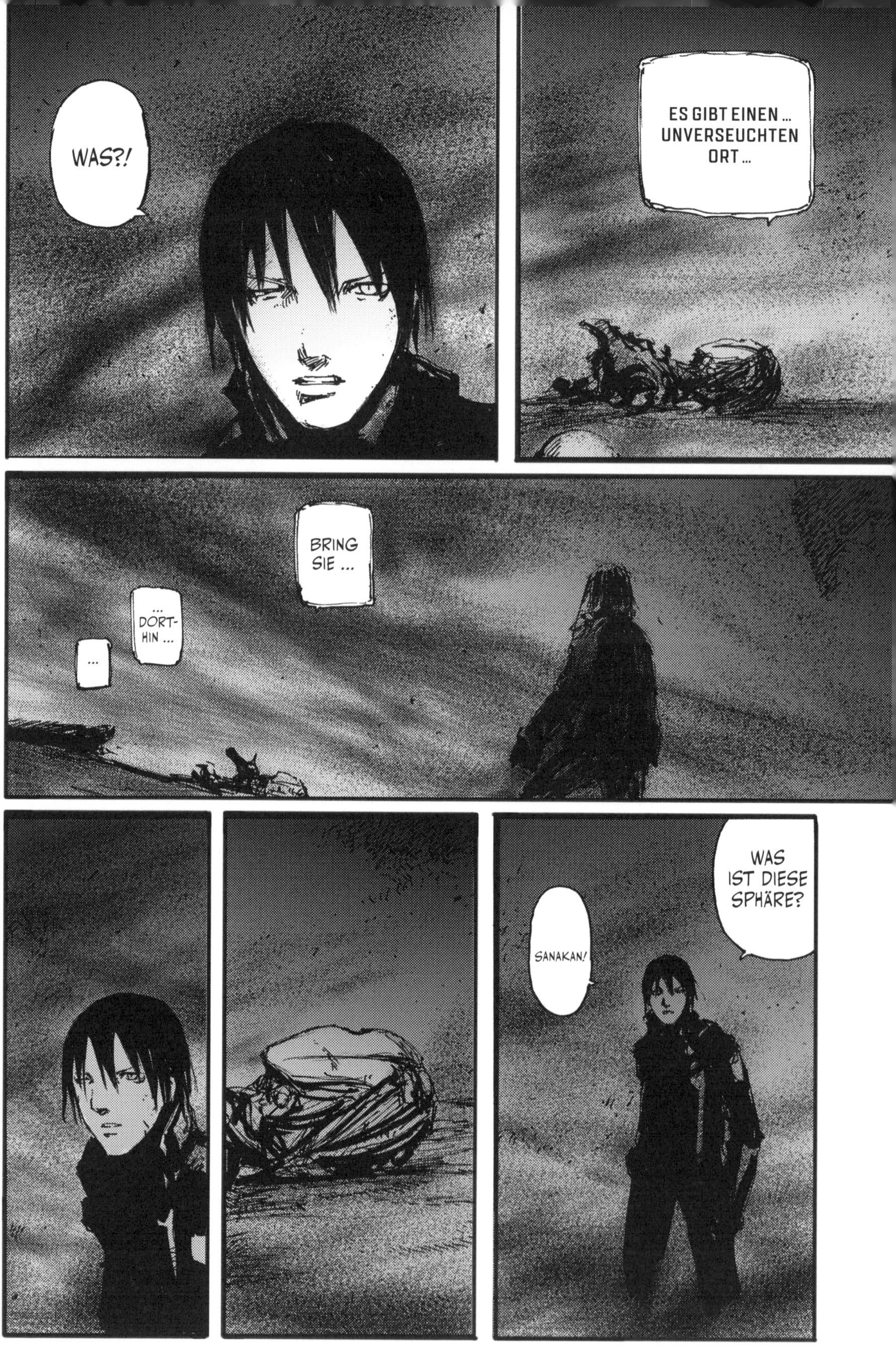
ES GIBT EINEN …
UNVERSEUCHTEN
ORT …
WAS?!
BRING
SIE …
… DORTHIN …
…
WAS
IST DIESE
SPHÄRE?
SANAKAN!

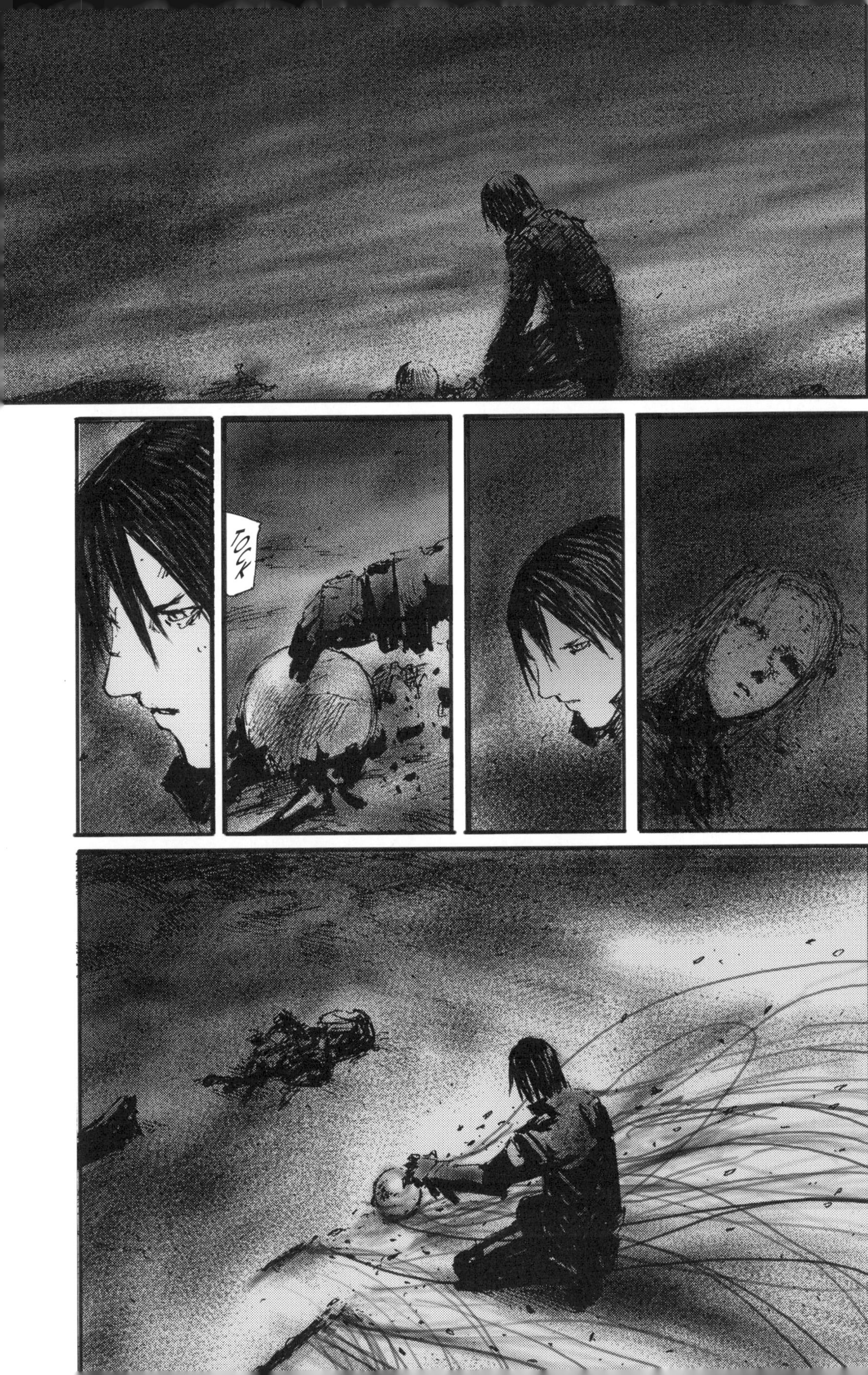
TOCK

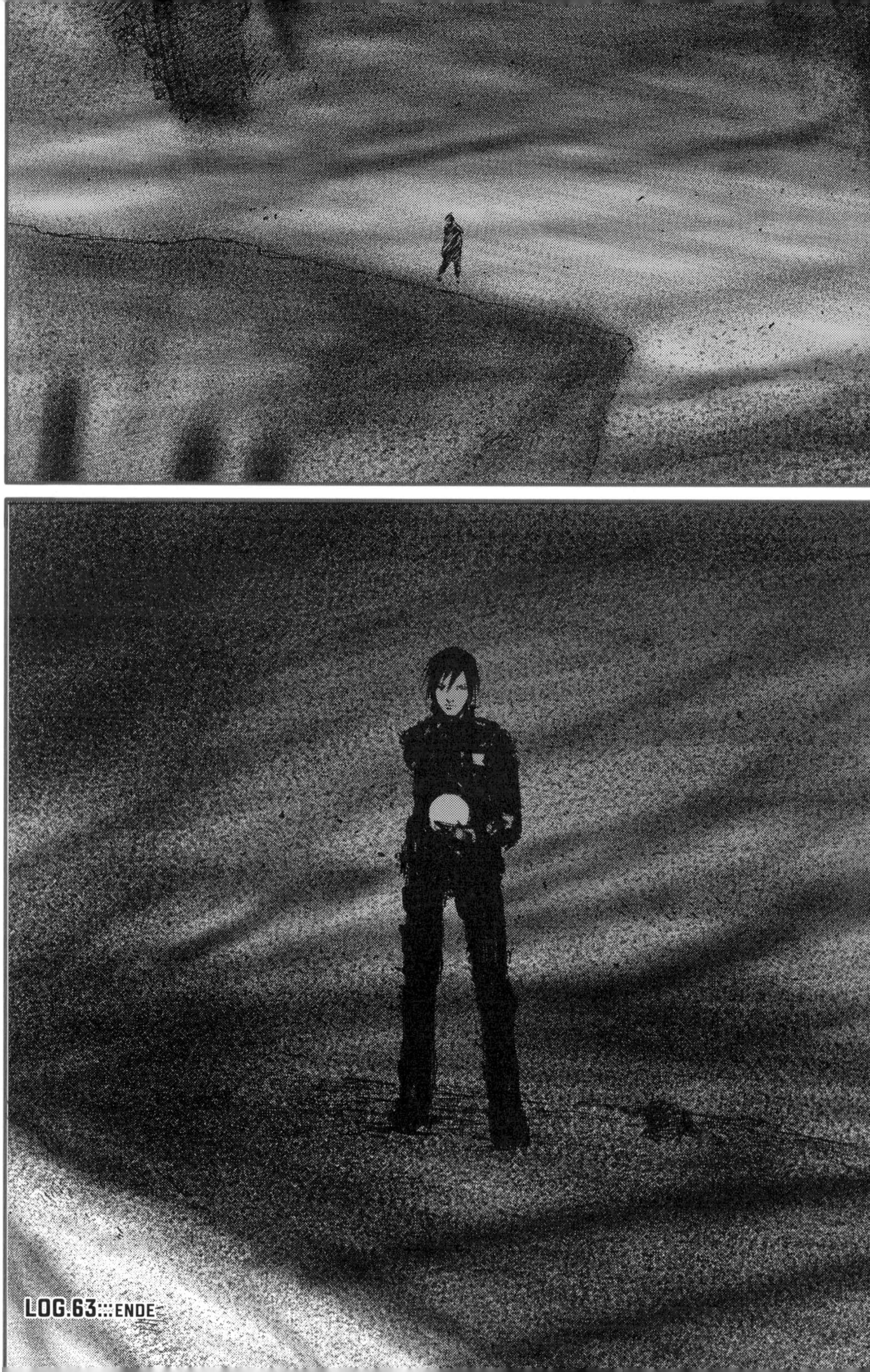
LOG.63:::ENDE

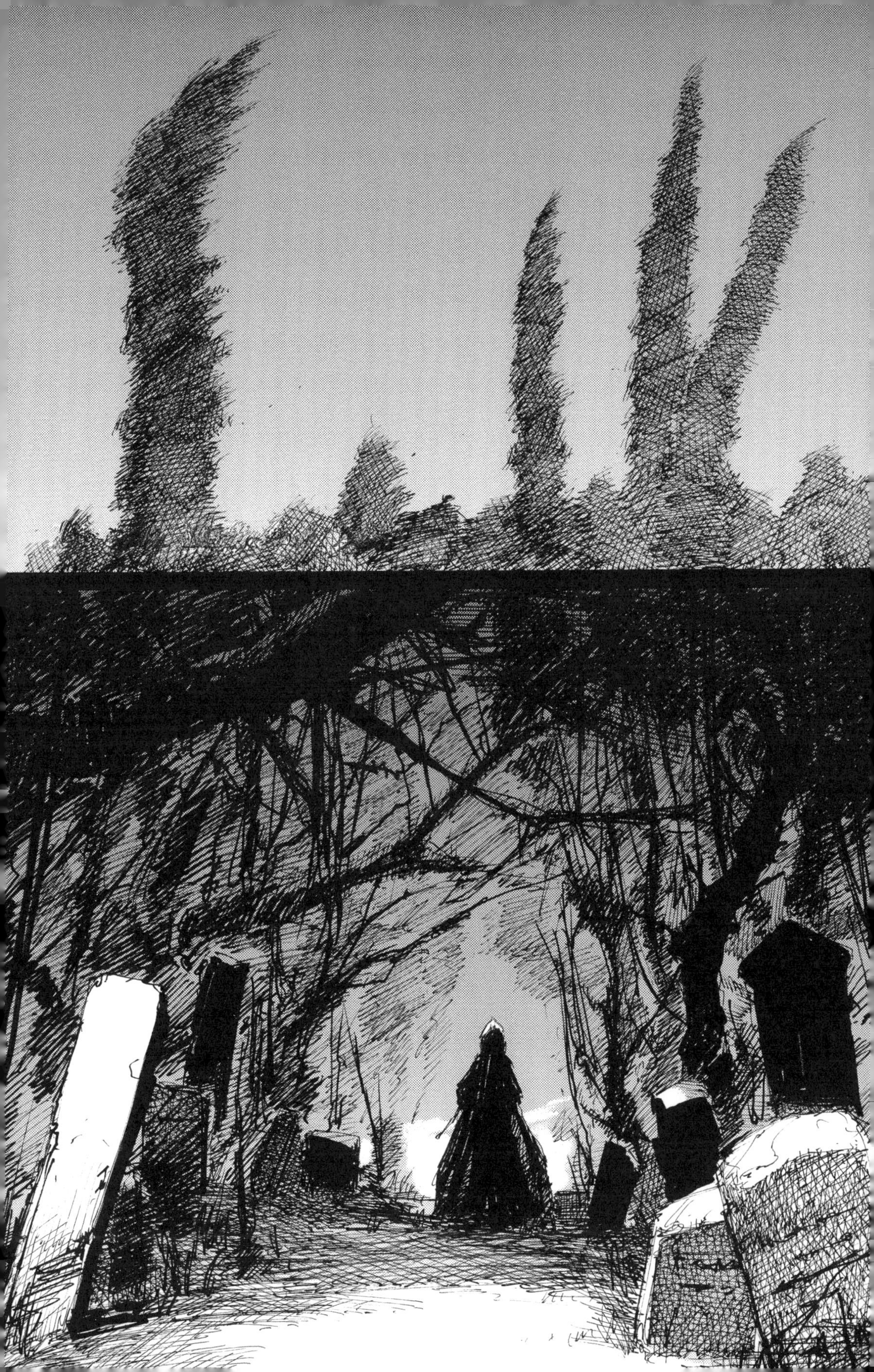

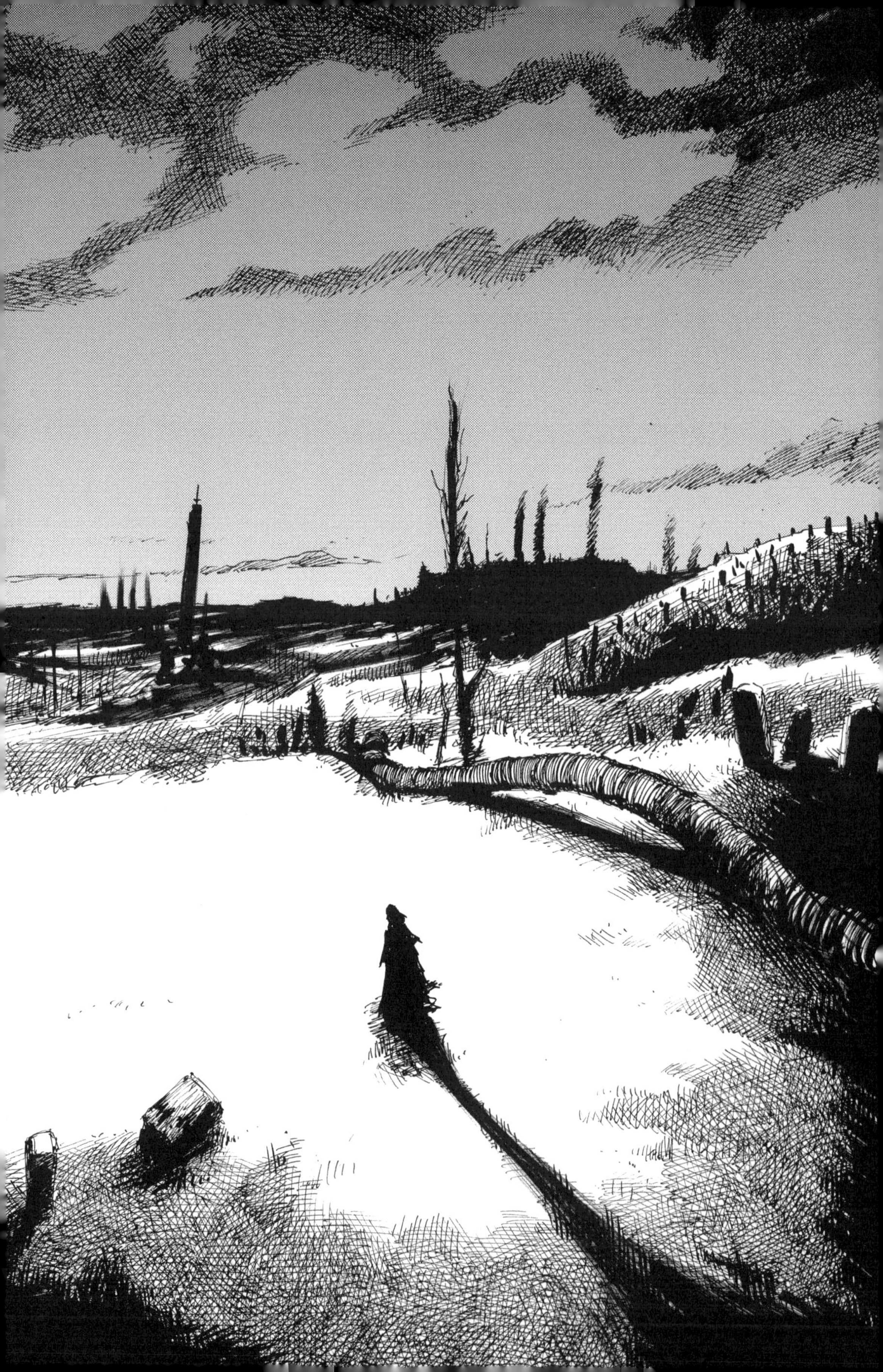

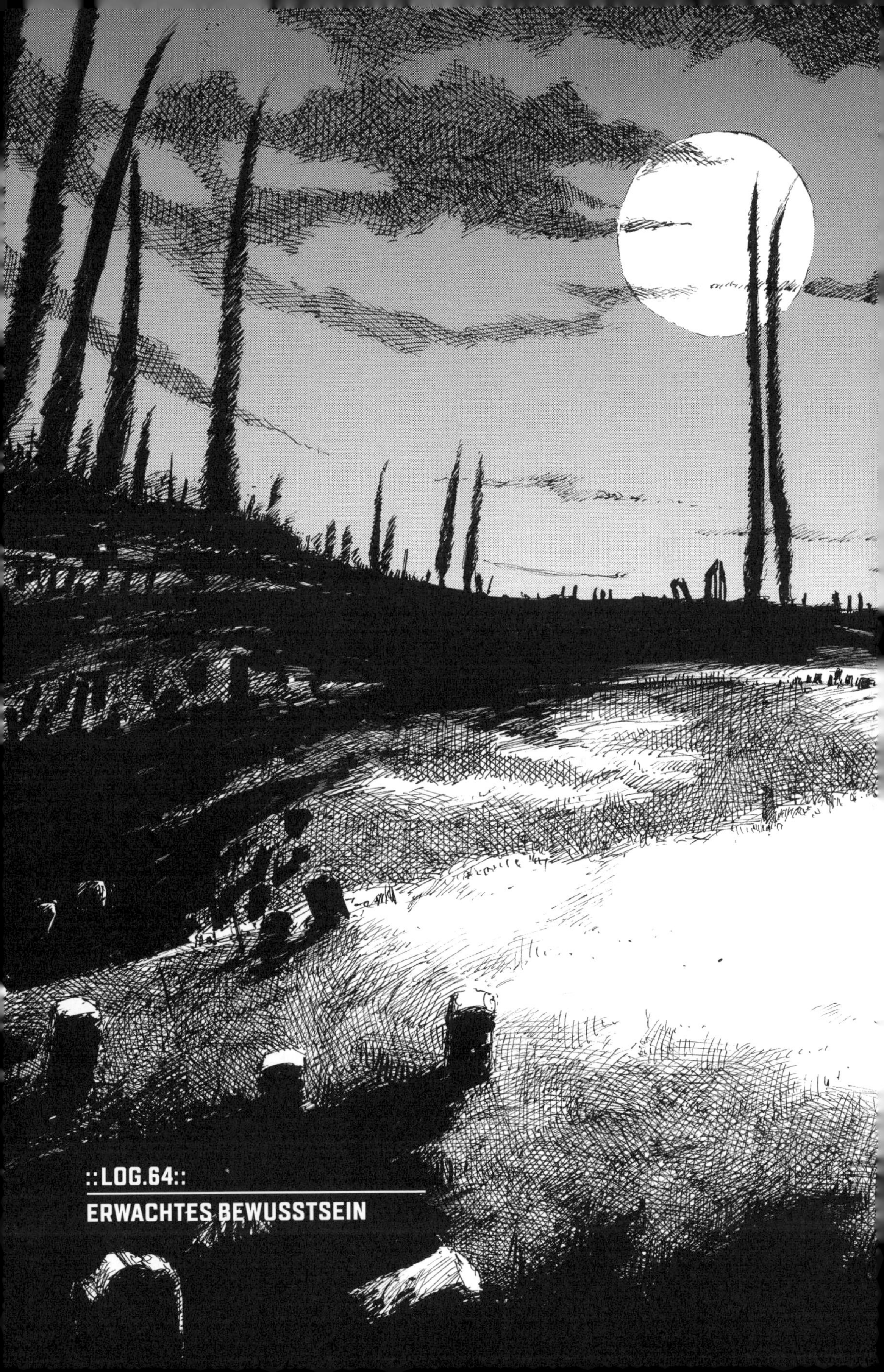

::LOG.64::

ERWACHTES BEWUSSTSEIN

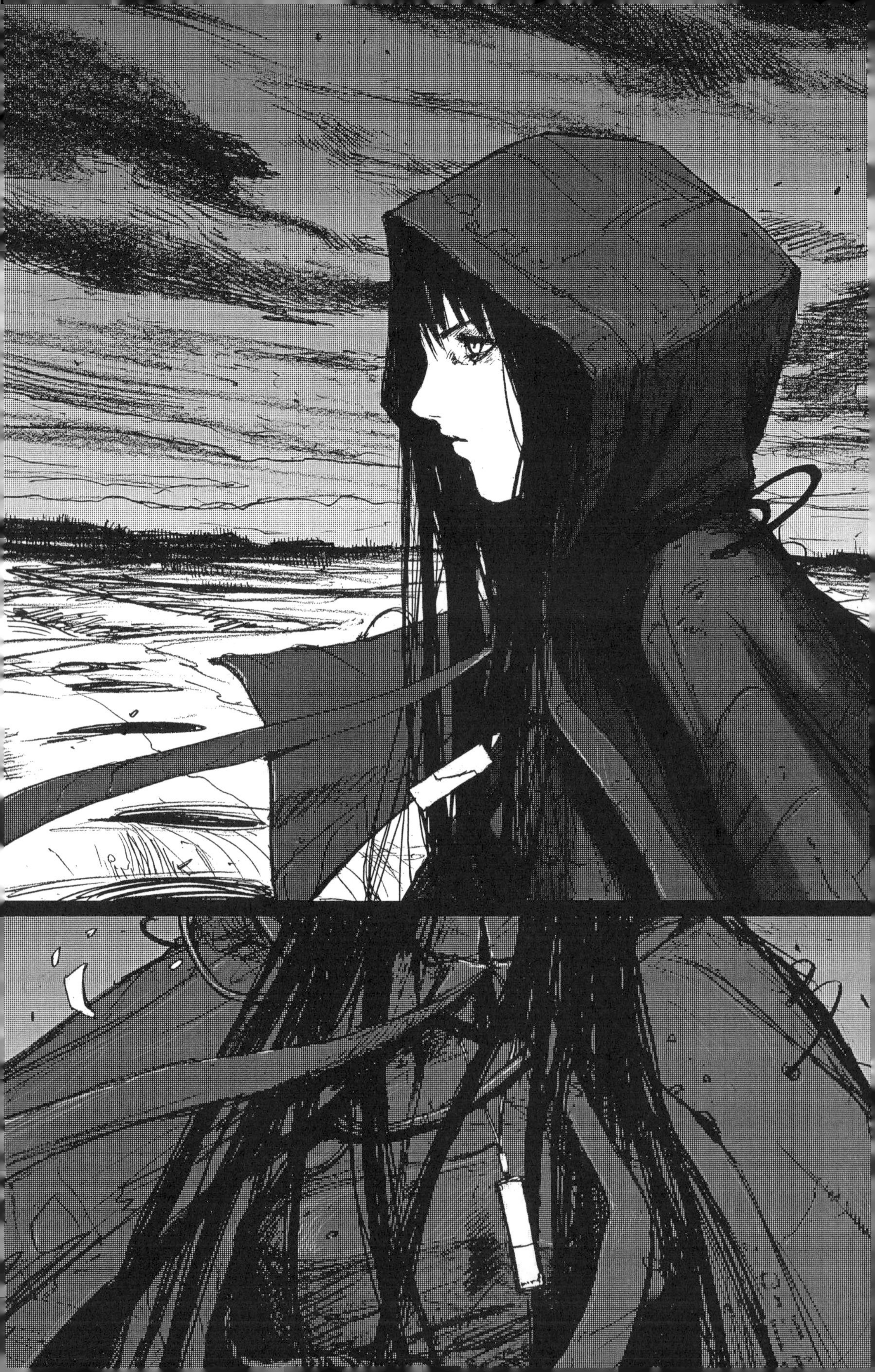

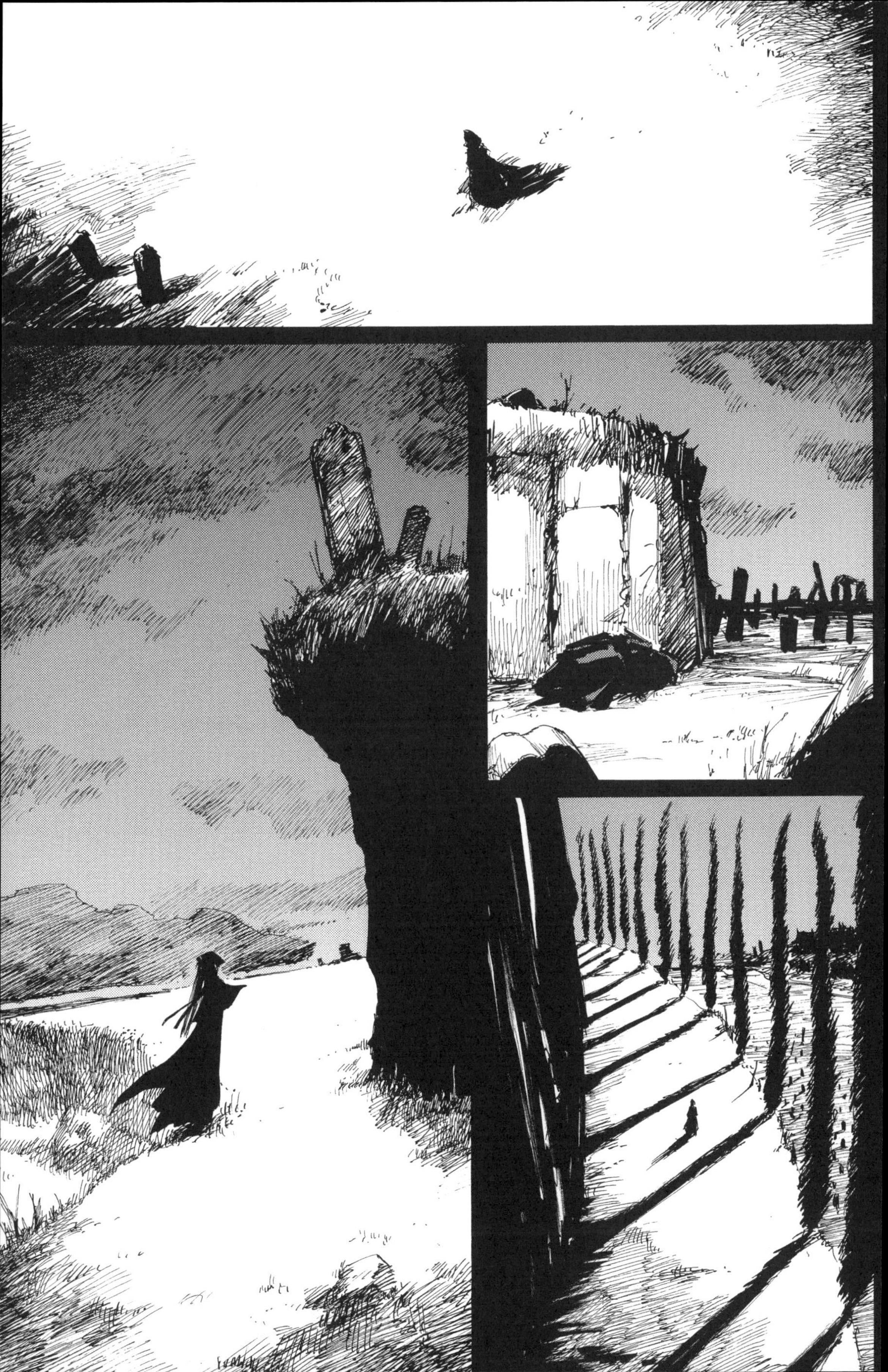

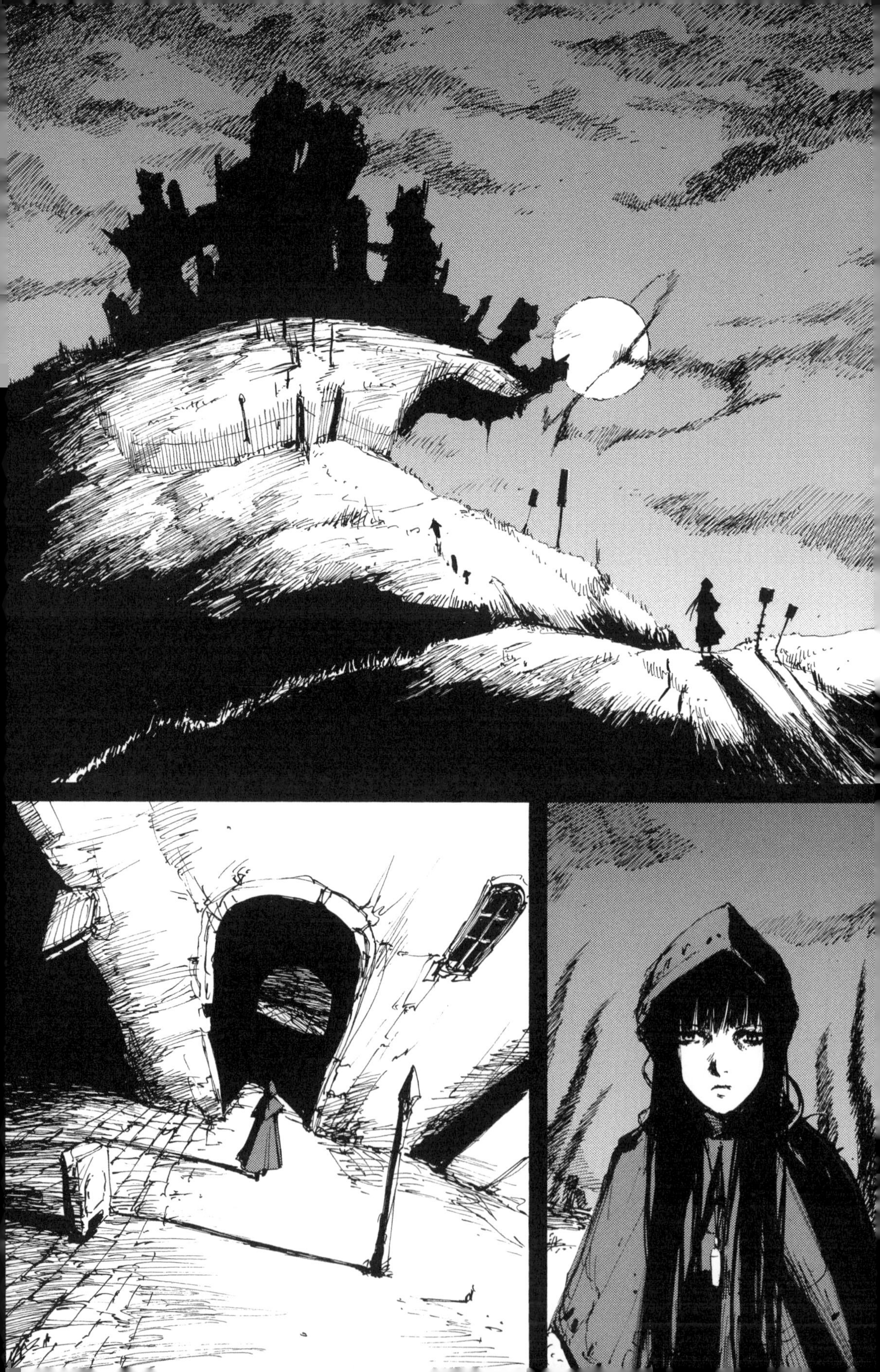

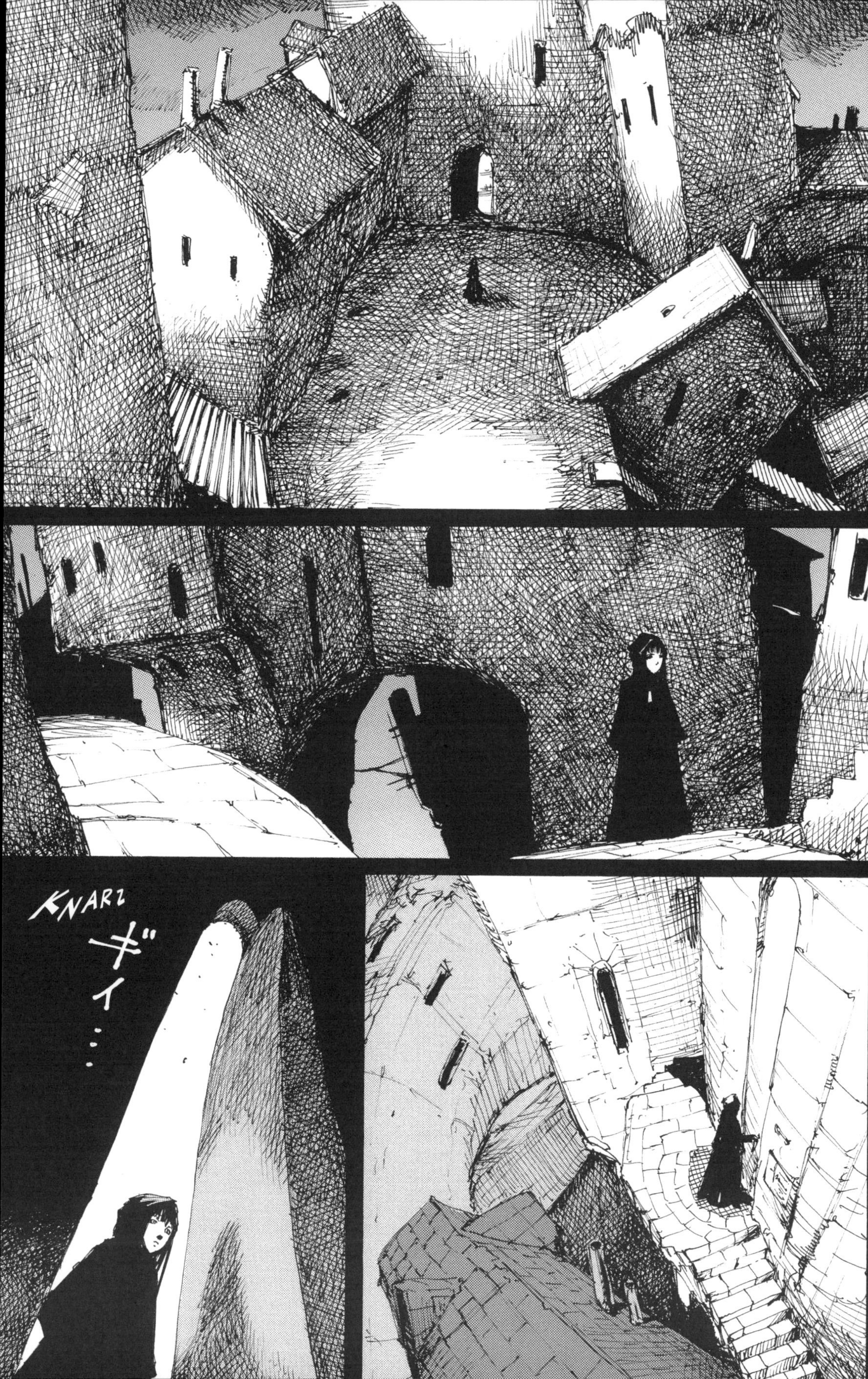
KNARZ
ギイ…

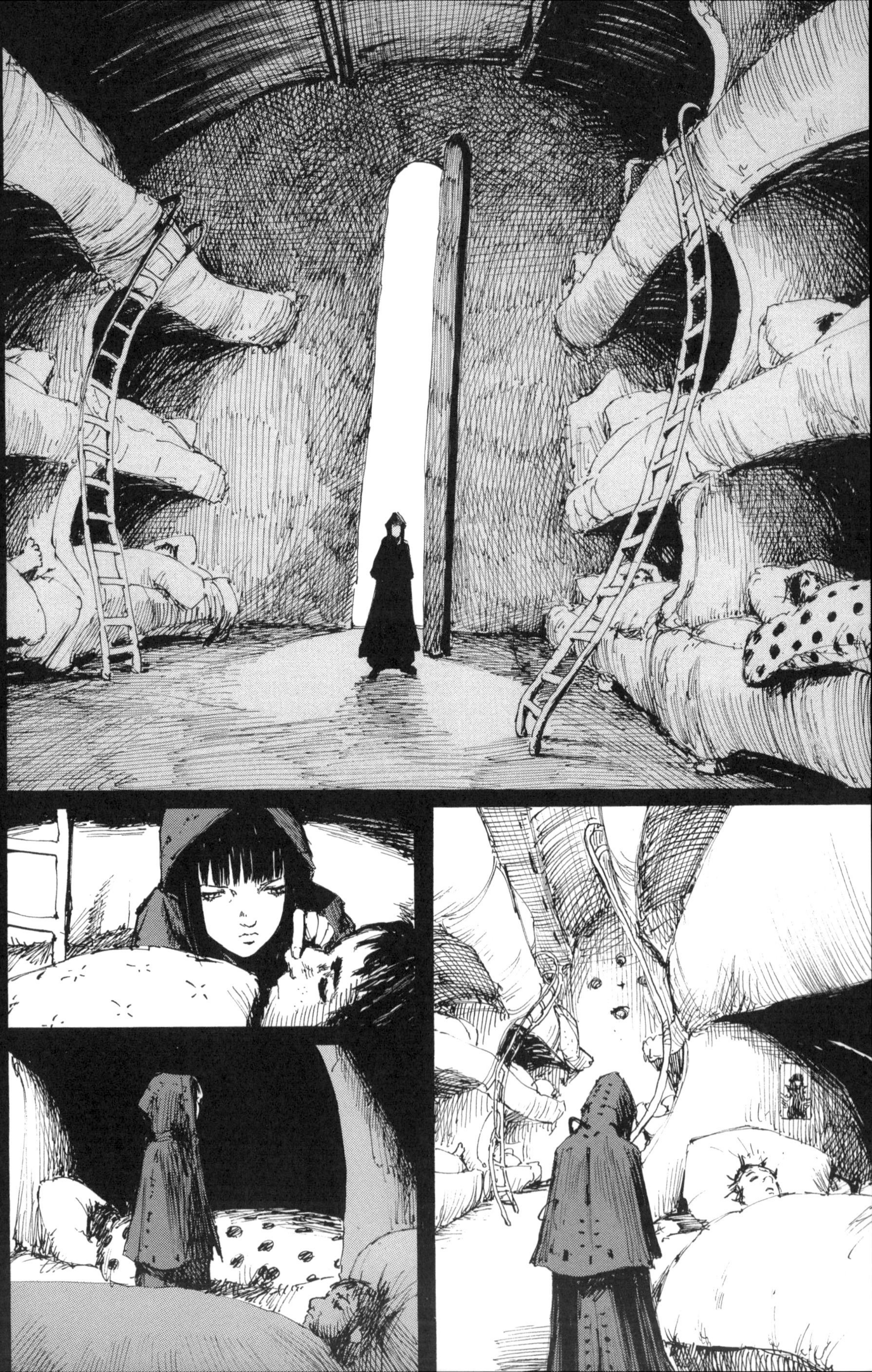

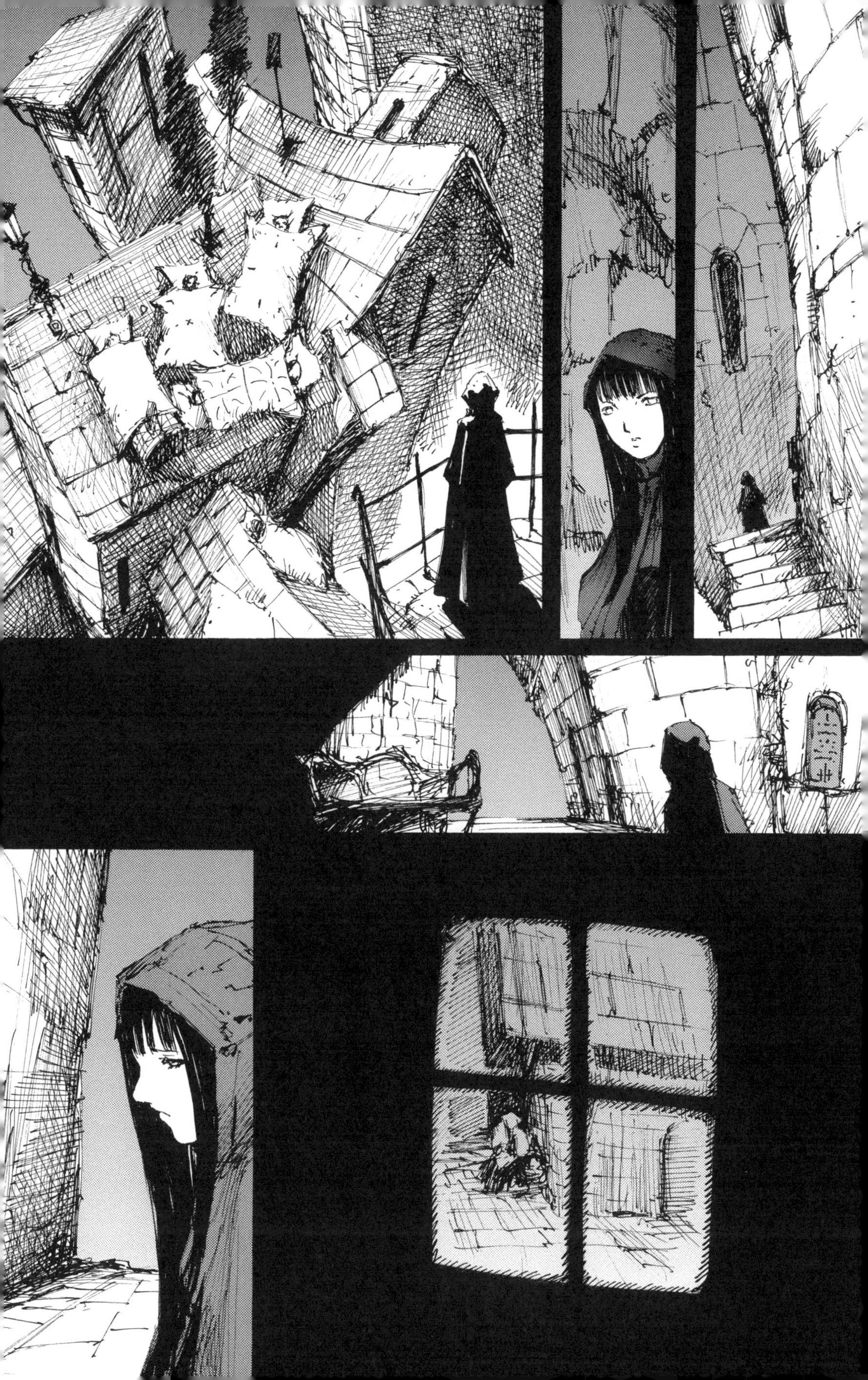

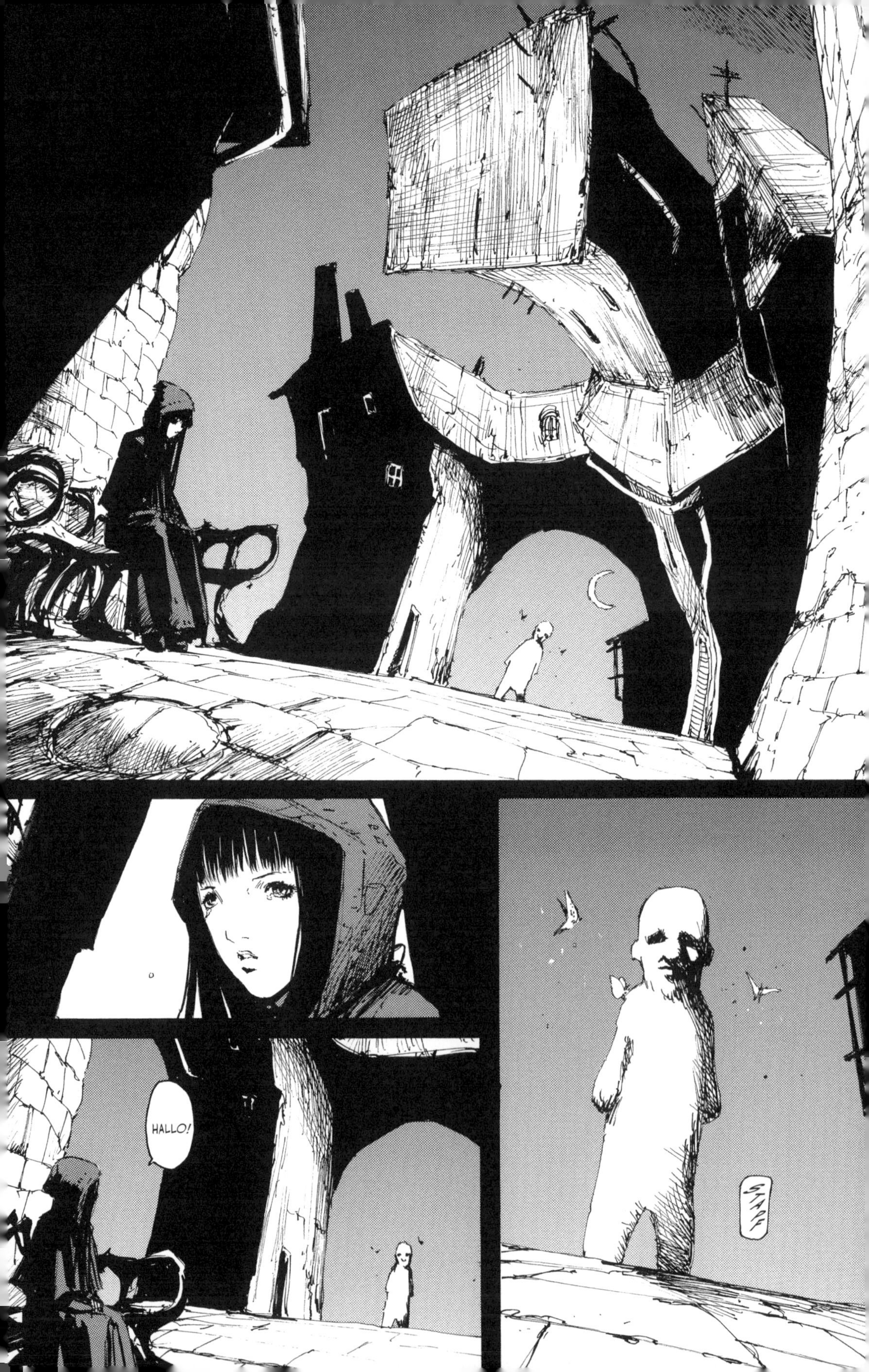
HALLO!
STAPF

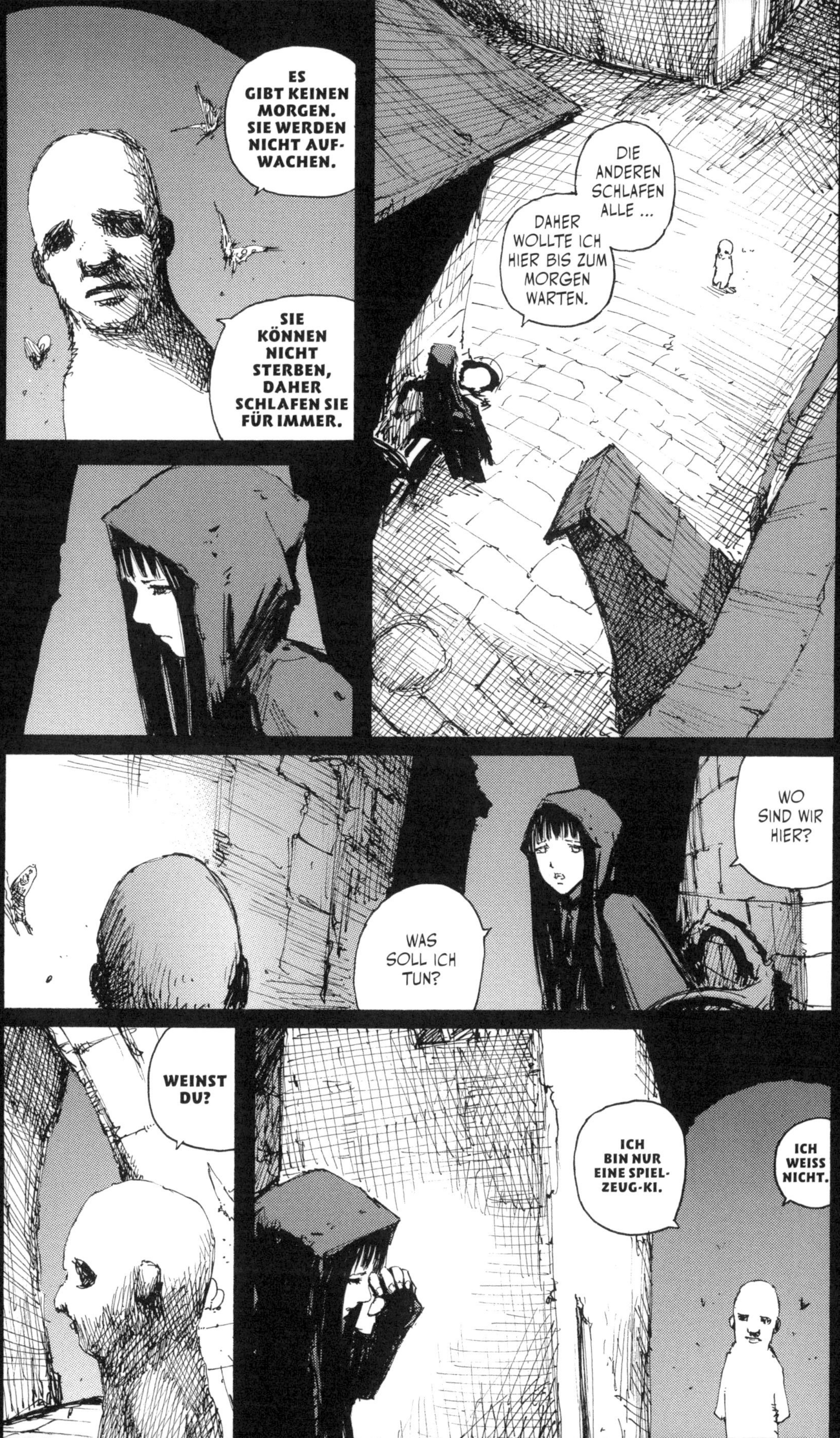
DIE ANDEREN SCHLAFEN ALLE ...
DAHER WOLLTE ICH HIER BIS ZUM MORGEN WARTEN.
ES GIBT KEINEN MORGEN. SIE WERDEN NICHT AUF-WACHEN.
SIE KÖNNEN NICHT STERBEN, DAHER SCHLAFEN SIE FÜR IMMER.
WO SIND WIR HIER?
WAS SOLL ICH TUN?
ICH WEISS NICHT.
ICH BIN NUR EINE SPIEL-ZEUG-KI.
WEINST DU?

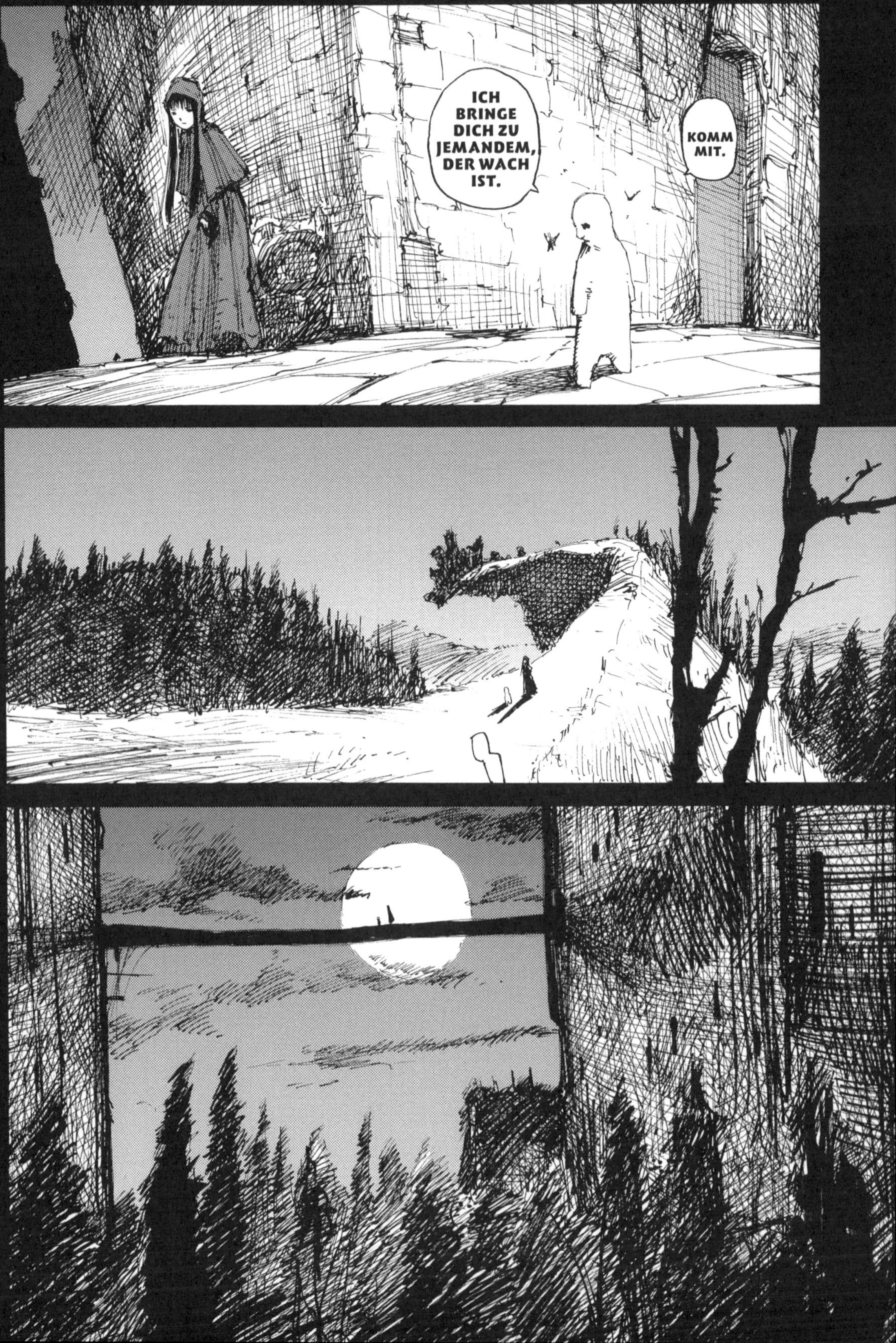
KOMM MIT.
ICH BRINGE DICH ZU JEMANDEM, DER WACH IST.

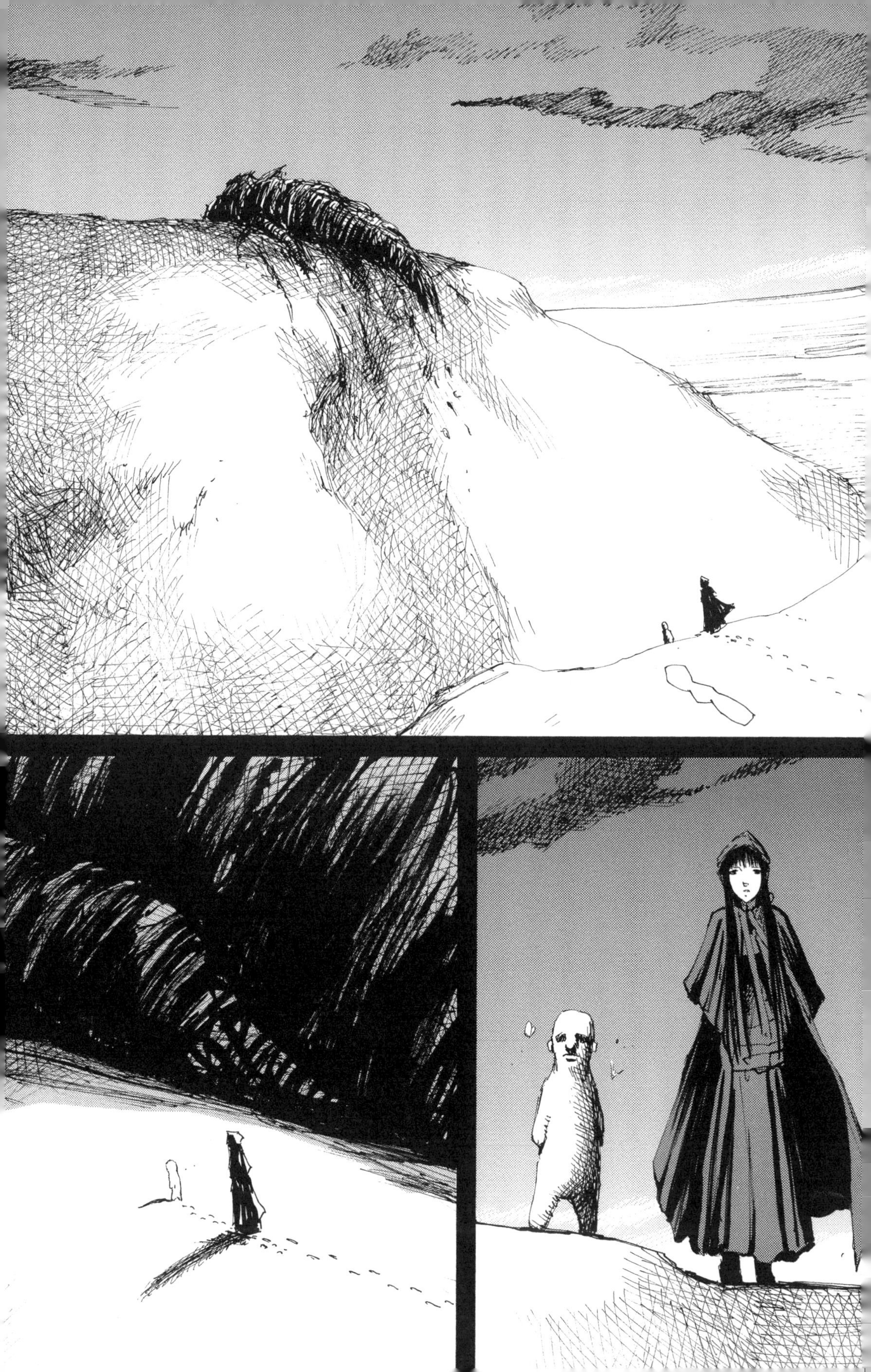

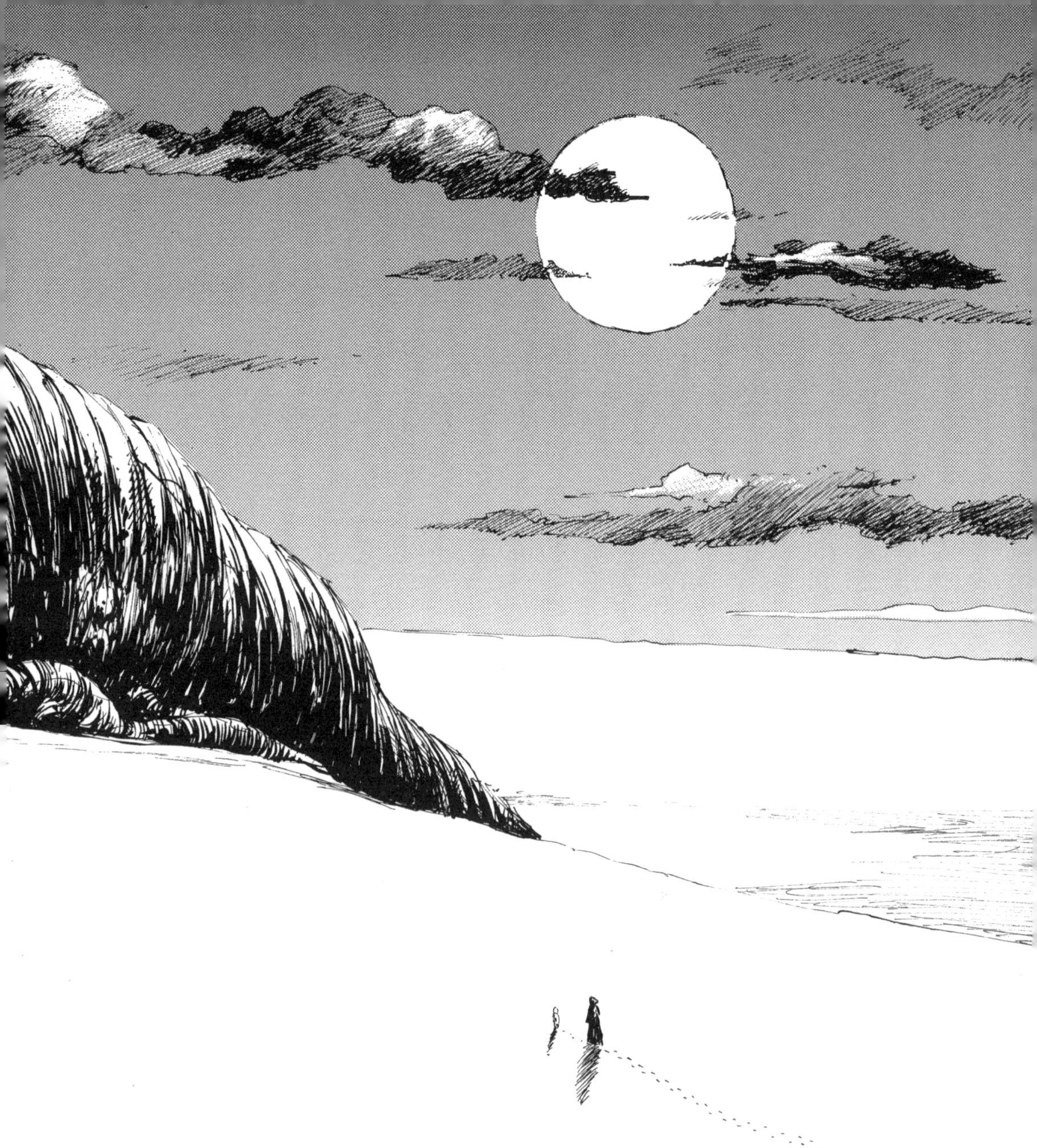

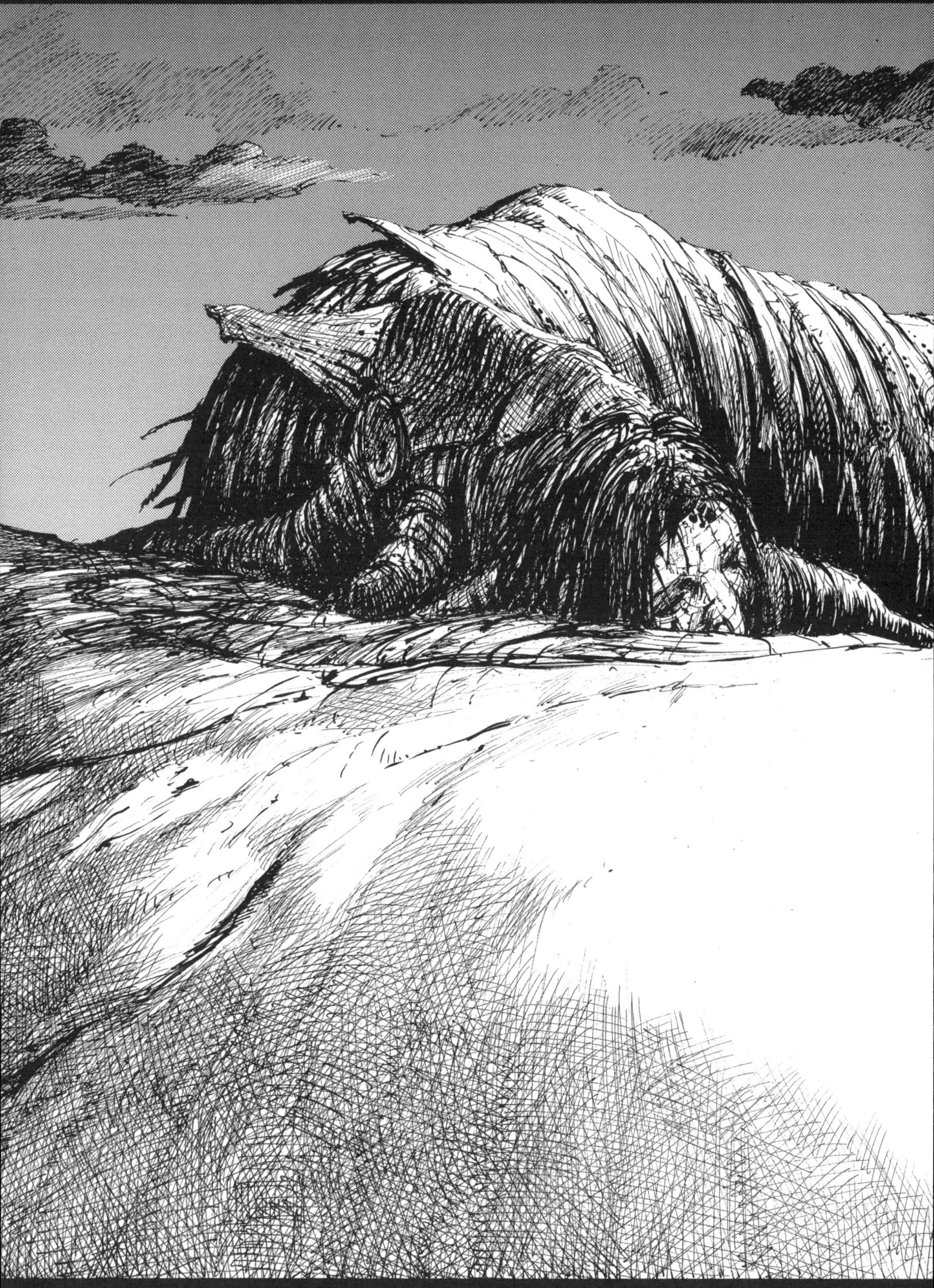

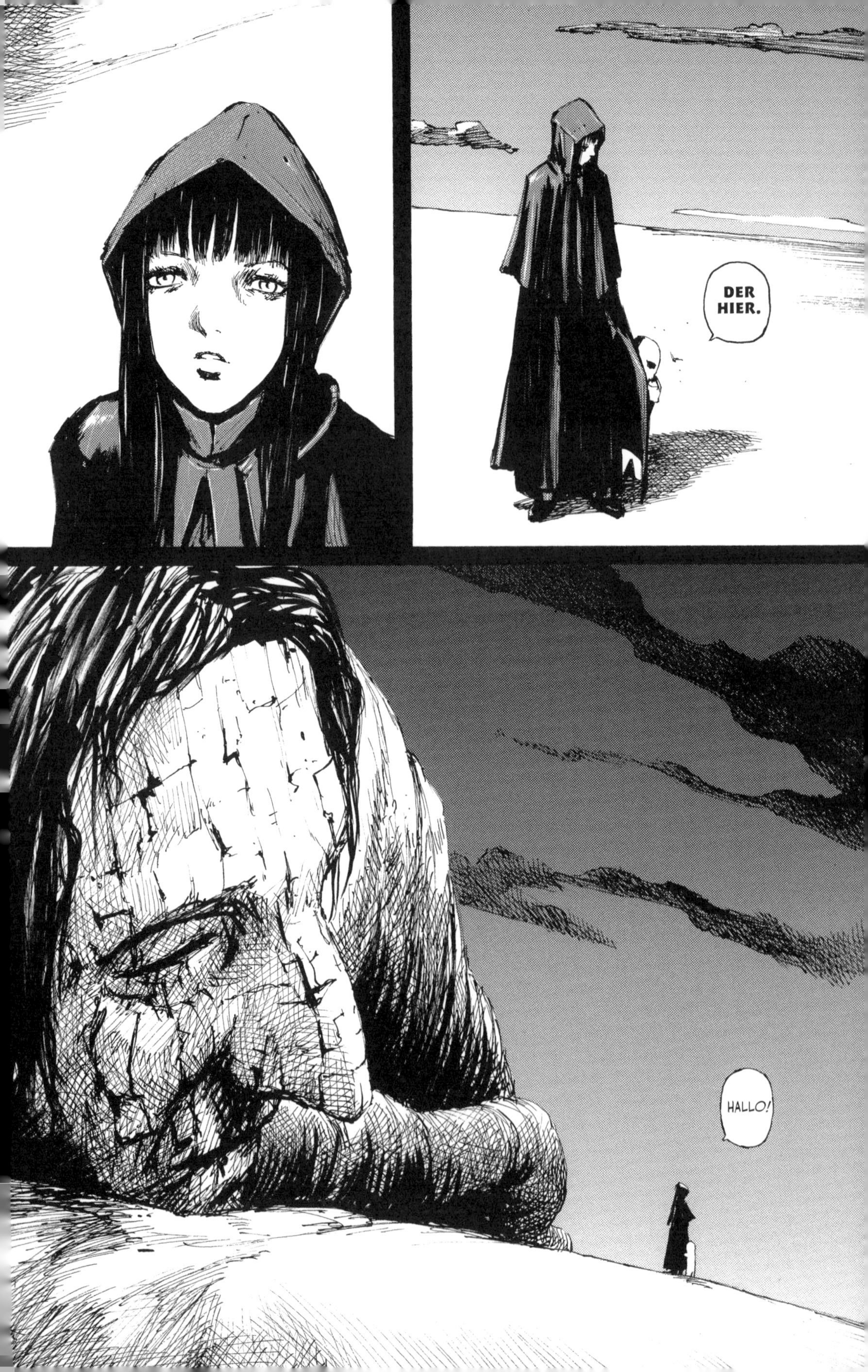
DER HIER.
HALLO!

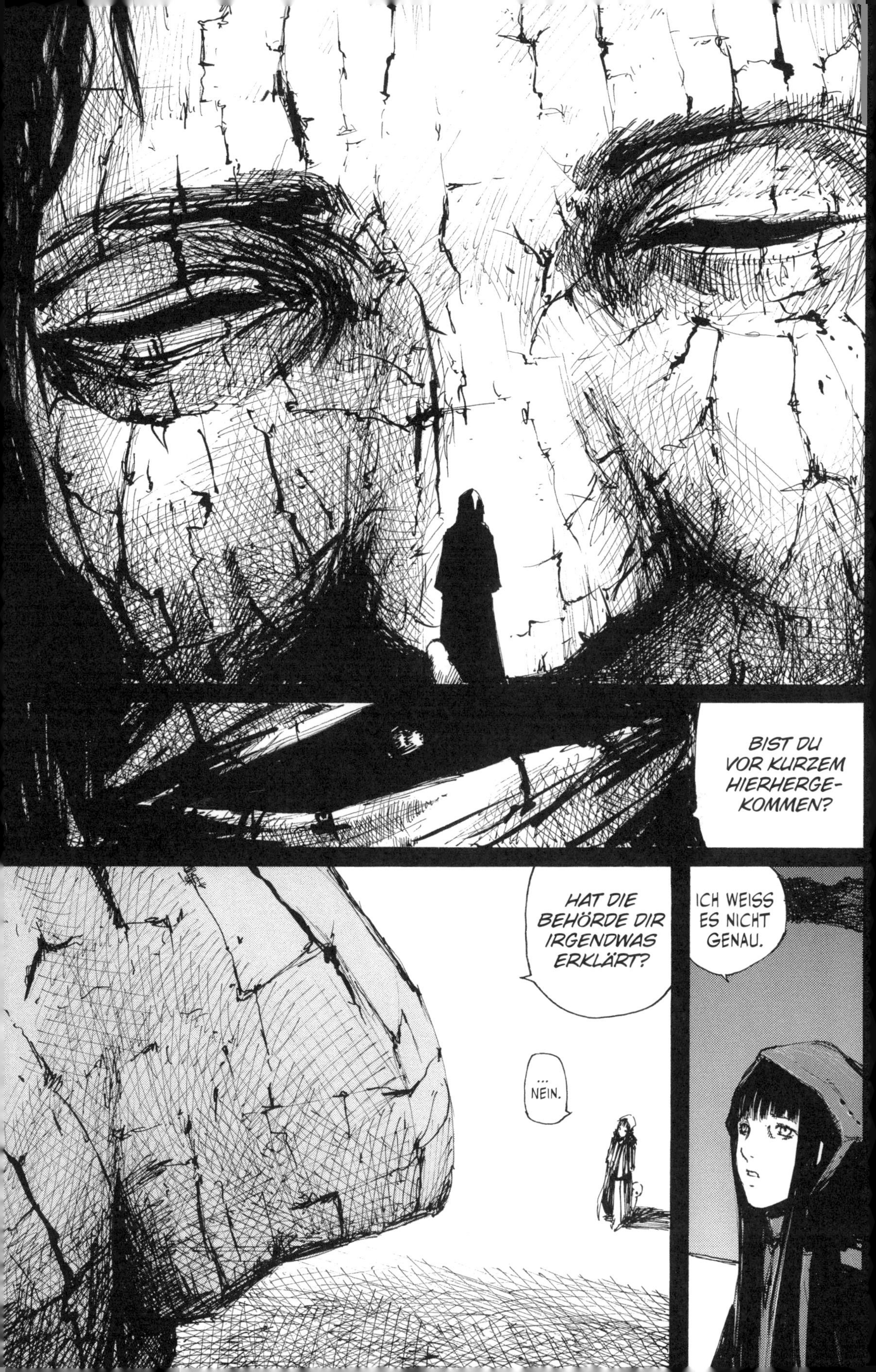
BIST DU VOR KURZEM HIERHERGE-KOMMEN?
ICH WEISS ES NICHT GENAU.
HAT DIE BEHÖRDE DIR IRGENDWAS ERKLÄRT?
... NEIN.

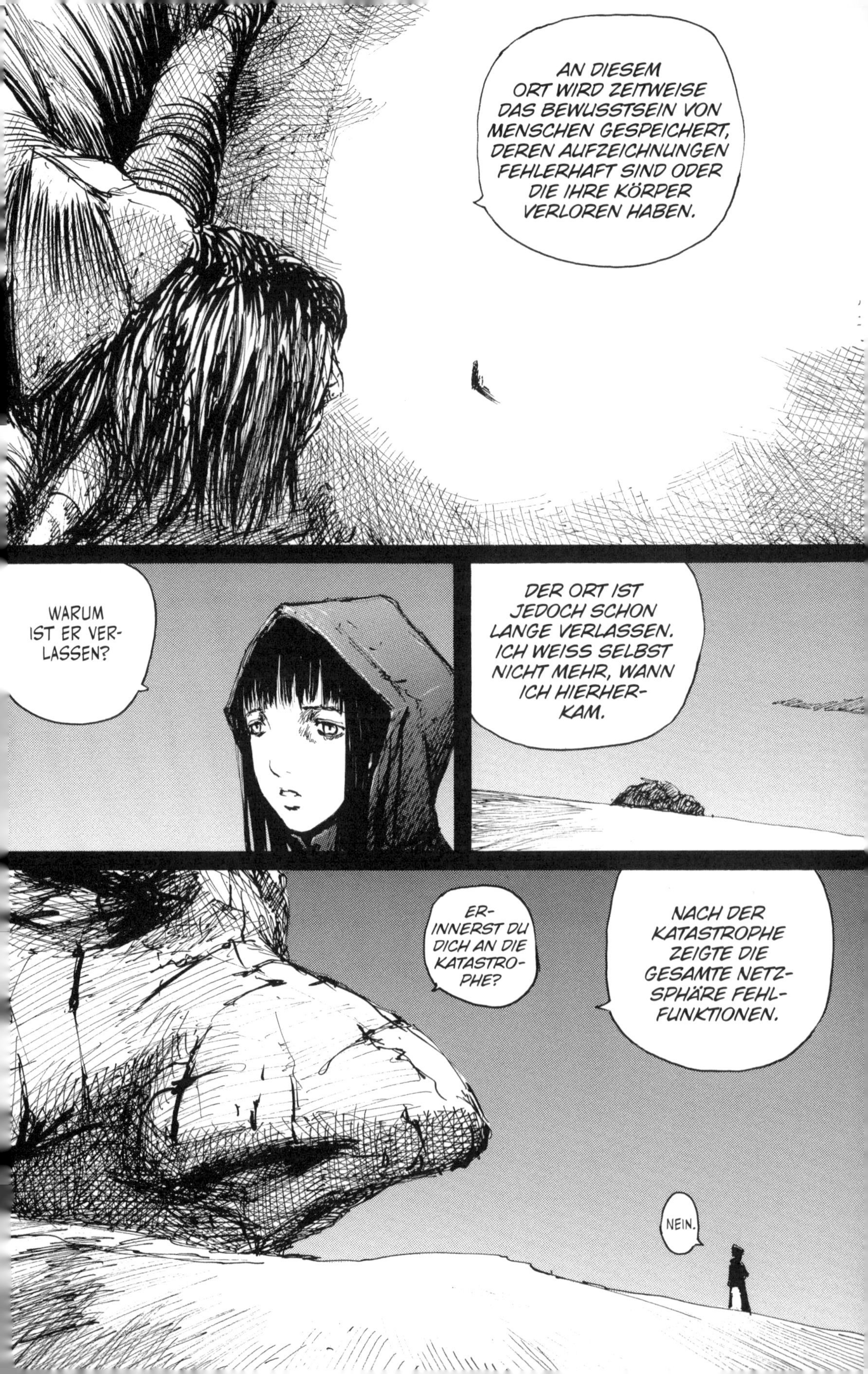
AN DIESEM ORT WIRD ZEITWEISE DAS BEWUSSTSEIN VON MENSCHEN GESPEICHERT, DEREN AUFZEICHNUNGEN FEHLERHAFT SIND ODER DIE IHRE KÖRPER VERLOREN HABEN.
WARUM IST ER VER-LASSEN?
DER ORT IST JEDOCH SCHON LANGE VERLASSEN. ICH WEISS SELBST NICHT MEHR, WANN ICH HIERHER-KAM.
ER-INNERST DU DICH AN DIE KATASTRO-PHE?
NACH DER KATASTROPHE ZEIGTE DIE GESAMTE NETZ-SPHÄRE FEHL-FUNKTIONEN.
NEIN.

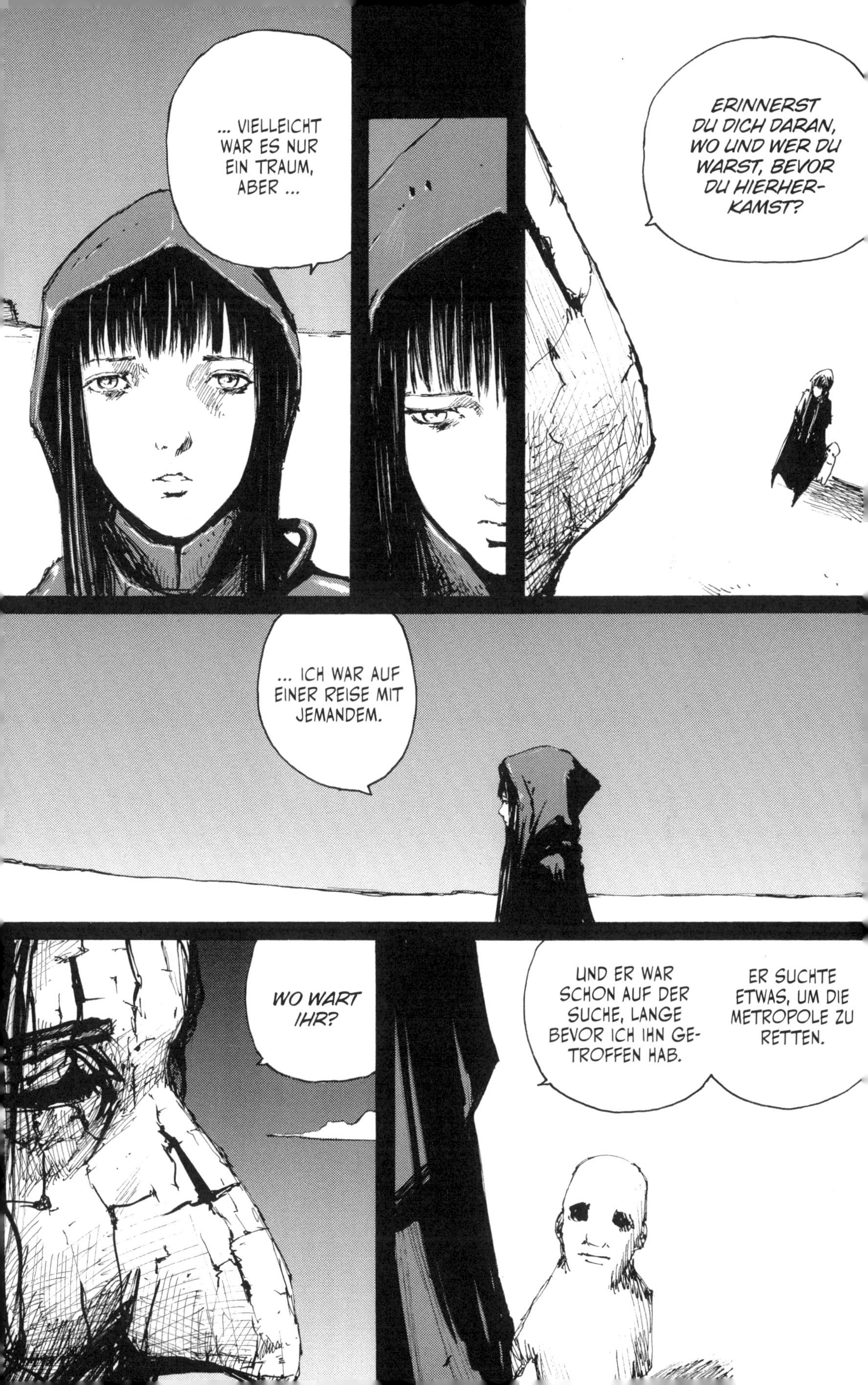
… VIELLEICHT WAR ES NUR EIN TRAUM, ABER …
ERINNERST DU DICH DARAN, WO UND WER DU WARST, BEVOR DU HIERHER-KAMST?
… ICH WAR AUF EINER REISE MIT JEMANDEM.
WO WART IHR?
UND ER WAR SCHON AUF DER SUCHE, LANGE BEVOR ICH IHN GE-TROFFEN HAB.
ER SUCHTE ETWAS, UM DIE METROPOLE ZU RETTEN.

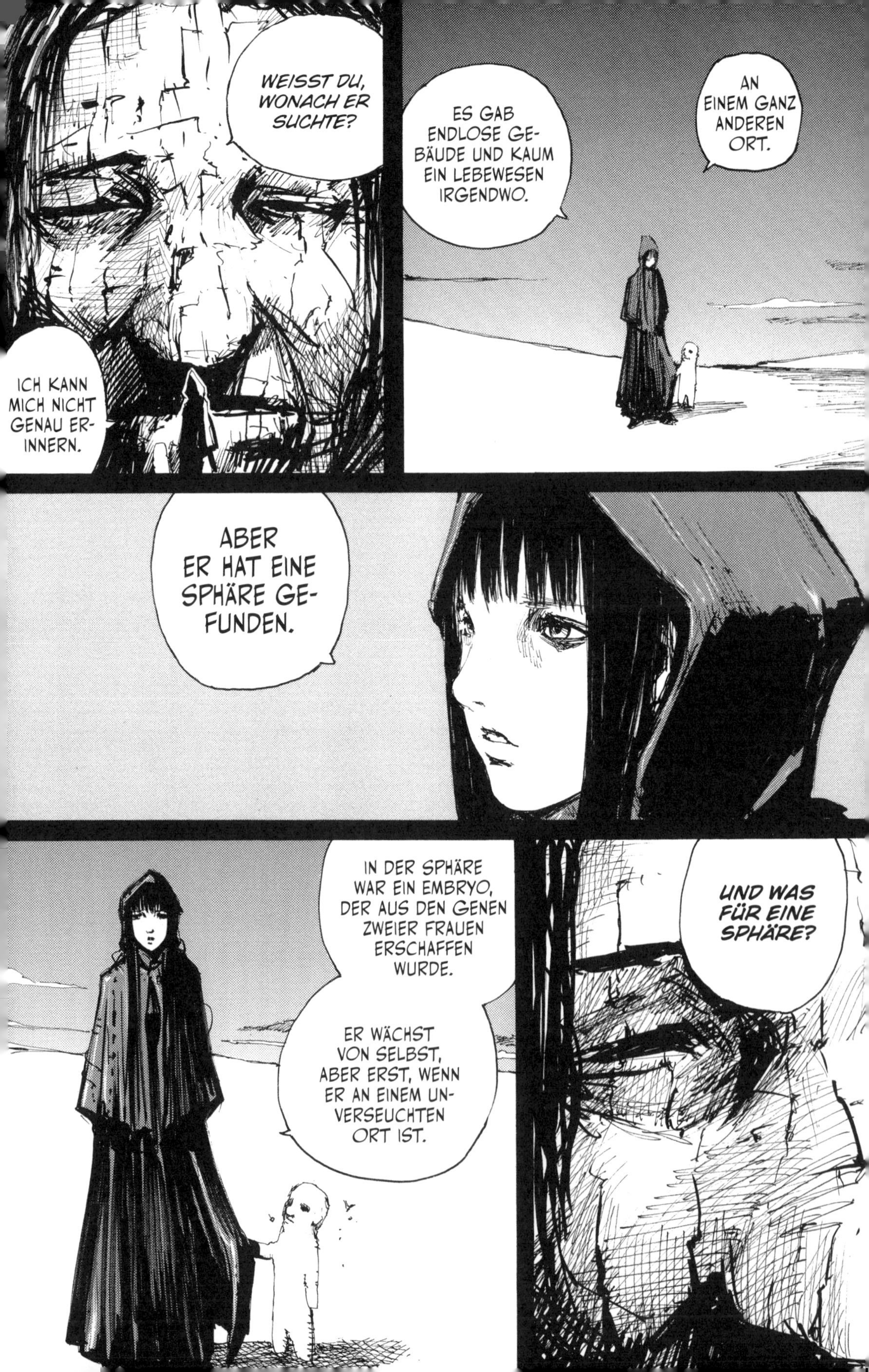
AN EINEM GANZ ANDEREN ORT.
ES GAB ENDLOSE GEBÄUDE UND KAUM EIN LEBEWESEN IRGENDWO.
WEISST DU, WONACH ER SUCHTE?
ICH KANN MICH NICHT GENAU ERINNERN.
ABER ER HAT EINE SPHÄRE GEFUNDEN.
UND WAS FÜR EINE SPHÄRE?
IN DER SPHÄRE WAR EIN EMBRYO, DER AUS DEN GENEN ZWEIER FRAUEN ERSCHAFFEN WURDE.
ER WÄCHST VON SELBST, ABER ERST, WENN ER AN EINEM UNVERSEUCHTEN ORT IST.

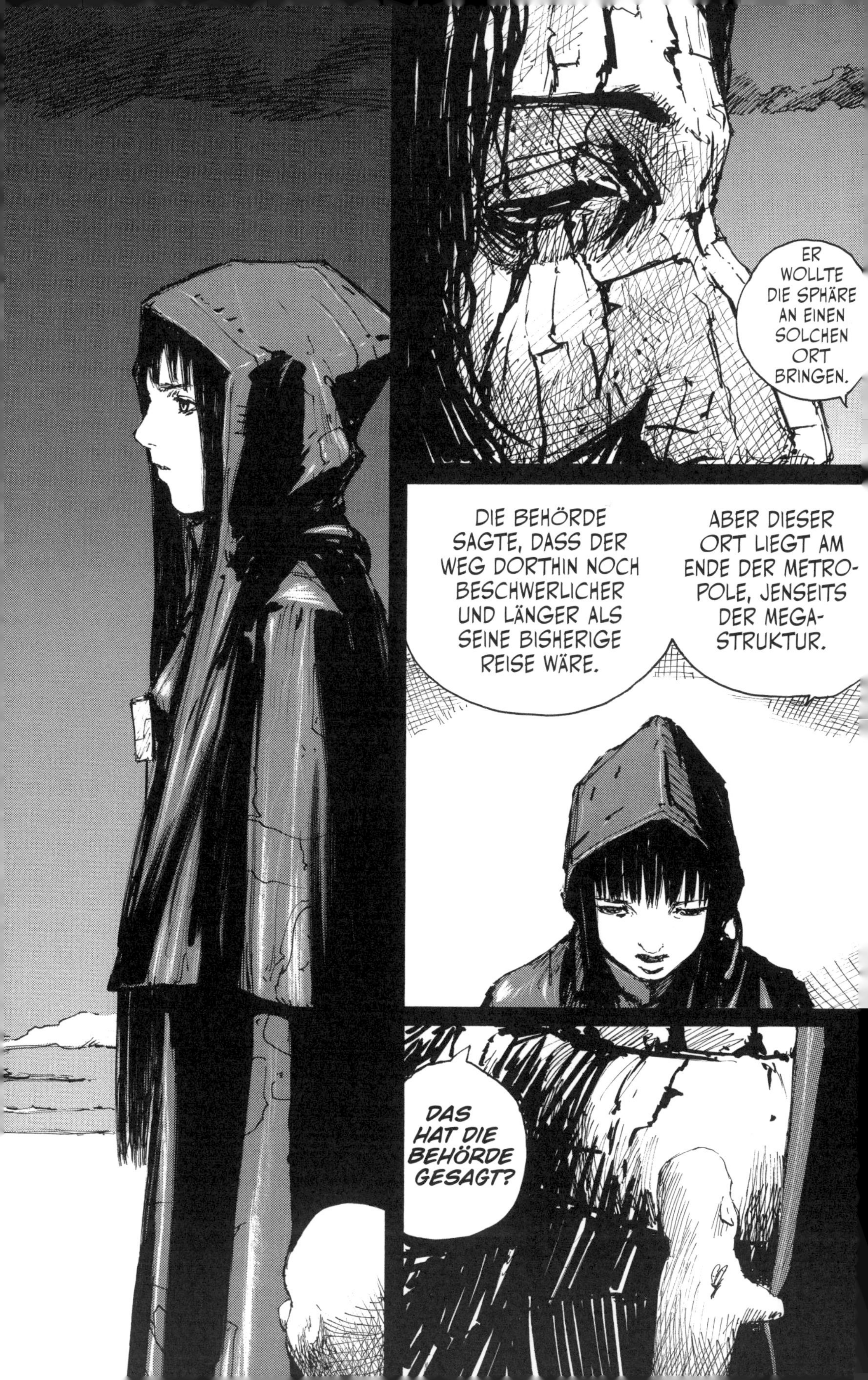
ER WOLLTE DIE SPHÄRE AN EINEN SOLCHEN ORT BRINGEN.
ABER DIESER ORT LIEGT AM ENDE DER METRO-POLE, JENSEITS DER MEGA-STRUKTUR.
DIE BEHÖRDE SAGTE, DASS DER WEG DORTHIN NOCH BESCHWERLICHER UND LÄNGER ALS SEINE BISHERIGE REISE WÄRE.
DAS HAT DIE BEHÖRDE GESAGT?

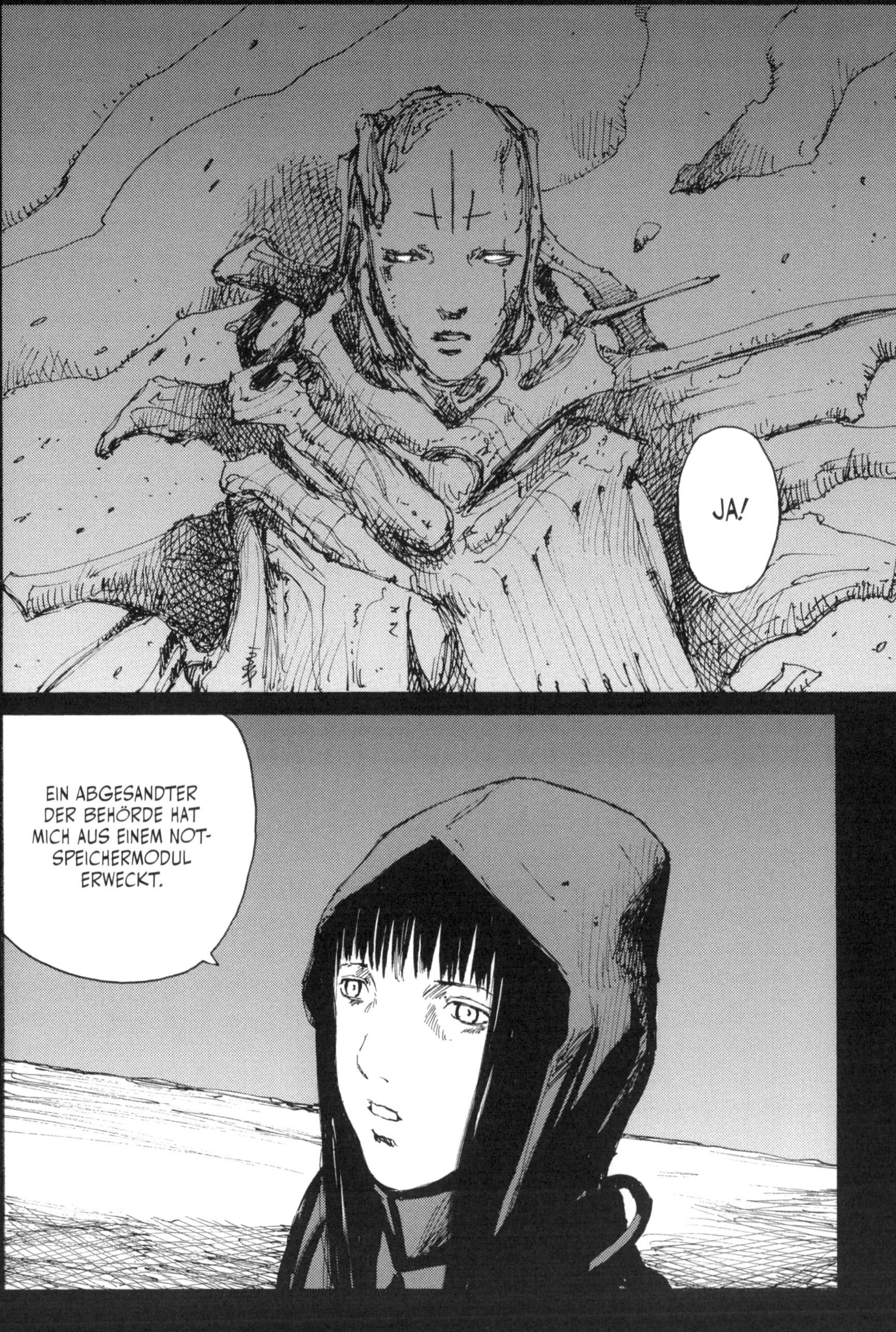
JA!
EIN ABGESANDTER DER BEHÖRDE HAT MICH AUS EINEM NOT-SPEICHERMODUL ERWECKT.

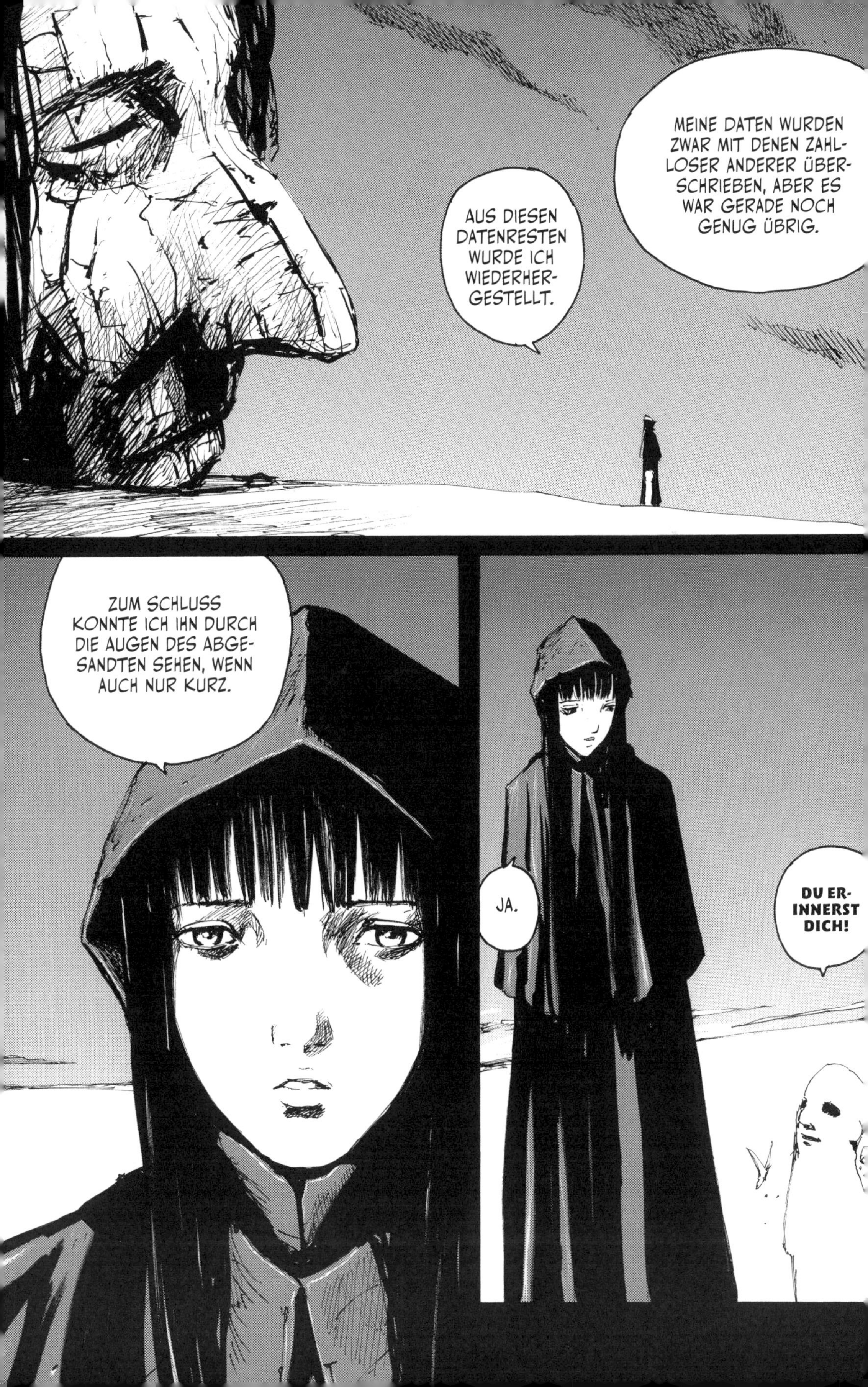
MEINE DATEN WURDEN ZWAR MIT DENEN ZAHLLOSER ANDERER ÜBERSCHRIEBEN, ABER ES WAR GERADE NOCH GENUG ÜBRIG.
AUS DIESEN DATENRESTEN WURDE ICH WIEDERHERGESTELLT.
ZUM SCHLUSS KONNTE ICH IHN DURCH DIE AUGEN DES ABGESANDTEN SEHEN, WENN AUCH NUR KURZ.
DU ERINNERST DICH!
JA.

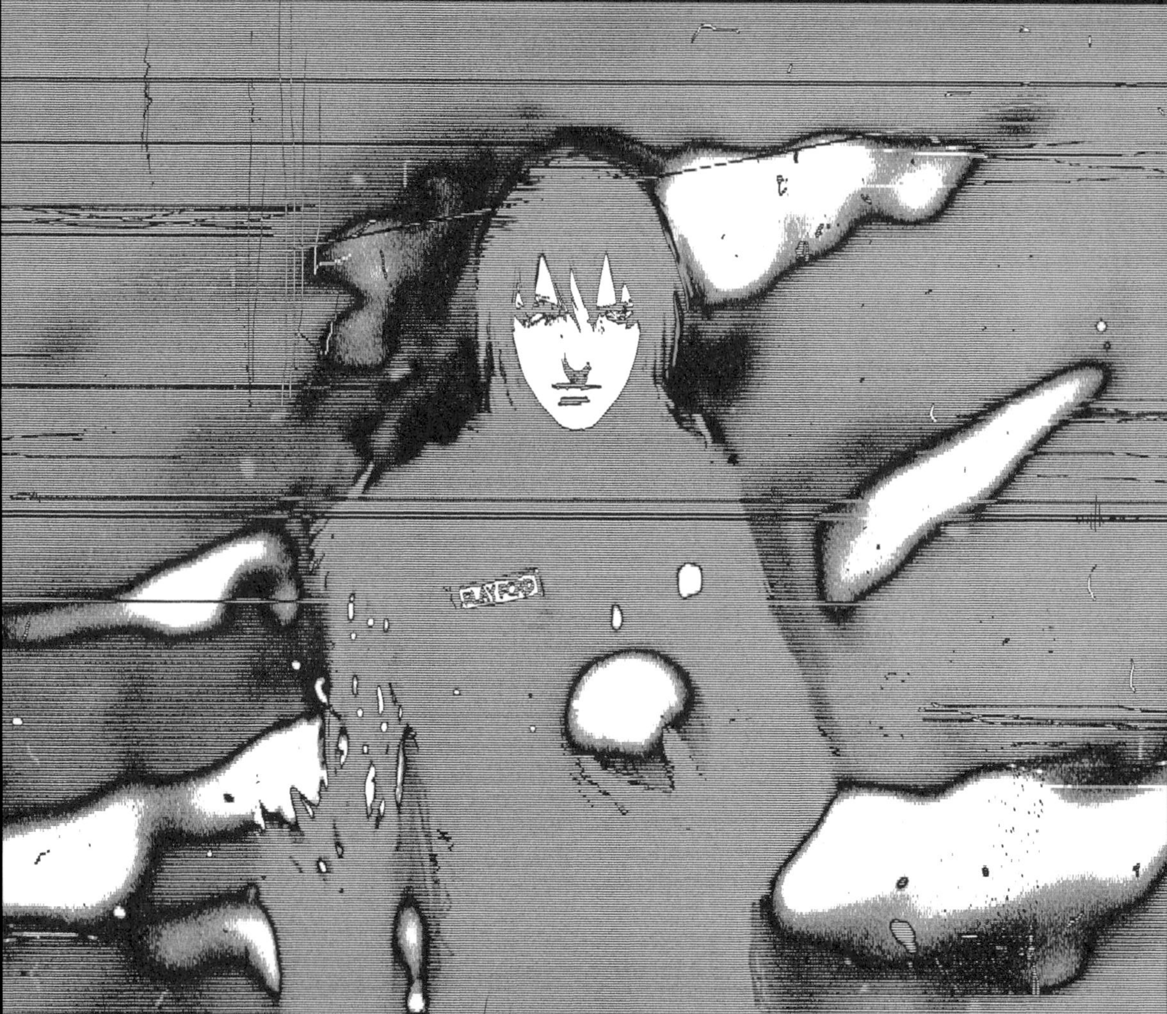

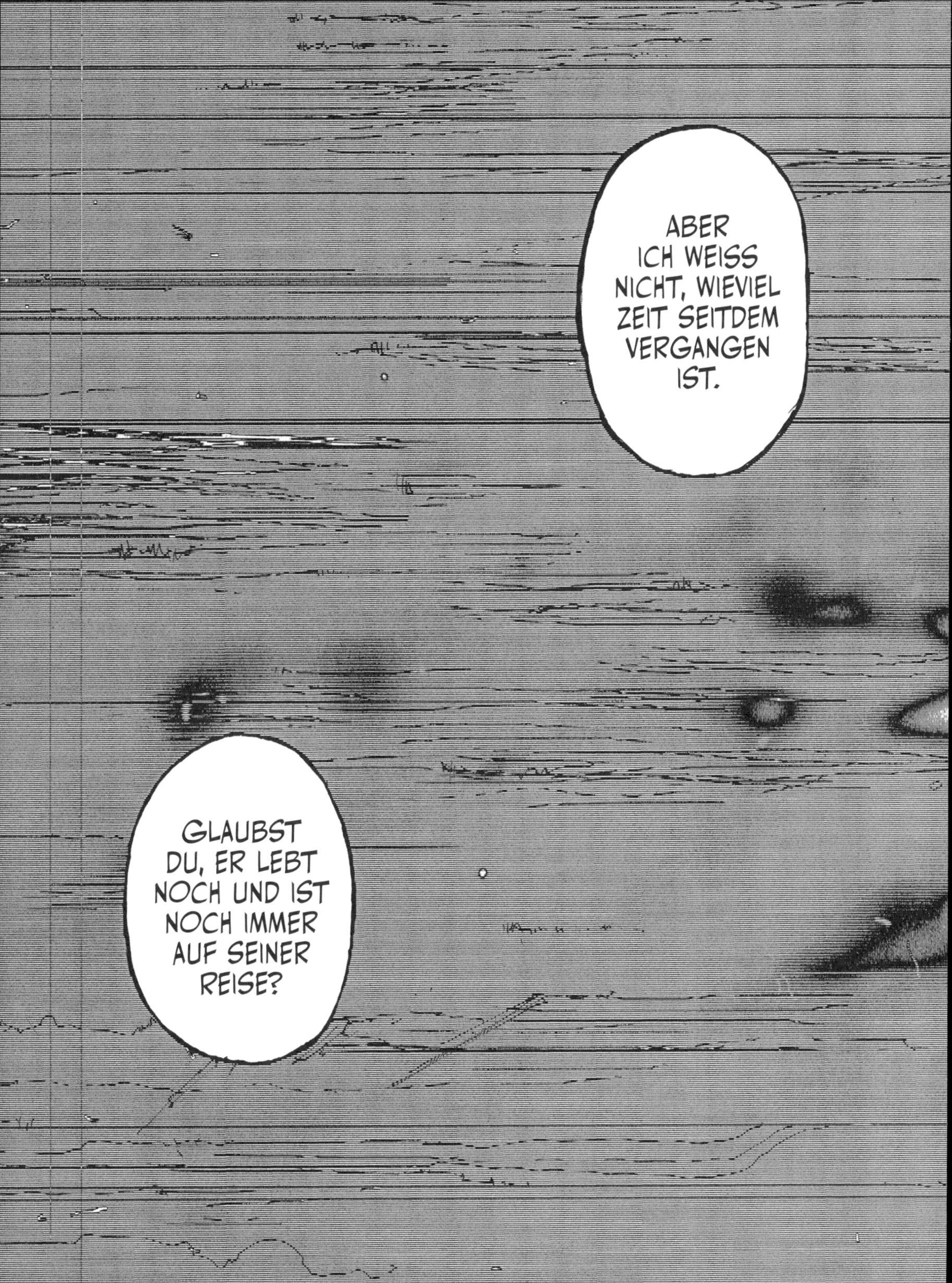
ABER ICH WEISS NICHT, WIEVIEL ZEIT SEITDEM VERGANGEN IST.
GLAUBST DU, ER LEBT NOCH UND IST NOCH IMMER AUF SEINER REISE?

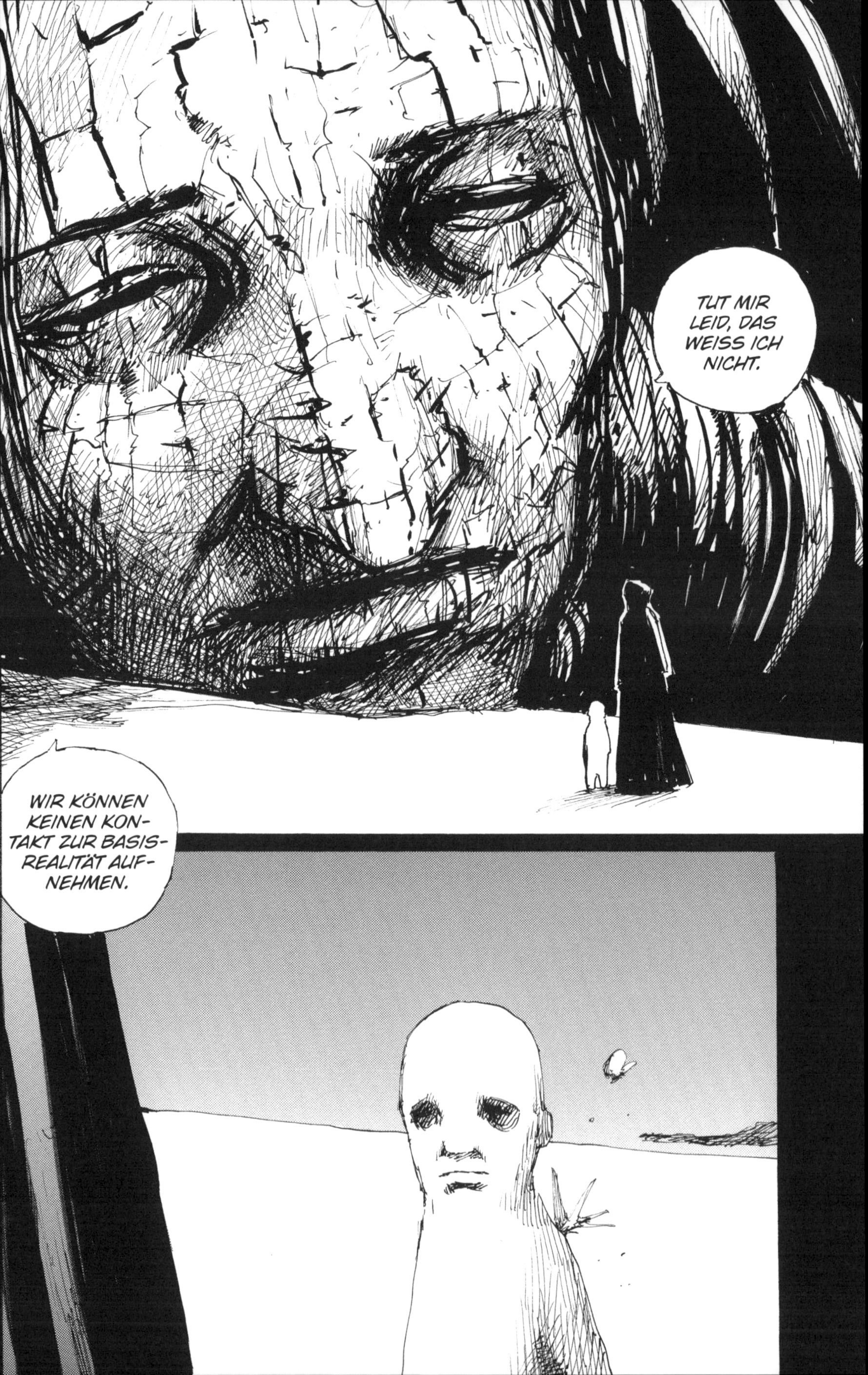
TUT MIR LEID, DAS WEISS ICH NICHT.
WIR KÖNNEN KEINEN KONTAKT ZUR BASISREALITÄT AUFNEHMEN.

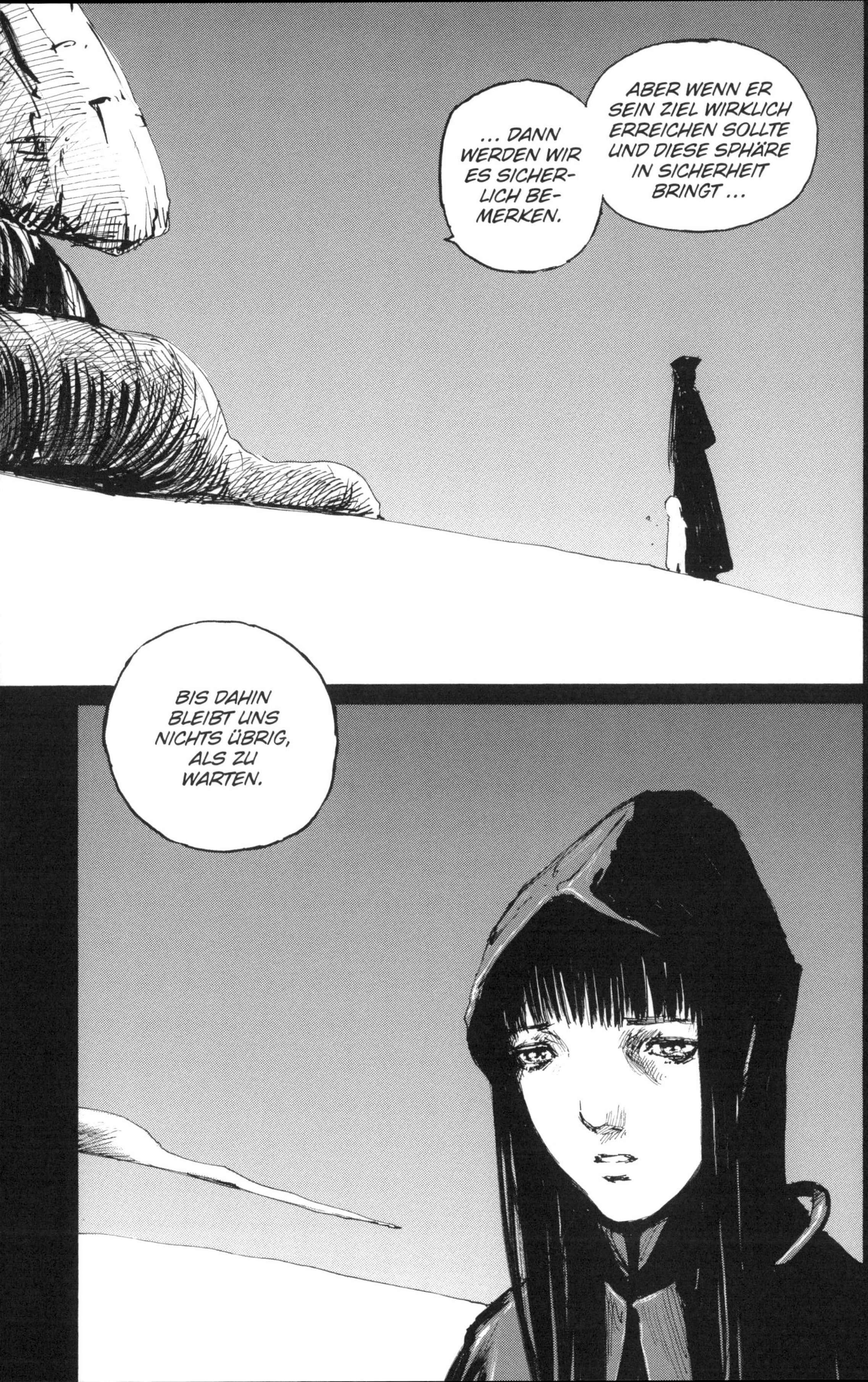
ABER WENN ER SEIN ZIEL WIRKLICH ERREICHEN SOLLTE UND DIESE SPHÄRE IN SICHERHEIT BRINGT …
… DANN WERDEN WIR ES SICHERLICH BEMERKEN.
BIS DAHIN BLEIBT UNS NICHTS ÜBRIG, ALS ZU WARTEN.

LOG.64:::ENDE

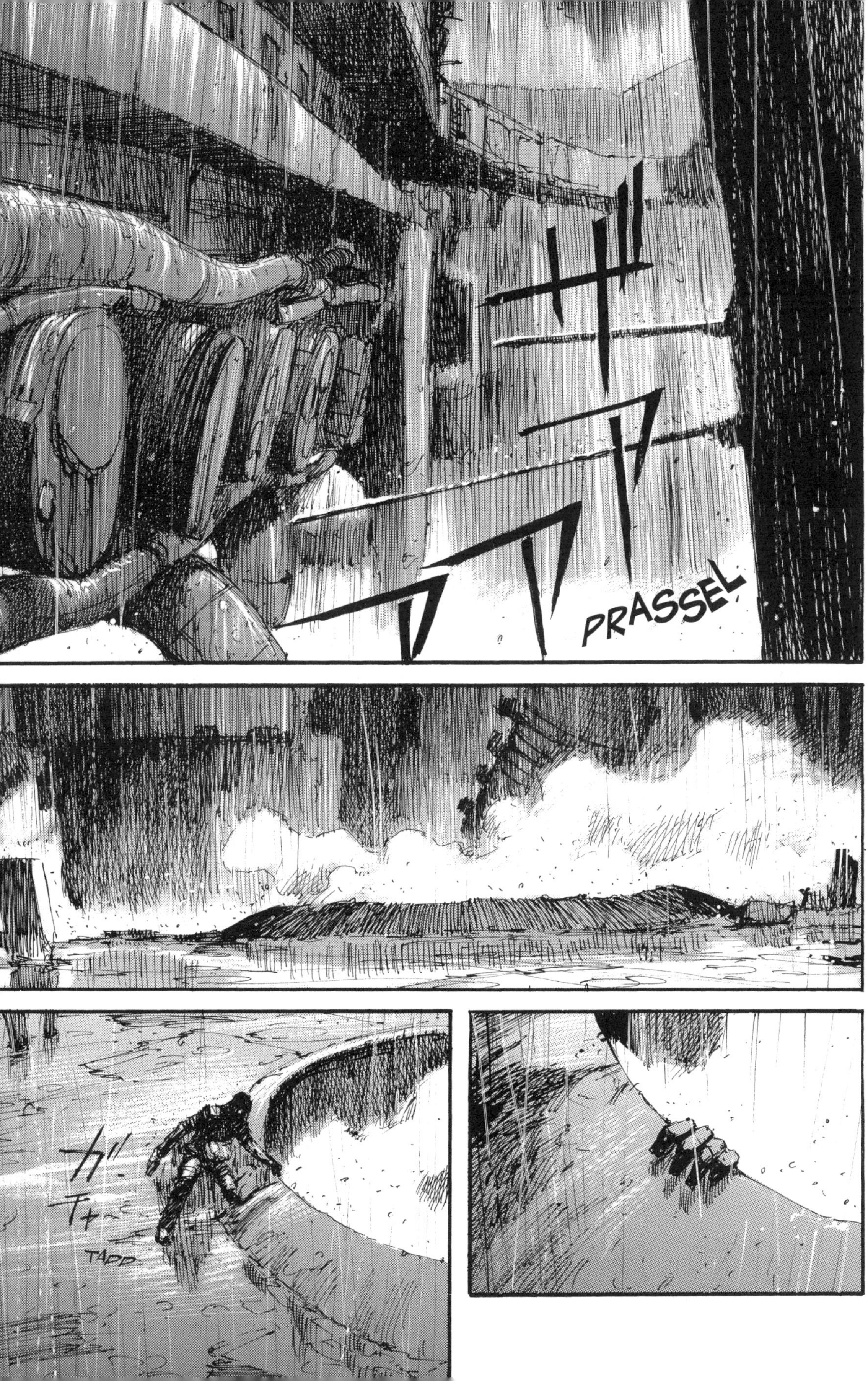
PRASSEL
TAPP

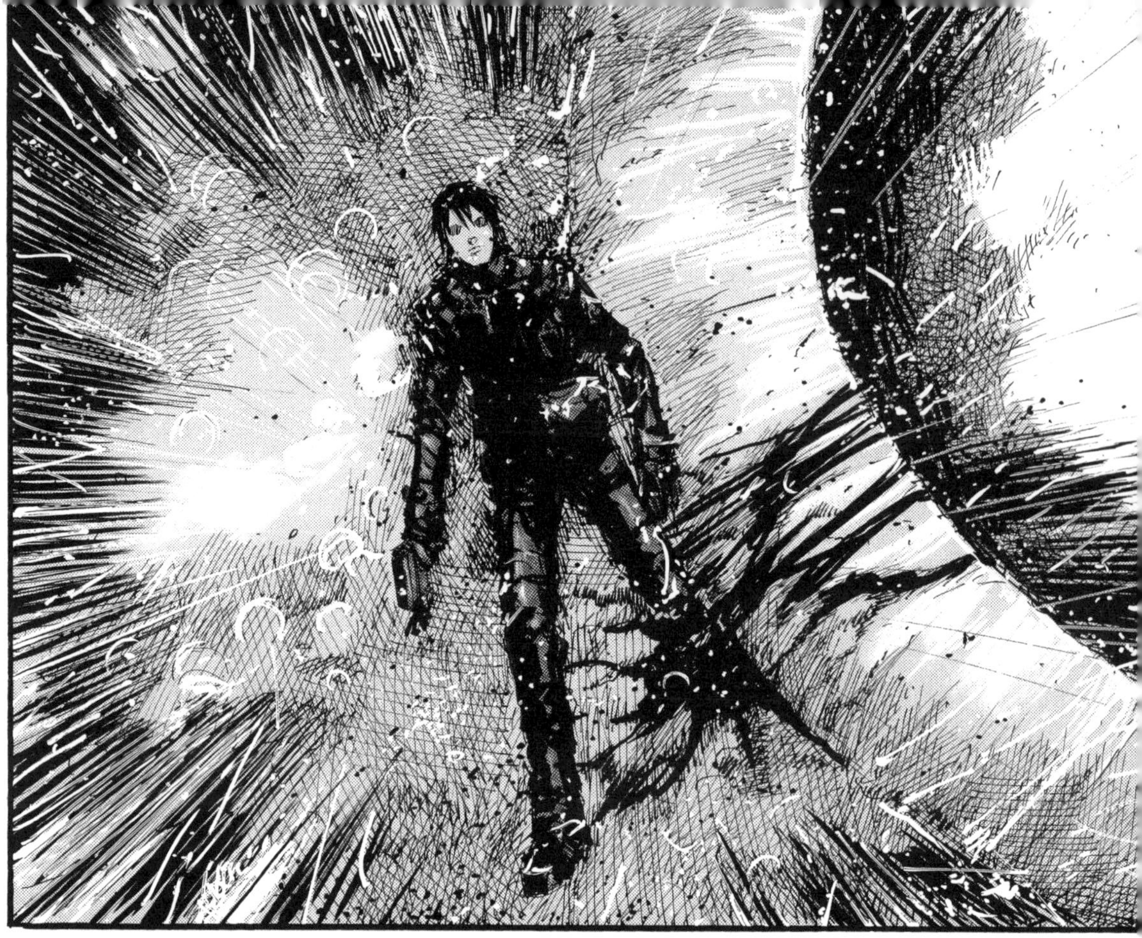

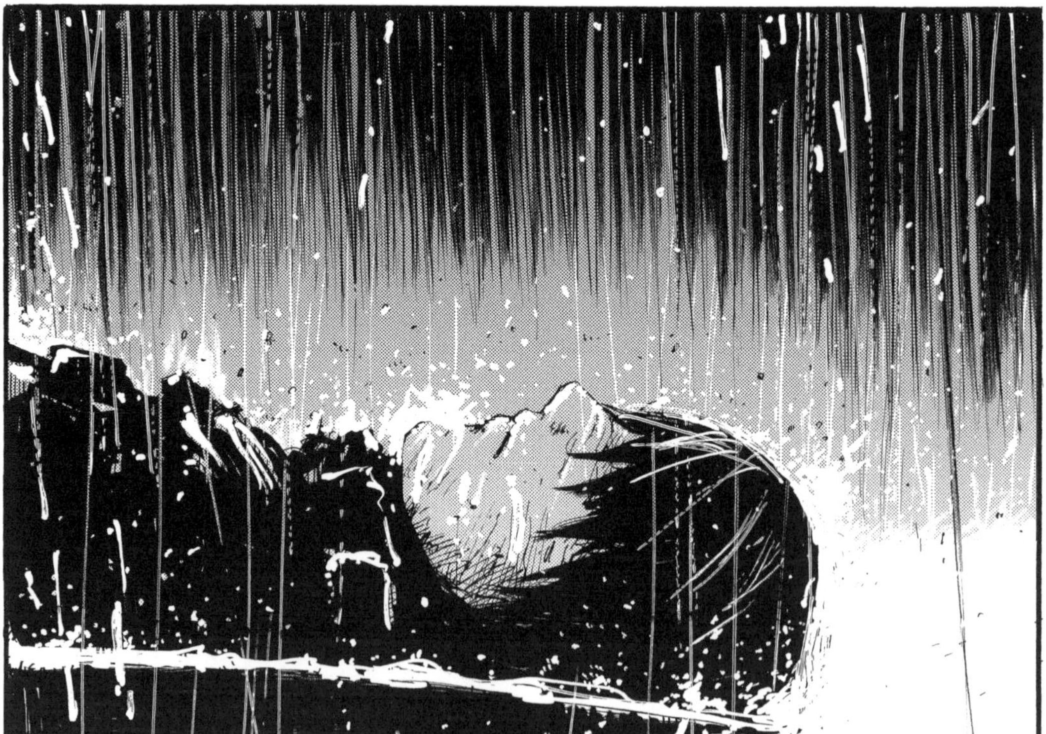

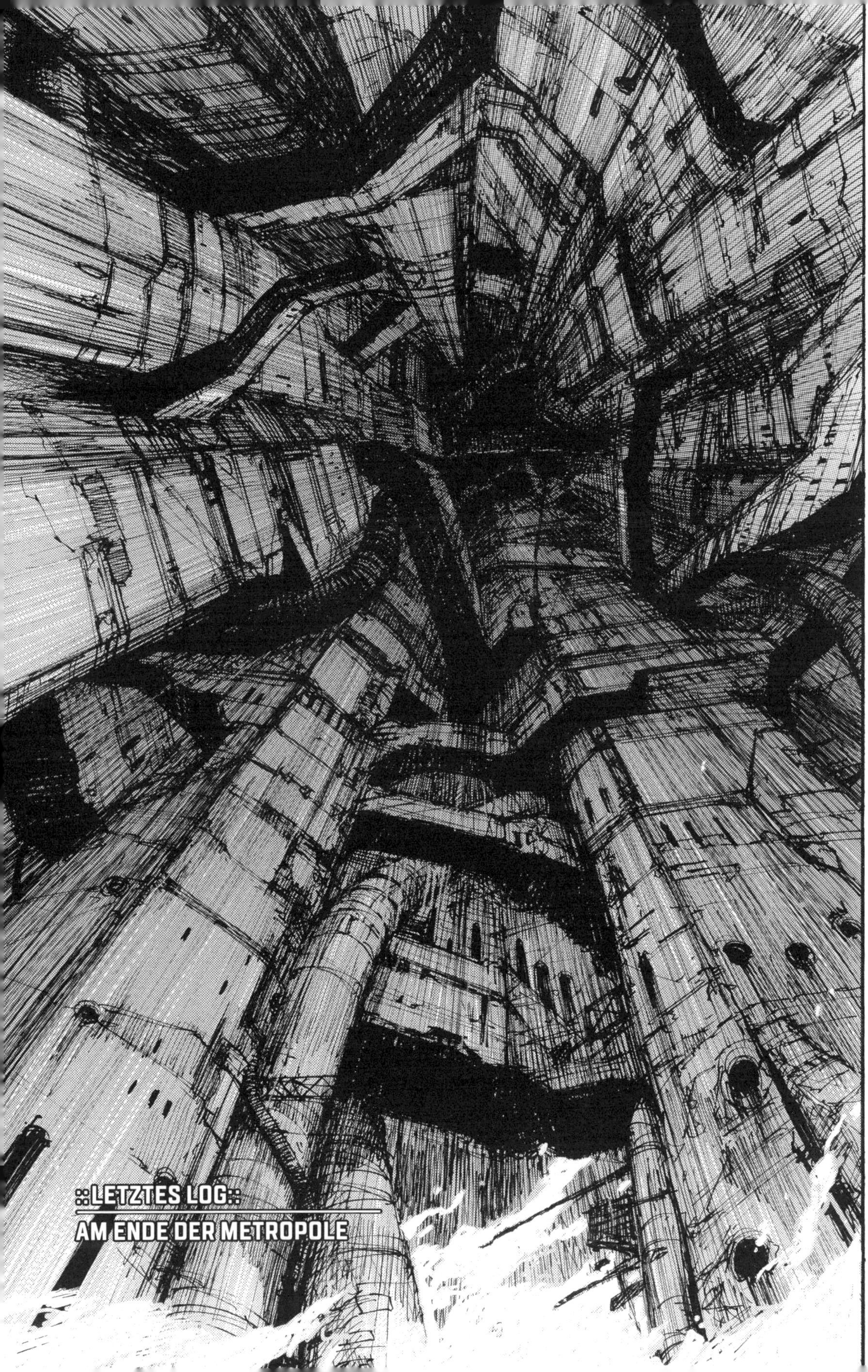
::LETZTES LOG::
AM ENDE DER METROPOLE

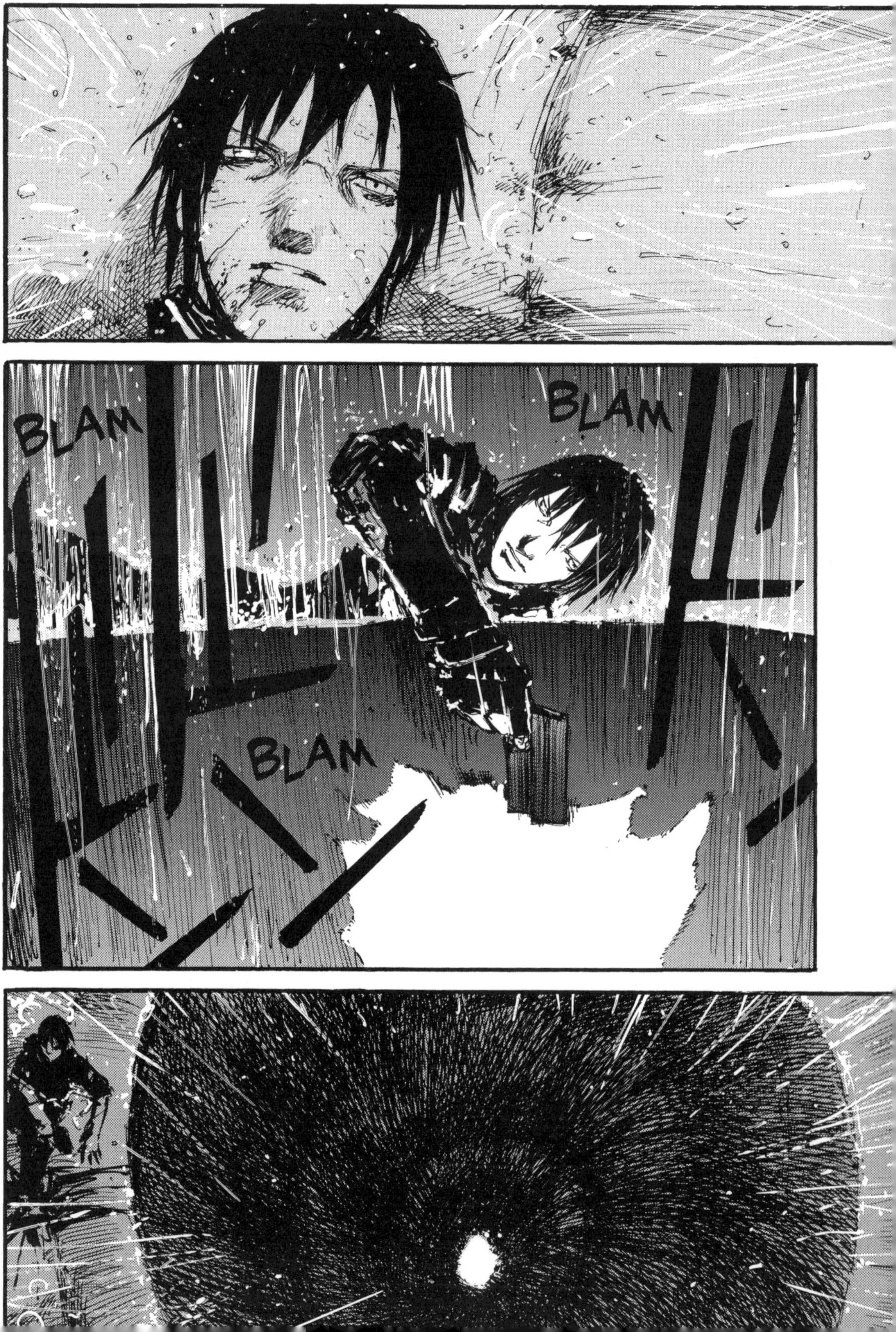
BLAM
BLAM
BLAM

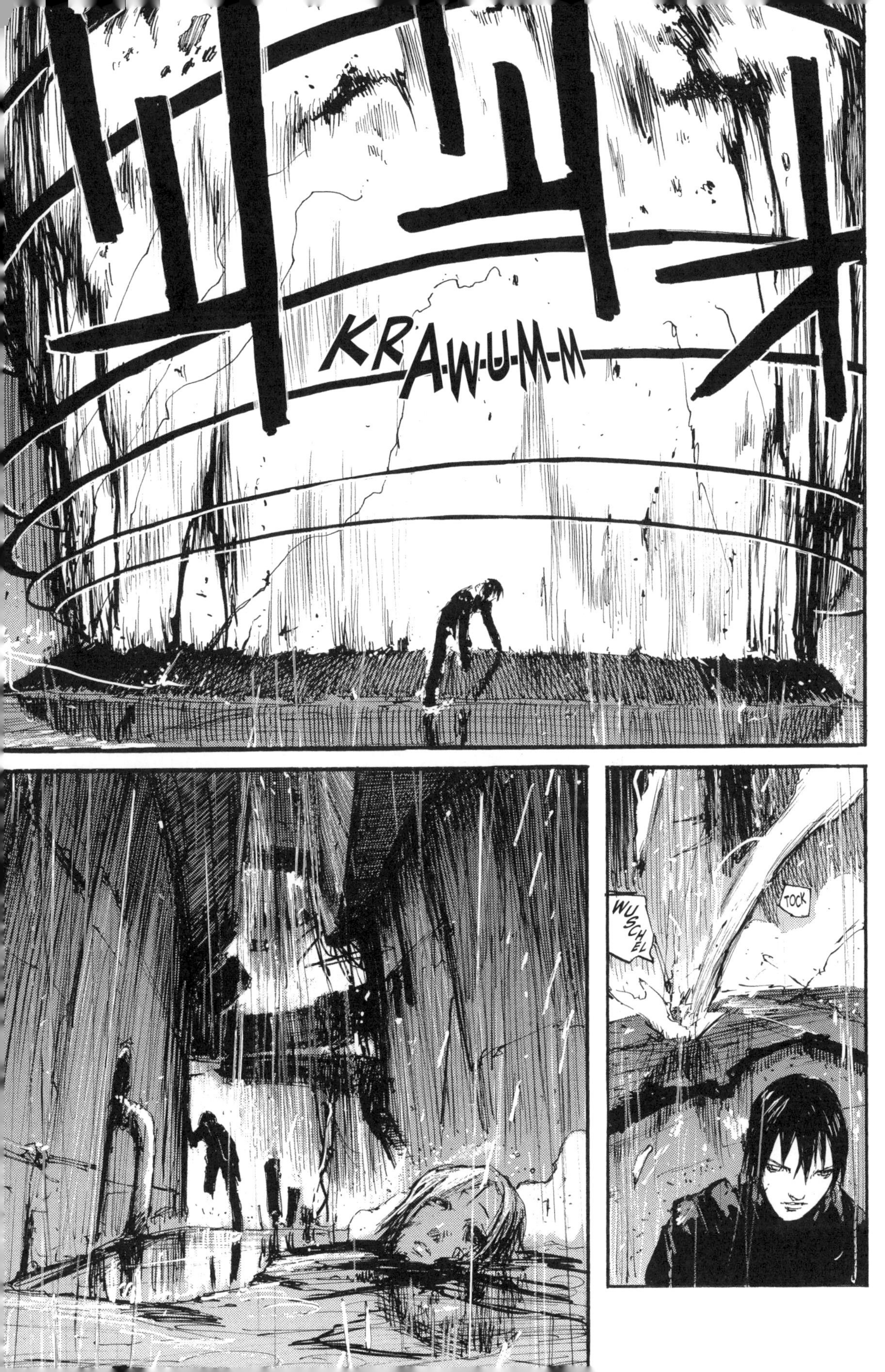
KRAWUMM
WUSCHEL
TOCK

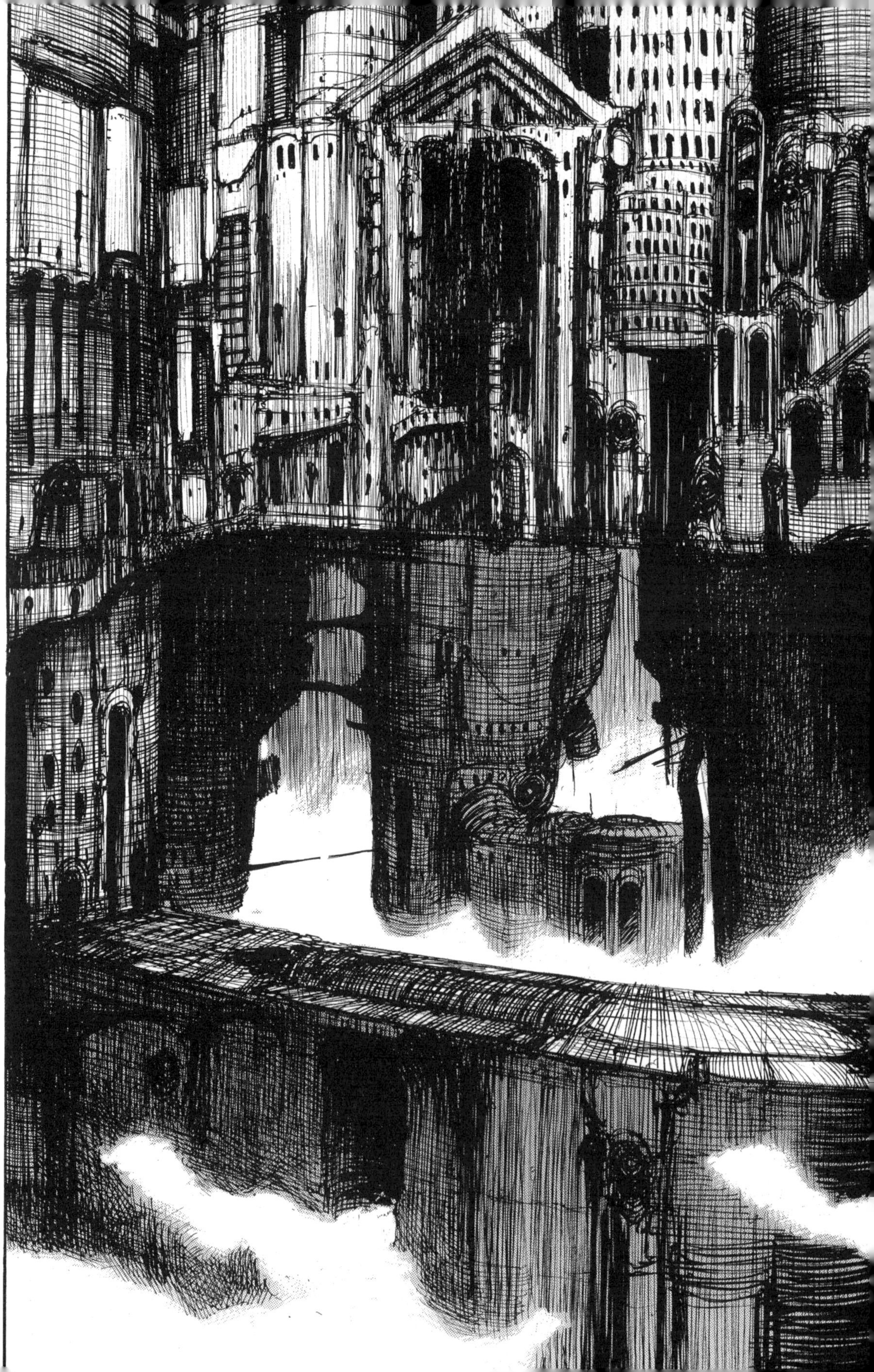

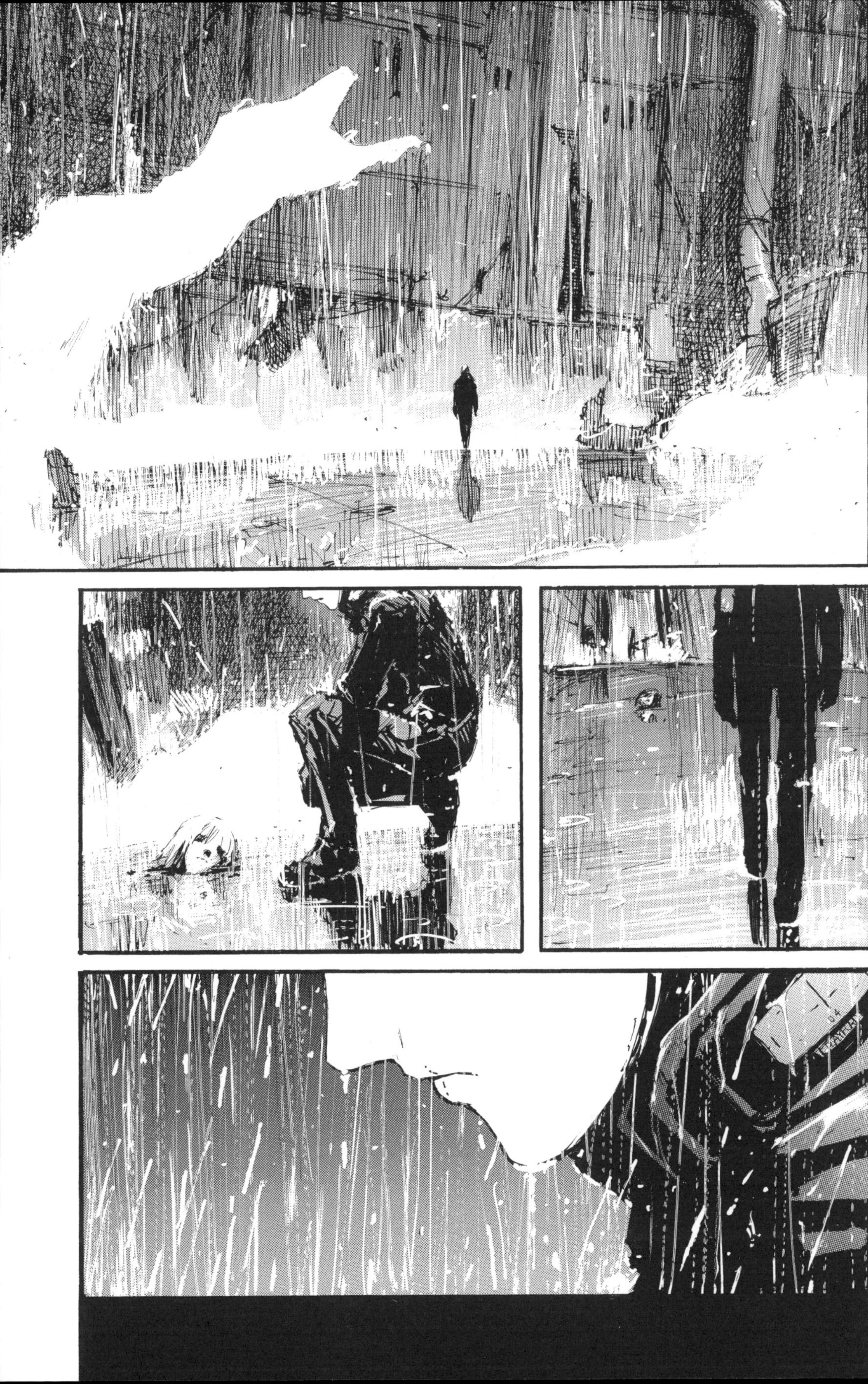

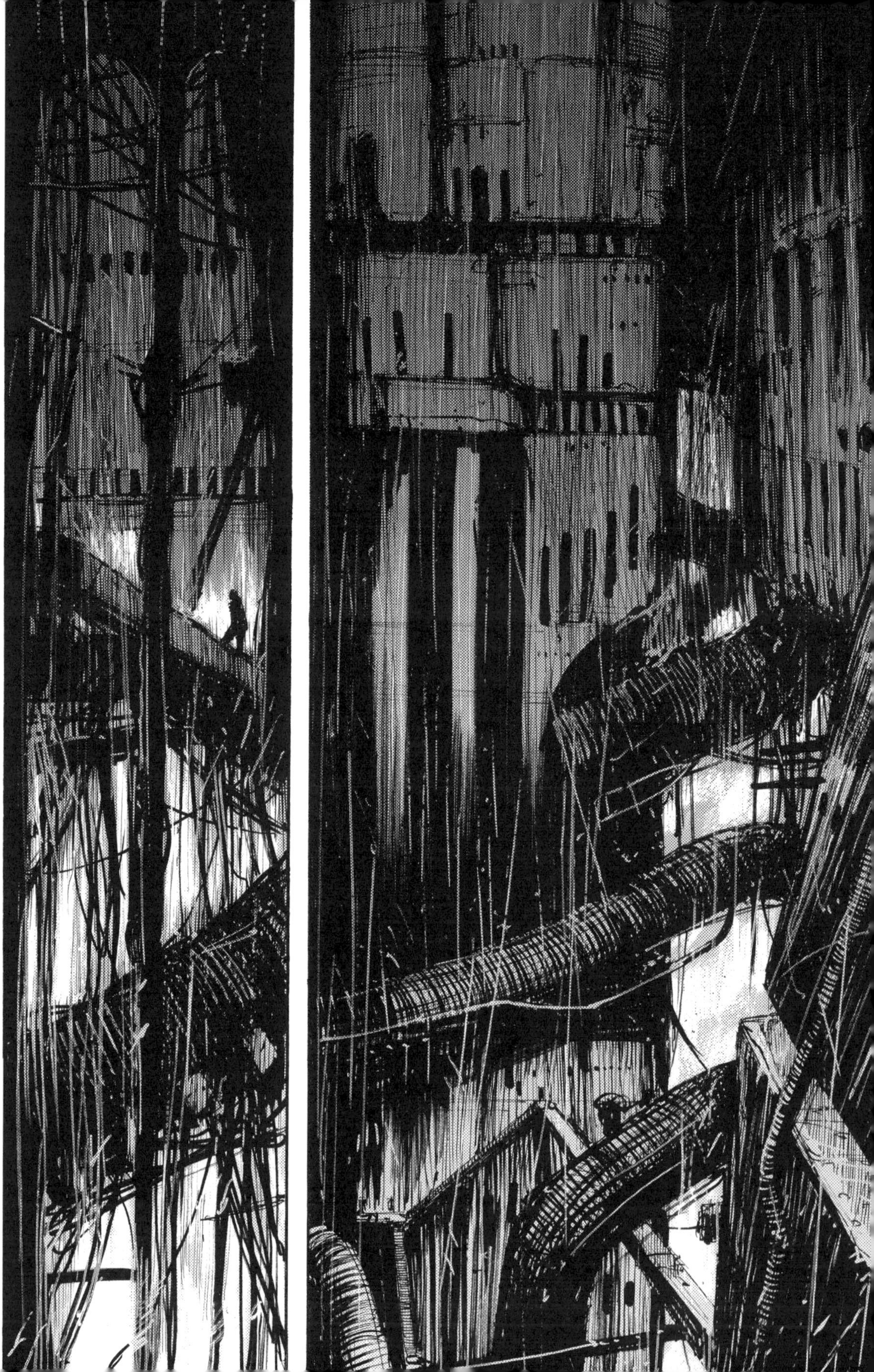

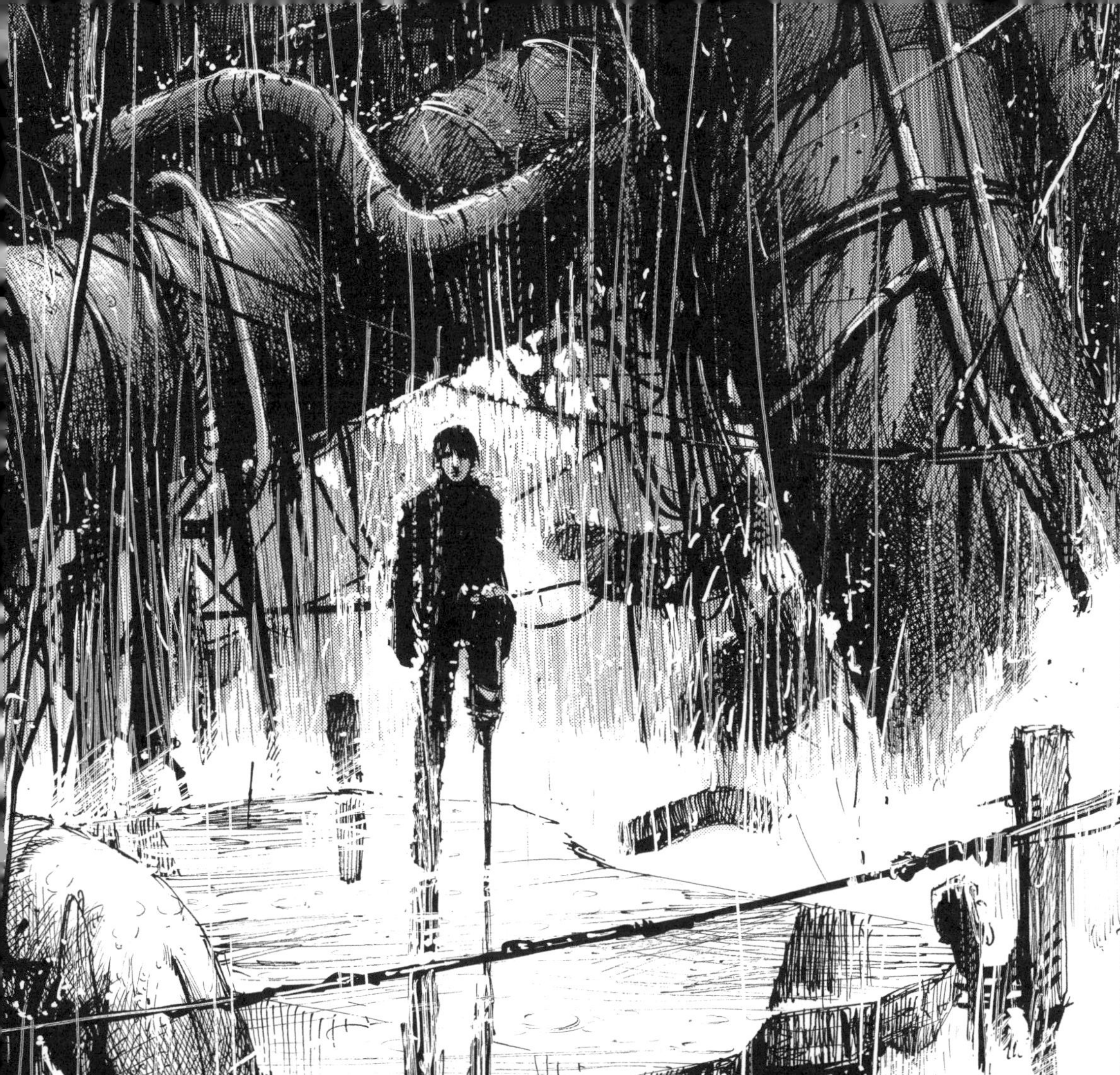
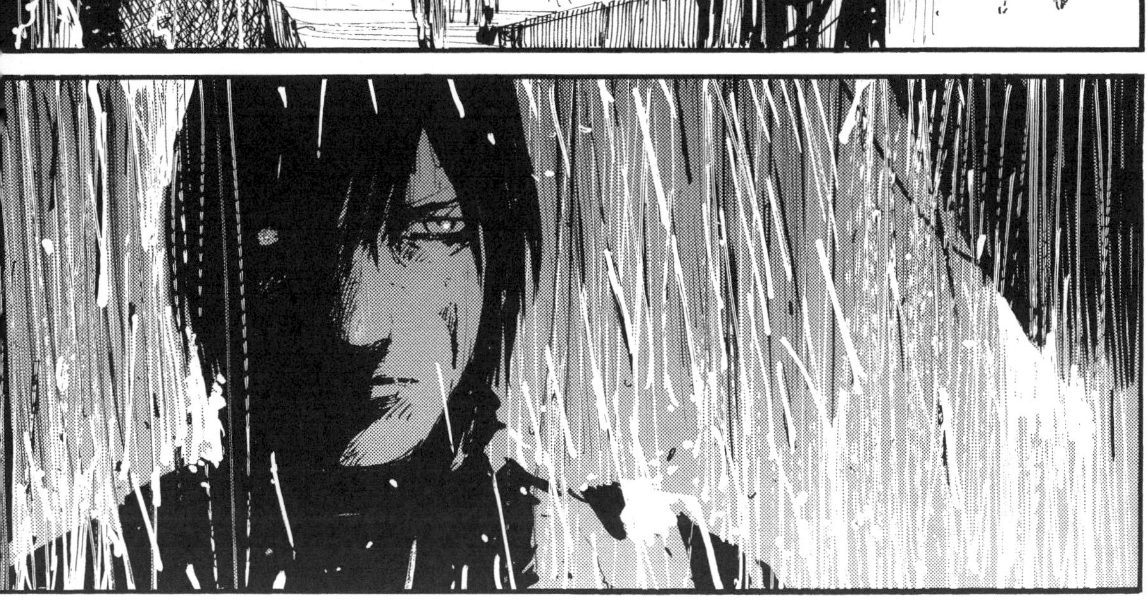

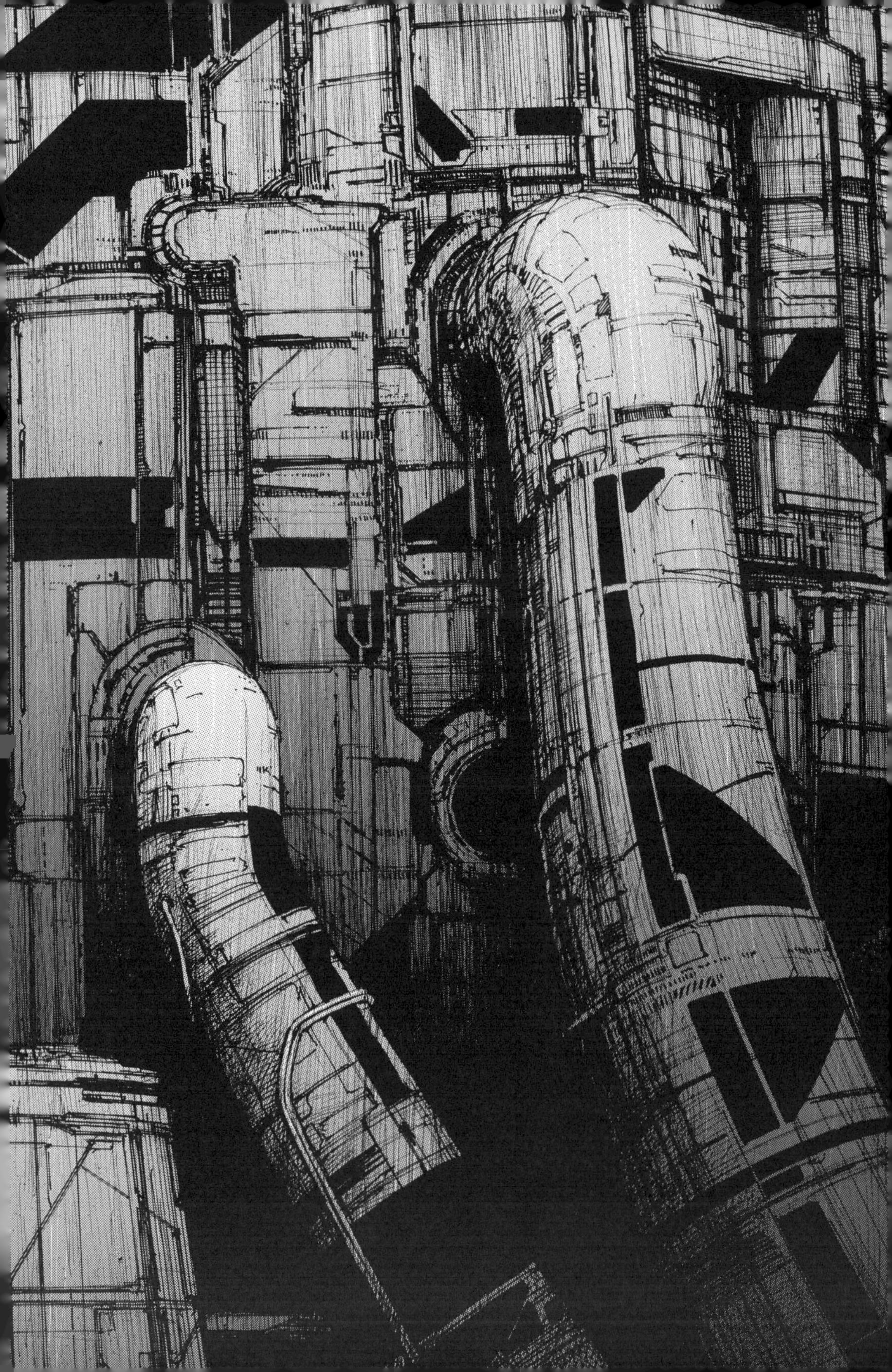

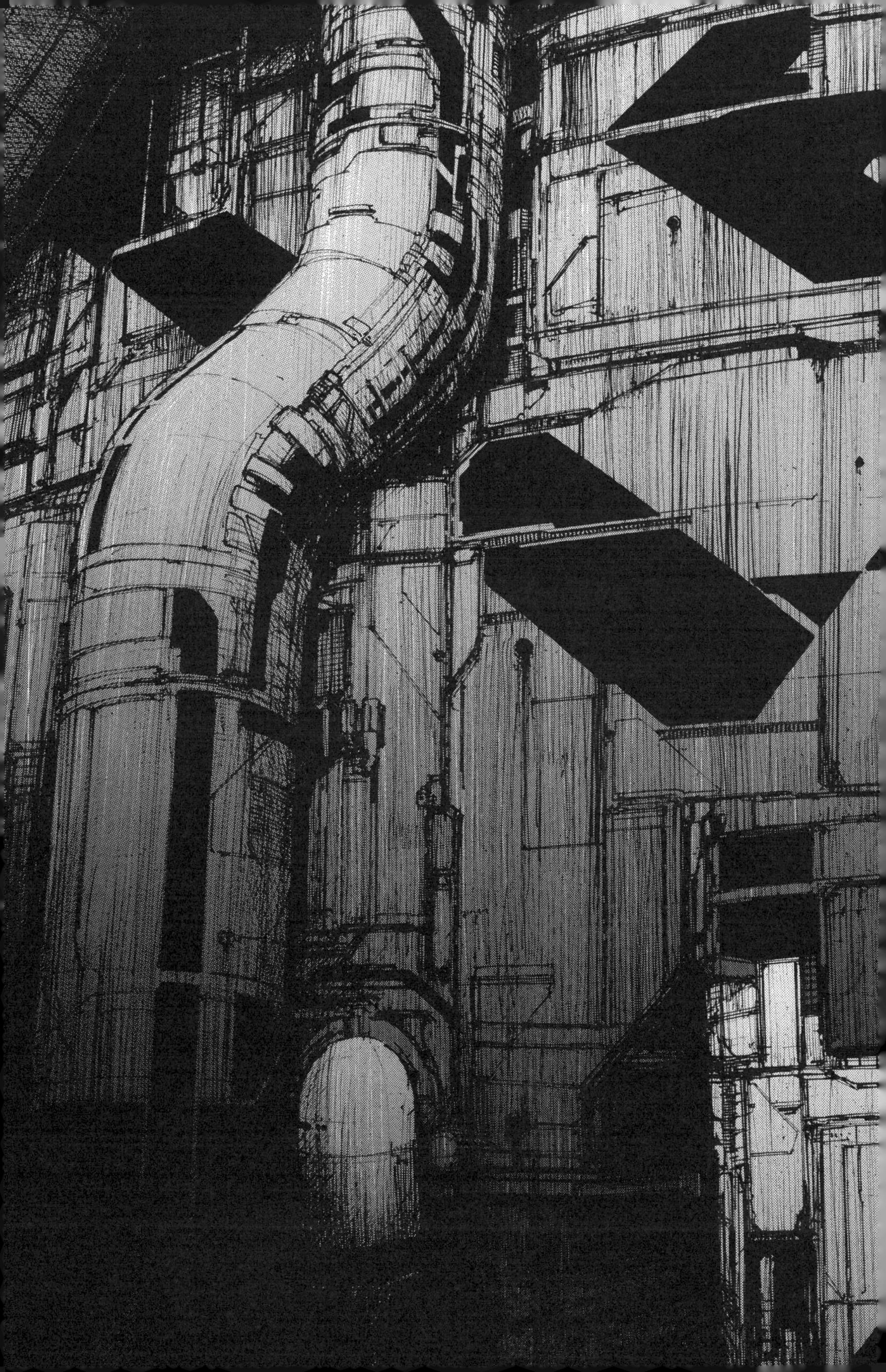

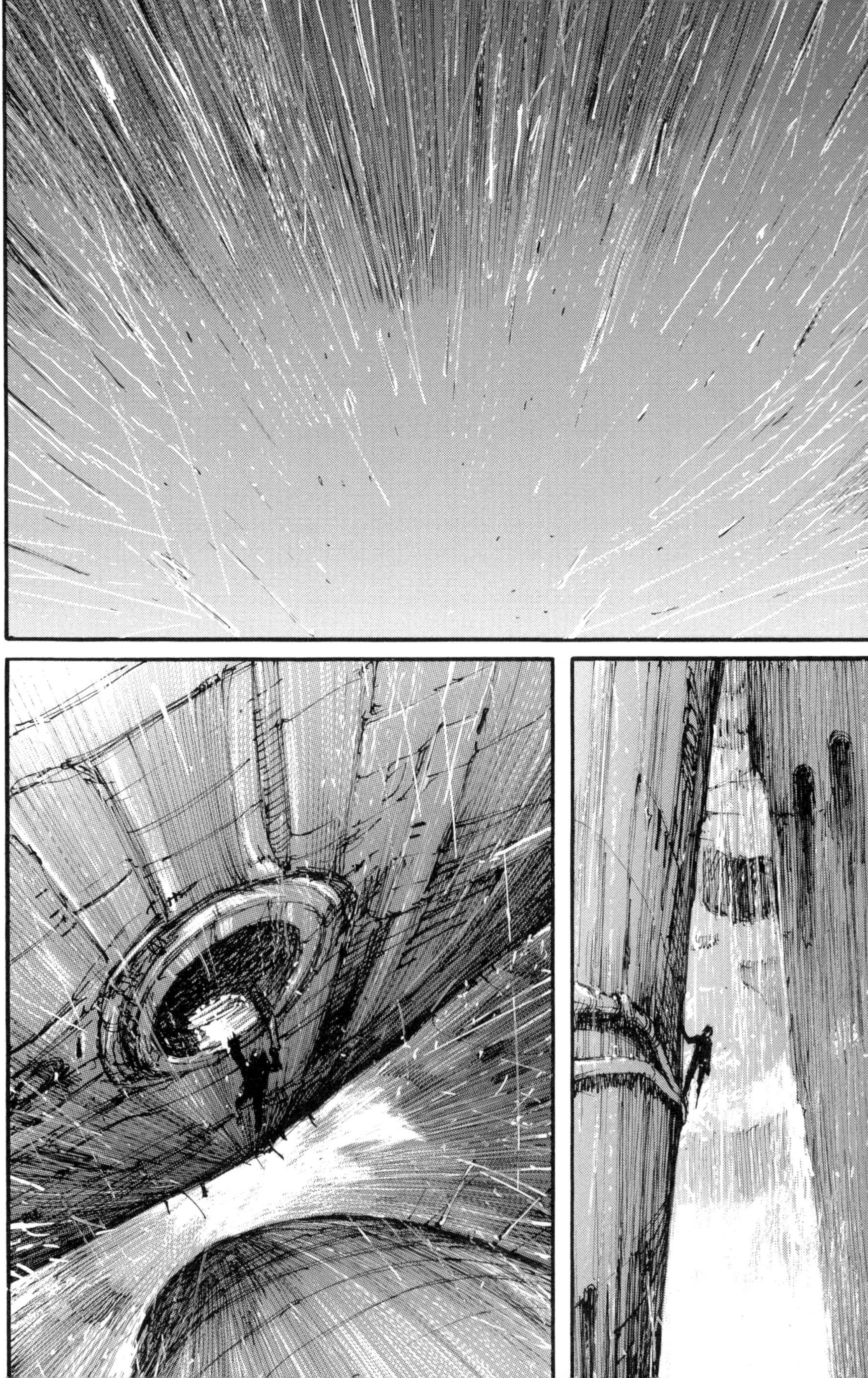

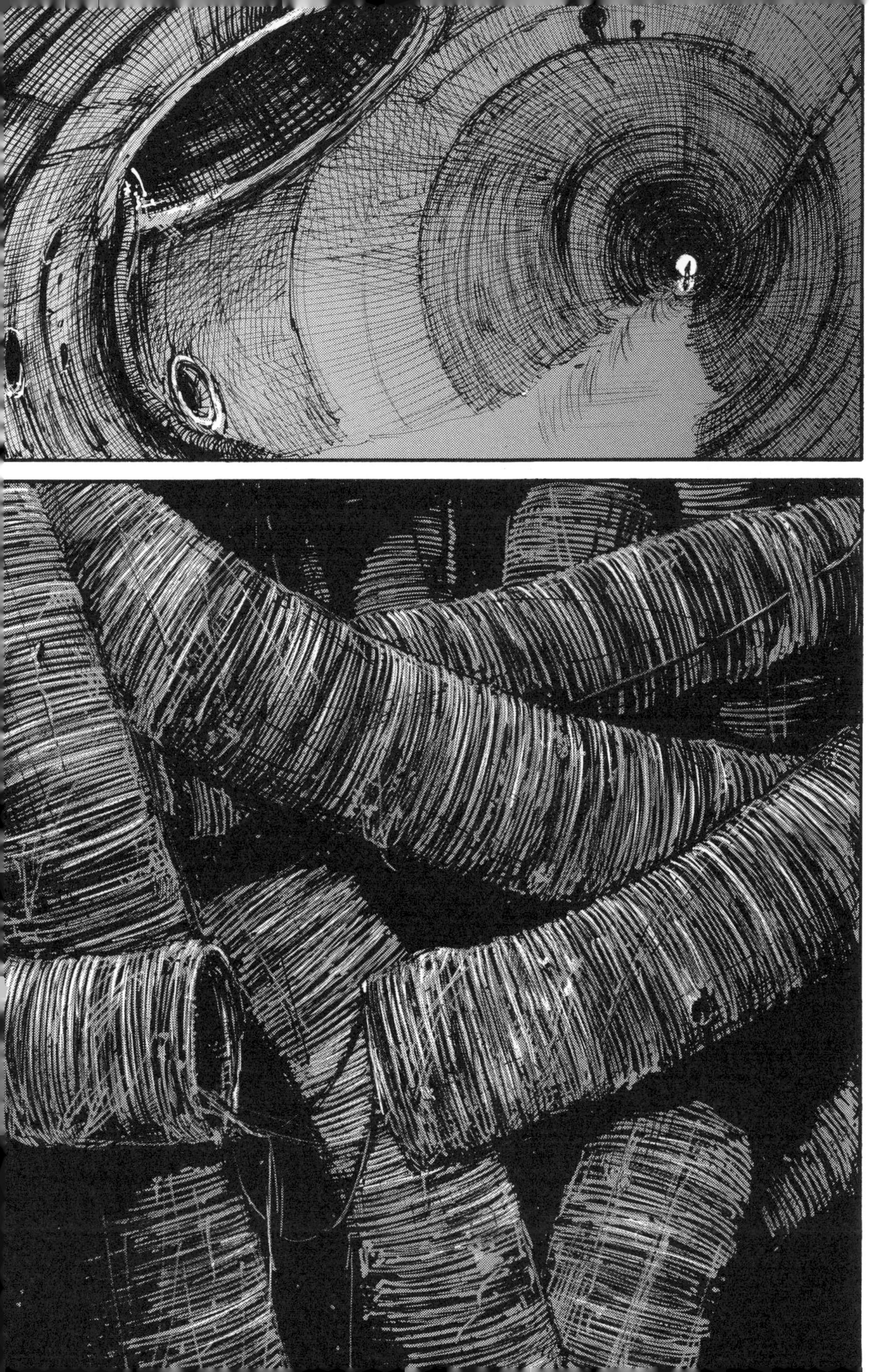

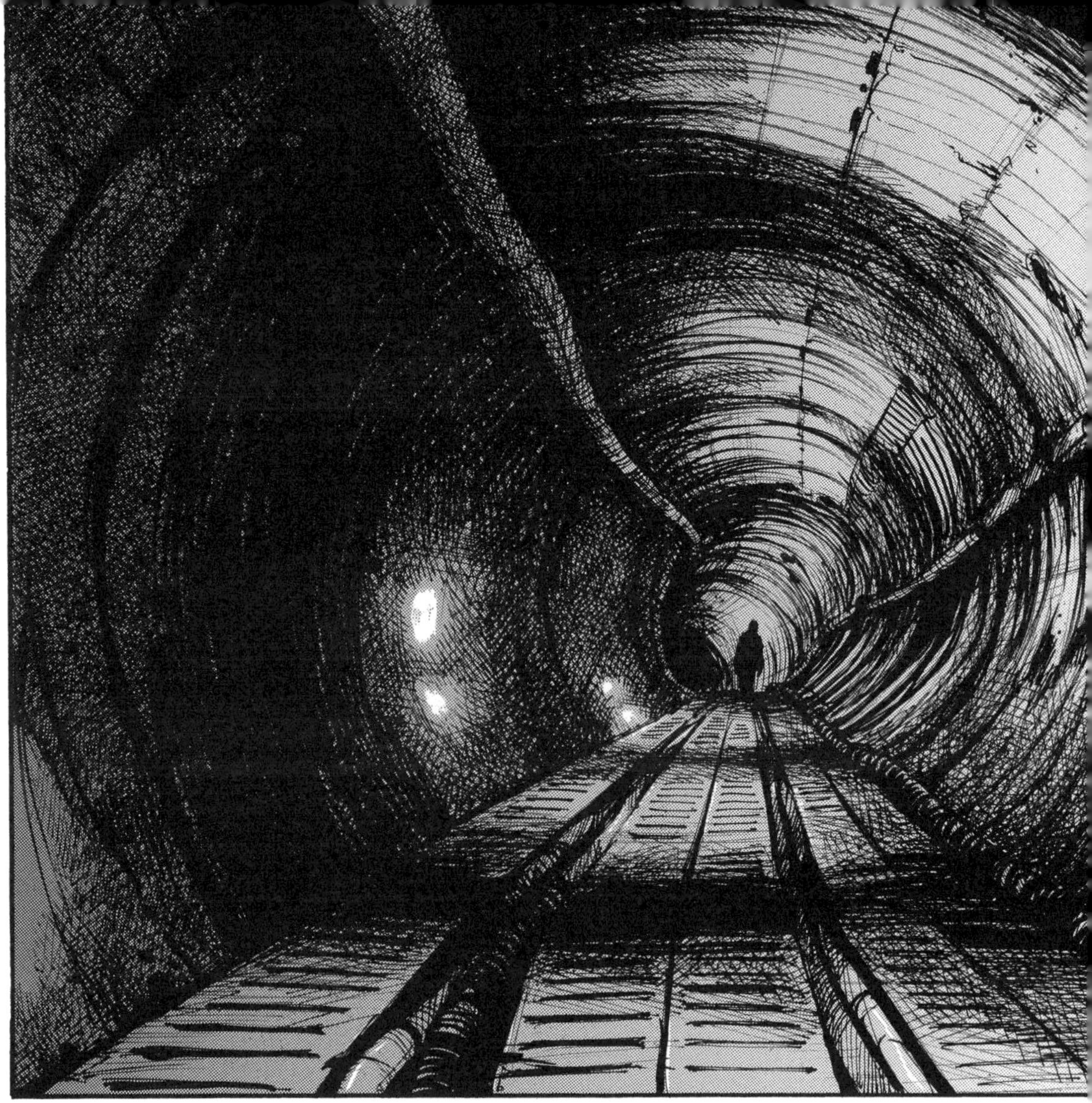

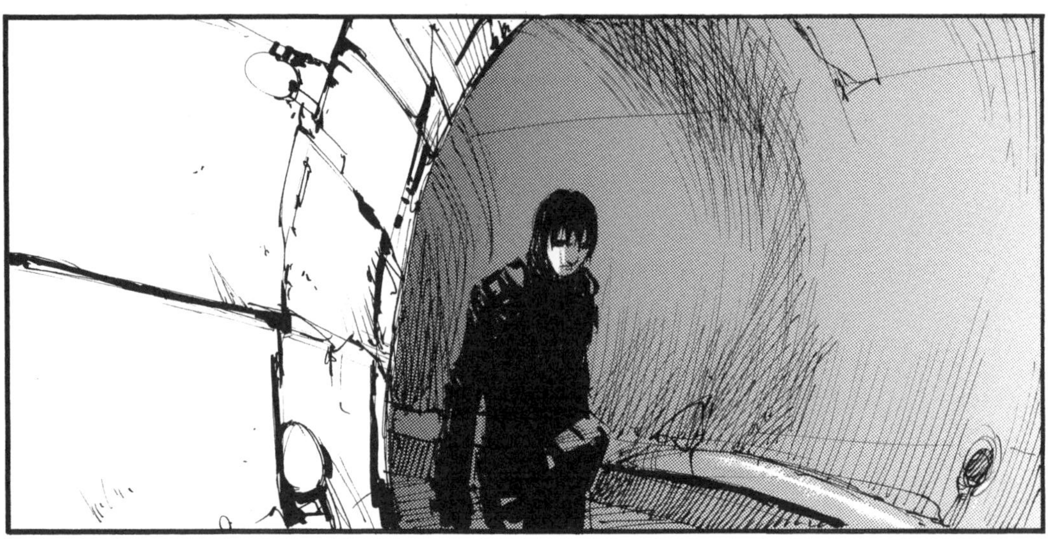

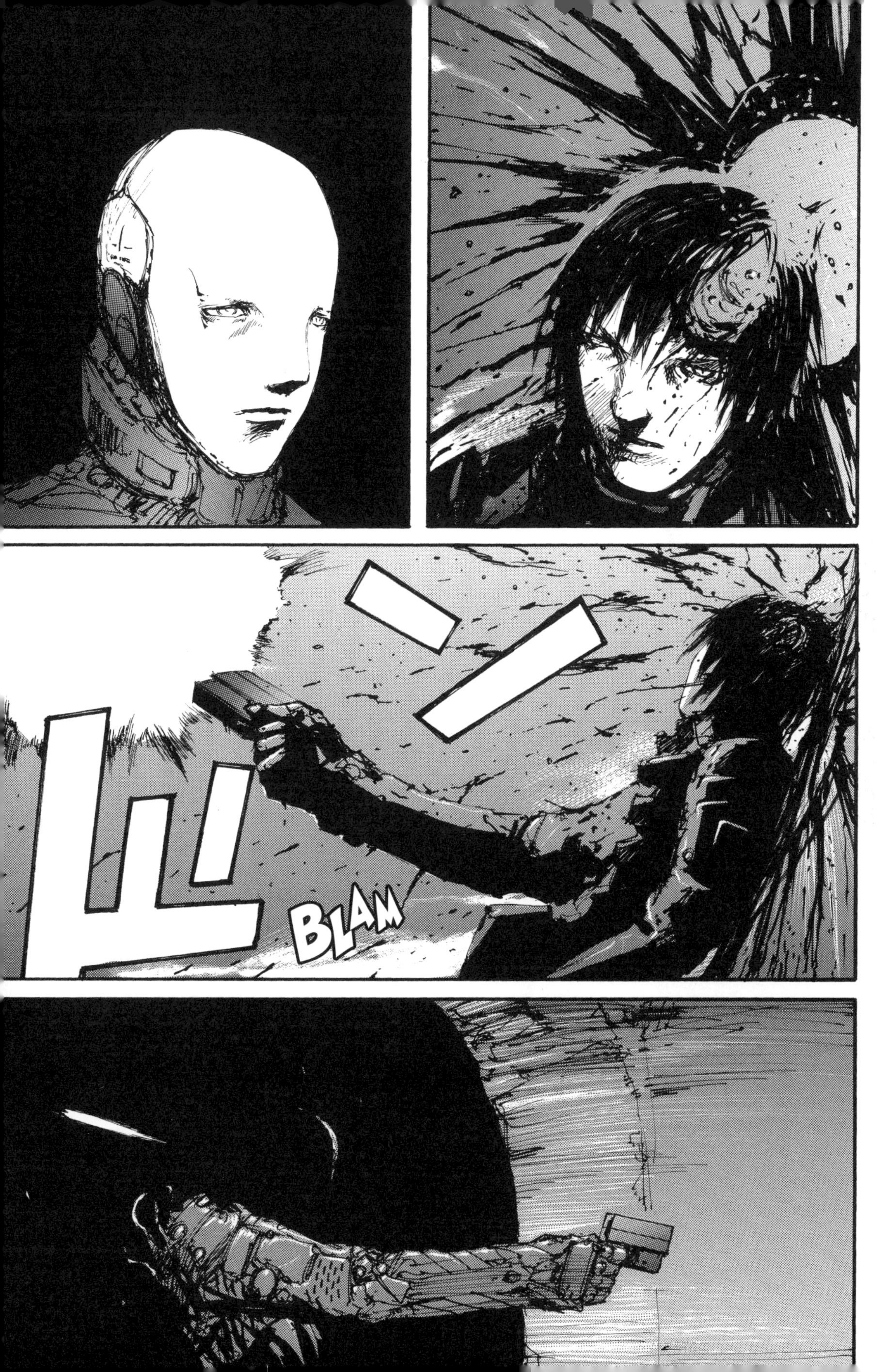
BLAM

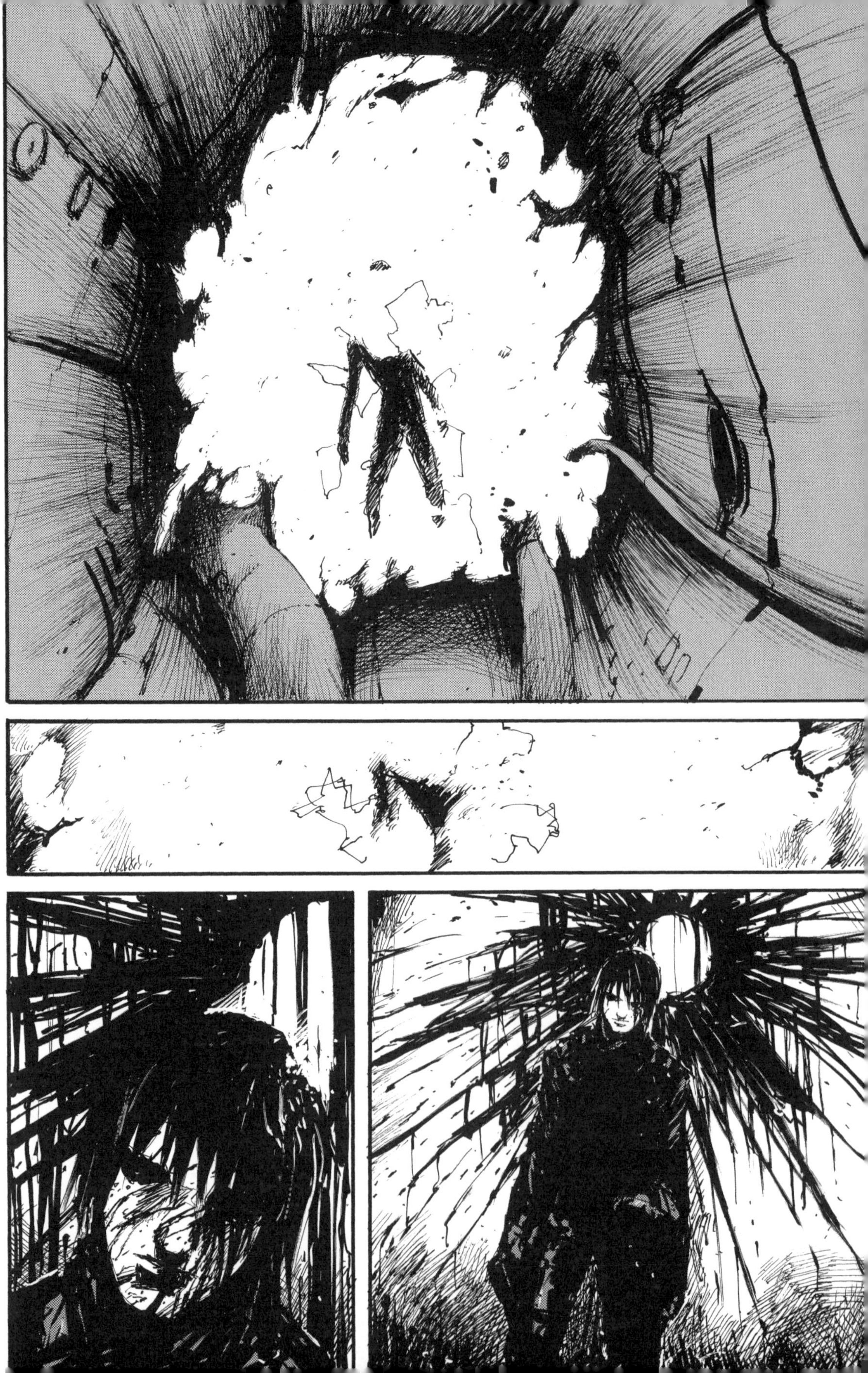

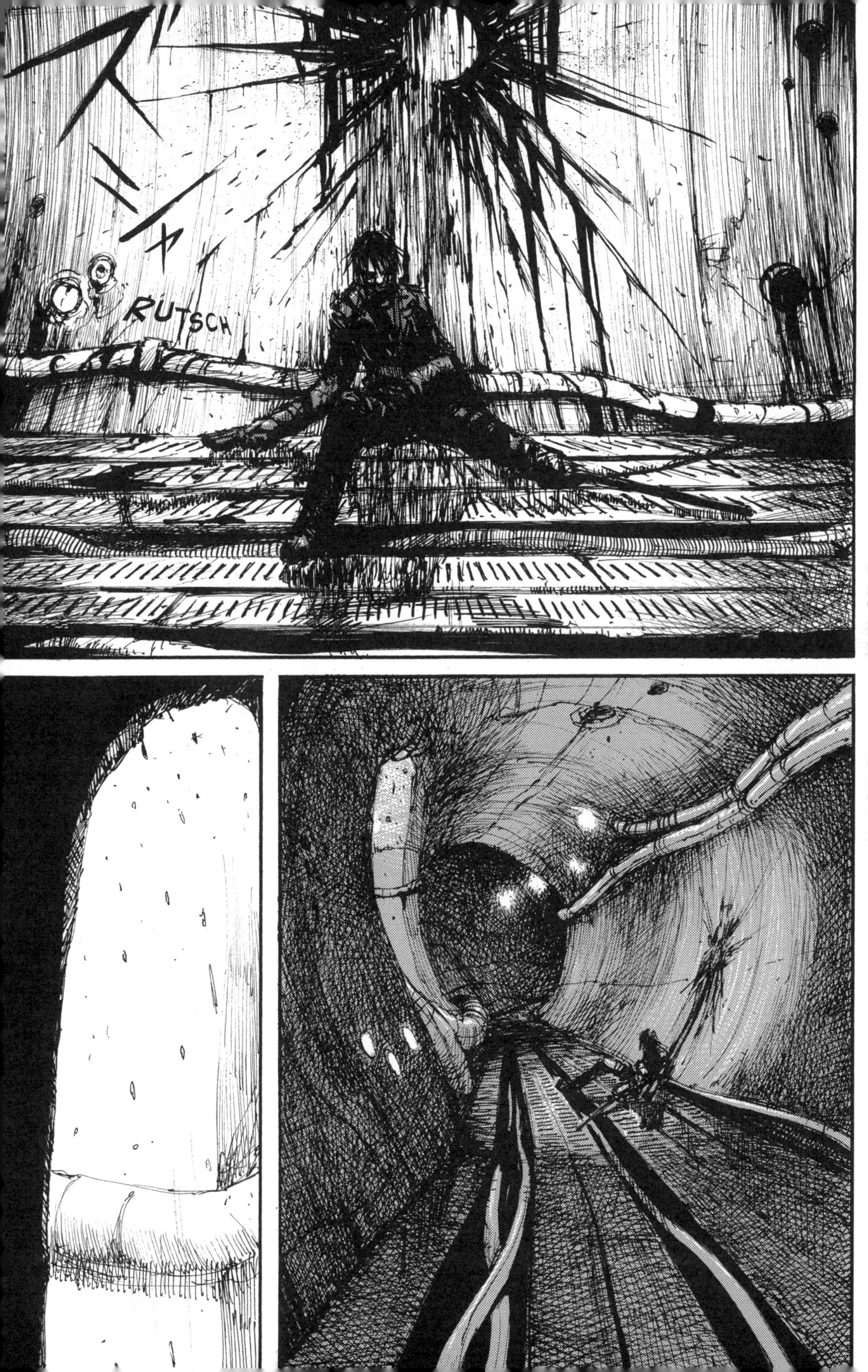
RUTSCH

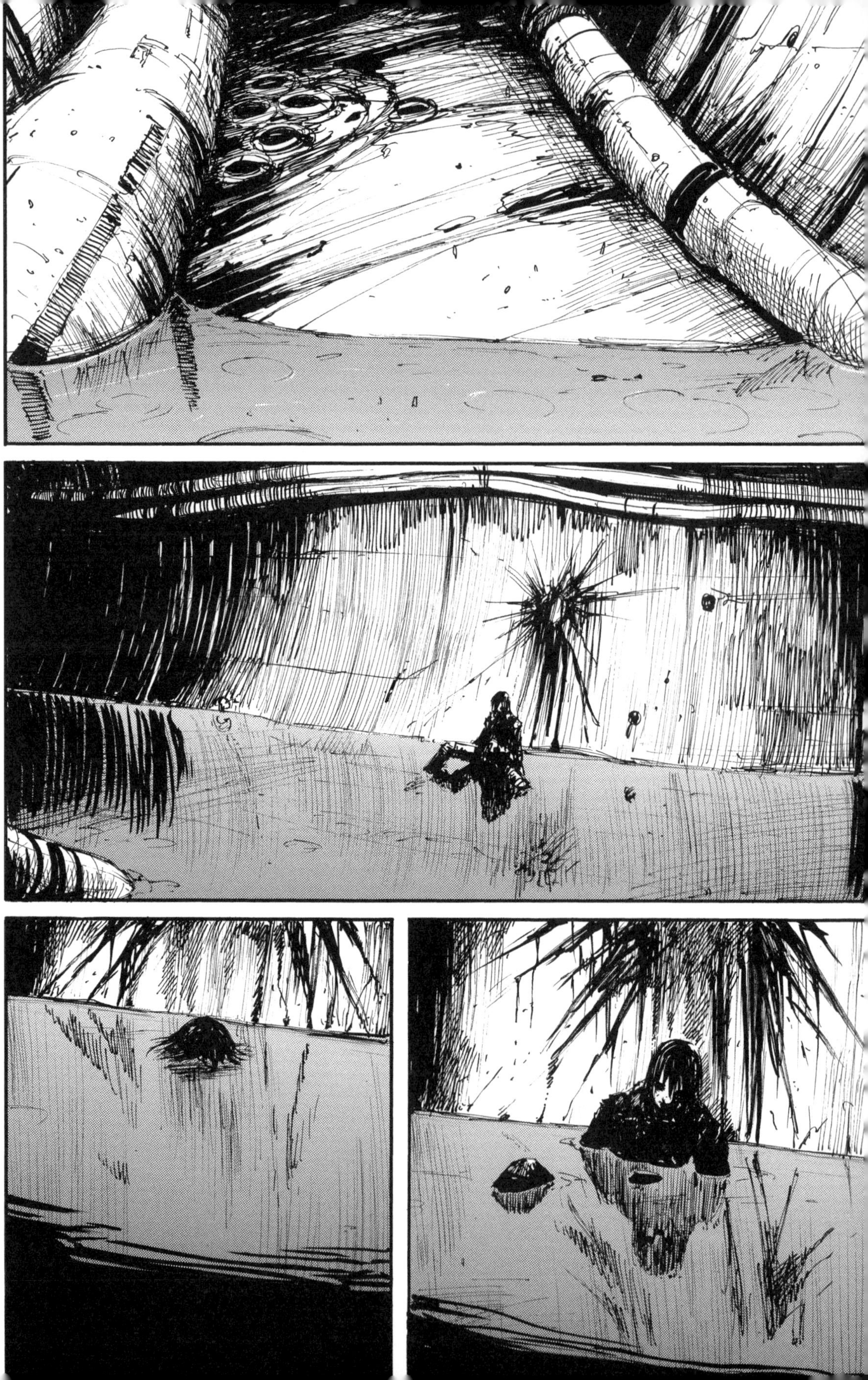

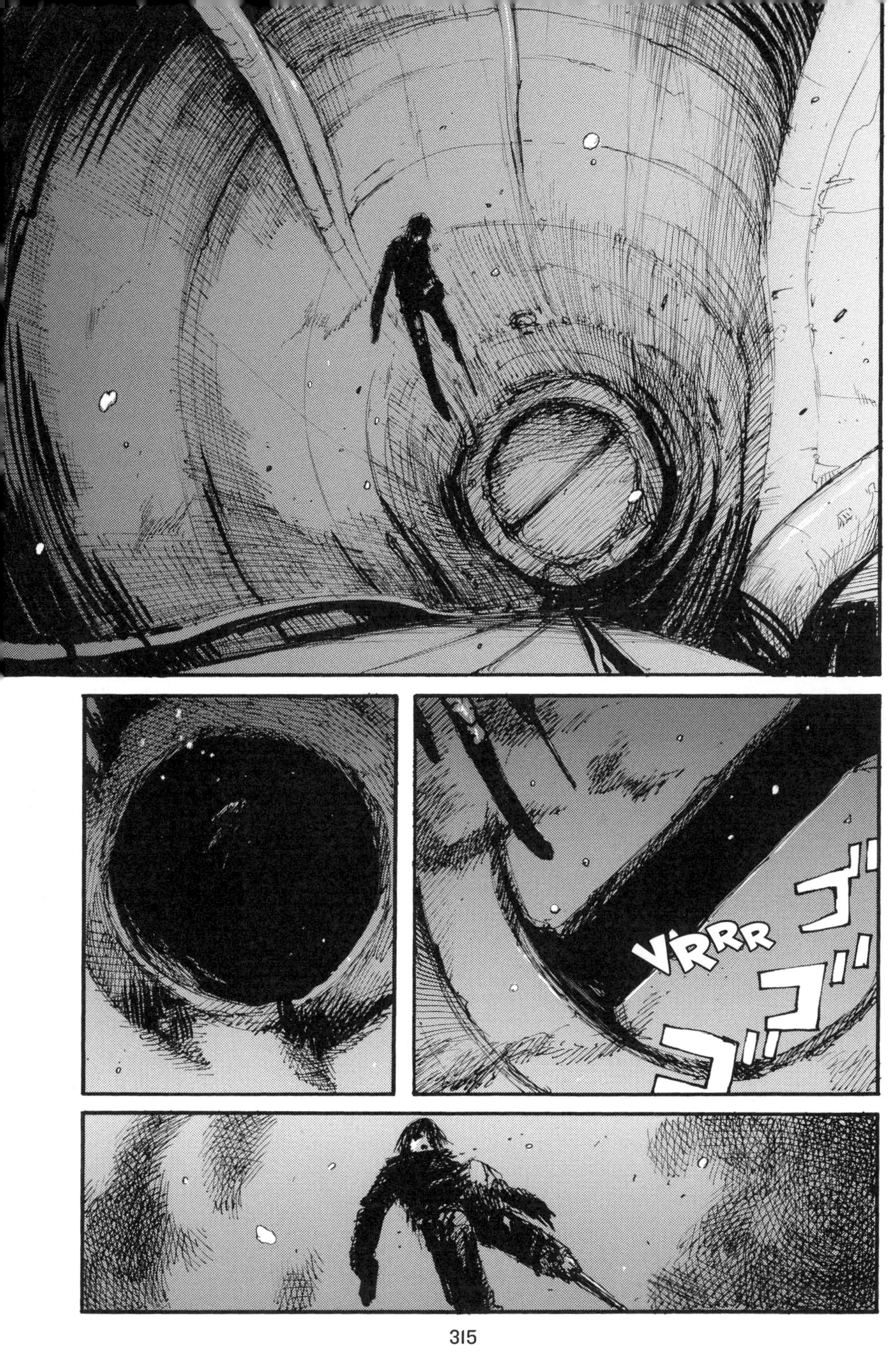
VRRR
ゴゴゴ

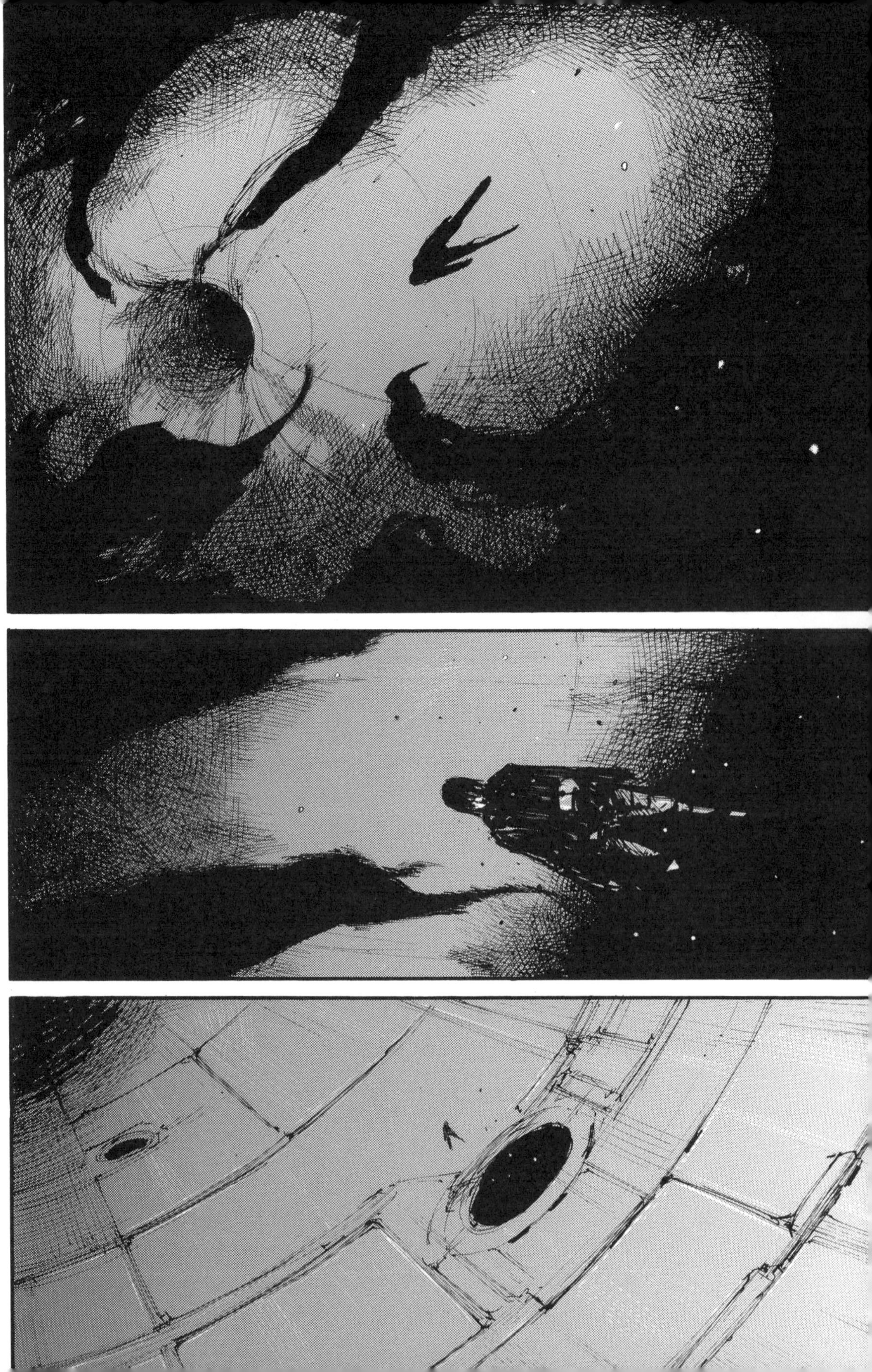

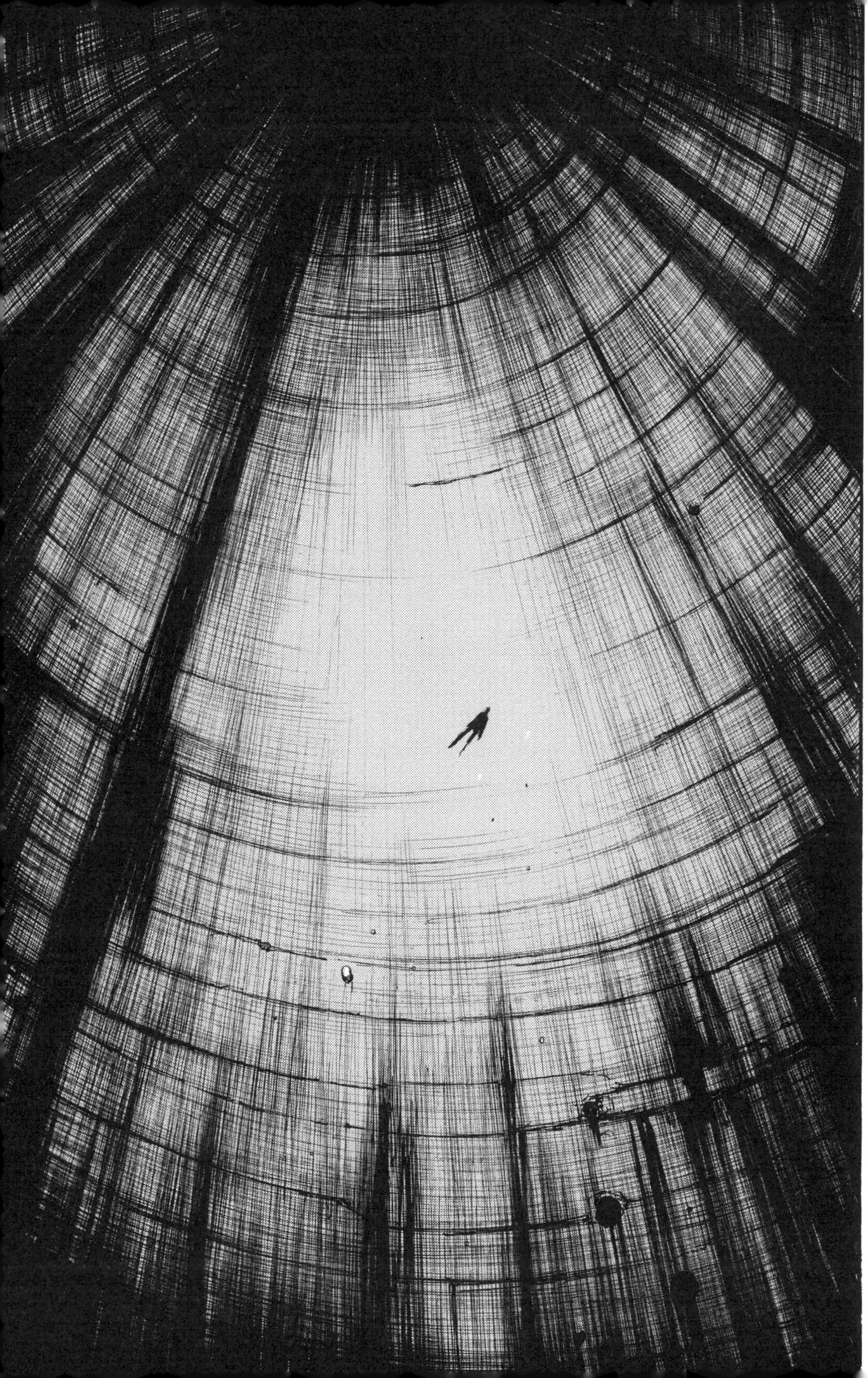

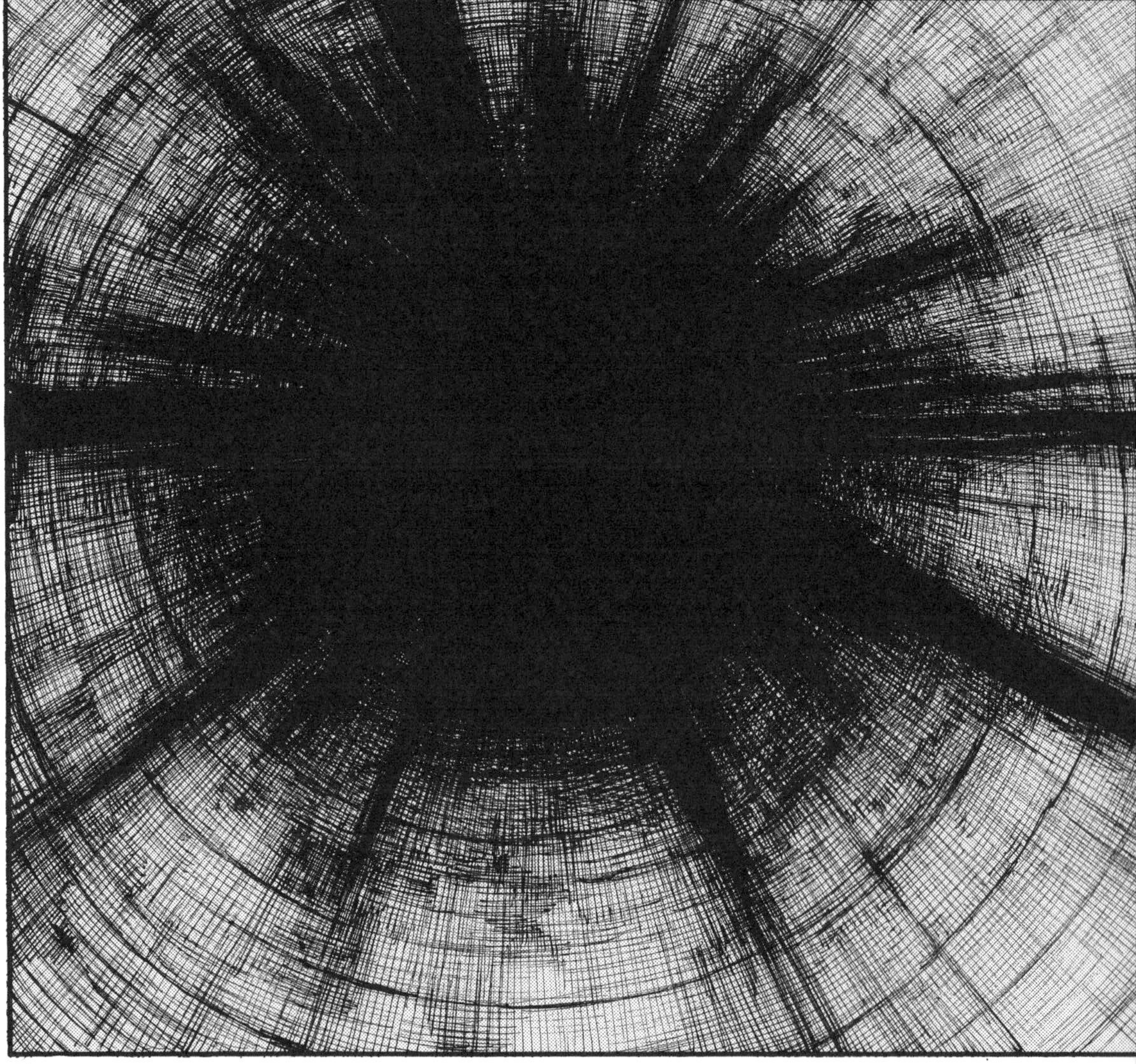
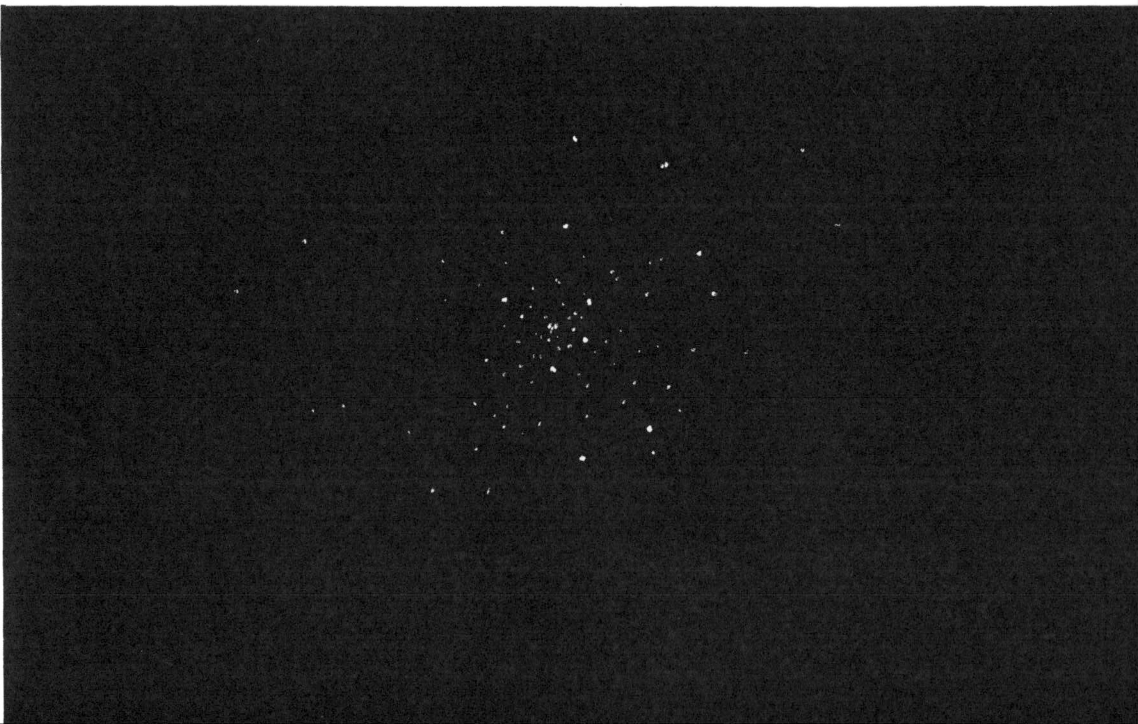

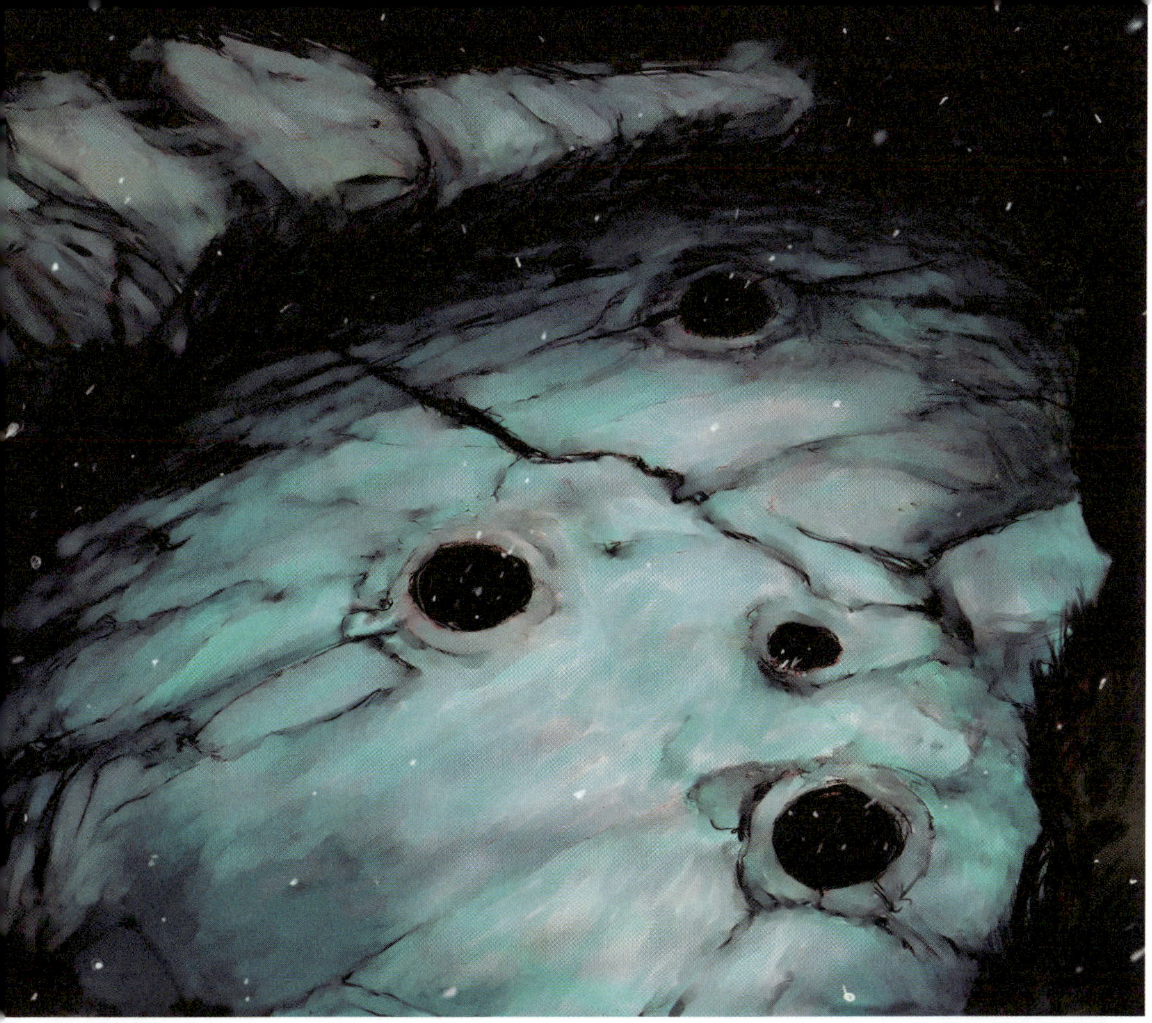

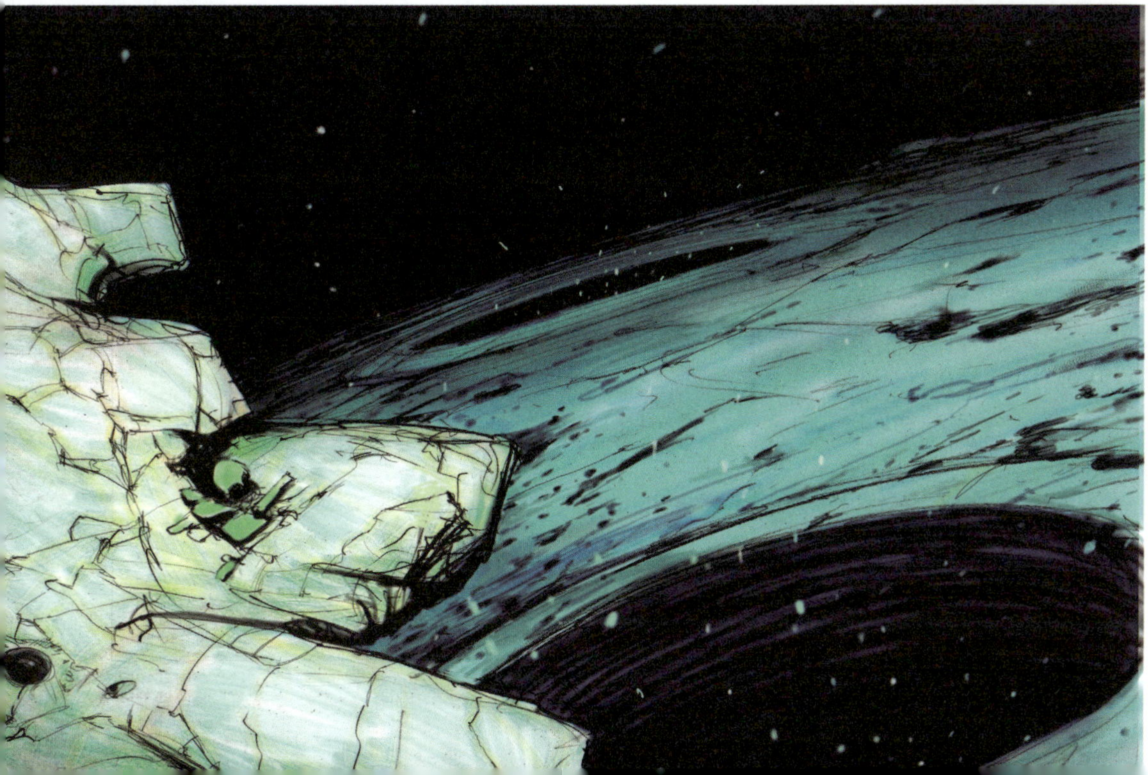

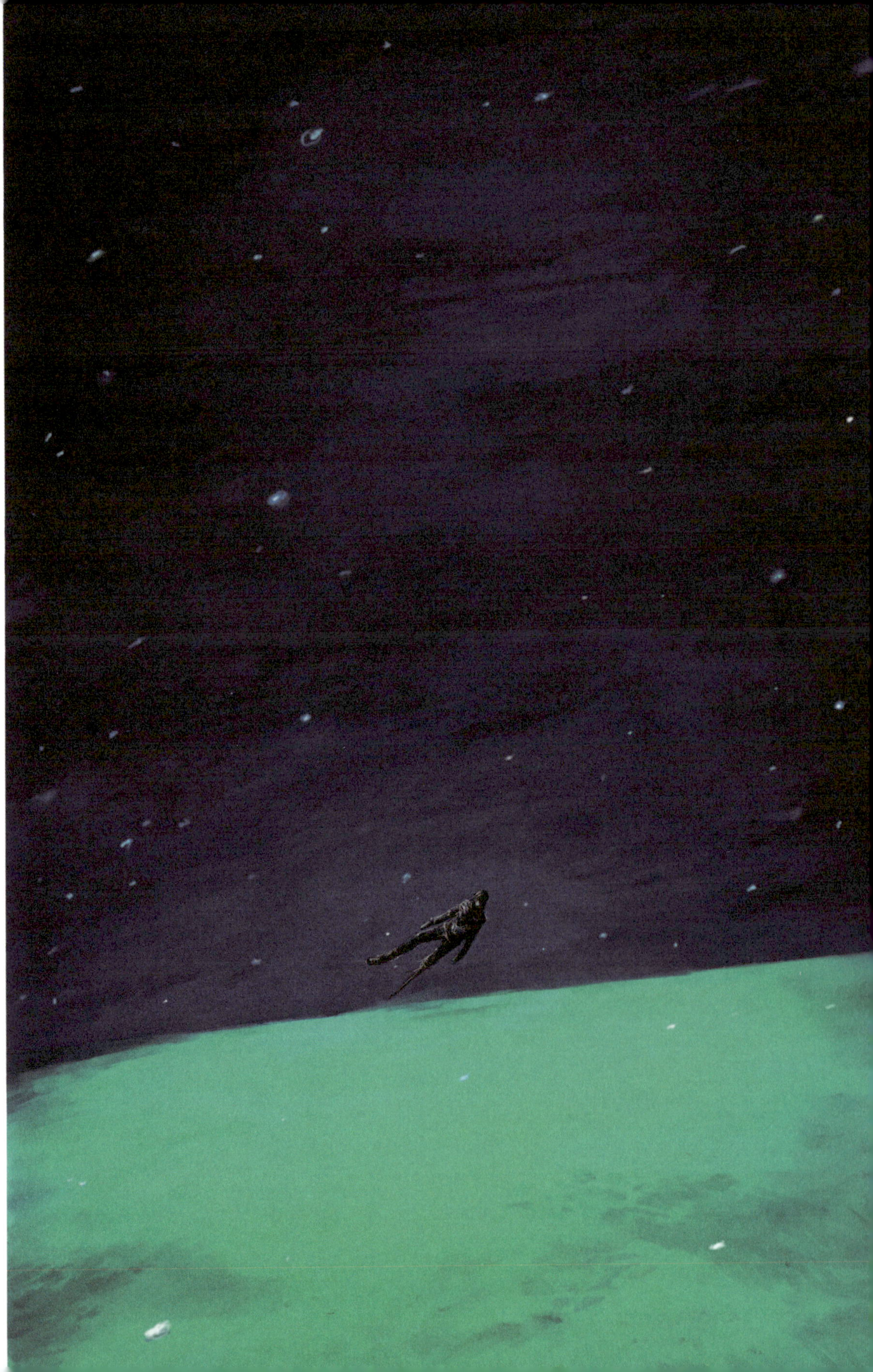

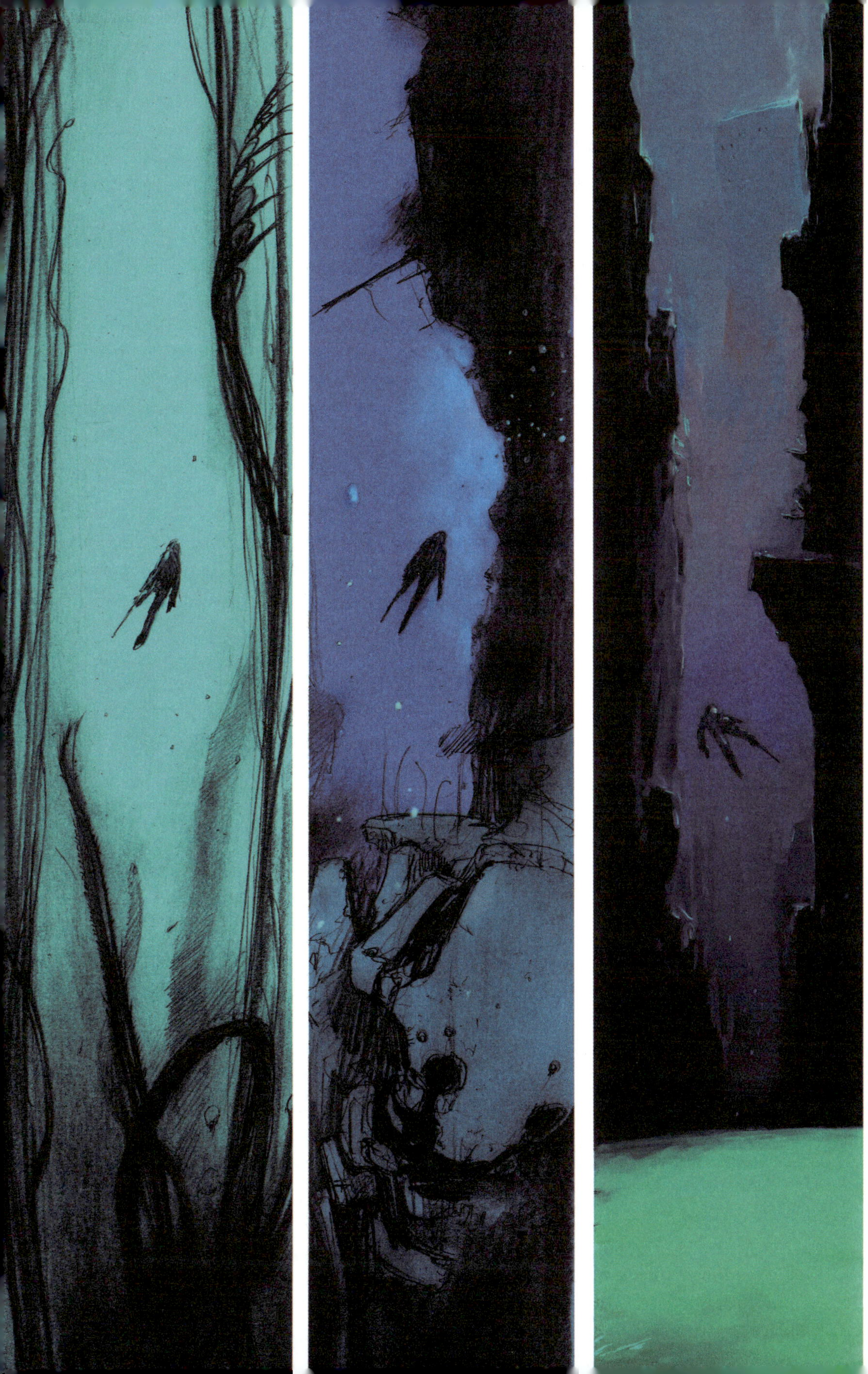

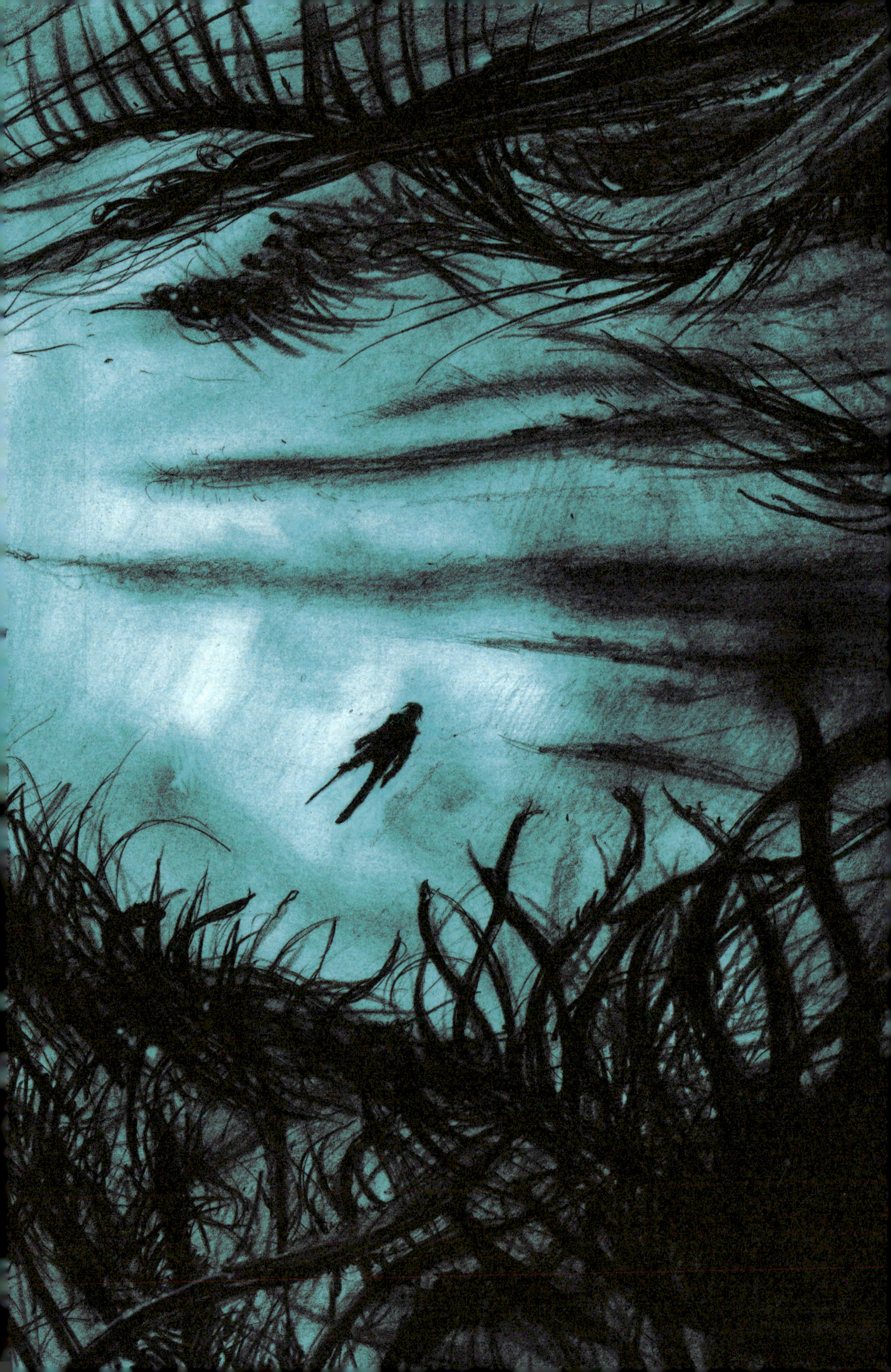

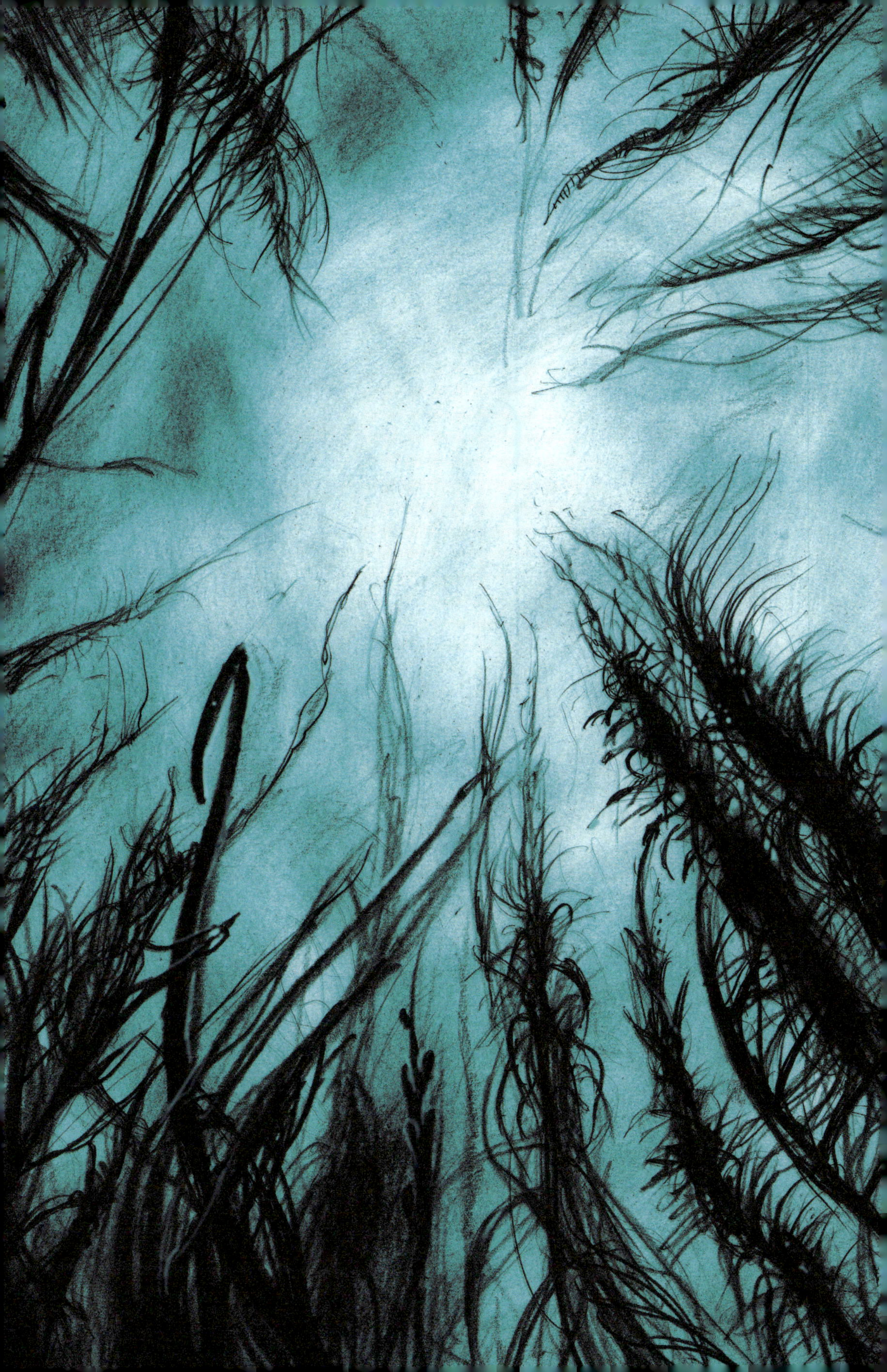

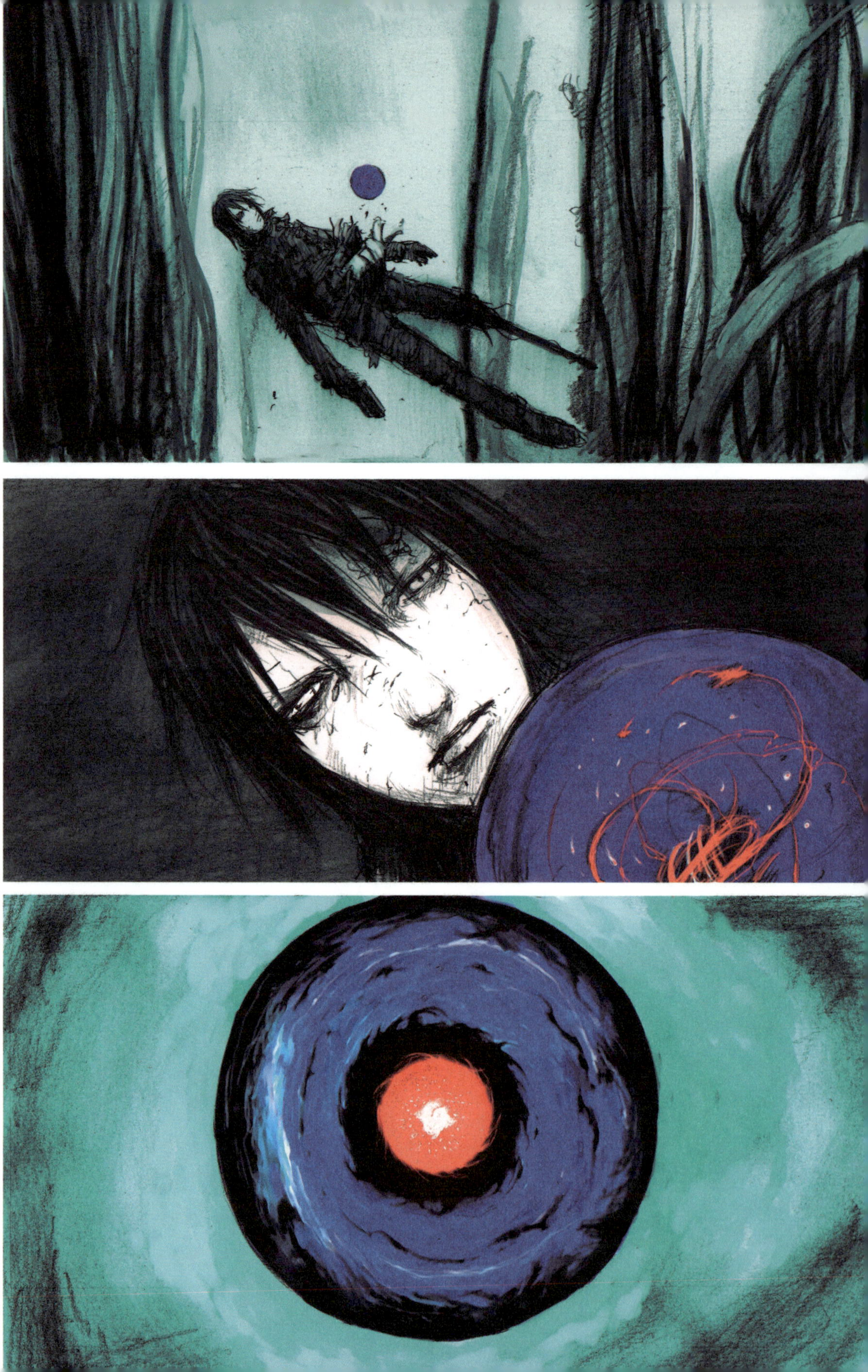

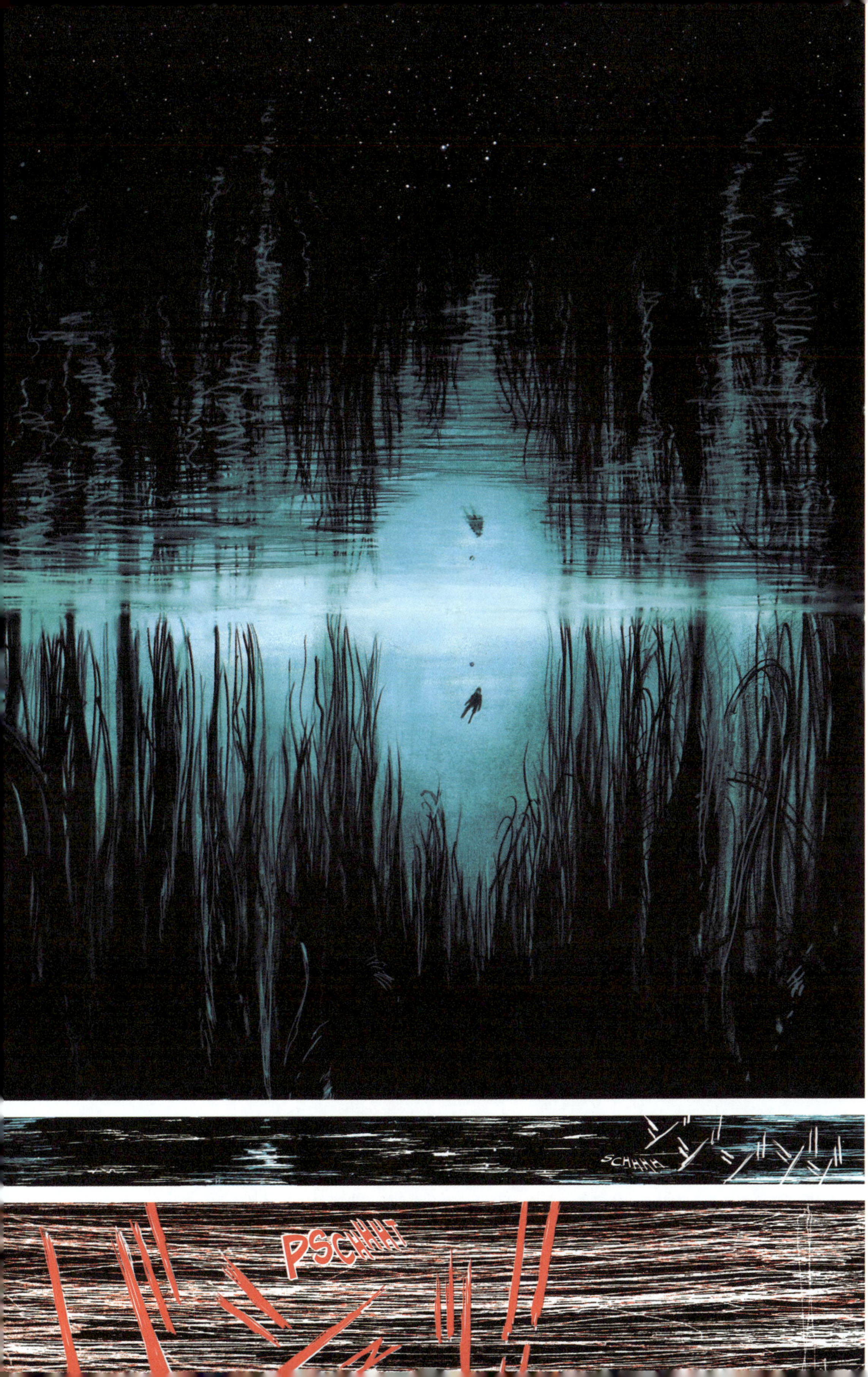
SCHHH
PSCHHHT

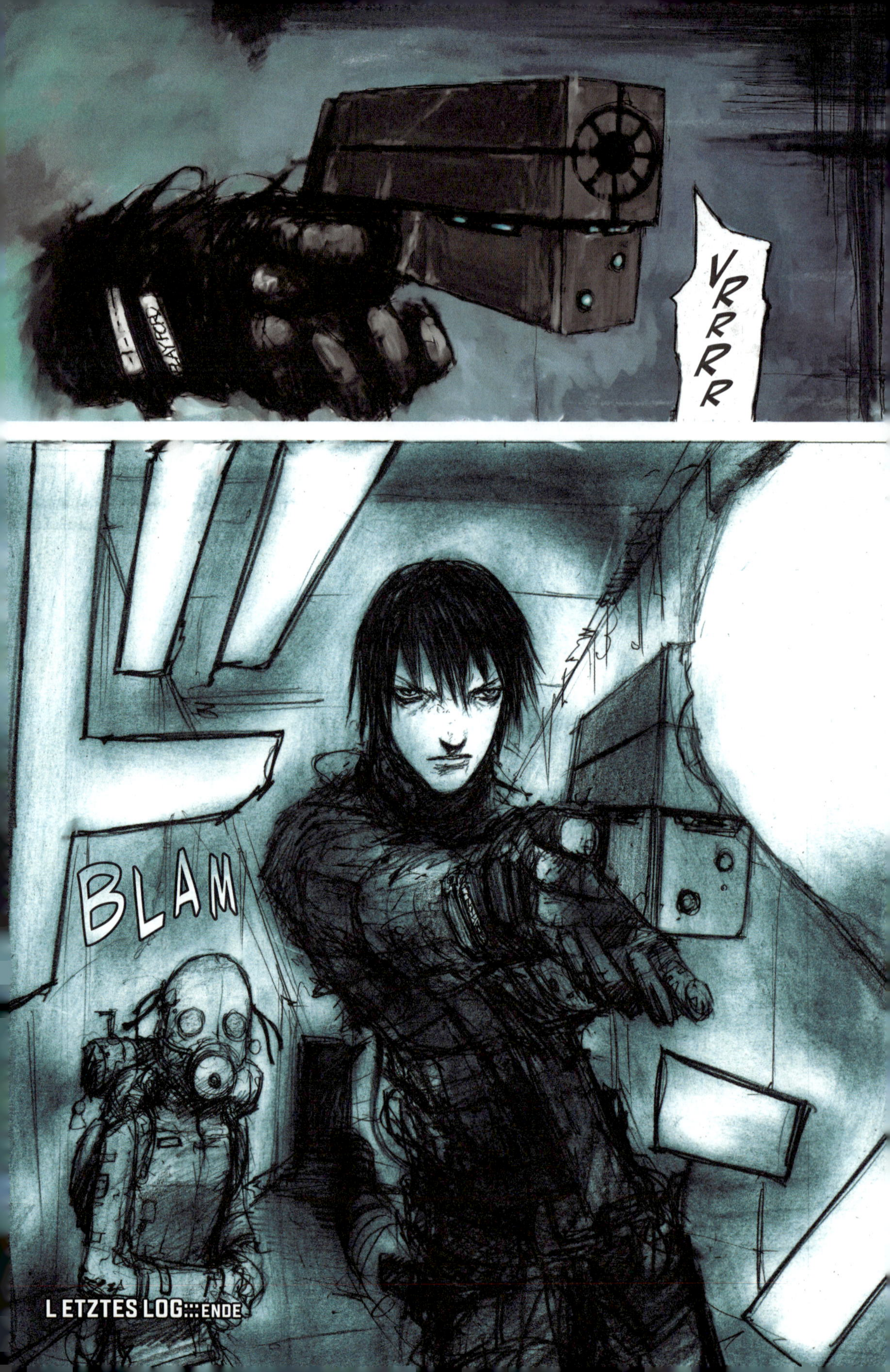
VRRRR
BLAM
LETZTES LOG:::ENDE

TŌA-SCHWERINDUSTRIE

BLAME!

Charakter-Guide

und Begriffe aus dem BLAME-Universum

Charakter-Guide

Killy

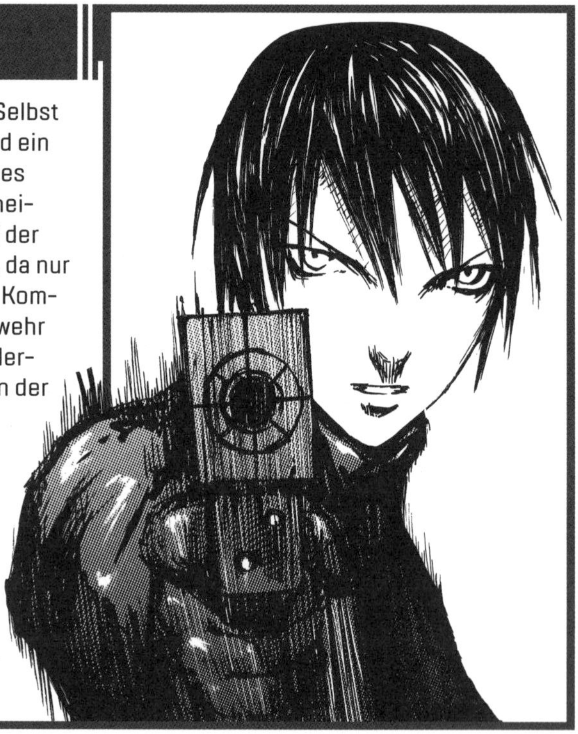

Über Killy ist nicht viel bekannt. Selbst sein Alter und seine Herkunft sind ein Geheimnis, da er kein vollständiges Gedächtnis mehr besitzt. Als Geheimagent der Netzsphäre ist er auf der Suche nach den Netzwerkgenen, da nur diese die Möglichkeit bieten, die Kommunikation zwischen der Schutzwehr und der Regierungsbehörde wiederherzustellen und so dem Chaos in der Metropole ein Ende zu bereiten. Killy hält sich zunächst für einen Menschen, doch später stellt sich heraus, dass er in seiner Vergangenheit enge Verbindungen zur Schutzwehr gehabt haben muss. Killy ist eine stille Person, nur selten sieht man ihn lächeln. Man munkelt, er sei über 3000 Jahre alt.

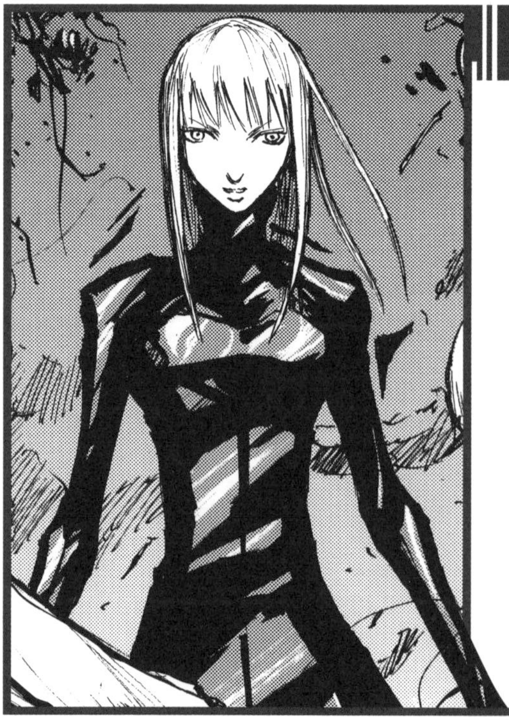

Cibo

Cibo ist die Chefwissenschaftlerin eines Cybernetikunternehmens, die versucht, mit künstlichen Netzwerkgenen Zugriff auf die Netzsphäre zu erlangen. Nachdem Killy ihr hilft, ihr Bewusstsein in einen neuen Körper zu transferieren, ist sie lange Zeit seine Weggefährtin. Selbst in einer alternativen Realität steht sie ihm unterstützend zur Seite. Um dem Tod zu entgehen, übernimmt Cibo eine Weile den Körper von Sanakan, muss jedoch mit dem Bewusstsein der Schutzwehreinheit dauerhaft um die Kontrolle über den Körper kämpfen. Später wird sie durch einen illegalen Download zu einer Level-9-Schutzwehreinheit transformiert. In ihr wachsen die neuen Netzwerkgene heran – in Form eines Kindes, das Gene von Cibo und Sanakan vereint.

Sanakan

Sanakan ist eine hochstufige Schutzwehreinheit, welche sich als kleines Mädchen in einem Elektrofischerdorf tarnt. Zunächst scheint ihr Ziel zu sein, alle Menschen ohne Netzwerkgene auszulöschen, später aber setzt sie alles aufs Spiel, um Cibo und ihr ungeborenes Kind zu beschützen.

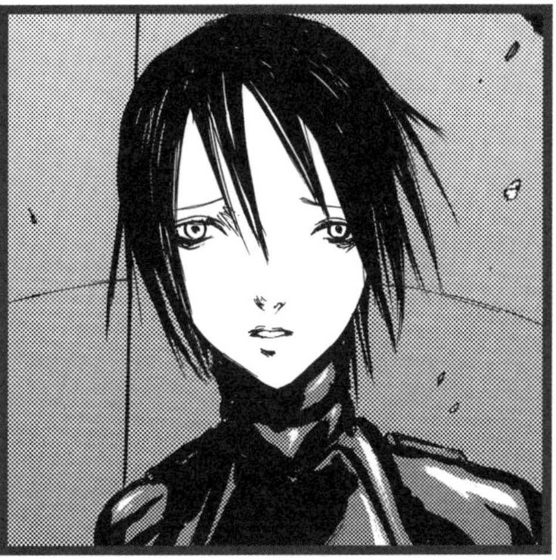

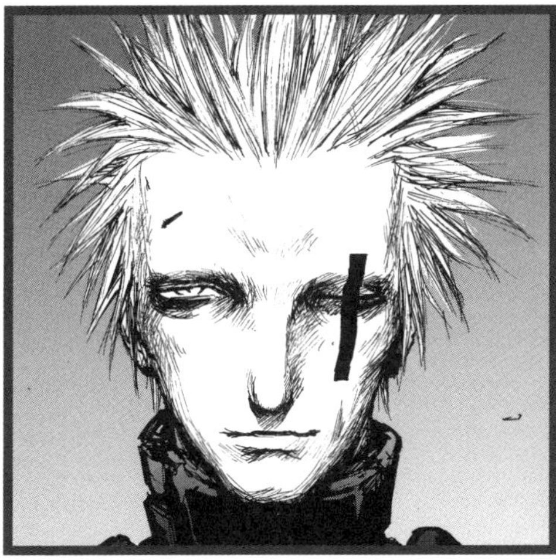

Dhomochevsky

Dhomochevsky ist eine temporäre Schutzwehreinheit, welche eine illegale Megastruktur vor Siliziumwesen bewacht. Im Gegensatz zu anderen Schutzwehreinheiten ist er Menschen nicht feindlich gesinnt. Im Gegensatz zu Killy besitzt er keine besonderen Regenerationsfähigkeiten. Er verliert sein Leben im Kampf gegen die neuerwachte Level-9-Schutzwehreinheit.

Iko

Iko ist der Partner von Dhomochevsky. Ursprünglich hatte sie scheinbar eine menschliche Gestalt, doch durch ungewisse Umstände wurde sie in ein Hologramm umgewandelt. Sie unterstützt Dhomochevsky strategisch im Kampf, bis sie ihre letzten Kräfte auf ihn überträgt, um Davine Lu Linvega und Cibos Transformation zur Schutzwehreinheit aufzuhalten.

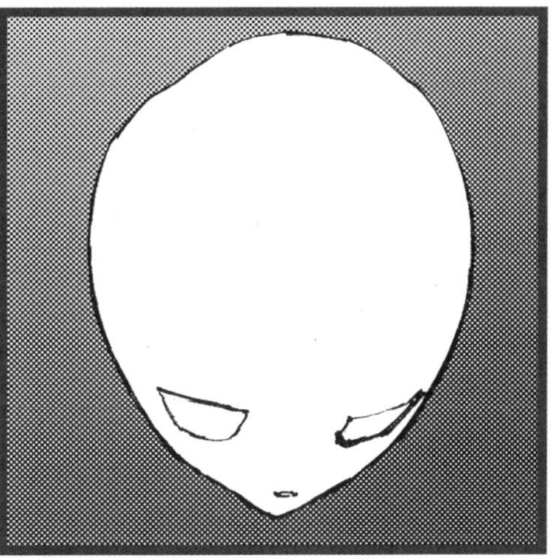

Siliziumwesen

Davine Lu Linvega

Davine Lu Linvega ist ein Siliziumwesen, das davon besessen ist, Zugriff zur Netzsphäre zu erlangen. Da es in den Tiefen der inoffiziellen Ebene möglich ist, ohne Netzwerkgene auf die Netzsphäre zuzugreifen, setzt Davine alles daran die Herrschaft über diese zu erlangen. Der Versuch schlägt fehl, dennoch gelingt es Davine, Daten der Level-9-Schutzwehreinheit zu stehlen.

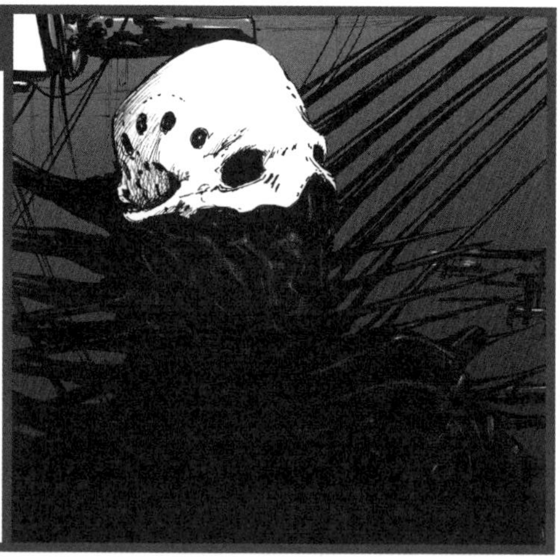

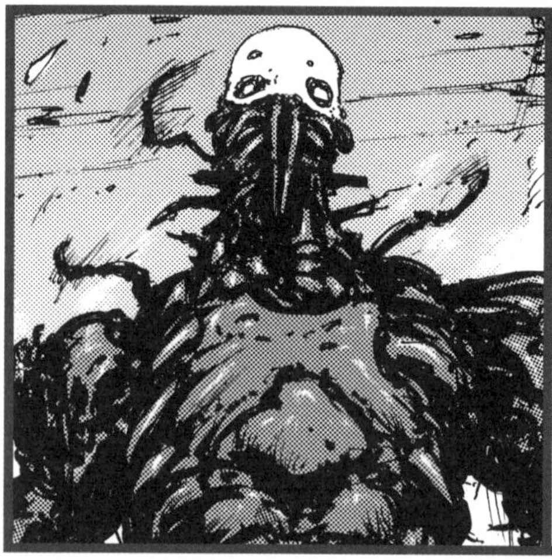

Blon

Blon ist ein Handlanger von Davine Lu Linvega. Er besitzt die Fähigkeit, riesige Wurmkreaturen zu erschaffen, die sich an der Wirbelsäule ihrer Gegner festsaugen, um ihnen das Bewusstsein zu nehmen. Zudem kann er seine Gestalt im Kampf radikal verändern.

Schiff

Schiff ist ein weiterer Untergebener von Davine Lu Linvega. Er kämpft mit Schwertern, die er aus seinen Armen ausfahren kann. Im Gegensatz zu den anderen Siliziumwesen besitzt er äußerlich kaum Ähnlichkeiten mit den Menschen.

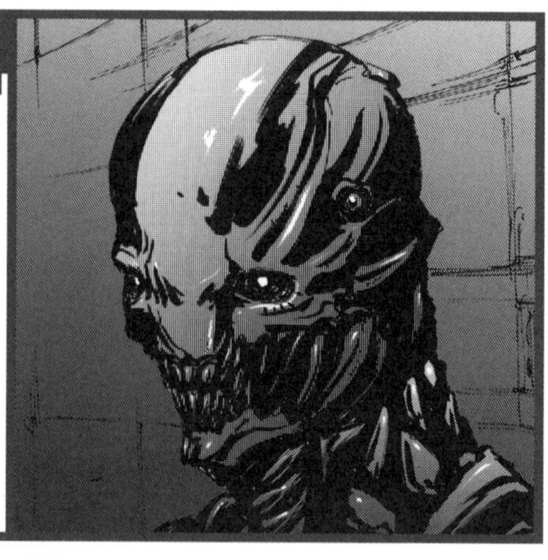

Pcell

Pcell ist ein Siliziumwesen und Untergebener von Davine Lu Linvega. Sie gilt als eines der kampferfahrensten und gefährlichsten Siliziumwesen. Pcell bekämpft auf der inoffiziellen Ebene Dhomochevsky und Iko, obwohl sie und Dhomochevsky eine gewisse Vergangenheit zu teilen scheinen.

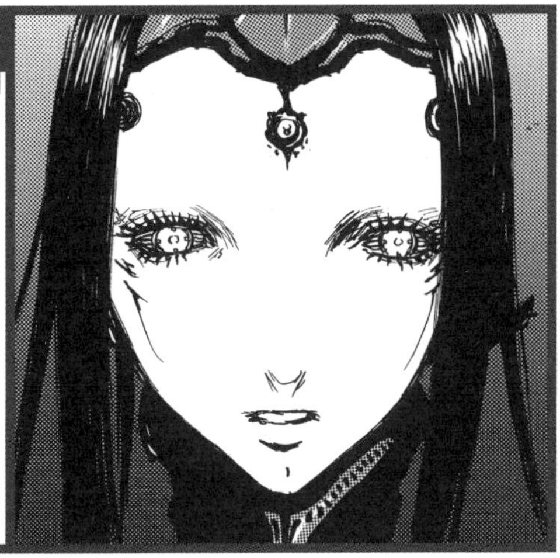

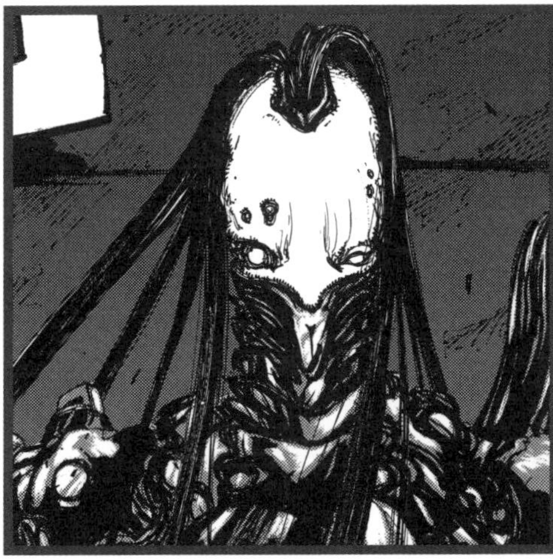

Ivy

Ivy ist ein Siliziumwesen, dessen Ziel es ist, die TŌA-Schwerfabrik zu zerstören. Ivy bekämpft seine Feinde mit einem riesigen Schwert. Er arbeitet eng mit seiner Maeve zusammen. Menserv und Seu sind schon seit Langem seine Erzfeinde.

Maeve

Maeve ist die Partnerin von Ivy und bekämpft mit diesem die TŌA-Schwerfabrik. Sie kann ihre Arme zu Waffen transformieren. Maeve gelingt es beinahe, Menserv zu töten, wird jedoch kurz vor dem entscheidenden Schlag von Killy vernichtet.

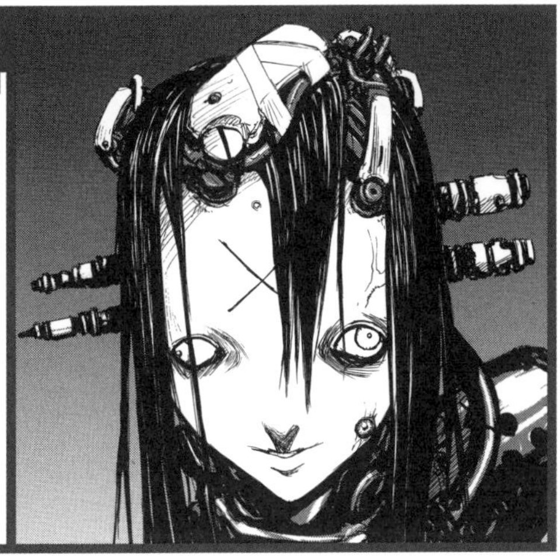

Charakter-Guide

Menserv

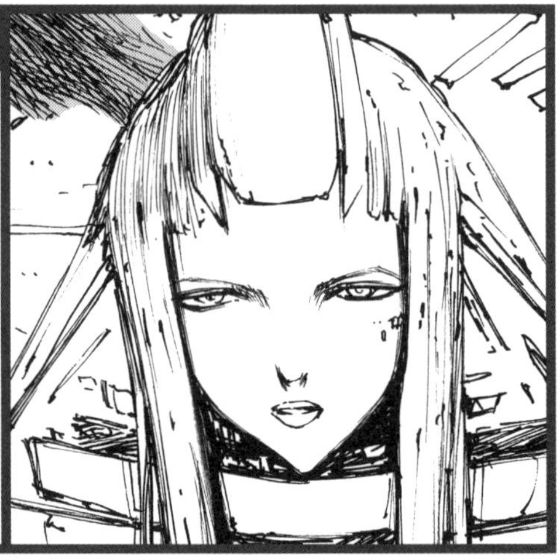

Menserv ist eine künstliche Intelligenz, welche auf Ebene 13 gemeinsam mit ihrem Begleiter Seu die Menschen beschützt. Sie tritt in Form eines Hologramms ohne Arme auf. Ihr Gesicht altert, je nachdem, welche Emotion Menserv empfindet. Sie hat eine enge emotionale Bindung zu Seu.

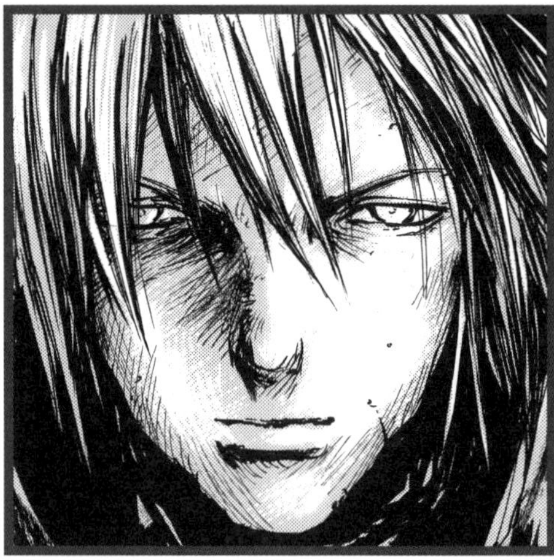

Seu

Seu ist ein Nachfahre der Pflanzer, der mit Hilfe seines Schwertes und der KI Menserv die Menschen vor Siliziumwesen beschützt. Wird er verwundet, hilft Menserv ihm bei der Regeneration, was ihm jedoch Stück für Stück seine kognitiven Fähigkeiten raubt.

Begriffe

Exterminatoren

Die Exterminatoren sind eine Untergruppe der Schutzwehr. Sie attackieren die Menschen mit Nahkampfwaffen und Klauen.

Graviton-Strahler

Der Graviton-Strahler ist eine Molekülschockwellenwaffe, welche kilometerweit durch jegliche Materie hindurchdringen kann. Sie ist eine der gefährlichsten bekannten Waffen.

Begriffe

Karados

Geschlechtslose, stumme, humanoide Wesen, welche häufig für Transplantationszwecke missbraucht werden. Reagieren auf Fremde sehr aggressiv.

Konstrukteure

Konstrukteure sind Baumaschinen, welche die Megastruktur errichtet haben und diese konstant reparieren und erweitern. Ihre Körpergröße variiert von kleinen, haustiergleichen Wesen bis hin zu riesigen Wolkenkratzern.

Megastruktur

Die Megastruktur umfasst die gesamte bekannte Welt, durch die sich Killy bewegt. Sie erstreckt sich über tausende Ebenen und wird durch die Konstrukteure konstant erweitert.

Netzsphäre

Die Netzsphäre ist das Medium, mit dem Menschen Wissen austauschen, die Schutzwehr steuern und Einfluss auf ihre Umgebung nehmen können. Nur Besitzer von Netzwerkgenen können darauf zugreifen.

Netzwerkgene

Gene von menschlichen Wesen, welche nicht von dem Virus befallen wurden, welcher ihnen die Verbindung zur Netzsphäre unterbindet.

Regierungsbehörde

Die Behörde befindet sich in der Netzsphäre und hat die Aufgabe, die Megastruktur zu verwalten. Seit dem Ausbruch des Virus ist die Kommunikation abgebrochen, so dass sie der Schutzwehr keine direkten Befehle mehr geben kann.

Schutzwehr

Siliziumwesen, die ursprünglich gebaut wurden, um die Menschen zu beschützen. Seit sie keine direkten Befehle mehr erhalten können, machen sie Jagd auf alle Menschen ohne Netzwerkgene.

Siliziumwesen

Künstliche, auf Siliziumbasis erschaffene, humanoide Wesen, welche eine künstliche Intelligenz besitzen. Die meisten sind den Menschen feindlich gesinnt.

TÖA-Schwerfabrik

Ein riesiges, zylinderförmiges, in der Megastruktur levitierendes Objekt. Im inneren befindet sich ein verwinkeltes Labyrinth. Aufgrund einer Abmachung mit der Behörde kann es von der Schutzwehr nicht betreten werden.

Wächter

Die Wächter sind eine alte Menschenrasse, doch sie sind viel größer und stärker als normale Menschen. Sie bevorzugen Nahkampfwaffen gegenüber Schusswaffen.

STOPP!

DIES IST DIE LETZTE SEITE!

Dies ist ein Manga, und einen japanischen Comic liest man von hinten nach vorne. Auch die Lesereihenfolge der Bilder und Sprechblasen auf den Seiten ist anders als gewohnt: von rechts oben nach links unten.

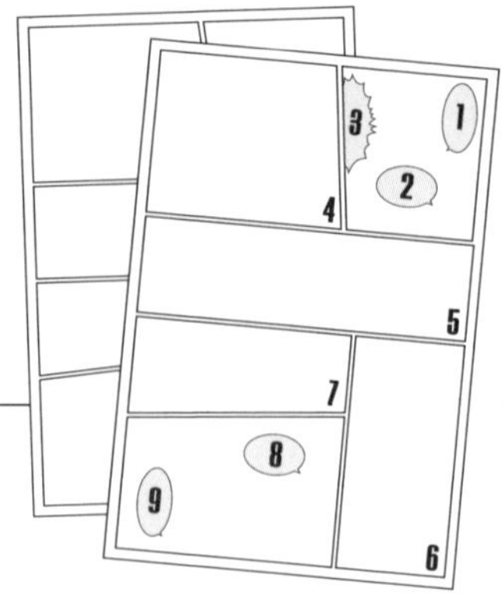

TŌA-SCHWERINDUSTRIE

BLAME!
Master Edition 06
von Tsutomu Nihei

4. Auflage, Oktober 2025
Deutsche Ausgabe/German Edition

CCE ist ein Unternehmen der Penguin Random House Verlagsgruppe
CCE-Verlagsleitung: Andreas Mergenthaler

Aus dem Japanischen von Janine Wetherell

KODANSHA

Redaktion: Lea Heidenreich | Redaktionelle Mitarbeit: Florian Wichert | Lektorat: Christof Bango
Grafik/Produktionsleitung: Elke Epple | Layout und Lettering: Manga Cult
Herstellung: Gerald Schmitt
Druckkoordination: Hagemayer, Wien
Druck: FINIDR, s.r.o., Ceský Těšín, Tschechische Republik

FSC www.fsc.org MIX Papier aus verantwortungsvollen Quellen FSC® C014138

produktsicherheit@cross-cult.de
(Vorstehende Angaben sind zugleich Pflichtinformationen nach GPSR)

Print-ISBN: 978-3-95981-714-1

www.manga-cult.de

禁圧解除

重力子放射線射出装置

建設者

ネット端末遺伝子

科学者

統治局

時空隙

珪素生物